Do Governo dos Vivos

Michel Foucault

Do Governo dos Vivos

Curso no Collège de France
(1979-1980)

*Edição estabelecida sob a direção de
François Ewald e Alessandro Fontana,
por Michel Senellart*

Tradução
EDUARDO BRANDÃO

wmf **martinsfontes**

SÃO PAULO 2018

Esta obra foi publicada originalmente em francês com o título
DU GOUVERNEMENT DES VIVANTS
Cours au Collège de France (1979-1980)
Por Les Éditions du Seuil
Copyright © Éditions du Seuil / Gallimard, 2012

"Cet ouvrage, publié dans le cadre du Programme d'Aide à la Publication 2014 Carlos Drummond de Andrade de la Médiathèque de la Maison de France, bénéficie du soutien du Ministère français des Affaires Étrangères et Européennes."

"Este livro, publicado no âmbito do Programa de Apoio à Publicação 2014 Carlos Drummond de Andrade da Mediateca Maison de France, contou com o apoio do Ministério francês das Relações Exteriores e Europeias."

Copyright © 2014, Editora WMF Martins Fontes Ltda.,
São Paulo, para a presente edição.

1ª edição 2014
2ª tiragem 2018

Tradução
EDUARDO BRANDÃO

Acompanhamento editorial
Luzia Aparecida dos Santos
Revisões gráficas
Sandra Garcia Cortes
Solange Martins
Edição de arte
Katia Harumi Terasaka
Produção gráfica
Geraldo Alves
Paginação
Studio 3 Desenvolvimento Editorial

Dados Internacionais de Catalogação na Publicação (CIP)
(Câmara Brasileira do Livro, SP, Brasil)

Foucault, Michel, 1926-1984.
  Do governo dos vivos : curso no Collège de France (1979--1980) / Michel Foucault ; tradução Eduardo Brandão. – São Paulo : Editora WMF Martins Fontes, 2014. – (Obras de Michel Foucault)

  Título original: Du governement des vivants : cours au Collège de France (1979-1980).
  "Edição estabelecida sob a direção de François Ewald e Alessandro Fontana, por Michel Senellart"
  ISBN 978-85-7827-892-2

  1. Ciência política – Filosofia I. Título. II. Série.

14-08216   CDD-194

Índices para catálogo sistemático:
1. Foucault : Obras filosóficas   194

Todos os direitos desta edição reservados à
Editora WMF Martins Fontes Ltda.
Rua Prof. Laerte Ramos de Carvalho, 133 01325-030 São Paulo SP Brasil
Tel. (11) 3293.8100 e-mail: info@wmfmartinsfontes.com.br
http://www.wmfmartinsfontes.com.br

ÍNDICE

Advertência XI

Curso, anos 1979-1980 1

Aula de 9 de janeiro de 1980 3
A sala de justiça de Sétimo Severo. Comparação com a história de Édipo. – Exercício do poder e manifestação da verdade. A aleturgia como manifestação pura do verdadeiro. Não há hegemonia sem aleturgia. – Permanência dessa relação entre poder e verdade até a época moderna. Dois exemplos: as cortes reais, a razão de Estado e a caça aos feiticeiros (Bodin). Projeto do curso deste ano: elaborar a noção de governo dos homens pela verdade. Deslocamento em relação ao tema do poder-saber: do conceito de poder ao de governo (curso de dois anos atrás); do conceito de saber ao problema da verdade. – Cinco maneiras de conceber as relações entre exercício do poder e manifestação da verdade: o princípio de Botero, o princípio de Quesnay, o princípio de Saint-Simon, o princípio de Rosa Luxemburgo, o princípio de Soljenitsin. Sua estreiteza. A relação entre governo e verdade, anterior ao nascimento de uma governamentalidade racional; ela se vincula a um nível mais profundo que o dos conhecimentos úteis.

Aula de 16 de janeiro de 1980 23
As relações entre governo e verdade (continuação). – Um exemplo dessas relações: a tragédia de *Édipo rei*. Tragédia grega e aleturgia. Análise da peça centrada no tema da realeza de Édipo. – As condições de formulação da *orthon epos*, a palavra correta à qual há que se submeter. A lei das metades sucessivas: a metade divina e profética e a metade humana do procedimento de verdade. O jogo do *sýmbolon*. Comparação entre aleturgia divina e aleturgia dos escravos. Duas formas históricas de aleturgia: a aleturgia oracular e religiosa e a aleturgia judiciária, baseada no testemunho; sua complementaridade na peça.

Aula de 23 de janeiro de 1980 45
Édipo rei (continuação). – O objeto do curso deste ano: o elemento "eu" nos procedimentos de veridição. Em consequência de que processos o dizer-a-verdade, na primeira pessoa, pôde se afirmar como manifestação da verdade? Relações entre a arte de governar os homens e a autoaleturgia. – A questão do saber de Édipo. Em que consiste a sua *tékhne*? Ela se opõe às maneiras de ser de Creonte e Tirésias. A atividade propriamente edipiana: *euriskein* (encontrar, descobrir). A busca de indícios (*tekméria*). Características do *tekmérion*. Édipo, operador da verdade que ele busca. A descoberta como arte de governo. – O poder de Édipo. Posição central desse tema na peça. Édipo, encarnação da figura clássica do tirano; vítima de seu uso tirânico do procedimento de verdade que ele próprio aplica. Diferença em relação à *gnóme* (opinião), pela qual ele resolveu o enigma da Esfinge e salvou a cidade.

Aula de 30 de janeiro de 1980 67
Édipo rei (fim): por que Édipo não é punido. – Recapitulação do problema geral estudado este ano: a gênese das relações entre governo dos homens, manifestação da verdade e salvação. Recusa da análise em termos de ideologia. O trabalho teórico como movimento de deslocamento permanente. Nova explicação do procedimento adotado: colocar a questão da relação que o sujeito tem com a verdade a partir da sua relação com o poder. Na base desse procedimento, uma atitude de suspeita sistemática em relação ao poder: não-necessidade de todo poder, qualquer que seja. Diferença em relação ao anarquismo. Uma anarqueologia do saber. Voltando às análises (a) da loucura, (b) do crime e da punição. – O duplo sentido da palavra "sujeito" numa relação de poder e manifestação de verdade. A noção de ato de verdade e os diferentes modos de inserção do sujeito (operador, testemunha, objeto) no procedimento da aleturgia. – Campo da pesquisa: o cristianismo primitivo. Perspectiva deste curso: estudá-lo não do ponto de vista da sua economia dogmática, mas do ponto de vista dos atos de verdade. Tensão, no cristianismo, entre dois regimes de verdade: o da fé e o da confissão. Entre Édipo e o cristianismo, exemplo de aleturgia da falta em Fílon de Alexandria.

Aula de 6 de fevereiro de 1980 85
Estudar o cristianismo pelo ângulo dos regimes de verdade. – O que é um regime de verdade? Resposta a algumas objeções. Consequências para a anarqueologia do saber. Trabalho a situar na perspectiva de uma história da vontade de saber. – O ato de confissão no cristianismo. A confissão, no sentido moderno, resultado de um regime complexo de verdade em operação desde o século II. As três práticas em torno das quais se organizou a articulação entre manifestação da verdade e remissão das faltas: (I) o batismo, (II) a penitência eclesial ou canônica, (III)

o exame de consciência. – (I) O batismo nos séculos I e II; a partir de Tertuliano: da ideia dos dois caminhos à da nódoa original. As três matrizes do pensamento moral no Ocidente: os modelos dos dois caminhos, da queda e da nódoa.

Aula de 13 de fevereiro de 1980 105
Tertuliano (continuação): a relação entre purificação da alma e acesso à verdade na preparação e no ato do batismo. Recapitulação do marco geral dessa análise: as relações entre ato de verdade e ascese. Novidade da doutrina de Tertuliano. – O problema da preparação para o batismo. Argumentação de Tertuliano contra os gnósticos e a atitude de certos postulantes ao batismo. Sua doutrina do pecado original: não só perversão da natureza, mas introdução do outro (Satanás) em nós. O tempo do batismo, tempo de luta e de combate contra o adversário. O medo, modalidade essencial da relação do sujeito consigo mesmo; importância desse tema na história do cristianismo e da subjetividade. – Consequência prática: a "disciplina da penitência". Novo sentido da palavra penitência em Tertuliano. Difração da metanoia. A penitência estendida à vida inteira. A penitência como manifestação da verdade do pecador perante Deus. Dissociação do polo da fé e do polo do reconhecimento das faltas.

Aula de 20 de fevereiro de 1980 131
Tertuliano (continuação): ruptura com a concepção neoplatônica da metanoia. – Desenvolvimento da instituição do catecumenato desde o fim do século II. Os procedimentos de verdade atuantes no percurso do catecúmeno (reunião não pública, exorcismo, profissão de fé, confissão sacramental dos pecados). – Importância dessas práticas do catecumenato para a história dos regimes de verdade: uma nova ênfase da teologia do batismo (a preparação para o batismo como empreendimento de mortificação; o problema da falta: uma luta permanente contra o outro que existe em nós; o batismo, modelo permanente para a vida). – Conclusão: reelaboração das relações subjetividade-verdade em torno do problema da conversão. Originalidade do cristianismo em relação às outras culturas.

Aula de 27 de fevereiro de 1980 155
(II) As práticas da penitência canônica e eclesial, do século II ao século V. – O Pastor de Hermas. As interpretações eruditas a que deu lugar, fim do século XIX – início do século XX (*Tauftheorie, Jubiläumstheorie*). Significado da repetição da penitência depois do batismo. – O cristianismo primitivo, religião dos perfeitos? Argumentos contrários a essa concepção: formas rituais, textos, práticas diversas. Novo estatuto da metanoia a partir de Hermas: não mais simples estado que prolonga a ruptura batismal, mas repetição do resgate. – O problema da recaída. O sistema da lei (repetibilidade da falta) e o sistema da salvação (irrever-

sibilidade do conhecimento) antes do cristianismo. Esforço da sabedoria grega para encontrar um acomodamento entre esses dois sistemas (exemplos dos pitagóricos e dos estoicos). Por que e como o problema se colocou ao cristianismo: a questão dos relapsos e o debate com a gnose. – Observação conclusiva: o cristianismo não introduziu o senso da falta na cultura greco-romana, mas foi o primeiro a pensar a recaída do sujeito que rompe com a verdade.

Aula de 5 de março de 1980.. 177

A penitência canônica (continuação): não um segundo batismo, mas uma segunda penitência. Características dessa segunda penitência: ela é única; ela é um estatuto, e um estatuto global. – Atos de verdade implicados pela entrada nesse estatuto: atos objetivos e atos subjetivos. (a) Análise dos atos objetivos a partir das cartas de são Cipriano: um exame individual, detalhado, público. (b) Atos subjetivos: obrigação para o pecador de manifestar sua verdade (*exomológesis*). A exomologese: evolução da palavra do século I ao século III. Os três momentos do procedimento penitencial: a *expositio casus*, a exomologese propriamente dita (*publicatio sui*), o gesto de reconciliação (*impositio manus*). Análise do segundo episódio (Tertuliano; outros exemplos). Os dois usos da palavra "exomologese": episódio e ato global. – Três observações: (1) a relação *expositio casus/publicatio sui* na história da penitência a partir do século XII; (2) diferença entre exomologese e a *expositio casus*; (3) a exomologese e o paradoxo do mentiroso.

Aula de 12 de março de 1980.. 203

O acoplamento da verbalização detalhada da falta com a exploração de si mesmo. Sua origem: nem os procedimentos do batismo, nem os da penitência, mas a instituição monástica. – As técnicas da provação da alma e da publicação de si antes do cristianismo. A verbalização da falta e da exploração de si mesmo na Antiguidade grega e romana. Diferença em relação ao cristianismo. – (III) A prática da direção de consciência. Suas características essenciais: um vínculo livre, voluntário, ilimitado, finalizado pelo acesso a uma certa relação de si consigo. Observação sobre a relação entre a estrutura da autoridade política e a prática da direção. Práticas não institucionais e institucionais (escolas de filosofia) de direção na Grécia e em Roma. Uma técnica fundamental: o exame de consciência. Em que ele se diferencia do exame de consciência cristão. Dois exemplos de exame de consciência antigo: o *Carmen aureum* pitagórico; Sêneca, *De ira*, III, 36.

Aula de 19 de março de 1980.. 229

O exame de consciência na prática de direção (continuação). Seu aparecimento tardio, no século IV, no cristianismo; fenômeno ligado ao desenvolvimento da instituição monástica. – O problema das relações entre salvação e perfeição. A dupla resposta cristã: a penitência (economia da salvação na não-perfeição) e o monaquismo (busca da perfeição numa economia da salvação). – O monaquismo como vida filosófica. Desenvolvimento das técnicas próprias da filosofia antiga no cristianismo. – O exemplo de Cassiano. Primeiro princípio: não há vida monástica sem direção. Necessidade da direção tanto para a anacorese como para o cenóbio. As três fases da preparação para a entrada num cenóbio. Duas obrigações correlatas: obedecer em tudo e não esconder nada. Importância desse acoplamento na história da subjetividade cristã. Características dessa obediência segundo Cassiano (*subditio, patientia, humilitas*). Uma direção nos antípodas da direção antiga.

Aula de 26 de março de 1980 261
A direção cristã segundo Cassiano (continuação). Correlação dos três princípios: da obediência sem fim, do exame incessante de si mesmo e da confissão exaustiva. – A prática da *discretio*, entre o relaxamento e o excesso. Significado antiascético dessa noção. Contexto histórico: a organização monástica contra o ascetismo individual e sem regra. Diferença em relação à concepção antiga da *discretio*: o cristão não encontra mais sua medida em si mesmo. – Duas questões: (1) Por que falta ao homem a *discretio*? A presença do diabo, princípio de ilusão, no interior do sujeito. Necessidade de decifrar os segredos da consciência. (2) Como paliar essa falta de *discretio*? O dispositivo exame-confissão. (a) Objeto do exame do monge: seus pensamentos (*cogitationes*). A atividade da triagem (a metáfora do cambista). O gênio mau de Descartes, tema constante da espiritualidade cristã. (b) Função da confissão no exercício da *discretio*. Um mecanismo indispensável; seu caráter perpétuo e permanente. A *exagoreusis*. Paradoxo de uma aleturgia de si mesmo ligada à renúncia de si. – Três observações conclusivas: (1) a crítica cristã da gnose: dissociação entre salvação e perfeição, entre conhecimento de Deus e conhecimento de si; (2) a obrigação de dizer a verdade sobre si mesmo nas sociedades ocidentais; (3) que forma de poder ela supõe.

Resumo do curso 289
Situação do curso 295
Índice das noções 327
Índice dos termos gregos 349
Índice onomástico 351

ADVERTÊNCIA

Michel Foucault lecionou no Collège de France de janeiro de 1971 até a sua morte em junho de 1984 – com exceção de 1977, quando gozou de um ano sabático. O título da sua cadeira era: *História dos sistemas de pensamento*.

Essa cadeira foi criada em 30 de novembro de 1969, por proposta de Jules Vuillemin, pela assembleia geral dos professores do Collège de France em substituição à cadeira de história do pensamento filosófico, que Jean Hyppolite ocupou até a sua morte. A mesma assembleia elegeu Michel Foucault, no dia 12 de abril de 1970, titular da nova cadeira[1]. Ele tinha 43 anos.

Michel Foucault pronunciou a aula inaugural no dia 2 de dezembro de 1970[2].

O ensino no Collège de France obedece a regras particulares. Os professores têm a obrigação de dar 26 horas de aula por ano (metade das quais, no máximo, pode ser dada na forma de seminários[3]). Eles devem expor cada ano uma pesquisa original, o que os obriga a sempre renovar o conteúdo do seu ensino. A frequência às aulas e aos seminários é inteiramente livre, não requer inscrição nem qualquer diploma. E o professor também não fornece certificado algum[4]. No vocabulário do Collège de France, diz-se que os professores não têm alunos, mas ouvintes.

O curso de Michel Foucault era dado todas as quartas-feiras, do começo de janeiro até o fim de março. A assistência, numerosíssima, com-

---

1. Michel Foucault encerrou o opúsculo que redigiu para sua candidatura com a seguinte fórmula: "Seria necessário empreender a história dos sistemas de pensamento" ("Titres et travaux", *in Dits et Écrits*, 1954-1988, ed. por D. Defert e F. Ewald, colab. J. Lagrange, Paris, Gallimard, 1994, 4 vol.; cf. vol. I, p. 846).
2. Ela será publicada pelas Éditions Gallimard em maio de 1971 com o título: *L'Ordre du discours*.
3. Foi o que Michel Foucault fez até o início da década de 1980.
4. No âmbito do Collège de France.

posta de estudantes, professores, pesquisadores, curiosos, muitos deles estrangeiros, mobilizava dois anfiteatros do Collège de France. Michel Foucault queixou-se repetidas vezes da distância que podia haver entre ele e seu "público" e do pouco intercâmbio que a forma do curso possibilitava[5]. Ele sonhava com um seminário que servisse de espaço para um verdadeiro trabalho coletivo. Fez várias tentativas nesse sentido. Nos últimos anos, no fim da aula, dedicava um bom momento para responder às perguntas dos ouvintes.

Eis como, em 1975, um jornalista do *Nouvel Observateur*, Gérard Petitjean, transcrevia a atmosfera reinante: "Quando Foucault entra na arena, rápido, decidido, como alguém que pula na água, tem de passar por cima de vários corpos para chegar à sua cadeira, afasta os gravadores para pousar seus papéis, tira o paletó, acende um abajur e arranca, a cem por hora. Voz forte, eficaz, transportada por alto-falantes, única concessão ao modernismo de uma sala mal iluminada pela luz que se eleva de umas bacias de estuque. Há trezentos lugares e quinhentas pessoas aglutinadas, ocupando todo e qualquer espaço livre [...] Nenhum efeito oratório. É límpido e terrivelmente eficaz. Não faz a menor concessão ao improviso. Foucault tem doze horas por ano para explicar, num curso público, o sentido da sua pesquisa durante o ano que acaba de passar. Então, compacta o mais que pode e enche as margens como esses missivistas que ainda têm muito a dizer quando chegam ao fim da folha. 19h15. Foucault para. Os estudantes se precipitam para a sua mesa. Não é para falar com ele, mas para desligar os gravadores. Não há perguntas. Na confusão, Foucault está só." E Foucault comenta: "Seria bom poder discutir o que propus. Às vezes, quando a aula não foi boa, pouca coisa bastaria, uma pergunta, para pôr tudo no devido lugar. Mas essa pergunta nunca vem. De fato, na França, o efeito de grupo torna qualquer discussão real impossível. E como não há canal de retorno, o curso se teatraliza. Eu tenho com as pessoas que estão aqui uma relação de ator ou de acrobata. E quando acabo de falar, uma sensação de total solidão..."[6]

Michel Foucault abordava seu ensino como um pesquisador: explorações para um livro por vir, desbravamento também de campos de problematização, que se formulavam muito mais como um convite lançado a

---

5. Em 1976, na (vã) esperança de reduzir a assistência, Michel Foucault mudou o horário do curso, que passou de 17h45 para as 9 da manhã. Cf. o início da primeira aula (7 de janeiro de 1976) de "Il faut défendre la société". Cours au Collège de France, 1976, ed. sob a dir. de F. Ewald e A. Fontana por M. Bertani e A. Fontana, Paris, Gallimard/Seuil, 1997.

6. Gérard Petitjean, "Les Grands Prêtres de l'université française", Le Nouvel Observateur, 7 de abril de 1975.

eventuais pesquisadores. Assim é que os cursos do Collège de France não repetem os livros publicados. Não são o esboço desses livros, mesmo que certos temas possam ser comuns a livros e cursos. Eles têm seu estatuto próprio. Originam-se de um regime discursivo específico no conjunto dos "atos filosóficos" efetuados por Michel Foucault. Ele desenvolve aí, em particular, o programa de uma genealogia das relações saber/poder em função do qual, a partir do início dos anos 1970, refletirá seu trabalho – em oposição ao de uma arqueologia das formações discursivas que até então dominara[7].

Os cursos também tinham uma função na atualidade. O ouvinte que assistia a eles não ficava apenas cativado pelo relato que se construía semana após semana; não ficava apenas seduzido pelo rigor da exposição: também encontrava neles uma luz sobre a atualidade. A arte de Michel Foucault estava em diagonalizar a atualidade pela história. Ele podia falar de Nietzsche ou de Aristóteles, da perícia psiquiátrica no século XIX ou da pastoral cristã, mas o ouvinte sempre tirava do que ele dizia uma luz sobre o presente e sobre os acontecimentos contemporâneos. A força própria de Michel Foucault em seus cursos vinha desse sutil cruzamento de uma fina erudição, de um engajamento pessoal e de um trabalho sobre o acontecimento.

*

Os anos 70 viram o desenvolvimento e o aperfeiçoamento dos gravadores de fita cassete – a mesa de Michel Foucault logo foi tomada por eles. Os cursos (e certos seminários) foram conservados graças a esses aparelhos.

Esta edição toma como referência a palavra pronunciada publicamente por Michel Foucault. Ela fornece a transcrição mais literal possível[8]. Gostaríamos de poder publicá-la tal qual. Mas a passagem do oral ao escrito impõe uma intervenção do editor: é necessário, no mínimo, introduzir uma pontuação e definir parágrafos. O princípio sempre foi o de ficar o mais próximo possível da aula efetivamente pronunciada.

Quando parecia indispensável, as repetições foram suprimidas; as frases interrompidas foram restabelecidas e as construções incorretas, retificadas.

---

7. Cf. Em particular "Nietzsche, la généalogie, l'histoire", in *Dits et Écrits*, II, p. 137.

8. Foram mais especialmente utilizadas as gravações realizadas por Gérard Burlet e Jacques Lagrange, depositadas no Collège de France e no IMEC.

As reticências assinalam que a gravação é inaudível. Quando a frase é obscura, figura entre colchetes uma integração conjuntural ou um acréscimo.

Um asterisco no rodapé indica as variantes significativas das notas utilizadas por Michel Foucault em relação ao que foi dito.

As citações foram verificadas e as referências aos textos utilizados, indicadas. O aparato crítico se limita a elucidar os pontos obscuros, a explicitar certas alusões e a precisar os pontos críticos.

Para facilitar a leitura, cada aula foi precedida por um breve resumo que indica suas principais articulações.

O texto do curso é seguido do resumo publicado no *Annuaire du Collège de France*. Michel Foucault os redigia geralmente no mês de junho, pouco tempo depois do fim do curso, portanto. Era, para ele, uma oportunidade para extrair, retrospectivamente, a intenção e os objetivos daquele. E constituem a melhor apresentação das suas aulas.

Cada volume termina com uma "situação", de responsabilidade do editor do curso. Trata-se de dar ao leitor elementos de contexto de ordem biográfica, ideológica e política, situando o curso na obra publicada e dando indicações relativas a seu lugar no âmbito do *corpus* utilizado, a fim de facilitar sua compreensão e evitar os contrassensos que poderiam se dever ao esquecimento das circunstâncias em que cada um dos cursos foi elaborado e dado.

Do governo dos vivos, curso ministrado em 1980, é editado por Michel Senellart.

*

Com esta edição dos cursos no Collège de France, um novo aspecto da "obra" de Michel Foucault é dado à luz.

Não se trata, propriamente, de inéditos, já que esta edição reproduz a palavra proferida em público por Michel Foucault. O suporte escrito que ele utilizava podia ser muito elaborado, como atesta este volume. Daniel Defert, que possui as notas de Michel Foucault, permitiu que os editores as consultassem. A ele nossos mais vivos agradecimentos.

Esta edição dos cursos no Collège de France foi autorizada pelos herdeiros de Michel Foucault, que desejaram satisfazer à forte demanda de que eram objeto, na França como no exterior. E isso em incontestáveis condições de seriedade. Os editores procuraram estar à altura da confiança que neles foi depositada.

FRANÇOIS EWALD e ALESSANDRO FONTANA

*Curso,
anos 1979-1980*

AULA DE 9 DE JANEIRO DE 1980

A sala de justiça de Sétimo Severo. Comparação com a história de Édipo. – Exercício do poder e manifestação da verdade. A aleturgia como manifestação pura do verdadeiro. Não há hegemonia sem aleturgia. – Permanência dessa relação entre poder e verdade até a época moderna. Dois exemplos: as cortes reais, a razão de Estado e a caça aos feiticeiros (Bodin). Projeto do curso deste ano: elaborar a noção de governo dos homens pela verdade. Deslocamento em relação ao tema do poder-saber: do conceito de poder ao de governo (curso de dois anos atrás); do conceito de saber ao problema da verdade. – Cinco maneiras de conceber as relações entre exercício do poder e manifestação da verdade: o princípio de Botero, o princípio de Quesnay, o princípio de Saint-Simon, o princípio de Rosa Luxemburgo, o princípio de Soljenitsin. Sua estreiteza. A relação entre governo e verdade, anterior ao nascimento de uma governamentalidade racional; ela se vincula a um nível mais profundo que o dos conhecimentos úteis.

A propósito do imperador romano chamado Sétimo Severo, que reinava, como vocês todos sabem – enfim, como eu sei desde ontem, em todo caso – na virada dos séculos II e III, entre 193, creio, e 211[1], o historiador Dion Cássio conta a seguinte história[2]. Sétimo Severo havia construído um palácio[3], e nesse palácio, claro, uma grande sala solene na qual concedia audiências, pronunciava sentenças e ministrava a justiça. No teto dessa sala do seu palácio, Sétimo Severo mandou pintar uma representação do céu, uma representação do céu estrelado, e não era um céu qualquer, ou umas estrelas quaisquer, ou uma posição qualquer dos astros que ele representou. Havia mandado representar exatamente o céu do seu nascimento, a conjunção das estrelas que havia presidido ao seu nascimento e por conseguinte ao seu destino. Fazendo isso, ou mandando fazer isso, Sétimo Severo tinha, é claro, um certo número de intenções claras e explícitas que é bastante fácil reconstituir. Tratava-se, claro, para ele, de inscrever as sentenças particulares e conjunturais que ditava no interior do próprio sistema do mundo e mostrar como o *lógos* que presidia essa ordem do mundo e que havia presidido o seu nascimento, esse mesmo *lógos* era o que organizava, fundamentava e justificava as sentenças que ele pronunciava. O que ele dizia numa circunstância particular do mundo, o que ele dizia num *kairós* particular, como diriam os estoicos, era precisamente a própria ordem das coisas tais como foram estabelecidas lá em cima, de uma vez por todas. Tratava-se igualmente, para ele, de mostrar que seu reino havia sido fundado com base nos astros, que ele, o guerreiro de Leptis Magna, que tinha tomado o poder pela força e pela violência, não era por erro, não era por acaso, não era por uma conspiração qualquer dos homens que havia tomado o poder, mas porque a necessidade do mundo o havia convocado para o cargo que ocupava. E o que o direito não pudera fundar, seu reinado, sua tomada do poder, os astros haviam justificado de uma vez por todas. Enfim, em terceiro lugar, tratava-se de mostrar de antemão qual era a sua fortuna, a dele, imperador, e como ela era fatal, inevitável, inacessível, até que ponto era impossível para alguém, para um conspirador, rival ou inimigo qualquer se apossar desse trono que os astros haviam mostrado caber a ele, e que jamais nada podia prevalecer sobre ela. Sua fortuna era boa, sua fortuna era segura, o passado o indicava, mas para o futuro também as coisas estavam definitivamente seladas. Logo, atos incertos e particulares, um passado que havia sido feito de acaso e de sorte, um futuro que ninguém, claro, podia conhecer, mas de que alguns podiam se aproveitar para ameaçar o império: tudo isso era transformado em necessidade e devia ser visto no teto da sala em que ele pronunciava suas sentenças como uma verdade. O que se manifestava aqui, embaixo, eu ia dizendo no assoalho, como poder, podia e devia ser decifrado em verdade na noite do céu.

Severo, no entanto, era um homem prudente, já que, embora houvesse mandado representar o seu céu astral no teto da sala em que pronunciava as sentenças, havia no entanto um pedacinho desse céu que ele não havia mandado representar, que ele escondia com cuidado e que só era representado num outro aposento, o quarto do imperador, a que só ele e, sem dúvida, alguns dos seus familiares tinham acesso, e esse pedacinho de céu astral que ninguém tinha o direito de ver, que só o imperador conhecia, claro, era o que se chama no sentido estrito de horóscopo, o que possibilita ver a hora, sendo a hora, claro, a da morte. O céu da morte, o que estabelecia o fim do destino do imperador, o fim da sua fortuna, claro, a este ninguém tinha acesso.

O céu estrelado de Sétimo Severo, acima da sua justiça, é quase evidentemente o inverso da história de Édipo[4]. Pois Édipo era aquele que tinha seu destino, não acima da cabeça num céu estrelado representado num teto, mas preso a seus pés, preso a seus passos, preso àquele solo e àqueles caminhos que iam de Tebas a Corinto e de Corinto a Tebas. Estava em seus pés, estava sob seus pés que ele tinha seu destino, um destino que ninguém conhecia, nem ele nem nenhum dos seus súditos. Um destino que ia levá-lo à sua perda, é claro, e não se deve esquecer que no início da peça de Sófocles vemos Édipo, chamado pela população às voltas com a peste, também pronunciar uma sentença solene. Ele também diz o que se deve fazer, e diz: aquele cuja nódoa é responsável pela peste na cidade de Tebas deverá ser banido[5]. Portanto, ele também pronunciou uma sentença; uma sentença que também se inscreve na fatalidade de um destino. Mas essa fatalidade de um destino que vai retomar e dar sentido a essa sentença de Édipo é precisamente a cilada em que ele vai cair. E enquanto Sétimo Severo ministrava sua justiça e pronunciava suas sentenças de maneira a inscrevê-las numa ordem do mundo absolutamente visível, que as fundava em direito, em necessidade e em verdade, o infeliz Édipo pronunciou uma sentença fatal que se inscrevia num destino inteiramente envolto em noite, em ignorância, e que constituía, por conseguinte, uma cilada para si próprio.

E poderíamos encontrar outra analogia – um tanto sofisticada – no fato de que, se faltava efetivamente um fragmento do céu no teto da sala de audiência de Sétimo Severo, havia um fragmento do mistério de Édipo e do destino de Édipo que no entanto não era desconhecido. Houve um pastor que vira o que tinha acontecido no momento do nascimento de Édipo e que havia visto como Laio teria sido morto. É esse pastor dos recônditos do campo que vai dar seu testemunho. E é ele que dirá que é Édipo o culpado. Nos recônditos do campo de Tebas, havia portanto um pedacinho conhecido e visível do destino de Édipo por pelo menos uma pessoa. Havia como que o equivalente da câmara do imperador, mas era a cabana do pastor. E nessa cabana do pastor, o destino de Édipo vinha se consumar, ou em todo caso se manifestar. O imperador escondia o céu da sua morte. Já o pastor conhecia o segredo do nascimento de Édipo.

Vocês estão vendo, portanto, que o anti-Édipo existe. Dion Cássio já o tinha encontrado.

Vocês me dirão que tudo isso são jogos um tanto culturais e sofisticados e que, se Sétimo Severo havia mandado representar acima da sua cabeça o céu estrelado que presidia sua justiça, seu destino, sua fortuna, se queria que os homens lessem em verdade o que ele fazia em política, o que fazia em termos de poder, isso não passava de jogos de um imperador pego pela vertigem da sua própria fortuna. Afinal, esse soldado africano que havia ascendido até o império era bem normal que procurasse fundamentar no céu de uma necessidade mágica e religiosa uma soberania que o direito, aliás igualmente mágico e religioso, não podia lhe reconhecer. E esse homem fascinado com os cultos orientais era perfeitamente normal que tentasse, por sua parte, substituir pela ordem mágica dos astros a ordem racional do mundo, essa ordem racional do mundo que seu penúltimo predecessor, Marco Aurélio, tinha querido aplicar, por sua vez, num governo estoico do Império[6]. Era como o eco mágico, oriental, religioso do que os grandes imperadores estoicos do século II haviam querido fazer: governar o Império unicamente no interior de uma ordem manifesta do mundo e fazer que o governo do Império fosse a manifestação da verdade da ordem do mundo.

De fato, se é verdade que a conjuntura política individual de Sétimo Severo, e também o clima em que se havia refletido a noção do governo imperial durante o século II, se tudo isso pode justificar a preocupação que Sétimo Severo tinha e pode inscrever o exercício do seu poder nessa manifestação de verdade e justificar assim seus abusos de poder nos próprios termos da ordem do mundo, se portanto todo esse clima, esse contexto, essa conjuntura particular pode justificar isso, creio no entanto que se teria muita dificuldade para encontrar o exemplo de um poder que não se exerceria sem se fazer acompanhar, de uma maneira ou de outra, por uma manifestação de verdade. Vocês me dirão que, por um lado, todo mundo sabe disso, que não parei de dizer, de reiterar, de repetir isso. Como, de fato, seria possível governar os homens sem saber, sem conhecer, sem se informar, sem ter um conhecimento da ordem das coisas e da conduta dos indivíduos? Em suma, como seria possível governar sem conhecer o que se governa, sem conhecer os que são governados e sem conhecer o meio de governar tanto esses homens como essas coisas? No entanto, e é para isso que me demorei um pouco no exemplo de Sétimo Severo, creio que pode e deve vir rapidamente a suspeita de que não é simples e exatamente isso. Em outras palavras, que não é simplesmente a necessidade, eu ia dizendo econômica, de conhecer o que se governa e como governar, não é simplesmente essa necessidade utilitária que pode permitir que se meça esse fenômeno que eu procurava indicar, a saber, a relação entre o exercício do poder e a manifestação da verdade.

[Em primeiro lugar] me parece – e mais uma vez, fiquemos com o exemplo de Sétimo Severo – que esse verdadeiro cuja manifestação acompanha o exercício do poder extravasa amplamente os conhecimentos que são úteis para o governo. Afinal, essas estrelas que Sétimo Severo mandou representar acima da sua cabeça e da cabeça daqueles a quem ministrava a justiça, essas estrelas, que necessidade imediata, racional podia haver nelas? Não se deve esquecer que o reinado de Sétimo Severo também foi a época de certo número de grandes juristas como Ulpiano[7] e que o conhecimento jurídico, a reflexão jurídica nem de longe estavam ausentes da política de Sétimo Severo[8]. Além mesmo do conhecimento, do saber de juristas como Ulpiano, ele necessitava dessa manifestação suplementar, excessiva, eu ia dizendo não-econômica, da verdade. Em segundo lugar, o que me parece deva ser frisado é que a própria maneira como essa verdade, essa verdade um tanto luxuosa, um tanto suplementar, um tanto excessiva, um tanto inútil, a maneira como essa verdade é manifestada não é exatamente da ordem do conhecimento, de um conhecimento formado, acumulado, centralizado, utilizado*. Nesse exemplo do céu estrelado, vê-se uma espécie de manifestação pura do verdadeiro: manifestação pura da ordem do mundo em sua verdade, manifestação pura do destino do imperador e da necessidade que preside a ele, manifestação pura da verdade em que se fundamentam, em última instância, as sentenças do príncipe. Manifestação pura, manifestação fascinante que é essencialmente destinada, não propriamente a demonstrar, a provar alguma coisa, a refutar o falso, mas a mostrar simplesmente, a desvelar a verdade. Em outras palavras, não se tratava para ele de estabelecer, por certo número de procedimentos, a verdade desta ou daquela tese, como a legitimidade do seu poder ou a justiça desta ou daquela sentença. Não se tratava, portanto, de estabelecer a exatidão do verdadeiro em oposição a um falso que seria refutado e eliminado. Tratava-se essencialmente de fazer surgir o próprio verdadeiro, contra o fundo do desconhecido, contra o fundo do oculto, contra o fundo do invisível, contra o fundo do imprevisível. Não se tratava propriamente, portanto, de organizar um conhecimento, não se tratava da organização de um sistema utilitário de conhecimentos necessário e suficiente para exercer o governo. Trata-se de um ritual de manifestação da verdade, que mantinha com o exercício do poder certo número de relações que não podem certamente se reduzir à utilidade pura e simples, mesmo que o cálculo não esteja ausente dele, e o que eu queria tentar apreender um pouco é a natureza das relações entre esse ritual de manifestação da verdade e o exercício do poder.

Digo "ritual de manifestação da verdade" porque não se trata pura e simplesmente do que poderíamos chamar de uma atividade mais ou menos racional de conhecimento. Parece-me que o exercício do poder, tal como podemos encontrar um seu exemplo na história de Sétimo Severo, se faz acompanhar por um conjunto de procedimentos verbais ou não verbais, que podem por conseguinte ser da ordem da informação recolhida, da ordem do conhecimento, da ordem do armazenamento, por quadros, fichas, notas, de certo número de informações, que também podem ser rituais, cerimônias, operações diversas de magia, de *mancia*, de consulta aos oráculos, aos deuses. Trata-se portanto de um conjunto de pro-

---

* Segue-se uma palavra inaudível.

cedimentos, verbais ou não, pelos quais se traz à luz – e pode ser tanto a consciência individual do soberano, quanto o saber de seus conselheiros ou a manifestação pública – algo que é afirmado, ou antes, posto como verdadeiro, seja evidentemente em oposição a um falso que foi eliminado, discutido, refutado, mas também talvez por arrancamento ao oculto, por dissipação do que é esquecido, por conjuração do imprevisível.

Assim, eu não diria simplesmente que o exercício do poder supõe, nos que [governam]* algo como um conhecimento, um conhecimento útil e utilizável. Diria que o exercício do poder se faz acompanhar com bastante constância de uma manifestação de verdade entendida nesse sentido bem lato. E, para procurar encontrar uma palavra que correspondesse, não portanto ao conhecimento útil para os que governam; procurando pois pelas palavras, encontrei uma que não é muito honorável, já que só foi empregada uma vez, e mesmo assim de outra forma, por um gramático grego do século IV ou III – bom, os eruditos corrigirão –, um gramático que se chama Heráclides e que emprega o adjetivo ἀληθουργής para dizer que alguém diz a verdade[9]. Ἀληθουργής é o verídico. E, por conseguinte, forjando a partir de ἀληθουργής a palavra fictícia *alêthourgia*, aleturgia; poderíamos chamar de "aleturgia" o conjunto dos procedimentos possíveis, verbais ou não, pelos quais se revela o que é dado como verdadeiro em oposição ao falso, ao oculto, ao indizível, ao imprevisível, ao esquecimento, e dizer que não há exercício do poder sem algo como uma aleturgia. Ou ainda – pois vocês sabem que adoro palavras gregas e que o exercício do poder se chama em grego de "hegemonia", não no sentido que damos hoje a essa palavra: simplesmente, a hegemonia é o fato de se encontrar à frente dos outros, de conduzi-los e de conduzir de certo modo a conduta deles –, direi: é verossímil que não haja nenhuma hegemonia que possa se exercer sobre algo como uma aleturgia. Isso para dizer, de uma maneira bárbara e áspera, que o que se chama de conhecimento, isto é, a produção de verdadeiro na consciência dos indivíduos por procedimentos lógico-experimentais, não é mais que, no fim das contas, uma das formas possíveis da aleturgia. A ciência, o conhecimento objetivo, não é mais que um dos casos possíveis de todas essas formas pelas quais podemos manifestar o verdadeiro.

Vocês vão dizer que tudo isso é discussão acadêmica e distração um tanto paralela, porque, se é verdade que em termos gerais pode-se dizer que não há exercício do poder, que não há hegemonia sem algo como rituais ou formas de manifestação da verdade, não há hegemonia sem aleturgia, desde há alguns séculos tudo isso foi rebatido sobre problemas,

* M. F.: o exercem

técnicas e procedimentos muito mais eficazes e mais racionais do que, por exemplo, a representação do céu estrelado acima da cabeça do imperador, que agora temos um exercício do poder que é racionalizado como arte de governar e que essa arte de governar deu lugar [a], ou se apoiou em, certo número de conhecimentos objetivos que são os conhecimentos da economia política, da sociedade, da demografia, de toda uma série de processos[10]. Concordo plenamente. Quer dizer, concordo um pouco, concordo bastante parcialmente. E aceito [admitir] que a série de fenômenos a que fiz alusão, por meio da história de Sétimo Severo, é uma espécie de aura residual que atesta certo arcaísmo no exercício do poder, que tudo isso quase desapareceu agora e que estamos numa arte racional de governar da qual, justamente, lhes falei das últimas vezes. Gostaria simplesmente de observar duas coisas.

Primeiro, nesse domínio como em todos os outros, o que é marginal e o que é residual sempre tem, quando examinado de perto, seu valor heurístico, e o demais ou o pouco demais muitas vezes é, nessa ordem de coisas, um princípio de inteligibilidade.

Segundo, sem dúvida as coisas também duraram muito mais tempo do que acreditamos. E se Sétimo Severo é bastante representativo de um clima mais uma vez bem localizado – na virada dos séculos II e III –, essa história da manifestação de verdade entendida no sentido bem amplo de uma aleturgia em torno do exercício do poder, tudo isso não se dissipou como por encanto, seja sob o efeito da desconfiança que o cristianismo pode ter tido por esse gênero de práticas mágicas, seja sob o efeito dos progressos da racionalidade ocidental a partir dos séculos XV e XVI. Poder-se-ia evocar – voltarei sobre isso, talvez, se tiver tempo, da próxima vez – um artigo interessantíssimo de uma pessoa chamada Denise Grodzynski, publicado num livro cujo organizador é Jean-Pierre Vernant (esse livro se chama *Divination et Rationalité*)[11], sobre a luta que os imperadores romanos dos séculos III e IV travaram contra essas práticas mágicas e a maneira como se tentou até certo ponto depurar de certo modo o exercício do poder desse entorno, [e que mostra] todas as dificuldades que houve e todas as jogadas políticas por trás disso[12]. Mas também poderíamos [falar], muito mais tardiamente, por exemplo nos séculos XV e XVI, início do século XVII, das cortes principescas [e] reais do fim da Idade Média, do Renascimento e ainda do século XVII, [que] foram, como se sabe, instrumentos políticos importantíssimos. Sabe-se também que tipo de "focos de cultura"[13], como se diz, elas foram, e o que isso [significa], "focos de cultura", que sentido tinha? Talvez devêssemos dizer: lugares de manifestação da verdade, em vez de simplesmente focos de cultura. É certo que, nessa preocupação que os príncipes da época do

Renascimento puderam ter, de agrupar ao seu redor um certo número de atividades, de saberes, de conhecimentos, de práticas, um certo número de indivíduos que eram o que chamaríamos de criadores ou veículos culturais, havia um grande número de razões imediatamente utilitárias. Tratava-se, é verdade, de criar em torno do príncipe um núcleo de competências que lhe possibilitasse, justamente, afirmar seu poder político sobre as antigas estruturas, digamos, feudais ou em todo caso anteriores[14]. Tratava-se também de assegurar uma centralização dos conhecimentos numa época em que certa fragmentação religiosa e ideológica podia vir a constituir em face do príncipe um contrapeso demasiado considerável. Tratava-se, na época da Reforma e da Contrarreforma, de poder controlar até certo ponto a violência e a intensidade desses movimentos ideológicos e religiosos que tinham se imposto, mais ou menos à força, ao príncipe.

Tem disso. Mas creio que o fenômeno corte representa também outra coisa e que, na extraordinária concentração de atividades que, mais uma vez, diríamos culturais, havia na corte uma espécie de dispêndio, de dispêndio puro de verdade ou de manifestação pura de verdade. Onde há poder, onde é preciso que haja poder, onde se quer mostrar efetivamente que é lá que reside o poder, é preciso haver o verdadeiro. E onde não houvesse verdadeiro, onde não houvesse manifestação de verdadeiro, é que o poder não estaria ali, ou seria fraco demais, ou seria incapaz de ser poder. A força do poder não é independente de algo como a manifestação do verdadeiro, e muito além do que é simplesmente útil ou necessário para bem governar. O fortalecimento do poder principesco que se constata [durante] esses séculos XV, XVI, XVII demandou, é claro, a constituição de toda uma série de conhecimentos que poderíamos dizer úteis à arte de governar, mas também toda uma série de rituais, de manifestações de saber que vão do desenvolvimento dos círculos humanistas à curiosa e constante presença dos bruxos, astrólogos, adivinhos no *entourage* dos príncipes até o início do século XVII. O exercício do poder principesco, tanto no século XVI como no tempo de Sétimo Severo, também não podia prescindir de certo número desses rituais, e seria interessantíssimo estudar o personagem do adivinho, bruxo, astrólogo nas cortes dos séculos XVI-XVII.

E essa razão de Estado, de que tentei dois anos atrás reconstituir alguns momentos genéticos[15], é, de fato, em certo sentido todo um remanejamento, digamos, utilitário e calculador de todas as aleturgias que eram próprias do exercício do poder. Tratava-se de fato de constituir um tipo de saber que fosse de certo modo interno ao exercício do poder e útil para ele. Mas a constituição da razão de Estado foi acompanhada por todo um movimento que foi evidentemente sua contrapartida negativa: era preciso varrer os adivinhos da corte do rei e substituir a astrologia, aquela espécie de conselheiro que era ao mesmo tempo o detentor e o invocador da verdade, por um verdadeiro ministro, que fosse capaz de proporcionar ao príncipe um conhecimento útil. A constituição da razão de Estado é o remanejamento de todas essas manifestações de verdade que eram vinculadas ao exercício do poder e à organização das cortes.

E, por conseguinte, poder-se-ia considerar – se alguém se interessasse por isso – que o fenômeno da caça às bruxas no fim do século XVI[16] não foi pura e simplesmente um fenômeno de reconquista pela Igreja e, por conseguinte, até certo ponto, pelo Estado, de toda uma camada da população que, no fundo, só fora superficialmente cristianizada na Idade Média. Esse fenômeno, claro, é fundamental, não pretendo em absoluto negar isso. A caça às bruxas foi o contragolpe da Reforma e da Contrarreforma, ou seja, de uma velocidade superior à da cristianização, que havia sido bastante lenta e bastante superficial nos séculos precedentes. A caça às bruxas representa bem isso. Mas houve também uma caça aos bruxos, aos adivinhos, aos astrólogos, que foi feita nas camadas superiores e até no *entourage* real. E a exclusão do adivinho nas cortes é cronologicamente contemporânea da última e mais intensa das caças às bruxas nas camadas populares. Assim, deve-se ver [aí] um fenômeno de certo modo em forquilha, que apontou nas duas direções, a direção do *entourage* do príncipe bem como a direção popular. Era preciso eliminar aquele tipo de saber, aquele tipo de manifestação de verdade, aquele tipo de produção do verdadeiro, aquele tipo de aleturgia, tanto nas camadas populares, por um certo número de razões, como no *entourage* dos príncipes e nas cortes.

Podemos encontrar aí um personagem sem dúvida importante, que é, evidentemente, Bodin. Bodin, que conforme sabemos é, com a sua *República*[17], pelo menos um dos teóricos da nova racionalidade que devia presidir a arte de governar e que escreveu um livro sobre a feitiçaria[18]. Então, eu sei, há gente – pouco importa o nome e a nacionalidade – que diz: sim, claro, Bodin, se ele fez essas duas coisas, se ele é de fato o teórico da razão de Estado e o grande esconjurador da demonomania, se é demonologista e teórico do Estado, é simplesmente porque o capitalismo nascente necessitava de forças de trabalho e porque as bruxas eram ao mesmo tempo aborteiras; tratava-se de suprimir os freios à demografia para poder fornecer ao capital a mão de obra de que necessitava em suas fábricas do século XIX, o raciocínio, vocês estão vendo, não é absolutamente convincente (é verdade que tenho de caricaturá-lo). No entanto me pareceria mais interessante buscar os dois registros do pensamento de Bodin nessa relação que deve haver entre a constituição de uma racionalidade própria da arte de governar sob a forma, digamos, de uma razão de Estado em geral e, por outro lado, a conjuração dessa aleturgia que, sob a forma da demonomania, mas também da adivinhação, ocupava no saber dos príncipes uma posição que a razão de Estado devia substituir. Enfim, tudo isso seria certamente um domínio de estudo possível[19].

Isso para a introdução de alguns dos temas de que gostaria de falar este ano. Em linhas gerais, vocês estão vendo, se trataria de elaborar um pouco a noção de governo dos homens pela verdade. Dessa noção de governo dos homens pela verdade eu havia falado um pouco nos anos anteriores[20]. O que quer dizer "elaborar essa noção"? Claro, trata-se de deslocar as coisas relativamente ao tema já batido e rebatido do saber-poder. Tema esse, saber-poder, que não era mais, ele próprio, que uma maneira de deslocar as coisas relativamente a um tipo de análise, no domínio da história do pensamento, que era mais ou menos organizado, ou que girava em torno da noção de ideologia dominante. Dois deslocamentos sucessivos, se preferirem: um indo da noção de ideologia dominante à de saber-poder, e depois, agora, segundo deslocamento, da noção de saber-poder à noção de governo pela verdade.

Claro, entre esses dois deslocamentos há uma diferença. Se à noção de ideologia dominante procurei opor a noção de saber-poder é porque a essa noção de ideologia dominante creio que se podiam fazer três objeções. Em primeiro lugar, ela postulava uma teoria malfeita, ou uma teoria nada feita, da representação. Em segundo lugar, essa noção era indexada, pelo menos explicitamente, a uma oposição entre o verdadeiro e o falso, entre a realidade e a ilusão, entre o científico e o não-científico, entre o racional e o irracional – e aliás sem poder se livrar dela de forma clara. Enfim, em terceiro lugar, com a palavra "dominante" a noção de ideologia dominante driblava todos os mecanismos reais de sujeição e se livrava da bola, passava a bola, dizendo-se: afinal, cabe aos historiadores saber como e por que numa sociedade uns dominam os outros. Em oposição a isso, procurei portanto situar um pouco as noções de saber e de poder. A noção de saber tinha por função, justamente, pôr para fora de campo a oposição entre o científico e o não-científico, a questão da ilusão e da realidade, a questão do verdadeiro e do falso. Não para dizer que essas oposições não tinham em todos os casos nem sentido nem valor – não é o que eu queria dizer. Eu queria dizer simplesmente que se tratava, com o saber, de colocar o problema em termos de práticas constitutivas, práticas constitutivas de domínios de objetos e de conceitos, dentro dos quais as oposições entre o científico e o não-científico, entre o verdadeiro e o falso, entre a realidade e a ilusão podiam exercer seus efeitos. Quanto à noção de poder, ela tinha essencialmente por função substituir a noção de sistema de representações dominantes pela questão, pelo campo de análise dos procedimentos e das técnicas pelas quais se efetuam as relações de poder.

Agora, o segundo deslocamento em relação a essa noção de saber-poder. Trata-se portanto de se livrar dela para tentar elaborar a noção de governo pela verdade. Livrar-se da noção de saber-poder como se se livrou da noção de ideologia dominante. Enfim, quando digo isso, sou perfeitamente hipócrita, pois é evidente que ninguém se livra do que pensou como se livra do que pensaram os outros. Por conseguinte, serei certamente mais indulgente com a noção de saber-poder do que com a de ideologia dominante, mas é a vocês que cabe me censurar por isso. Na incapacidade, portanto, de me tratar a mim mesmo como pude tratar dos outros, direi que se trata essencialmente, ao passar da noção de saber-poder à noção de governo pela verdade, de dar um conteúdo positivo e diferenciado a esses dois termos, saber e poder.

Nos cursos dos dois últimos anos, procurei esboçar um pouco essa noção de governo, que me parece muito mais operacional do que a noção de poder, "governo" entendido, claro, não no sentido estrito e atual de instância suprema das decisões executivas e administrativas nos sistemas estatais, mas no sentido lato, e aliás antigo, de mecanismos e procedimentos destinados a conduzir os homens, a dirigir a conduta dos homens, a conduzir a conduta dos homens. E foi no âmbito geral dessa noção de governo que procurei estudar duas coisas, a título de exemplos: por um lado, o nascimento da razão de Estado no século XVII[21], entendida não como teoria ou representação do Estado mas como arte de governar, como racionalidade que elabora a própria prática do governo, e [por outro lado] o liberalismo contemporâneo, americano e alemão – foi o que fiz ano passado[22], o liberalismo entendido, aqui também, não como teoria econômica ou como doutrina política mas como certa maneira de governar, certa arte racional de governar.

A partir deste ano gostaria de elaborar a noção de saber em direção ao problema da verdade. [...] [Gostaria] também, hoje, de permanecer um pouco no nível das generalidades a fim de procurar situar um pouco melhor o problema, dado que o exemplo de Sétimo Severo e do seu céu estrelado não é totalmente adequado para apreender, situar mais precisamente as questões a colocar para uma análise histórica. É um lugar-comum dizer que a arte de governar e, digamos, o jogo da verdade não são independentes um do outro e que não se pode governar sem entrar de uma maneira ou de outra no jogo da verdade. Tudo isso são lugares-comuns, e na realidade, desses lugares-comuns, desses temas, creio que, a título de referência totalmente provisória, podemos encontrar quatro ou cinco formas principais no pensamento político moderno (digo "pensamento político moderno" no sentido bem lato do termo, isto é, a partir do século XVII). Cinco maneiras de conceber que pode haver uma relação entre o exercício do poder e a manifestação da verdade.

A primeira forma, a mais antiga, forma bastante geral, bastante banal, mas que, é claro, há três séculos teve sua força inovadora e seus efeitos de ruptura, é simplesmente a ideia de que não pode haver governo sem que os que governam indexem suas ações, suas opções, sua decisões a um conjunto de conhecimentos verdadeiros, de princípios racionalmente fundados ou de conhecimentos exatos, os quais não decorrem simplesmente da sabedoria em geral do príncipe ou da razão pura e simples, mas de uma estrutura racional que é própria de um domínio de objetos possível e que é o Estado. Em outras palavras, a ideia de uma razão de Estado me parece ter sido, na Europa moderna, a primeira maneira de refletir e procurar dar um estatuto preciso, assinalável, manejável, utilizável, à relação entre o exercício do poder e a manifestação da verdade. Em suma, seria a ideia de que a racionalidade da ação governamental é a razão de Estado e que a verdade que é preciso manifestar é a verdade do Estado como objeto da ação governamental. Chamemos isso de princípio de Botero[23], se é que Botero foi mesmo o primeiro, ou um dos primeiros a formular mais sistematicamente o princípio da razão de Estado.

Em segundo lugar, um pouco mais tarde, encontramos outra maneira de vincular a arte de governar ao jogo da verdade. É um modo de vinculação, à primeira vista, paradoxal, utópico, e que no entanto foi historicamente importantíssimo. É a ideia de que, se efetivamente o governo governa não de acordo com a sabedoria geral, mas com a verdade, isto é, de acordo com o conhecimento exato dos processos que caracterizam essa realidade que é o Estado – essa realidade que constitui uma população, uma produção de riquezas, um trabalho, um comércio –, se ele governa de acordo com a verdade, menos terá a governar. Quanto mais indexar sua ação à verdade, menos terá a governar, no sentido de que terá de tomar menos decisões que se imporão de cima para baixo, em função de cálculos mais ou menos incertos, a pessoas que as aceitarão mais ou menos bem. Se a verdade pode chegar a constituir o clima e a luz comuns aos governos e aos governados, vocês estão vendo que deve chegar um momento, uma espécie de ponto utópico na história em que o império da verdade poderá fazer reinar sua ordem sem que as decisões de uma autoridade, sem que as opções de uma administração tenham de intervir de outro modo que não a formulação evidente para todo mundo do que se deve fazer. Portanto, o exercício do poder nunca será nada mais que um indicador da verdade. E se essa indicação da verdade se faz de uma maneira suficientemente demonstrativa, todo mundo concordará e, no limite, não será mais necessário ter um governo, ou o governo não será nada mais que a superfície de reflexão da verdade da sociedade e da economia em certo número de espíritos que só terão de repercutir essa verdade nos espíritos dos que são governados. Governantes e governados serão de certo modo atores, coatores, atores simultâneos de uma peça que representam em comum e que é a da natureza em sua verdade. Essa ideia é a ideia de Quesnay[24], é a ideia dos fisiocratas, resumindo muito: a ideia de que, se os homens governassem de acordo com as regras da evidência, não seriam os homens que governariam, seriam as próprias coisas. Chamemos isso, se quiserem, de princípio de Quesnay, que, mais uma vez, apesar do seu caráter abstrato e quase utópico, teve uma importância considerável na história do pensamento político na Europa.

E podemos dizer que o que aconteceu depois, o que vemos se desenvolver no século XIX, na ordem dessas reflexões sobre a maneira de vincular verdade e governo nada mais é, no fundo, do que o desenvolvimento ou a dissociação dessa ideia fisiocrática. De fato, vocês encontram no século XIX essa ideia, também banalíssima mas cuja importância é enorme, de que, se a arte de governar é fundamentalmente vinculada à descoberta de uma verdade e ao conhecimento objetivo dessa verdade, isso implica a constituição de um saber especializado, a formação de uma categoria de indivíduos também especializados nesse conhecimento dessa verdade, e essa especialização constitui um domínio que não é exatamente próprio da política, que define antes um conjunto de coisas e de relações que, como quer que seja, devem se impor à política. Em linhas gerais, vocês estão vendo que é o princípio de Saint-Simon[25].

Em face disso e um pouco mais tardiamente, encontramos de certo modo o inverso: se um certo número de indivíduos se apresentam como especialistas da verdade que deve se impor à política é que, no fundo, eles têm algo a esconder. Ou seja, se fosse possível que todos os indivíduos que vivem numa sociedade conhecessem a verdade e soubessem efetivamente o que acontece, na realidade, em profundidade, e que a aparente competência dos outros se destina apenas a esconder, em outras palavras, se todo mundo soubesse tudo sobre a sociedade na qual vive, o governo simplesmente não poderia mais governar e seria imediatamente a revolução. Façamos as máscaras caírem, descubramos as coisas como elas acontecem, tomemos cada um de nós consciência do que são a sociedade em que vivemos, os processos econômicos de que somos inconscientemente agentes e vítimas, tomemos consciência dos mecanismos da exploração e da dominação, e com isso o governo cai. Incompatibilidade, por conseguinte, entre a evidência enfim adquirida do que realmente acontece, evidência adquirida por todos, e exercício do governo por alguns. Princípio, portanto, da tomada de consciência universal como princípio de derrubada dos governos, dos regimes e dos sistemas. Foi o que Rosa Luxemburgo formulou numa frase célebre: "Se todo o mundo soubesse, o regime capitalista não duraria vinte e quatro horas."[26]

A isso poder-se-ia dizer que se acrescentou, muito mais recentemente, uma outra maneira de conceber, de definir as relações entre a manifestação da verdade e o exercício do poder. Maneira exatamente inversa à de Rosa Luxemburgo. É o que poderíamos chamar de princípio de Soljenitsin[27], que consiste em dizer: talvez se todo mundo soubesse, o regime capitalista não duraria vinte e quatro horas, mas, diz Soljenitsin, se os regimes socialistas duram, é precisamente porque todo mundo sabe. Não é porque os governados ignoram o que acontece, ou não é porque alguns deles sabem mas os outros não sabem, é ao contrário porque eles sabem e, na medida em que sabem, na medida em que a evidência do que acontece é efetivamente consciente para todo mundo, é nessa medida que as coisas não se mexem. É precisamente esse o princípio do terror. O terror não é uma arte de governar que se esconde, em suas finalidades, em seus motivos e em seus mecanismos. O terror é precisamente a governamentalidade no estado nu, no estado cínico, no estado obsceno. No terror, é a verdade, e não a mentira, que imobiliza. É a verdade que gela, é a verdade que se torna, por sua evidência, por essa evidência manifesta em toda parte, que se torna intangível e inevitável.

Balanço, se quiserem: razão de Estado ou princípio de racionalidade, é Botero; racionalidade econômica e princípio de evidência, é Quesnay; especificação científica da evidência e princípio de competência, é Saint-Simon. Transformação da competência particular em despertar universal, é o princípio da consciência geral, é Rosa Luxemburgo; e, enfim, consciência comum e fascinada do inevitável, é o princípio de terror ou princípio de Soljenitsin. Eis cinco maneiras de reflexão, de analisar ou, em todo caso, de localizar as relações entre o exercício do poder e a manifestação da verdade.

Se esbocei esse quadro não foi, evidentemente, com uma intenção de exaustividade, nem mesmo para estabelecer uma perspectiva cavaleira que possibilitasse captar o essencial e a coerência do conjunto. Não fiz mais que indicar certas referências, ou antes, fiz o levantamento puramente indicativo de algumas das maneiras segundo as quais, na época moderna, se procurou pensar as relações entre arte de governar e saber da verdade, ou ainda, entre exercício do poder e manifestação da verdade. Se as enumerei assim, de uma forma esquemática, uma depois da outra e vinculando-as a um nome, logo a uma data, não era para dizer que cada uma delas caracteriza uma maneira bem particular, um momento bem particular, que tenha havido uma era da racionalidade, uma era da evidência, uma era da competência. Não era isso. Não quis mostrar tampouco que de uma a outra tenha havido um encadeamento fatal. Sobretudo, não quis dizer que o princípio de terror, por exemplo, já estava contido fatalmente, necessariamente, em germe, *in nucleo*, na ideia de uma racionalidade governamental tal como a encontramos no século XVII na razão de Estado. Não foi em absoluto isso que eu quis dizer. Ao contrário, indiquei essas maneiras de pensar as relações entre manifestação da verdade e exercício do poder unicamente para procurar lhes mostrar a estreiteza de cada uma.

Estreiteza que poderíamos assinalar salientando o seguinte. Nessas maneiras modernas (todas datando dos três últimos séculos) de refletir as relações governo-verdade, [por um lado], todas elas definem essas relações em função de um certo real que seria o Estado ou que seria a sociedade. A sociedade é que seria objeto de saber, a sociedade é que seria lugar de processos espontâneos, sujeito de revoltas, objeto-sujeito do fascínio no terror. E, por outro lado, outra limitação dessas análises: é que, vocês estão vendo, elas são feitas em função de um saber que [teria] sempre [a] forma do conhecimento mais ou menos objetivo dos fenômenos. Ora, gostaria de procurar remontar a antes desses diferentes esquemas e mostrar a vocês como nem sempre é a partir do dia em que a sociedade e o Estado apareceram como objetos possíveis e necessários para uma governamentalidade racional que se ataram por fim relações entre governo e verdade. Não foi preciso aguardar a constituição dessas relações novas, modernas, entre arte de governar e racionalidade, digamos, política, econômica e social para que o vínculo entre manifestação da verdade e exercício do poder se fizesse. Exercício do poder e manifestação da verdade são muito mais antigamente vinculados, num nível muito mais profundo, e eu gostaria de procurar lhes mostrar – tomando um exemplo muito particular, muito preciso, que nem pertence à política – que não se pode dirigir os homens sem fazer operações na ordem do verdadeiro, operações sempre excedentárias em relação ao que é útil e necessário para governar de uma maneira eficaz. É sempre além da finalidade do governo e dos meios eficazes para alcançá-la que a manifestação da verdade é requerida por, ou é implicada por, ou está vinculada à atividade de governar e de exercer o poder.

Diz-se com frequência que por trás de todas as relações de poder há, em última instância, uma coisa que é como que um núcleo de violência e que, se despojarmos o poder dos seus ouropéis, é o jogo nu da vida e da morte que encontraremos. Pode ser. Mas pode haver um poder sem ouropéis? Em outras palavras, pode efetivamente haver um poder que passaria do jogo de luzes e sombras, de verdade e erro, de verdadeiro e falso, de oculto e manifesto, de visível e invisível? Pode haver um exercício do poder sem um anel de verdade, sem um círculo aletúrgico que gira em torno dele e o acompanha? O céu estrelado acima da cabeça de Sétimo Severo, o céu estrelado acima da cabeça dos que ele julgava, o céu estrelado como verdade que se estendia implacavelmente sobre aquele que governa e aqueles que são governados, esse céu estrelado como manifestação da verdade, esse céu estrelado, portanto, acima da cabeça de todos nós põe a lei política nas mãos dele.

É isso. Bem, é em torno desses temas que procurarei continuar.

*

NOTAS

1. Sétimo Severo ou Septímius Severo (Lucius Septimius Severus, 146-211), imperador em Roma de 193 a 211. Nascido em Leptis Magna (Tripolitana) numa família originária da Gália, exerceu inicialmente diversos cargos (senador, questor, procônsul) na África, depois comandou as legiões da Ilíria, que o proclamaram imperador depois da morte violenta de Pertinax. Reconhecido pelo Senado, derrotou em seguida seus dois rivais, Pescênio Niger, reconhecido por toda a Ásia, e Albino, eleito das legiões da Bretanha.

2. Dion Cássio, historiador grego (~155-240). Da sua monumental *História romana* em 80 livros, só foram conservados os livros 37 a 59. A passagem evocada por Foucault se encontra no livro 77, 1, conhecido a partir do resumo do monge bizantino João Xifilino (fim do século XI) (cf. *Dio's Roman History*, trad. ingl. E. Cary, Cambridge, Mass., Harvard University Press/ Londres, William Heinemann, "The Loeb Classical Library", t. IX, 1927, 19822, pp. 261-3). Cf. a tradução de É. Gros, *Histoire romaine* de Dion Cássio, t. 10, Paris, Firmin Didot, 1870: "Severo voltou então as armas contra a Bretanha, porque via seus filhos levarem uma vida intemperante e as legiões se entibiarem no ócio, e isso embora soubesse que não voltaria de lá. Sabia disso sobretudo pelo conhecimento dos astros sob os quais nascera (ele os havia mandado pintar nos tetos das salas do seu palácio em que ministrava a justiça; de sorte que, salvo o momento preciso que se referia à hora em que viera à luz, a seu horóscopo, como se diz, todo mundo podia vê-los, porque esse momento não estava figurado igualmente de cada lado); ele sabia disso também por tê-lo ouvido da boca dos adivinhos. De fato, no pedestal de uma estátua sua, situada perto da porta pela qual devia fazer seu exército sair e voltada para a rua que conduzia a esta, três letras do seu nome foram apagadas por um raio, que caiu nele; e é por essa razão que, como os adivinhos haviam declarado, Severo não voltou e morreu três anos depois. Ele levou nessa expedição somas consideráveis" (a referência dada aqui é 76, 11).

3. Trata-se sem dúvida do Septizonium (ou Septizodium), monumento hoje desaparecido, construído a sudeste do Palatino, cujos vestígios subsistiram até o século XVI. Foi demolido pelo papa Sisto V em 1588. O imperador teria feito uma sala em que ele próprio estava representado como sol rodeado por sete planetas.

4. Cf. Sófocles, *Oedipe-Roi*, trad. P. Masqueray, Paris, Les Belles Lettres ("Collection des universités de France", t. 1), 1922, 4ª ed., 1946 (edição de referência: cf. M. Foucault, *Leçons sur la volonté de savoir. Cours au Collège de France, 1970-1971*, seguido de *Le Savoir d'Oedipe*, ed. sob a dir. de F. Ewald e A. Fontana, por D. Defert, Paris, Gallimard-Seuil, col. "Hautes Études", 2011, p. 192 n. 1).

5. Cf. *ibid.*, vv. 236-244, p. 149. Foucault resume aqui a sentença pronunciada por Édipo diante dos tebanos.

6. Marco Aurélio (121-180), imperador romano de 161 a 180, autor da obra que conhecemos pelo nome de *Pensamentos*. Teve dois sucessores antes de Sétimo Severo: seu filho Cômodo (180-192), depois Pertinax (janeiro-março 193), ambos assassinados. Sobre esse personagem de príncipe-filósofo, cf. M. Foucault, *L'Herméneutique du sujet. Cours au Collège de France, 1981-1982*, ed. sob a dir. de F. Ewald e A. Fontana, por F. Gros, Paris, Gallimard-Seuil, (col. "Hautes Études"), 2001, pp. 191-4. Sobre a relação de Sétimo Severo com os cultos orientais, cf. J. Daniélou, *Origène*, Paris, La Table Ronde (col. "Le génie du christianisme"), 1948, p. 35: "[A] invasão [desses cultos, que havia começado sob os Antoninos] atinge seu auge com a expansão dos cultos sírios sob os Severos. De fato, o chefe da dinastia, Sétimo Severo, havia desposado a filha de um grão-sacerdote sírio, Júlia Domna. Esta introduziu na corte os cultos sírios e, em particular, o culto solar."

7. Ulpiano (Domitius Ulpianus) (170?-228), um dos grandes jurisconsultos romanos, membro, com Papiniano, do conselho imperial, que se tornou sob Sétimo Severo o órgão principal da administração imperial. Uma parte importante da sua obra foi conservada graças ao *Digesto*, redigido no século VI por ordem de Justiniano, cerca de um terço do qual é tirado dos seus escritos.

8. O próprio Sétimo Severo havia tido uma formação jurídica.

9. Cf. A. Bailly, *Dictionnaire grec-français* (1894), ed. revista por L. Séchan e P. Chantraine, Paris, Hachette, 16ª ed. 1950, p. 77: "ἀληθουργης: que age francamente, Héraclito, All. [= alegorias homéricas], 67 (ἀληθουργης)." Heráclito, citado na lista dos autores, p. XX, é apresentado assim: "Gramático, lugar e data desconhecidos [ed. E. Mehler, 1851]". Para maiores precisões, cf. Pseudo-Héraclite, *Allegories d'Homère*, ed. e trad. F. Buffière, Paris, Les Belles Lettres, 1962, 2ª ed., 1989.

10. Sobre esses conhecimentos objetivos em que se apoia a arte de governar desde os séculos XVII-XVIII, cf. M. Foucault, *Sécurité, Territoire, Population. Cours au Collège de France, 1977-1978*, ed. sob a dir. de F. Ewald e A. Fontana, por M. Senellart, Paris, Gallimard--Seuil (col. "Hautes Études"), 2004, aulas de 1º de fevereiro (o triângulo governo-população--economia política) e 29 de março e 5 de abril de 1978 (polícia, economia política), e *Naissance de la biopolitique. Cours au Collège de France, 1978-1979*, ed. sob a dir. de F. Ewald e A. Fontana, por M. Senellart, Paris, Gallimard-Seuil (col. "Hautes Études"), 2004, aulas dos dias 10 (pp. 20-1: o regime de verdade característico da idade da política), 17 e 24 de janeiro de 1979 (as características específicas da arte liberal de governar). [Respectivamente: *Segurança, território, população*, Martins Fontes, 2008, e *Nascimento da biopolítica*, Martins Fontes, 2008, pp. 24-6.]

11. J.-P. Vernant, org., *Divination et Rationalité*, Paris, Seuil (col. "Recherches anthropologiques"), 1974, 2ª ed., 1990.

12. D. Grodzynski, "Par la bouche de l'empereur, Rome IVᵉ siècle", *ibid.*, pp. 267-94.

13. Cf. A.-M. Schmidt, "La cour de Henri II", *in* G. Gadoffre, org., *Rencontres*, nº 9: *Foyers de notre culture*, Lyon, Éd. de l'Abeille, 1943, pp. 31-37; G. Gadoffre, "Foyers de culture", *Encyclopaedia Universalis* (ed. online, 2008), que examina sucessivamente o colégio universitário, a sociedade de corte, o salão do século XVIII e o ateliê romântico, a partir de duas variáveis: o "universo mental" que aí se esboça e a relação com a instituição oficial, mais precisamente a seção "Un foyer de culture greffé sur l'institution royale: la cour de Henri II".

14. Sobre a função política da corte no século XVII, que constituía (com a tragédia clássica) "uma espécie de lição de direito público" – "organizar um lugar de manifestação cotidiana e permanente do poder monárquico em seu esplendor", cf. M. Foucault, *"Il faut défendre la société". Cours au Collège de France, 1975-1976*, ed. sob a dir. de F. Ewald e A. Fontana, por M. Bertani e A. Fontana, Paris, Gallimard-Seuil (col. "Hautes Études"), 1997, aula de 25 de fevereiro de 1976, pp. 156-7. [Trad. bras. *Em defesa da sociedade*, São Paulo, Martins Fontes, 2002.]

15. Cf. M. Foucault, *Sécurité, Territoire, Population, op. cit.*, aulas dos dias 8, 15 e 22 de março de 1978.

16. Foucault já abordou a questão da feitiçaria em seu curso de 1974-1975, *Les Anormaux*, ed. sob a dir. de F. Ewald e A. Fontana, por V. Marchetti e A. Salomoni, Paris, Gallimard--Seuil (col. "Hautes Études"), 199, aula de 26 de fevereiro de 1975, pp. 190-1 e 193-201 [*Os anormais*, Martins Fontes, 2001, pp. 258, 259 e 262-73]. Tratava-se então de distingui-la do fenômeno da possessão: "[...]do mesmo modo que a feitiçaria foi sem dúvida, ao mesmo tempo, o efeito, o ponto de inversão e o foco de resistência a essa vaga de cristianização e a esses instrumentos que foram a Inquisição e os tribunais da Inquisição, assim também a possessão foi o efeito e o ponto de inversão dessa outra técnica de cristianização que foram o confessionário e a direção de consciência" (p. 198) [Martins Fontes, p. 270].

17. J. Bodin, *Les Six Livres de la République*, Paris, Chez Jacques Du Puys, 1576; reed. da 10ª ed. publicada em Lyon, Chez Jacques Cartier em 1593: Paris, Fayard (col. "Corpus des oeuvres de philosophie en langue française"), 1986.

18. J. Bodin, *De la démonomanie des sorciers*, Paris, Chez Jacques Du Puys, 1580; 6ª ed. revista e aumentada, 1587. A obra teve 13 edições francesas até 1616 e foi editada pelo menos 25 vezes em quatro línguas. Cf. P. Mesnard, "La démonomanie de Jean Bodin", in *L'Opera e il pensiero di G. Pico dela Mirandola*, Florença, Istituto nazionale di studi sul Rinascimento, 1965, t. II, pp. 333-56.

19. Vários trabalhos sobre a articulação *République/Démonomanie* foram publicados desde então. Cf. por exemplo M. Préaud, "La *Démonomanie*, fille de la *République*", in *Jean Bodin. Actes du colloque interdisciplinaire d'Angers (24-27 mai 1984)*, Presses universitaires d'Angers, 1985, t. 2, pp. 419-25, que recorda a presença de "bruxos" entre os conselheiros italianos de Catarina de Médicis, salientando o interesse do próprio Bodin pela astrologia. Numa perspectiva diferente, cf. R. Muchembled, *Le Roi et la Sorcière. L'Europe des bûchers (XVᵉ-XVIIIᵉ siècles)*, Paris, Desclée, 1993, pp. 48-52 ("Jean Bodin, ou la *République* de Satan"); G. Heinsohn e O. Steiger, "Birth Control: The Political-Economic Rationale behind Jean Bodin's *Demonomanie*", *History of Political Economy*, vol. 31 (3), 1999, pp. 423-48.

20. Cf. M. Foucault, *Naissance de la biopolitique, op. cit.*, aula de 10 de janeiro de 1979, pp. 20-22 [Martins Fontes, pp. 24-7].

21. Cf. *supra*, nota 15.

22. Cf. *Naissance de la biopolitique*, aulas de 31 de janeiro a 21 de fevereiro, sobre o neoliberalismo alemão, ou ordoliberalismo, e aulas de 14 e 21 de março, sobre o neoliberalismo americano da Escola de Chicago.

23. Giovanni Botero, autor de *Della ragion di Stato libri dieci*, Veneza, appresso i Gioliti, 1589 (4ª ed. aumentada, 1598); tradução francesa de G. Chappuys, *Raison et Gouvernement d'Estat en dix livres*, Paris, chez Guillaume Chaudière, 1599. Cf. sua definição da razão de Estado, citada por Foucault em *Sécurité, Territoire, Population*, aula de 8 de março de 1978, p. 243: "O Estado é uma firme dominação sobre os povos; e a razão de Estado é o conhecimento dos meios adequados para fundar, conservar e ampliar essa dominação." [Martins Fontes, p. 318]

24. Sobre Quesnay e os fisiocratas, cf. *Sécurité, Territoire, Population*, aulas de 18 de janeiro, p. 35, 1º de fevereiro, pp. 98-9, e 8 de fevereiro de 1978, p. 120, a propósito da noção de "governo econômico". [Martins Fontes, respectivamente pp. 66, 127 e 156]

25. Claude Henry de Roucroy, conde de Saint-Simon (1760-1825), autor de *Du système industriel*, 1821-1822, e do *Catéchisme des industriels*, 1823-1824. Ele defendia em suas obras um plano de reorganização da sociedade segundo o qual o "governo dos homens" devia ceder lugar à "administração das coisas": o movimento da história e os progressos da razão conduziam ao desaparecimento do político em benefício de uma administração de tipo tecnocrático, baseada nas "capacidades" dos especialistas e dos industriais. "No estado atual das luzes, não é mais de ser governada que a nação precisa, é de ser administrada ao melhor preço possível; ora, só na indústria se pode aprender a administrar barato" (*Du système industriel*, t. I, 1821, citado *in* G. Gurvitch, *Claude-Henri de Saint-Simon. La physiologie sociale. Oeuvres choisies*, Paris, PUF, "Bibliothèque de sociologie contemporaine", 1965, p. 126).

26. Rosa Luxemburgo (1871-1919). Essa frase não pôde ser encontrada nos quatro volumes das suas *Oeuvres* publicados pela Maspero em 1969. Talvez a fonte, direta ou indireta, de Foucault seja C. Castoriadis, *L'Institution imaginaire de la société*, Paris, Seuil (col. "Esprit"), 1975, p. 150 n. 41: "Rosa Luxemburgo dizia: 'Se toda a população soubesse, o regime capitalista não duraria 24 horas'" (agradeço a B. Harcourt por ter me posto na pista dessa referência).

27. Alexandr Issaievitch Soljenitsin (1918-2008), autor notadamente de *O arquipélago de Gulag, 1918-1956*, publicado em 1973 (trad. fr., Paris, Seuil, 3 vol., 1974-1976). Foucault já havia feito referência a esse autor em *Sécurité, Territoire, Population*, aula de 1º de março de 1978, p. 204 [Martins Fontes, p. 265], a propósito do terror, como princípio de funcionamento dos regimes socialistas e sua denúncia por Soljenitsin, e em *Naissance de la biopolitique*, aula de 14 de fevereiro de 1979, p. 136 (cf. p. 156 n. 1) [Martins Fontes, p. 180, p. 206 n. 1].

AULA DE 16 DE JANEIRO DE 1980

As relações entre governo e verdade (continuação). – Um exemplo dessas relações: a tragédia de Édipo rei. Tragédia grega e aleturgia. Análise da peça centrada no tema da realeza de Édipo. – As condições de formulação da orthon epos, *a palavra justa à qual há que se submeter. A lei das metades sucessivas: a metade divina e profética e a metade humana do procedimento de verdade. O jogo do* sýmbolon. *Comparação entre aleturgia divina e aleturgia dos escravos. Duas formas históricas de aleturgia: a aleturgia oracular e religiosa e a aleturgia judiciária, baseada no testemunho; sua complementaridade na peça.*

Eu havia começado, da última vez, a esboçar a posição do problema relativo às relações entre exercício do poder e manifestação da verdade. Procurei lhes mostrar – enfim, pelo menos indicar – esse tema de que o exercício do poder não pode ser feito e consumado sem algo como uma manifestação da verdade. Procurei salientar [o fato de que] essa manifestação da verdade não devia ser compreendida simplesmente como sendo a constituição, a formação, a concentração dos conhecimentos úteis para governar eficazmente, que se tratava de outra coisa, que havia como que um suplemento em relação a essa economia de utilidade. Cumpre salientar também (e talvez eu não o tenha feito suficientemente da última vez) que, quando falo das relações entre manifestação da verdade e exercício do poder, não quero dizer que o poder precisa se manifestar em verdade no brilho da sua presença e da sua potência e que ele necessita, de certo modo, ritualizar publicamente suas formas de exercício. O que eu gostaria de procurar salientar hoje é justamente essa espécie de suplemento de manifestação da verdade tanto em relação à constituição dos conhecimentos úteis para governar como em relação à manifestação necessária do poder entre nós.

As relações entre manifestação da verdade e exercício do poder poderiam evidentemente depender de uma análise de etnologia geral que eu seria, é evidente, incapaz de fazer. Gostaria, aqui, de simplesmente pegar um exemplo que nos conduzirá – enfim, gostaria que nos conduzisse – ao que será o tema deste ano, um caso preciso e definido de relação entre exercício do poder e manifestação da verdade. Esse exemplo primeiro, que vai servir de ponto de partida para as análises que eu gostaria de fazer este ano, vou logo pedindo desculpas por ele, por duas razões: não só é um exemplo repisado mas um exemplo de que já falei um pouco, faz pelo menos, não sei... quantos [anos] estou aqui; deve fazer dez anos, logo devo ter falado dele há mais ou menos nove anos[1]. Então fiz algumas pesquisas, parece que pouca gente se lembra, o que prova que, graças aos céus, não ficam aqui nove anos. É simplesmente, claro, a história de Édipo rei[2]; a história de Édipo rei que coloca manifestamente, aos olhos de todos, o problema das relações entre o exercício do poder e a manifestação da verdade. E o que eu queria lhes propor hoje e da próxima vez é uma espécie de leitura do *Édipo rei*, não em termos de desejo e de inconsciente, mas em termos de verdade e de poder, uma leitura, se quiserem, aletúrgica de *Édipo rei*.

Claro, toda tragédia grega é uma aleturgia, isto é, uma manifestação ritual de verdade; uma aleturgia no sentido bem geral do termo já que, evidentemente, através dos mitos, dos heróis, através dos atores, através das máscaras que os atores usam, a tragédia dá a entender e dá a ver o verdadeiro. Na Grécia, a cena, o teatro constituem um lugar em que se manifesta a verdade como a verdade se manifesta, se bem que num outro modo, é claro, na sede de um oráculo ou na praça pública, onde se discute, ou no recinto em que se ministra a justiça. A tragédia diz a verdade – em todo caso é esse o problema do dizer-a-verdade da tragédia que Platão colocará, e sobre esse problema tornarei mais tarde[3]. Nesse sentido geral, portanto, toda tragédia é uma aleturgia, mas também num sentido mais preciso, num sentido, se quiserem, técnico: em sua economia interna, a tragédia também é uma aleturgia, na medida em que não só ela diz a verdade como representa o dizer-a-verdade. Ela é, em si mesma, uma maneira de fazer aparecer o verdadeiro, mas também é uma maneira de representar como, na história que ela conta ou no mito a que se refere, a verdade veio à luz. Estou me referindo ao texto famoso de Aristóteles que diz que há dois elementos essenciais em toda tragédia[4]. Primeiro, a peripécia, esse movimento interno à tragédia que faz que a fortuna dos personagens se inverta, que os poderosos se tornem miseráveis e que os que aparecem sob a figura do anonimato se revelem finalmente como sendo os fortes e poderosos[5]. Peripécia, portanto, de um lado e, do outro, o reconhecimento, o que Aristóteles chama de ἀναγνώρισις, isto é, que no decorrer da tragédia não somente a fortuna dos personagens se inverte, mas o que não se sabia no início é descoberto no fim[6]. O personagem que era representado como ignorante no início, finalmente, ao terminar a tragédia fica patente que sabe, ou ainda aquele que era mascarado, velado, de que não se conhecia a identidade, este finalmente se desvenda pelo que é. Na tragédia, portanto, há peripécia e há reconhecimento, e na maioria das tragédias é a peripécia que acarreta, de certo modo, o movimento do reconhecimento. É por isso que há uma reviravolta na situação, porque a fortuna dos personagens muda, que, afinal de contas, a verdade aparece, ou as máscaras caem, ou o que estava oculto se desvenda. É o que acontece, por exemplo, em *Electra*[7] [e] em *Filoctetes*[8].

Em *Édipo rei* (e aqui me refiro precisamente a uma análise que [Vernant*] fez)[9], podemos dizer que é o contrário; [essa tragédia] tem de particular que é o próprio mecanismo do reconhecimento, é o caminho e o trabalho da verdade que vão, em si, acarretar a reviravolta de fortuna dos personagens[10]. Portanto, *Édipo rei* é, como toda tragédia, uma dramaturgia do reconhecimento, uma dramaturgia da verdade, uma aleturgia, mas uma aleturgia particularmente intensa e fundamental, já que é o próprio motor da tragédia. Tudo isso é bem conhecido. Costuma-se salientar, no que concerne ao ἀναγνωρισις, o reconhecimento em *Édipo*, que esse reconhecimento – é nisso, justamente, que ele é o motor da tragédia – tem um caráter que podemos dizer refletido: é o mesmo personagem que procura saber, que faz o trabalho da verdade e que descobre ser o próprio objeto da procura. Édipo ignorava no início, no fim ele sabe, mas sabe o quê? Sabe que é ele, ele próprio, o ignorante, que é o culpado que ele buscava. Foi ele que atirou a flecha e, finalmente, ele é que era visado. Ele está submetido, se submeteu sem saber a seu próprio decreto. Tudo isso está no texto, tudo isso é bem conhecido.

Mas o que eu queria salientar é outro aspecto da mecânica do reconhecimento, não esse ciclo do sujeito ao objeto mas o problema da técnica, dos procedimentos e dos rituais pelos quais se dá efetivamente o reconhecimento nessa tragédia, os procedimentos de manifestação da verdade. *Édipo*, como se sabe, é a tragédia da ignorância, ou é a tragédia da inconsciência. É em todo caso, com toda certeza, a dramaturgia da cegueira. Mas creio que também podemos ver nela – digo "também" porque não há nenhum caráter exclusivo ou imperialista na análise que proponho – uma dramaturgia das verdades múltiplas, das verdades profusas, das verdades a mais. Sempre se insiste no problema de saber como Édipo podia não enxergar tudo o que tinha diante dos olhos. Sempre se insiste no problema de saber como e por que Édipo podia não ouvir tudo o que lhe era dito, e se procura a solução precisamente no que era para saber e cujo conteúdo ele não podia deixar de recusar. Sem dúvida. Mas, creio eu, também se deve

---

* M. F.: Vidal-Naquet

colocar o problema: quais eram os procedimentos, como as coisas eram ditas, qual era a veridicção ou quais eram as veridicções que caminhavam assim através da tragédia de Édipo e que talvez expliquem as relações estranhas que há, no próprio personagem de Édipo, no discurso de Édipo, entre o exercício de seu poder e a manifestação da verdade ou as relações que ele mantinha com a verdade? Não é necessariamente como filho desejoso ou como filho assassino, é talvez também como rei, como rei chamado τύραννος[11] num sentido bem preciso, que Édipo tinha com a verdade essa relação contorta de que todos ouvimos falar.

Édipo rei. É em torno desse tema da realeza de Édipo que gostaria de centrar um pouco as coisas. A primeira coisa que aparece nessa peça que vocês conhecem [e] que não vou lhes contar é, como vocês sabem, o encadeamento pelo qual se faz a descoberta "progressiva"* da verdade, esse encadeamento que poderíamos dizer é submetido a uma lei das metades. É por metades sucessivas que as coisas se descobrem ou, em todo caso, que as coisas se dizem e que a verdade se manifesta. No início, como vocês sabem muito bem, tendo a peste se alastrado em Tebas, mandaram Creonte ir consultar o oráculo de Delfos. À face ou, se preferirem, à metade peste, o oráculo de Delfos responde pelo elemento correspondente, que deve anular a peste: o ritual de purificação. Peste, purificação. Mas purificação de quê? De uma nódoa. Que nódoa? Um assassinato. Que assassinato? O assassinato do velho rei Laio[12]. Temos aí a primeira metade do oráculo ou, em todo caso, a primeira metade do que deve ser necessário e suficiente para fazer cessar a peste em Tebas, isto é, a designação precisa do ato, do homicídio, do assassinato que provocou a peste. Temos a metade assassinato, temos a metade crime, mas vocês sabem que o oráculo não diz a outra metade, a metade assassino. Quem matou Laio? Essa pergunta, o oráculo não quis responder, não se pode forçá-lo a responder[13]. Logo, o oráculo deu uma metade da resposta. Falta a outra. Como conhecer essa outra metade e como se pode saber [quem é] o assassino de Laio?

Aí se apresentam dois caminhos sobre os quais Édipo e o corifeu discutem. Há um primeiro caminho que o próprio Édipo propõe e que é o caminho da investigação. Édipo diz: "É simples: vou proclamar" – e ele de fato proclama – "que toda pessoa que tiver qualquer informação a propósito do assassino de Laio deve vir relatá-las para que a verdade, enfim, seja descoberta e para que a outra metade do oráculo, a metade oculta do que disse o oráculo, seja enfim revelada"[14]. A essa proposta de Édipo, importantíssima e sobre a qual precisaremos voltar, o coro responde ob-

* M. F.: ponho progressiva entre aspas

jetando que não quer esse procedimento, porque seria desconfiar de que o próprio povo teria cometido o crime[15]. Resta o segundo caminho – só há dois caminhos, diz o texto, não há um terceiro –, que é ir consultar o adivinho, o profeta, θεῖος μάντις, o divino adivinho[16]: Tirésias, que por um lado é o mais próximo de Apolo, que recebeu do próprio Apolo o direito de dizer a verdade, Tirésias a propósito do qual o texto diz, bem precisamente, que é tão rei quanto Apolo (o texto justapõe os dois personagens – enfim Febo[17] e Tirésias: Ἄνακρ' ἄνακτι, o rei em face do rei)[18]. Rei, portanto, como Febo, como Apolo, vendo, diz sempre o texto, as mesmas coisas que ele, tendo portanto o mesmo olhar e o mesmo saber[19]. É de certo modo o irmão, o irmão de Apolo. Ele é, assim, seu complemento, já que é cego e, através da noite dos seus olhos que não veem, ele pode saber o que o deus Apolo sabe, ou antes, o que a luz do deus que vê tudo esconde. Ele é de certo modo o duplo do próprio deus e, efetivamente, é a esse título que vai trazer a metade que falta ao oráculo de Apolo. O Apolo disse: "É de um assassinato que se trata, e do assassinato de Laio." Tirésias acrescenta, dirigindo-se a Édipo: "És tu o assassino."[20] E assim completa a outra metade. É preciso dizer que também acrescenta uma metade suplementar, uma metade a mais. Ele diz: "E aliás fizeste outras pequenas coisas e descobrirás um dia as impurezas que te ligam à tua família."[21] Mas isso é de certo modo uma metade suplementar. Quando Tirésias disse: "Eis quem matou, tu", vocês veem que o conjunto do que há a saber está sabido. Os dois juntos, Apolo e Tirésias, disseram tudo, não falta nada. Não falta nada a essas duas metades que se completam, e no entanto é insuficiente.

Insuficiente ao ver de quem? É aí, de novo, que o coro e o corifeu representam um papel importantíssimo nessa mecânica da aleturgia e da descoberta da verdade. O corifeu primeiro, depois o coro dizem: não basta. O corifeu diz isso primeiro durante o enfrentamento entre Tirésias e Édipo. Tirésias não quer dizer o que sabe. Forçado por Édipo, acaba dizendo (veremos por quais mecanismos), e é aí que Édipo diz: "Mas se me acusas de ser o assassino de Laio é que tens maus pensamentos contra mim, é que estás movido por maus sentimentos, que tens raiva de mim e queres atacar meu poder." Nesse momento, o que diz o corifeu? Ele diz: "As acusações de Tirésias valem tanto quanto as suspeitas de Édipo." Entre o adivinho e o rei, o corifeu se recusa a escolher e percebe a fraqueza tanto de um quanto do outro. "Os dois falam", diz o corifeu, "sob o efeito da cólera"[22], e suas duas palavras devem portanto ser, ambas, questionadas. Depois da partida de Tirésias o coro toma a palavra e repete a mesma coisa que o corifeu disse. Ele também se recusa a tomar partido entre os dois. E diz, a propósito de Tirésias, que acaba de partir: "Não posso dizer que está certo ou errado."²³ E por quê? Em primeiro lugar, diz o coro, "porque eu não sou dessa gente que vê longe à sua frente ou que pode olhar longe atrás de si, só vejo o que tenho diante dos meus olhos. Só vejo o meu presente"²⁴. Em segundo lugar, diz o coro, "o adivinho não traz provas" – e ele emprega o termo Βασάνῳ²⁵ –, "nem no que concerne ao passado nem no que concerne ao presente". Em terceiro lugar, por mais que o adivinho que acaba de falar tenha a autoridade da palavra do deus, nem por isso deixa de ser um homem²⁶. É um homem como os outros e, nessa medida, está exposto aos mesmos erros, às mesmas exigências que todo discurso de verdade pronunciado pelos homens. Ele tem portanto de mostrar suas provas. E enfim, em quarto lugar, ele diz que pode perfeitamente ser que haja de fato homens que sabem mais que os outros. E talvez o adivinho seja um desses homens que receberam o poder de saber um pouco mais que os outros. Apesar disso, o fato é que Édipo deu no passado um certo número de provas, de provas do seu amor a Tebas e da capacidade que tem de fazer o bem à cidade, já que a salvou uma primeira vez²⁷. Édipo, portanto, deu provas, e a existência dessas provas contrabalança muito bem o algo mais de saber que o adivinho poderia receber do deus. Entre o dom divino que o profeta recebeu e as provas efetivamente dadas no passado por Édipo, há uma oscilação tal, que o coro se recusa a julgar, porque, diz ele, "nunca antes de ter visto" – ele emprega o verbo ἴδοιμι –, "visto com meus próprios olhos se justificar a palavra do adivinho, eu aprovarei as palavras divinas"²⁸. Édipo tem para ele coisas visíveis, φανερὰ²⁹. São elas que me impedem, a mim, coro, de dar o crédito necessário e suficiente às palavras divinas para que eu aceite o que [o adivinho]* disse. Entre as palavras divinas e as coisas visíveis, há atualmente um debate que não posso decidir e não quero decidir porque não o vejo. Portanto é o olhar do coro que deve decidir entre as coisas visíveis e as palavras divinas. É essa instância que deve provar, que deve arbitrar, e enquanto não houver arbitrado as coisas permanecerão em suspenso. É simplesmente quando "eu vir" que haverá, diz o coro, "ὀρθὸν ἔπος, uma palavra justa"³⁰. A palavra justa se produzirá quando os discursos divinos, as profecias divinas, as palavras oraculares se encaixarem ou encontrarem seu complemento ou seu acabamento nas coisas visíveis e no que terá sido visto. É nesse momento, é nessa complementaridade, nesse ajuste, que se produzirá a ὀρθὸν ἔπος, aquela a que todos têm de se submeter, porque é a verdade e é a lei e o vínculo e a obrigação própria da verdade. Logo, por mais que tenha dito toda a história, esse par deus-adivinho não disse toda

* Palavra inaudível.

a verdade. E é [na]* passagem dos fatos pronunciados no discurso do adivinho e do deus à própria verdade que se desenrolará o resto da tragédia. Temos portanto com o adivinho e o deus a metade divina, a metade profética, a metade oracular, a parte mântica desse pecado de verdade.

A segunda metade vai ser, claro, a metade humana do procedimento de verdade. E essa metade humana vai se dividir por sua vez em dois. Uma metade, a primeira metade dessa metade humana, é consagrada ao assassinato de Laio, e essa aleturgia do assassinato de Laio, essa manifestação em verdade do assassinato de Laio, se divide por sua vez em dois, já que, de um lado, vai haver Jocasta, que veio tranquilizar Édipo e que, desfiando suas lembranças e procurando mostrar a partir de suas lembranças que o adivinho só pode ter dito mentiras, conta o que aconteceu e diz a Édipo: "Tranquilize-se, não foste tu que podes ter matado Laio pois ele foi morto na encruzilhada por bandidos."[31] Ela diz portanto, com suas lembranças, lembranças indiretas do que lhe relataram, do que ela ouviu, uma metade do que aconteceu, a metade, de certo modo, do assassinato [de Laio] ou o lado do assassinato visto do lado dos tebanos e do lado do *entourage* do rei. A essas lembranças Édipo só precisa ajustar a sua e dizer que, efetivamente, ele também matou alguém na encruzilhada dos três caminhos[32]. E isso ele não ouviu dizer, ele mesmo fez e viu com seus olhos. Jocasta ouviu a metade da coisa. Já Édipo viu e fez a outra metade. Nesse momento, de novo, tudo está sabido. Toda a história, em todo caso a metade purificação que o oráculo ordenou, toda essa metade veio enfim à luz. Sabemos agora o que aconteceu e quem foi o assassino. Tudo está sabido, ou antes, tudo estaria sabido se não restasse, apesar dos pesares, uma pequena incerteza marcada pela imprecisão do saber por ouvir dizer, já que Jocasta ouviu dizer que foi por vários bandidos que Laio foi morto, enquanto Édipo sabe muito bem que ele estava sozinho quando matou o velho rei[33].

E é isso que vai engatar a segunda metade do processo humano de descoberta da verdade. Vai-se buscar aquele que seria e que foi, efetivamente, a única testemunha sobrevivente do que aconteceu. Mas antes mesmo dela chegar, um mensageiro de Corinto chega ao palco, o mensageiro de Corinto que faz saber a Édipo que Políbio, em Corinto, morreu, mas lhe faz saber ao mesmo tempo que Políbio não era seu pai verdadeiro, que ele, Édipo, não passa de uma criança que foi encontrada, uma criança que confiada precisamente a esse velho mensageiro, na época em que era pastor em Citéron[34]. Metade da história não mais do assassinato, agora, mas do nascimento, metade do lado do receptor. Sabe-se que Édipo não era filho de Políbio, sabe-se que era uma criança encontrada, e é nesse

---

* M. F.: na passagem da história à verdade – enfim, na passagem

momento que chega o escravo, o último escravo, o que havia sido testemunha do assassinato de Laio, mas também aquele a quem haviam confiado Édipo quando seus pais quiseram matá-lo. Esse escravo chega como testemunha, testemunha última, ele que havia sido escondido, que tinha se escondido no fundo da sua cabana anos a fio para não dizer a verdade. É trazido à cena e é ele que é obrigado a atestar que Édipo lhe foi entregue para ser enjeitado[35]. Nesse momento, a metade tebana, digamos assim, vem se encaixar na metade coríntia. O mensageiro de Corinto tinha dito: "Ele é encontrado." O escravo de Tebas vem dizer: "Eu é que o dei e eu é que o recebi das mãos de Jocasta." Temos então a última metade que vem se encaixar, a última peça que vem completar o conjunto. E essas duas testemunhas oculares do mensageiro de Corinto e do pastor de Tebas, essas duas metades oculares vêm completar a profecia oracular do deus e do adivinho.

Com apenas dois pequenos senões: sempre esse problema do "um e vários". Era um ou eram vários os que mataram ou o que matou Laio? A questão não está resolvida. E nunca é resolvida no texto de *Édipo*, de modo que, no limite, não sabemos e nunca saberemos se foi mesmo Édipo que matou Laio. E, em segundo lugar, o próprio escravo tebano que recebeu uma criança abandonada ouviu dizer que era filho de Jocasta e, afinal, não tem certeza. E aqui também, até o fim, nada no texto nos dirá se efetivamente Édipo era filho de Jocasta. Só uma pessoa poderia dizer, Jocasta, mas ela se matará e nunca se saberá. De modo que mesmo no âmbito dessas coisas visíveis, mesmo no âmbito desses φανερὰ que devem vir completar a palavra oracular para constituir ao todo uma palavra justa, mesmo nesse nível as coisas nunca serão totalmente completas. Por mais múltiplos que sejam os encaixes das peças, sempre restará um certo senão cuja função ficará, evidentemente, a ser determinada.

Deixemos de lado, pelo menos por ora, essas pequenas lacunas. Vê-se claramente, portanto, a mecânica dessas metades que vêm se ajustar umas às outras: metade divina, aleturgia religiosa, profética, ritual, com uma metade oracular, divinatória – a metade Febo, a metade Tirésias; e depois uma metade humana, a aleturgia individual da lembrança e da investigação, com uma metade assassinato, da qual um fragmento é detido por Jocasta e outro por Édipo; e depois uma metade nascimento, nascimento de Édipo, de que um fragmento vem de Corinto trazido nas mãos do mensageiro e outra metade estava em Tebas, encoberta, escondida na cabana de um escravo. Temos portanto seis detentores da verdade que vêm se agrupar dois a dois para fazer um jogo de metades que se completam e se ajustam, se encaixam uma na outra. De certo modo é o jogo das seis metades. E foram necessárias nada menos que essas seis metades para constituir a ὀρθὸν ἔπος, a palavra reta, que será o ponto culminante da aleturgia[36].

Temos, pois, estaticamente um jogo de seis metades. É necessário notar logo uma ou duas coisas. Primeiro, a totalização desses fragmentos se faz de uma forma muito particular e facilmente reconhecível. Vocês estão vendo que não se trata exatamente de uma adição aritmética, isto é, que não se trata de seis personagens que, um após o outro, conheceriam uma pequena parcela de verdade, e cada uma dessas parcelas, se adicionando às cinco outras, acabaria constituindo o conjunto da verdade. Na realidade, trata-se de ajustes de fragmentos complementares que se fazem dois a dois, com, se quiserem, em cada nível, a totalidade da verdade. Vocês têm a totalidade da verdade que, no fundo, é dita pelos deuses. A totalidade da verdade, se não é totalmente dita, é pelo menos como que apontada por Édipo e Jocasta quando reavivam suas recordações. E, enfim, a totalidade da verdade é dita de novo, pela terceira vez, pelos servidores e os escravos. Em suma, em cada um desses três grupos duas pessoas diferentes detêm, cada uma, um dos fragmentos da verdade. Primeiro, no nível dos deuses, há a sucessão. O oráculo fala, depois vem o adivinho. Depois há Édipo e Jocasta que se defrontam num jogo da discussão. E depois há os dois escravos que se encontram de certo modo por acaso, um sendo chamado no momento em que o outro, por razões totalmente diferentes, vem de Corinto. Entre esses personagens, em cada nível, existe um vínculo, um vínculo fortíssimo. De um lado, [o vínculo] entre o deus e seu adivinho, pois o adivinho recebe seu poder de dizer a verdade do próprio deus. É investido por ele dessa potência. Em segundo lugar, claro, entre Édipo e Jocasta existem os vínculos que se sabe e os que ainda não se sabe, vínculos de novo fortíssimos, desta vez não mais divinos mas jurídicos: eles são marido e mulher. E, enfim, entre os dois pastores há um vínculo que é [o] da amizade, da φιλία. De fato, eles recordam, e é o que vai autenticar seu testemunho, que ambos eram pastores em Citéron, que se encontravam todos os invernos e [tinham feito] amizade. Cada um, portanto, está vinculado por uma espécie de pacto: pacto da amizade embaixo, pacto jurídico no nível médio e enfim pacto ou vínculo religioso no nível superior. O jogo dessas duas metades que vêm se encaixar entre dois personagens que estabelecem entre si vínculos dessa natureza é o que, em grego, se chama, claro, σύμβολον: essa figura, esse objeto material, esse caco de cerâmica que se quebrou em dois e que as duas pessoas que estabeleceram entre si um certo pacto possuem. E quando é preciso autenticar o pacto ou quando um vem reclamar do outro o que lhe é devido ou quando eles querem reatar o vínculo que há entre si, o ajuste das duas metades autentica o que aconteceu e valida seu vínculo[37]. É a autenticação de uma aliança privada entre duas famílias, é o reconhecimento de um indivíduo por outro, é a marca de validação da mensagem, é tudo isso, é essa forma que está em jogo em *Édipo*, e aliás Édipo diz isso no texto: "Não poderei seguir por muito tempo a pista do criminoso, se não tiver em mãos algum símbolo (σύμβολον)"[38] – no sentido de: se não tiver nas mãos uma peça, ou antes um fragmento de peça que possa se ajustar ao fragmento correspondente, complementar, da mesma peça e que autenticará o que sei. A verdade vai ser obtida, portanto, e só será obtida por esse jogo do σύμβολον, de uma metade, ou antes, de um fragmento que virá se ajustar a outro, detido por alguém que é vinculado ao primeiro por um vínculo religioso, jurídico ou de amizade.

Essa circulação do σύμβολον, que no fundo é o fio que conduz toda a peça, que podemos seguir ao longo da peça de Sófocles, vocês viram, e não insistirei nisso, que se faz numa escala descendente bastante nítida, pois temos primeiro o nível do deus e de seu adivinho. Temos em seguida o nível médio dos reis, Jocasta e Édipo, que quase põem à vista o assassinato e depois, bem abaixo, os dois servidores, pastores e escravos, um, servidor coríntio do rei Políbio, o outro, servidor tebano de Jocasta e Laio, e eles é que finalmente vão operar o ajuste das duas metades do σύμβολον, que vão juntar o que pertence a Corinto e o que pertence a Tebas, juntar o assassinato e o nascimento, fazer coincidir o filho de Laio e o suposto filho de Políbio. E assim, encontrando através dos anos sua amizade da época em que eram pastores em Citéron, vão passar de mão em mão através das suas lembranças a criança Édipo, de quem cada um guardava de certo modo uma metade na mão, de tal sorte que Édipo verá ser ele próprio esse σύμβολον, esse caco quebrado em dois, com uma metade em Tebas e outra metade em Corinto. Ele encontrará no fim da peça sua unidade, ele que estava fragmentado, ou ainda, se verá duplo. Édipo é duas metades e é ao mesmo tempo um ser duplo[39], e a monstruosidade de Édipo consistirá precisamente em que ele é perpetuamente duplo, pois é ao mesmo tempo filho e esposo da mãe, pai e irmão de seus filhos. E vocês sabem que, toda vez que ele fala, acredita dizer alguma coisa, e de fato outro significado se insinua, de tal sorte que cada uma das suas palavras é dupla. Édipo é, por definição, o personagem duplo, é esse σύμβολον cujas duas metades, superpondo-se, vêm a uma só vez descobrir sua unidade e revelar sua monstruosa dualidade.

Mas isso é outra questão, [que] diz respeito precisamente à natureza do poder de Édipo. Gostaria de deixar de lado, hoje, o problema do saber de Édipo e da relação entre o poder de Édipo e o que ele sabe, para me interessar aos dois outros níveis, o nível superior e o lado inferior, o lado dos deuses e o lado dos escravos. [No que concerne ao nível de Édipo e Jocasta]* podemos, é claro, de certo ponto de vista e colocando a questão em termos de consciência e de inconsciência, nos perguntar até que ponto Édipo e Jocasta não sabiam. [É], aliás, muito surpreendente ver que entre os comentadores ou anotadores do texto de *Édipo rei*, [encontramos] sempre pequenas notas: é verossímil que Jocasta nunca tenha contado a Édipo, por exemplo, como foi a morte de Laio? Mas [a questão da] verossimilhança me parece**, [por um lado], não ter eficácia para a análise do texto e, [por outro], colocar o problema em termos de consciência e de inconsciente, quando eu queria colocá-lo em termos de saber, em termos de ritual e de manifestação de saber, em outras palavras, em termos de aleturgia. Se colocarmos o problema nesses termos, podemos dizer que, efetivamente, Édipo e Jocasta dizem finalmente a verdade sem saber e não são os verdadeiros vetores da aleturgia, não passam de intermediários. Em compensação, a aleturgia propriamente dita, isto é, a formulação ritual e completa da verdade, consumou-se efetivamente duas vezes: uma vez no nível dos deuses, isto é, no nível de Febo e de Tirésias, e uma segunda vez no nível dos escravos e dos servidores. Ela é dada duas vezes, mas não é evidentemente dada da mesma maneira. E a comparação entre as duas aleturgias, a dos deuses e a dos escravos, talvez permita identificar em seguida qual a especificidade do saber de Édipo.

Logo, comparemos um pouco a aleturgia divina e a aleturgia dos escravos. Primeiramente, os deuses, como os escravos, são instâncias de verdade, são detentores de verdade, são, se quiserem, sujeitos de verdade interrogados. Eles não falam sem ser interrogados mas, claro, a pergunta e a maneira de perguntar não é a mesma. O deus, a gente consulta e aguarda sua resposta. [Esta], uma vez dada, dada está, e não se pode fazer mais nada. Não se pode interrogá-lo mais. Por mais enigmática que seja sua resposta, por mais incompleta para os que a ouvem, ainda que, afinal, se revele absolutamente completa, não se pode fazer nada, há que se contentar com ela e se arranjar assim. Não se pode cogitar de constranger o deus. O jogo pergunta-resposta com o deus é um jogo que se joga de uma vez por todas e, terminada a partida, há que se conformar com o resultado.

Tirésias também é, como o deus, alguém que é consultado, a quem se fazem perguntas. Mas o sistema de condicionamentos pelo qual se obtêm as repostas perguntando a ele é um pouco diferente. Foi preciso empurrar Tirésias para ele ir. Ele não foi por vontade própria, e diz e não para de

---

* Foucault inicia aqui uma frase inacabada:
   Mais uma vez, o que é surpreendente entre esses dois níveis é que... –, e é muito mais surpreendente, aliás, do que no caso do nível de Édipo e Jocasta, porque Édipo e Jocasta
** M. F.: isso é um problema de verossimilhança que me parece

repetir: "Não devia vir, não queria vir, não queria responder."[40] Tirésias é solicitado e acaba respondendo. Por quê? Por duas razões. Primeiro, porque nele se invoca quem é encarregado, perante a cidade, de zelar por um certo número de coisas, mais precisamente, é encarregado de dizer a verdade para que aconteça o bem à cidade[41]. Se, numa cidade, o adivinho se recusar a falar, se no momento em que a cidade está ameaçada, no momento em que já está na desgraça, o adivinho se calar, ele não desempenha seu papel, não exerce sua função. Como protetor da cidade, como aquele que tem a tarefa de dar conselhos para que a cidade seja efetivamente bem governada e conduzida seguramente a bom porto, sem naufragar, o adivinho não deve se furtar a seu dever e tem de falar. É a primeira razão pela qual ele falou. E falou também por uma segunda razão. Quando diz por fim: "És tu o assassino", Édipo nesse momento se zanga: "Tu te apresentas como um adivinho, quando não és nada mais que meu inimigo, e eu posso contra ti certo número de coisas, como rei sou tão poderoso quanto tu." Ao que Tirésias responde: "Se és poderoso em face de mim, também sou poderoso em face de ti, e não sou menos que ti, sou como tu um rei."[42] De tal sorte que Tirésias, que no início era apresentado como rei, como Febo, aparece de um outro lado, é sua outra face, não menos rei que o próprio Édipo. E é nesse desafio, nessa liça entre dois personagens reais, que Tirésias vai finalmente dizer a verdade e toda a verdade. És tu, diz Tirésias. Não, és tu, dirá Édipo. E a responsabilidade pelo que acontece e o mal: vêm de Tirésias, vêm de Édipo? A liça deixa o problema em suspenso. Tirésias é portanto alguém que é interrogado, mas interrogado [de uma maneira totalmente diferente] que a Febo. Tirésias é interrogado de potência a potência, de rei a rei, numa liça de igualdade entre o soberano e ele próprio.

Terceira extração de verdade: é aquela a que se vai proceder com os escravos e os servidores. Eles também vão ser questionados. Mas, claro, a pergunta feita aos escravos não terá a mesma forma e não obedecerá aos mesmos procedimentos da consulta ao deus ou das perguntas feitas a Tirésias, o profeta. Um dos dois servidores é interrogado como um mensageiro que traz certo número de novidades e a quem se pede um certo número de informações. Mas o que é mais interessante é o interrogatório do último pastor, precisamente aquele que detém toda a verdade, já que acolheu Édipo, que não executou a ordem de matá-lo, que o deu ao coríntio e que, finalmente, assistiu ao assassinato de Laio. Logo, aquele que sabe tudo, aquele que no fundo é simétrico ao deus, aquele que talvez saiba mais até que Tirésias, aquele que não sabe menos que Febo, esse vai ser interrogado. E esse interrogatório[43] é, de certo modo, assimétrico à consulta oracular à qual não assistimos, mas cujo resultado Creonte traz no início da peça⁴⁴. Em que consiste? É bem simples, vocês vão logo reconhecer. Primeiramente, perguntam a ele: "És tu de fato o que pretendes ser?" Pedem-lhe para autenticar sua identidade e perguntam ao coríntio: "O escravo que acabamos de trazer para cá. Esse escravo tebano é de fato aquele de que tu nos falaste e que teria te entregue Édipo? – Sim, responde o coríntio, é este mesmo que tens diante de ti." E o tebano autentica sua identidade dizendo: "Sim, sou um escravo nascido no palácio do rei." Estabelecido isso, vão interrogá-lo, vão interrogá-lo de acordo com uma técnica de interrogatório. Vão lhe perguntar: "Tu te lembras do que aconteceu? Quem te deu a criança que depois transmitiste ao coríntio? A pessoa que te deu essa criança com que intenção te deu?" E, enfim, para ter certeza de arrancar dele toda a verdade que detém, ameaçam torturá-lo. "Se não quiseres falar por livre e espontânea vontade, falarás à força", diz Édipo. E como o escravo continua hesitando a falar, Édipo diz: "Amarrem-lhe as mãos nas costas." E, por fim, diante de uma nova recusa, Édipo acrescenta: "Pois bem, se te recusas a falar, morrerás."⁴⁵ É essa a consulta, se ouso dizer, ao escravo que responde ao interrogatório do deus no início da peça. É isso quanto à técnica de interrogação.

Segundo, há uma diferença não apenas no procedimento de extração da verdade, mas [também], claro, na modalidade mesma do saber dos deuses em face do saber dos escravos. O saber dos deuses, no entanto, assim como o dos escravos, é uma certa maneira de compor o olhar e o discurso, ou ainda de compor o ver e o dizer. Mas a maneira como, do lado dos deuses, do lado do deus e do seu adivinho, se compõe o ver e o dizer não é evidentemente a mesma que do lado dos escravos. O deus vê tudo. Por quê? Porque ele é a luz que ilumina todas as coisas e que as torna visíveis. O olhar do deus é de certo modo conatural às coisas que são dadas a ver. É a mesma luz que se encontra nos olhos do deus e que ilumina o mundo. O mundo só é visível porque há no olhar do deus uma luz que dá as coisas a ver, a ele, deus, e a todos os homens. Conaturalidade, por conseguinte, entre a luz que habita o olhar do deus e a visibilidade das coisas. [Do mesmo modo], do lado da palavra; se a palavra do deus é sempre verídica, há uma boa razão: é que essa palavra é ao mesmo tempo uma potência que enuncia e uma potência que pronuncia. Ela diz as coisas e faz as coisas acontecerem. Diz que elas vão acontecer e vincula os homens, as coisas, o futuro de tal sorte que a coisa não pode não acontecer. Como, nessas condições, o deus não diria a verdade? Seu saber, o saber do deus, como luz e como discurso, o saber do deus como ver e como dizer é infalível já que é indissociável do que torna as coisas visíveis e do que as faz acontecerem. É a mesma força que, a uma só vez, permite que o deus veja e dê as coisas a ver. É a mesma força que permite que o deus diga o que vai acontecer e obriga essa coisa a acontecer. É nesse sentido que Tirésias – ele, que herdou o poder do deus – pode dizer: "Em mim habita a força do verdadeiro."[46] A força do verdadeiro, do lado da *mancia*, não é o que permite ver antecipadamente o que vai acontecer, é a conaturalidade entre o poder de dizê-lo e o poder de fazê-lo acontecer. É a conaturalidade entre o olhar que percebe e a luz que torna as coisas visíveis. Força da luz-olhar e força do enunciado-vínculo.

Entre os servidores, claro, o ver e o dizer são compostos de uma maneira bem diferente e são de natureza bem diferente. No caso dos servidores, do lado dos escravos, o que é ver? Não é evidentemente ver as coisas que eles mesmos tornam visíveis. É, ao contrário, assistir impotentes a um espetáculo imposto de fora, pela vontade dos homens, pelas decisões dos reis, pelo que acontece com eles. Os servidores estão presentes apenas como espectadores. Tudo se desenrolou diante deles, em torno deles, sem nenhuma conaturalidade com a lei, sem nenhuma proximidade com os que mandam. Eles obedecem – salvo uma ou duas pequenas exceções, sobre as quais tornaremos –, mas estão presentes unicamente como espectadores impotentes. Por conseguinte em que vai se arraigar a verdade do olhar deles? Justamente no fato de que eles estavam presentes, estavam lá em pessoa, vendo com seus próprios olhos e agindo com suas próprias mãos. Todos os testemunhos, nas cenas entre o escravo coríntio e o escravo tebano são bastante características, no nível do vocabulário. O coríntio, por exemplo, diz dirigindo-se a Édipo: "Fui eu que te encontrei num vale do Citéron. Eu estava lá porque pastoreava meu rebanho. Fui eu que soltei teus dois pés transpassados. Foi a mim que outro pastor te entregou."[47] Portanto, é simplesmente e fundamentalmente a lei de presença que autentica o que o coríntio pode dizer. E quando, pressionado pelas perguntas, lhe indagam: "Mas de onde vinha a criança que te deram?", nesse momento a lei da presença o obriga, a ele, coríntio, a dizer que não sabe. "Não sei. Aquele que te pôs em minhas mãos, Édipo, é que pode te dizer."[48] É nesse momento que intervém o pastor do Citéron, o que entregou Édipo ao coríntio. Pois bem, o pastor tebano vai responder da mesma maneira. Perguntam a ele: "Foste tu que entregaste a criança ao coríntio?" e a resposta é: "Fui eu que o entreguei."[49] Um pouco adiante, ele diz: "Foi a mim que Jocasta o entregou"[50], ou ainda: "Fui eu que me recusei a matá-lo, porque tinha piedade dele, e fui eu que o dei a outro."[51] Logo, toda a relação entre o ver e o dizer-a-verdade não se articula em torno do poder de fazer as coisas aparecerem numa visibilidade que é de sua própria natureza e que autoriza o olhar do deus a prevê-las, já que ele as dá a ver. [Ele] se articula em torno da presença dos personagens, da identidade da testemunha, do fato de que é ele, ele mesmo, αὐτός, que fala. É ele, em sua identidade, a autenticação da palavra do deus. No caso do deus e do adivinho, era a força da verdade que os habitava. Aliás, eles não precisavam estar presentes. Febo está longe do que aconteceu. Está longe quando o consultam. É de longe que lanças seus decretos sobre os homens. Tirésias está longe, por ser cego, e Édipo o criticará por isso. Mas no caso dos servidores, a força da verdade não os habita. Eles é que se encontraram, por acaso, situados na cena da verdade. Eles estão na verdade, não são habitados por ela. Eles é que habitaram a verdade ou que, pelo menos, visitaram uma realidade, fatos, ações, personagens, sobre os quais, em nome da sua identidade, em nome do fato de que são eles mesmos e que são eles sempre os mesmos, nessas condições eles podem ter um discurso verdadeiro[52].

Terceira diferença entre a aleturgia dos deuses e a aleturgia dos escravos, terceira diferença – ela é quase óbvia e decorre das duas primeiras: concerne ao tempo; o dizer-a-verdade do oráculo e do adivinho se situa, claro, no eixo do presente e do futuro e assume sempre a forma da injunção. Jamais o adivinho, jamais o deus olham para o passado. A Édipo, que busca a verdade, nem o deus nem o adivinho respondem: "Bem, aconteceu o seguinte." Eles sempre dizem alguma coisa que se situa no eixo presente-futuro e sob a forma da injunção. Primeiramente, eles dizem, por exemplo, qual remédio se deve utilizar: é preciso limpar as nódoas, não se deve deixar a nódoa crescer até ser incurável, ou ainda indicam a ordem a que há que se submeter: "Eu te intimo a te ater à lei que tu mesmo proclamaste e a não falar desse dia a ninguém", diz Tirésias a Édipo[53]. Ou ainda, o adivinho e o deus descobrem o invisível que ninguém ainda percebe, mas o invisível atual. Nem o adivinho nem o deus dizem a Édipo: "Foste tu que o mataste." Eles dizem: "Tu é que és agora o criminoso", ou ainda: "Sem saber, vives atualmente num comércio infame." E, por fim, claro, dizem o acontecimento que está por vir: "Dos dois lados te perseguirá a maldição dos pés terríveis."[54] Diante disso, o dizer-a-verdade dos escravos se situa inteiramente no eixo do passado. Se eles dizem a verdade, é porque se lembram. E só podem dizer a verdade na forma da lembrança. Sobre o futuro, claro, não dizem nada. [O] presente o que seria, senão a lei que se impõe a eles, ou a ordem ou ameaça que paira sobre eles e que vem dos reis e dos que lhes dão ordens? Os escravos só podem olhar para o passado. O escravo tebano tenta se refugiar no esquecimento para não dizer a verdade e, diante dele, o mensageiro coríntio não para de dizer: "Ora essa, revela tuas lembranças. Tenho certeza de que ele se lembra. Tu te lembras de me haveres entregado a criança?"[55] Enquanto o oráculo vincula os homens a que fala, porque lhes diz: o que deve acontecer é o que o deus faz acontecer, o dizer-a-verdade dos homens não pode fazer nada mais que se curvar a outra lei, não à lei que faz as coisas acontecerem mas à lei da memória e da lembrança, o peso do que aconteceu e que não pode não ter acontecido, já que aconteceu. Aliás, as palavras empregadas para designar essa aleturgia divina e a palavra empregada para designar essa aleturgia humana, essa aleturgia na verdade do escravo, é característica. A palavra ritual para designar a aleturgia do discurso oracular é φημὶ[56], isto é, não simplesmente: eu digo, mas: eu proclamo, eu afirmo, eu decreto, ao mesmo tempo eu enuncio e eu pronuncio. Digo que isso acontecerá e digo que acontece. Enquanto, do outro lado, é ὁμολογέω[57], eu reconheço, eu confesso, sim, foi exatamente isso que aconteceu e à lei do que aconteceu não posso me furtar. Um proclama e decreta, o outro confessa e testemunha.

Vocês estão vendo portanto que é fácil identificar aí dois modos de manifestação da verdade, duas aleturgias que são profundamente diferentes e que podemos reconhecer e nomear facilmente. Uma, a dos deuses, é plenamente reconhecível pela simples razão de que ela diz claramente o que é. É a aleturgia religiosa e ritual da consulta oracular. A outra evidentemente não é tampouco muito difícil de reconhecer, ainda que não seja nomeada no texto por fazer parte das realidades históricas e relativamente novas na época em que Sófocles escrevia sua peça. São simplesmente as regras dos procedimentos judiciários, essas novas regras que as constituições e as leis, no fim do século VI e, principalmente, no início do século V, haviam estabelecido num certo número de cidades gregas, em particular em Atenas[58]. Aleturgia judiciária que comporta uma investigação – que todos os que sabem venham dizer, senão serão punidos –, que implica a convocação das testemunhas, a interrogação e o confronto das testemunhas, e que implica, de maneira bem precisa, a possibilidade e o direito de torturar um escravo para que ele diga a verdade. Na cidade ateniense, o escravo era aquele para quem a morte podia ser sopesada em relação à verdade. Podia-se ameaçá-lo de morte para ele dizer a verdade, era ele o único de quem se podia arrancar a verdade sob ameaça de morte. O que Sófocles põe face a face são os dois grandes procedimentos pelos quais, na Grécia clássica, tinha sido definida a maneira de suscitar a manifestação do verdadeiro segundo as regras capazes de autenticar essa manifestação e de garanti-las.

Que se trata de duas formas historicamente assinaláveis de aleturgia, é algo de que podemos encontrar facilmente a confirmação num pequeno episódio situado no início da peça, em todo caso na primeira metade, o episódio entre Creonte e Édipo, em que Creonte, [depois de] ter relatado o oráculo inquietante mas ainda equívoco do deus [e] trazido Tirésias, é acusado por Édipo de ter montado um complô contra ele. "Se trouxeste um oráculo tão ruim e, principalmente, se fizeste vir Tirésias, que me acusa, é que queres assumir o poder em meu lugar."[59] Voltaremos a esse problema do poder de Édipo. Mas, por enquanto, como se liquida nessa cena o conflito entre Creonte e Édipo? Bom, como vocês sabem, Jocasta intervém. Ela sai do palácio e diz: "Cessai vossa querela." E Creonte, nesse momento, propõe jurar que não foi ele que inventou a mensagem do deus ou que está em cumplicidade com Tirésias para dizer aquelas palavras ameaçadoras em relação a Édipo. E, efetivamente, ele faz um juramento solene dizendo: "Não sou eu."[60] Ora, isso era um procedimento judiciário, procedimento judiciário mais antigo que a investigação, o interrogatório. Era o procedimento pelo qual a aristocracia liquidava seus conflitos. Um jurava e, por conseguinte, se expunha voluntariamente à vingança dos deuses se não dissesse a verdade e, nesse momento, aquele diante do qual se prestava o juramento se via obrigado a suspender sua acusação e a não lhe dar seguimento. Transmitia-se ao deus o cuidado de se vingar do acusado se este houvesse mentido, rejeitando, por juramento, a acusação.[61] É um procedimento judiciário perfeitamente definível e perfeitamente reconhecido que, justamente, os procedimentos de investigação, os procedimentos de interrogatório etc., tendiam a rejeitar.

Esse episódio entre Creonte e Édipo e a maneira como seu conflito é aplacado, provisoriamente aplacado, esse episódio, vocês estão vendo, tem um papel que poderíamos dizer completivo e estrutural na gradação dos deuses aos escravos. O oráculo é a veridicção dos deuses, o juramento é a veridicção dos reis e dos chefes e o testemunho é a veridicção dos outros ou é a veridicção dos que servem. Mas creio – e me deterei nisso – que a verdadeira e a grande tensão entre a veridicção dos deuses e a veridicção dos escravos, a aleturgia oracular e a aleturgia do testemunho, essa grande tensão vem do fato de que a aleturgia oracular e a aleturgia do testemunho dizem exatamente a mesma coisa. Os escravos não dizem nem mais nem menos que os deuses, ou antes, eles o dizem claramente e, por conseguinte, dizem melhor. Mas, principalmente, como a aleturgia dos deuses poderia ter se produzido até o fim e constituir um ὀρθὸν ἔπος, uma manifestação completa e inevitável da verdade, se não tivesse havido a aleturgia dos escravos? E isso, de fato, é representação em dois níveis e da seguinte maneira. Primeiro: para que a palavra profética do deus fosse levada às suas extremas consequências e para que, efetivamente, o que ele havia predito no momento do nascimento de Édipo – matará seu pai e se deitará com sua mãe –, para que essa palavra fosse ou se tornasse verdadeira, o que foi preciso? Foi preciso um certo número de coisas, no centro das quais se encontra o quê? Pois bem, a mentira dos escravos, porque se o escravo a quem Jocasta tivesse dado a criança Édipo houvesse feito o que tinham mandado, teria matado Édipo. Mas ele não matou, ele desobedeceu. Ele o entregou a outro escravo e não disse nada a ninguém. O outro escravo o trouxe para Corinto, deu-o a Políbio e, aí, durante toda a infância de Édipo, não disse nada. E quando Édipo partiu de Corinto para não matar seu pai e sua mãe, o escravo também não disse nada. Desobediência, mentira, silêncio. Foi graças a isso que a palavra profética do deus pôde se realizar. Foi porque houve um jogo de verdade e de mentira no discurso dos homens ou no discurso dos escravos que a palavra do deus pôde ser verificada. E, de certo modo, considerando não a peça mas o mito a que ela se refere, a verdade da predição de Febo passou necessariamente pela mentira, o silêncio, a desobediência dos homens. Foi porque houve esse jogo da verdade que o deus teve finalmente razão. Mas na peça o que acontece? Acontece que, ao longo dela, a palavra dos deuses não chegava a ser acreditada. A palavra profética, a palavra oracular era enigmática, e ninguém conseguia interpretá-la e, por conseguinte, se tivessem ficado nisso, não se teria sabido de nada. Édipo teria continuado a ser rei e ninguém teria sabido que ele havia matado seu pai e deitado com sua mãe. [O mesmo quanto à] palavra do adivinho. Ele no entanto tinha dito as coisas, mas o coro não queria ouvi-lo e, como o coro não o ouvia, a verdade não podia vir à luz do dia. Foi preciso, por conseguinte, haver essa aleturgia própria dos escravos, foi preciso haver esse procedimento de interrogatório, foi preciso haver a lei da memória se impondo aos escravos e obrigando-os a dizer o que eles haviam visto, foi preciso a sua presença, foi preciso eles terem estado presentes e estarem eles mesmos na cena para que finalmente a própria peça se desenrolasse como aleturgia, e o que havia sido dito numa espécie de verdade enigmática e ficado em suspenso no início da peça se tornasse a verdade inevitável a que Édipo é obrigado a se submeter e que os próprios espectadores devem reconhecer. Portanto, sem esse dizer-a-verdade dos escravos, o dizer-a-verdade dos deuses não teria funcionado e a peça não poderia ter se realizado. Foi preciso portanto o dizer-a-mentira dos escravos para que o dizer dos deuses se tornasse verdadeiro, [depois] o dizer-a-verdade dos escravos para que o dizer-a-verdade incerto dos deuses se tornasse uma certeza inevitável para os homens.

  É esse portanto o encadeamento dos dois mecanismos aletúrgicos que emolduram a peça de Sófocles. Resta evidentemente, no centro, o problema de Édipo. O que era essa ignorância de Édipo? Que relação havia entre esses dizer-a-verdade que o emolduravam, o ameaçavam e finalmente o obrigaram a se curvar ao seu destino? É disso que falarei da próxima vez.

Aula de 16 de janeiro de 1980   41

*

NOTAS

1. Foucault, eleito titular da cátedra de "História dos sistemas de pensamento" do Collège de France, em abril de 1970, havia inaugurado seu ensino no dia 2 de dezembro desse mesmo ano (cf. *L'Ordre du discours*, Paris, Gallimard, 1971): nove anos e algumas semanas antes desta sessão, portanto.

2. Ele havia tratado de *Édipo rei*, pela primeira vez, na primeira aula do curso de 1970--1971, "La volonté de savoir" (cf. M. Foucault, *Leçons sur la volonté de savoir, op. cit.*, pp. 177-185). Tornou em seguida sobre esse texto várias vezes: cf. "Le savoir d'Oedipe", conferência pronunciada na universidade de Buffalo, em março de 1972 (publicada em anexo às *Leçons sur la volonté de savoir*, pp. 225-51; cf. D. Defert, Situation du cours, *ibid.*, p. 277); "La vérité et les formes juridiques" (conferências feitas no Rio de Janeiro, 21-23 de maio de 1973), in M. Foucault, *Dits et Écrits, 1954-1988* [citado *infra*: *DE*], ed. por D. Defert e F. Ewald, colab. J. Lagrange, Paris, Gallimard, 1994, 4 vol.: cf. nº 139, ed. 1994, t. II, pp. 553-70 (2ª conferência)/"Quarto", vol. I, pp. 1421-38, em que pretende mostrar "como a tragédia de Édipo, a que se pode ler em Sófocles [...] é representativa e, de certo modo, instauradora de um tipo determinado de relação entre poder e saber, entre poder político e conhecimento, de que nossa civilização ainda não se libertou" (pp. 554/1422); M. Foucault, *Mal faire, dire vrai. Fonction de l'aveu en justice*, ed. por F. Brion e B. Harcourt, Presses universitaires de Louvain/University of Chicago Press, 2012, aula de 28 de abril de 1981, pp. 47-87. Cf. ainda *Le Gouvernement de soi et des autres*, ed. sob a dir. de F. Ewald e A. Fontana, por F. Gros, Paris, Gallimard-Seuil, 2008, pp. 78-80 (ver p. 89, a nota 11 de F. Gros) [*O governo de si e dos outros*, Martins Fontes, 2010, p. 88].

3. Cf. Platão, *La République*, IX, 602c-605d, sobre a crítica dos efeitos da poesia dramática (comédia e tragédia); cf. X, 600e, Sócrates: "Demos pois por certo que todos os poetas, a começar por Homero, seja porque suas ficções têm por objeto a virtude ou qualquer outra coisa, não passam de imitadores de imagens e não alcançam a verdade" (trad. É. Chambry, Paris, Les Belles Lettres, CUF, pp. 91-2). Foucault não volta a esse tema na sequência do curso.

4. Aristóteles, *Poétique*, 11, 9: "[...] duas partes constituem a fábula: peripécia e reconhecimento". Citamos a tradução de J. Voilquin e J. Capelle, *Art rhétorique et Art poétique* (Paris, Garnier, col. "Classiques Garnier", 1944, p. 455), que Foucault utilizava (cf. *Le Savoir d'Oedipe, loc. cit.*, p. 251, nota 1 de D. Defert). Um terceiro elemento é o *pathos*, o acontecimento patético ou o efeito violento (11, 9-10, p. 455). Cf. J.-P. Vernant, "Ambiguité et renversement. Sur la structure énigmatique d'*Oedipe-Roi*", in *Échanges et Communications. Mélanges offerts à Claude Lévi-Strauss à l'occasion de son soixantième anniversaire*, s. dir. J. Pouillon e P. Maranda, Paris-La Haye, Mouton, 1970, t. II, pp. 1253-73, reproduzido *in* J.-P. Vernant e P. Vidal-Naquet, *Mythe et Tragédie en Grèce ancienne*, Paris, La Découverte, 1972, t. I, pp. 99-131: cf. p. 106, e *in* id., *Oedipe et ses mythes*, Paris, Éd. Complexe, 1986, pp. 23-53: cf. p. 28.

5. Aristóteles, *Poétique*, 11, 2, trad. citada, p. 453: "A peripécia é uma mudança de ação num sentido contrário ao que foi indicado." Ele cita notadamente o exemplo de Édipo: "De modo que, em *Édipo*, o mensageiro que chega acredita que vai agradar Édipo e livrá-lo da sua inquietação acerca da mãe, mas dando-se a conhecer produz o efeito contrário"; cf. pp. 453-5.

6. Aristóteles, *Poétique*, 11, 4, p. 455: "O reconhecimento, como o nome indica, faz passar da ignorância ao conhecimento, transformando a amizade em ódio ou vice-versa nos personagens fadados à felicidade ou ao infortúnio." E cita, aqui também, o exemplo de *Édipo*: "O mais belo dos reconhecimentos é o que sobrevém no decorrer de uma peripécia, como acontece em *Édipo*" (11, 5-6, *ibid.*).

7. *Electra*, tragédia de Sófocles cuja composição seria anterior à de Eurípedes, de mesmo título. O exemplo não é dado por Aristóteles.

8. *Filoctetes*, tragédia de Sófocles (409 a. C.). O exemplo, também neste caso, não é dado por Aristóteles.
9. Cf. J.-P. Vernant, "Ambiguité et renversement", *loc. cit.*
10. Cf. *ibid.*, ed. 1972, pp. 106-7/ed. 1986, pp. 28-9: "Aristóteles [...] observa que, em *Édipo rei*, o reconhecimento é o mais belo porque coincide com a peripécia. O reconhecimento que Édipo realiza não se dá, de fato, em relação a outra pessoa que não o próprio Édipo. E essa identificação final do herói por si mesmo constitui uma reviravolta completa da ação [...]." Cf. *supra*, nota 6.
11. Cf. o próprio título da tragédia: ΟΙΔΙΠΟΥΣ ΤΥΡΑΝΝΟΣ.
12. Cf. *Oedipe-Roi*, ed. e trad. P. Masqueray [edição de referência citada *supra*, p. 19, nota 4], vv. 87-107, pp. 75-6.
13. *Ibid.*, vv. 280-281, p. 151; trad. Masqueray: "[...] forçar os deuses a agir contra sua vontade, disso ninguém teria o poder."
14. Cf. *ibid.*, vv. 224-232 e vv. 242-245, p. 149; Foucault, aqui como na sequência do seu comentário, parafraseia ou traduz livremente o texto.
15. *Ibid.*, vv. 276-279, p. 151 (é o corifeu que fala então).
16. *Ibid.*, v. 298, p. 151: "o adivinho, inspirado pelo deus".
17. Foucault diz ora "Phoïbos", ora (como na tradução de Masqueray) "Phoebos". (Adotamos a versão, conforme ao grego, adotada em *Le Savoir d'Oedipe, loc. cit.*).
18. *Oedipe-Roi*, ed. citada, v. 284, p. 151. Literalmente: Tirésias, rei (Ἄνακτ' ἄνακτι p. 43 2] [...]) que vê as mesmas coisas que o rei Febo ([...] Φοίβῳ).
19. *Ibid.*, vv. 284-285 (ver nota precedente).
20. *Ibid.*, v. 353, p. 154: "tu és o criminoso"; Tirésias repete sua afirmação no verso 362; cf. *infra*, nota 56.
21. *Ibid.*, vv. 366-367, p. 154.
22. *Ibid.*, vv. 404-405, p. 155.
23. *Ibid.*, v. 485, p. 158.
24. *Ibid.*, vv. 486-488, p. 158.
25. *Ibid.*, v. 491, p. 158. A palavra reaparece no verso 510, em que o coro opõe a prova dada por Édipo de sabedoria e de amor a Tebas, perante a Virgem alada, à ausência de provas da parte de Tirésias.
26. *Ibid.*, v. 500, p. 159.
27. *Ibid.*, vv. 507-511, p. 159. Cf. *supra*, nota 25, a propósito de βασάνῳ.
28. *Ibid.*, vv. 504-505, p. 159; trad. Masqueray: "[...] não aprovaria os que acusam Édipo."
29. *Ibid.*, vv. 506-507, p. 159; trad. Masqueray: "Porque é à vista de todos (Φανερὰ γὰρ) que outrora veio a ele a virgem alada."
30. *Ibid.*, v. 504, p. 159.
31. *Ibid.*, vv. 715-716, pp. 166-7: "[...] ὥσπερ γ' ἡ φάτις, ξένοι ποτὲ λῃσταὶ φονεύουσ' ἐν τριλαῖς ἁμαξιτοῖς" todo mundo afirma, uns bandidos estrangeiros o assassinaram, há muito tempo, numa encruzilhada de três caminhos."
32. *Ibid.*, vv. 726-755, pp. 167-8.
33. *Ibid.*, vv. 842-847, p. 171.
34. *Ibid.*, vv. 942 ss., 1025 ss.
35. *Ibid.*, vv. 1110 ss. Sobre o duplo testemunho do pastor (testemunho do nascimento de Édipo, testemunho do assassinato de Laio), cf. vv. 754-756, 834-847, 1051-1053.
36. Cf. já "La vérité et les formes juridiques" (2ª conferência), *loc. cit.*, pp. 557/1425, sobre essa "forma pura", a "lei das metades", à qual obedece o "mecanismo da verdade" em *Édipo rei*.
37. Cf. *ibid.*, pp. 560/1428, onde Foucault define assim o σύμβολον: "Um instrumento de poder, de exercício do poder que permite a qualquer um que detenha um segredo ou um poder quebrar em duas partes um objeto qualquer, de cerâmica, guardar uma das partes e confiar a outra a alguém que deve levar a mensagem ou atestar sua autenticidade. É pelo ajuste dessas duas metades que se poderá reconhecer a autenticidade da mensagem, isto é, a continuidade do poder que se exerce."

38. *Édipo rei*, vv. 220-221, p. 149: "Οὐ γὰρ ἂν μακρὰν ἴχνευον αὐτὸς, μὴ οὐκ ἔχων τι σύμβολον"; trad. Masqueray: "[...] sozinho não poderia seguir por muito tempo a pista do criminoso, se não me derdes algum indício."

39. Sobre esse caráter essencialmente duplo de Édipo, cf. J.-P. Vernant, "Ambiguïté et renversement", ed. 1972, pp. 107-8/ed. 1986, pp. 29-30 (que o relaciona ao "esquema lógico da inversão, correspondente ao modo de pensar ambíguo próprio da tragédia", pp. 110/32).

40. Cf. *Édipo rei*, v. 318, p. 152; vv. 343-344, p. 153; v. 432, p. 156.

41. Cf. *ibid.*, vv. 303-304, p. 152.

42. Cf. *ibid.*, vv. 408-410, p. 156.

43. *Ibid.*, vv. 1118 *sq.*

44. *Ibid.*, vv. 95-98, 100-101, 103-104 e 106-107, pp. 144-5.

45. *Ibid.*, v. 1152, p. 183.

46. *Ibid.*, v. 356, p. 154.

47. *Ibid.*, vv. 1026-1034, p. 178.

48. *Ibid.*, v. 1038, p. 179.

49. *Ibid.*, v. 1157, p. 183.

50. *Ibid.*, vv. 1171-1174, pp. 183-4.

51. *Ibid.*, vv. 1178-1181, p. 184.

52. Cf. "La vérité et les formes juridiques" (2ª conferência), *loc. cit.*, pp. 561/1429: "[...] a peça *Édipo* é uma maneira de deslocar a enunciação da verdade de um discurso de tipo profético e prescritivo para outro discurso de ordem retrospectiva, não mais da ordem da profecia mas do testemunho."

53. *Oedipe-Roi*, vv. 350-352, p. 154.

54. *Ibid.*, vv. 417-418, p. 156.

55. *Ibid.*, vv. 1132-1143, p. 182.

56. *Ibid.*, v. 362, p. 154, Tirésias: "Φονέα σὲ φημὶ τἀνδρὸς οὗ ζητεῖς κυρεῖν", trad. Masqueray: "Afirmo que és o assassino do homem cujo assassino procuras." Cf. também: "Pretendo (φημὶ) que, sem saber, vives nos laços mais vergonhosos [...]."

57. Ὁμολογεῖν: convir, confessar, reconhecer (sobre o derivado ἐξομολογεῖν no vocabulário cristão, cf. *infra*, aula de 5 de março de 1980). A palavra não aparece no diálogo com o escravo nem em nenhuma outra passagem de *Édipo rei*. Segundo B.W. Beatson, *Index graecitatis Sophocleae* (Cambridge-Londres, Simpkin and Marshall, 1830, não paginado), a única ocorrência da palavra em Sófocles se encontra em *Filoctetes*, 980 (Ulisses a Filoctetes: "Sim, fui eu mesmo, confesso (ὁμολογῶ) [que te roubou tuas armas]").

58. Sobre a oposição das duas aleturgias, cf. as *Leçons sur la volonté de savoir, op. cit.*, aula de 17 de março de 1971, pp. 178-9. Cf. também "La vérité et les formes juridiques" (3ª conferência), *loc. cit.*, pp. 570/1438: "*Édipo rei* é uma espécie de resumo da história do direito grego", e pp. 571/1439, a propósito do nascimento da investigação, essa forma de descoberta judiciária da verdade na qual Foucault via uma das grandes conquistas da democracia ateniense.

59. *Oedipe-Roi*, vv. 532-542, p. 160.

60. *Ibid.*, vv. 644-645, p. 164.

61. Cf. *Leçons sur la volonté de savoir*, aula de 27 de janeiro de 1971, pp. 73-4, a propósito da discussão entre Menelau e Antíloco (Homero, *Ilíada*, XXIII, vv. 566-592) sobre essa "prova da verdade" que faz quem jura entrar num universo dominado pela potência dos deuses ("Pela imprecação, quem jura se confia à potência dos deuses. Ela é que decidirá."). Foucault volta longamente sobre esse exemplo em *Mal faire, dire vrai, op. cit.*, aula de 22 de abril de 1981, pp. 20-34; cf. também "La vérité et les formes juridiques" (2ª conferência), pp. 555-6/1423-4, em que relaciona, a partir do mesmo exemplo, a "antiga e arcaica prática da prova da verdade" com a tragédia de Sófocles: "Creonte responde a Édipo de acordo com a velha fórmula do litígio entre guerreiros."

AULA DE 23 DE JANEIRO DE 1980

Édipo rei *(continuação)*. – *O objeto do curso deste ano: o elemento "eu" nos procedimentos de veridicção. Em consequência de que processos o dizer-a-verdade, na primeira pessoa, pôde se afirmar como manifestação da verdade? Relações entre a arte de governar os homens e a autoaleturgia.* – *A questão do saber de Édipo. Em que consiste sua* tékhne*? Ela se opõe às maneiras de ser de Creonte e Tirésias. A atividade propriamente edipiana:* euriskein *(encontrar, descobrir). A procura de indícios (*tekméria*). Características do* tekmérion*. Édipo, operador da verdade que ele busca. A descoberta como arte de governo.* – *O poder de Édipo. Posição central desse tema na peça. Édipo, encarnação da figura clássica do tirano; vítima de seu uso tirânico do procedimento de verdade que ele próprio aplica. Diferença em relação à* gnóme *(opinião, juízo), pela qual ele resolveu o enigma da Esfinge e salvou a cidade.*

Gostaria de terminar [hoje] com Édipo. Não estou muito certo de que a interpretação ultra-agressiva e rasamente positivista que lhes dou do tema seja totalmente verdadeira. Vejo pelo menos um sinal disso no fato de que acabo de esquecer em casa meu exemplar de Édipo e [portanto] tem coisas que não poderei lhes dizer. Azar. Castigado!

Da última vez, eu havia procurado lhes mostrar como, de ambos os lados do personagem do mesmo Édipo, enquadrando-o e, claro, armando-lhe uma cilada, víamos se desenvolver na peça de Sófocles, de uma forma bem coerente e sistemática, dois modos de verdade, dois modos de veridicção, duas maneiras de dizer a verdade, o que chamarei de dois tipos de aleturgia que se correspondem, se ajustam enfim um ao outro e se fecham sobre Édipo. São essas duas formas de aleturgia que, juntas – e com a condição, precisamente, de se encaixar, de se ajustar [uma à] outra –, constituem a boa palavra, a palavra reta, a "ὀρθὸν ἔπος", que é no fim das contas portadora da verdade, a própria verdade e toda a verdade. Uma dessas aleturgias, uma dessas formas de veridicção é a veridicção a que nada escapa, a veridicção que domina o tempo, que pronuncia de longe os decretos eternos; é a aleturgia oracular e religiosa. Além desse, há outro dizer-a-verdade, que vai aparecer e se desenvolver no fim da peça, fechando-a, é o que se arranca pouco a pouco, pedaço por pedaço, elemento por elemento. É um dizer-a-verdade que obedece à forma, e à lei, e às restrições da memória, e é um dizer-a-verdade que só se pronuncia a respeito do [que o sujeito]* viu com seus próprios olhos. Aleturgia religiosa, de um lado, portanto, e interpretativa, que tira sua autoridade da força de um nome: "É porque sou servidor de Lóxias", diz Tirésias, "que posso dizer o que digo"[1] – referência a Febo, portanto. E, do outro lado, uma aleturgia judiciária que deriva sua autoridade unicamente do fato de poder dizer "eu", "eu mesmo", "eu mesmo estava presente", "eu mesmo vi", "dei com minhas próprias mãos", "recebi em minhas próprias mãos", "*ego*". Creio que temos aí um elemento importante, em todo caso é ele (e se insisti sobre isso da última vez foi por uma razão de método ou, digamos, de encaminhamento) que eu gostaria de procurar estudar um pouco este ano, quer dizer, o elemento da primeira pessoa, o elemento do "eu", o elemento do "αὐτός", do "eu mesmo" no que poderíamos chamar de aleturgia ou veridicção ou ritos e procedimentos de veridicção.

De uma forma totalmente esquemática, arbitrária, que horrorizaria qualquer historiador um pouco sério, digamos apesar dos pesares o seguinte. Se vocês pegarem as formas rituais, canônicas, de veridicção nos textos gregos arcaicos, seja em Homero, seja em Hesíodo ou nos poetas do século VI, o dizer-a-verdade deriva sua autoridade, para se apresentar como enunciação, formulação, manifestação da verdade, de um poder que é sempre anterior ou, em todo caso, exterior a quem fala. Em Homero, quando o rei, quando um chefe se levanta para emitir seu juízo e apresentar sua opinião como opinião reta e verdadeira, para firmar sua autoridade e para autenticar seu dizer-a-verdade, ele empunha um bastão de comando que é ao mesmo tempo o sinal do seu poder e a chancela da verdade do que vai dizer. O poeta não começa nunca sem invocar uma divindade que é a da Memória, Memória que, precisamente, deposita nele um certo dizer, uma certa palavra, uma certa enunciação de que ele não será mais que o portador. Mas se essa enunciação detém a verdade é justamente na medida em que a Memória, a Memória como deusa, a terá autenticado e marcado[2]. Poderíamos dizer também, da mesma maneira, que o sonho diz a verdade – haveria todo um estudo a fazer sobre o sonho como aleturgia, em que e por que [ele] diz a verdade[3] –, precisamente, porque o sonho eu não domino e é outra coisa que acontece comigo no sonho, é outra pessoa que emerge, é outra pessoa que fala, é outra pessoa

* M. F.: que ele

que dá sinais, e foi nele que se estabeleceu, nas civilizações ocidentais mas também nas outras civilizações, esse espantoso elemento quase constante e quase universal que é que o sonho diz a verdade. E se ele diz a verdade é precisamente porque não sou eu que falo no meu sonho. Portanto, vamos dizer, vocês têm essa forte tendência, linha de tendência, em toda uma série de civilizações, em todo caso na civilização grega arcaica, a fazer aparecer o dizer-a-verdade e a autenticar esse dizer-a-verdade [com] isto: que aquele que fala não é aquele que detém a verdade. E a verdade que passa em seu dizer é uma verdade que lhe vem de outro lugar.

O problema é saber como e por que razões chegou um momento em que o dizer-a-verdade pôde autenticar sua verdade, pôde se afirmar como manifestação da verdade, na medida em que, justamente, aquele que fala pode dizer: sou eu que detenho a verdade, e sou eu que detenho a verdade que vi e, porque a tendo visto, eu a digo. Essa identificação do dizer-a--verdade e do ter-visto-a-verdade, essa identificação entre aquele que fala e a fonte, a origem, a raiz da verdade, é aí sem dúvida um processo múltiplo e complexo que foi capital para a história da verdade em nossas sociedades.

Podemos ver essa constituição de uma aleturgia que gira em torno do αὐτός, do eu mesmo, do ele mesmo, do eu, através de um certo número de processos [e] de fenômenos. Por exemplo, na história das instituições judiciárias, o aparecimento da testemunha como aquele que estava presente e que, tendo estado presente, pode dizer "vejam qual era a verdade", é esse um dos fenômenos pelos quais se vê aparecer esse engate da primeira pessoa na aleturgia. Poderíamos também encontrar fenômenos [idênticos] no desenvolvimento da prática da viagem e do relato de viagem. Já em Heródoto[4], vocês veem claramente como certo número de coisas são afirmadas porque houve testemunhas e, de testemunha em testemunha, essa corrente das testemunhas acaba constituindo a verdade, sempre com a condição de que essa aleturgia, essa manifestação da verdade se refere a um αὐτός, a alguém que pode dizer "eu mesmo". Tudo isso é uma longa história, claro, que vai, não exatamente desembocar, mas encontrar um ponto culminante quando, a propósito das verdades evidentes da própria matemática, Descartes poderá dizer "eu mesmo". E é portanto toda essa história das relações entre o αὐτός e a aleturgia, entre o eu mesmo e o dizer-a-verdade, é isso que me interessa na história da verdade no Ocidente.

É simplesmente uma parcela disso tudo que eu gostaria de estudar um pouco este ano. Mas por ora voltemos a Édipo. Édipo, claro, entre a aleturgia do adivinho e a aleturgia da testemunha, Édipo é aquele que não sabe. Ele ignora o que aconteceu. Édipo é imprudente pois não só não sabe, mas não sabe que faria melhor em não saber. E Édipo, o ignorante, Édipo, o imprudente, também é, talvez, o Édipo inconsciente, pois como não saberia, no fundo, o que acredita não saber? Bom, isso é conhecido, é sabido. Mas o fato é que, ao longo do texto, se o considerarmos num nível de leitura ingênua, Édipo é portador de marcas muito explícitas de saber. Claro, todas essas referências ao saber de Édipo, presentes no texto, devem ser lidas em dois níveis, cada uma dessas palavras é de entendimento duplo, já que todos os sinais do saber remetem, no espírito do ouvinte que as ouve proclamar, ao fato de que todos sabemos que Édipo não sabe e, no momento em que ele diz "eu sei", sabemos que no fundo ele não sabia. E, portanto, todas essas expressões que marcam de maneira tão forte o saber de Édipo remetem à sua ignorância. Mas creio que os sinais do saber edipiano não adquirem todo o seu sentido pelo simples fato de remeterem, por uma espécie de jogo com as palavras, à sua ignorância real. Creio que os sinais do saber edipiano constituem um conjunto perfeitamente coerente e que o saber de Édipo é um saber específico, que tem uma forma particular e que podemos perfeitamente descrever relativamente aos outros tipos de saber, seja o do adivinho, [seja] o da testemunha.

O que é esse saber edipiano?[5] Gostaria de começar por me referir a uma passagem bastante breve que é, me parece, importante para caracterizar o saber como próprio de Édipo. No momento da sua discussão com Tirésias, ele lhe diz: no fim das contas, você é que é o culpado, você quer me arrancar a verdade. Pois bem, aqui está ela, não precisa procurar mais: quem matou Laio foi você. Você matou Laio e fez muitas outras coisas que eu poderia dizer; então nesse momento Édipo o interrompe e lhe dirige uma invocação curiosíssima, pois não diz: não é verdade, sou inocente, não pude fazer isso; ele diz: "Ὦ πλοῦτε καὶ τυραννὶ καὶ τέχνη τέχνης", "Ó riqueza – Ὦ τυραννὶ, ó poder, – τέχνη τέχνης, arte suprema, arte das artes", portanto: "Ó riqueza, ó poder, ó arte de todas as artes, quanta inveja suscitas!"[6] E a partir daí vai censurar Tirésias por só ter dito o que disse, por só ter lançado suas acusações por inveja a esse Ὦ πλοῦτε καὶ τυραννὶ καὶ τέχνη τέχνης. Três termos, no meio dos quais há o termo τυραννν[ίς], sobre o qual tornaremos, "poder", e esse termo "poder" aparece ladeado por suas duas deusas adjacentes, por assim dizer, a riqueza, de um lado, e a τέχνη τέχνης, a arte suprema. Édipo diz portanto: em toda essa história que me diz respeito e em que me vejo acusado, o que está em jogo não é minha inocência, não é isso, é a riqueza, o poder e a τέχνη τέχνης. Que quer dizer Édipo quando coloca assim no centro da discussão entre ele e Tirésias, por conseguinte, no centro da peça, esse poder que tem uma face riqueza e uma face, um lado τέχνη τέχνης, arte suprema?

Essa expressão, claro, de arte suprema, de arte das artes é notável por um certo número de razões. Primeiro, creio que vocês nunca encontrariam nos textos arcaicos, em todo caso, nos textos anteriores ao fim do século VI-V, o poder caracterizado como uma τέχνη, como uma técnica, como uma arte. Segundo, em contrapartida, é um dos temas evidentemente, absolutamente fundamentais de toda a discussão política, de toda a discussão filosófica no século V e no século IV, de saber em que medida o exercício do poder político requer, implica algo como uma τέχνη, como um saber, um saber técnico, um *savoir-faire*, que daria autoridade a um aprendizado, a um aperfeiçoamento das leis, das receitas, das maneiras de fazer. Estamos, com essa expressão, no cerne de uma discussão político--filosófica ou de uma discussão sobre a teoria da política, sobre a prática da política, no século V, logo, na época de Sófocles. Enfim, essa expressão me retém por uma razão bem particular: τέχνη τέχνης, como vocês sabem, vai ser uma expressão típica, quase ritual, pela qual se caracterizará constantemente, até o século XVII, a arte de governar. Τέχνη τέχνης, a arte suprema, é o nome com o qual se designará a arte política em geral, com o qual se designará sobretudo a arte de governar os homens em geral, seja sob a forma coletiva de um governo político, seja sob a forma individual de uma direção espiritual. E há, claro, o célebre texto de Gregório de Nazianzo sobre o qual tornaremos este ano muito mais demoradamente e que, oito séculos depois de Sófocles, vai definir a direção das consciências como τέχνη τέχνης[7], dando uma caracterização da direção de consciência que permanecerá constante até o século XVIII[8]. Τέχνη τέχνης é portanto a arte de dirigir as almas[9].

Se insisto um pouco sobre essa expressão é porque, precisamente, o que eu gostaria de fazer este ano é estudar a relação entre essa τέχνη τέχνης como arte suprema, isto é, a arte de governar os homens, e a aleturgia. Em que medida a arte de governar os homens implica algo como uma manifestação de verdade? Como se estabeleceram não, de uma maneira geral, as relações entre a arte de governar os homens e a aleturgia, mas [entre] a arte de governar os homens e o que chamarei de autoaleturgia, isto é, essas formas de manifestação de verdade que giram em torno da primeira pessoa, em torno do eu e do eu mesmo? Τέχνη τέχνης e autoaleturgia, são um pouco esses temas que gostaria de evocar.

Voltemos agora a essa τέχνη de Édipo para saber em que ela consiste. A τέχνη de Édipo se opõe a duas outras maneiras de fazer ou duas outras maneiras de ser. Claro, ela se opõe bem nitidamente à maneira de fazer ou à maneira de ser de Creonte. De fato, há um trecho bastante interessante na peça, que é a defesa que Creonte opõe a Édipo quando [este] lhe diz: "Mas se me trouxeste um oráculo tão desfavorável, se depois foste buscar o adivinho, é porque invejavas meu lugar e queres tomar o trono." A isso Creonte responde se defendendo – e sua defesa é, aliás, em sua forma, totalmente semelhante, totalmente conforme ao que era pelo menos um gênero do discurso sofístico, isto é, a defesa no nível da verossimilhança: "O que dizes não é verdade, porque não é verossímil.[10] E não é verossímil que eu te inveje por um certo número de razões." [São] essas razões que eu gostaria de examinar.

Não posso ter inveja de você, diz Creonte, porque no fundo tenho uma vida boa. E o que é minha vida, a vida de Creonte? Ora, diz ele, é uma vida de rei sem ter de ser rei ou sem ter de exercer o ofício de rei. No limite, se preferirem, poderíamos dizer que temos aí uma afirmação à Luís Felipe, do gênero: eu reino, mas não governo. De fato, se olharmos as palavras Creonte diz exatamente o seguinte: "Para mim, como filho de Laio, como irmão de Jocasta, como teu cunhado, o que tenho? Tenho para mim o ἀρχή, isto é, tenho a posição primeira, estou entre os primeiros, por um lado, e tenho, por outro lado, a δυναστεία, a potência."[11] A potência é uma palavra um tanto enigmática que encontramos, por exemplo, empregada em Platão para designar os regimes aristocráticos e que é oposta precisamente à τυραννίς[12]. A τυραννίς é o poder de um só. Já a δυναστεία é uma espécie de potência que um certo número de pessoas possuem em comum e compartilham. Compartilham como? O texto de Creonte indica um pouco de que modo, na medida em que diz: minha vida como um dos primeiros tendo para ela a δυναστεία, a potência, consiste em quê? Simplesmente nisto: é que você é o rei, você é obrigado a me dar presentes, e cada vez que eu te peço alguma coisa você me dá. Em compensação, a gente do povo, como sabe que tenho a potência, a δυναστεία, me solicita. E eu me encontro assim entre o poder, de um lado, e os que são governados, [de outro], numa posição ao mesmo tempo privilegiada e intermediária. Em direção a mim convergem os presentes, em direção a mim converge todo um circuito de trocas, de promessas, de compromissos, de favores. Sou de certo modo rodeado por uns e outros, pelo que comanda e pelos que são comandados, e nessa função intermediária, gozo de todas as vantagens, sem ter nenhuma preocupação. Em outras palavras, Creonte é o homem do vínculo – do vínculo que o liga, de um lado, a seu cunhado e à aristocracia e, de outro, à gente do povo. Ele é o homem do vínculo, mas não o homem de ação propriamente dita. Que ele é o homem do vínculo, a confirmação está aliás num episódio que eu lhes trouxe da última vez, quando precisamente no fim dessa discussão ele proporá, sob juramento, garantir a Édipo que não tem nada contra ele e que não falseou a mensagem. Ele é o homem do vínculo, é o homem do juramento. O que lhe permite viver como um rei sem ser rei, sem ter de governar. Tudo lhe vem por essa série de trocas e compromissos. Ele não precisa de uma τέχνη para viver assim. Precisa de quê? Simplesmente de respeitar as leis, as regras, os costumes, os compromissos, e respeitar todos os vínculos que o unem seja ao rei, seja ao povo. Respeitar os vínculos é o quê? É, no fim das contas, ser comedido, temperante, ponderado, sábio. E ele mesmo formula seu saber empregando a palavra "σωφρονεῖν": ser comedido, eis o que sei[13].

Em face disso, Tirésias. Enquanto Creonte não tem τέχνη, Tirésias sim tem uma τέχνη, a que lhe permite interpretar oráculos. O que é essa τέχνη? Aplicada à mântica, à adivinhação, τέχνη é uma expressão tradicional. É empregada em *Édipo* um certo número de vezes a propósito da mântica. [Sem dúvida] não todas as vezes, mas um número de vezes em todo caso considerável, ela é empregada de uma maneira ou irônica, ou negativa. Por exemplo, Édipo mesmo designa pela palavra τέχνη o que Tirésias faz e a maneira como interpreta os sinais ou as palavras do deus. Mas de que maneira ele fala? No momento dos acontecimentos que agora estamos procurando desenredar, [diz ele], a saber, o que aconteceu quando Laio morreu, como ninguém pôde dizer exatamente o que acontecera, ele pergunta: "O adivinho exercia nesse momento sua τέχνη?"[14] A resposta só pode ser: "Sim, exercia" – logo completada por: "se ele a exercia, como é que não soube da verdade?"[15] A palavra τέχνη tem aí um sentido irônico, como numa outra réplica, em que ele diz: "Tu, com toda a tua τέχνη, não foste capaz de resolver o enigma como eu resolvi, o enigma da Esfinge."[16] Portanto, a τέχνη é empregada aí num sentido irônico, τέχνη impotente. E outra vez, no grande diálogo entre Jocasta e Édipo, a palavra τέχνη vai reaparecer, mas desta vez de uma forma completamente negativa. É quando Jocasta, de uma maneira muito mais radical do que o próprio Édipo, vai dizer a Édipo: "Mas não te preocupes com o que o adivinho pode dizer. Tu sabes que jamais nenhum mortal possuiu a μαντική τέχνη, nenhum mortal possuiu a arte de adivinhar."[17] Quer dizer, a arte de adivinhar não existe, pelo menos do lado dos mortais. Portanto, contestação radical da existência de uma τέχνη mântica.

Na verdade, o que caracteriza a prática de Tirésias, e que, parece, Édipo e Jocasta não admitem se possa chamar de τέχνη, são duas coisas que aliás evocamos da última vez. Por um lado, se Tirésias diz a verdade, não é exatamente uma τέχνη pela excelente razão de que ele tem com a verdade, ele, Tirésias, um vínculo de natureza. Ele nasce com a verdade, a verdade nasce nele, a verdade cresce como uma planta dentro do seu corpo ou como outro corpo em seu corpo. Donde todas essas expressões, por exemplo: a verdade que ἐμπέφυκεν, que cresce por natureza com ele[18]. A verdade nasce nele. Tirésias diz: "Alimento em mim a verdade"[19], e Édipo diz: "Tu sabes a verdade, ξυνειδώς[20], tu a conheces imediatamente." Portanto, não há técnica, já que há essa conaturalidade – ou essa pretensão, em todo caso, de conaturalidade – entre Tirésias e a verdade. E, por outro lado, como, por que procedimentos Tirésias pode formular a verdade e descobri-la nele mesmo? Pois bem, por uma atividade para a qual ele emprega uma palavra bem precisa e bem particular, que é φρονεῖν²¹. Φρονεῖν, isto é, pensar, refletir, voltar-se para dentro de si, mergulhar nas profundezas do seu pensamento. E tanto é ela a atividade própria de Tirésias que, em sua discussão com Édipo, no momento em que vai sair de cena, Tirésias virando para Édipo e o coro lhes diz: "Mas vós sabeis, vós não pensais, οὐ φρονεῖτ, vós não refletis."²²

Portanto, temos Creonte, que é um homem do σωφρονεῖν, do comedimento, o que conhece seus vínculos e sabe respeitá-los, e há o φρονεῖν de Tirésias, que é uma maneira de mergulhar dentro de si, em seus pensamentos, para aí encontrar a verdade à qual é conatural.

Em relação a isso, qual vai ser a τέχνη de Édipo? Se estava absolutamente fora de questão falar da τέχνη de Creonte, se a τέχνη de Tirésias não é sem dúvida uma τέχνη, em compensação, aqui, Édipo se diz ser um homem da τέχνη. E a palavra que aparece com maior frequência no texto para caracterizar a τέχνη de Édipo é εὑρίσκειν, isto é, "encontrar, descobrir". Toda uma série de textos: "A cidade apela a ti para que possas encontrar algum socorro", εὑρεῖν, no verso 42. No verso 68: "Ao povo inquieto, vou dizer a solução que encontrei", ηὕρισκον. Mais tarde, Édipo criticará os tebanos por não terem procurado, no momento do assassinato de Laio, "descobrir, εὑρίσκειν, o assassino". Ele mesmo procurará descobri-lo. Vocês encontram isso nos versos 120²³, 258²⁴, 304²⁵. Quando discute com Creonte, diz: ah, finalmente descobri, descobri o complô tramado contra mim. Aliás, Tirésias também diz, em dado momento, no momento em que vai sair de cena: "Não és capaz de encontrar todas essas coisas? Trata tu mesmo de encontrá-las."²⁶

Portanto: Creonte, o que mantém seu comedimento; Tirésias, o que está mergulhado em seus pensamentos – φρονεῖν –; e enfim Édipo, o que parte à descoberta da verdade – εὑρίσκειν –, o que descobre. Vocês vão dizer que há pelo menos uma coisa que ele descobriu, a primeira, de que não falei e que é a solução do enigma da Esfinge. Ora, e temos aí um pequeno enigma sobre o enigma, nunca em todo o texto Édipo diz que descobriu o enigma da Esfinge. Ele não emprega a palavra εὑρίσκειν a propósito do enigma. A propósito do enigma da Esfinge, ele diz que a dominou – γνώμη²⁷. Γνώμη é uma palavra totalmente diferente da série [das] que se vinculam a εὑρίσκειν, "encontrar". É uma palavra um tanto pálida, um tanto insípida, um tanto neutra, que quer dizer: juízo, opinião, maneira de pensar, maneira de julgar. De sorte que essa atividade tão propriamente edipiana e à qual ele vai ligar seu destino, atividade que consiste em ir buscar, em partir à descoberta da verdade, não foi de modo algum [graças a ele] que ele resolveu o enigma da Esfinge. Ele o resolveu por meio de um tipo de atividade bem diferente, sobre o qual vamos ter de voltar no fim, que é a γνώμη, que é a opinião. Dominei a Esfinge e o enigma da Esfinge, logo curei a cidade de todos os seus males, coloquei-a novamente de pé, tornei-a ereta quando ela estava abatida sob a desgraça, graças à γνώμη, graças ao meu juízo, à minha opinião, e não pela busca da verdade.

Voltemos agora à εὑρίσκειν de Édipo, deixando de lado o problema da γνώμη que foi empregada para resolver o enigma. Em que consiste a εὑρίσκειν de Édipo, essa atividade de busca à qual ele vai ligar sua sorte e que vai [sub]jazer a toda a peça? Encontrar, descobrir é um ato pelo qual quem não sabia se torna quem sabe, é claro. Édipo não para de dizer: eu não estava presente no momento dos fatos; eu não sei nada do que aconteceu; vocês estavam lá, vocês deveriam saber alguma coisa; eu não posso saber. Por conseguinte o problema de Édipo é o de saber como ele mesmo vai poder se transformar – de homem que não sabia em alguém que sabe. Como vocês sabem, essa transformação de quem não sabia em quem sabe, que é o problema dos sofistas, o problema de Sócrates, será também o problema de Platão. É todo o problema da educação, da retórica, da arte de persuadir. É, enfim, todo o problema da democracia. É necessário, para governar a cidade, transformar os que não sabem nos que sabem? Ou haveria, para governar a cidade, um certo saber que alguns devem possuir mas que outros não precisam possuir? Esse saber se descobre ou pode se formar em alguém que ainda não sabe e que acabará sabendo? Todos esses problemas da técnica de transformação do não-saber em saber é que estão, penso eu, no cerne do debate filosófico-político, do debate pedagógico, do debate retórico, do debate sobre a linguagem e a utilização da linguagem no século V ateniense.

Portanto, Édipo deve ser transformado de homem que não sabe em homem que sabe. Essa transformação de que modo ele vai fazer? Aqui o vocabulário é bem claro, bem nítido, bem insistente. Édipo pode se tornar aquele que sabe a partir do seu não-saber, graças a marcas, a sinais, a indícios, a referências que estarão presentes, no caminho, na trilha, que permitirão dirigir bem o navio e que, finalmente, lhe permitirão, a partir desses acontecimentos, inferir a verdade e o que aconteceu. A palavra empregada para designar essa interpretação dos sinais que o conduzirão finalmente à verdade, a palavra empregada não é [aquela] pela qual se designa a interpretação do adivinho, por exemplo. É τεκμαίρεται[28]. E esses elementos, esses sinais e essas marcas são designadas repetidas vezes pela palavra τεκμήριον[29], isto é, marca, indício. É uma palavra ao mesmo tempo precisa e complexa.

Primeiro, vocês a encontram por exemplo num [autor]* como Alcméon, que diz o seguinte, que é importantíssimo e a que, a meu ver, a história de Édipo, quer dizer, a tragédia de Sófocles faz eco: "Os deuses têm a certeza, enquanto nós, homens, temos o τεκμήριον, temos o indício, a marca." [30] É portanto uma palavra que marca muito bem um tipo de conhecimento, em si, perfeitamente diferente do que podemos ter nos comunicando com os deuses ou ouvindo o que eles dizem. É também uma palavra que tem um uso científico, pois vocês encontram no século VI a palavra τεκμήριον empregada simplesmente para designar qualquer tipo de demonstração. Uma demonstração matemática pode ser dita τεκμήριον. É, mais tarde, em Aristóteles, que vocês encontrarão uma oposição entre o τεκμήριον que dá a verdade de uma maneira indubitável, o sinal absolutamente certo, e o εἰκός ou o σημεῖον, que é o sinal provável, o sinal verossímil[31]. Aqui, na peça de Sófocles, a palavra τεκμήριον é empregada de uma maneira menos rigorosa, é claro, do que em Aristóteles; τεκμήριον é assimilado a ou empregado no mesmo nível de σημεῖον[32]. De fato, temos aí uma coloração do vocabulário que é nitidamente médica. Aliás, toda a peça *Édipo* é permeada pela metáfora médica, já que o mal que se abateu sobre Tebas é, evidentemente, a peste e que se trata de curar a cidade da peste. Logo é uma prática médica que Édipo está aplicando: encontrar, ante a doença da cidade, os sinais, elementos, indícios, sintomas pelos quais será possível encontrar a causa da doença. Vê-se aí um intrincamento que já é, no século V, na Grécia, e que vai ser para toda a civilização ocidental, o intrincamento essencial e fundamental: o da medicina e do direito. No limite, *Édipo* é uma questão de medicina e de direito. É, em todo caso, se o considerarmos no nível dos procedimentos de verdade que são aplicados na peça, uma das primeiras articulações de uma aleturgia em forma judiciária com uma aleturgia em forma médica.

O τεκμήριον, os τεκμήρια que Édipo está reunindo para chegar à verdade e para se transformar, ele próprio, de homem que não sabe em homem que sabe, esse τεκμήριον em que consiste? São elementos que podem funcionar em quatro direções diferentes. Do presente ao passado, claro, isto é: estamos atualmente numa situação desastrosa, é preciso encontrar a causa desses acontecimentos; essa causa está em acontecimentos que são agora passados e esquecidos; é preciso portanto ir do presente ao passado. O τεκμήριον também é uma coisa que vai do passado ao presente, isso fica claro na argumentação de Jocasta, quando [esta], discutindo com Édipo, lhe diz: mas afinal você sabe perfeitamente que um certo número de oráculos já foram pronunciados e não foram seguidos de ne-

* M. F.: poeta

nhum efeito; por conseguinte, os oráculos nem sempre dizem a verdade, e como os antigos não disseram a verdade, podes concluir que os oráculos que te dão agora não são mais verdadeiros que aqueles. Sê razoável, conclui do passado ao presente, diz Jocasta, empregando o termo τεκμήριον[33]. Terceira direção, é a que vai da presença à ausência. O τεκμήριον é o que Édipo tem nas mãos, que ele vê, que ele sabe, uma coisa que lhe disseram, e ele tem de encontrar as pessoas que disseram isso, ou as pessoas que sabem por que disseram isso. Remontar, no passado, da presença à ausência. E o τεκμήριον também é o elemento que permite passar da ausência à presença, pois se trata por esse proceder: de passar dos que ouviram falar da história, dos que ouviram dizer que havia gente que sabia, de ir desses, que estavam por conseguinte ausentes em relação à cena, aos que efetivamente assistiram ao assassinato e que o viram com seus próprios olhos. É preciso portanto passar da ausência à presença. Em linhas gerais, todo esse jogo do τεκμήριον é um jogo que obedece à lei da presença e à lei do olhar. É preciso chegar finalmente à própria presença e ao próprio olhar, ao próprio olhar das pessoas que estavam, elas mesmas, presentes.

Eis o que vai transformar Édipo daquele que não sabe naquele que sabe. Ora, ele mesmo quer fazer essa descoberta – e é esse outro aspecto do εὑρίσκειν edipiano –, por não confiar em mais ninguém, quer resolver ele mesmo a questão. Ao longo de todo o texto vocês não param de ver Édipo dizendo: vim eu mesmo me informar, quero eu mesmo saber o que é esta peste que assola Tebas, quero eu mesmo ouvir a súplica dos cidadãos, quero eu mesmo saber quem foi aquele que ouviu falar da testemunha, quero eu mesmo ver a testemunha. Ou seja, o próprio Édipo deve ser o operador dessa verdade. E essa aleturgia em forma de descoberta é Édipo, e Édipo mesmo, que deve fazer, fazê-la inteiramente, e isso até a célebre última cena, enfim uma das últimas cenas, em que veremos ele mesmo em presença dos que viram pessoalmente a cena. Nesse momento, Édipo será o senhor da verdade. Ele terá sido, do início ao fim, o operador que, indo de τεκμήριον em τεκμήριον, chegou até a presença física na cena dos que estavam, do que estava fisicamente presente ao crime. Acontecerá que esse αὐτός vai se inverter, e que o "ele mesmo" que foi o operador da verdade será o objeto da descoberta. Mas isso é outra questão. Mais uma vez, eu me coloco no nível dos procedimentos de verdade, no nível das simples aleturgias.

Ora, com esse εὑρίσκειν, o que Édipo pretendia descobrir? Enquanto o saber de Tirésias era, é claro, um saber que se refere aos decretos dos deuses, a busca edipiana não se refere a decretos, mas ao contrário ao que aconteceu efetivamente e que pode ser conforme aos decretos dos deuses ou [não]. Ou seja, a atividade de εὑρίσκειν, a atividade de descoberta por

Édipo é no fundo uma atividade de duas faces. Por um lado, a descoberta deve trazer à luz o próprio acontecimento, a fortuna ou o infortúnio dos homens, os encontros. O que aconteceu quando Laio se encontrou na encruzilhada de três caminhos? O que encontrou lá? Como se fez o encontro entre ele e seu assassino? Portanto, a descoberta se refere ao acontecimento, se refere aos encontros, se refere ao cruzamento das coisas, das séries, dos gestos, dos homens. E, por outro lado, essa descoberta tem como finalidade, ao descobrir esses acontecimentos, escapar assim aos decretos dos deuses ou limitar seus efeitos, ou em todo caso medir o que é conforme a esses decretos e o que não é. O εὑρίσκειν descobre portanto a maneira de não se submeter inteira e definitivamente aos decretos dos deuses. É uma maneira de navegar entre esses decretos e escapar deles, se possível. É uma arte de adivinhar os escolhos, de descobri-los quando estão ocultos, de evitar naufragar num escolho. É uma maneira de conduzir o navio entre os escolhos até bom porto. É por isso que Édipo, que se pretende o homem da descoberta, do εὑρίσκειν, não para de dizer: "eu, afinal de contas, tenho de governar o navio, εὑρίσκειν"[34]. É portanto uma arte do timão, a da descoberta. E eis-nos portanto no cerne, enfim, no ponto de outro problema: qual a relação entre essa atividade de descoberta de que Édipo faz sua propriedade, de que faz sua arte, que reivindica para si mesmo e para si só, e a prática do governo, essa arte de pilotar o navio entre os escolhos?

Então algumas palavras, agora, sobre o poder [...]. Ao longo da peça, Édipo, no fundo, só enxerga o problema do poder. Em torno dele, lhe falam da peste, dos perigos que a cidade corre, da desgraça dos homens. Falam-lhe da necessidade de encontrar o culpado. Dizem-lhe: mas é você o culpado. Dizem-lhe: mas deve haver gente que sabe. Édipo aceita partir em busca da verdade, mas essencialmente porque se trata do seu poder e na medida em que se trata do seu poder. Para ele, o jogo não é o jogo da verdade. É o jogo do poder. E ele só joga o jogo do poder na medida em que o poder é, para ele, questionado. Fica claríssimo ao longo do texto, principalmente na primeira parte, no momento em que o problema se coloca. Quando lhe falam da peste e lhe dizem que os moradores de Tebas recorrem a ele, ele logo diz: "De fato, tenho de me ocupar dessa peste de Tebas, porque a desgraça que está se abatendo sobre a cidade atinge a mim também."[35] No momento em que lhe falam do assassino, em que lhe dizem: o oráculo disse que o motivo da peste em Tebas é o fato de que o rei Laio foi morto, Édipo diz logo em seguida: então é preciso encontrar o culpado. Encontrá-lo por quê? Para salvar Tebas? Em absoluto. "É preciso encontrar o culpado, porque é possível que ele se volte contra mim também."[36] E que é do seu poder que se trata, ele confirma ao dizer: "Se o culpado for descoberto e se revelar que o culpado se hospedou em minha casa ou tem alguma relação comigo, eu o banirei"; ou seja: aceito perder meu poder se houver alguma coisa entre mim e o assassino[37]. E quando ele discute com o profeta Tirésias e Tirésias o acusa, ele não se defende dizendo: tuas acusações são falsas, porque eu não estava aqui no momento do assassinato, porque sou um infortunado estrangeiro que cheguei aqui por acaso e não tenho nada a ver com tudo isso. Nada. Nesse momento, ele não fala absolutamente em termos de verdade. Ele diz: "O que dizes não é verdade, porque na realidade o que tens na cabeça é ameaçar meu poder, e é esse poder que vou defender contra ti."[38] Mesma coisa com Creonte. Ele não diz a Creonte: Tirésias mentiu, ele diz: "Conspiraste com ele contra mim para tomar o meu poder."[39] E, enfim, quando estando com Jocasta, no momento último da descoberta, o mensageiro de Corinto vem dizer, diante de Jocasta, a Édipo: mas não és o filho de Políbio, Édipo constata o pânico de Jocasta que está começando a compreender e ver a verdade. Mas o que Édipo enxerga, no momento em que a verdade é descoberta? Ele diz: "Jocasta tem vergonha de mim e considera que não sou digno do poder, porque não passo de uma criança encontrada. Talvez não tenha pais, é verdade, mas pelo menos sou filho de Τύχη, sou filho do destino. E isso me autoriza a tomar e exercer o poder. Não sou um filho indigno. A obscuridade de meus pais é compensada pelo fato de que o destino me designou a me tornar rei."[40] De todo modo, praticamente até o fim só se trata, para Édipo, do poder, e é isso que o preocupa ao longo de toda a peça. Tanto isso é verdade, aliás, que, no fim, quando o desastre será consumado, ele dirá: "Agora só posso obedecer."[41] [E] Creonte lhe diz: "Não procure sempre comandar e ser o senhor, καὶ γὰρ ἀκράτησας"[42], expressão que joga com as palavras e que quer dizer, ao mesmo tempo: subiste ao topo *e* agora te tornaste completamente sem poder, ἀ-κρατής[43]. E a última réplica do coro, a última frase, diz: "Sem dúvida resolveste o enigma e eras κράτιστος, e agora vieste completamente por terra."[44] Expressão que faz eco à invocação indicada bem no início da peça, quando Édipo é saudado como κρατύνων Οἰδίπους, Édipo, o poderoso[45]. É portanto, em certo sentido, uma questão de poder, pelo menos do ponto de vista de Édipo. É a primeira coisa que eu queria observar.

A segunda é a seguinte. No meio da peça, exatamente no meio-tempo entre a primeira metade em que, como vocês sabem, ocorreu a consulta a Febo, a consulta a Tirésias, e em que Jocasta, contra a sua vontade, descobriu que Édipo era possivelmente o assassino de Laio, depois dessa primeira metade, que é a dos deuses e dos reis, e antes da outra metade, que vai ser a das testemunhas e dos escravos e que vai consumar a verdade, entre as duas metades há um canto do coro[46]. Um canto do coro que, curiosamente, não parece se relacionar ao que acaba de acontecer. Trata-se, bruscamente, primeiro, de um elogio da lei. O coro intervém na medida em que se esperam os mensageiros que vão dizer a verdade e talvez inocentar Édipo ou talvez provar sua culpa. Nesse momento, bruscamente, se trata do elogio da lei, a lei que o coro diz ter nascido do Olimpo, a lei que é filha de Zeus e não dos mortais, a lei que é filha de um só pai, a lei que nunca está exposta ao esquecimento, enfim a lei que é habitada por um deus que não envelhece. À lei se opõem, diz o coro, os tiranos. Os tiranos são a desmedida, são a fortuna com seus altos e baixos, que faz os homens ascenderem aos píncaros, depois os precipita até embaixo quebrando-lhes os pés. Depois, encadeando-se a essa condenação dos tiranos, maldição e sacrilégio dos que exibem em toda parte seu orgulho, que só buscam o proveito próprio, que violam o que é inviolável, e diz, o coro, que Zeus abra os olhos para estes, porque o respeito aos deuses está acabando e a gente não crê mais nem mesmo nos oráculos.

Texto ao mesmo tempo muito surpreendente e muito claro. Muito claro, evidentemente, porque é de Édipo que se trata. Não se trata de outra coisa senão de Édipo. A palavra τύραννος que é empregada no texto[47] remete ao próprio título da peça, e toda uma série de alusões claríssimas – o homem de pés quebrados[48] é, Édipo, claro; ou ainda "as leis têm um só pai"[49], o que significa, se não uma referência ao fato de que Édipo tinha pelo menos um pai a mais, tanto que o assassinou, que tinha dois? Ter um só pai é não ser como Édipo. Texto portanto perfeitamente claro, já que se dirige a Édipo, mas por isso mesmo deveras surpreendente, já que na primeira parte o coro não havia feito outra coisa senão manifestar em relação a Édipo apreço, afeto e fidelidade. Em [sua] intervenção preced[ente], ele tinha dito a Édipo depois da sua discussão com Creonte: "De todo modo, não sei onde está a verdade, não sei qual de vós dois tem razão, não posso portanto emitir um juízo, mas sei uma coisa, é que dados os serviços que tu me prestaste, primeiro não posso crer que sejas tu o culpado, e de qualquer maneira não te abandonarei nunca."[50] Além, portanto, da verdade das acusações, o coro afirmava um apreço fundamental por Édipo. E eis que, sem que nada de verdadeiramente novo houvesse intervindo, a não ser que a verdade está em andamento e se precipita e se acelera até a cena, mas ainda não chegou, o coro já abandonou Édipo e faz do poder edipiano um retrato negativo.

O que é portanto esse poder de Édipo que está efetivamente no cerne da peça, já que Édipo só enxerga isso e [que] o coro, que se situa no meio da peça, indica que é disso que se trata? Claro, esse poder, como o título, as falas do coro também e várias expressões que encontramos no texto indicam, é o poder tirânico. Poder tirânico: não entender, é claro, essa [última] palavra no sentido pejorativo. Trata-se de uma figura histórica perfeitamente precisa, figura histórica, instituição frequente, corrente, quase universal no mundo grego na virada do século VI para o V, e que não se deve esquecer que, muito embora tenha em grande parte desaparecido, ou tenha entrado fortemente em regressão no correr do século V, muito embora na época de Sófocles o problema imediatamente político da tirania não se colocasse mais – pelo menos de uma forma consistente –, a tirania foi e continuou sendo nos séculos V e IV o ponto de partida, de certo modo a matriz do pensamento político na Grécia, e por várias razões. Primeiro, porque é através da tirania que se estabeleceram efetivamente as democracias, onde as houve. Foi através da tirania que a democracia se instalou em Atenas, por exemplo, os tiranos é que são de certo modo autores, voluntários ou involuntários da democracia[51]. E é, de todo modo, sempre em relação a ela, em relação a essa tirania, que se fez durante pelo menos um século a teoria do poder político na Grécia. A tirania foi um modelo constante e ambíguo para o pensamento político na Grécia. E, afinal de contas, poderíamos dizer que a tirania foi para o pensamento político grego o que foi a revolução para o pensamento político europeu moderno, aquilo em relação a que, no fim das contas, sempre é preciso se situar e que deve ser pensado ao mesmo tempo como passagem, transição, fundação ou subversão.

Ora, essa figura do tirano, essa figura política, portanto, que não é imediatamente negativa, que é positiva e negativa, essa figura problemática do tirano comporta um certo número de características que podemos encontrar muito nitidamente tanto em Édipo como no pensamento político contemporâneo de Sófocles ou posterior a Sófocles. Deixo de lado as características propriamente míticas, que a própria prática da tirania nos séculos VI e V sempre acentuara, por exemplo: os tiranos da Grécia sempre se referiram a um modelo heroico que, de certo modo, autenticava a tomada do poder. Durante – como dizer? – as encenações, as cerimônias teatrais de poder, o tirano aparece como aquele que, nascido numa cidade, [dela] foi expulso ou desapareceu ou se exilou voluntariamente, [depois] volta à sua cidade, vê-se qualificado para tomar o poder graças a um feito e se reinsere na cidade graças a um novo sistema de vínculos e, eventualmente, do casamento. A história edipiana é uma história, poderíamos dizer, tipicamente tirânica. Digamos em todo caso que os tiranos históricos sempre agiram de modo a reinscrever sua tomada de poder no interior de uma paisagem mítica desse gênero. Nessa medida, Édipo é o tirano típico.

Mas deixemos de lado isso, que é um pouco o arcabouço geral da peça. Na peça mesma, Édipo aparece como portador desses traços tirânicos – tirânico, mais uma vez, no sentido de uma figura política bem precisa. Primeiro, Édipo é alguém que conheceu um destino desigual, isto é, o poder não nasceu em suas mãos ou ele não nasceu no seio do poder. Ao contrário de Creonte, nem sempre esteve do lado da ἀρχή, na posição primeira. Os altos e baixos não cessaram de se alternar em sua vida. "Os anos que cresceram comigo", diz ele, "me fizeram sucessivamente grande e pequeno."[52] Em segundo lugar, Édipo salvou a cidade: o que é um dos traços característicos da existência tirânica, o que justifica o tirano e o que faz que ele tenha perfeitamente o direito de exercer o poder, ainda que não tenha nascido entre os grandes ou não tenha permanecido entre [eles], é que num dado momento, durante uma batalha, um enfrentamento qualquer, quando se trata de uma decisão ou quando havia guerra civil dentro na cidade, ele prestou um serviço à cidade, realizou uma façanha. É assim que Édipo pode dizer ter sido como uma muralha, como uma torre contra os inimigos da cidade[53]. Ele permitiu que a cidade respirasse e dormisse. Ele a reergueu, ele a pôs de pé, ὀρθῶσαι πόλιν[54]. Ora, essa expressão, reerguer a cidade, pô-la ereta, torná-la ὀρθή é a mesma expressão com a qual Sólon, nomoteta e uma espécie de tirano, qualificava sua ação em relação a Atenas quando impôs ou promulgou suas leis[55]. Em terceiro lugar, essa salvação da cidade, que o tirano realizou, estabelece, constitui, funda entre o tirano e a cidade uma relação de reconhecimento, uma relação de dívida, uma relação de afeto e de amor, bem diferente [portanto] da veneração obrigatória ao chefe estatutário. A prova que Édipo venceu, ao triunfar sobre a Esfinge, essa prova foi, é o texto que diz, "uma prova" de benevolência de Édipo para com a cidade[56]. E por conseguinte a essa benevolência responde naturalmente a benevolência da cidade para com Édipo. É por isso que, referindo-se a essa salvação que foi assegurada por Édipo outrora, o coro pode dizer: "Sabe que eu me sentiria um insensato se te abandonasse, a ti que, nos sofrimentos da minha pátria, a puseste no bom caminho."[57] Logo, vínculo de Édipo com a própria cidade, isto é, com o πλῆθος, com o povo. Daí, nova característica que vai ser a solidão. Na medida em que ele é aquele que, sozinho, salvou a cidade e a que a cidade inteira está vinculada individualmente – o tirano –, e Édipo por conseguinte é um chefe solitário. "Ele atirou", diz o texto, "sua flecha mais alto que todos os outros, ele mesmo se apoderou da felicidade, ele a dominou, ele resolveu sozinho o enigma."[58] E, já que resolveu sozinho o enigma, que salvou sozinho a cidade, que é o único a que se volta o reconhecimento da cidade, já que o vínculo se estabeleceu entre ele sozinho e a cidade inteira, pois bem, consequência e outra característica do poder tirânico, ele toma a cidade como coisa sua. E a toma tanto como coisa sua que Creonte vai lhe objetar isso, dizendo-lhe: "Eu também, eu que sou um chefe, faço parte da cidade. Tebas não pertence somente a ti."[59] A salvação que Édipo assegurou à cidade fez que, de seu ponto de vista, uma espécie de ato de propriedade se tenha estabelecido. Agora a cidade se tornou sua cidade, logo as ordens que ele vai dar, as decisões que vai tomar só têm fundamento nele, em sua vontade, e não em função de uma ordem que seria a ordem da lei, do νόμος. Não é essa lei universal que vai reger sua conduta. Ele diz, aliás: "Se salvei a cidade, que me importa o resto?"[60] E quando lhe dizem: mas a ordem que dás a Creonte – no momento da discussão – é injusta, Édipo [responde]: "Não tem importância, mesmo assim ele vai ter de obedecer."[61] E, portanto, aquilo em que vai se pautar a ação e o poder de Édipo não é a universalidade desse νόμος, dessa lei que só tem um pai, que nasceu no Olimpo, na qual habita um deus que não envelhece[62]. Não será essa lei imóvel e imortal; será simplesmente sua vontade, sua vontade definida em função de quê? Precisamente da sua preocupação em conduzir a cidade em meio aos escolhos, como uma nau[63], evitando os encontros, evitando os rochedos, evitando as tempestades, evitando todos os acontecimentos nefastos. Isto é, aquilo por que pauta seu poder é a necessidade de governar, é a τύχη, é a série de acontecimentos pelos quais os homens são agrilhoados, num modo totalmente diverso que pela lei, a lei que lhes impõe sua conduta em função da vontade eterna dos deuses[64]. E vocês veem como a εὑρίσκειν de Édipo e seu poder correspondem exatamente um a outro. Se ele é obrigado a governar descobrindo, é que descobrir permite identificar os escolhos, os rochedos, os encontros, identificar a τύχη através dos decretos dos deuses, e a isso vai corresponder um governo, um exercício do poder que será tirânico precisamente porque – e é o que caracteriza fundamentalmente o poder tirânico – não se pauta pelo princípio do νόμος, ele segue simplesmente, tanto quanto pode e com os meios próprios do tirano, e com o saber próprio do tirano, ele vai procurar seguir a τύχη, seguir o destino e não o νόμος.

Ora, exercendo assim seu poder e pondo em jogo a atividade da descoberta, para chegar a uma τύχη, uma fatalidade que fez que ele matasse seu pai e feito filhos em sua mãe, Édipo condenou-se a si mesmo ao procurar descobrir outro culpado e, sobretudo, mostrou que a τύχη nada mais é que a mesma coisa que os deuses haviam pressagiado e de que haviam feito a fatalidade que devia rodear os homens. Por conseguinte, a descoberta de Édipo é ao mesmo tempo a condenação de Édipo. Tudo isso é bem conhecido. Mas quer isso dizer que a peça remete a uma desqualificação dessa forma de aleturgia (a descoberta da verdade por indícios que levam aos que foram efetivamente suas testemunhas e atores)? Não creio, já que é precisamente através desse jogo de descoberta que Tebas, no fim das contas, foi salva e que a verdade verdadeira, ao aparecer, provocou a cólera dos deuses contra o povo de Tebas. Essa verdade tinha de ser descoberta para que Tebas fosse salva, e, como nem a adivinhação nem qualquer outro meio haviam possibilitado trazer à luz essa verdade, era porque uma aleturgia desse gênero se fazia necessária. Em compensação, o que é condenado na peça é que venha alguém que se pretendeu mestre dessa aleturgia e que quis fazer funcionar essa maneira de descobrir a verdade – para quê? Para seu próprio proveito, para se safar, para fazer aparecer um jogo de encontros e acasos que lhe possibilitaria escapar do destino que havia sido estabelecido pelos deuses. É esse mestre da verdade, portanto, que é condenado.

Podemos dizer portanto que, na medida em que a tragédia de *Édipo* é em si mesma uma aleturgia, ou seja, na medida em que se trata, na tragédia, de fazer aparecer uma verdade, a verdade que aparece na peça é a seguinte: a maneira como Édipo alcançou a verdade é a única sem dúvida que podia dar um conteúdo real, eficaz, operacional, a essas profecias dos deuses que, como se via na primeira parte, permaneciam flutuantes e não chegavam a tomar corpo numa verdade manifesta. O procedimento é bom, o proceder é bom, mas é o contexto do poder tirânico dentro do qual Édipo quis fazê-lo funcionar, em outras palavras, é a referência desse procedimento de verdade ao mestre único que tenta se valer desse procedimento para governar, para conduzir a nau da cidade entre os escolhos do destino, é esse uso que condena – que condena o quê? Pois bem, exatamente aquele que [recorreu a ele]. De sorte que o procedimento é, de fato, um procedimento eficaz de manifestação da verdade e de purificação da cidade. Mas em compensação o uso que Édipo faz dele, uso tirânico, uso indexado à τύχη e, por conseguinte, oposto aos decretos dos deuses, é isso que se acha condenado com isso. E efetivamente, o que se produz no fim da peça é que o procedimento de descoberta engatado pelo próprio Édipo vai permitir que as testemunhas, os escravos, os últimos dos camponeses escondidos no fundo de suas cabanas digam: sim, eu estava lá, αὐτός. Com minha própria mão eu dei, com minhas próprias mãos eu recebi, com meus próprios olhos eu vi; dizem precisamente aquilo que vai dar um conteúdo de verdade à profecia de Tirésias e aos decretos dos deuses. As duas aleturgias vão efetivamente se encontrar, a segunda tendo sido convocada por Édipo, mas o ajuste dessa segunda à primeira vai tornar Édipo *o* personagem a mais, aquele que deve ser suprimido para que Tebas seja efetivamente salva. Édipo é um supernumerário do saber, e não um inconsciente. Ele estava a mais nesse procedimento de verdade que, agora, deve efetivamente se desenrolar como manifestação da verdade no interior do próprio povo, no interior do próprio πλῆθος, no interior dos cidadãos mesmos, no interior da própria cabeça dos escravos. É aí que deve se encontrar a verdade, a verdade que salva a cidade de todos os seus perigos confirmando precisamente o que os deuses disseram.

Resta então um pequeno problema que eu havia posto e que é preciso resolver agora. Édipo portanto engatou esse procedimento de verdade que se voltou contra ele e que o condenou por causa do uso tirânico que fazia dele. Mas vocês dirão que Édipo pelo menos uma vez utilizou seu saber, sua habilidade, sua τέκνη τέχνης, de uma forma positiva: quando, chegando pela estrada que levava a Tebas, encontrou a Esfinge, resolveu o enigma e salvou Tebas. Mas, precisamente, quando Édipo resolveu o problema formulado pela Esfinge, o que utilizou? A τέχνη τέχνης? Os procedimentos de descoberta? O jogo das τεκμήρι[α] remetendo, de um indício, à presença de alguém ante a verdade? De jeito nenhum. Justamente, o termo εὑρίσκειν, como eu lhes dizia, nunca é empregado para designar a maneira como Édipo resolveu o problema. Ele o resolveu pela γνώμη, por essa simples opinião, essa maneira de pensar, esse juízo, esse parecer[65]. Ora, γνώμη é uma palavra técnica que faz parte do vocabulário político-judiciário da Grécia no século V[66]. Γνώμη é o juízo que o cidadão dá e é levado a emitir quando, após as explicações fornecidas pelos retores, os homens políticos, os que sabem, ou [então] após um processo em que os diferentes elementos da causa foram expostos, em que os indícios, os τεκμήρια, foram desenvolvidos – nesse momento o cidadão, como jurado, ou o magistrado é chamado a emitir seu juízo, γνώμη, e é esse juízo que sela o destino do acusado e que vem assim consumar [os decretos] dos deuses. Édipo é alguém que, efetivamente, em dado momento, salvou a cidade, não utilizando o saber de descoberta, a τέχνη τέχνης], [mas] por sua γνώμη, por essa atividade judiciária, e foi quando quis utilizar os métodos de descoberta da verdade no interior do exercício de um poder tirânico que estava ligado ao jogo da fortuna e do infortúnio, foi então que o jogo da verdade o levou, precisamente, ao infortúnio.

É isso, quanto a Édipo. Então, da próxima vez procurarei passar mais diretamente ao tema do curso deste ano, ou seja, o problema [da relação entre] αὐτός e aleturgia. O que é esse jogo do eu mesmo ou esse jogo do si mesmo no interior de procedimentos de verdade?

*

NOTAS

1. *Édipo rei*, v. 410, ed. citada, p. 156.
2. Cf. M. Detienne, *Les Maîtres de vérité dans la Grèce archaïque*, Paris, Maspero, 1967, 1973², cap. II, "La mémoire du poète" (ver especialmente p. 15, onde o autor remete a J.-P. Vernant, "Aspects mythiques de la mémoire", *Journal de psychologie normale et pathologique*, vol. 56 (1), 1959, pp. 1-29; republicado em *Mythe et Pensée chez les Grecs*, Paris, Maspero, "Petite collection Maspero", 1971, t. 2, pp. 80-107).

3. Cf. M. Foucault, *Le Souci de soi*, Paris, Gallimard (Bibliothèque des Histoires), 1984, pp. 17-8 (a propósito de *La Clef des songes* de Artemidoro (século II d.C.), obra representativa da onirocrítica antiga).

4. Heródoto, 'Ιστορίαι/*Histoires*, trad. P. Legrand, Paris, Les Belles Lettres ("Collection des universités de France"/CUF), 1946. Ver F. Hartog, *Le Miroir d'Hérodote*, Paris, Gallimard, 1980, nova edição revista e aumentada, 2001 ("Folio"), parte II, cap. 2, "L'oeil et l'oreille". Cf. notadamente pp. 369-407 sobre a "autópsia herodotiana", "o olho como marca de enunciação, de um 'eu vi' como intervenção do narrador em seu relato, para dar prova" (p. 396); "[...] o olho do viajante baliza a esperança e decupa zonas mais ou menos conhecidas (desde o que vi com meus próprios olhos, desde o que outros viram, até o que ninguém viu)" (p. 398); sobre a função da enunciação na primeira pessoa: pp. 433 s.

5. Sobre essa questão, cf. já "La vérité et les formes juridiques" (2ª conferência), *loc. cit.* (*DE*, II), pp. 566-7/1434-5.

6. *Édipo rei*, v. 380, p. 155; trad. Masqueray: "Ó riqueza, potência, superioridade da arte."

7. Gregório de Nazianzo, *Discours théologique* (362), II, trad. J. Bernardi, Paris, Cerf (coleção "Sources chrétiennes"/SC nº 247), 1978, pp. 110-111. Cf. I. Hausherr, *Direction spirituelle en Orient autrefois*, Roma, Pont. Institutum Orientalium Studiorum ("Orientalia Christiana Analecta" 144), 1955, reimpr. 1981, p. 57.

8. Cf. *Sécurité, Territoire, Population, op. cit.*, aula de 15 de fevereiro de 1978, p. 154 [Martins Fontes, p. 200]. Foucault, finalmente, não volta a esse texto na continuação do curso. Para um comentário mais desenvolvido, cf. *Mal faire, dire vrai, op. cit.* [*supra*, p. 41, nota 2], aula de 13 de maio de 1981, pp. 174-5.

9. Cf. H. Brémond, introd. a J. Brémond, *Les Pères du désert*, t. I, Paris, Librairie Victor Lecoffre/ Éd. J. Gabalda (col. "Les moralistes chrétiens"), 2ª ed., 1927, p. XLV: "[...] os sacerdotes do deserto, se não criaram inteiramente – mas quem sabe? –, pelo menos organizaram, construíram, como ninguém havia feito antes deles, e de tal maneira que a posteridade não terá quase nada a acrescentar ao edifício, essa coisa magnífica, *ars artium*, 'a arte celeste de encantar os males alheios', como dizia Cassiano [*Conf.*, 18, 17], numa palavra, a direção das almas" (cit. por I. Hausherr, *Direction spirituelle, op. cit.*, p. 11).

10. *Oedipe-Roi*, vv. 583-615, pp. 162-3.

11. *Ibid.*, v. 593, p. 162.

12. Foucault volta a essa noção em seu curso *Le gouvernement de soi et des autres, op. cit.*, aula de 2 de fevereiro, 1ª hora, p. 146, e aula de 9 de fevereiro de 1983, 2ª hora, p. 200 (a propósito de Platão, *República*, 473 d) [Martins Fontes, respectivamente pp.147-8 e p. 198].

13. *Oedipe-Roi*, v. 589, p. 162.

14. *Ibid.*, v. 562, p. 161.

15. *Ibid.*, v. 568, p. 161: "Como esse homem hábil não disse então o que hoje diz?"

16. *Ibid.*, vv. 390-398, p. 155.

17. *Ibid.*, v. 709, p. 166: "[...] aprenda que nenhum ser mortal entende nada da arte divinatória."

18. *Ibid.*, v. 299, p. 151: "que é o único entre os homens a possuir em si a verdade" (literalmente: o único homem em quem o verdadeiro cresce naturalmente).

19. *Ibid.*, v. 356, p. 154.

20. *Ibid.*, v. 330, p. 153; cf. também v. 704, p. 166 (Jocasta, a propósito de Creonte).

21. *Ibid.*, v. 462, p. 157, Tirésias (a Édipo): "se tu me acusas de mentira, diz então que a mântica não me dá nenhum saber (φρονεῖν)."

22. *Ibid.*, v. 328: "sois todos uns insensatos (ου φρονεῖν)." Essa passagem se situa bem no início do diálogo entre Édipo e Tirésias, no momento em que este último, para não ter de dizer o que sabe, faz que vai embora. A aproximar do verso 436, p. 157, em que Tirésias se define como "razoável, ἔμφρων" ([...] ἔμφρονες).

23. *Ibid.*, v. 120, p. 145: "Um só detalhe poderia fazer descobrir ἐξεύροι muito."

24. *Ibid.*, v. 258, p. 150: "Ao contrário, devíeis fazer investigações (ἐξερευνᾶν)."

25. *Ibid.*, v. 304, p. 152: "[...] para defender [a cidade], para salvá-la [...], só encontramos (ἐξευρίσκομεν) a ti [Tirésias]."

26. *Ibid.*, v. 440, p. 157;
27. *Ibid.*, v. 398, p. 155. Foucault volta a essa noção no fim da aula.
28. Cf. *infra*, nota 33 (Jocasta, a propósito de Édipo).
29. A palavra τεκμήριον, empregada várias vezes em *Electra* (v. 774, 904, 1109), não aparece em *Édipo rei*. Salvo τεκμαίρεται (ver nota anterior), a única ocorrência de um de seus derivados é δυστέκμαρτον, (adjetivo formado a partir de τεκμαίρω, v. 109: "Onde descobriríamos essa pista difícil (literalmente: esse vestígio difícil de descobrir, τόδε [...] ἴχνος δυστέκμαρτον de um crime antigo?", pergunta Édipo. Cf. C. Ginzburg, "Aristote et l'histoire, encore une fois" in *Rapports de force. Histoire, rhétorique, preuve*, Paris Gallimard-Seuil (col. "Hautes Études"), 2003, p. 50, que remete (p. 55 n. 31) a B. Williams, *Shame and Necessity*, Berkeley, University of California Press, 1993, pp. 58-9/*La Honte et la nécessité*, trad. J. Lelaidier, Paris, PUF, col. "Philosophie morale", 1997, pp. 82-3.
30. Alcméon de Crotona, "ouvinte de Pitágoras" (Diógenes Laércio), início do século V; é dado como o primeiro a ter praticado a dissecção de animais. De sua obra subsistem apenas alguns fragmentos, entre os quais o recolhido por Diógenes Laércio, a que Foucault se refere: "Sobre o que não aparece, sobre o que é mortal, os deuses dispõem de toda a clareza, mas aos homens compete buscar seus indícios [ὡς δ'ἀνθρώποις τεκμαίρεσθαι]" (Diogène Laërce, *Vies et doctrines des philosophes illustres*, VIII, 83, trad. sob dir. M.-O, Goulet-Cazé, Paris, Le Livre de Poche, "La Pochotèque", 1999, pp. 1008-9).
31. Aristote, *Premiers Analytiques*, II, 27, 70b 1, trad. J. Tricot, Paris, Vrin, 1971, pp. 325-6; id., *Rhétorique*, I(2), 1357b 1-24, trad. M. Dufour, Paris, Les Belles Lettres, 1932, p. 81. sobre essa distinção, cf. R. Barthes, *L'Aventure sémiologique*, Paris, Seuil ("Points"), 1985, pp. 134-5 (o *tekmérion*, o índice seguro; o *eikós*, o verossímil; o *semeîon*, o sinal). Cf. também, mais recentemente, C. Ginzburg, *Rapports de force, op. cit.*, pp. 47-50, sobre a relação entre Aristóteles e Tucídides no emprego do "*tekmérion*".
32. Cf. *Oedipe-Roi*, v. 710, p. 166, Jocasta: "Vou em poucas palavras te dar provas (σημεῖα) [de que nenhum mortal entende nada da arte divinatória]"; v. 1059, p. 179, Édipo: "Não é admissível que com tais indícios (σημεῖα) eu não descubra meu nascimento." Sobre a não distinção das duas palavras, τεκμήριον e σημεῖον antes de Aristóteles, cf. C. Ginzburg, *Rapports de force*, p. 49, e M.F. Burnyeat, "The Origins of Non-Deductive Inference", *in* J. Barnes et al., org., *Science and Speculation: Studies in Hellenistic Theory and Practice*, Cambridge, Cambridge University Press, 1982, p. 96 n.10.
33. *Oedipe-Roi*, vv. 851-858, pp. 171-2. É mais à frente, no verso 916, p. 174, que Jocasta, dirigindo-se aos chefes da cidade, lhes diz: "[Édipo] não interpreta (τεκμαίρεται), homem sensato que é, os oráculos novos pelos antigos."
34. Essa expressão não aparece no texto. Cf. no entanto *ibid.*, v. 923, p. 174 (Jocasta; cf. *infra*, nota 63).
35. *Ibid.*, vv. 60-61, p. 143.
36. *Ibid.*, vv. 137-141, p. 146: "Não é por amigos distantes, é por mim mesmo que apagarei essa nódoa. Quem quer que haja matado esse rei, pode muito bem querer atingir-me de modo semelhante: vindo portanto ao socorro de Laio, sirvo à minha própria causa."
37. *Ibid.*, vv. 249-251, p. 150.
38. *Ibid.*, vv. 380-403, p. 155.
39. *Ibid.*, vv. 532-538, p. 160, e vv. 642-643, p. 164.
40. *Ibid.*, vv. 1076-1085, p. 180.
41. *Ibid.*, v. 1516, p. 196.
42. *Ibid.*, vv. 1522-1523, p. 196: "Deixa de querer ser sempre o senhor (κρατεῖν), porque o que tuas vitórias precedentes (καὶ γὰρ ἀκράτησας) te deram nem sempre te acompanharam na vida." Essa réplica se segue ao seguinte diálogo: Édipo: "Leva-me daqui." – Creonte: "Vem então e deixa teus filhos." – Édipo: "Não os tomes de mim, eu te rogo."
43. Cf. *Le Savoir d'Oedipe, loc. cit.*, p. 235: "[...] essa palavra mesma [κρατεῖν] é retomada duas vezes, logo em seguida: por Creonte no verso subsequente, num jogo de palavras (καὶ γὰρ ἀκράτησας em que se ouve ao mesmo tempo os píncaros a que subiu (ἄκρας) e o poder de que é privado, ἀ-κρατεῖν; e dois versos depois pelo coro [...]"

44. *Oedipe-Roi*, vv. 1524-1527, pp. 196-7: "[...] vide este Édipo, que adivinhou os célebres enigmas. Quem, desse homem tão poderoso (κράτισιος ἦν ἀνήρ), não olhava sem inveja a prosperidade? E agora em que terrível torrente de desgraça ele se precipitou!"
45. *Ibid.*, v. 14, p. 141.
46. *Ibid.*, vv. 863-910, pp. 172-3.
47. *Ibid.*, v. 873, p. 172: "O orgulho engendra o tirano (Υβρις φυτεύτει τύραννον)."
48. *Ibid.*, v. 878, p. 172.
49. *Ibid.*, vv. 867-868, p. 172.
50. *Ibid.*, vv. 689-696, p. 166.
51. A democracia, instaurada em Atenas no fim do século VI, sucedeu à tirania de Pisístrato e de seus filhos, derrubada pela intervenção de Esparta. Depois da guerra do Peloponeso (431-404), Esparta impôs a Atenas o conselho oligárquico dos Trinta, ditos também "os trinta tiranos". A democracia foi restabelecida em 403.
52. *Oedipe-Roi*, v. 1083, p. 180.
53. *Ibid.*, vv. 1200-1201, p. 185.
54. *Ibid.*, vv. 39 e 51, pp. 142 e 143.
55. Sólon (~638-558 a.C.), legislador de Atenas. Foucault já estabeleceu essa aproximação em *Le Savoir d'Oedipe*, loc. cit., p. 236. A propósito da qualificação de Sólon como "nomoteta e uma espécie de tirano", cf. *Leçons sur la volonté de savoir*, *op. cit.*, aula de 17 de fevereiro de 1971, em que Foucault, reconstituindo as transformações políticas dos séculos VII e V, escreve: "[...] muitas vezes também a tirania, ao chegar ao fim, conduziu à organização de uma lei escrita e serviu algumas vezes de intermediária [para a democracia] (Sólon, Pisístrato, Clístenes)" (p. 123). Cf. também *ibid.*, aula de 3 de março de 1971, pp. 150-154, sobre a εὐνομία.
56. *Oedipe-Roi*, v. 510, p. 159: "foi por uma boa prova que se fez amar pela cidade."
57. *Ibid.*, vv. 690-695, p. 166.
58. *Ibid.*, vv. 1196-1200, pp. 184-5.
59. *Ibid.*, v. 630, p. 163.
60. *Ibid.*, v. 443, p. 157.
61. *Ibid.*, v. 628, p. 163.
62. Cf. *ibid.*, vv. 865-871, p. 172.
63. Sobre essa metáfora clássica do governo, cf. v. 56 (a cidade comparada a uma nau) e vv. 922-923, p. 174, Jocasta: "[...] todos, [...] temos medo, como navegantes que veem o piloto da nau alarmado" (cf. *supra*, nota 34).
64. Sobre a relação de Édipo com a τύχη, cf. v. 1080, p. 180: "Eu me considero filho da Fortuna benfazeja [...]." Em *Le Savoir d'Oedipe*, p. 243, Foucault precisa que "é sem dúvida Jocasta que melhor expressa a relação do tirano com seu saber e seu destino, quando diz que o que comanda (κρατεῖ) o homem são as coisas do destino (τὰ τῆς τύχης) e que o que é melhor, o que é mais forte (κράτιστον) é viver como se tem o poder (ὅπως δύναιτό τις) de viver. Jogo entre a força da Τύχη e o poder do homem: é esse o papel de quem sabe levar em conta os sinais da adivinhação e o terror que eles transmitem (vv. 977-983)."
65. Cf. *supra*, nota 27.
66. Cf. *Le Savoir d'Oedipe*, p. 252, a nota 20 de D. Defert: "Heródoto (I, 207-208) emprega γνώμη para designar o juízo pronunciado no decorrer de deliberações políticas."

AULA DE 30 DE JANEIRO DE 1980

Édipo rei *(fim): por que Édipo não é punido.* – *Recapitulação do problema geral estudado este ano: a gênese das relações entre governo dos homens, manifestação da verdade e salvação. Recusa da análise em termos de ideologia. O trabalho teórico como movimento de deslocamento permanente. Nova explicação do procedimento adotado: colocar a questão da relação que o sujeito tem com a verdade a partir da sua relação com o poder. Na base desse procedimento, uma atitude de suspeita sistemática em relação ao poder: não-necessidade de todo poder, qualquer que seja. Diferença em relação ao anarquismo. Uma anarqueologia do saber. Voltando às análises (a) da loucura, (b) do crime e da punição.* – *O duplo sentido da palavra "sujeito" numa relação de poder e manifestação de verdade. A noção de ato de verdade e os diferentes modos de inserção do sujeito (operador, testemunha, objeto) no procedimento da aleturgia.* – *Campo da pesquisa: o cristianismo primitivo. Perspectiva deste curso: estudá-lo não do ponto de vista da sua economia dogmática, mas do ponto de vista dos atos de verdade. Tensão, no cristianismo, entre dois regimes de verdade: o da fé e o do reconhecimento das faltas. Entre Édipo e o cristianismo, exemplo de aleturgia da falta em Fílon de Alexandria.*

[...] Duas ou três lições elementares e simples. Primeira lição: é sem dúvida preferível para certas pessoas, em particular os reis, ignorar o que são, de onde vêm, o que fizeram com suas próprias mãos e viram com seus próprios olhos; preferível talvez para certos reis, mas o fato é que o poder, o poder em geral, não pode ser exercido se a verdade não for manifestada. É certo que Édipo teria ficado mais tranquilo se houvesse continuado até o fim da vida a ignorar, mas enquanto a verdade não veio à luz, Tebas, como vocês sabem, não podia ficar tranquila. Necessidade, portanto, da manifestação da verdade, manifestação da aleturgia, para o exercício do poder.

Segunda lição: nesses procedimentos que permitem a verdade vir à luz, os oráculos dizem muito e os adivinhos sabem bastante. Ambos são capazes de dizer a verdade, mas, como vocês viram, essa verdade permanece até certo ponto insuficiente. Eles são capazes, os deuses e os que falam por eles, de amarrar o destino dos homens, e são no entanto impotentes para desenrolar até o fim a necessária aleturgia graças à qual a ordem nas cidades reinará e o poder se exercerá como deve ser exercido. Permanecem impotentes até certo ponto. Até certo ponto o que dizem não é escutado, fica sem efeito, sem credibilidade. E a manifestação da verdade, como a peça de Sófocles mostra, não pode ser [completa]*, o círculo da aleturgia somente será inteiramente fechado quando esse círculo passar por indivíduos que podem dizer "eu", pelos olhos, as mãos, a memória, o testemunho, a afirmação de homens que dizem: eu estava lá, eu vi, eu fiz, eu dei com minhas próprias mãos, recebi em minhas próprias mãos. Portanto, sem esse ponto do que poderíamos chamar de subjetivação, no processo geral e no ciclo global da aleturgia, a manifestação da verdade permaneceria inacabada.

Terceira lição, também muito simples e elementar, é a seguinte: a manifestação da verdade, o procedimento aletúrgico, por conseguinte, faz muito mais do que dar a conhecer o que era desconhecido, muito mais do que revelar o que era oculto. Porque, afinal de contas, há na conclusão de *Édipo* e, talvez, poderíamos dizer, no interstício entre *Édipo rei* e *Édipo em Colono*[1], algo que é, no fim das contas, um tanto paradoxal. É que, na realidade, tem um resto nessa história de Édipo: o resto é Édipo, ou antes, o resto é a punição de Édipo, quer dizer, Édipo não é punido. Não se deve esquecer que no início da peça, quando Creonte volta de Delfos com o oráculo, ele diz que o oráculo pediu que quem está na origem da nódoa que acarretou a peste de Tebas seja punido. E os dois tipos de punição são explicitamente indicados no oráculo: ele tem de ser ou banido, ou morto. "É preciso banir os culpados ou fazer o assassinato ser pago com o assassinato", diz o oráculo[2]. Ora, vocês sabem muito bem que Édipo não é morto, vocês sabem muito bem, igualmente, que Édipo não é nem sequer exilado. E no entanto ele pede isso, mas nem uma nem outra punição lhe será aplicada. Claro, ele é cegado, ele próprio se cegou por autopunição, vocês vão dizer, mas sem dúvida não, porque depois de ter se cegado ele diz, primeiramente, que se cegou, não para se punir, mas porque a luz e seu olhar e o espetáculo de seu crime eram, para ele, incompatíveis[3]. E ele se considera tão pouco punido que é justamente depois disso que levanta a questão da punição e que diz a Creonte: "Exila-me, sei que o deus ordenou que eu seja morto, mas eu queria ser exilado ou queria me retirar para o Citéron."[4] Ora, Édipo fica em Tebas. Vemos as portas do palácio se fecharem às suas costas no fim da peça, e é aí, no palácio, no próprio lugar da sua nódoa, no próprio coração de Tebas, no centro dessa cidade cuja

* Palavra inaudível.

destruição seu crime provocou – ou quase provocou –, é aí que Édipo vai ficar, e no entanto Tebas é libertada, Tebas é alforriada, e a peste desaparece. Ou seja, não é, como o oráculo pedira, o exílio, a supressão, a eliminação, a morte do culpado que foi necessária para libertar Tebas. Para que Tebas fosse libertada, a condição necessária e suficiente era que a verdade viesse à luz. A história da libertação de Tebas é simplesmente um efeito de luz, e nada mais. É as coisas virem à luz, que a peste desaparece e a ordem é restabelecida. A aleturgia em si mesma – muito além dos efeitos puros e simples de conhecimento que teriam permitido determinar o culpado e, por conseguinte, em seguida, puni-lo –, essa aleturgia vai muito além dos efeitos puros e simples de conhecimento utilitário. Simplesmente não se precisa da verdade para descobrir um culpado que, por conseguinte, poderá ser punido. Basta que a verdade se mostre, se mostre em seu ritual, se mostre em seus procedimentos adequados, se mostre em sua aleturgia regulamentada, para que o problema da punição não se coloque mais e que Tebas seja, com isso, libertada.

*

Aí estão, portanto, os três temas que eu queria ressaltar: [em primeiro lugar], relação entre manifestação de verdade e exercício do poder; em segundo, importância e necessidade, para esse exercício do poder, de uma verdade que se manifeste, pelo menos em alguns dos seus pontos, mas de uma maneira absolutamente indispensável, na forma da subjetividade; enfim, em terceiro, efeito da manifestação dessa verdade na forma da subjetividade, efeito dessa manifestação muito além das relações, digamos, imediatamente utilitárias do conhecimento. A aleturgia, a manifestação da verdade é muito mais do que dar a conhecer.

São esses três temas que eu gostaria agora, nas aulas que vão se seguir, de retomar e reforçar um pouco, e um pouco melhor do que por essa pura e simples identificação. A questão que eu gostaria de colocar, mais uma vez, é a seguinte: como é que, numa sociedade como a nossa, o poder não pode ser exercido sem que a verdade tenha de se manifestar, e se manifestar na forma da subjetividade, e sem que, por outro lado, se espere dessa manifestação da verdade na forma da subjetividade efeitos que estão além da ordem do conhecimento, que são da ordem da salvação e da libertação para cada um e para todos? De uma maneira geral, os temas que eu gostaria de abordar este ano [são] os seguintes: como, em nossa civilização, se estabeleceram relações entre o governo dos homens, a manifestação da verdade na forma da subjetividade e a salvação para todos e cada um?

Sei bem que esse problema ou esses temas são conhecidos e repisados. Afinal de contas, análises respeitabilíssimas em termos de ideologia têm sobre esses problemas uma resposta pronta e explicam a vocês que se, de fato, o exercício do poder, a manifestação da verdade na forma da subjetividade e da salvação para todos e cada um são vinculados, é simplesmente pelos efeitos próprios do que se chama de "ideologia". *Grosso modo*, isso consiste em dizer: enquanto os homens forem mais preocupados com a sua salvação no outro mundo do que com o que acontece neste, enquanto quiserem ser salvos, eles mantêm-se quietos e é mais fácil governá-los. O governo dos homens por essa verdade que eles efetuam em si mesmos e que lhes é salutar, no sentido forte do termo, estaria precisamente nesses efeitos próprios do que se chama de "ideologia". Ora, o fato de que quanto mais os homens estão preocupados com a sua salvação no além, mais fáceis são de governar neste mundo, isso, devo dizer, não me parece totalmente consoante com um certo número de pequenas coisas que sabemos da história antiga ou da história recente das relações entre revolução e religião. Por conseguinte, o problema não é talvez tão simples e não é talvez do lado dessas análises em termos de ideologia que se deveria conduzir a análise.

Mais uma vez, torno ao que não parei de tornar, isto é, a recusa da análise em termos de ideologia, a recusa de analisar em termos de ideologia do pensamento o comportamento e o saber dos homens. Já insisti muitas vezes nessa recusa da análise ideológica. Tornei a ela, praticamente, creio eu em todo curso que dei todos estes anos (não deve fazer menos de nove ou dez agora)[5], e gostaria mesmo assim de tornar mais uma vez, por uma razão bem simples. É que, mesmo tornando a ela toda vez, creio, quer dizer, em todo caso gostaria, espero ter efetuado cada vez um ligeiro e pequenino deslocamento. E isso me leva a algo como uma espécie de confidência: é que, para mim, o trabalho teórico não consiste – e não digo isso por orgulho ou vaidade, mas ao contrário por sentimento profundo da minha incapacidade –, não consiste tanto em estabelecer e fixar o conjunto das posições nas quais eu me manteria e cujo vínculo (entre essas diferentes posições) supostamente coerente formaria um sistema. Meu problema ou a única possibilidade de trabalho teórico que me anima seria deixar, de acordo com o desenho mais inteligível possível, o vestígio dos movimentos devido aos quais não estou mais no lugar em que estava há pouco. Donde, vamos dizer, essa perpétua necessidade, ou necessidade, ou vontade, essa perpétua necessidade de fazer de certo modo o levantamento dos pontos de passagem em que cada deslocamento pode vir por conseguinte a modificar, se não o conjunto da curva, pelo menos a maneira como podemos lê-la e podemos apreendê-la no que ela pode ter de inteligível. Esse levantamento, por conseguinte, nunca deve ser lido como o plano de um edifício permanente. Não se deve portanto lhe impor as mesmas exigências que se imporiam se ele fosse um plano. Trata-se, mais uma vez, de um traçado de deslocamento, isto é, não de um traçado de edifício teórico, mas do deslocamento pelo qual minhas posições teóricas não param de mudar. Afinal de contas, existem teologias negativas. Digamos que sou um teórico negativo.

Então novo curso, novo traçado. E mais uma vez volta-se aos mesmos temas, esperando o deslocamento e a nova forma de inteligibilidade. Portanto, o que significa essa recusa da análise em termos de ideologia?* Há uma maneira que creio tradicional, antiga, perfeitamente nobre aliás, de colocar a questão filosófico-política (se é que pode haver uma filosofia que não seja filosófico-política), que consiste no seguinte: quando o sujeito se submete voluntariamente ao vínculo da verdade numa relação de conhecimento, isto é, quando pretende, depois de se dar os fundamentos, os instrumentos e as justificações, manter um discurso de verdade – a partir de então, o que ele pode dizer sobre, ou a favor, ou contra o poder que o sujeita sem que ele queira? Em outras palavras, o que o vínculo voluntário à verdade pode dizer sobre o vínculo involuntário que nos prende e nos dobra ao poder? É essa, creio, a maneira tradicional de colocar a questão filosófico-política. Mas creio que também podemos tentar considerar esse mesmo problema às avessas. Não colocando primeiro o direito ao acesso à verdade, não estabelecendo primeiro esse vínculo voluntário e de certo modo contratual à verdade, mas colocando primeiro a questão do poder da seguinte maneira: o que o questionamento sistemático, voluntário, teórico e prático do poder tem a dizer sobre o sujeito de conhecimento e sobre o vínculo com a verdade pelo qual, involuntariamente, ele é mantido? Não se trata mais de se dizer: dado o vínculo que me vincula voluntariamente à verdade, o que posso dizer do poder? Mas: dada a minha vontade, a decisão e o esforço de desfazer o vínculo que me liga ao poder, como ficam o sujeito de conhecimento e a verdade? Não é a crítica das representações em termos de verdade ou de erro, em termos de verdade ou de falsidade, em termos de ideologia ou de ciência, de racionalidade ou de irracionalidade que deve servir de indicador para definir a legitimidade do poder ou para denunciar sua ilegitimidade. É o movimento para se desprender do poder que deve servir de revelador para as transformações do sujeito e para a relação que ele tem com a verdade.

Vocês estão vendo que tal forma de análise repousa – como aliás todas as outras desse tipo e como a análise inversa – muito mais numa ati-

* Foucault acrescenta: Poderíamos dizer este ano o seguinte

tude do que numa tese. Mas essa atitude não é exatamente a atitude da ἐποχή, do ceticismo, da suspensão de todas as certezas ou de todas as posições téticas da verdade. É uma atitude que consiste, primeiramente, em se dizer que nenhum poder é um dado de fato, que nenhum poder, qualquer que seja, é inconteste ou inevitável, que nenhum poder, por conseguinte, merece ser aceito logo de saída. Não há legitimidade intrínseca do poder. E, a partir dessa posição, o procedimento consiste em se perguntar o que se desfaz do sujeito e das relações de conhecimento, dado que nenhum poder é fundado nem em direito nem em necessidade, pois que todo poder nunca repousa em outra coisa que não a contingência e a fragilidade de uma história, que o contrato social é um blefe e a sociedade civil uma história para criancinhas, que não há nenhum direito universal, imediato e evidente que possa em toda parte e sempre sustentar uma relação de poder, qualquer que seja. Digamos que se o grande procedimento filosófico consiste em estabelecer uma dúvida metódica que suspende todas as certezas, o pequeno procedimento lateral e na contramão que proponho a vocês consiste em tentar fazer intervir sistematicamente, não a suspensão de todas as certezas, portanto, mas a não-necessidade de todo poder, qualquer que seja.

Vocês me dirão: pronto, é a anarquia, é o anarquismo. A que responderei: não vejo muito bem por que a palavra "anarquia" ou "anarquismo" seria tão pejorativa que bastaria empregá-la para fazer funcionar e triunfar um discurso crítico. E, em segundo lugar, existe no entanto, creio eu, uma certa diferença. Se definirmos de uma maneira bem grosseira – e estarei totalmente disposto, aliás, a discutir ou a reconsiderar essas definições que sei bastante aproximativas –, em todo caso, se definirmos a anarquia por duas coisas: primeiro, a tese de que o poder é em sua essência ruim, e segundo pelo projeto de uma sociedade em que seria abolida, anulada toda relação de poder, vocês verão que o que lhes proponho e de que lhes falo é nitidamente diferente disso. Em primeiro lugar, não se trata de ter em mira, no fim de um projeto, uma sociedade sem relação de poder. Trata-se ao contrário de pôr o não-poder ou a não-aceitabilidade do poder, não no fim do empreendimento, mas no início do trabalho, na forma de um questionamento de todos os modos segundo os quais se aceita efetivamente o poder. Em segundo lugar, não se trata de dizer que todo poder é ruim, mas de partir do ponto de que nenhum poder, qualquer que seja, é de pleno direito aceitável e não é absoluta e definitivamente inevitável. Vocês veem portanto que entre o que se chama grosseiramente de anarquia, ou anarquismo, e os métodos que emprego é verdade que existe algo como uma relação, mas que as diferenças são igualmente claras. Em outras palavras, a posição que assumo não exclui em absoluto a anarquia – e afinal de contas, por que, mais uma vez, a anarquia seria condenável? Ela, talvez, só o é automaticamente pelos que admitem que há sempre, forçosamente, essencialmente, algo como um poder aceitável. Portanto, a posição que eu lhes proponho não exclui a anarquia, mas vocês estão vendo que não a implica de modo algum, que não coincide com ela e não se identifica a ela. Trata-se de uma atitude teórico-prática concernente não à não-necessidade de todo poder, e, para distinguir essa posição teórico-prática da não-necessidade do poder como princípio de inteligibilidade do próprio saber, em vez, evidentemente, de empregar a palavra "anarquia" ou "anarquismo", que não conviria, vou fazer um jogo de palavras; como os jogos de palavra não estão muito na moda atualmente*, fiquemos de novo um pouco contra a corrente e façamos jogos de palavras (que aliás são... enfim, os meus são muito ruins, isso eu reconheço). Então eu lhes direi que o que lhes proponho seria antes uma espécie de anarqueologia.

(Dito isso, entre parênteses, se vocês quiserem ler livros interessantes de filosofia que saem atualmente – são tantos –, recomendo, em vez de outros mais barulhentos, [o] de Feyerabend que acaba de sair pela Seuil sobre a ciência[6]. Ninguém fala dele, mas, sobre o problema anarquia e saber, está aí uma coisa interessante.)

É mais ou menos esse o sentido que dou a um procedimento que procurei [observar]**. E para retomar um pouco as coisas – enfim, não vou recomeçar toda vez o mesmo ciclo –, tomemos o problema da história e da análise da loucura. O que estava em jogo, do ponto de vista puramente metódico, era o seguinte. Enquanto uma análise em termos de ideologia consistiria em se perguntar: dado o que é a loucura – posição universalista –, dado o que é a natureza humana, a essência do homem, o homem não alienado, a liberdade fundamental do homem – posição humanista –, indagar-se a partir dessas posições, universalista e humanista, a que motivos e a que condições obedece o sistema de representação que levou a uma prática do encerramento que sabemos quão alienante é, em que medida se deve reformá-la. É isso que teria constituído um estudo, digamos, de tipo ideológico. O estudo de tipo anarqueológico consistiu, em vez disso, em considerar a prática do encerramento em sua singularidade histórica, isto é, em sua contingência, em sua contingência no sentido de fragilidade, de não-necessidade essencial, o que não quer dizer evidentemente (muito pelo contrário!) que ela não tinha uma razão e que deve ser admitida como um fato bruto. A própria inteligibilidade da prática de encerramento implica que se possa compreender dentro de que tecido, a

---

* Foucault acrescenta: eles criam muitos problemas
** M. F.: fazer

uma só vez perfeitamente inteligível mas perfeitamente frágil, essa prática do encerramento se instalou. Em outras palavras, tratava-se de não partir de nenhum universal que dissesse: eis a loucura. Tratava-se de não partir de nenhuma posição humanista dizendo: eis o que é a natureza humana, eis o que é a essência humana, eis o que é a liberdade humana. Era preciso considerar a loucura um x e se apropriar da prática, somente da prática, como se não se soubesse nada e fazendo de modo a não saber nada sobre o que é a loucura. E era a partir daí que se tratava de procurar que tipo de relações de conhecimento se achava, por essa prática mesma, fundado, com seus efeitos estruturantes e determinantes, no campo do saber, da teoria, da medicina, da psiquiatria, mas também com seus efeitos na experiência do próprio sujeito quanto à disjunção entre razão e desrazão, seja o sujeito considerado doente ou não. Em outras palavras, à série categoria universal–posição humanista–análise ideológica e programação de reforma, se opõe uma série que seria a série recusa dos universais[7] (não digo nominalismo por uma porção de razões, sendo a principal delas que o nominalismo é uma concepção, uma prática, um método filosófico bem particular e sobremaneira técnica), logo, recusa dos universais–posição anti-humanista–análise tecnológica dos mecanismos de poder e, em vez do programa de reforma, remeter para mais longe os pontos de não-aceitação.

Do mesmo modo, a propósito do crime e da sua punição, o problema não era: dado o que é a delinquência em nossa sociedade e dado o que é a natureza humana, a essência humana, a prisão é o meio correto a empregar, e que melhorias lhe incorporar? O problema era: ante a evidência de um aprisionamento que se apresenta como sanção física, ao mesmo tempo natural e racional, para o crime, qual era a singular e frágil e contingente economia das relações de poder que lhe haviam servido de suporte e a tinham feito passar por aceitável, apesar da sua inadequação a seus objetivos, inadequação de ponto de partida, inadequação de ponto de chegada? Portanto, em vez de estabelecer como medida da prisão e da sua reforma possível a delinquência mesma ou o homem mesmo, tratava-se de ver como essa prática do aprisionamento, essa prática da punição em nossas sociedades haviam por um lado modificado a prática real dos ilegalismos, mas constituído também esse par entre sujeito de direito e homem criminoso, sujeito de direito e *homo criminalis*, em que se perdeu e continua se perdendo infindamente nossa prática penal.

[Depois desse] giro em espiral sobre as coisas feitas, voltemos agora à questão de que gostaria de falar este ano: o governo dos homens pela manifestação da verdade na forma da subjetividade. Por que, de que forma, numa sociedade como a nossa existe um vínculo tão profundo entre o exercício do poder e a obrigação, para os indivíduos, de serem atores essenciais nos procedimentos de manifestação da verdade, nos procedimentos de aleturgia de que o poder necessita? Que relação existe entre o fato de ser sujeito numa relação de poder e sujeito pelo qual, para o qual e a propósito do qual se manifesta a verdade? O que é esse duplo sentido da palavra "sujeito", sujeito numa relação de poder, sujeito numa manifestação de verdade?

Para designar essa inserção do sujeito, do sujeito como tal, nos procedimentos de manifestação da verdade, essa inserção do sujeito na aleturgia, empregarei a partir de agora uma palavra, uma expressão que os teólogos da Idade Média empregavam frequentemente a propósito do sacramento de penitência. Eles distinguiam três elementos no sacramento de penitência: a parte que cabe à contrição, *actus contritionis*; a parte que cabe às satisfações, isto é, aos atos pelos quais se faz, como dizemos agora, penitência – era o *actus satisfactionis*; e, no meio, havia o que concernia à formulação pelo sujeito mesmo das faltas que ele atestava ter cometido, e que os teólogos chamavam de *actus veritatis*, ato de verdade[8]. Pois bem, chamarei de ato de verdade a parte que cabe a um sujeito nos procedimentos de aleturgia, parte que pode ser definida (1) pelo papel que ele representa como operador, (2) pelo papel que ele representa como espectador, (3) [pelo] papel que ele representa como objeto da aleturgia. Em outras palavras, no procedimento de manifestação da verdade o sujeito pode ser o agente ativo graças ao qual a verdade vem à luz – digamos que no sacrifício grego o sacerdote que faz ritualmente um certo número de gestos, que corta o animal como deve e mostra no animal assim cortado o que manifesta a verdade ou o que, em todo caso, dá resposta à questão colocada e responde portanto à inquietude, à incerteza ou à ignorância dos homens, ele, na medida em que faz aparecer a verdade, é o operador desta; nada mais que operador, pois não é dele que se trata e, se é verdade que ele é espectador, os espectadores são essencialmente e antes de mais nada os que o rodeiam. Aí, em todo caso, nesse gesto pelo qual ele faz aparecer, no próprio ritual do sacrifício, o que dá resposta à ignorância, o que dá a conhecer, o sacrificador é um operador de verdade. Em segundo lugar, uma pessoa pode estar inserida no procedimento da aleturgia na medida em que é testemunha, quer dizer, que a aleturgia pode necessitar, em certos momentos, de indivíduos que digam: sim, eu vi, eu estava lá, eu me lembro, tenho certeza porque foi diante dos meus olhos que as coisas aconteceram. Esse papel do indivíduo no procedimento de aleturgia como testemunha é a segunda forma de consumar o ato de verdade. Por fim, em terceiro lugar, uma pessoa pode estar inserida no procedimento da aleturgia e pode consumar um ato de verdade no interior desse ciclo quando é a propósito de si mesmo que se descobre assim a verdade. Temos aí um ato de verdade que podemos dizer refletido, e é evidente que a forma mais pura, mais importante historicamente também, dessa forma refletida do ato de verdade é o que se chama de confissão, quando alguém pode dizer: eis o que fiz, eis o que no fundo da minha consciência aconteceu, eis que intenções eu tinha, eis o que, no segredo da minha vida ou no segredo do meu coração, constituiu minha falta ou constituiu meu mérito. Nesse momento, temos um ato de verdade no qual o sujeito é ao mesmo tempo o ator da aleturgia, já que é ele que, por seu discurso, faz aparecer e vir à luz algo que estava na sombra e na escuridão. Em segundo lugar, ele é testemunha desse ato, já que pode dizer: sei que foi na minha consciência que isso aconteceu e que eu vi com esse olhar interior que dirijo a mim. E, por fim, em terceiro lugar, ele é objeto desse ato, já que é dele que se trata no testemunho que dá e na manifestação de verdade que opera. [A expressão] "ato de verdade" pode, de fato, se aplicar a esses três papéis, seja de ator, seja de testemunha, seja de objeto refletido, mas de uma maneira mais particular, pois é da confissão que gostaria de falar; quando eu disser "ato de verdade", não especificarei "ato de verdade refletido", mas designarei de uma maneira mais privilegiada e, salvo correção, o ato de verdade refletido.

Já delimitamos mais ou menos o problema: por que e como o exercício do poder em nossa sociedade, o exercício do poder como governo dos homens requer não apenas atos de obediência e de submissão, mas também atos de verdade em que os indivíduos, que são sujeitos na relação de poder, sejam também sujeitos como atores, espectadores testemunhas ou como objetos no procedimento de manifestação de verdade? Por que, nessa grande economia das relações de poder, se desenvolveu um regime de verdade indexado à subjetividade? Por que o poder (e isso há milênios, em nossas sociedades) pede para os indivíduos dizerem não apenas "eis-me aqui, eis-me aqui, que obedeço", mas lhes pede, além disso, para dizerem "eis o que sou, eu que obedeço, eis o que sou, eis o que vi, eis o que fiz"?

É esse o problema, portanto. É evidente – a maneira como precisei o sujeito assim indica, creio eu, suficientemente – que é do lado do cristianismo e do cristianismo primitivo que vou procurar estreitar um pouco esse problema histórico da constituição de uma relação entre o governo dos homens e os atos de verdade, quer dizer, os atos refletidos de verdade.

Em geral, quando se evoca a propósito do cristianismo essa questão do governo dos homens e do regime de verdade, pensa-se na economia dogmática do cristianismo, ou seja, no fato de que o cristianismo introduziu, efetivamente, em relação ao mundo antigo, em relação ao mundo grego, helenístico e romano, um regime de verdade ao mesmo tempo bastante singular, bastante novo, bastante paradoxal também. Regime de verdade que, é claro, está constituído por um corpo doutrinal que [por um lado] se apoia numa referência permanente a um texto e, por outro lado, se refere a uma instituição também permanente, e que se transforma e assegura uma coisa tão enigmática quanto a tradição. Corpo doutrinal, por conseguinte, mas também atos de verdade que são requeridos dos fiéis, atos de verdade não refletidos estes, que são atos de verdade em forma de crenças, de atos de fé, de profissão de fé. Em geral, quando se fala do governo dos homens e do regime de verdade no cristianismo, é nesse lado que a gente pensa, o sistema dogma e fé, dogma e crença. Se privilegio esse lado, é por razões que evocava faz pouco, a saber, a preferência que sempre se tem pelo tipo de análise em [termos]* de ideologia, pois será precisamente a partir, não tanto dos atos de verdade (isto é, do lado dos atos de fé), que conduziremos a análise desse problema, mas a partir do próprio conteúdo do dogma e das crenças, como conteúdo ideológico**.

Ora, dada a perspectiva ideológica em que me situo, primeiro vocês hão de compreender que privilegiarei, no regime de verdade, não o conteúdo das crenças, mas o ato mesmo de verdade, e [segundo], não são tanto os atos de verdade em forma de atos de fé que gostaria de estudar, mas outros atos que definem, creio eu, ou que escandem, que articulam outro regime de verdade presente no cristianismo e que não se define tanto pelo ato de fé ou pela profissão de fé num conteúdo dogmático, revelado num texto e perseguido numa tradição institucionalizada. É de outro regime de verdade que gostaria de falar: um regime definido pela obrigação em que se acham os indivíduos de estabelecer, por si mesmos, uma relação de conhecimento permanente, a obrigação em que se acham de descobrir no fundo de si segredos que lhes escapam, enfim, a obrigação em que estão de manifestar essas verdades secretas e individuais por atos que têm efeitos, efeitos específicos bem além dos efeitos de conhecimento, efeitos libertadores. Em outras palavras, há todo um regime de verdade no cristianismo que se organiza, não tanto em torno do ato de verdade como ato de fé, mas em torno do ato de verdade como ato de confissão. Regimes bem diferentes esses, da fé e da confissão, pois no caso da fé se trata da adesão a uma verdade intangível e revelada, na qual o papel do indivíduo, logo o ato de verdade, o ponto de subjetivação está essencialmente na aceitação desse conteúdo e na aceitação de manifestar que se aceita esse conteúdo – é esse o sentido da profissão de fé, do ato da profissão de fé, enquanto no outro caso, no caso da confissão, não se trata de modo algum

---

* M. F.: forma
** Foucault acrescenta: que vão... [uma ou duas palavras inaudíveis.]

de aderir a um conteúdo de verdade mas de explorar, e explorar infindamente, os segredos individuais. Pode-se dizer que o cristianismo, em todo caso do ponto de vista que me interessa aqui, foi perpetuamente permeado por essa extraordinária tensão entre os dois regimes de verdade, o regime da fé e o regime da confissão.

Tensão profunda que não quer dizer que eram dois regimes heterogêneos e sem relação. Afinal de contas, não se deve esquecer que a noção de confissão, no sentido que a palavra tem na Igreja latina, está precisamente, de certo modo, na bifurcação desses dois regimes, já que confessor, no latim dos Padres da Igreja praticamente até os séculos VII e VIII, a palavra latina *"confessor"* se refere a quem aceitou fazer a profissão de fé até o fim, ou seja, até o risco compreendido da morte[9]. E pouco a pouco, a esse sentido da palavra *"confessor"* se conectou o outro sentido da palavra "confissão", o de reconhecimento das faltas. A confissão se torna reconhecimento de culpa e o confessor é quem organiza, regulamenta, ritualiza esse reconhecimento e dele extrai os efeitos que se tornarão simplesmente, bem mais tarde, a partir do século XII, efeitos sacramentais. Logo, o cristianismo é, bem no fundo, essencialmente, a religião da confissão, na medida em que esta se encontra no ponto de contato entre o regime da fé e o regime do reconhecimento das faltas, e são os dois regimes de verdade que, desse ponto de vista, embasam o cristianismo.

Em segundo lugar, outra prova de que os dois regimes de verdade, o da fé e o do reconhecimento das faltas, não são dois elementos heterogêneos e incompatíveis, mas têm entre si relações profundas e fundamentais, poderíamos encontrar no fato de que praticamente cada desenvolvimento de um dos dois regimes foi acompanhado pelo desenvolvimento ou pelo rearranjo do outro regime. Afinal de contas, se a prática do reconhecimento das faltas, da confissão no sentido de reconhecimento das faltas, da confissão penitencial se desenvolveu tanto no fim do século II até o século V, é precisamente na medida em que havia um problema que era o da heresia, isto é, da definição do que deve ser o conteúdo dogmático do ato de fé, e é nessa demarcação em relação à heresia (noção também totalmente estranha ao mundo greco-romano), logo na definição do conteúdo dogmático da fé, que se desenvolveram as práticas do reconhecimento das faltas. [...] A prática da confissão penitencial, do reconhecimento penitencial da falta se codifica de uma maneira extremamente jurídica, e isso durante vários séculos, precisamente no momento em que o cristianismo é novamente confrontado com a heresia – a heresia cátara –, e foi na luta contra essa heresia que a prática da confissão também se desenvolveu. Logo, como vocês estão vendo, correlação perpétua entre os dois sentidos da palavra "confissão" e os arranjos que um e outro são levados a desenvolver.

E podemos dizer enfim que o que foi a grande linha de fratura do cristianismo no Renascimento – ou seja, a divisão entre cristianismo e protestantismo – também se deu em torno desse problema fundamental. O protestantismo o que foi, afinal de contas, senão certa maneira de retomar o ato de fé enquanto adesão a um conteúdo dogmático na forma de uma subjetividade que possibilita ao indivíduo descobrir em si mesmo, no fundo de si mesmo, conforme a lei e o testemunho de sua consciência, esse conteúdo? Em outras palavras, é como operador de verdade, é como ator, testemunha e objeto do ato de verdade que o indivíduo vai descobrir no fundo de si mesmo o que deve ser a lei e a regra da sua crença e do seu ato de fé. Temos no protestantismo* uma certa maneira de vincular o regime do reconhecimento das faltas e o regime da verdade, e precisamente isso possibilita ao protestantismo diminuir até à anulação a prática institucional e sacramental do reconhecimento penitencial das faltas, já que, precisamente, o reconhecimento das faltas e a fé vêm se encontrar num [tipo]** de ato de verdade em que a adesão ao conteúdo dogmático tem a mesma forma da relação de si consigo na subjetividade que se autoexplora***.

Claro, quando digo que se tem com o cristianismo a aparição, no mundo helenístico e romano, de um regime de verdade ao mesmo tempo extremamente complexo, extremamente rico, extremamente denso e extremamente novo, digo ao mesmo tempo uma banalidade e uma coisa que não é de todo verdadeira. Eu gostaria, simplesmente para fazer uma ponte – será uma indicação quase sem explicação, a tal ponto as coisas são claras –, citar para vocês um texto de Fílon de Alexandria, contemporâneo portanto do início do cristianismo, mas não cristão ele mesmo e [na confluência]**** da cultura hebraica e da cultura grega. Em *De somniis*, o tratado sobre os sonhos, no livro I, capítulo 15[10], Fílon de Alexandria se detém um momento numa passagem da Bíblia que se encontra em Números 25, 1-4, em que vemos o povo hebreu se entregar às práticas de idolatria e adorar o deus Baal. Os hebreus, portanto, conduzidos por sua con-

---

* Foucault acrescenta: uma nova maneira de ligar um a outro, de um modo totalmente diferente do antigo, a relação (bem, os protestantes... não é tão diferente do antigo, bem, não tem importância...)
** M. F.: numa forma
*** Foucault acrescenta:
Logo, dois regimes de verdade e – e... por que eu lhes dizia isso? *[um tempo de hesitação]* Não lembro mais. Não tem importância, ah, sim, era para lhes dizer que em todo caso era da confissão que eu gostaria de lhes falar, desse aspecto do cristianismo pelo qual, ao lado e se entrecruzando com o regime de verdade característico do dogma e da fé, há este outro regime de verdade que define e impõe um certo tipo de relação de si consigo.
**** M. F.: nos confins *[ele hesita no fim da palavra]*

cupiscência*, se põem a adorar o deus Baal, a lhe oferecer sacrifícios e comer as carnes assim sacrificadas e oferecidas, o que evidentemente é a falta absoluta contra Deus e seus mandamentos. Vendo isso, o Eterno, vocês sabem é claro, se zanga, se inflama contra Israel e se volta para Moisés. E o que diz a Moisés? Diz: "Reúne todos os chefes do povo, enforca os culpados perante o Eterno em face do sol, para que a cólera do Eterno se afaste de Israel."[11] Sendo totalmente incompetente, não posso dizer a vocês qual é o comentário, a análise, a explicação que poderíamos [dar] desse texto dentro da cultura hebraica. Digamos em todo caso que a leitura ingênua e superficial que podemos fazer é relativamente clara: o povo de Israel inteiro é que, movido por sua consciência, sacrificou a Baal e lhe ofereceu animais e os comeu, o povo inteiro é que é culpado. Deus, em sua cólera, pede para Moisés reunir os chefes, punir aqueles que são culpados, e com isso a cólera de Deus será atenuada e ele não precisará mais punir o povo. Em outras palavras: falta de todos, cólera de Deus contra todo o povo; isola-se do povo os chefes; os chefes (ou alguns deles) são considerados culpados, vão enforcá-los em face do sol, e assim a cólera do Eterno será desviada de Israel. Ora, o texto de Fílon é bastante curioso, porque ele comenta o texto dizendo o seguinte: temos aí a ideia de que a consciência deve consigo dizer que, aconteça o que acontecer, ela nunca escapará do olhar de Deus. Mesmo que se creia que a falta é oculta, mesmo que a cometam no recôndito mais secreto de si mesmos, é preciso se dizer que Deus vê tudo e que nunca ninguém escapará do seu olhar. Em compensação, se a consciência – diz Fílon, sempre comentando esse texto e dizendo o que está dizendo, é o próprio sentido do texto –, em vez de ir se esconder no fundo de si mesma, aceitar se abrir e, diz ele numa expressão belíssima, "desfazer as dobras em que escondia suas ações", se ela aceitar estender diante de si e "puser diante dos olhos do inspetor universal, como que à luz solar" a falta que cometeu, se portanto a consciência "declarar que se arrepende de seus erros de juízo passados, frutos da irreflexão; se reconhecer que para Deus nada é invisível, que ele conhece tudo e tudo vê, não só as ações consumadas como a incontável multidão de ações projetadas", então e pelo simples fato de que terá exposto seus pecados e pelo simples fato de que os terá levado à plena luz, ela será purificada: "Ela será purificada e corrigida e apaziguará a ira legítima do justiceiro que se erguia acima dela como uma prova incriminatória. Mas para tanto é preciso que a alma se abra ao arrependimento, μετάνοια, irmão mais moço da perfeita inocência."[12]

Vocês estão vendo que esse comentário é, afinal, muito interessante e paradoxal, por causa de todas as deformações que impõe ao texto bíbli-

---

* M. F.: não me lembro direito, enfim, conduzidos por...

co, [o qual], mais uma vez, dizia: o povo pecou, Deus se zanga, ordena que os chefes sejam punidos e isso aplaca a cólera de Deus. E tanto está no texto que no parágrafo seguinte, para de certo modo reforçar esse mecanismo, vemos um hebreu, não lembro mais qual, acompanhado por uma mulher idólatra de Baal, e um hebreu fiel à lei de Moisés os mata, a ele e à mulher, e a cólera de Deus é aplacada[13]. Portanto é mesmo esse mecanismo entre a falta de todos e a responsabilidade de alguns, é mesmo esse mecanismo entre a punição de uma falta individual e o perdão concedido a todos, é isso mesmo que subjaz ao texto da Bíblia. Ora, Fílon diz outra coisa: o texto da Bíblia mostra que se você não esconder seus pecados, se você os reconhecer, se você os expuser diante dos seus olhos, se você os levar à plena luz, você será perdoado. E a partir de que Fílon pode dizer isso? A partir de uma só palavra do texto, a pequena frase em que o Eterno, dirigindo-se a Moisés, lhe diz: "Reúne todos os chefes do povo, enforca os culpados perante o Eterno em face do sol." Ele amarra todo o seu comentário a [estas palavras]: "em face do sol"[14]. Aliás, o texto de Fílon que cito se encontra no *De somniis*, capítulo 15, em que ele procura justamente descobrir os diferentes significados alegóricos do sol na Bíblia. E é a partir daí que ele rearranja completamente o relato da Bíblia. Ele omite totalmente o que é a punição real dos chefes, que foram efetivamente enforcados num caso e, no outro caso, um deles foi morto por um dardo. Ele omite totalmente a punição e faz como se o simples fato de se expor ao sol bastasse para que a falta, em primeiro lugar, escapasse do julgamento, em segundo, escapasse da punição e, em terceiro, fosse inteira e totalmente purificada. O simples fato de se expor ao sol afasta a cólera de Deus. É, em outras palavras, a força da iluminação em si mesma, segundo Fílon, comentando esse texto a partir unicamente desse elemento de frase, é o efeito de luz, quer dizer, a aleturgia da falta mesma, aleturgia operada pelo pecador, ator da falta, ator da aleturgia, testemunha da falta, testemunha da aleturgia e se tomando como objeto mesmo dessa manifestação, é isso que constitui, para Fílon, o mecanismo pelo qual o perdão do Eterno foi concedido.

Claro, entre esse texto e o de *Édipo* de que lhes falava da última vez, não há nenhuma relação, nem direta nem indireta. Mas vocês estão vendo que reencontramos esse tema, muito mais antigo que o cristianismo, que já permeou toda a cultura grega, que podemos localizar em *Édipo*, que aparece claramente em Fílon e que vai ser retomado então, e através de elaborações extremamente complexas, no cristianismo, esse mesmo tema [da relação] entre o sol e a justiça. E com relação ao texto da Bíblia, que assinalava que a não-punição do povo estava vinculada à punição dos chefes, Fílon edipianiza, fazendo de uma aleturgia coletiva em que cada um pode dizer "eis o que eu mesmo fiz, eis o que eu mesmo sou, eis o que eu mesmo vi", ao mesmo tempo o princípio de perdão, o mecanismo purificador e aquilo a partir de que se pode empreender a volta à lei e, por conseguinte, o restabelecimento do justo poder de Moisés e de Deus.

Citei esse texto para vocês, mais uma vez, para dizer que esse tema da aleturgia ou, se preferirem, dos atos reflexivos de verdade, as aleturgias pelas quais os indivíduos são chamados a manifestar o que eles mesmos são, no fundo de si, essa aleturgia foi considerada, através de toda a cultura antiga e de uma maneira contínua pelo menos desde o século V grego, como uma coisa absolutamente indispensável para a realização do poder em sua essência justa e legítima: não há poder justo e legítimo se os indivíduos não dizem a verdade sobre si mesmos e, em troca, basta, ou em todo caso é preciso que os indivíduos digam a verdade sobre si mesmos para que o poder, efetivamente, seja restabelecido de acordo com as leis, que são as leis do sol, o sol que organiza o mundo e o sol que ilumina até o fundo das consciências.

É isso. Pois bem, da próxima vez, passaremos ao cristianismo propriamente dito.

*

NOTAS

1. Cf. Sófocles, *Oedipe à Colone*, vv. 437-441, trad. P. Masqueray, Paris, Les Belles Lettres, t. 2, pp. 171-172, onde, lamentando ter se punido excessivamente por suas faltas, Édipo deplora ter sido forçado ao exílio muito tempo depois de se ter cegado: "Com o tempo, quando toda a minha dor havia perdido sua aspereza, quando eu começava a compreender que minha cólera, em seu arroubo, me havia punido demasiado cruelmente por minhas faltas anteriores, foi então que a cidade pela força me expulsou de seu território, anos depois."

2. *Oedipe-Roi*, vv. 100-101, ed. citada, p. 144.

3. *Ibid.* vv. 1329-1338, pp. 189-90.

4. *Ibid.* vv. 1451-1453, p. 194.

5. A crítica da análise do poder em termos de ideologia é desenvolvida pela primeira vez no curso de 1973, "A sociedade punitiva", aula de 28 de março. Foucault só voltou a esse tema nos três cursos seguintes: *Il faut défendre la société, op. cit.*, aula de 14 de janeiro de 1976, p. 30; *Sécurité, Territoire, Population, op. cit.*, aula de 18 de janeiro de 1978, pp. 49-50; *Naissance de la biopolitique, op. cit.*, aula de 10 de janeiro, p. 21, e aula de 17 de janeiro de 1979, p. 37 [Martins Fontes, respectivamente pp. 39-40, 62-4, 26-7, 48-9]. Para maior esclarecimento dessa questão, além da recapitulação exposta por Foucault na primeira aula deste curso, cf. "Entretien avec Michel Foucault", realizado por A. Fontana e P. Pasquino, e publicado inicialmente em *Microfisica del potere* (Turim, Einaudi, 1977), *DE*, III, nº 192, ed. 1994, p. 148/"Quarto", vol. II, p. 148. Cf. também P. Veyne, "L'idéologie selon Marx et selon Nietzsche", *Diogène*, nº 99, jul.-set. de 1977, pp. 93-115.

6. P. Feyerabend, *Against Method: Outline of an Anarchistic Theory of Knowledge*, Londres, New Left Books, 1975/*Contre la méthode. Esquisse d'une théorie anarchiste de la con-*

naissance, trad. B. Jurdant e A. Schlumberger, Paris, Seuil (col. "Science ouverte"), 1979. O autor (1924-1994) defendia um anarquismo epistemológico ("A ciência é um empreendimento essencialmente anarquista"), segundo o qual, como todas as metodologias têm seu limite, "a única 'regra' que sobrevive é 'tudo é bom'!" No entanto, numa conversa com G. Pessis-Pasternak, "Paul Feyerabend, anarchiste de la connaissance", *Le Monde Dimanche*, 28 de fevereiro de 1982, p. XI, ele declarava: "Não creio ser um anarquista, apesar de ter escrito um livro anarquista. Do mesmo modo, se defendi a epistemologia anarquista, isso não quer dizer necessariamente que goste dela. Me parecia indispensável defendê-la, já que muitos cientistas defensores da razão estão do outro lado. Quis provar que os raciocínios deles não eram tão irredutíveis quanto eles pretendiam. Qual é a melhor maneira de demonstrar isso? Defendendo um ponto de vista contrário. Mas nunca revelei minha própria opinião."

7. Sobre essa posição teórica, cf. *La Volonté de savoir*, Paris, Gallimard ("Bibliothèque des Histoires"), 1976, p. 123, a propósito do poder: "É preciso, sem dúvida, ser nominalista"; *Naissance de la biopolitique*, aula de 10 de janeiro de 1979, p. 5 e o resumo do curso, p. 323 [Martins Fontes, respectivamente, pp. 4-6 e 431] (sobre "a necessidade de testar um método nominalista em história", Foucault faz referência a P. Veyne: cf. deste último, *Comment on écrit l'histoire*, Paris, Seuil, 1971, reed. "Points Histoire", pp. 89-93, e "Foucault révolutionne l'histoire" (1978), *ibid.*, pp. 207-11); verbete "Foucault", *in* D. Huisman, org., *Dictionnaire des philosophes*, Paris, PUF, 1984, p. 943 (republicado in *DE*, IV, nº 345, ed. 1994, p. 634/"Quarto", vol. II, p. 1453: "Un scepticisme systématique à l'égard de tous les universaux anthropologiques").

8. Expressão empregada por Tommaso de Vio (dito Caetano) (1469-1534). O editor do Resumo do curso em *Dits et Écrits* (t. IV, nº 289, ed. 1994, p. 125/"Quarto", vol. II, p. 944) remete a *De confessione quaestiones*, in *Quaestiones quodlibetales*, Paris, F. Regnault, 1530. Foucault havia lido atentamente Caetano, como atesta, em seus dossiês, um maço de 62 folhas de notas extraídas essencialmente da *Peccatorum summula* (Douai, 1613). Uma das folhas comporta as seguintes notas, extraídas do *De confessione*, in *Opuscula Omnia*: "Há que confessar os pecados mortais totalmente ocultos? 1. Uns dizem que não é necessário, que a jurisdição humana não pode lidar com pecados que são reservados à jurisdição divina. 2. Caetano estabelece o contrário. [a] A sabedoria divina não excetua nenhum pecado da '*materia judicii poenitentialis*', ela abrange os pecados cuja sede primeira é o coração. [b] A confissão, '*quae est actus veritatis*', é um ato de penitência: o acusado se acusa a si mesmo de tudo, sem exceção. [c] O concílio de Latrão disse que todo indivíduo, de qualquer sexo, deve confessar '*peccata omnia*'." Como os *Opuscula Omnia* tiveram numerosas edições, remetemos à edição de Lyon, apud haeredes Iacobi Iuntae, 1562, p. 72b (*De confessione quaestiones*, Quaestio II: "*An peccata mortalia totaliter oculta (ut sunt peccata in solo corde) sin necessario confitenda*"). A unidade indissolúvel dos atos do penitente, contrição, confissão, satisfação (que deles são como a "matéria", distinta da sua "forma", contida nas palavras da absolvição), várias vezes salientada por Caetano, é claramente reafirmada pelo concílio de Trento. Cf. *Le Saint Concile de Trente oecuménique et général*, trad. pelo abade Chanut, Paris, chez S. Mabre-Cramoisy, 3ª ed., 1686, XIVᵉ sessão (25 de novembro de 1551), cap. 3, "Des parties et des effets du Sacrement de Pénitence": "Os Atos do Penitente mesmo, que são a Contrição, a Confissão e a Satisfação, são como a matéria desse Sacramento; e esses mesmos Atos, como instituição divina, são requeridos no Penitente para a integridade do Sacramento e para a remissão plena e perfeita dos pecados, também são ditos nesse sentido partes da Penitência." Essa divisão das partes da penitência é atestada, desde o século XIII, nas *Sentences* de Pedro Lombardo, IV, XVI, 1 (cf. PL 192, col. 877). Ela é retomada por Alexandre de Hales, *Glossa in quatuor libros Sententiarum*, IV, d. 16, t. 4, Quaracchi, 1957, p. 252 (citado por P. Adnès, "Pénitence", *Dictionnaire de spiritualité ascétique et mystique/DS*, 1984, col. 971) e reafirmada com vigor por Tomás de Aquino, *Suma teológica*, parte III, Questão 90, 1-4.

9. Sobre a evolução semântica da palavra *confessio* no latim eclesiástico, cf. J. Ratzinger, "Originalität und Überlieferung in Augustins Begriff der 'Confessio'", *Revue des études augustiniennes*, vol. III(4), 1957, pp. 376-92; ver especialmente pp. 380-1, sobre o primeiro sen-

tido de: profissão de fé dos mártires diante do tribunal (referências a Tertuliano, Cipriano e Optato de Milevi), e p. 381 sobre a *confessio*-exomologese (referência a Tertuliano, *De paenitentia*, 9, 2). Cf. também A. Solignac, introdução às *Confessions* de santo Agostinho, Paris, Desclée de Brouwer ("Bibliothèque augustinienne", vol. XIII), 1962, p. 9 n. 1, que remete ao artigo precedente.

10. Fílon de Alexandria, *De somniis*, introd., trad. e notas de P. Savinel, Paris Cerf (col. "Oeuvres de Philon d'Alexandrie" nº 19), 1962. Essa divisão em capítulos não corresponde à edição Savinel, cuja tradução Foucault no entanto cita.

11. *Ibid.*, I, 89, p. 61: "Pega, diz Deus, todos os chefes do povo e faz deles um exemplo para o povo em face do sol, então a cólera do Senhor se afastará de Israel"; cf. Números 25, 4, trad. BJ, Desclée de Brower, 2000, p. 245: "Toma todos os chefes do povo. Empala-os em face do sol, para Iavé, então a ardente cólera de Iavé se afastará de Israel."

12. Fílon de Alexandria, *De somniis*, I, 91, ed. citada, p. 61: "Se a inteligência, imaginando que poderia fazer o mal sem que Deus soubesse, dizendo-se que é impossível Ele ver tudo, cometer uma falta no recôndito mais secreto de si mesma; se depois disso, seja por si própria, seja sob a direção de outrem, lhe vier a ideia de que é impossível que algo escape ao olhar de Deus; se ela se abrir por si mesma e desfizer as dobras nas quais escondia todas as suas ações para expô-las diante de si e as puser diante dos olhos do Inspetor universal como se à luz solar fosse; se declarar que se arrepende de seus erros de juízo passados, frutos da irreflexão; se portanto reconhecer que para Deus nada é invisível, que ele conhece tudo e tudo vê, não só as ações consumadas como a incontável multidão de ações projetadas; então ela será purificada, corrigida e apaziguará a ira legítima do Justiceiro que se erguia acima dela como uma prova incriminatória. Mas para tanto é preciso que a alma se abra ao arrependimento, (τό μετανοεῖν), irmão mais moço da perfeita inocência." Foucault torna mais demoradamente sobre essa noção de μετάνοια/metanoia na aula de 13 de fevereiro, *infra*, p. 118.

13. Nm 25, 6-8 (o israelita que leva a mulher idólatra não é nomeado).

14. Fílon de Alexandria, *De somniis*, I, 89, p. 61.

AULA DE 6 DE FEVEREIRO DE 1980

Estudar o cristianismo pelo ângulo dos regimes de verdade. – O que é um regime de verdade? Resposta a algumas objeções. Consequências para a anarqueologia do saber. Trabalho a situar na perspectiva de uma história da vontade de saber. – O ato de reconhecimento das faltas no cristianismo. A confissão, no sentido moderno, resultado de um regime complexo de verdade em operação desde o século II. As três práticas em torno das quais se organizou a articulação entre manifestação da verdade e remissão das faltas: (I) o batismo, (II) a penitência eclesial ou canônica, (III) o exame de consciência. – (I) O batismo nos séculos I e II; a partir de Tertuliano: da ideia dos dois caminhos à da nódoa original. As três matrizes do pensamento moral no Ocidente: os modelos dos dois caminhos, da queda e da nódoa.

Tratar-se-ia portanto, nas aulas seguintes, de estudar o cristianismo – bem, é claro, alguns aspectos parciais do cristianismo: encarar esses aspectos não do ponto de vista da ideologia, como lhes explicava da última vez, mas [pelo ângulo] do que lhes propunha chamar de regimes de verdade. E por regime de verdade entendo o que força os indivíduos a um certo número de atos de verdade, no sentido que defini para vocês da última vez. Um regime de verdade é portanto o que constrange os indivíduos a esses atos de verdade, o que define, determina a forma desses atos e estabelece para esses atos condições de efetivação e efeitos específicos. Em linhas gerais, podemos dizer, um regime de verdade é o que determina as obrigações dos indivíduos quanto aos procedimentos de manifestação do verdadeiro. O que quer dizer a adjunção dessa noção de obrigação em relação à noção de manifestação da verdade? Em que a verdade obriga, além do fato de que ela se manifesta? É legítimo supor que além ou aquém dessas regras de manifestação, a verdade obriga? Em outras palavras, é legítimo falar de regime de verdade? Qual é a legitimidade, o fundamento, a justificativa de uma noção como a de regime de verdade? É um pouco disso que eu gostaria de lhes falar hoje, pelo menos para começar.

Regime de verdade. Fala-se de regime político, de uma maneira que talvez não seja muito clara mas que mesmo assim é relativamente satisfatória, para, resumidamente, designar o conjunto dos procedimentos e das instituições pelas quais os indivíduos se veem comprometidos, de uma maneira mais ou menos premente, se veem constrangidos a obedecer decisões; decisões que emanam de uma autoridade coletiva no âmbito de unidades territoriais em que essa autoridade exerce um direito de soberania. Pode-se falar [igualmente] de regime penal, por exemplo, para designar, também nesse caso, o conjunto dos procedimentos e instituições pelos quais os indivíduos são comprometidos, determinados, constrangidos a se submeter a leis de alcance geral. Então, nessas condições, por que de fato não falar de regime de verdade para designar o conjunto dos procedimentos e instituições pelos quais os indivíduos são comprometidos e forçados a realizar, em certas condições e com certos efeitos, atos bem definidos de verdade? Por que, afinal, não falar das obrigações de verdade como [se fala] das constrangências políticas ou das obrigações jurídicas? Obrigações de fazer isto, obrigações de dizer a verdade: não são elas, até certo ponto, do mesmo tipo ou, em todo caso, não é possível transferir as noções de regime político e de regime jurídico ao problema da verdade? Haveria obrigações de verdade que imporiam atos de crença, profissões de fé [ou] reconhecimentos das faltas com função purificadora.

Me parece que há imediatamente uma objeção que se apresenta a essa ideia de que existe um regime de verdade e de que podemos descrever em sua especificidade os regimes de verdade. Dirão: você fala de regime de verdade e, quando lhe pedem exemplos de regime de verdade, você pega o exemplo do cristianismo, fala dos atos de crença, fala de profissão de fé, fala dos reconhecimentos das faltas, fala da confissão. Vale dizer que todas as obrigações de que você fala, todas essas obrigações de verdade que você evoca, no fundo dizem respeito tão somente a não-verdades, ou então são indiferentes ao fato de que se trate ou não de verdade, de verdadeiro ou falso. Com efeito, o que significa esse vínculo de obrigação que amarraria os indivíduos à verdade ou os constrangeria a colocar alguma coisa como verdadeira, senão precisamente porque não é verdade ou porque é indiferente que seja verdadeiro ou falso? Mais claramente, direi o seguinte: para que haja obrigação de verdade, ou então para que se acrescente às regras intrínsecas de manifestação da verdade algo que é uma obrigação, é preciso, ou que se trate de algo que não pode ser, por si, demonstrado ou manifestado como verdadeiro e que necessita de certo modo esse suplemento de força, esse *reforço*, esse suplemento de vigor e de obrigação, de constrangência, que faz que você seja obrigado a colocá-lo como verdadeiro, embora saiba que é falso, ou que você não tenha certeza de que seja verdade, ou que não seja possível demonstrar que é verdadeiro ou falso. Afinal de contas, é preciso algo como uma obrigação para crer na ressurreição da carne, ou na trindade, ou em coisas assim. Em outras palavras, em atos desse tipo, não estamos diante de uma verdadeira obrigação de verdade, mas antes do que poderíamos chamar de coercitividade do não-verdadeiro ou coercitividade e constrangência do não--verificável. Ou ainda, poderíamos falar de regime de verdade, de obrigação de verdade, no caso de procedimentos como o ensino ou a informação, procedimentos que são exatamente os mesmos, quer se trate de verdades, de mentiras ou de erros. O ensino é exatamente o mesmo e as obrigações que ele comporta são exatamente as mesmas, quer se ensinem tolices, quer se ensine a verdade. Podemos, portanto, nesses casos falar de obrigação, mas justamente na medida em que a verdade como tal não está envolvida.

Em compensação, quando se trata do verdadeiro, a noção de regime de verdade se torna de certo modo supérflua, e a verdade, no fundo, sem dúvida não necessita de regime, de regime de obrigação. Não é preciso invocar um sistema específico de obrigações que teria como papel fazer valer o verdadeiro, lhe dar força constrangente, sujeitar a ela os indivíduos, se for de fato verdadeiro. Para se tornar sujeito de verdade, para ser operador numa manifestação da verdade, não é necessário uma constrangência específica. A verdade se basta a si mesma para fazer sua própria lei. E por quê? Simplesmente porque a força de coercitividade da verdade está no próprio verdadeiro. O que me constrange na busca e na manifestação da verdade, o que determina meu papel, o que me assinala a fazer isto ou aquilo, o que me obriga no procedimento de manifestação da verdade é a estrutura do próprio verdadeiro. É o próprio verdadeiro, e só. É essa a evidência, e o caráter fundamental e fundador da evidência nos procedimentos de manifestação da verdade é que, na evidência, a manifestação do verdadeiro e a obrigação na qual eu me encontro de reconhecê-lo e de colocá-lo como verdadeiro coincidem exatamente. A evidência é, nisso, a melhor prova e demonstração de que não é necessário um regime de verdade que de certo modo se acrescenta ao próprio verdadeiro. É o próprio verdadeiro que determina seu regime, é o próprio verdadeiro que faz a lei, é o próprio verdadeiro que me obriga. É verdade, e eu me inclino. E me inclino porque é verdadeiro, e me inclino na medida em que é verdadeiro.

Portanto, vocês estão vendo, parece que, no limite, a noção de regime de verdade pode ser mantida, quando se trata de outra coisa que não a verdade, ou quando se trata de coisas que no fundo são indiferentes ao verdadeiro ou ao falso, mas quando se trata do próprio verdadeiro não é preciso regime de verdade.

No entanto, essa objeção que se pode fazer contra a ideia de um regime de verdade e contra o projeto de analisar regimes de verdade em geral não me parece de todo satisfatória. De fato, parece-me que, quando se diz que na verdade o que obriga é o verdadeiro e que somente o verdadeiro é o que obriga, corre-se o risco de desconsiderar uma distinção que a meu ver é importante. De um lado há o princípio de que o verdadeiro é *index sui*[1], isto é, tirando-lhe sua significação propriamente spinozista, o princípio de que somente a verdade pode mostrar legitimamente o verdadeiro, de que, em todo caso, somente o jogo do verdadeiro e do falso pode demonstrar o que é verdadeiro. Mas que o verdadeiro seja *index sui* não quer dizer que a verdade seja *rex sui*, que a verdade seja *lex sui*, que a verdade seja *judex sui*. Não é a verdade que é criadora e detentora dos direitos que exerce sobre os homens, da obrigações que estes têm para com ela e dos efeitos que eles esperam dessas obrigações, uma vez [que] e na medida em que forem cumpridas. Não é a verdade que de certo modo administra seu próprio império, que julga e pune os que lhe obedecem e os que lhe desobedecem. Não é correto que a verdade só é constrangente pelo verdadeiro. Para [exprimir] as coisas mais simplesmente, de uma forma quase infantil ou totalmente infantil: em todos os raciocínios, por mais rigorosamente construídos que os imaginemos, e mesmo no fato de reconhecer algo como uma evidência, sempre há, e sempre há que se supor, uma certa afirmação, uma afirmação que não é da ordem lógica da constatação ou da dedução, em outras palavras, uma afirmação que não é exatamente da ordem do verdadeiro e do falso, que é antes uma espécie de comprometimento, de profissão. Sempre há, em todo raciocínio, essa afirmação ou profissão que consiste em dizer: se é verdadeiro, eu me inclinarei; é verdade, *logo** eu me inclino; é verdade, logo estou vinculado. Mas esse "logo" do "é verdade, logo me inclino; é verdade, logo estou vinculado", esse "logo" não é um "logo" lógico, não pode repousar em nenhuma evidência, aliás não é unívoco. Se num certo número de casos, num certo número de jogos de verdade, como a lógica das ciências, esse "logo" é tão evidente que é como que transparente e que não nos damos conta da sua presença, mesmo assim, com um pouco de recuo e quando tomamos a ciência como um fenômeno histórico, o "é verdade, logo me inclino" se torna muito mais enigmático, muito mais obscuro. Esse "logo" que vincula o "é verdade" e o "eu me inclino" ou que dá à verdade o direito de dizer: você tem de me aceitar porque sou a verdade – nesse "logo", nesse "você tem de", "você é obrigado", "você deve se inclinar", nesse "você deve" da verdade existe

---

* Sublinhado no manuscrito (fol. 6).

algo que não decorre da própria verdade, o "você deve" imanente à manifestação da verdade é um problema que a ciência em si mesma não pode justificar e levar em conta por sua vez. Esse "você deve" é um problema, um problema histórico-cultural que, a meu ver, é fundamental.

Para pegar um exemplo igualmente bem elementar, direi o seguinte: imaginemos dois lógicos que discutem e cujo raciocinar em comum levará a uma proposição que ambos reconhecem como uma proposição verdadeira, embora um deles, no início da discussão tenha negado essa proposição. Ao cabo desse raciocínio, o que no início havia negado a proposição e que, no fim, a reconhece, dirá explícita ou implicitamente: é verdade, logo eu me inclino. Quando ele diz "é verdade, logo eu me inclino", o que acontece? Se ele diz "é verdade", não é por ele ser lógico, quero dizer, não é porque ele é lógico que a proposição é verdadeira. Se a proposição é verdadeira, é porque ela é lógica ou porque, em todo caso, a lógica foi escolhida assim e assim, com seus símbolos, com suas regras de construção, seus axiomas, sua gramática. Logo, para que a proposição seja verdadeira, é preciso e basta que haja lógica, que haja regras dessa lógica, que haja regras de construção, regras de sintaxe, e que essa lógica opere. Portanto é a lógica, definida em sua estrutura particular, que vai assegurar que a proposição é verdadeira. Mas quando ele diz "é verdade, logo eu me inclino", no fundo, não é por lógica que ele pronuncia esse "logo". Não é por lógica, porque não é a verdade da proposição que o obriga efetivamente, não é por ser lógica, é porque ele é lógico, ou antes, é na medida em que ele *faz** lógica, porque não é seu estatuto de lógico ou sua qualificação de lógico que faz que ele se incline (ele poderia não ser lógico por profissão, que também se inclinaria), mas é porque ele faz lógica, isto é, porque ele mesmo se constituiu, ou foi convidado a se constituir, como operador num certo número de práticas ou como parceiro num certo tipo de jogo. E ocorre que esse jogo da lógica é tal, que o verdadeiro será considerado como tendo em si, sem outra consideração, valor constrangente. A lógica é um jogo em que todo o efeito do verdadeiro será o de constranger toda pessoa que joga o jogo e que segue o procedimento regulatório a reconhecê-la como verdadeira. Podemos dizer que, no caso da lógica, temos um regime de verdade em que o fato de ser um regime desaparece, ou em todo caso não aparece, porque é um regime de verdade em que a demonstração como autoindexação do verdadeiro é aceita como tendo um poder absoluto de constrangência. Na lógica, o regime de verdade e a autoindexação do verdadeiro são identificados, de sorte que o regime de verdade não aparece como tal.

* Foucault insiste nessa palavra, sublinhada no manuscrito.

Para tomar outro exemplo histórico ultrarrepisado, quando Descartes diz "penso, logo existo"[2], entre o "penso" e o "existo", vocês têm um "logo" que é teoricamente irrebatível – quer dizer, que podemos supor teoricamente irrebatível, e admitamos, se me permitem, que seja –, um "logo" teoricamente inatacável, mas detrás [do qual] se esconde outro "logo", que é o seguinte: é verdade, logo eu me inclino. O "logo" explícito de Descartes é o do verdadeiro, que não tem outra origem senão ele mesmo e sua força intrínseca, mas sob esse "logo" explícito há um "logo" implícito. É o de um regime de verdade que não se reduz ao caráter intrínseco do verdadeiro. É a aceitação de um certo regime de verdade. E para que esse regime de verdade seja aceito, o sujeito que raciocina tem de ser qualificado de certa maneira. Esse sujeito pode muito bem ser submetido a todos os erros possíveis, a todas as ilusões possíveis dos sentidos, pode inclusive ser submetido a um gênio maligno que o engane[3]. Há no entanto uma condição para que a máquina funcione e para que o "logo" do "penso, logo existo" tenha valor provante. Tem de haver um sujeito que possa dizer: quando for verdadeiro, e evidentemente verdadeiro, eu me inclinarei. Tem de haver um sujeito que possa dizer: é evidente, logo eu me inclino. Quer dizer, tem de haver um sujeito que não seja louco[4]. A exclusão da loucura é portanto o ato fundamental na organização do regime de verdade, de um regime de verdade que terá a propriedade particular de ser tal que, quando for evidente, a gente se inclinará, que terá como propriedade particular que o verdadeiro em si é que constrangerá o sujeito a se inclinar. Não há rei em geometria, isto é, nenhum suplemento de poder é útil ou necessário para fazer geometria. Mas, se não é necessário haver [uma] voz régia em geometria, não pode haver voz da loucura em filosofia ou em qualquer outro sistema racional. Não pode haver louco, isto é, não pode haver gente que não aceita o regime de verdade.

E, de uma maneira geral, o que é a ciência, *a** ciência no singular? Tem sentido pôr a palavra ciência no singular? Deixemos de lado, se me permitem, o problema da regra do jogo, da gramática da ciência, da sua estrutura – há uma ou várias?, isso é um problema – mas se colocarmos a questão em termos de regime de verdade, creio que é legítimo, de fato, falar *da*** ciência. A ciência seria uma família de jogos de verdade que obedecem, todos, ao mesmo regime, ainda que não obedeçam à mesma gramática, e esse regime de verdade específico, bem particular, é um regime no qual o poder da verdade está organizado de maneira que, nela, a constrangência seja assegurada pelo próprio verdadeiro. É um regime em

---

* Aqui também Foucault insiste nessa palavra.
** *Idem.* Sublinhado no manuscrito.

que a verdade constrange e vincula porque e na medida em que é verdade. E a partir daí, creio que é necessário compreender que a ciência nada mais é que um dos regimes possíveis de verdade e que há vários outros. Há várias outras maneiras de vincular o indivíduo à manifestação do verdadeiro, e vinculá-lo à manifestação do verdadeiro por outros atos, com outras formas de vinculação, segundo outras obrigações e com outros efeitos que não os definidos na ciência, por exemplo, pela autoindexação do verdadeiro. Regimes muito numerosos, alguns dos quais têm uma proximidade de história e de domínio com os regimes científicos propriamente ditos, por exemplo, entre a química e a alquimia. Qualquer que seja a comunidade de objetos, a diferença não está, creio eu, simplesmente no grau de racionalidade, mas no fato de que ambas obedecem a dois regimes de verdade diferentes, ou seja, que os atos de verdade e os vínculos do sujeito com a manifestação da verdade não são de modo algum os mesmos no caso da alquimia e no caso da química.[5]

Vocês têm portanto dois regimes de verdade que são histórica e geograficamente próximos da ciência. Vocês têm outros regimes de verdade que são muito coerentes, muito complexos e que são bastante distantes do regime científico de autoindexação do verdadeiro, e é precisamente esse lado dos regimes de verdade, coerentes e complexos, mas extremamente distantes do regime científico que eu gostaria de estudar um pouco este ano, tomando como exemplo esse conjunto coerente e complexo de práticas que são o exame de si mesmo, a exploração dos segredos da consciência, o reconhecimento desses segredos, a remissão das faltas.

De uma maneira geral e para terminar essa introdução que foi um pouco longa demais, direi que fazer a arqueologia ou a (an)arqueologia* do saber não seria, portanto, estudar de maneira global as relações do poder político como o saber ou com os conhecimentos científicos – não é esse o problema. O problema seria estudar os regimes de verdade, isto é, os tipos de relações que vinculam as manifestações de verdade, com seus procedimentos, aos sujeitos que são seus operadores, testemunhas ou, eventualmente, objetos. O que implica, por conseguinte, que não se faça uma divisão binária entre o que seria a ciência, de um lado, em que reinaria a autonomia triunfante do verdadeiro e de seus poderes intrínsecos e, de outro, todas as ideologias em que o falso, ou o não-verdadeiro, deveria se armar ou ser armado de um poder suplementar e externo para tomar força, valor e efeito de verdade, e [isso]** abusivamente. Tal perspectiva arqueológica exclui absolutamente portanto a divisão entre o científico e

* Ortografia do manuscrito.
** M. F.: e para tomá-lo abusivamente

o ideológico. [Ela] implica, ao contrário, que se leve em consideração a multiplicidade dos regimes de verdade [e] o fato de que todo regime de verdade, seja ele científico ou não, comporta formas específicas de vincular, de [maneira] mais ou menos constrangente, a manifestação do verdadeiro e o sujeito que a opera. E, enfim, em terceiro lugar, essa perspectiva implica que a especificidade da ciência não seja definida em oposição a todo o resto ou a toda ideologia, mas seja simplesmente definida entre muitos outros regimes de verdade ao mesmo tempo possíveis e existentes. O que implica igualmente, em relação à história das ciências, um procedimento diferente, na medida em que a história das ciências tem como papel, no fundo, mostrar como nesse regime particular que é a ciência ou que são as ciências, mas que não se questiona como regime de verdade, o verdadeiro constrange pouco a pouco os homens, rebaixa suas presunções, extingue seus sonhos, cala seus desejos, arranca suas imagens até a raiz. Já na história arqueológica que eu lhes proponho, tratar-se-ia de ir um pouco na contramão em relação a isso e consistiria, portanto, não em admitir o verdadeiro de pleno direito e sem que nos interroguemos a seu respeito, a um poder de obrigação e de constrangência sobre os homens, mas em deslocar a ênfase do "é verdade" para a força que lhe prestamos. Uma história desse tipo não seria consagrada portanto ao verdadeiro na maneira como consegue se apartar do falso e romper todos os laços que o prendem, mas seria consagrada, resumindo, à força do verdadeiro e aos vínculos pelos quais os homens se amarram pouco a pouco na e pela manifestação do verdadeiro. No fundo, o que eu queria fazer, e sei que não seria capaz de fazer, é escrever uma história da força do verdadeiro, uma história do poder da verdade, uma história, portanto – pegando a mesma ideia sob um outro aspecto –, da vontade de saber[6].

Força do verdadeiro, vontade de saber, poder da verdade – resumindo, [é essa] história no Ocidente, da qual, é claro, sou capaz de fornecer apenas alguns fragmentos que gostaria de centrar nesta questão mais precisa: como é que os homens, no Ocidente, se vincularam ou foram levados a se vincular a manifestações bem particulares de verdade, manifestações de verdade nas quais, precisamente, eles mesmos é que devem ser manifestados em verdade? Como o homem ocidental está vinculado à obrigação de manifestar em verdade o que ele próprio é? Como ele se vinculou, de certo modo, a dois níveis e de duas formas, de um lado à obrigação de verdade, e em segundo lugar ao estatuto de objeto no interior dessa manifestação de verdade? Como eles se vincularam à obrigação de se vincular a si mesmos como objeto de saber? É essa espécie de *double bind*, modificando o sentido do termo, claro, que no fundo eu não parei de querer organizar, [mostrando]* como esse regime de verdade, pelo qual os homens estão vinculados a se manifestar eles próprios como objeto de verdade, está vinculado a regimes políticos, jurídicos etc. Em outras palavras, a ideia seria que do político ao epistemológico, a relação a estabelecer não deve sê-lo em termos de ideologia, não deve sê-lo tampouco em termos de utilidade. Ela não deve se fazer através de noções como a de lei, de interdito, de repressão, mas em termos de regime, de regimes de verdade articulados com regimes jurídico-políticos. Há um regime da loucura que é ao mesmo tempo regime de verdade, regime jurídico, regime político. Há um regime da doença. Há um regime da delinquência. Há um regime da sexualidade. E é nesse equívoco ou nessa articulação, que a palavra regime tenta penetrar, que eu gostaria de apreender a articulação entre o que, tradicionalmente, chamamos de o político e o epistemológico. O regime de saber é o ponto em que se articulam um regime político de obrigações e de constrangências e esse regime particular de obrigações e de constrangências que é o regime de verdade.

Vamos [portanto] procurar abordar a questão, ou seja, o cristianismo focalizado do ponto de vista dos regimes de verdade, regimes de verdade** que, em sua maioria, ele não inventou, mas pelo menos estabeleceu, ampliou, institucionalizou, generalizou. Regimes de verdade que evidentemente ponho desde já no plural – e aí volto ao que evocava da última vez –, na medida em que o cristianismo pelo menos definiu dois grandes polos de regimes de verdade, dois grandes tipos de atos que, como procurei lhes indicar, não eram independentes um do outro, mas que são mesmo assim tipos bem diferentes, de morfologia bem diferente. De um lado, haveria o que poderíamos chamar de regime de verdade que gira em torno dos atos de fé, isto é, atos de verdade que constituem aceitações-compromissos, adesões-fidelidades em relação a certos conteúdos que devem ser considerados verdadeiros, aceitações-compromissos que não consistem simplesmente em afirmar essas coisas como verdadeiras em si e por si, mas devem também fornecer garantias, provas, autenticações exteriores de acordo com certo número de regras, que são regras de conduta ou obrigações rituais. É isso, para situar simplesmente o domínio dos atos de fé que são aqueles de que não tratarei. E depois, por outro lado, há no cristianismo um outro polo, um outro regime de verdade, ou em todo caso uma outra fronteira do regime geral de verdade. É a fronteira que tocaria o que podemos chamar de atos de reconhecimento das faltas.

* M. F.: e mostrar também
** Foucault acrescenta: eu lhes indicarei assim, pelo menos em pontilhado, no decorrer das exposições

Quando se fala de ato de confissão a propósito do cristianismo, pensa-se é claro na famosa confissão, no sentido moderno da palavra "confissão", o que ela adquiriu, *grosso modo*, a partir do fim da Idade Média, isto é, a verbalização das faltas cometidas, verbalização que deve ser feita numa relação institucional com um parceiro que é o confessor, parceiro qualificado para ouvir, para estabelecer uma pena [e] e para conceder a remissão. De fato, a organização verbal da confissão, do ato de reconhecimento das faltas, na forma que conhecemos desde o fim da Idade Média nada mais é que o resultado, e o resultado de certo modo mais visível e mais superficial, de procedimentos muito mais complexos, muito mais numerosos, muito mais ricos, pelos quais o cristianismo vinculou os indivíduos à obrigação de manifestar sua verdade, e sua verdade individual. Mais precisamente, por trás dessa confissão tal como a conhecemos desde o fim da Idade Média e que parece ter englobado todas as outras formas de reconhecimento das faltas, é preciso encontrar todo um regime de verdade no qual o cristianismo, desde a origem, ou em todo caso desde o século II, impôs aos indivíduos manifestar em verdade o que são, e não simplesmente na forma de uma consciência de si que permitiria assegurar, de acordo com a fórmula da filosofia antiga e pagã, o controle de si e das suas paixões, mas na [forma] de uma manifestação em profundidade dos movimentos mais imperceptíveis dos "arcanos do coração"*[7], e não apenas sob a forma de um simples exame de si consigo, mas sob [a forma] de uma relação complexa com um outro, ou com outros, ou com a comunidade eclesial, tudo isso tendo em vista extinguir certa dívida do mal e obter assim o resgate dos castigos que foram merecidos por esse mal e prometidos a título de punição. Em outras palavras, desde a origem, o cristianismo estabeleceu certa relação entre a obrigação da manifestação individual de verdade e a dívida do mal. De que modo a obrigação de manifestar individualmente sua verdade e a extinção da dívida do mal foram articuladas no cristianismo? É disso que gostaria de lhes falar agora.

Essa articulação entre a manifestação da verdade individual e a remissão das faltas se organizou de três maneiras, em três níveis, em torno de três grandes práticas, duas que são práticas canônicas e rituais e uma terceira que é de um tipo um pouco diferente. As duas primeiras são, é claro, o batismo e a penitência eclesial ou canônica. Quanto à terceira, que terá de fato, creio eu, muito mais importância que as duas outras, apesar do seu caráter não exatamente ritual e canônico, é a direção de consciência. São essas três coisas, essas três formas de vinculação entre

---

* Entre aspas no manuscrito.

manifestação individual da verdade e remissão das faltas que gostaria de estudar um pouco agora.

Em primeiro lugar, portanto, o batismo. Tomemos as coisas no nível da sua ritualização mais simples, como aparece nos textos. O primeiro texto que, depois do Novo Testamento, nos dá algumas indicações sobre o que era o batismo [é] a *Didakhé* /Διδαχή[8], texto do início do século II, que a propósito do batismo formula apenas um certo número de regras rituais. Através desse texto da *Didakhé* o que vemos? Pois bem, não vemos vínculo direto entre a remissão dos pecados ou a purificação, de um lado, e atos de verdade, [do outro]. A *Didakhé* só faz referência [a esses atos] a propósito do ensino prévio que deverá ter aquele que ainda não chamam de catecúmeno, digamos, o postulante. Antes do batismo, é preciso ensinar ao postulante, diz o texto da *Didakhé*, "tudo o que precede"[9], e tudo o que precede é o que encontramos nos primeiros capítulos, a saber, [de um lado], a distinção entre os dois caminhos, o caminho da vida e o caminho da morte[10], e, de outro, os preceitos que caracterizam o caminho da vida, isto é, um certo número de grandes interditos, o sobre o homicídio, o sobre o adultério, o sobre o roubo, um certo número de prescrições morais de vida cotidiana e, por fim, claro, as obrigações fundamentais em relação a Deus[11]. Eis portanto o que o postulante ao batismo deve aprender a conhecer, eis a relação que deve se estabelecer entre ele e a verdade. Ele é o discípulo, ele é o ensinado, e lhe ensinam uma verdade. E é simplesmente quando essa verdade é aprendida por ele que ele tem acesso ao batismo, o qual tem função de purificação, purificação assegurada, não pelo próprio ensino, não pelo trabalho da verdade, mas por outras duas coisas. Primeiro, o jejum, que, na tradição antiga, sempre tem uma função de purificação, jejum a que o postulante, claro, deve se submeter, mas a que devem se submeter também os que, de uma maneira ou de outra, participam do batismo, isto é, o batizante e um certo número de outras pessoas que estão presentes como testemunhas, avalistas, participantes, coautores no procedimento do próprio batismo[12]. O jejum é que assegura a purificação, e a água[13], a água do batismo, que, segundo sua simbólica tradicional[14], lava as nódoas e os pecados de que o [postulante]* pode ter sido culpado em sua vida anterior. Logo, temos aí uma certa obrigação de verdade, mas que nada mais são que o ensino prévio e, depois, por outro lado, os rituais de purificação. Não há articulação nem vínculo direto entre uns e outros, pelo menos segundo o texto da *Didakhé*, do início do século II.

Em segundo lugar, a partir de meados do século II, isto é, nessa literatura dita dos apologistas[15], vocês veem se elaborar de uma maneira mais

---

* M. F.: batizante

precisa essas relações entre o ato de verdade e a purificação. De fato, num texto como a primeira *Apologia* de Justino, que data de cerca de 150[16], o batismo é definido não apenas em seu ritual, mas sobretudo, mais do que no seu ritual, em sua significação. Por ela sabemos que o batismo deve ser dado, e só pode ser dado aos "que creem que são verdadeiras as coisas que lhes ensinamos e dissemos"[17]. Isso retoma muito exatamente o que já se podia ler na *Didakhé*: não há batismo sem um ensino prévio. Obrigação, portanto, de aquisição dessa verdade, um pouco mais porém do que na *Didakhé*. A *Didakhé* só fala do ensino. Aí, vocês veem que, no sujeito, o ensino deve ser de certo modo sancionado por um ato específico, que não é simplesmente o do aprendizado, que é o ato de fé. É preciso não só que ele tenha aprendido coisas, mas que creia que elas são verdadeiras. Quanto ao batismo mesmo, a *Apologia* de Justino – e isso podemos encontrar nos textos da mesma época e nos textos imediatamente posteriores – lhe dá três significações, três efeitos bem específicos.

Primeiro, o batismo é uma coisa que marca e que sela o pertencimento do batizado, não simplesmente à comunidade eclesial, mas também a Deus – mais fundamentalmente que à comunidade eclesial. O batismo é um selo, é, conforme a palavra grega, σφραγίς[18]. É um selo, é uma marca. Em segundo lugar, o batismo assegura um segundo nascimento, ἀναγένησις, παλιγγενεσία, renascimento ou novo nascimento[19], isto é, haveria para o homem duas gerações possíveis, enfim, uma necessária e a outra possível. Uma necessária no sentido que o homem não a domina: é uma geração que lhe acontece, diz Justino, por ἀνάγκη, pela necessidade, e na ἄγνοια, na ignorância. Ele nasce sem saber, nasce por necessidade[20]. Nasce como? Nasce de um sêmen úmido, graças à μίξις, isto é, graças à relação sexual de nossos pais[21]. É essa a primeira geração do homem, aquela, claro, a que todo homem existente é submetido às cegas e por necessidade. A vida que decorre desse nascimento é, evidentemente, uma vida que é a das más inclinações e dos maus costumes[22]. Para essa vida, formada na ignorância, oriunda da necessidade, nascida da umidade e fadada às más inclinações e aos maus hábitos, o batismo vai ser um segundo nascimento, um renascimento graças ao qual deixamos de ser "filhos da ἀνάγκη e da ἄγνοια", na qual nos tornamos "filhos da προαίρεσις e da ἐπιστήμη". Somos filhos da escolha e do saber[23], duas noções, προαίρεσις e ἐπιστήμη, que, é claro, são termos de origem estoica e que caracterizam as condições do ato virtuoso[24]. Por esse segundo nascimento, somos de certo modo postos na posição que era definida outrora para o sábio estoico ou, em todo caso, para os atos virtuosos de acordo com a filosofia estoica, isto é, determinados pela escolha consciente e voluntária dos indivíduos a partir do momento em que têm conhecimento pleno, ou em todo caso conhecimento suficiente, da ordem do mundo em geral. É portanto um se[gundo nascimento que se caracteriza pelo fato de]* que ele nos coloca no bom caminho, que nos põe no início de uma nova vida que não será impura, não será fadada às más inclinações. Mas esse segundo caminho se caracteriza também pelo fato de que há escolha e saber, isto é, certo tipo de conhecimento. Essa é a segunda característica do batismo tal como é definido por Justino. Finalmente, sempre na mesma passagem de Justino definindo o batismo, vemos aparecer uma terceira significação, um terceiro efeito do batismo. É que o batismo, situado assim sob o signo da escolha e do saber, põe o batizado na luz. Ou seja, o batismo é iluminação, φωτισμός[25]. [Ele] é portanto selo, é renascimento, é iluminação, "iluminação" entendida no sentido que [essa palavra] tinha na época, ou seja, ao mesmo tempo relação de conhecimento total do sujeito com Deus e, enfim, reconhecimento de si através dessa luz que nos ilumina sobre Deus, ou antes, que nos vem de Deus e que, iluminando Deus, nos ilumina ao mesmo tempo. O batizado é aquele que é iluminado em seu pensamento, e são iluminados em seu pensamento os que foram purificados pelo batismo, os que foram, melhor dizendo, renovados no batismo, e isso depois do longo ciclo de educação que lhes ensinou qual era a verdade e depois do ato de fé pelo qual afirmaram que essas coisas eram verdadeiras.

Temos portanto, no batismo, um ciclo que começa pelo ensino, que continua com o ato de fé, que prossegue com a livre escolha e o conhecimento e que termina com a iluminação. Vocês estão vendo portanto que o batismo todo é um certo ciclo de verdade, que, através desse ato ritual pelo qual a salvação dos indivíduos deve ser assegurada, há, por um lado, purificação e remissão dos pecados anteriores, mas há também outra coisa, todo um caminho de verdade cujas diferentes etapas são perfeitamente especificadas e diferentes umas das outras: ensino, fé, escolha, saber, iluminação. E testemunhos de que o batismo tem de fato essa função de procedimento de verdade, de inserção dos indivíduos no caminho da verdade e na iluminação da verdade, podemos encontrar não apenas nos textos de Justino, mas também em textos contemporâneos, em textos posteriores também. Por exemplo, um pouco mais tarde, Clemente de Alexandria dirá que o batismo é τὸ τῆς ἀληθείας σφραγίς, é o selo da verdade[26].

Deixemos por ora as coisas nesse pé. Eu queria simplesmente esboçar para vocês uma espécie de panorama meio apressado do que foi dito pelos principais textos da patrística no que diz respeito ao batismo, e agora chegamos ao que vai constituir a grande mutação, a meu ver, da con-

---

* Conjectura: mudança de lado da fita cassete.

cepção do batismo e das relações entre purificação e verdade. É em Tertuliano, claro, que a encontramos.

Tertuliano[27] que, na virada do século II para o século III, traz uma elaboração considerável desses três temas que podemos identificar em Justino, ou seja, o tema do selo, o tema do renascimento e o tema da iluminação. Creio que a elaboração desses três temas se faz, em Tertuliano, por toda uma série de razões sobre as quais procuraremos voltar mais tarde, mas digamos que ela se faz essencialmente – situando-nos simplesmente do ponto de vista da teoria do batismo – em torno da concepção do pecado original, pois foi Tertuliano que teve essa ideia maravilhosa de inventar o pecado original, [o qual] não existia antes dele[28]. Tertuliano foi quem substituiu a ideia, que era clara na *Didakhé* mas que também encontramos no pseudo-Barnabé[29], a ideia dos dois caminhos (o que seguimos quando não pertencemos a Deus e o que seguimos quando nos consagramos a ele), pela ideia de que nenhum homem nasce sem crime, *nullus homo sine crimine*[30]. Todo homem é, por direito de nascimento, um pecador. O homem não é alguém que tem de escolher entre dois caminhos, e que escolhe o mau caminho se não conhece Deus e não lhe pertence, e o bom caminho se conhece Deus e lhe pertence. O homem, de qualquer modo, nasceu pecador. O homem não é simplesmente alguém que se perde no caminho da morte antes de encontrar o bom caminho da vida. É alguém que, desde o seu nascimento, pecou.

Nódoa original. A meu ver, nunca houve mais que três grandes matrizes do pensamento moral no Ocidente (não conheço as outras civilizações, logo não falarei delas): vocês viram a matriz dos dois caminhos, a matriz da queda e a matriz da nódoa. Isso quer dizer que só se pensa a moral, ou na forma de uma opção entre dois caminhos, o bom e o mau, ou como o caminho necessário quando, a partir de um estado de queda anterior, originário e fundamental, a tarefa do indivíduo e da humanidade é de remontar desse estado ao estado originário, perdido e esquecido. E, enfim, vocês têm a moral em forma de problemática da nódoa: houve uma falta, houve um mal, houve uma nódoa, houve uma mancha, e o problema da moral, do comportamento moral, da conduta moral é o de saber como vai se poder apagar essa nódoa. Os dois caminhos, a queda, a nódoa me parecem ser os três modelos da moral e as três únicas grandes possibilidades [segundo] as quais a moral pôde se definir e se desenvolver como arte da conduta dos indivíduos: ou estabelecer para eles o bom caminho, ou lhes dizer como remontar da queda ao estado originário, ou lhes dizer como apagar a mancha e a nódoa. A força do cristianismo, creio eu, e uma das razões pelas quais ele foi o que foi e teve a ascendência que sabemos, é que ele foi capaz, em particular graças a obras como a de Tertuliano, de combinar os três modelos, o velho modelo dos dois caminhos que vocês encontram na *Didakhé*, o modelo da queda, que se encontra, claro, na Bíblia, e o modelo da nódoa que foi, creio eu, muito singularmente elaborado por Tertuliano. E o cristianismo, como moral, funcionou de acordo com o sistema de apoios que havia entre esses três modelos fundamentais: dos dois caminhos, da queda e da nódoa. Creio que os outros grandes sistemas éticos que o Ocidente produziu se encaixariam numa mesma análise – enfim, quero dizer que poderíamos encontrar em ação os mesmos três modelos. Afinal de contas, o marxismo é a mesma coisa. Vocês têm o modelo da queda, da alienação e da desalienação. Vocês têm o modelo dos dois caminhos: é Mao Tsé-Tung. E vocês têm, é claro, o problema da nódoa dos que são originalmente maculados e que é preciso purificar: é o stalinismo. Marx, Mao, Stálin, vocês têm os três modelos, dos dois caminhos, da queda e da nódoa.

Voltemos então a Tertuliano e digamos que Tertuliano é aquele que elaborou muito especificamente o problema, a forma da nódoa e da herança da nódoa, com evidentemente uma série de consequências fundamentais no que diz respeito ao batismo e aos efeitos específicos que se devem esperar do batismo*. Falei um pouco de Tertuliano agora e [continuarei] da próxima vez.

*

NOTAS

1. Cf. Spinoza, carta LXXVI a Burgh, "*est enim verum index sui, et falsi*" ("o verdadeiro é em si sua marca, e é também a do falso", trad. C. Appuhn, in *Oeuvres*, Paris, Garnier-Flammarion, t. 4, 1966, p. 343). Cf. também a *Ética*, II escólio da Prop. XLIII: "*sicut lux seipsam, et tenebras manifestat, sic veritas norma sui, et falsi*" ("assim como a luz se dá a conhecer por si mesma, e dá a conhecer as trevas, a verdade é norma de si mesma e do falso", trad. C. Appuhn, Paris, Garnier, t. I, 1953, p. 209).

2. Descartes, *Discours de la méthode* (1637), 4ª parte, in *Oeuvres philosophiques*, ed. F. Alquié, Paris, Garnier, t. I, 1963, p. 604 ([ed. Adam et Tannery]/AT, VI, 33). Cf. também *Les principes de philosophie*, 1ª parte, "Des príncipes de la connaissance humaine", I, 7, *ibid.*, t. III, 1973, p. 95 (AT, IX, II, 28).

3. *Méditations métaphysiques*, I, *ibid.*, t. II, 1967, p. 412: "[...] um certo gênio maligno" (texto latino p. 181: "*genium aliquem malignum*") (AT, IX, 18); cf. também II, pp. 417-8 ("[...] suponho existe alguém que é extremamente poderoso e, se ouso dizer, malicioso e astuto, que emprega todas as suas forças e toda a sua indústria a me enganar") (AT, IX, 20).

4. Cf. a leitura que Foucault já propõe dessa passagem em *Folie et Déraison. Histoire de la folie à l'âge classique*, Paris, Plon, 1961, reed. Paris, Gallimard ("Bibliothèque des Histoires"), 1972, pp. 55-8 e p. 199, e em "Mon corps, ce papier, ce feu", em resposta a J. Derrida

* Foucault hesita quanto a prosseguir e decide, finalmente, que "podemos ficar por aqui".

(*L'Écriture et la Différence*, Paris, Seuil, col. "Tel Quel", 1967, pp. 51-97), *ibid.*, anexo II, pp. 583-603 (ver também "Mon corps, ce papier, ce feu", *DE*, II, nº 102, ed. 1994, pp. 245-68/"Quarto", vol. I, pp. 1113-36, e a primeira versão desse texto, "Réponse à Derrida", publicada na revista japonesa *Paideia* em 1972, nº 104, pp. 281-295). No entanto, sobre a diferença de perspectiva entre sua análise de 1961 e sua resposta a Derrida, cf. a carta de Foucault a J.-M. Beyssade de novembro de 1972, in *[Cahier de] L'Herne*, nº 95: *Michel Foucault*, 2011, pp. 92-4.

5. Cf. "La vérité et les formes juridiques" (3ª conferência), *loc. cit.* (*DE*, II), pp. 587/1455, onde Foucault relaciona o saber alquímico ao modelo da prova e explica seu desaparecimento pela emergência de um "novo saber [que] tomou como modelo a matriz da pesquisa".

6. Sobre esse projeto de uma história da vontade de saber, cf. a aula inaugural no Collège de France de dezembro de 1970, *L'Ordre du discours*, Paris, Gallimard, 1971, pp. 16-23, e o curso de 1970-1971, *Leçons sur la volonté de savoir, op. cit.*, p. 217: "O curso deste ano inicia uma série de análises que, fragmento por fragmento, procuram constituir pouco a pouco uma 'morfologia da vontade de saber'. Ora esse tema da vontade de saber será investido em determinadas pesquisas históricas; ora será tratado por si e em suas implicações teóricas" (Resumo do curso; cf. também *DE*, II, nº 101, ed. 1994, p. 240/"Quarto", vol. I, p. 1108).

7. Sobre essa expressão, cf. por exemplo Basílio de Cesareia, *Regulae fusius tractatae*, PG 31, col. 889-1052, Interrogatio XXI: "Quod omnia etiam cordis arcana (τὰ κρυπτὰ τῆς καρδίας) sint praeposito detegenda" (*Les Grandes Règles*, Quaestio 26: "Que é preciso revelar tudo ao superior, até os arcanos do coração"; cf. *Règles monastiques de saint Basile*, Éd. de l'abbaye de Maredsous, 1969); Cassiano, *Institutions cénobitiques*, 12, 6, ed. crítica, trad. e notas de J.-C. Guy, Paris, Cerf, SC nº 109, 1965, p. 459; *Conférences*, 19, 12, ed. crítica, trad. e notas de Dom E. Pichery, Paris, Cerf, SC nº 54, 1955-1959; 2ª ed., t. I, nº 42, 1966; t. II, nº 54, 1967; t. III, nº 64, 1971; cf. t. III, p. 50: "[...] o próprio solitário pode reconhecer por indícios seguros se a raiz deste ou daquele vício existe no fundo da sua alma. Contanto que, todavia, não ostente sua pureza, mas se aplique a oferecê-la inviolada aos olhares Daquele a quem não seriam capazes de escapar os segredos mais íntimos do coração (*cordis arcana*)."

8. *La Doctrine des douze apôtres (Didachè)*[Διδαχὴ κυρίου διὰ τῶν δώδεκα ἀποστόλων τοῖς ἔθνεσιν], introd., trad. e notas de W. Rordorf e A. Tuilier, Paris, Cerf, SC nº 248 bis, 1978, 2ª ed. aumentada, 1998 [citado *infra*: *Didaché*]. Na sequência do curso, Foucault não utiliza essa edição, mas as de Hemmer (*Les Pères apostoliques*, I-II, trad. H. Hemmer e G. Oger, Paris, A. Picard et Fils, 1907 [citado *infra*: Hemmer]), para o texto grego, e a tradução de R.-F. Refoulé, in *Les Écrits des Pères apostoliques*, Paris, Cerf, 1962 [citado *infra*: *EPA*]. Esse manual catequético, litúrgico e disciplinar, compilação de diversos documentos recolhidos nas comunidades cristãs – cujo texto, encontrado em 1875, foi publicado pela primeira vez em 1883 – remonta à Igreja dos séculos I e II.

9. *Didachè*, 7, 1, p. 171; *EPA*, p. 44; cf. A. Benoit, *Le Baptême Chrétien au second siècle. La théologie des Pères*, Paris, PUF, 1953, p. 5.

10. *Didachè*, 1, 1, p. 142; *EPA*, p. 37: "Há dois caminhos, um da vida, o outro da morte; mas é grande a diferença entre esses dois caminhos." Esse tema, de origem judaica (Hemmer, p. 2, remete a Jr 21, 8, e a Dt 30, 15-19) "faz[ia] parte do material catequético da sinagoga para a instrução dos prosélitos" (A. Benoit, *op. cit.*, p. 22). Sobre a origem judaica dos 6 primeiros capítulos, ver a introdução da ed. Hemmer, p. XXXI.

11. *Didachè*, 1-5, pp. 142-169; *EPA*, pp. 37-44.

12 *Didachè*, 7, 4, p. 173; *EPA*, p. 45.

13. *Didachè*, 7, 1, p. 171; *EPA*, p. 44.

14. Essa simbólica, de que não encontramos vestígio no Novo Testamento, se prende à interpretação do batismo de Cristo por João Batista como um "exorcismo das águas [que] purificou o Jordão e, com ele, todas as águas" (A. Benoit, *Le Baptême Chrétien*, p. 68).

15. A denominação tradicional de Padres apologistas ou Apologetas designa "um grupo de escritores cristãos da segunda metade do segundo século que procuraram defender o cristianismo contra os ataques de que era objeto, de parte dos pagãos, e que tentaram dá-lo a entender

aos homens cultos da sua época" (A. Benoit, *Le Baptême Chrétien*, p. 138 n. 1). Justino é, no entanto, o único deles a falar do batismo.

16. Justino, *Apologia prima pro christianis*, I, 61, PG 6, col. 419-422; *Première Apologie de saint Justin*, trad. L. Pautigny ("Textes et documents pour l'étude historique du christianisme"), Paris, A. Picard et Fils, 1904. Uma nova tradução apareceu recentemente em "Sources chrétiennes" (*Apologie pour les chrétiens*, trad. C. Munier, SC 507, 2006). A referência a esse texto, posterior aos escritos dos Padres apostólicos citados mais à frente no curso, se justifica aqui, imediatamente depois da *Didaché*, pelo fato de que encontramos nele "a primeira descrição relativamente completa d[o] sacramento [do batismo] na literatura cristã" (A. Benoit, *Le Baptême Chrétien*, p. 143).

17. Justino, *Apologia*, PG, col. 420 B; trad. Pautigny: 61, 2, p. 127. Foucault dá aqui sua tradução do texto.

18. Sobre a definição do batismo como selo (σφραγίς), cf. G. Bareille, "Baptême (d'après les Pères grecs et latins)", *Dictionnaire de théologie catholique/DTC*, II, 1905, col. 179-180, que evoca diversos usos da metáfora (o batismo, selo de Cristo, que representa a aliança de Deus com a alma regenerada, selo da fé, selo da regeneração que nos agrega ao rebanho de Cristo). Cf. também F.J. Dölger, *Sphragis. Eine altchristliche Taufbezeichnung in ihren Beziehung zur profan und religiösen Kultur des Altertums*, Paderborn, F. Schöningh, "Studien zur Geschichte und Kultur des Altertums" Bd. 5, Heft 3/4, 1911 (bom resumo de suas análises in A. Benoit, *Le Baptême chrétien*, pp. 98-103) e A.-G. Hamman, "La signification de σφραγίς no *Pastor* de Hermas", *Studia Patristica*, vol. IV, 1961, A. Benoit, *op. cit.*, p. 97, é "Na segunda epístola de Clemente [que] a equivalência batismo = σφραγίς aparece pela primeira vez de maneira indubitável": ver VII, 6, VIII, 6 e VI, 9. A palavra, como designação do batismo, se encontra em Tertuliano (*De paenitentia*, 6), Clemente de Alexandria (*Quis dives salvetur*, 42, 1) e Hermas (*Similitude*, XVI, 2-7 e XVII, 4). Comparando as doutrinas batismais de Hermas e de Justino, Benoit salienta notadamente essa diferença: "Justino não fala da 'sfragis', [...] mas utiliza o termo 'photismos' para designar o batismo, termo que não se encontra em Hermas" (p. 184). Sobre essa última noção, cf. o texto de Justino (p. 96). A tríplice caracterização do batismo como regeneração (παλιγγενεσία), selo (σφραγίς) e iluminação (φωτισμός) é exposta por F.J. Dölger, *Der Exorzismus im altchristlichen Taufritual. Eine religionsgeschichtliche Studie*, Paederborn, F. Schöningh, "Studien zur Geschichte und Kultur des Altertums", Bd. III, Heft 2/3, 1909, pp. 3-4 (sobre a utilização desse texto por Foucault, cf. P. Chevallier, "Foucault et les sources patristiques", *L'Herne*, nº 95 (citado): *Michel Foucault*, 2011, p. 139).

19. Justino, *Apologia*, PG, col. 420C; trad. Pautigny: 61, 3, p. 129: "[...] eles são levados por nós ao lugar em que está a água, e aí, da mesma maneira que fomos nós mesmos regenerados (ἀνεγεννήθημεν), eles são regenerados (ἀναγεννῶνται) por sua vez" (literalmente: "eles são regenerados (ἀναγεννήσεως) pela mesma maneira de regeneração (ἀναγέννησως) como fomos regenerados"). Cf. também 66, 1, p. 141: "[...] não pode participar [da eucaristia] quem [...] não recebeu o banho para a remissão dos pecados e a regeneração (ἀναγέννησιν)." A segunda palavra (παλιγγενεσία), no entanto, não está no texto. Como precisa P. Chevallier, "Foucault et les sources patristiques", art. citado, p. 138, "só aparece em Justino um fragmento disponível no fim da edição das suas obras pelo abade Migne, em sua grande patrologia do século XIX". Cf. F.J. Dölger, *Der Exorzismus*, *op. cit.*, p. 3, que remete à expressão da *Epístola a Tito*, 3, 5: λουτρὸν παλιγγενεσίας. A palavra também é empregada, relativamente ao "segundo batismo" da penitência pós-batismal, por Clemente de Alexandria no *Quis dives salvetur*, 42, PG 9, col. 650 D, e por Orígenes, a propósito da regeneração pela água (cf. J. Daniélou, *Origène*, *op. cit.*, p. 72).

20. Justino, *Apologia*, PG, col. 421 A; trad. Pautigny: 61, 10, p. 129: "Em nossa primeira geração nascemos ignorantes e segundo a lei da necessidade (ἀγγοοῦντες κατ' ἀνάγκην.)"

21. *Ibid.*; trad. Pautigny: *ibid.*: "[...] de um sêmen úmido, na união mútua de nossos pais".

22. *Ibid.*; trad. Pautigny: *ibid.*: "[...] e vimos ao mundo com maus costumes e inclinações perversas".

23. *Ibid.*; trad. Pautigny: 61, 10, pp. 130-1: "Para que não permanecêssemos assim filhos da necessidade e da ignorância, mas da eleição e da ciência (ἀλλὰ προαιρέσεως καί ἐπιστημής)."

24. Sobre esse conceito, introduzido por Aristóteles na língua filosófica (cf. *Ética a Nicômaco*, I, 1, 1094ᵃ; III, 4, 1111b-1112ᵃ: "escolha deliberada, preferencial", Tricot), a que Epicteto atribui um papel central em seu pensamento, cf. desse último, *Discursos*, I, 17, 21-27; II, 10, 1-3 *et passim*. "Para Epicteto, a disposição que torna a natureza apta ao ato moral é a *proiaresis*, que nos ajuda a limitar nossos desejos e nossas ações às coisas que estão em nosso poder; é ela que controla as opiniões (*dogmata*) e decide das nossas representações (*phantasiai*)" (C. Munier, introd. a Tertuliano, *La Pénitence*, ed. 1984 [cf. *infra*, p. 132, nota quart, p. 37, que remete a M. Spanneut, *Permanence du stoïcisme. De Zénon à Malraux*, Gemblous, Duculot, 1973, pp. 74-88). Cf. também a obra antiga mas sempre notável (citada por Foucault em *Le Souci de soi*, *op. cit.*, p. 270). De A. Bonhöffer, *Epiktet und die Stoa*, Stuttgart, F. Enke, 1890, reed. Stuttgart, F. Frommann, 1968, pp. 259-261, e A.-J. Voelke, *L'idée de volonté dans le stoïcisme*, Paris, PUF, 1973, pp. 142-60 (a "*prohaíresis*" como escolha, como pessoa moral, como elemento divino, segundo Epicteto) .

25. Justino, *Apologia*, PG, col. 421 B; trad. Pautigny: 61, 12, p. 131: "Essa ablução se chama iluminação (φωτισμός), porque os que recebem essa doutrina têm o espírito iluminado (φοτιζομένων)." Sobre o significado dessa palavra em Justino, cf. A. Benoit, *Le Baptême Chrétien*, pp. 165-8.

26. A expressão, na verdade, talvez não seja de Clemente de Alexandria. Ela se encontra nos *Extratos de Teódoto*, publicados em seu nome, *Extraits de Théodote*, trad. F. Sagnard, Paris, Cerf, SC nº 23, 1948, 2ª ed. 1970, § 86, p. 211: "Até os animais sem razão mostram, pelo selo que trazem, a quem cada um deles pertence. [...] Do mesmo modo, a alma fiel que recebeu o selo da Verdade (τὸ τῆς ἀληθείας σφράγισμα) 'traz nela as marcas de Cristo' (Gl 6, 17)." Teódoto pertencia ao grupo gnóstico dos valentinianos, a quem, para criticá-los, Tertuliano, depois de Irineu (*Adversus Haereses*), consagrou um tratado especial (*Contre les Valentiniens*, trad., comentário e índice de J.-C. Fredouille, Paris, Cerf, SC nº 280-281, 1980). Mas, como precisa A. Benoit, "é difícil determinar, nos *Extratos de Teódoto*, a parte de Clemente de Alexandria, que os recolheu, e o que é o pensamento próprio de Teódoto", acrescentando que, segundo o editor do texto, "esse trecho parece provir de Clemente" (*Le Baptême chrétien*, p. 74). F. Sagnard, na nota p. 210 dos *Extraits de Théodote*, de fato qualifica o extrato 86 de "belíssima passagem, digna de Clemente de Alexandria"; ver o apêndice F da sua edição, pp. 229-39, "Le baptême au deuxième siècle et son interprétation valentinienne " (sobre a imagem do "selo": pp. 235-9).

27. Nascido em Cartago numa família pagã, Tertuliano (~160-225?) se converteu por volta de 195 ("um se torna, não nasce cristão", escreve em sua *Apologética*), depois de ter iniciado em Roma uma carreira de jurista. Liga-se ao montanismo por volta de 205 (cf. *infra*, aula de 5 de março, p. 200, nota 29). Pela abundância dos seus escritos, o vigor do seu estilo e a originalidade do seu pensamento, é considerado o primeiro teólogo latino. A primeira referência a esse autor, de parte de Foucault (que não o cita nas aulas do curso de 1978 sobre o pastorado cristão), se encontra na entrevista "Le jeu de Michel Foucault" (1977), *DE*, III, nº 206, ed. 1994, p. 313/"Quarto", vol. II, p. 313, a propósito da problemática da carne: "O sujeito fundamental é Tertuliano. [...] Tertuliano reuniu, dentro de um discurso teórico coerente, duas coisas fundamentais: o essencial dos imperativos cristãos – a *didakhé* – e os princípios a partir dos quais era possível escapar do dualismo dos gnósticos."

28. Sobre a doutrina do pecado original de acordo com Tertuliano, cf. A. Gaudel, "Peché originel", *DTC*, II, 1933, col. 363-365. "Em seu conjunto, suas afirmações esboçam uma teologia do pecado original que será desenvolvida mais tarde por santo Agostinho" (col. 365); R.-F. Refoulé, introd. a Tertuliano, *Traité du baptême*, reed. 2002 [cf. *infra*, p. 125, nota 5], p. 13: "Tertuliano é o primeiro a ensinar a doutrina do pecado original, embora ainda não perceba todas as suas consequências. '*Nulla anima sin crimine, quia nulla sine boni semine*' [*De anima*, 41, 3], dirá ele numa dessas fórmulas oratórias que caracterizam seu estilo." Cf. também C.

Munier, comentário do *De paenitentia*, que remete, p. 15 n. 12, a A. d'Alès, *La Théologie de Tertullien*, Paris, G. Beauchesne, 1905, pp. 120-7 e 264-8; cf. p. 197 (a propósito de II, 3, p. 147): "Em An. [*De anima*], 39-40, ele distingue nitidamente o pecado causado pelo demônio na vida de cada indivíduo e o estado de corrupção, que procede do pecado original, *pristina corruptio*, e é levantado pelo batismo. O pecado de Adão não constitui apenas uma prioridade cronológica e um exemplo pernicioso; toda a sua descendência é infectada em suas raízes profundas; por herança ela traz e transmite (*tradux*) uma propensão ao mal; ela é, no sentido forte, uma raça pecadora, de geração em geração (*semen delicti*)."

29. *Epître de Barnabé*, introd., trad. e notas de P. Prigent e R.A. Kraft, Paris, Cerf, SC nº 172, 1971 (sobre a designação do autor pelo nome de Pseudo-Barnabé, ver a introdução, p. 27); a doutrina dos Dois Caminhos (o Caminho da lá e o Caminho das trevas), cuja fonte seria um manual de moral de origem judaica, é exposta nos capítulos conclusivos 18-20, pp. 195-219. Sobre as relações entre a *Epístola de Barnabé* e a *Didakhé*, a propósito do ensino dos Dois Caminhos, cf. a introdução da primeira obra, pp. 12-20, e da segunda, pp. 22-34; cf. também A. Benoit, *Le Baptême chrétien*, p. 3. Foucault, no entanto, não utiliza a edição das "Sources chrétiennes". Cf. *infra*, aula de 27 de fevereiro, p. 174, nota 14.

30. Cf. *supra*, nota 28.

AULA DE 13 DE FEVEREIRO DE 1980

Tertuliano (continuação): a relação entre purificação da alma e acesso à verdade na preparação e no ato do batismo. Recapitulação do marco geral dessa análise: as relações entre ato de verdade e ascese. Novidade da doutrina de Tertuliano. – O problema da preparação para o batismo. Argumentação de Tertuliano contra os gnósticos e a atitude de certos postulantes ao batismo. Sua doutrina do pecado original: não só perversão da natureza, mas introdução do outro (Satanás) em nós. O tempo do batismo, tempo de luta e de combate contra o adversário. O medo, modalidade essencial da relação do sujeito consigo mesmo; importância desse tema na história do cristianismo e da subjetividade. – Consequência prática: a "disciplina da penitência". Novo sentido da palavra penitência em Tertuliano. Difração da metanoia. A penitência estendida à vida inteira. A penitência como manifestação da verdade do pecador perante Deus. Dissociação entre o polo da fé e o polo do reconhecimento das faltas.

Hoje, gostaria de explicar um pouco a maneira como Tertuliano define, no batismo, na preparação e no ato do batismo, a relação entre purificação e acesso à verdade. Para os que possam se espantar com que nos interessemos por isso e com que nos ocupemos neste nível de detalhe relativamente pouco importante para o que, afinal, nos concerne todos os dias, gostaria de dizer que, de qualquer modo, trata-se nesses esboços em torno desses problemas de traçar um pontilhado, de desenhar alguns lineamentos – mais uma vez, volto ao que dizia ao iniciar – para uma história da verdade, uma história da verdade que não seria feita do ponto de vista das relações de objetividade, ou das estruturas de objetividade, ou das estruturas de intencionalidade. Tratar-se-ia de esboçar uma história da verdade que tomaria como ponto de vista os atos de subjetividade, ou ainda, as relações do sujeito consigo mesmo, entendidas não só como relação de conhecimento de si, mas também como exercício de si sobre si, elaboração de si por si, transformação de si por si, isto é, as relações entre a verdade e o que se chama espiritualidade, ou ainda: ato de verdade e ascese, ato de verdade e experiência no sentido pleno e forte do termo, isto é, a experiência como o que, a uma só vez, qualifica o sujeito, o ilumina sobre si e sobre o mundo e, ao mesmo tempo, o transforma.

Bom, retomemos o problema de Tertuliano e das relações entre purificação e acesso à verdade em sua obra. Creio que a relação que Tertuliano estabelece, a propósito do batismo, entre purificação e acesso à verdade é bem diferente da que era estabelecida pelos que podemos chamar de seus predecessores, isto é, os Padres apostólicos ou os apologistas do século II. Na virada do século II para o século III, Tertuliano, a meu ver, introduziu nessa economia das relações entre purificação e verdade certo número de mudanças. Essas mudanças podem ser resumidas em duas palavras, para abordar rapidamente com um pouco de antecedência o que vou lhes dizer, [para] que as coisas fiquem bem claras. Parece-me que, a partir de Tertuliano ou, em todo caso, através dos textos de Tertuliano, podemos ver um fenômeno de que teremos outros ecos e respostas em sua época mesma, em outros autores. Em todo caso, nele, e sem dúvida nos outros, podemos encontrar as seguintes mudanças. Por um lado, a alma, no batismo – preparação para o batismo, ato de batismo – não aparece somente num processo que vai pouco a pouco qualificá-la como sujeito de saber ou sujeito de conhecimento. Na preparação do batismo e no ritual do batismo, a alma vai ser situada num processo que a constitui sempre como sujeito de saber ou sujeito de conhecimento, é claro, mas também e de certo modo como objeto de conhecimento. E [por outro lado], me parece que a relação entre purificação e acesso à verdade, em Tertuliano e em certo número de seus contemporâneos, não assume mais, não assume exclusivamente, não assume nem mesmo de modo dominante a forma do ensino, mas assume a forma, a estrutura do que poderíamos chamar de prova, e é isso que gostaria de procurar esclarecer um pouco agora.

Bom, a relação entre verdade e purificação como constituição de uma relação de conhecimento em que a alma é objeto e, além disso, constituição, estruturação de uma relação, não tanto de ensino mas de prova.

Tomemos primeiro o problema da preparação para o batismo*. O que acontece durante esse tempo de preparação que deve levar ao próprio batismo e em que deve consistir? Vocês se lembram – é o que dizíamos da última vez –, os textos do período dos Padres apostólicos e dos apologistas definem o tempo de preparação para o batismo como sendo essencialmente um tempo de ensino. O que quer dizer um tempo de ensino? Quer

---

* Foucault acrescenta: isto é, desse tempo de iniciação durante o qual o postulante, aquele que no século II ainda não se chamava de catecúmeno, mas que na época de Tertuliano já se começa a se chamar... *[frase inacabada]*

dizer que se quer fazer do postulante ao batismo um sujeito de conhecimento. É preciso transformá-lo em sujeito de conhecimento, isto é: primeiro, ensinam-lhe verdades, que são as verdades da doutrina, e as regras da vida cristã, e levam-no, assim, de ensino em ensino até uma crença, crença essa que deve se manifestar e se afirmar num certo ato de verdade que é a profissão de fé, profissão de fé essa que é um dos aspectos fundamentais do batismo. Esse batismo, pelo rito em que consiste, invoca o Espírito Santo que, baixando na alma, lhe traz uma luz, uma iluminação, que lhe proporciona, enfim, um acesso à verdade, a qual não é simplesmente um conteúdo de conhecimento, uma série de dogmas em que se deve crer ou objetos a conhecer, [mas] é ao mesmo tempo, para quem conhece, sua própria vida que se torna agora vida eterna, como é eterna a verdade que ele conhece. Uma vida de luz, uma vida sem sombra, sem mancha, sem morte, é isso que produz o batismo, e vocês veem assim que, do ensino à participação na vida eterna, a preparação do batismo é no fundo um longo caminho de iniciação no qual o postulante é pouco a pouco qualificado como sujeito de conhecimento, em níveis cada vez mais elevados, até ser, de certo modo, ele mesmo a verdade. Ele se tornou a verdade. Portanto, uma enorme estrutura de ensino que é assim desenvolvida ao longo de toda essa preparação para o batismo.

Parece-me que em Tertuliano podemos constatar, em relação a esse privilégio absoluto do ensino – voltarei a isso daqui a pouco, mas esse privilégio do ensino encontramos no estado puro, no estado mais luminoso, por assim dizer, em Clemente de Alexandria, com a grande disposição de todo o seu pensamento em torno de temas e na forma do ensino, com o *Protréptico*[1], o *Pedagogo*[2] e os *Stromates*[3], que representam o nível dito da didascália ou do ensino superior, precisamente para os que alcançam a vida de pureza e de perfeição –; em oposição a essa estrutura de ensino que parece ter dominado no século II e que ainda domina em certos autores do fim [desse] século, como Clemente de Alexandria, com Tertuliano temos um deslocamento de ênfase considerável. Deslocamento de ênfase que podemos simbolizar, identificar com um texto, uma frase que se encontra em *De paenitentia*, no capítulo 6, onde Tertuliano, falando do batismo, diz o seguinte: "Não somos mergulhados na água do batismo para sermos purificados, somos mergulhados na água do batismo porque somos purificados."[4] É evidente que temos aí, com respeito a todo o equilíbrio teórico e prático do que vimos sobre o batismo, seu significado, seus efeitos, uma mudança que é considerável e que podemos decompor da seguinte maneira. Se, de fato, dizemos agora que somos mergulhados na água do batismo *porque* fomos purificados, o que isso quer dizer? Em primeiro lugar, claro, um deslocamento cronológico sensível, patente, manifesto, que faz que a purificação vá passar – ou em todo caso parece ter de passar – do próprio ato do batismo a procedimentos que o precedem e a todo o tempo de preparação, anterior ao batismo. Logo, um deslocamento cronológico. Em segundo lugar, outro deslocamento – mais uma vez, eu me [situo]* no nível das aparências; é preciso analisar tudo isso, mas parece que a carga da purificação se desloca também, pois se tratava, nos textos anteriores, de fazer do rito do batismo o fator da purificação e, por conseguinte, fazer de Deus aquele que, no rito, assegura a purificação. Ora, eis que agora nós mesmos é que devemos chegar diante de Deus, que devemos chegar ao batismo já purificados, como se nós mesmos é que devêssemos nos purificar. Logo, deslocamento não apenas cronológico, mas deslocamento de Deus ao homem como operador da purificação. Enfim, em terceiro lugar, parece que, com essa ideia, a preparação para o batismo não [deve] ser simplesmente a iniciação a uma verdade e a constituição do postulante em sujeito de conhecimento, mas que, muito mais, ou, em todo caso, paralelamente ao jogo da verdade nessa iniciação, [deve] haver um jogo que é o do puro e do impuro, um jogo da moral. E há portanto um deslocamento, digamos, da verdade à moral ou ainda uma intervenção da ordem entre verdade e purificação nesse pensamento de Tertuliano, já que, no sistema precedente, era a iniciação à verdade, era a constituição progressiva do sujeito de conhecimento que asseguravam a purificação. Mas eis que agora pede-se que a purificação seja feita antes do momento em que deve se produzir a iluminação no batismo. Por conseguinte, intervenção da relação entre verdade e purificação. A purificação, me parece, é que deve conduzir à verdade.

Essas intervenções são o que aparece através desse texto, e é preciso evidentemente olhá-lo um pouco mais de perto para saber o que ele diz efetivamente quando diz que devemos chegar ao batismo já purificados e que é por estarmos purificados que somos mergulhados na água do batismo.

Então, primeira observação. Não se trata evidentemente, para Tertuliano, de negar a eficácia intrínseca do rito nem a realidade do ato que nele se desenrola nem o princípio de que é sim a água do batismo que efetivamente nos purifica, isto é, nos torna substancialmente, ontologicamente puros. O tratado que Tertuliano consagra ao batismo propriamente, o *De baptismo*, que data exatamente da virada do século II para o século III[5], é dirigido justamente contra um certo número de movimentos que eram, todos, mais ou menos de inspiração dualista ou gnóstica e rejeitavam a eficácia do rito do batismo. Esses diferentes movimentos rejeitavam o rito e a eficácia do batismo por um certo número de razões.

* M. F.: coloco

Para indicar apenas duas direi o seguinte: primeiro – voltaremos depois a esse ponto porque é muito importante –, para os gnósticos[6] ou, de um modo geral, para todos os movimentos de inspiração gnóstica, a alma não precisa ser purificada em si mesma, de certo modo ela não necessita ver sua própria substância ou sua própria natureza aliviada, descarregada da nódoa que seria a falta, porque a alma (em todo caso a alma de quem deve ser eleito), para o gnóstico, não é em si mesma enodoada, ela é prisioneira, no interior de um mundo que é o da matéria e do mal. Por causa disso não haveria sentido em querer purificá-la, é preciso libertá-la. Ela tem de voltar para a sua pátria, tem de reencontrar sua memória, tem de voltar para de onde veio, tem de reencontrar seu parentesco com Deus, mas não tem de se purificar a si mesma. Ela tem razão portanto de rejeitar o rito do batismo. A outra razão é que o rito do batismo em si tem algo de escandaloso para um gnóstico ou para alguém de inspiração gnóstica, pois o batismo, utilizando uma coisa como a água, isto é, uma substância material, pretenderia querer purificar algo que é pura espiritualidade, que é da mesma natureza de Deus, com algo que é a matéria, a matéria que é precisamente o mal e a impureza. Como o impuro poderia purificar o puro? Absurdo! Era essa a posição de certo grupo de inspiração gnóstica que existia em Cartago (que assolava Cartago, como dizem os historiadores cristãos) na época de Tertuliano – eram nicolaítas[7], em particular uma mulher que era a líder da seita dos nicolaítas[8] – e que dizia: como um pouco d'água poderia lavar a morte?[9]

A essa crítica da eficácia do rito batismal, Tertuliano responde – e aí vemos muito bem que, para ele, o rito batismal tem sim um efeito de purificação – fazendo inicialmente uma recapitulação de todos os valores espirituais da água, tais como podemos encontrar na Escritura. Ao longo de seus textos, a Escritura não para de fazer valer a eficácia espiritual da água ou, em todo caso, o valor espiritual da água, não como matéria que faria parte do mal, por ser matéria, mas matéria que, no seio da própria matéria, sempre teve certo privilégio. Primeiro, antes mesmo da criação do mundo, em que repousava o espírito de Deus? Em que tronava o espírito de Deus? Sobre o que flutuava? Pois bem, na e sobre a água[10]. A água é o assento de Deus e, por conseguinte, a marca da sua soberania. Segundo, quando Deus criou o homem, ele o modelou. Ele o modelou com suas mãos, pegando terra, pegando argila mas, diz Tertuliano, como poderia ter modelado o ser humano, o corpo do homem em sua complexidade e perfeição, se só tivesse argila, terra, e não tivesse água? A água é o que permitiu modelar o homem, fazer da matéria um homem[11], um homem que é precisamente à imagem e semelhança de Deus, como diz o texto[12]. Portanto, a semelhança e a imagem de Deus, efeito da modelagem do homem por Deus, são ligadas à existência da água. É através da água que uma coisa como a semelhança pôde passar de Deus ao homem. Terceiro, a água é que, no dilúvio, felizmente purificou a face da terra de todos os pecadores[13]. A água é que, na forma do mar Vermelho, separou o povo hebreu de seus inimigos que o perseguiam e, por conseguinte, o libertou[14]. A água é que foi um alimento espiritual no deserto, quando Moisés a fez surgir do rochedo[15]. A água, enfim, é que é o princípio de cura no tanque de Betesda[16]*. Logo, trono da soberania divina, elemento da imagem de Deus, purificação do Dilúvio, libertação com o mar Vermelho, alimentação espiritual, cura: vocês estão vendo que a água não parou de ser, de acordo com Tertuliano, através de toda a Escritura, a forma através da qual Deus se relaciona com o mundo, com a matéria, com a criatura.

Logo, o batismo em sua materialidade, o batismo como rito, apenas se inscreve nessa longa série de relações entre Deus e o homem, Deus e sua criatura, Deus e o mundo. Ele é uma das formas da ação de Deus sobre suas criaturas. O batismo tem a naturalidade que lhe é garantida pela Escritura, quer dizer, em todo caso a idade. Donde o princípio que o *De baptismo* formula, a propósito do batismo: "Feliz sacramento o da água cristã que, lavando as nódoas de nossas trevas passadas, nos pare para a liberdade das nossas vidas eternas."[17] Portanto, Tertuliano, apesar da frase que eu lhes citava há pouco, mantém o princípio do rito do batismo e da sua eficácia purificadora. Mas as coisas começam a mudar quando Tertuliano se interroga sobre [as] atitudes que certo número de postulantes ao batismo manifestam em consequência da crença que têm na eficácia do batismo. Essas atitudes são atitudes censuráveis, por um certo número de razões, umas morais, outras teológicas.

De fato, certo número de pessoas, em consequência da maneira como interpretam a eficácia do rito batismal se dizem: como o batismo deve, de qualquer modo, purificá-las de todas as faltas cometidas, por que iriam se arrepender de todas as faltas que efetivamente cometeram, por que deveriam ficar consternadas com estas, sentir remorso, por que inclusive deveriam se emendar, já que, quando vierem ao batismo, a eficácia do rito lhes assegurará a purificação total, completa e definitiva? Donde esses postulantes ao batismo, que só se preparam para ele de maneira superficial, ligeira e fútil e que cometem assim um pecado de orgulho e de presunção pedindo a Deus para lhes perdoar do que eles não estão nem sequer arrependidos ou emendados. Estes correm para o batismo, se fazem batizar o mais depressa possível, antes de uma preparação suficiente[18].

---

* O manuscrito acrescenta: "A esse valor espiritual da água, que os pagãos reconhecem [obscuramente][a], o batismo de Cristo acrescenta a ação do Espírito Santo."
    a. Conjectura.

E depois existe a atitude inversa, que consiste em dizer a si mesmo: já que de qualquer modo o batismo vai me libertar de todas as faltas e me purificar, mas que, uma vez purificado dessas faltas, não deverei recair e que, uma vez batizado, todos os pecados que cometi antes me serão definitivamente proibidos[19], mais vale adiar o batismo o máximo possível, pecar até sair pelas orelhas e, então, depois, me batizarei[20]. Atitude* que foi um ponto de debate absolutamente fundamental por séculos e séculos na Igreja, a propósito do batismo, mas principalmente, depois, a propósito da penitência – como voltaremos a ver –, isto é: atrasar cada vez mais o momento a partir do qual, de certo modo, um atravessará o limiar e pertencerá a um mundo de pureza do qual não poderá decair sem ser definitivamente condenado. Na verdade, é todo o estatuto do puro, do eleito, do perfeito que está em questão nesse debate e, no fundo, para que o cristianismo pudesse fazer que se aceitasse um batismo precoce, por um lado, uma penitência igualmente precoce e renovada, [por outro], foi preciso ele abandonar a ideia absolutamente fundamental em todas as religiões de salvação da Antiguidade, que era a ideia da perfeição e da pureza. É preciso que aquele é puro não seja totalmente puro. É preciso que aquele que foi purificado continue um pouco impuro, porque se ele adquiriu efetivamente o estatuto da pureza total, se ele se tornou efetivamente um perfeito, se é realmente um eleito e se tem consciência de si como ser eleito, com isso terá outro estatuto no mundo, na matéria, na criação, em meio aos outros homens, e não poderá mais fazer o que tem vontade de fazer. É esse dimorfismo entre o puro e o impuro, entre o perfeito e aquele que não é perfeito, entre aquele que foi eleito e aquele que não é eleito, que vai ser ao longo de todo o cristianismo um dos pontos ao mesmo tempo mais fundamentais e mais problemáticos do dogma, da organização e da pastoral.

Em todo caso, é com essas duas atitudes que Tertuliano se deparava, e [são elas] que o obrigam, conforme ele mesmo diz, a repensar um pouco o que deve ser a preparação para o batismo[21]. Ora, diz ele, por trás dessas duas atitudes – ter pressa de ser batizado sem ter passado por uma preparação suficiente ou adiar o batismo o mais possível para poder pecar o mais possível com toda tranquilidade – o que existe? Existe evidentemente uma série de erros graves, uns concernentes a Deus, os outros concernentes ao que é o pecado. No que concerne a Deus, o erro aparece logo, erro que também é uma ofensa. De fato, supõe-se nessas duas atitudes que o rito, purificando como quer que seja, purificando automaticamente, purificando de uma maneira absolutamente eficaz, é algo que obriga a

---

* Foucault acrescenta: que foi muito importante

Deus. Ou seja, Deus é obrigado a me purificar pelo rito do batismo, e é porque Deus é assim obrigado que posso ou não me preparar bem para o batismo, ou, ao contrário, adiá-lo o máximo possível. Em outras palavras, por trás dessas duas atitudes está a ideia de que o rito se impõe a Deus como se impõe aos homens, ou antes, que se impõe a Deus de uma maneira bem mais imperativa e bem mais constrangente, bem mais subjugante do que aos próprios homens, já que os homens escolhem o momento do batismo, não se preparam para ele. Mas ele, Deus, uma vez que o homem se submete ao rito, se verá obrigado a perdoar. Transforma-se assim, com essas duas atitudes, diz Tertuliano no *De paenitentia*, a liberalidade de Deus em escravidão[22]. Subjuga-se Deus e subjuga-se Deus à vontade do homem. Primeiro erro, primeira ofensa.

Mas no outro erro ou nos outros erros vou me deter um pouco mais, porque concernem mais diretamente ao nosso tema. Eles concernem ao pecado, à natureza do pecado e ao que somos, nós, na medida em que somos pecadores. De fato – acho que aqui tocamos num ponto importante –, Tertuliano, vocês sabem, foi quem inventou o pecado original ou, em todo caso, quem o elaborou. Ele o elaborou a partir de, ou antes, contra duas ideias, que eram as ideias, de certo modo, familiares tanto ao mundo antigo como ao cristianismo dos dois primeiros séculos. Essas duas concepções são a ideia do pecado como mancha e nódoa, por um lado, e, por outro, a ideia do pecado como queda. Não, claro, que Tertuliano tenha abandonado ambas essas ideias, mas ele as elaborou e deslocou de forma considerável. Primeiro, para Tertuliano, o pecado original não é simplesmente uma mancha, uma nódoa, uma espécie de sombra que tenha vindo se insinuar entre a alma e a luz, estabelecendo assim entre uma e outra uma escuridão que deverá ser dissipada por uma iluminação ou por uma purificação. O pecado original é mais do que isso. O que marca a alma do homem desde o seu nascimento é, evidentemente, que isso se traduz, se manifesta como mancha, nódoa, sombra, esquecimento, ignorância, mas é fundamentalmente uma perversão da natureza e uma perversão da nossa natureza.

Claro, tudo isso se inscreve, para Tertuliano, em toda uma concepção, eu ia dizendo, da herança da falta – enfim, ele compõe uma teoria da transmissão da falta original pelo sêmen[23], partindo da ideia difundidíssima na Antiguidade, que havia sido formulada primeiro por Demócrito, de que o sêmen do indivíduo – o sêmen no sentido estrito do termo, o esperma – outra coisa não é que uma espécie de decocção, ou melhor, de espuma, que emana do corpo inteiro[24] e que vem se exprimir na ejaculação do esperma, de sorte que, no esperma, o homem se duplica inteiramente. Encontramos aí a ideia da ejaculação masculina como simétrica do parto feminino. Do parto feminino sai outro ser, mas não se deve esquecer que, na ejaculação masculina, também se tem uma espécie de desdobramento do ser, e do ser inteiro. Velha ideia que Tertuliano retoma e combina com uma ideia que lhe é particular: a ideia de que há dois sêmens[25], o sêmen da alma e o sêmen do corpo, dois sêmens bem diferentes um do outro, sendo o sêmen do corpo um sêmen material, sendo o da alma igualmente um sêmen, que ele chama de corporal, mas não sendo o corpo da alma o mesmo que o corpo do corpo... E esses dois sêmens são profunda e intimamente mesclados um ao outro, e tudo o que vem manchar um dos sêmens, tudo o que vem enodoar um dos sêmens se relaciona igualmente ao outro, de sorte que são solidários em sua nódoa, em sua mancha ou em sua imperfeição. Desde a falta original, que foi no início uma mancha, os sêmens sucessivos que se propagaram assim através do gênero humano inteiro proporcionaram [portanto] a cada ser que nasce por intermédio desse sêmen uma natureza profundamente pervertida. Não foi simplesmente a mancha que se comunicou, foi a própria natureza que se encontrou corrompida, a tal ponto que Tertuliano diz que, no fundo, temos "uma outra natureza"[26].

Nessa medida, vocês estão vendo que a purificação não pode ser simplesmente um efeito da luz que substituiria a sombra e o esquecimento pela iluminação do conhecimento. É necessária uma espécie de retomada de cabo a rabo da nossa natureza. Coloca-se então o problema de saber [se] o mal é uma outra substância e uma natureza radicalmente outra. Tertuliano é obrigado a manter uma linha mediana entre uma concepção dualista de uma matéria absolutamente ruim, de uma natureza absolutamente má oposta a uma natureza absolutamente boa, e uma concepção de tipo platônica da falta como mancha, nódoa e esquecimento, e se refere então à metáfora, que a meu ver é importantíssima, do crescimento dos seres vivos. No fundo, quando se considera um animal, é claro que o animal, desde o momento do seu nascimento até a sua maturidade, é sempre o mesmo, é sempre a sua natureza. Não obstante, o que ele faz no estado adulto, não podia fazer no estado nascente. É, de certo modo, no interior de uma só e mesma natureza, a passagem de uma natureza a outra, isto é, uma passagem de um ao outro no interior de uma mesma natureza, e, diz ele, quando os animais estão no estado nascente não podem nem ver nem andar. E o que deve ser sua formação? É uma transformação radical que vai dar a eles, que são o que são, todos aqueles poderes que eles não tinham ao nascer: eram cegos, tropeçavam se arrastavam*[27]. É do

---

* O manuscrito (fol. 8) acrescenta esta citação: "Quando nossos ouvidos começam a se abeberar nas palavras divinas", somos "como animais que acabam de nascer: eles tropeçam, se arrastam."

mesmo modo que nós, quando ainda não ouvimos as palavras de Deus, somos cegos, tropeçamos, nos arrastamos. E a preparação para o batismo deve ser semelhante a essa transformação pela qual os animais, à força de exercícios, à força de fracassos, de erros, de ferimentos, vão chegar à idade adulta fazendo o que querem e alcançando sua verdadeira natureza. É portanto essa evolução que a preparação para o batismo deve reconstituir e reproduzir. Devemos ir da infância imperfeita, incapaz de tudo, à maturidade, plena, consumada e capaz de fazer o que deve fazer.

Essa metáfora é interessante, porque opõe, à metáfora que na mesma época Clemente de Alexandria vai desenvolver ao longo da sua obra, a ideia fundamental em sua obra de que o cristão, antes mesmo de ser batizado e antes mesmo de se tornar cristão, deve se considerar filho de Deus. E quanto mais ele for cristão, mais será filho; quanto mais for cristão, mais será pequeno; quanto mais for cristão, mais se verá dependente de uma alimentação, de um alimento que lhe é dado por Deus, que é o Logos, mas que é ao mesmo tempo o leite – ou antes, o leite infantil, o leite de que se nutre a criança é o símbolo por excelência do *Lógos*[28]. E, por conseguinte, o espírito infantil e a volta ao espírito infantil assinalam o aprofundamento da experiência cristã. Vocês têm em Tertuliano exatamente o inverso, ou seja, a ideia de que, quando nascemos no estado de pecadores somos absolutamente crianças e de que o movimento que deve nos levar do estado de pecadores ao estado de cristãos, de bons cristãos ou de cristãos perfeitos [...*] será o movimento que leva da infância à maturidade. Ora, é esse trabalho de maturação, de exercício, de aperfeiçoamento de nós mesmos por nós mesmos que devemos realizar ao longo do tempo de preparação. Temos de nos tornar adultos em Cristo, adultos na cristandade, adultos diante de Deus, no mesmo momento em que Clemente de Alexandria dizia: se vocês quiserem ser cristãos, tornem-se criancinhas diante de Deus ou criancinhas em Cristo.

Isso quanto ao primeiro aspecto do pecado. O segundo aspecto do pecado, que justifica o que deve ser a preparação para o batismo, é o seguinte: é que, no pecado, não só a natureza foi pervertida, não só ela se tornou outra (enfim, ela, ao mesmo tempo, permaneceu igual e se tornou outra), mas o que também caracteriza o pecado é que o outro se introduziu em nós. Quer dizer que no pecado, e a partir da queda original, Satanás assumiu lugar na alma, na alma de todos os homens, estabeleceu seu império dentro da alma dos homens e fez dessas almas e do conjunto dessas almas sua própria igreja. Cada uma das nossas almas é de certo modo uma pequena igreja dentro da qual Satanás reina e exerce seu poder.

---

* Duas ou três palavras ininteligíveis.

Quer dizer, vocês veem assim como Tertuliano se demarca da ideia da queda, no sentido em que ela era entendida na maioria das religiões de salvação e também entre os gnósticos ou os neoplatônicos[29], sendo a queda o fato de que uma alma, por ser o que é, por ter sua sede e seu lugar junto de Deus ou no elemento supraceleste, cai, e cai dentro de uma matéria. O que faz que a queda consista no fato de que a alma, em sua pureza, está situada no interior de um elemento impuro. Enquanto [para] Tertuliano – e aqui também uma mudança importante – [o] pecado e a queda [não consistem no] fato de que se cai no elemento do mal e da matéria, mas de que no interior da alma há um elemento que é o elemento do mal, há uma coisa que é um outro, e esse outro é o diabo. Ora, o papel do batismo é precisamente expulsar de dentro da alma esse elemento hostil, estranho, exterior e outro, que é Satanás. Trata-se, no batismo, por conseguinte, de desapossar Satanás do que constitui seu império e sua igreja, e vocês hão de entender – ponham-se no lugar de Satanás – que ele não suporta isso muito bem e, como diz Tertuliano, "ele redobra seu furor" à medida que o tempo do batismo se aproxima[30].

Aí também vocês têm um deslocamento importante. Enquanto na análise ou na perspectiva que dominava no século II, vocês tinham essa ideia de uma iniciação pelo ensino, que fazia que o indivíduo se aproximasse cada vez mais da verdade e do momento em que será iluminado (e, portanto, podemos imaginar uma espécie de progresso contínuo, sem outra dramaticidade que não a ascensão ao verdadeiro, a ascensão à crença, a ascensão à profissão de fé e, por conseguinte, à iluminação: a espacialidade, digamos assim, da preparação batismal no século II é com toda evidência uma linha ascendente), em compensação, com Tertuliano vocês têm a ideia, que também será capital na história do cristianismo, de que no fundo quanto mais se é cristão, mais se é exposto. Quanto mais se é cristão, mais estragos o diabo causa. Quanto mais alguém se aproxima da verdade, quanto mais se aproxima da libertação, mais o inimigo se torna hostil e violento e furioso e perigoso. É em Tertuliano que aparece pela primeira vez, creio eu, a ideia (que ele formula, aliás) de que o tempo do batismo é o tempo do risco, é o tempo do perigo[31]. Uma dramaticidade de luta, não mais uma dramaticidade pedagógica da iluminação progressiva. Vocês estão vendo, por conseguinte, aqui também, porque a preparação para o batismo deve adquirir uma forma e um estilo bem diferentes.

Trata-se, no tempo do batismo, a uma só vez de um tempo de transformação radical da natureza, que é ao mesmo tempo a mesma e outra, e que é preciso restituir ao que ela é, e, por outro lado, [de] um tempo de luta e de combate contra o adversário.

Em resumo, podemos dizer o seguinte: o que Tertuliano quer absolutamente manter, na concepção que ele tem da preparação para o batismo, são duas coisas. Primeiro, o que ele chama de "liberalidade" de Deus, *liberalitas*, ou seja, que Deus, mesmo no interior desse rito que garante a purificação da alma, deve apesar de tudo permanecer livre. Ele deve ter essa *liberalitas*: por um lado, generosidade que perdoa e que, pela encarnação do Salvador e por seu sacrifício, permite aos homens obter perdão e, [por outro], liberdade de perdoar. *Liberalitas* nos dois sentidos, generosidade e liberdade, generosidade que perdoa, liberdade de perdoar, é isso que deve ser mantido, do lado de Deus. E, do lado do homem, o que deve ser mantido ao longo dessa preparação para o batismo e até no próprio batismo e, como veremos, até depois do batismo? Pois bem, deve ser mantido o medo, *metus*[32]. *Liberalitas* do lado de Deus, medo, *metus*, do lado do homem.

Então, aqui também temos um elemento fundamental, que é novo com Tertuliano e que vai ser capital para a história de todo o cristianismo. O cristão, quando se prepara para o batismo e uma vez batizado, não deve nunca abandonar o medo. Ele deve saber que está sempre em perigo. Deve estar sempre inquieto. Nunca o perigo se aplaca; nunca ele está seguro, nunca está em repouso. Aí também, é claro, vocês veem a oposição, não apenas em relação aos temas gnósticos, mas a tudo o que havia por trás deles, temas neoplatônicos e inclusive, até certo ponto, temas estoicos, que se referiam, todos eles, à ideia de um certo estado de sabedoria ou de um certo estado de pureza, a partir do qual há um ponto de não-retorno e no qual a pessoa é inacessível ao perigo, à tentação, à falta, ao pecado e à impureza. Com essa ideia de que o batismo deve ser preparado pelo medo e manter o cristão num estado de medo, vocês veem que no fundo está se abandonando esse tema que fora tão importante durante toda a Antiguidade, durante todo o período helenístico, durante os dois primeiros séculos e meio do cristianismo: [o] tema do puro, do perfeito, do sábio. Abandono que, para dizer a verdade, não é definitivo, porque toda a história do cristianismo, inclusive do cristianismo ocidental, é perpetuamente atravessada pela volta, a recorrência desse tema ou, por assim dizer, dessa nostalgia de um estado de sabedoria que se poderia alcançar a partir de uma purificação particularmente intensa, de uma ascese particularmente bem-sucedida ou, mais, pelo fato de uma eleição e de uma escolha de Deus. Todo o debate com a gnose, o debate com o maniqueísmo, o debate com os cátaros na Idade Média, o debate do quietismo no século XVII, o debate, também, ao longo de todo o cristianismo com toda uma forma de mística não será nada mais que a recorrência ou o reaparecimento sob essas outras formas do debate entre a inquietude e a pureza.

Essa inquietude vai ser, mesmo assim, como que o elemento fundamental na economia da salvação, tal como o cristianismo a concebeu em sua forma, digamos, ortodoxa, e creio que com essa inquietude, esse medo, *metus*, que Tertuliano coloca como caráter fundamental da relação que o sujeito deve ter consigo mesmo em sua preparação para o batismo e no próprio batismo, vemos duas coisas se destacarem. Por um lado, o acesso à verdade: não pode haver incerteza, no sentido de que você tem de ter toda segurança e de que você não pode duvidar um só instante de que a verdade seja verdadeira, de que o que lhe ensinam é verdadeiro, de que a verdade foi de fato revelada na Escritura, e deste lado, a não-inquietude, a certeza inabalável é absolutamente fundamental. Vai ser isso o polo da fé. Mas, em compensação, a inquietude nunca deve cessar no que concerne à relação que o sujeito deve ter consigo mesmo, a relação que a alma deve ter consigo mesma, porque, por esse lado, primeiro, nunca devemos estar seguros de que somos perfeitamente puros e, por outro lado, nunca devemos estar seguros de que seremos salvos. [...] incerteza fundamental e necessária, inquietude fundadora do sentimento da fé e do ato de fé no que concerne a nós mesmos. Quem quiser ter a fé, nunca deve estar seguro do que é.

Antecipo muito, evidentemente, não é o que vocês encontram em Tertuliano, mas é isso que, levado ao extremo, se formulará no protestantismo. Pode-se dizer que a partir do momento em que [este], por um lado, fez toda a vida cristã girar em torno da fé e do ato de fé no que ele pode ter de absolutamente indubitável, a fé como rochedo da existência cristã e, ao mesmo tempo, [da] inquietude fundamental – de que nada deve poder nos tranquilizar no que concerne ao que somos e ao que vamos ser, à pureza que alcançamos e à salvação que nos é prometida –, a junção dessa certeza e dessa incerteza e a forma extrema [que elas]* adquirem no protestantismo e, sobretudo, no calvinismo, nada mais é que a passagem ao limite do que vocês veem se formular em germe em Tertuliano, quando, [numa frase]** que tem um ar de não ser quase nada, ele diz: a preparação para o batismo deve ser o tempo de *metus et periculi*, do medo e do perigo[33]. O medo, pela primeira vez na história – enfim, o medo nesse sentido, o medo quanto a nós mesmos, o medo do que somos, o medo do [que pode acontecer]***, e de modo algum o medo ao destino, e de modo algum o medo aos decretos dos deuses –, esse medo, a meu ver, está ancorado no cristianismo a partir dessa virada do século II para o século III e terá evidentemente uma importância absolutamente decisiva em toda a história do que podemos chamar de subjetividade, isto é, a relação de si

---

* M. F.: que essa certeza e essa incerteza
** M. F.: numa passagem
*** Audição incerta.

consigo, o exercício de si sobre si e a verdade que o indivíduo pode descobrir no fundo de si mesmo.

Consequência prática dessa concepção da preparação para o batismo tal como a encontramos em Tertuliano – e aqui remeto vocês ao capítulo 6 do *De paenitentia* que, com o *De baptismo*, é o texto mais importante para compreender tudo isso: "o pecador", diz ele, nesse tempo de preparação para o batismo, "o pecador deve chorar suas faltas antes mesmo do tempo do perdão", porque, diz ele – e é o texto de que eu lhes falava há pouco –, "o tempo da penitência é o do *periculi et metus*, do perigo e do medo. Não contesto para os que vão entrar na água a eficácia do benefício de Deus, mas para chegar aí é preciso trabalhar, é preciso pôr mãos à obra" – enfim, "*elaborandum est*": é preciso elaborar, é preciso pôr mãos à obra[34]. O que é esse labor? É o que Tertuliano chama [no início do capítulo seguinte]* de "*paenitentia disciplina*"[35], a disciplina da penitência. É a disciplina da penitência que deve constituir a armadura fundamental desse tempo de preparação para o batismo.

O que quer dizer "disciplina da penitência?" Primeiro, *paenitentia*, penitência, vocês sabem que é a tradução latina clássica do termo μετάνοια / metanoia, de que havíamos falado [quinze dias atrás]**, e a metanoia, nos textos gregos do período helenístico e do século II cristão, a metanoia, o que é? Como vocês sabem é a mudança da alma, quer dizer, essencialmente o movimento pelo qual a alma pivoteia em torno de si mesma ou, mais precisamente, o movimento pelo qual ela se desvia do que olhava até então – as sombras, a matéria, o mundo, as aparências – e a que ela estava amarrada. A metanoia é também – pelo próprio fato de desviar dessas sombras, dessa matéria, deste mundo terreno – o movimento pelo qual a alma, ao contrário, se vira para a luz, para o verdadeiro, esse verdadeiro que ilumina, que é ao mesmo tempo a recompensa desse movimento giratório da alma em torno de si mesma e o motor desse movimento, já que é por ela ser atraída pelo verdadeiro e na medida em que é atraída pelo verdadeiro que a alma pode se dirigir para a luz, uma luz que lhe oferece o espetáculo do que estava oculto a ela até então e lhe permite, ao mesmo tempo, se conhecer inteiramente, já que vai ser agora perpassada pela luz. E essa iluminação, que lhe oferece tudo o que há de visível no invisível, esse movimento de luz que a perpassa por inteiro e a torna transparente a si mesma também é, claro, o que a vai purificar, na medida em que a impureza é a sombra, é a nódoa e é a mancha. Eis o que era, *grosso modo*, a metanoia nos textos pagãos da época helenística, o que ela era também nos textos do século II cristão[36].

* M. F.: na frase seguinte
** M. F.: da última vez. [Cf. *supra*, aula de 30 de janeiro, p. 84 e nota 12.]

Portanto, a tradução clássica de μετάνοια que já se encontrava então é, em latim, *paenitentia*, penitência[37]. Mas essa penitência adquire em Tertuliano um significado bem diferente. Vemos bem isso no capítulo 10 do *De baptismo*, quando ele se interroga sobre um dos pontos que eram na época um dos mais discutidos no que concerne ao batismo, a saber: o significado do batismo joanino, [o fato de] que o Batista batizava inclusive antes de Cristo (aliás, era evidente que ele batizava antes de Cristo já que batizou Cristo). Então o que era esse batismo? Porque se dissermos – e Tertuliano não parou de dizer – que é o batismo cristão, com o Espírito Santo que baixa na alma, que purifica, o que queria dizer esse Batista que, antes mesmo do Salvador, antes mesmo, por conseguinte, de se consumar a promessa da salvação, batizava as pessoas? Discussão enorme na época. Se o batismo de João fazia os cristãos e, por conseguinte, salvava, Cristo era inútil. Mas se o batismo de João não salvava, não seria então um falso batismo, um pseudobatismo e, por conseguinte, por que Cristo recebeu o batismo de João? A resposta de Tertuliano é que na história da salvação – na economia da salvação, como ele diz – há dois batismos. O primeiro, que era o batismo de João e que era *baptismus paenitentia*, o batismo da penitência[38]: é um batismo no qual o Espírito Santo não baixa, é um batismo puramente humano, o Batista era um homem, ele batizava homens e não tinha nem iluminação pelo Espírito Santo nem remissão dos pecados por Deus[39]. Havia o quê? Havia penitência, isto é, nada mais que o pesar dos homens por seus pecados, seu arrependimento, seu distanciamento desses velhos pecados, a resolução de não recomeçar. Esse batismo da penitência tinha sentido antes de Cristo, o tempo todo em que, justamente, o Salvador ainda não tinha vindo. Era, de certo modo, um ponto de passagem, e foi quando o Salvador veio que esse trabalho da penitência, anterior à própria salvação, pôde encontrar sua recompensa na remissão efetiva dos pecados que só pôde ser feita com Cristo. O batismo de Cristo constitui justamente esse ponto de inflexão, porque Cristo recebe o batismo de João, não porque precise fazer penitência, mas para mostrar que, antes de receber o batismo, é preciso fazer penitência e que o verdadeiro batismo, para os cristãos, será o que ele recebeu quando o Espírito Santo veio, durante o batismo de João – não que João tenha tido o poder de fazer [o Espírito Santo]* baixar, porque ele [só dava] o batismo da penitência; foi Deus que quis transformar esse batismo prévio da penitência num batismo de remissão e de salvação pela vinda do Espírito Santo.

Logo, o batismo de João prova que nosso batismo deve se desenrolar, no fundo, em dois tempos: um tempo prévio de penitência, que não é a

---

* M. F.: o batismo

metanoia propriamente dita, que não é exatamente o voltar-se iluminante da alma para si mesma em direção à luz, que é o tempo de preparação. E, depois, o batismo propriamente dito, que vai ser uma iluminação. Em outras palavras, a metanoia se difrata. E esse movimento que a metanoia designava e que era ao mesmo tempo se apartar e se voltar para, se apartar da sombra e ser iluminado, e se apartar por ser atraído pela força da luz, esse movimento, em Tertuliano, se acha dissociado em dois momentos, um momento que é o próprio exercício da penitência, depois a iluminação que a recompensa. Resumindo, o tempo da ascese está se separando do tempo da iluminação. Ou ainda, o exercício de si sobre si deve ser a preliminar desse movimento pelo qual nos tornaremos sujeitos de conhecimento na iluminação que nos abre às verdades eternas.

É isso no que concerne ao sentido de *paenitentia* na *disciplina paenitentiae*. Portanto, a *paenitentia* é uma espécie de dissociação a partir da unidade de movimento da metanoia.

Segundo, o que é a disciplina? Sobre essa disciplina da penitência, na realidade Tertuliano vai dizer relativamente poucas coisas. Os textos – voltaremos a eles da próxima vez – que dizem em que vai consistir precisamente a ascese prévia ao batismo, são encontrados na própria época de Tertuliano nos *Cânones* de santo Hipólito[40]. Tertuliano* dá [primeiro] indicações negativas: se efetivamente o batismo só pode ser dado depois de um certo tempo de ascese e de exercício, depois de uma penitência, isso implica, é claro, que não se deve dar o batismo de modo apressado e a qualquer um. Não se dá as coisas santas aos cães, não se dá pérolas aos porcos[41]. Ou seja, também não se pode dar o batismo às crianças e aos bebês, só se pode dá-lo aos adultos[42]. Ou seja, também não se pode dar, é claro, o batismo às pessoas que ainda não estão casadas, porque nesse momento os assaltos da incontinência poderiam triunfar sobre a virtude delas. Quando estão casadas, então tem-se mais certeza da sua continência, e é portanto mais confiável dar o batismo às pessoas casadas[43]. Isso quanto às precauções negativas.

Quanto às indicações positivas, Tertuliano também é bastante discreto e apressado. Ele diz: "O pecador deve chorar suas faltas antes do tempo do perdão"[44] e, no momento em que o batismo se aproxima, os que vão recebê-lo têm de "invocar Deus com preces fervorosas, jejuns, genuflexões e vigílias"[45]. No nível dessas prescrições, poucas coisas portanto em relação ao que era dito no século II, quando ainda se tratava do ensino. Mas o sentido que Tertuliano dá a essas práticas de jejum, de vigília, de genuflexão, de prece, que ele recomenda como os outros, como seus con-

---

* M. F.: diz relativamente poucas coisas, ele

temporâneos e como seus predecessores, é que é interessante. De fato, esses exercícios que ele pede, que sentido têm? Claro, como sempre, purificar, limpar. Mas, segundo significado importante, essas práticas devem ter por função, não apenas permitir que as faltas sejam apagadas, mas [também] dar ao indivíduo a capacidade, a aptidão, a força e, poderíamos dizer, a habilidade de lutar contra o mal, já que, mais uma vez, o tempo do batismo é um tempo durante o qual Satanás redobra seus assaltos. Portanto, é preciso ser capaz de repeli-los, mas é preciso saber também que, depois do batismo, Satanás não parará de multiplicar seus assaltos e torná-los cada vez mais furiosos[46]. Por conseguinte, o tempo de preparação para o batismo não é simplesmente o que deve assegurar ou permitir a purificação do batismo. É o que deve dar a força e a capacidade de lutar depois do batismo, durante toda a vida do cristão. A preparação para o batismo é portanto ascese neste sentido estrito: é uma ginástica. É uma ginástica física, é uma ginástica corporal, é uma ginástica espiritual, é uma ginástica do corpo e da alma para essa luta contra o mal, contra Satanás, contra o Outro em nós mesmos, contra a tentação (outra categoria fundamental sobre a qual tornaremos) de que nunca poderemos nos livrar. Donde essa ideia de que, se o tempo de preparação para o batismo deve ser uma *disciplina paenitentiae*, uma disciplina da penitência, em compensação a vida inteira do cristão também deve ser uma penitência.

Vocês estão vendo que [com essa]* ideia de um exercício moral específico, próprio dos que preparam o batismo, que emana assim da ideia global da metanoia, chegamos à ideia de que a vida inteira deve ser uma vida de penitência[47]. É isso, creio, uma coisa importante na nova interpretação que Tertuliano dá da preparação para o batismo. E um segundo significado também é importante. Nós o encontramos no parágrafo 6 do *De paenitentia*, em que ele trata dos que (falávamos deles bem no início) esperam do batismo a purificação automática, achando que, de qualquer modo, como Deus devia purificar as almas, podemos pecar quanto quisermos, porque virá o dia em que, pelo batismo, seremos libertados de tudo isso e todos os pecados serão remitidos. Então, diante disso, Tertuliano se indigna e diz: "Que cálculo tão insensato quanto injusto não realizar a penitência, esperar a remissão das faltas, isto é, não pagar o preço e estender a mão para receber a mercadoria! Porque, diz ele, o Senhor pôs este preço no perdão: ele nos oferece a impunidade em troca da penitência."[48] Ideia interessantíssima e bastante paradoxal, porque parece que Tertuliano queria dizer: o batismo é uma espécie de recompensa, essa recompensa (o perdão do pecado) tem de ser paga, tem de ser comprada a certo preço, e

* M. F.: que emanando a ideia

a penitência que fazemos antes do batismo é o preço que pagamos para ter o perdão. Ideia duplamente paradoxal, primeiro porque [parece] estabelecer uma equivalência entre a recompensa, que é nem mais nem menos que a vida eterna, e o tempo necessariamente limitado do exercício penitencial que prepara para o batismo. Como pode haver equivalência entre essas duas coisas, entre o finito e o infinito, dirá Pascal?[49] E, depois, se efetivamente a penitência é o preço do batismo, isso quer dizer que, uma vez pago o preço, Deus será obrigado a dar o [perdão]* e, por conseguinte, voltamos a encontrar a ideia de um constrangência.

Mas, na verdade, o desenvolvimento do texto mostra que não é isso que Tertuliano quer dizer quando diz que a penitência é o preço que pagamos pelo batismo e pela remissão das faltas. Quando ele fala de preço como se fosse uma moeda que damos para ter o batismo ele quer dizer o seguinte: o vendedor, quando compramos alguma coisa, começa por examinar o dinheiro que lhe é dado, a fim de verificar se as moedas não foram roídas, se trazem a efígie legítima, se não estão alteradas. Do mesmo modo, o Senhor também testa a penitência como testamos uma moeda, a fim de "nos conceder a recompensa que é nada menos que a vida eterna". É o que, no texto, Tertuliano chama de *paenitentiae probatio*, prova da penitência ou ainda verdade da penitência[50]. Ou seja, por essa penitência preparatória, o postulante não compra verdadeiramente a seu justo preço o perdão, porque o preço do perdão é infinito como o próprio perdão o é. Dando a moeda da penitência, o postulante ao batismo outra coisa não faz que dar elementos que permitem o quê?, que permitem a *probatio*, que permitem saber se a moeda é a moeda válida, se não é inautêntica, se não é hipócrita, se a penitência é mesmo verdadeira. Vemos aparecer, através dessa metáfora, a ideia de que a penitência é o que deve manifestar perante Deus a verdade do próprio pecador, a sinceridade de seus sentimentos, a autenticidade do seu remorso, a realidade do seu propósito de não mais recomeçar. A penitência é portanto a vinda à superfície da verdade profunda da alma, e é nesse sentido que podemos dizer que a penitência é uma moeda. Ela é o que possibilita a *probatio*.

Vocês têm aí um desdobramento dessa espécie de movimento unitário que eu havia procurado definir a propósito da metanoia. Na metanoia, movimento unitário na medida em que a alma, voltando-se para a verdade, descobria ela mesma sua própria verdade. Agora temos dois estágios, dois níveis. Por um lado, claro, a verdade que se deve aprender a conhecer ao se preparar para o batismo e que, de fato, iluminará você no próprio batismo, e depois há uma outra verdade, que é a verdade do próprio mo-

* M. F.: batismo

vimento, que é a verdade da própria alma movendo-se para o bem, procurando se livrar do mal, lutando contra ele e se exercitando a vencê-lo. Verdade, por conseguinte, para a alma, que será dada ao fim do processo, quando, efetivamente, com o batismo e a profissão de fé, o Espírito Santo baixará na alma. Portanto, movimento de si mesmo em direção à verdade que é Deus, mas também verdade da alma, verdade de si ante o olhar de Deus. E é essa a dupla função da penitência: preparar e assegurar o caminho que vai rumo à verdade e manifestar, pelo olhar ortogonal de Deus, que vê tudo e nos vigia sem cessar, a verdade do que somos. Verdade para a alma, verdade que se tornará verdade na alma, mas também verdade da alma, e é isso que a penitência deve manifestar. Donde a frase enigmática, mas que, creio eu, podemos compreender agora: "A fé", diz Tertuliano, "começa e se recomenda pela *paenitentia fides*, a fé começa e se recomenda pela fé da penitência."[51] Ou seja, ele [liga]* o problema da verdade da alma, da verdade da penitência [e] da verdade do exercício de si sobre si, que deve ser a cada instante a garantia e a caução do caminho rumo à verdade.

Bom, acho que podemos parar por aqui. Só duas palavras, simplesmente. Vocês estão vendo que temos, com esses textos de Tertuliano, o ponto de descolamento entre o que poderíamos chamar de estrutura de ensino e a estrutura de prova. A estrutura de ensino, a estrutura pedagógica, a que dominava nos textos do século II, é uma estrutura na qual a alma aparece como o alvo, o objeto, o coautor, o coautor também de um procedimento que tem por fim constituir a alma como sujeito de conhecimento. Na estrutura de prova temos, ao contrário, um movimento pelo qual a alma deve se constituir como protagonista de um procedimento ao fim do qual ela se torna e ao longo do qual ela permanece objeto de conhecimento. Em linhas gerais, tal como se apresentava nos Padres apostólicos e nos apologistas, a preparação para o batismo era bem parecida com essas formas de iniciação nas quais a estrutura de ensino era dominante ou, por assim dizer, essas formas de iniciação nas quais ensino e prova eram tão integrados que o ensino e o progresso do ensino constituíam por si sós a prova. De fato, tinha-se de progredir no ensino até conhecer todas as verdades e até ser capaz de professá-las. Era essa, durante todo o século II, a estrutura pedagógica fundamental do pensamento cristão concernente ao batismo, é ela que também encontramos em Clemente de Alexandria. Tal como aparece em Tertuliano – aliás, contemporâneo de Clemente de Alexandria, mas que assinala, a meu ver, o ponto de descolamento –, ao contrário, a preparação para o batismo se apresenta como o entrecruzamento

---

* Conjectura: audição difícil.

de uma estrutura de aquisição da verdade pela alma e de uma estrutura de manifestação da alma em sua verdade. Temos aí o germe dessa dissociação ou, em todo caso, dessa bipolaridade que me parece ser uma característica do regime de verdade do cristianismo. Eu tinha falado a vocês, ao iniciar o curso[52], desses dois polos que tensionam o regime de verdade do cristianismo no limite da fratura e da dissociação, o polo da fé e o polo do reconhecimento das faltas, o oriente da fé e o ocidente do reconhecimento das faltas. Creio que toda a história do cristianismo está tensionada entre esses dois polos. Parece-me que estamos percebendo em germe nesses textos de Tertuliano essa dissociação do polo da fé e do polo do reconhecimento das faltas, essa dissociação do oriente da fé e do ocidente do reconhecimento das faltas, em que a ideia de uma *probatio fidei* vem ritmar, marcar e, para dizer a verdade, dar seu significado profundo à ideia de uma preparação para o batismo que é relativamente autônoma ou, em todo caso, específica em relação à iluminação prometida no batismo. A ascese e a iluminação começam a se separar. O reconhecimento das faltas, por conseguinte, se separará da fé.

*

NOTAS

1. Clemente de Alexandria (~150-215/216), *Le Protreptique*, introd., trad. e notas de C. Mondésert, revista e aumentada por A. Plassar, Paris, Cerf, SC nº 2bis, 1949, reed. 2004.

2. Clemente de Alexandria, *Le Pédagogue*, introd. e notas de H.-I. Marrou, trad. M. Harl (livro I), C. Mondésert e C. Matray (livro II), Paris, Cerf, SC nº 70, 108 e 158, 1960-1970, reed. 1983.

3. Clemente de Alexandria *Stromates*, trad. C. Mondésert (t. I, II e IV), P. Voulet (t. V), P. Descourtieux (t. VI) e A. Le Boulluec (t. VII), Paris, Cerf, SC, 7 vol.: nº 30, 38, 278-279, 428, 447 e 463, 1951-2001 (o *Stromate* III, que trata notadamente da continência e do casamento, ainda não foi publicado). Cf. o plano anunciado por Clemente do que foi considerado por muito tempo sua trilogia (as três etapas da educação cristã: conversão, educação, instrução), in *Le Pédagogue*, I, I, 3, p. 113. A identificação dos *Stromates* com o *Didascalos* (o *Mestre*) anunciado, é no entanto contestada desde o fim do século XIX. Cf. sobre esse ponto, as introduções de C. Mondésert para o *Protreptique, op. cit.*, p. 14, e para o *Stromate* I, SC nº 30, 1951, pp. 11-22. Clemente se explicou várias vezes sobre o título da sua obra; cf., por exemplo, *Stromate* IV, II, 1, trad. C. Mondésert, 2001, p. 61: "Nossas notas, como dissemos tantas vezes, serão, em razão dos que as percorrem sem a menor experiência, variegadas, como o próprio nome indica, tapetes multicores, passando continuamente de uma coisa a outra e, na sequência das discussões, insinuando uma coisa, demonstrando outra." Cf. também H. von Campenhausen, *Les Pères grecs*, trad. O. Marbach, Paris, Éd. de l'Orante, 1963, reed. Seuil (col. "Livre de vie"), 1969, p. 48: "Como o título indica, este livro pertence a certo gênero literário cultivado pelos escritores na antiguidade. Tratava-se de coletâneas de obras abordando diversos temas, muitas vezes sem nenhuma relação entre si, e que eram chamadas de "Tecidos, Bordados, Pradarias, Helicons [manchas lunares]". São "miscellanea", ensaios ou coletâneas de anedotas, esboços, que o gos-

to helenístico transformou num verdadeiro gênero literário." Para uma análise mais aprofundada do significado do título, cf. C. Mondésert, introd. ao *Stromate* I, pp. 6-11, e A. Méhat, *Étude sur les "Stromates" de Clément d'Alexandrie*, Paris, Seuil (col. "Patristica Sorbonensia", 7), 1966, pp. 96-106.

4. Tertuliano, *De paenitentia/La Pénitence*, VI, 17, introd., ed. e trad. C. Munier, Paris, Cerf, SC nº 316, 1984. Foucault não conheceu essa edição das "Sources chrétiennes". Ele utilizava a tradução de A.-E. Genoud [dito de Genoude], in *Oeuvres de Tertullien*, Paris, L. Vivès, 2ª ed., 1852, 3 vol.: cf. t. 2, pp. 197-215. O manuscrito apresenta a citação nesta forma: "Não somos mergulhados na água para sermos purificados, mas porque estamos purificados." Parece portanto que o próprio Foucault traduz aqui, de forma bastante livre, o texto latino (*"Non ideo abluimur ut delinquere desinamus, sed quia desiimus, quoniam iam corde loti sumus"*). Mas, numa outra versão manuscrita da passagem desta lição, copia fielmente a tradução de Genoude: "Não somos lavados *para que* cessemos de pecar, mas *porque* cessamos e porque já estamos lavados do fundo do coração" (p. 207; grifos de Foucault).

5. Tertuliano, *De baptismo/Traité du baptême*, trad. R.-F. Refoulé e M. Drouzy, introd. e notas de R.-F. Refoulé, Paris, Cerf, SC nº 35, 1952, reed. 2002 (Foucault utiliza essa edição paralelamente à tradução do abade de Genoude, in *Oeuvres de Tertullien*, t. 3, pp. 239-261).

6. Como as referências de Foucault à gnose são sempre muito genéricas, é difícil saber que obras ele leu e utilizou sobre o tema. Sem dúvida extraía seus conhecimentos, no essencial, de suas conversas com H.-C. Puech (titular da cátedra de História das religiões do Collège de France até 1972) e da leitura de seus livros. Cf. já *Sécurité, Territoire, Population, op. cit.*, aula de 1º de março de 1978, pp. 198-9 (a propósito dessa "espécie de embriaguez dos comportamentos religiosos" de que certas seitas gnósticas, nos primeiros séculos, dão prova) e p. 221 n. 6 [Martins Fontes, pp. 257-8 e pp. 287-8 n. 6]; cf. também *L'Herméneutique du sujet, op. cit.*, aula de 6 de janeiro de 1982, 1ª hora, p. 18 e pp. 25-6 n. 49. Sobre as fontes disponíveis – escritos refutadores cristãos, textos originais descobertos, em sua maioria, a partir de meados dos anos 1940 (biblioteca copta de Nag Hammadi), documentos diversos – e as doutrinas gnósticas, ver: J. Doresse, "La Gnose", *in* H.-C. Puech, org., *Histoire des religions*, Paris, Gallimard ("Bibliothèque de la Pléiade"), 1972, reed. "Folio/Essais", II*, 1999, pp. 364-429, e K. Rudolph, *Die Gnosis: Wesen und Geschichte einer Spätantiken Religion*, Leipzig, Koehler e Amelang, 1977 (reed. Göttingen, Vandenhoeck e Ruprecht, 1980 e 2005); trad. inglesa: *Gnosis: The Nature and History of Gnosticism*, Nova York, Harper San Francisco, 1987 ("a melhor introdução atual ao estudo da 'gnose'", M. Tardieu, *Revue de l'histoire des religions*, t. 192 (2), 1978, p. 200); sobre as relações entre gnosticismo e cristianismo, cf. a excelente síntese de É. Trocmé, "Le christianisme jusqu'à 325", *in* H.-C. Puech, org., *op. cit.*, pp. 241-7.

7. Foucault retifica na aula seguinte: não eram nicolaítas, mas cainitas (cf. *infra*, p. 136). A confusão se explica talvez pelo fato de que Tertuliano, em *De praescriptione*, XXXIII, 10, apresenta os "cainitas" como outra espécie de "nicolaítas" (cf. R.-F. Refoulé, introd. ao *Traité du baptême*, p. 10 n. 3. Este último, no entanto, precisa mais adiante (p. 71 n.1) que Tertuliano, ao insistir no fato de que a água não nos lava dos pecados como de uma simples sujeira, "tem em vista os cainitas e, de um modo geral, todos os dualistas gnósticos"). Curiosamente, no manuscrito, Foucault havia escrito a princípio "cainitas", depois substituiu essa palavra por "nicolaítas". Sobre essa corrente gnóstica, cf. J. Daniélou e H.-I. Marrou, *Nouvelle Histoire de l'Église*, t. I: *Des origines à Grégoire le Grand*, Paris, Seuil, 1963, pp. 90-1.

8. Tertuliano, *De baptismo/Traité du baptême*, I, 2, trad. Genoude, p. 239: "acontece desde há pouco que uma mulher, ou antes, uma víbora das mais venenosas da seita dos cainitas, seduziu nestas plagas um grande número de nossos irmãos, com o veneno das suas doutrinas. Ela ataca sobretudo o batismo"; SC, p. 65; cf. R.-F. Refoulé, introd., p. 11.

9. *Ibid.*, II, 2, trad. Genoude, p. 240; SC, p. 66: "*nonne mirandum est lavacro dilui mortem* (não é espantoso que um banho possa diluir a morte?)".

10. *Ibid.*, III, 2, trad. Genoude, p. 241; SC, p. 67.

11. *Ibid.*, III, 5, trad. Genoude, p. 240; SC, p. 68.

12. *Ibid.*, v, 7, trad. Genoude, p. 246: "Assim, o homem é entregue a Deus, à semelhança daquele primeiro homem que fora criado outrora à imagem de Deus"; SC, p. 74.
13. *Ibid.*, VIII, 74, trad. Genoude, p. 247; SC, p. 77.
14. *Ibid.*, IV, 1, trad. Genoude, p. 248; SC, p. 78. Sobre a comparação do batismo com a travessia do mar Vermelho, cf. *infra*, aula de 20 de fevereiro, p. 144.
15. *Ibid.*, IX, 3, trad. Genoude, p. 248; SC, pp. 78-9.
16. *Ibid.*, V, 5, trad. Genoude, p. 245; SC, p. 74. Sobre esse "simbolismo da água em seu duplo arraigamento, natural e bíblico", cf. R.-F. Refoulé, introd. ao *Traité du baptême*, pp. 19-28.
17. *Ibid.*, I, 1, trad. Genoude, p. 239.
18. Cf. *ibid.*, *Ibid.*, XVIII, 1, trad. Genoude, p. 257; SC, p. 91.
19. *Ibid.*, XV, 3, trad. Genoude, pp. 255-25: "O cristão só é batizado uma vez, para adverti-lo de que, depois disso, não deve mais pecar"; SC, p. 88.
20. Tertuliano, *De Paenitentia / La Pénitence*, VI, 3, SC, p. 165: "[...] todas as tergiversações culpadas em relação à penitência se devem ao fato de que recebem o batismo com presunção. De fato, certos do perdão garantido das suas faltas, ladroam enquanto isso o tempo que lhes resta e se dão um prazo para pecar mais, em vez de aprenderem a não mais pecar"; trad. Genoude, p. 205: "Todas essas lentidões, todas essas tergiversações criminosas em relação à penitência provêm de um preconceito sobre a virtude do batismo. Na certeza em que se acham os catecúmenos de que suas faltas serão remitidas, roubam em seu proveito o tempo que lhes resta até esse dia, aproveitando desse prazo para pecar, em vez de aprender a se abster."
21. Tertuliano, *De baptismo/Traité du baptême*, I, 1, trad. Genoude, p. 239; SC. P. 64.
22. Tertuliano, *De paenitentia/La Pénitence*, VI, 11: "*liberalitatem eius faciunt servitutem*", SC, pp. 168-169: "eles transformam sua livre benevolência em servidão"; trad. Genoude, p. 206: "Eles fazem da generosidade de Deus uma servidão"; trad. Labriolle [cf. *infra*, p. 201, nota 31], p. 27: "eles transformam sua generosidade em servidão".
23. Cf. Tertuliano, *De testimonio animae*, III, PL 1, col. 613 A (texto citado por A. De Alès, *La Théologie de Tertullien*, *op. cit.*, p. 265 n. 2, e por A. Gaudel, "Péché originel", col. 364): "*Per [Satanam] homo a primordio circumventus ut praeceptum Dei excederet, et propterea in morten datus, exinde totus genus de suo semine infectum suae etiam damnationis traducem fecit*" (trad. Genoude, *Témoignage de l'âme*, in *Oeuvres*, t. 2, p. 121: "Nós também reconhecemos [Satanás] como anjo do mal, como artífice do erro, como corruptor do mundo, o inimigo pelo qual o homem, deixando-se seduzir na origem, transgrediu o preceito de Deus, foi entregue à morte em consequência dessa revolta e legou a uma posteridade que ele corrompeu em seu germe a herança da sua condenação"). Cf. R.-F. Refoulé, introd. ao *Traité du baptême*, p. 13 n. 2: "Sua concepção do pecado original se encontra na dependência da doutrina do 'traducianismo', de que é um dos mais ardorosos defensores." Cf. especialmente *De anima*, 27, (cf. *infra*, nota 25). "Para os traducianistas, a alma é transmitida de Adão ao mesmo tempo que o corpo e, em Adão, ela pecou. Todos, segundo o testemunho do Apóstolo, somos constituídos pecadores em virtude da falta de Adão. Ora, a sede própria do pecado é a alma" (A. Sage, "Péché originel", *Revue des études augustiniennes*, vol. XII(3-4), 1967, p. 227). Cf. *supra*, aula de 6 de fevereiro, p. 102, nota 28, sobre o "pecado original". Sobre a questão da geração e da herança em Tertuliano, cf. também M. Spanneut, *Le Stoïcisme des Pères de l'Église*, Paris, Seuil (col. "Patristica Sorbonensia" I), 1957, pp. 181-8 (sobre a transmissão hereditária do pecado original: pp. 187-8).
24. Teoria dita da "pangênese" do esperma. Sêmen, segundo Demócrito, seria uma espécie de espuma sacudida, depois propulsada por um movimento do ar. Cf. Demócrito, B32: "O ato sexual é uma pequena apoplexia. Porque um homem sai de um homem e dele se destaca, separando-se como que de um só golpe" (*in* J.-P. Dumont *et al.*, org. *Les Présocratiques*, Paris, Gallimard, "Bibliothèque de la Pléiade", 1988, p. 861).
25. Tertuliano, *De anima/De l'âme*, 27, trad. Genoude, in *Oeuvres*, t. 2, p. 55: "Fazemos a vida começar na concepção, porque sustentamos que a alma começa na concepção. De fato, a vida tem o mesmo princípio da alma: as substâncias que são separadas pela morte são portanto igualmente confundidas numa mesma vida. Depois, se atribuirmos a uma a prioridade, à outra

a posteridade, será necessário distinguir também os tempos do sêmen, conforme a natureza de seus graus; e então quando será posto o sêmen do corpo? quando virá o da alma? Tem mais. Se os tempos do sêmen pedirem para serem distinguidos, as substâncias também se tornarão diferentes pela diferença dos tempos. Porque, embora confessemos que há duas espécies de sêmen, uma para o corpo, outra para a alma, no entanto as declaramos inseparáveis e, dessa maneira, contemporâneas e simultâneas." Cf. Mais Spanneut, *Le Stoïcisme, op. cit.*, p. 184.

26. *De anima*/De l'âme, 41: "*Malum igitur animae, praeter quod ex obuentu spiritus nequam superstruitur, ex originis uitio antecedit, naturale quodammodo. Nam, ut diximus, naturae corruptio alia natura est*"; trad. Genoude, t. 2, p. 83: "Assim, o mal da alma, além do que é semeado posteriormente pela chegada do espírito malfazejo, tem sua fonte anterior numa corrupção original, de certo modo inerente à natureza. Porque, conforme dissemos, a corrupção da natureza é como uma outra natureza."

27. Cf. *De paenitentia/La Pénitence*, VI, 1-3, trad. Genoude, p. 205: "Tudo o que a nossa fraqueza se esforçou para sugerir sobre a necessidade de abraçar a penitência e perseverar nesse caminho concerne a todos os servidores de Deus, sem dúvida, pois que eles aspiram à salvação tornando Deus favorável a eles, mas se dirige principalmente a esses neófitos cujos ouvidos apenas começam a se abeberar nos discursos divinos e que, como animais que acabam de nascer, rastejam num passo incerto antes de seus olhos estarem bem abertos, afirmam que renunciam à sua vida passada e adotam a penitência, mas descuidam de praticá-la."

28. Cf. Clemente de Alexandria, *Le Pédagogue*. Esse tema da infância, que em Clemente decorre da identificação do Pedagogo com o Verbo ou Cristo-Logos, é recorrente ao longo do livro I do tratado. Ver a introdução de H.-I. Marrou, ed. citada, pp. 23-26 ("L'esprit d'enfance") e especialmente o capítulo 6, pp. 156 ss.: "Contra os que sustentam que as palavras 'crianças' e 'criancinhas' designam simbolicamente conhecimentos elementares." Sobre o símbolo do leite, cf. I, 6, 34, 3-49, 3, pp. 175-199 (o Logos como leite de Cristo: 35, 3; 40, 2; 42, 1; 43, 4, etc.). "Se fomos regenerados por Cristo, aquele que nos regenerou nos alimenta com seu próprio leite, o *Lógos*" (49, 3, p. 199).

29. Sobre esse tema da queda da alma em Plotino, por exemplo, cf. *Enéadas*, I, 8, 14, trad. É. Bréhier, Paris, Les Belles Lettres, CUF, 1924, p. 129: "Assim é a queda da alma; ela vem na matéria e se debilita, porque não tem mais todas as suas potências; a matéria as impede de passar ao ato, ocupando o lugar que a alma ocupa e forçando-a, por assim dizer, a se apertar; ela rouba esse raio que ela recebeu e o torna mau, até ele consiguir remontar à sua fonte."

30. Tertuliano, *De paenitentia/La Pénitence*, VII, 7, trad. Genoude, p. 209: "Mas nosso obstinado inimigo nunca dorme em sua malícia. Que digo? Ele redobra seu furor quando vê o homem escapado *[sic]* de seus laços; quanto mais nossas paixões se extinguem, mais seu ódio se inflama."

31. *Ibid.*, VI, 8, trad. Genoude, p. 206: "O pecador deve pois chorar suas faltas antes do dia do perdão, porque o tempo da penitência é um tempo de perigo e de medo."

32. *Ibid.*, VI, 17, trad. Genoude, p. 207: "Eis o primeiro batismo, do Auditor: um medo inteiro."

33. Cf. *supra*, nota 31.

34. Tertuliano, *De paenitentia/La Pénitence*, VI, 9, trad. Genoude, p. 206: "Estou longe de contestar para os que vão entrar na água a eficácia do benefício divino, em outras palavras, o perdão de seus pecados; mas, para ter a felicidade de alcançá-lo, esforços são necessários." (Cf. *supra*, nota 30.)

35. *Ibid.*, VII, 1: "*Hucusque, Christe domine, de paenitentia disciplina servis tuis dicere vel audire contingat, quosque etiam delinquere non oportet et audientibus*"; trad. Genoude, p. 208: "Ó, Jesus Cristo, meu Senhor, concede a teus servidores o favor de conhecer ou de saber da minha boca a regra da penitência, no sentido de que é proibido aos catecúmenos pecar!"

36. Cf. também *infra*, aula de 20 de fevereiro, pp. 133-4. Foucault voltará mais demoradamente sobre a análise dessa noção, por oposição à ἐπιστροφή platônica, em seu curso de 1982, *L'Herméneutique du sujet*, aula de 10 de fevereiro, 1ª hora, pp. 202-9, apoiando-se explicitamente no artigo de P. Hadot, "*Épistrophé* et *metanoia*" (1953), reproduzido em: "Conver-

sion", in *Exercices spirituels et Philosophie antique*, Paris, IEA (col. "Études augustiniennes"), 1981, pp. 175-82 (reed. Albin Michel, "Bibliothèque de l'évolution de l'humanité", 2002, pp. 223-5). Cf. a nota 40 de F. Gros, p. 218, sobre esse "texto essencial" (Foucault), e sua nota 11, p. 216, sobre a relação com a análise da penitência no curso de 1980.

37. Cf. a palavra "Pénitence", in *EPA*, apêndice 1: "Naissance d'un vocabulaire chrétien", pp. 478-80; B. Poschmann, "Buße", *Reallexikon für Antike und Christentum*, vol. II, Stuttgart, A. Hiersemann, 1954, col. 805-812; J. Guillet, "Metanoia", *DS*, X, 1982, col. 1093-1099.

38. Tertuliano, *De baptismo/Traité du baptême*, X, 5-6: "*agebatur itaque baptismus paenitentiae quasi candidatae remissionis et sanctificationis in Christo subsecuturae. Nam quod legimus, praedicabat baptismum paenitentiae in remissionem peccatorum, in futuram remissionem enuntiatum est, siquidem paenitentia antecedit, remissio sequitur, et hoc est viam praeparare*"; trad. Genoude, p. 250; SC, p. 81: "Assim, o batismo da penitência (*baptismus paenitentiae*) era ministrado como uma disposição ao perdão e à santificação que Cristo devia trazer. De fato, lemos que João pregava um batismo de penitência (*baptismum paenitentiae*) para a remissão dos pecados [Mc 1, 4: βάπτισμα μετανοίας]: isso era dito da remissão por vir, já que a penitência precede e que a remissão vem em seguida." A expressão *"baptismus paenitentiae"* (βάπτισμα μετανοίας) também aparece nos *Atos dos Apóstolos* 19, 4.

39. No ponto do manuscrito que corresponde a essa passagem da aula, Foucault, citando a tradução do *De baptismo*, X, 4, por Genoude, p. 249, havia acrescentado esta referência de Tertuliano a At 19, 2-3: "Os que haviam recebido o batismo dos apóstolos [em vez de: "de João"] não tinham o Espírito de que nem tinham ouvido falar."

40. Esse texto, composto na primeira metade do século IV, de que Haneberg (1870) e Achelis (1891) deram as primeiras traduções latinas, só é conhecido por uma tradução árabe, ela mesma proveniente de uma versão copta do original grego. Sua atribuição a Hipólito se deve ao fato de que o texto toma emprestada uma grande parte do seu conteúdo da *Tradição apostólica* do arcebispo de Roma. Primeira edição crítica da versão árabe por R.-G. Coquin, *Les Canons d'Hippolyte*, Paris, Firmin-Didot, "Patrologia Orientalis"/PO, t. 31, fasc. 2, 1966, pp. 273-444. Sobre a penitência pré-batismal, ver o cânone 19: "Dos catecúmenos: das condições que os catecúmenos preenchem durante o batismo e o exorcismo; da ordenação da liturgia do batismo e da consagração da Liturgia do corpo e do sangue", pp. 375-87. Foucault faz novamente alusão a esse escrito, *infra*, aula de 20 de fevereiro, p. 137.

41. Cf. Tertuliano, *De baptismo/Traité du baptême*, XVIII, 1, trad. Genoude, p. 257: "Lembremo-nos em vez disso destas palavras: 'Não deis aos cães as coisas santas, nem deiteis aos porcos as vossas pérolas' [Mt 7, 6]"; SC, p. 91.

42. *Ibid.*, 4-5, trad. Genoude, p. 258; SC, pp. 92-3.

43. *Ibid.*, 6, trad. Genoude, p. 259: "Os motivos para adiar os adultos que ainda não se comprometeram no casamento não são menos decisivos. A liberdade os expõe a demasiadas tentações, as virgens pela maturidade da sua idade, as viúvas pela privação; deve-se aguardar que elas se casem ou se firmem na continência"; SC, p. 93.

44. Cf. *supra*, nota 31.

45. Tertuliano, *De baptismo/Traité du baptême*, XX, 1, trad. Genoude, pp. 259-60; SC, p. 94 (Foucault retoma aqui esta última tradução). No verbete "Exorcisme", *DS*, IV, 1961, col. 2001, J. Daniélou inscreve essa fórmula de Tertuliano na continuidade dos ritos de exorcismo preparatórios para batismo e remete, sobre a assimilação do jejum a um exorcismo, a Mt 17, 21: "Mas esta casta de demônios não se expulsa senão pela oração e pelo jejum."

46. Cf. Tertuliano, *De paenitentia/La Pénitence*, VII, 7-9, SC, pp. 174-5. O manuscrito acrescenta essa citação a partir da tradução Genoude (abreviada e ligeiramente modificada), p. 109: "ele redobra de furor quando vê que, pelo perdão concedido aos pecados, tantas obras mortais são destruídas no homem e tantas condenações revogadas" (Genoude: "[...] tantos títulos de condenação anulados"). Algumas linhas abaixo, depois de um trecho rasurado, Foucault escreve: "Tempo da palestra de J. Crisóstomo" (cf. *infra*, aula de 20 de fevereiro, p. 138 e nota 21).

47. Sobre a concepção do batismo nos Padres apostólicos como ponto de partida de uma μετάνοια que se estenderia à vida inteira do crente, cf. A. Benoit, *Le Baptême Chrétien, op. cit.*, p. 123.

48. *De paenitentia/La Pénitence*, VI, 4, trad. Genoude, p. 205; SC, p. 165.
49. Cf. Pascal, *Pensées*, ed. L. Lafuma, "Infini rien" (418), Paris, Seuil (col. "Livre de vie"), 1962, p. 187: "[...] o finito se anula em presença do infinito e se torna um puro nada."
50. *De paenitentia/La Pénitence*, VI, 5, trad. Genoude, p. 206: "Se o vendedor começa por examinar o dinheiro que lhe é dado, a fim de reconhecer se não está roído, sem marca ou alterado, devemos crer que o Senhor também prova a penitência (*paenitentia probationem prius inire*) antes de nos conceder uma recompensa que é nada menos que a vida eterna."
51. *Ibid.*, VI, 16, SC, p. 169: "O banho do batismo é selo da fé, mas a fé do batismo começa pela fé da penitência (*a paenitentiae fide*) e prova com isso seu valor"; trad. Genoude, p. 207: "O banho regenerador é o selo da fé; essa fé começa e se recomenta pela sinceridade da penitência."
52. Cf., na verdade, aula precedente, pp. 92-4.

AULA DE 20 DE FEVEREIRO DE 1980

Tertuliano (continuação): ruptura com a concepção neoplatônica da metanoia. – Desenvolvimento da instituição do catecumenato desde o fim do século II. Os procedimentos de verdade atuantes no percurso do catecúmeno (reunião não-pública, exorcismo, profissão de fé, confissão sacramental dos pecados). – Importância dessas práticas do catecumenato para a história dos regimes de verdade: uma nova ênfase da teologia do batismo (a preparação para o batismo como empreendimento de mortificação; o problema da falta: uma luta permanente contra o outro que existe em nós; o batismo, modelo permanente para a vida). – Conclusão: reelaboração das relações subjetividade-verdade em torno do problema da conversão. Originalidade do cristianismo em relação às outras culturas.

[...*] Da última vez, procurei explicar o texto de Tertuliano, no capítulo 6 do *De paenitentia*, no qual ele dizia que nós não somos imersos na água do batismo para sermos purificados, mas que já estamos purificados no fundo do nosso coração quando chegamos ao batismo. Esse texto, que eu havia procurado aclarar com outras passagens seja do *De paenitentia*, seja do *De baptismo*, indica, a meu ver, em Tertuliano, uma série de distinções importantes. A ideia de que é preciso chegar ao batismo já purificado, a ideia, por conseguinte, de que não é o batismo em si e por si só que na efetuação do rito assegura a purificação, mas que só poderemos ter nossos pecados remitidos se estivermos purificados, [essa ideia] implica um certo número de distinções. Distinção, primeiro, entre o trabalho, o labor, como diz Tertuliano, que a alma exerce ou deve exercer sobre ela mesma para se purificar – trabalho humano, por conseguinte – e a operação divina de remissão dos pecados. Não é a remissão dos pecados que nos purifica. Distinção portanto entre essas duas operações. Distinção também entre a catequese como ensino das verdades, como iniciação às verdades da fé e às regras fundamentais da vida cristã, e a disciplina peniten-

---

* M. F.: Eu é que espero vocês ou vocês é que me esperam? *[risos]*

cial, *paenitentiae disciplina*, entendida como trabalho, como labor pelo qual a alma aprende a se destacar do mal, a resistir a ele, a combatê-lo, a se libertar agora, mas também a se exercitar para poder lutar no futuro, inclusive depois do batismo, contra os assaltos insidiosos do diabo e todas as possibilidades de recaída. A ideia, por conseguinte, de uma disciplina pré-batismal que não é a mesma coisa que a iniciação catequética às verdades, que é exercício de si sobre si para o futuro e para todas as lutas futuras. Enfim, terceira distinção que encontramos nesses textos de Tertuliano, distinção fundamental que a meu ver está na raiz de todas as outras e que é a distinção entre o acesso da alma à verdade salvadora e a necessidade, para esse acesso mesmo, de um processo no entanto diferente desse caminho e que vem, de certo modo, cruzá-lo e ao mesmo tempo apoiá-lo. Esse outro processo, que não é portanto o da iniciação, mas que é necessário à iniciação à verdade, é a manifestação da verdade da alma por ela mesma, a manifestação provatória da verdade da alma por ela mesma. Para poder ser iniciada, ela tem de se provar. Para poder ir à verdade, ela tem de mostrar *sua** verdade. Creio que temos aí uma distinção fundamental. Mais uma vez, essa diferenciação não quer dizer dissociação e disjunção. Não quero dizer de modo algum que haja de um lado a iniciação e, totalmente de outro, esse exercício probatório [que manifesta]** a verdade da alma. Os dois processos engrenam um no outro. É precisamente esse engrenamento que é, a meu ver, absolutamente fundamental na história do cristianismo e, de uma maneira geral, na história da subjetividade no Ocidente. Mas existe uma articulação que deixa a cada um dos processos sua especificidade.

Vê-se em Tertuliano – isso também é algo muito importante na história da nossa civilização – se difratar uma coisa que havia sido [concebida]*** de maneira solidária unitária, global no pensamento cristão dos dois primeiros séculos e, de maneira mais geral, em toda uma corrente do pensamento helenístico, digamos, *grosso modo*, a corrente platonizante. Essa coisa que se dissocia com Tertuliano, nessa ideia de uma distinção entre a iniciação à verdade e a provação da verdade da alma, essa coisa que se dissocia é, está claro, essa noção, ou essa experiência, ou essa forma da metanoia, da conversão de que eu lhes falava da última vez ao terminar. De um modo geral, pode-se dizer que, [no caso do] pensamento platonizante helenístico, a metanoia era como um movimento pelo qual a alma, pivoteando em torno de si mesma, voltava seu olhar de baixo para cima,

---

* Foucault acentua esta palavra.
** M. F.: e manifestador de [ele hesita nessa palavra: "manifes... tador"].
*** M. F.: pensada

da aparência ao verdadeiro, da terra ao céu, e passava assim, nesse pivoteamento-conversão, da sombra à luz. A metanoia era portanto esse movimento de pivoteamento da alma em torno de si mesma de uma direção a outra. Ora, nesse movimento, tal como o pensamento platonizante o definia, a alma, alcançando *a** verdade, alcançando o ser em sua verdade, alcançando a verdade do ser, descobria ao mesmo tempo, e necessariamente também, sua própria verdade. Ou seja, a luz que vem encher a alma, que vem encher o olhar da alma, a ilumina também sobre ela mesma. E isso por quê? Porque a alma é da mesma natureza que o ser que a ilumina. Ela é da mesma natureza, seja porque se considera que ela é uma parente desse ser, seja porque se considera que ela é como que um fragmento ou uma centelha, seja porque se considera que ela é como que uma parcela desse ser, caída, desprendida e aprisionada neste mundo. De qualquer modo, entre o ser e a alma há um parentesco, e a verdade outra coisa não é que a manifestação desse parentesco entre a alma e o ser. Assim sendo, de que se trata na metanoia e por que a metanoia – na perspectiva platônica ou neoplatônica – é ao mesmo tempo acesso ao ser e acesso à sua própria verdade? Simplesmente porque, na metanoia, o conhecimento e o reconhecimento não são distintos. A metanoia é o que permite que a alma reconheça, se reconheça na verdade e reconheça a verdade no fundo de si mesma. De sorte que a iluminação, nessa perspectiva, se dá necessariamente [no modo]** do reencontro e na forma da memória. A alma reencontra seu parentesco, a alma reencontra o que ela é, e reencontrar o que ela é e ser iluminada pelo ser constitui uma só e mesma coisa. Tal era portanto a metanoia, a conversão, muito esquematicamente, em toda uma corrente que foi bastante dominante no mundo helenístico na própria época do cristianismo.

Creio que o que aconteceu, não com o aparecimento do cristianismo propriamente dito, mas com certa inflexão do cristianismo na virada do século II para o século III e, claro, no esforço que ele fez para se desprender, se desligar da gnose e de todos os movimentos dualistas foi que essa grande série unitária – metanoia ou conversão, iluminação, acesso à verdade, descoberta da verdade de si mesmo, reconhecimento, memória –, todo esse feixe de noções que estavam profundamente ligados na metanoia de tipo neoplatônico, é a unidade disso tudo que está indo pelos ares com Tertuliano, ou que Tertuliano manifesta que está indo pelos ares. É isso que começa a se difratar nesse momento, e creio que começa então, para o pensamento cristão, para o cristianismo, para todo o Ocidente, uma

---

* Foucault, aqui também, salienta a palavra.
** M. F.: na forma

história profundamente nova e, em todo caso, bastante complexa, uma história das relações entre subjetividade e verdade.

Poder-se-ia dizer, muito grosseiramente, que o que aconteceu nesse momento, por uma série de processos que se chamavam, se apoiavam uns nos outros e se respondiam, foi que, por um lado, a memória, que era aquilo graças ao que a alma podia encontrar, no fundo de si mesma, tanto sua verdade como a verdade do ser, está se tornando no cristianismo não mais um caso de experiência individual mas de tradicionalidade instituída. Com a ideia de uma tradição, cujo avalista se encontra tanto no texto, na Escritura, como na própria autoridade da instituição eclesial, a memória não pode mais fazer parte, da mesma maneira, desse movimento pelo qual a alma vai descobrir a verdade encontrando-se ela mesma no fundo da sua própria memória. A memória se torna então, por um lado, um caso de tradicionalidade instituída e, ao mesmo tempo, a verdade, a descoberta da verdade da alma por ela mesma vai se tornar objeto de um certo número de processos, de procedimentos, de técnicas também instituídas, pelos quais a alma será chamada, a cada instante do seu trâmite em direção à verdade, a cada instante do seu trâmite em direção à salvação, a dizer, mostrar, manifestar o que ela é. Entre uma memória instituída como tradição e uma obrigação de dizer e de manifestar o que ela é, a alma vai caminhar para a verdade, mas vocês estão vendo que ela vai caminhar através de uma trama de poderes que é de um tipo bem diferente daquela que podíamos perceber no tema neoplatônico da metanoia. Reorganização da memória e, por conseguinte, reorganização da relação com a verdade, que vai ser agora uma relação com a verdade como dogma e, em segundo lugar, uma relação de si consigo que não será mais da ordem do reencontro do ser no fundo de si, mas a obrigação, para a alma, de dizer o que ela é. Crer no dogma, por um lado, dizer o que se é, por outro, são esses dois polos da fé e do reconhecimento das faltas, de que eu lhes falava em outra aula[1] que constituem, a meu ver, em sua distância mesma o que há de fundamental, em todo caso o que há de característico na experiência cristã e cujo jogo vai ser, sem dúvida, organizador dessa longa história da subjetividade e da verdade no Ocidente cristão.

Eis, em todo caso, como em torno desses textos de Tertuliano podemos ver surgir essa bipolaridade da fé e do reconhecimento das faltas de que eu lhes falava. Claro, não é do lado fé que vou falar, é do lado reconhecimento das faltas, esboç[ando] as preliminares de uma história de algo de que, creio eu, nunca se fez completamente a análise em nossa sociedade, que seria a história do "diz-me quem tu és". O "diz-me quem tu és", injunção fundamental na civilização ocidental, é o que está se formando nesses textos e nos textos contemporâneos quando se diz à alma: vá à verdade, mas não se esqueça, *en passant*, de me dizer quem você é, porque se você não me disser, *en passant*, quem você é, você nunca chegará à verdade. É esse o ponto da análise que eu gostaria de fazer.

Eu me referi portanto da última vez às análises de Tertuliano porque, em sua formulação mesma, elas permitem, a meu ver, apreender bem o que está em jogo. Mas é evidente que essas análises na virada do século II para o século III – o *De paenitentia* é datado de cerca do ano 200, logo, vocês estão vendo, exatamente da virada do século II para o século III –, não são nem isoladas nem premonitórias. Elas se apresentam como uma forma mais particularmente elaborada do que está acontecendo e de que se veem testemunhos não só nos textos que lhe são contemporâneos, mas também e sobretudo nas instituições do cristianismo. De fato, a partir do fim do século II, digamos mais ou menos a partir dos anos 170-180, o que se desenvolve nas igrejas cristãs, particularmente nas igrejas ocidentais e principalmente em Roma, é uma nova instituição. Essa nova instituição é a organização de algo que é como uma ordem e como uma categoria particular da vida do cristão, ou antes, da vida do que vai se tornar cristão: ser catecúmeno[2].

Quando digo que é uma instituição totalmente nova, é claro que não estou sendo totalmente exato. É menos a formação *ex abrupto* de uma instituição do que a reorganização, a regulação autoritária das práticas de catequese e de preparação para o batismo de que havia falado. Mas, ao mesmo tempo, essa institucionalização é apesar disso bem nítida historicamente e tem certo número de consequências importantíssimas. Razões dessa institucionalização da categoria, da ordem dos catecúmenos neste fim do século II? Os historiadores lhes darão uma porção delas, [que eles] apoiarão com um monte de documentos[3]. Eu me contento com assinalá--las rapidamente. Claro, primeiro, com a difusão do cristianismo, é o afluxo dos postulantes, e quem diz postulantes diz, é claro, debilitação da intensidade da vida religiosa, debilitação também do rigor moral. Em segundo lugar, a existência e o fortalecimento, a partir de meados do século II, das perseguições, com tudo o que isso representa, é claro, de possibilidades de abandono do cristianismo por parte de certo número de cristãos não suficientemente preparados, não suficientemente formados e armados. Em terceiro lugar, a existência de um debate com os pagãos, com o paganismo; e necessidade, por conseguinte, para todos os que são cristãos, de poder apresentar, em face dos pagãos (com os quais aliás o diálogo não é necessariamente e sempre agressivo nem de contestação), ao mesmo tempo uma doutrina bem formada e modos rigorosos. Rivalidade, também, com outros grupos ou outras seitas, seja cristãos, seja paracristãos, que se orgulham do seu valor e do seu rigor moral. Importância também do modelo das religiões de mistério, nas quais a regulação dos procedimentos iniciáticos era fortíssima. E, enfim, claro, luta no próprio interior do cristianismo ou nas fronteiras imediatas do cristianismo contra as heresias, que requer algo como a organização de um catecumenato, para dar aos cristãos uma formação mais rigorosa que permita não cair na heresia e não se deixar seduzir pelos heréticos. Necessidade também de se demarcar, nessas heresias que são, em sua extrema maioria, de inspiração dualista e gnóstica, de todos esses movimentos que, justamente, tinham por característica dar um privilégio fundamental à gnose (entendida, então, no sentido de conhecimento), fazendo da iniciação à verdade, fazendo da conversão à verdade, fazendo da iluminação, fazendo da reminiscência pela alma da sua verdadeira natureza e da sua verdadeira origem o ponto fundamental da existência cristã. Em relação a todos esses movimentos que privilegiavam de forma bem característica o lado propriamente iniciação à verdade, necessidade de organizar um catecumenato em que a iniciação à verdade será articulada sobre toda uma série de preparações morais, de exercícios de si sobre si, que são precisamente aqueles a que Tertuliano aludia.

Ah, falando nisso, tenho de pedir mil desculpas porque, outro dia, encontrei em meus papéis que eu tinha anotado que o texto de Tertuliano sobre o *De baptismo* era um texto polêmico contra um grupo de filiação gnóstica e eu disse que eram os nicolaítas[4]. Vocês certamente retificaram o erro, era um grupo de cainitas[5]. Eu disse cá comigo: como não se sabe grande coisa sobre os nicolaítas, pode ser que eles fizessem as mesmas objeções ao batismo que os cainitas. Em todo caso, eram cainitas. Desculpem-me por esse erro.

Em todo caso, por todas essas razões, a partir do fim do século II é organizado um catecumenato que vai ser um tempo de preparação regulamentado e controlado para a existência cristã e, mais precisamente, um tempo de preparação regulamentada e controlada para o próprio batismo. E nesse catecumenato, a catequese e a pedagogia da verdade vão estar associadas à preparação moral e a exercícios, com, ao longo de todo esse catecumenato, procedimentos destinados a manifestar, a autenticar, a verificar o processo de transformação da alma que o batismo arrematará, que o batismo sancionará e que o batismo completará finalmente pela remissão das faltas[6].

Não quero expor para vocês o que era o catecumenato. Queria simplesmente salientar, nessa instituição do catecumenato, o que concerne ao "diz-me o que tu és", que eu lhes dizia ser, afinal, aquilo cuja história eu gostaria de fazer, de pelo menos esboçar. Quais eram os procedimentos de verdade que ritmavam o percurso do catecúmeno? Quais eram as provas de verdade a que ele era submetido entre o momento em que postulava o batismo e o momento em que, efetivamente, era batizado? Temos um texto bem explícito a esse respeito, um texto de santo Hipólito que deixou um certo número de regras e de cânones destinados, precisamente, aos que deviam gerir as comunidades cristãs e que explicavam de que deviam ser compostas essa vida e esse procedimento do catecumenato. Então, dois textos de santo Hipólito: o mais antigo e o único realmente autêntico é *a Tradição apostólica*[7]. Os chamados *Cânones*[8] de santo Hipólito são um pouco mais tardios; eles dão mais ou menos os mesmos ensinamentos, apenas com outras ênfases. Nessa *Tradição apostólica*, que data de fato da época de Tertuliano, [na] virada dos séculos II-III, o que se diz a respeito da vida dos catecúmenos, ou antes, acerca das provas de verdade a que são submetidos?

Primeiro, quando alguém quer se tornar cristão, solicita entrar na categoria dos catecúmenos. Mas antes de ser aceito como catecúmeno, essa pessoa tem, diz o texto, "de ser levada aos doutores antes de o povo chegar"[9]. Isso significa que o que vai se desenrolar agora não deve ser público. É algo que deve ocorrer entre o postulante, os doutores que são responsáveis pelo ingresso na ordem dos catecúmenos e, como vocês vão ver, algumas outras pessoas. Portanto, reunião semissecreta, em todo caso, não-pública. Nessa reunião, pergunta-se aos que postulam se tornar catecúmenos qual "a razão pela qual buscam a fé"[10]. Os que os trazem, isto é, uma espécie de testemunhas, padrinhos, patronos, têm de "testemunhar a respeito deles", para que se saiba se vão mesmo ser capazes de escutar. "Examina-se também sua maneira de viver[11]". Procura-se saber, pergunta-se a eles se têm mulher, se são escravos, se são livres. Devem-se colher informações sobre o ofício e a profissão dos que são trazidos para ser instruídos, por causa de um certo número de incompatibilidades profissionais que, naquele momento, eram muito importantes no recrutamento dos cristãos, ou antes, na definição da regra de vida cristã (não podia, evidentemente, ser cristão quem fosse soldado ou ator ou prostituta ou, evidentemente, professor)[12]. Portanto, procedimento de interrogatório-exame*.

É a partir de então, e somente de então, que o catecúmeno, enfim, quem postula se tornar cristão será considerado um ouvinte. E, durante um certo número de meses ou até de anos – isso durava, conforme o caso, de dois a três anos[13] –, os ouvintes, os *audientes*[14], deviam levar uma vida

---

* O manuscrito acrescenta:
"Um pouco mais tarde, no decorrer do século III, parece que se estabeleceu uma prática de que Hip[ólito] não fala, mas de que santo Agostinho dá testemunho, a saber, uma certa solenidade quando do ingresso no catecumenato, com imposição das mãos e sopro no rosto, i.e., ritos de exorcismo, de expulsão dos espíritos."

que obedecesse a um certo número, se não de regras, pelo menos de imperativos e de injunções. Tratava-se, é claro, de se iniciar nas verdades da fé e nas regras da vida cristã, mas também era preciso fazer um certo número de coisas características dessa vida de preparação, dessa vida de purificação e de exercícios de que Tertuliano falava. E é ao fim desses dois ou três anos de preparação e de exercícios de iniciação à verdade e de formação para a vida cristã, que se produzia um segundo exame-questionário que tinha mais ou menos a mesma forma do precedente mas que, desta vez, não era voltado para a vida anterior do catecúmeno, e sim para aquele período. E, sempre em *A tradição apostólica* de Hipólito, lê-se o seguinte: "Uma vez escolhidos os que são postos à parte para receber o batismo" – isto é, no fim do período durante o qual eles foram ouvintes, seleciona-se um certo número deles, que são considerados capazes de receber o batismo –, "examina-se a vida deles"[15], fazendo-lhes perguntas e também se informando com os que se responsabilizam por eles, que são de certo modo suas testemunhas, seus patronos, seus padrinhos: "Viveram piamente durante o tempo em que eram catecúmenos? Honraram as viúvas? Visitaram os enfermos? Praticaram as boas obras?"[16] E os que os levaram, isto é, os que são portanto os patronos-padrinhos, deverão nesse momento dar testemunho da vida dos ouvintes[17]. Novo questionário-exame, portanto, novo questionário-prova que possibilita escolher os que vão ser efetivamente batizados e os que, deixando de ser simples ouvintes, são agora considerados eleitos ou competentes, *electi* ou *competentes*[18]. Esses vão passar durante certo tempo, algumas semanas geralmente, vão passar por uma preparação mais intensa, preparação assinalada por toda uma série de práticas ascéticas (preces, jejuns, vigílias, genuflexões)[19] cujo rigor é destinado a provar a autenticidade da fé[20].

É esse período, período particularmente duro que em geral termina na Páscoa (dura geralmente da quarta-feira de Cinzas à Páscoa), e constitui o que são João Crisóstomo chamava de tempo da "palestra"[21], o tempo do exercício, durante o qual o catecúmeno deve se tornar um "atleta", um atleta da vida cristã. E era ao cabo desse tempo da palestra, logo geralmente, creio eu, o sábado da Páscoa ou o dia da Páscoa*, que o catecúmeno era batizado; cerimônia [no decorrer da qual] ele se submetia a um exorcismo. *A tradição apostólica* de santo Hipólito explica a coisa da seguinte maneira: quando o dia do batismo se aproxima – parece portanto que é na antevéspera ou na própria véspera do batismo –, o bispo exorciza cada um dos catecúmenos a fim de poder reconhecer se eles estão puros. E se encontrarmos [um] que esteja impuro, então que ele seja afastado,

---

* Foucault acrescenta: vocês vão me dizer que isso tem a sua importância

porque não está suficientemente apegado à palavra da doutrina de fé[22]. Que o batismo não possa se desenrolar sem uma prova de exorcismo é algo que santo Hipólito atesta, mas que vamos encontrar durante séculos e séculos. Ainda no início do século V, santo Agostinho, no sermão 216[23], que se dirige precisamente aos *competentes*, isto é, aos que vão receber o batismo, diz como as coisas vão se desenrolar e descreve assim a cerimônia: o postulante, diz ele – parece que o exorcismo, [aqui,] está diretamente incorporado à cerimônia do batismo propriamente dita, que há portanto um deslocamento e como que uma integração do exorcismo no próprio batismo –, o postulante se despoja do cilício, põe os pés em cima do cilício de que se despojou (despojamento da veste que significa, claro, por um lado, o despojamento do velho homem, mas que é um rito tradicional do exorcismo e da expulsão dos espíritos)[24]. O bispo, nesse momento, pronuncia imprecações para enxotar Satanás, e o fato de o catecúmeno poder ouvir essas imprecações sem reagir, sem se mexer, sem se agitar, prova que o espírito do mal não é mais senhor da sua alma e que, por conseguinte, ele pode receber o batismo. E o bispo pronuncia esta frase bem característica: "*Vos nunc imunes probavimus*"[25] – e agora pusemos à prova, provamos, mostramos que vocês são puros.

Esse exorcismo, a meu ver, é muito importante. Não se deve compreendê-lo como o exorcismo será compreendido, utilizado e exercido posteriormente. Não se trata exatamente de libertar alguém cuja alma e cujo corpo seriam possuídos por forças espirituais malignas que [neles] teriam se introduzido e agiriam no lugar e contra a vontade deles. Não se trata do exorcismo dos energúmenos, que existia na época e que é próximo, mas apesar disso bem diferente[26]. Nesse exorcismo batismal que Hipólito atesta, mas também Tertuliano[27], Quodvultdeus[28] e todos os que expuseram o que era o batismo nos cinco ou seis primeiros séculos do cristianismo, trata-se de um rito, diria eu, de despossessão, mas no sentido quase jurídico de desapossamento. Ou seja, trata-se de expulsar uma potência e substituí-la por outra. Tornamos a encontrar aqui a ideia que evoquei da última vez a propósito de Tertuliano: desde a queda e a falta de Adão, a alma do homem tornou-se propriedade, império, sede, igreja mesmo de Satanás. A alma se tornou sua propriedade e, por conseguinte, correlativamente, o Espírito Santo não poderá jamais baixar numa alma enquanto a despossessão não for realizada, enquanto o inimigo ainda tiver do domínio, o direito, de certo modo o exercício da soberania sobre a alma do homem. O Espírito Santo e o Espírito Maligno não podem [co]existir no interior de uma só e mesma alma. É o que Orígenes explica no capítulo 6 da *Homilia sobre os Números*: um tem de partir para o outro chegar[29]. Portanto, nesse sentido o exorcismo é efetivamente um rito de expulsão, de saída, de despossessão, um rito de passagem de soberania.

Mas o exorcismo [também] é outra coisa. Transferência de soberania, substituição de uma soberania por outra, mas também prova de verdade porque, escorraçando, expulsando, o exorcismo purifica.

Ele purifica, autentica, e isso em dois sentidos. Por um lado, ele entrega a alma ao proprietário desta, a seu autêntico dono e, por outro, mostra que a alma efetivamente, verdadeiramente se desprendeu dos antigos vínculos que a mantinham presa. O exorcismo, ao se desenrolar, expulsa o espírito e mostra que o espírito foi efetivamente expulso. A comparação tradicional, a propósito desse exorcismo, é a prova de fogo à qual é submetido um metal. A alma de quem vai ser batizado, a alma do catecúmeno passa através do exorcismo como um metal através do fogo, o qual fogo possibilita separar os elementos impuros do metal em sua pureza mesma*[30]. Operação de compartilhamento, por conseguinte, operação de purificação real e, ao mesmo tempo, prova da autenticidade do metal, [que permite verificar]** que, por exemplo, a moeda que é submetida a essa prova de fogo era mesmo o que devia ser. O exorcismo é portanto esse fogo como purificação e como prova de verdade. Encontramos aí, ligeiramente transposta, combinada com o tema, dificílimo de resto, do batismo pelo fogo[31], a ideia formulada por Tertuliano no *De paenitentia*, de que a penitência devia ser uma espécie de moeda, com a qual não era verdade que se comprava exatamente o resgate, mas que servia para ser submetido a uma prova quem a recebia (no caso, Deus) e que podia, assim, verificar se o metal que lhe davam, se a moeda que lhe passavam era de fato autêntica.

O exorcismo é portanto purificação ao mesmo tempo que expulsão. Que ele é mesmo isso, provam os nomes que lhe são dados. Esse exorcismo batismal (e ele será praticado até a alta Idade Média) é o que chamam de *scrutamen* ou *examen*, escrutínio ou exame. E nos dois textos do fim do século IV, é nesses termos que se fala desse exorcismo. No sermão do bispo de Cartago, Quodvultdeus, que é contemporâneo de santo Agostinho, diz-se acerca desse exorcismo: "Celebra-se sobre vós o exame," – Quodvultdeus se dirige aos catecúmenos – "e o diabo é extirpado do vosso corpo, enquanto Cristo, ao mesmo tempo humílimo e altíssimo, é invocado." Pedireis então, diz o bispo aos catecúmenos, no momento em que o exorcismo é praticado sobre vós: "*Proba me, Domine, et scito cor meum*", prova-me, Senhor, e conhece meu coração[32]. E santo Ambrósio, na *Explanatio symboli*, se é que esse texto é mesmo dele (mas, de todo modo, data do mesmo período)[33], diz: "No *scrutamen*, procura-se saber se há alguma

---

* O manuscrito (fol. 15) precisa: "Assim *Protocatequese* de Cirilo de Jerus[além], VI" (o título exato é *Procatequese*, [ΠΡΟΚΑΤΗΞΗΣΙΣ ἤτοι πρόλογος τῶν Κατηχήσεων]).

** M. F.: prova

impureza no corpo do homem" – aí, ele emprega *scrutamen* no sentido banal, não religioso, de exame: é o exame médico –; "do mesmo modo, no exorcismo inquire-se sobre a santificação (*sanctificatio inquisita*, diz ele) não só do corpo, mas também da alma."[34]

Portanto, vocês estão vendo que temos, no decorrer dessa preparação para o batismo que caracteriza a existência do catecúmeno, duas grandes séries de provas de verdade: por um lado, o questionário-pesquisa dirigido ao postulante ou a suas testemunhas, e depois essa prova de verdade em que o exorcismo consiste. Ainda há outras, sobre as quais passarei mais rapidamente, vocês vão ver por quê. De fato, uma terceira prova de verdade se situa no próprio momento do batismo, quando constitui, de certo modo, o acabamento e o coroamento do rito. É no exato momento em que o postulante vai ser batizado – no momento, portanto, em que vai se fazer a epiclese[35] dos três nomes que vão garantir, efetuar a descida do Espírito Santo, [faz-]se ao catecúmeno as três perguntas: Crês no Pai? Crês no Filho? Crês no Espírito Santo? E a cada uma dessas perguntas ele deve responder, é claro, "Sim, creio", e cada vez é imerso na água[36]. É nessa profissão de fé como ato de verdade que se encerra o ciclo das provas de verdade no decorrer da existência do catecúmeno. A profissão de fé é o ato mais essencial, mais constante, mais arcaico, o ato primeiro de verdade na organização da existência cristã. Aquilo por meio do que alguém se torna cristão é essa profissão de fé. Nós a encontramos aqui como a tínhamos encontrado antes mesmo do exercício do catecumenato.

E depois há uma quarta prova de verdade, um quarto procedimento, cujo estatuto, cujo sentido, cuja existência é muito mais problemática, mas veremos (vou lhes explicar na próxima aula) a importância que ela adquiriu: se trata, é claro, do problema da confissão sacramental dos pecados. Havia confissão sacramental dos pecados na existência do catecúmeno? Devia ele se submeter a essa prática que virá a ser a prática tão complexa do exame de consciência, do trabalho de memória de si sobre si, da recapitulação das faltas, do reconhecimento destas com as penitências relacionadas a tudo isso? Na verdade, é difícil saber, simplesmente por uma questão de palavra. É que, por um lado, como vocês sabem, *paenitentia* traduz a palavra grega μετάνοια[37] e, por conseguinte, não designa a penitência ritual, canônica, eclesial, tal como será entendida a partir de certo momento. Quando se encontra a palavra *paenitentia* nos textos dessa época, deve-se pensar que se trata da conversão e não da penitência. E, depois, a palavra que se traduz em francês por *"aveu"** é uma palavra sobre a qual precisaremos voltar – voltarei da próxima vez –, a palavra exo-

---

* Traduzimos aqui, geralmente, a palavra *aveu* por "reconhecimento das faltas", deixando "confissão" para a confissão sacramental, penitencial. (N. do T.)

mologese, que quer dizer simplesmente "reconhecer". É certo que nos textos, pelo menos desde Tertuliano, sempre se diz que o catecúmeno deve reconhecer seus pecados: *exomológesis*, palavra grega que às vezes os autores latinos retomam tal qual e que também traduzem por *confessio*, mas que não quer dizer necessariamente um reconhecimento das faltas. Parece que, de fato, quando falam desse reconhecimento, os autores se referem muito mais a um ato em forma de oração, uma espécie de discurso que se dirige a Deus, no qual o catecúmeno reconhece efetivamente, não tanto os pecados que cometeu, mas o fato de que é pecador ou o fato de que cometeu muitos pecados. É sem dúvida esse o sentido que se deve dar ao texto de Tertuliano, no capítulo 20 do *De baptismo*, quando diz que os que vão ter acesso ao batismo devem "invocar Deus por meio de preces fervorosas, jejuns, genuflexões", e que também se prepararão para isso "*cum confessione omnium retro delictorum*", com a confissão de todos os seus pecados passados[38]. Mas o que quer dizer essa confissão de todos os pecados passados, senão que é preciso reconhecer diante de Deus, humildemente, por atos de prece e de oração, que se é efetivamente um pecador? É mais tarde, quando, justamente, tiver sido organizada a penitência, como ato destinado ao resgate de certos pecados depois do batismo, na época de santo Agostinho portanto, que encontraremos essa ideia de uma confissão verbal dirigida a alguém, ao sacerdote ou ao bispo[39] [...].

Se insisti um pouco demoradamente sobre essas práticas do catecumenato foi por um certo número de razões. Primeiro, vocês estão vendo que essa instituição do catecumenato não passa, no fundo, da aplicação dos princípios que víamos formulados em Tertuliano, a saber, a exigência de não conduzir a alma à verdade sem que tenha pago, como condição ou como preço desse acesso à verdade, a manifestação da sua própria verdade. A verdade da alma é o preço que a alma paga para ter acesso à verdade: é esse princípio, formulado por Tertuliano, que vemos aplicado aqui. Em linhas gerais, se preferirem, o tema: o ser que é verdadeiro só se manifestará a ti se manifestares a verdade que tu és. É esse, a meu ver, o ponto em que vemos ser cravado este princípio tão fundamental que é o "diz-me quem tu és".

Outra razão pela qual insisti um pouco sobre esses procedimentos próprios do catecumenato é que, como vocês veem, o princípio do "diz-me quem tu és" ou o princípio de "só irás à verdade se manifestaste a verdade do que tu és", logo tomou corpo, a partir do século III, no interior de técnicas bem precisas, bem concretas, de manifestação da verdade. Talvez, portanto, a confissão-reconhecimento das faltas (mais uma vez, voltaremos sobre isso), a profissão de fé, prática já tradicional no cristianismo, mas também a prova da disjunção no exorcismo e no interrogatório-investigação: todo um conjunto de procedimentos específicos para fazer aparecer a verdade da alma, e todos eles perfeitamente diferentes, vocês estão vendo, dos procedimentos pedagógicos ou iniciáticos que a Antiguidade podia conhecer e que tinham por função conduzir a alma à verdade e à luz.

Mas há outra razão pela qual eu queria insistir sobre essas práticas, essas provas de verdade no catecumenato: é que, a partir daí e através desse exercício e do desenvolvimento dessas práticas, creio que podemos ver uma nova maneira de pôr a ênfase neste ou naquele elemento da teologia do batismo, isto é, da teologia da remissão dos pecados e da salvação. Bem rapidamente direi o seguinte. Desde o início da prática batismal, vocês se lembram, vimos que o batismo estava vinculado ao tema da regeneração. O batismo faz renascer, o batismo assegura uma palingenesia ou uma anagênese[40]. Ele faz renascer, ele constitui um segundo nascimento, ou seja, depois, de certo modo, de uma primeira vida, que era aliás a vida da morte, a vida do caminho para a morte, começa com o batismo uma segunda vida. Você nasce com um novo pai, nasce numa relação de filiação, não mais a nossos pais carnais, mas ao Pai que é o senhor de todas as coisas, o próprio Deus. Logo, a ideia de uma segunda vida. Entre a primeira e a segunda vida se situa o batismo. Mas esse batismo não passa, no fundo, do ato de transferência de uma vida a outra ou de um nascimento a outro. A partir do século III, vocês veem se desenvolver um tema que, em certo sentido, nos aparece como o desenvolvimento quase lógico e natural, pelo menos no que se refere à Escritura e à tradição do ensino cristão, mas que não estava explicitamente presente e, para dizer a verdade, estava em geral ausente dos textos do século II. Simplesmente porque, se o batismo é o que faz passar de uma vida a outra (e o que é o batismo, senão a morte?), é preciso que tenha ocorrido entre [uma] e outra, algo como a morte, para poder passar da primeira à segunda. Digamos, se preferirem, que havia pelo menos uma certa tendência, no cristianismo dos séculos I e II, a articular uma vida a outra, uma primeira vida, que era vida de morte, a uma outra vida, que era a verdadeira vida, já que era a vida da própria vida. Mas o momento do batismo não era o momento da morte. A partir do século III e, por um retorno a um certo número de temas que se encontram em são Paulo – é o problema do renascimento do paulinismo[41], a lição de são Paulo a partir do século III –, o batismo se define como uma espécie de dar a morte, como [um] sepultamento*, como uma espécie de repetição para o próprio homem do que foi para Cristo sua paixão, sua crucifixão e seu sepultamento[42]. A água do batis-

---

* O manuscrito acrescenta: "ao fim do qual há a ressurreição."

mo, na qual o batizado é mergulhado, é a água da morte. A piscina na qual ele é posto é o túmulo de Cristo.

Esse modelo vocês vão encontrar pela primeira vez de forma explícita em Orígenes, [que] emprega para designar a água do batismo e a piscina do batismo o termo de túmulo*[43]: é um túmulo no qual devemos morrer. Por conseguinte, essa segunda via que nos é dada pelo batismo é na realidade muito mais uma ressurreição, no sentido estrito do termo. E se o batismo é uma morte, o que vai ser a preparação para o batismo, senão uma forma, não tanto de nos preparar para a morte, quanto de começar a exercer sobre nós mesmos essa morte, uma certa maneira de morrer voluntariamente para nossa vida anterior? A preparação para o batismo, entendida como exercício, deve ser não tanto (ou tão somente) uma preparação para a verdadeira vida eterna, quanto uma empreitada de mortificação. É interessante ver [como] Orígenes, por exemplo, [reinterpreta a travessia] do mar Vermelho. Vocês sabem que, [de acordo com] a tipologia tradicional do batismo, [este] estava para a vida de um cristão assim como o mar Vermelho, que havia separado os hebreus que voltavam para a sua pátria dos egípcios que os perseguiam[44]. Portanto, a tipologia do mar Vermelho** dá efetivamente ao batismo esse significado de separação de uma terra [de] outra, de uma vida [de] outra. Mas Orígenes retoma o assunto e diz: o batismo, claro, é a travessia do mar Vermelho, mas também é a longa travessia do deserto que se seguiu à do mar Vermelho, quando os hebreus quase morreram de fome e sede no deserto do Sinai[45]. E, por conseguinte, é essa mortificação que constitui, agora, o essencial do sentido do batismo. O velho tema que encontrávamos na *Didakhé*, fim do século I, início do século II, esse velho tema dos dois caminhos, o caminho da vida e o caminho da morte, esse velho tema se desdobra. Não se trata simplesmente de escolher, em vez do caminho da morte, o caminho da vida. É preciso morrer para o caminho da morte a fim de poder reviver.

E, com isso, as provas de verdade vão tomar seu sentido do seguinte modo: trata-se de autenticar a mortificação em que deve [consistir] o caminho rumo à verdade. Vai-se à verdade, vai-se à vida da verdade, vai-se à verdade que é vida, e vida eterna, por um caminho que é de mortificação, e vocês entendem bem por que a autenticação desse caminho de mortificação tem que ser, de certo modo, específico e autônomo em relação ao que vai ser o acesso à própria verdade. Deves conhecer em ti, tu que

---

* (a) o manuscrito (fol. 22) precisa: "Homilia sobre o Êxodo", e acrescenta, depois de algumas palavras ilegíveis: "Ser sepultado com Cristo, sacramento do 3º dia".

(b) Foucault indica também, no verso da mesma folha do manuscrito: "Ambrósio, De sacramentis, 3".

** Foucault acrescenta: em relação ao batismo

postulas a verdade, o que assegura a tua mortificação. A vida, tu a conhecerás depois.

Segundo deslocamento de ênfase na teologia batismal: ele concerne, claro, ao problema da falta. Eu já o havia assinalado a propósito de Tertuliano e da queda, da nódoa. Tertuliano recentra, a meu ver, esse tema da queda e da nódoa em torno, primeiro, do princípio de uma transmissão, de uma transmissão em cadeia, de uma transmissão de geração em geração desde Adão até agora por intermédio do sêmen, e, mais uma vez, Tertuliano é o inventor do pecado original[46]. Logo, ele recentra a ideia da nódoa em torno dessa transmissão precisa de uma falta pelo sêmen e também em torno dessa ideia de que a falta original não se manifesta tanto pelo fato de que a alma é impura, manchada, maculada, quanto pelo fato de que a alma caiu sob o poder do demônio e que o demônio passou a exercer sobre a alma seu domínio e que, portanto, é preciso desapossá-lo dela. Pois bem, a teologia da falta, nos séculos III e IV, e por conseguinte a teologia do batismo vai estar cada vez mais ligada a essa ideia de uma ação do demônio. Cruzamos aí com outro processo igualmente complexo e fundamental na história do cristianismo, que foi a prodigiosa invasão da demonologia no pensamento e na prática cristãos a partir do século III, mas somente a partir do século III. Portanto, a falta é o triunfo de Satanás, e a purificação em relação à falta não pode deixar de assumir o aspecto de um combate, de uma luta permanente e a renovar sem cessar contra Satanás, que estabeleceu seu poder e sua presença na alma e que, é claro, vai renovar seus assaltos para retomar posse da alma, tanto mais quanto mais a alma tentar escapar-lhe. Quanto mais um se torna cristão, mais está exposto aos assaltos do diabo. Quanto mais um é cristão, mais está numa posição perigosa (lembrem-se do que eu lhes dizia da última vez a propósito do medo, *metus*, que é tão fundamental nas concepções de Tertuliano). E, por conseguinte, aquilo a que deve ser consagrada não só a vida do postulante ao batismo, mas também a vida do batizado é essa luta incessante contra esse outro que está em nós, contra esse outro que está no fundo da alma. E, por conseguinte, o caminho rumo à verdade deve passar por essa expulsão do outro, e deve passar também por toda uma série de provas de verificação para saber se o outro continua lá, em que ponto está a luta contra esse outro e se somos capazes de resistir a novos assaltos desse outro quando ele voltar em nós*[47].

A morte como forma, tipo fundamental do batismo, o outro em si e no fundo de si mesmo como princípio fundamental da falta, tendo como

---

* O manuscrito (folha não numerada) acrescenta: "Santo Agostinho: pia correctio et vera confessio, De Bapt[ismo] I, 12-18".

terceiro deslocamento, como terceira mudança de ênfase (que é, de certo modo, a consequência daqueles), que o próprio efeito do batismo deve ser repensado. Há certeza de que havia na teologia do batismo dos dois primeiros séculos uma certa tendência a considerar que, com o batismo, aquele que o havia recebido entrava – e entrava definitivamente, de uma vez por todas – no caminho da vida e da verdade. No fundo, o batismo consagrava seres perfeitos e, em todo caso, os introduzia numa vida de perfeição. É todo esse problema dos eleitos e dos perfeitos que coincide, também nesse caso, com outros problemas e em que a gnose e o dualismo se encontram como a alternativa, o ponto de ruptura, o ponto de diálogo, de contestação, de reavaliação e de delimitação do cristianismo por ele mesmo. A esse problema do batismo constituinte dos eleitos e dos perfeitos que continuavam eleitos e continuavam perfeitos, o cristianismo respondeu distinguindo duas coisas: o resgate das faltas passadas, que é, de fato, constituído, assegurado pelo próprio batismo, e uma salvação que só será dada no fundo da vida do cristão, caso ele não houver recaído. De sorte que vocês encontram em Orígenes fórmulas que, do ponto de vista da ortodoxia, são evidentemente muito duvidosas e recendem a heresia, já que ele fala de dois batismos[48]. Há um que recebemos na terra, mas é uma espécie de batismo provisório e como que dependente de um segundo batismo que ocorrerá quando morrermos e pudermos efetivamente ter acesso a essa vida de perfeito, a essa vida de eleito que não pode ter lugar na terra[49]. De modo que, como vocês estão vendo, em vez de ser o que introduz de uma maneira solene e definitiva à verdadeira vida, o batismo, com tudo o que ele comporta de mortificação e de luta com o outro, de expulsão do outro, deve se tornar uma espécie de modelo permanente da vida. Vivemos de certo modo perpetuamente, até a morte, em instância de batismo, tendo de nos purificar, tendo portanto de nos mortificar e de lutar contra o inimigo que está no fundo de nós mesmos. Mortificação e luta contra o inimigo, luta contra o outro não são episódios transitórios que cessariam quando somos batizados. Até o fim da vida neste mundo, até o fim desta vida que é sempre uma vida de morte, temos, teremos de nos mortificar e nos desfazer do jugo e dos assaltos de Satanás. Mesmo batizados, devemos lutar contra Satanás até o momento da libertação final. E, claro, necessitamos para isso de provas constantes de verdade. Necessitamos incessantemente autenticar o que somos. Necessitamos nos vigiar, fazer vir a nós a verdade mesma e oferecer aos que nos veem, aos que nos vigiam, aos que nos julgam e que nos guiam, temos portanto de oferecer aos pastores a verdade do que somos. Vocês estão vendo que se incrusta aí, ainda mais solidamente que nas concepções de Tertuliano, a ideia de que deve haver, nessa relação entre a subjetividade e a verdade, dois tipos de relações bem diferentes e que é preciso encadear uma à outra, articular uma na outra, mas que não se deve confundir, como se constituíssem uma só e mesma coisa: a relação com a verdade que nos é prometida pelo batismo e a relação com a verdade de nós mesmos, que temos de produzir a cada instante, em referência a duas coisas: por um lado a morte, por outro lado a presença do outro.

Mortificar-nos e debater-nos com o outro: a introdução desses dois elementos que são completamente alheios à cultura antiga – mortificação e relação do outro em si mesmo –, creio que é aí que o problema da subjetividade, o tema da subjetividade e [do vínculo] subjetividade-verdade sofre completa reviravolta [em relação à]* cultura antiga.

Acrescentarei uma palavra. Vocês veem que esse problema das relações subjetividade-verdade foi reelaborado, rearranjado, renovado inteiramente, a meu ver, por volta do século III, em torno de um problema que é simplíssimo: [não] o problema da identidade do indivíduo, [mas] ao contrário [o] da conversão. Como nos tornarmos outro? Como deixarmos de ser quem somos? Como, sendo quem somos, nos tornarmos totalmente diferentes? Como, estando neste mundo, passar a outro? Como, estando no erro, passar à verdade? Foi nesse problema da conversão, isto é, da ruptura de identidade, que se estabeleceu para nós o problema das relações entre subjetividade e verdade. Vocês dirão que esse [tema] da conversão, como forma fundamental da relação entre subjetividade e verdade, não foi o cristianismo que inventou. Ele já existia, é claro, como problema fundamental na cultura antiga. Também o encontraríamos em outras culturas, e no entanto não quero fazer dele um universal. Não quero dizer que, em todas as culturas, quaisquer que sejam, o problema das relações entre subjetividade e verdade adquire necessariamente a forma da conversão ou nasce do problema da conversão como descontinuidade reveladora de um indivíduo. Em todo caso, encontramos em toda uma série de culturas esse tema da conversão como sendo a condição segundo a qual a subjetividade pode ter acesso à verdade; [a questão] é saber como essa relação é pensada. Ela pode ser pensada na forma do transe, na forma da captura do indivíduo por potências superiores. Pode ser pensada na forma do despertar. Pode ser pensada na forma do sonho. Pode ser pensada na forma da memória e do reencontro de si consigo (é o que eu lhes dizia a propósito dos temas platônicos). No cristianismo – e creio que está aí uma coisa única no campo das culturas e das civilizações que podemos conhecer –, essa conversão como relacionamento da subjetividade com a verdade é, a partir de certo momento, pensada a partir da morte, da morte como

* M. F.: na

exercício de si sobre si, isto é, da mortificação. Ela é pensada a partir do problema do outro, do outro como aquele que se apossou do poder em nós mesmos. E por conseguinte, e enfim, essa conversão, esse relacionamento da subjetividade com a verdade – terceiro ponto, a meu ver, fundamental e característico da nossa civilização cristã, ao lado do relacionamento com morte e do relacionamento com o outro – requer a provação, a prova, pôr em jogo a verdade de si mesmo.* Em outras palavras, só podemos ir à verdade, só pode haver uma relação entre subjetividade e verdade, a subjetividade só pode ir à verdade, a verdade só pode produzir seus efeitos na subjetividade se houver mortificação, se houver luta e combate com o outro e se manifestarmos a nós e aos outros a verdade do que sabemos. Relação consigo, relação com a morte, relação com o outro, é tudo isso que está se estabelecendo nos textos de Tertuliano e nessas novas práticas do catecumenato. Bom, chega por hoje.

---

* Foucault renuncia, por falta de tempo, a pronunciar o importante desenvolvimento que prolongava estas últimas observações e ocupa as três últimas folhas (não numeradas) do manuscrito da aula:

"b – Ela [a conversão] não pode ser feita sem uma disciplina que permita provar, autenticar a verdade dessa conversão à verdade. → prática penitencial.
c – Enquanto a conversão antiga qualifica os homens para governar (Platão) ou os coloca numa posição de exterioridade ou de indiferença em relação à vida da cidade, a conversão cristã vai estar ligada a toda uma prática e a toda uma arte de governar os homens, ao exercício de um poder pastoral.
O paradoxo de uma forma de poder que tem por destinação se exercer universalmente sobre todos os homens na medida em que eles têm de se converter, i.e., ter acesso à verdade, por uma mudança radical e [fundamental][a], que deve se autenticar manifestando a verdade da alma. Governar o ser-outro pela manifestação da verdade da alma, para que cada um possa fazer sua salvação.
O que é a inversão do problema de Édipo, em que se tratava de salvar a cidade inteira, voltando por [um longo][a] procedimento de pesquisa acerca da identidade do rei. Identidade no sentido forte: o assassino e o filho, o esposo e o filho, o rei e o culpado, aquele que consulta o oráculo e aquele de que fala o oráculo, aquele que vai de Tebas a Corinto e aquele que de lá volta, aquele que foge dos seus pais de Corinto e reencontra seus pais em Tebas.
Isso tudo era o rei. E é [pela] descoberta dessa identidade do indivíduo régio que se efetua a salvação de todos.
O cristianismo assegura a salvação de cada um autenticando que eles de fato se tornaram outros. A relação governo dos homens/manifestação da verdade inteiramente refeita. O governo pela manifestação do Outro em cada um.
Diz-se que o cristianismo retém os homens prometendo-lhes um outro mundo ilusório → sono e ideologia.
Na verdade, o cristianismo governa formulando a questão da verdade a propósito do devir outro de cada um."

a. Conjecture; lecture incertaine.

*

NOTAS

1. Cf. *supra*, aulas de 30 de janeiro e 6 de fevereiro, pp. 76-8 e 92-4.
2. Cf. A. Turck, "Aux origines du catéchuménat", *Revue des sciences philosophiques et théologiques*, t. 48, 1964, pp. 20-31; reed. *in* E. Ferguson, ed., *Conversion, Catechumenate and Baptism in the Early Church*, Nova York-Londres, Garland, 1993, pp. 266-78.
3. *Ibid.*, p. 29: "[A institucionalização do catecumenato] decorre [...] de toda uma série de causas conjugadas: debilitação do fervor inicial, apostasia de alguns, ofensiva sempre ativa do paganismo, influência das heresias."
4. Cf. *supra*, aula de 13 de fevereiro, p. 109 e nota 7.
5. Sobre os "cainitas" (ou "cainianos"), ver a introdução de R.-F. Refoulé para o *Tratado do batismo* de Tertuliano, ed. citada, pp. 10-1: "[Eles levavam] a seus extremos limites [...] os princípios fundamentais do gnosticismo: a oposição entre o deus criador e o deus redentor, entre a alma e o corpo. Assim, não hesitaram em reabilitar os personagens mais abomináveis do Antigo Testamento, a começar por Caim (daí o nome deles) [...]"
6. Cf. A. Turck, "Aux origines du catéchuménat", art. citado, p. 27, que define assim essa "instituição bem precisa": "instituição da Igreja que visa a preparar para o batismo em comum os que, justamente, são chamados de catecúmenos, primeiro por um ensino estruturado chamado catequese, mas também por um conjunto de disciplinas e de ritos."
7. Hipólito de Roma, *La Tradition apostolique*, ed. B. Botte, Paris, Cerf, SC nº 11, 1946. Esse texto e seu aparato crítico foram objeto de uma reedição corrigida e ampliada: Münster, Westfalen, Aschendorff ("Liturgiewissenschaftliche Quellen und Forschungen" Heft 39), 1963. A edição das "Sources chrétiennes", em 1968, reproduz essa última, aliviada do aparato crítico (nossas referências são à 1ª edição, utilizada por Foucault). A autenticidade desse texto é muito discutida. Seria originariamente obra de pelo menos dois autores, oriundos da comunidade "hipolitiana" de Roma, e teria sido aumentada posteriormente. Para um estado crítico da discussão, cf. A. Brent, *Hippolytus and the Roman Church in the Third Century: Communities in Tension before the Emergence of a Monarch-Bishop*, Leyde, Brill, 1995, caps. 4-5. A seção relativa à iniciação cristã, no entanto, de acordo com a maioria dos comentadores, parece formar um todo unificado. Cf. A. Dondeyne, "La discipline des scrutins dans l'Église latine avant Charlemagne", *Revue d'histoire ecclésiastique*, t. 28, 1932, pp. 8-10 (fonte indicada no "caderno verde": cf. P. Chevallier, "Foucault et les sources patristiques", art. citado, pp. 139-40).
8. Cf. *supra*, aula de 13 de fevereiro, p. 120 e nota 40.
9. Hipólito de Roma, *La Tradition apostolique*, 16, ed. citada, p. 44. Cf. R.-F. Refoulé, introd. ao *Traité du baptême* de Tertuliano, p. 32.
10. *La Tradition apostolique*, op. cit.
11. *Ibid.*
12. *Ibid.*, p. 45. A lista das atividades incompatíveis com a aspiração ao catecumenato, no texto, é a seguinte: dono de uma casa de prostitutas, ator, professor (aquele "que ensina às crianças as ciências profanas"), mentor, gladiador, guardião de ídolos, soldado, prostituta, sodomita, mago, feiticeiro, astrólogo, adivinho ou intérprete de sonhos (pp. 45-6).
13. *Ibid.*, p. 46.
14. O texto grego original da obra foi perdido. Esta última foi reconstituída a partir de fragmentos de uma tradução latina e de adaptações gregas ou orientais (ver introdução de B. Botte, p. 12). Como a tradução latina correspondente às páginas citadas por Foucault desapareceu, a palavra *audientes* não se encontra nela portanto. Como precisa P. Chevallier em sua tese "Michel Foucault et le Christianisme", Université de Paris XII – Val de Marne, 2009, vol. I, fol. 239-240 n. 781: "[...] a aplicação a Hipólito parece guiada por uma passagem do artigo de Dondeyne, em que este precisa que a distinção entre *auditores* e *competentes* era usada, 'na África, como em Roma, na época de Hipólito' ("La discipline des scrutins dans l'Église latine avant

Charlemagne", p. 11). [...] A categoria dos *audientes* é mencionada várias vezes por Tertuliano no *De Paenitentia* (VI, 15, 17, 20; VII, 1). Foucault cruzou, portanto, várias referências."
15. *La Tradition apostolique*, 20, p. 47.
16. *Ibid.*, pp. 47-8.
17. *Ibid.*, p. 48.
18. Sobre essas palavras latinas, cf. *supra*, nota 14. Cf. R.-F. Refoulé, introd. ao *Traité du baptême* de Tertuliano, p. 35: "Perto da Páscoa, se o sacerdote ou o diácono encarregado da instrução do catecúmeno considerava suficiente a sua preparação, o catecúmeno podia postular sua candidatura à admissão. Ele assumia então um lugar entre os que logo serão chamados em Roma de *electi*, na África e alhures de *competentes*."
19. Cf. Tertuliano, *De bapismo/Traité du baptême*, 20, 1, trad. SC, p. 94 (ver *supra*, aula de 13 de fevereiro, p. 121).
20. Hipólito de Roma, *La Tradition apostolique*, 20, pp. 48-9.
21. João Crisóstomo, *Trois Catéchèses baptismales*, trad., introd. e notas de A. Piédagnel, colab. L. Doutreleau, Paris, Cerf, SC nº 366, 1990, Catéchèse, I, 1, 16, p. 145: "[...] na palestra, as quedas, para os atletas, não têm perigo: eles lutam entre companheiros e se exercitam metodicamente corpo a corpo com seus treinadores. Mas quando chega o momento dos jogos, quando o estádio é aberto, [...] a partir daí ou ele cai, se o derrubaram, e se retira para sua grande vergonha, ou então, se não cedeu, leva as coroas e os prêmios. Assim é para vocês também: estes trinta dias [que precedem o batismo] parecem de certo modo uma palestra com seus ginásios e seu treinamento. Aprendemos portanto desde já a triunfar sobre o Maligno, esse demônio; porque é contra ele que devemos nos preparar para lutar depois do batismo [...]."
22. Hipólito de Roma, *La Tradition apostolique*, 20, p. 48: "Ao se aproximar o dia em que serão batizados, que o bispo exorcize cada um deles, para experimentar se estão puros. Se houver um que não esteja puro, que o afastem, porque ele não ouviu a palavra com fé [...]."
23. Agostinho, sermão 216, *"Ad competentes"*, PL 38, col. 1076-1082. Cf. A. Dondeyne, "La discipline des scrutins", art. citado, pp. 15-6. A referência ao exorcismo é acompanhada, em Agostinho, do chamamento dirigido aos *competentes* no sentido de fazerem o *scrutamen* de seu próprio coração: "O que fazemos em vós adjurando em nome do vosso Redentor, completais examinando e sacudindo vosso coração (*cordis scrutatione et contribulatione*)" (§ 6, col. 1080; trad. s. dir. do abade Raulx, in *Oeuvres complètes de saint Augustin*, t. 6, Bar-Le-Duc, Éd. L. Guérin, 1868, p. 227).
24. *Ibid.*, § 10: "[...] no momento do vosso exame (*cum scrutaremini*), quando, em nome onipotente e temível da augusta Trindade, eram lançadas imprecações merecidas sobre esse trânsfuga que conduz à fuga e à deserção, não estáveis cobertos com o silício: mas vossos pés caminhavam de certo modo sobre ele *(non estis induti cilicio: sed tamen vestri pedes in eodem mystice consiterunt)*" (col. 82; trad. p. 228).
25. *Ibid.*, § 11: "[...] constatamos que não estais sob o domínio desses espíritos (*vos imunes probavimus*): portanto, felicitando-vos, nós vos engajamos a conservar em vossos corações a isenção do mal que vimos em vossos corpos (*ut sanitas quae apparuit in vestro corpore, haec in vestris cordibus conservetur*)" (col. 82; trad. p. 229).
26. Sobre a prática da expulsão dos demônios nos primeiros séculos, cf. F.J. Dölger, *Der Exorzismus*, *op. cit.*, p. 25 *sq.*; J. Daniélou, "Exorcisme", *loc. cit.*, col. 1997-2000, que remete notadamente a H. Wey, *Die Funktionen der bösen Geister bei den griechischen Apologeten des zweiten Jahrhunderts nach Christus*, Winterthur, Keller, 1957, pp. 166-168. Sobre a importância do exorcismo batismal na época dos primeiros desenvolvimentos do cristianismo, cf. J. Daniélou, "Le symbolisme des rites baptismaux", *Dieu vivant*, nº 1, 1945, pp. 17-43, e E.A. Leeper, "The Role of Exorcism in Early Christianity", *Studia Patristica*, vol. XXVI, 1993, pp. 59-62.
27. Cf. Cf. R.-F. Refoulé, introd. do *Traité du baptême* de Tertuliano, p. 36: "Esses exercícios [preces, jejuns genuflexões, vigílias] atestavam a sinceridade do arrependimento e tinham por fim atrair a misericórdia de Deus. Tinham também um valor de exorcismo, porque [...] o catecumenato não era considerado apenas como um período de ensino, mas antes de tudo como a expulsão do demônio instalado no homem pagão." Sobre o jejum, em particular, como

rito de exorcismo preparatório para o batismo nos primeiros séculos, cf. J. Daniélou, "Exorcisme", *loc. cit.*, col. 2001.

28. Cf. *infra*, notas 31 e 32.

29. Orígenes, *Homélie sur les Nombres*, VI, 3, texto latino de W.A. Baehrens, trad. L. Doutreleau, Paris, Cerf, SC nº 415, t. I, 1996, p. 149: "'O espírito de Deus [...] repousa nos que têm o coração puro' [cf. Mt 5, 8], e nos que purificam sua alma do pecado; ao contrário, ele não habita um corpo entregue ao pecado, mesmo que o houver habitado por algum tempo; porque o Espírito Santo não pode ser submetido nem ao compartilhamento nem à comunidade com o espírito do mal." O editor remete igualmente ao *Commentaire sur saint Jean*, 32, 8, 86-88 (introd., trad. e notas de C. Blanc, Paris, Cerf, t. V, 1982), SC nº 385, p. 225, e precisa que "já encontramos no *Pastor* de Hermas (33, 3) essa ideia de que o Espírito Santo se sente em desconforto numa alma impura e procura se separar dela" (p. 148 n. 1). Cf. A. Dondeyne, "La discipline des scrutins", p. 10 n. 3.

30. Cf. Cirilo de Jerusalém, *Catéchèse préliminaire ou Prologue des catéchèses*, in *Catéchèses baptismales et mystagogiques*, trad. fr. do cônego J. Bouvet, Namur, Éditions du Soleil levant, 1962, pp. 23-39 (§9: "Apressa teus passos até as catequeses. Acolhe com solicitude os exorcismos: sob as insuflações, sob os exorcismos se opera tua salvação. Diz que és um ouro sem valor, falsificado, mescla de diversos materiais: bronze, estanho, ferro, chumbo. Buscamos a posse do ouro sem liga. O ouro, sem o fogo, não pode ser purificado dos elementos estranhos. Do mesmo modo, sem os exorcismos, a alma não pode ser purificada; eles são preces divinas, tiradas das divinas Escrituras.")

31. Cf. E. Ferguson, *Baptism in the Early Church: History, Theology, and Liturgy in the First Five Centuries*, Grand Rapids, Mich., W.B. Eerdmans, 2009, pp. 90-1, 288, 297-8, 408-10 (sobre Orígenes e o batismo escatológico do fogo), 417, 730, e sobretudo C.-M. Edsman, *Le Baptême de feu*, Leipzig-Uppsala, A. Lorentz-A.B. Lundequitskan, 1940 (ver a recensão bastante detalhada de A. Guillaumont, *Revue de l'histoire des religions*, t. 131 (1), 1946, pp. 182-6). Cf. *infra*, nota 49 a propósito do batismo de fogo em Orígenes e do texto deste último, extraído de *Homélies sur saint Luc*, XXIV, citado por Daniélou, *Origène, op. cit.*, p. 73. A menção ao batismo como passagem pelo fogo, assim como a referência ao Sermão 3 de Quodvultdeus se encontram no artigo de A. Dondeyne, "La discipline des scrutins", pp. 16-7 (cf. P. Chevallier, "Foucault et les sources patristiques", p. 140).

32. Quodvultdeus, *Sermones 1-3*, "De symbolo ad catechumenos 1-3", ed. R. Braun, Turnhout, Brepols ("Corpus Christianorum, Series Latina"/CCSL 60), 1953, pp. 305-63. Esses três sermões foram atribuídos – não sem reservas de parte de Migne – a santo Agostinho, nas edições das obras deste, até o início do século XX (cf. PL 40, col. 637 ss.). Dom Germain Morin ("Pour une future édition des opuscules de S. [santo] Quodvultdeus, évêque de Carthage au Vᵉ siècle", *Revue bénédictine*, vol. 31, 1914, pp. 156-62) foi o primeiro a restituí-los a seu verdadeiro autor. A passagem citada por Foucault se encontra *in* PL 40, col. 637 (versículos do salmo 138, 23).

33. Ambrósio de Milão (santo Ambrósio), *Explanatio symboli/Explication du symbole*, 1, introd., trad. e notas de B. Botte, Paris, Cerf, SC nº 25 bis, 1961; reed. 1994, p. 48: "Celebramos até aqui os mistérios dos escrutínios. Fizemos uma pesquisa temendo que uma impureza ficasse presa ao corpo de alguém. Pelo exorcismo, buscamos e aplicamos um meio de santificar não somente o corpo mas também a alma." Sobre a questão da autenticidade da obra, ver a introdução, pp. 21-5.

34. *Ibid.*, pp. 46-47: "Celebramos até aqui os mistérios dos escrutínios (*mysteria scrutaminum*). Fizemos uma pesquisa (*inquisitum est*) temendo que uma impureza ficasse presa ao corpo de alguém. Pelo exorcismo, buscamos e aplicamos um meio de santificar (*quaesita et adhibita sanctificatio*) não somente o corpo mas também a alma." Cf. A. Dondeyne, "La discipline des scrutins", p. 27. {repete a citação anterior, acrescida dos termos latinos, mas com outro nº de p. Parece erro de edição...}

35. Do grego ἐπίκλησις, que significa "ação de chamar em auxílio", donde "invocação". R. Bultmann, *Theology of the New Testament*, t. I, Londres, SCM Press, 1952, p. 137, define

assim a ἐπίκλησις ou "calling of the Name": "a special prayer which summons the power of Christ into the water to give it the ability to purify and sanctify"; cf. também J.W. Tyrer, "The Meaning of ἐπίκλησις", *Journal of Theological Studies*, 25, 1923/24, pp. 139-50.

36. É o momento do "rito batismal propriamente dito: a tríplice imersão com a tríplice profissão de fé" (Cf. R.-F. Refoulé, introd. ao *Traité du baptême* de Tertuliano, p. 37).

37. Cf. *supra*, aula de 13 de fevereiro, p. 118.

38. Tertuliano, *De baptismo/Traité du baptême*, XX, 1, SC, p. 94. O manuscrito completa a citação: "em lembrança do batismo de João, de que se diz que o recebia confessando seus pecados" (*ibid.*, Mt 3, 6).

39. O manuscrito, aqui (fol. 18 v°), cita estas duas referências: "*Protocatequese* de Cirilo de J[erusalém]: 'despojai o homem velho pela confissão dos vossos pecados', *Cânones* de Hip[ólito]: confissão ao bispo." A frase atribuída a Cirilo de Jerusalém, no entanto, não se encontra na *Catequese preliminar ou Prólogo das catequeses* (cf. *supra*, p. 139, nota *). Cf. *Canons d'Hippolyte*, cânone 19, ed. citada [*supra*, p. 137, nota 40], p. 377: "[...] que ele [o catecúmeno, depois de ser batizado] confesse ao bispo que assume sozinho sua responsabilidade, de sorte que o bispo fique satisfeito com ele e o considere digno dos mistérios."

40. Cf. *supra*, aula de 6 de fevereiro, pp. 95-6, a propósito da *Apologia* de Justino.

41. Sobre esse fenômeno, cf. A. Benoit, *Le Baptême Chrétien au second siècle*, *op. cit.*, p. 228: "[...] há que constatar que, no segundo século, o paulinismo sofre uma espécie de declínio. [...] As concepções paulinianas propriamente ditas são totalmente alheias ao pensamento dos Padres do segundo século; e de modo algum, nem mesmo implicitamente, essas concepções podem constituir o embasamento da sua doutrina batismal"; L. Padovese, "L'antipaulinisme chrétien au IIe siècle", *Recherches de Science religieuse*, t. 90(3), 2002, pp. 399-422; cf. também A. Lindemann, *Paulus im ältesten Christentum. Das Bild des Apostels und die Rezeption der paulinischen Theologie in der frühchristlichen Literatur bis Marcion*, Tübingen, J.C.B. Mohr, 1979, que apresenta (pp. 6-10) um estado detalhado da pesquisa desde o fim do século XIX sobre a questão da influência efetiva de são Paulo no século II.

42. Sobre o paralelo entre o batismo e o sepultamento, cf. RM 6, 4: "Fomos portanto sepultados com ele pelo batismo em sua morte, para que, assim como Cristo é ressuscitado dentre os mortos pela glória do Pai, assim também caminhássemos em novidade de vida" (trad. L. Segond); Col. 2, 12: "tendo sido sepultados com ele pelo batismo, também sois ressuscitados nele e com ele, pela fé na potência de deus, que o ressuscitou dos mortos" (*id.*). Essa ideia da morte e da ressurreição do crente com Cristo no batismo é propriamente pauliniana. Cf. A. Benoit, *Le Baptême chrétien*, p. 54. Sobre a presença desse simbolismo nos Padres, cf. G. Bareille, "Baptême (d'après les Pères grecs et latins)", *loc. cit.* [*supra*, p. 101, nota 18], col. 199-200.

43. (a) Cf. Orígenes, *Homélies sur l'Exode*, V, 2, trad. J. Fortier, introd. e notas de H. de Lubac, Paris, Cerf, SC n° 16, 1947, p. 139 ([comentando Os 6, 2]: "Se [...] o Apóstolo tem razão de nos ensinar que essas palavras contêm o mistério do batismo, é preciso que 'os que são batizados em Cristo sejam batizados em sua morte e sepultados com ele' [Rm 6, 3] e que com ele ressuscitem dos mortos os que, como diz também o Apóstolo, 'ele ressuscitou ao mesmo tempo que ele e fez sentar-se com ele no céu' [Ef 2, 6]"), mas não se faz menção aí à piscina (texto citado e comentado por J. Daniélou, *Origène*, pp. 68-9). Cf. *Commentaire sur saint Jean*, V, 8, a propósito da necessidade da penitência para ter acesso ao batismo: "Primeiro tens de morrer para o pecado a fim de poderes ser sepultado com Cristo"; e *Commentaire sur l'Épître aux Romains*, VIII, 5: "Os que são batizados são batizados na morte de Cristo e são sepultados com ele pelo batismo na morte" (citado por J. Daniélou, *op. cit.*, p. 68).

(b) Cf. Ambrósio de Milão (santo Ambrósio), *De sacramentis/Des sacrements*, III, introd., trad. e notas de B. Botte, Paris, Cerf, SC n° 25 bis, 1961, reed. 1994, p. 91: "Tratamos ontem [cf. II, 16-24] da fonte, que é em aparência como uma espécie de túmulo. Nela somos recebidos e imersos, crendo no Pai, no Filho e no Espírito Santo, depois nos levantamos, isto é, ressuscitamos."

44. Cf. *supra*, aula de 13 de fevereiro, a propósito de Tertuliano (*De baptismo/Traité du baptême*, IX, 1). A menção à travessia do mar Vermelho como tipo prefigurativo do batismo

constitui, com a mística da morte e da ressurreição com Cristo (ver nota precedente), um tema essencial do pensamento de são Paulo (1 Cor 10, 1-2: "todos os nossos pais estiveram sob a nuvem, todos passaram através do mar, todos foram batizados em Moisés na nuvem e no mar", BJ, 1977, p. 1656). Cf. F.J. Dölger, "Der Durchzug durch das rote Meer als Sinnbild der christilichen Taufe", *in* Id., *Antike und Christentum*, Münster, Aschendorff, t. II, 1930, pp. 63-9 ("O autor", escreve A. Benoit, "mostra como essa tipologia do batismo se encontra em Orígenes, Tertuliano, Crisóstomo, Efrém, Ambrósio, Agostinho...", *Le Baptême Chrétien*, p. 89); J. Daniélou, "Traversée de la Mer rouge et baptême aux premiers siècles", *Recherches de Science religieuse*, t. 33, 1946, pp. 402-30, e A. Benoit, *op. cit.*, p. 55, que cita longamente o artigo precedente; cf. também G. Bareille, "Baptême (d'après les Pères grecs et latins)", col. 197-198 (numerosas referências).

45. Cf. J. Daniélou, *Origène*, p. 71: "[...] sobre este ponto [as duas figuras tradicionais do batismo: a travessia do Mar Vermelho e a do Jordão], Orígenes, utilizando embora um tema tradicional, lhe dá uma forma particular. [...] Aqui [*Homilias sobre Josué*, IV, 1 e I, 4] o itinerário total, desde a saída do Egito à entrada na Terra prometida, figura as etapas da iniciação. Isso é característico da maneira de Orígenes. Ele alude à interpretação comum, mas a desenvolve num sentido pessoal."

46. Cf. *supra*, aulas de 6 de fevereiro, p. 98 (e nota 28) e de 13 de fevereiro, pp. 111-3.

47. Cf. *De baptismo contra donatistas*, in *Traités anti-donatistes*, II, trad. G, Finaert, Paris, Desclée de Brouwer ("Bibliothèque augustinienne"), 1964, p. 97: "Aquele que tinha se aproximado [do batismo] com fingimento não é portanto rebatizado, mas uma correção filial e um reconhecimento leal das faltas (*sed ipsa pia correctione et veraci confessione*) o purificam, o que não seria possível sem o batismo."

48. Cf. Orígenes, *Commentaire sur saint Jean*, ed. citada, t. II, SC nº 157, 1970: cf. VI (23), 125, p. 227; VI (31), 159, p. 251; VI (33), 168, p. 257.

49. Orígenes fala até de um tríplice batismo: "o batismo figurativo puro, o do Antigo Testamento e de João, o batismo cristão que é ao mesmo tempo realidade em relação à figura e figura em relação à realidade futura, enfim o batismo de fogo da entrada na glória" (J. Daniélou, *Origène*, pp. 71-2); "Primeiro é preciso ser batizado na água e no espírito, para que ao chegarmos ao rio do fogo mostremos que conservamos as purificações da água e do espírito e que merecemos, então, receber o batismo de fogo em Cristo Jesus" (*Homélies sur saint Luc*, XXIV; citado por J. Daniélou, *ibid.*, p. 73). Cf. E. Ferguson, *Baptism in the Early Church*, *op. cit.*, p. 400. Sobre esse terceiro batismo (o batismo escatológico distinto do batismo de água), cf. *supra*, nesta mesma aula, p. 140 (o batismo pelo fogo). Essa concepção, que faz da regeneração batismal a prefiguração da purificação total, não parece em nada contrária à ortodoxia cristã. Cf. J. Daniélou, *op. cit.*, p. 74: "[Orígenes] dá à teologia do batismo seu prolongamento escatológico e acaba fazendo dela a perfeita expressão da fé comum da Igreja."

AULA DE 27 DE FEVEREIRO DE 1980

*(II) As práticas da penitência canônica e eclesial, do século II ao século V. – O Pastor de Hermas. As interpretações eruditas a que deu lugar, fim do século XIX – início do século XX (*Tauftheorie, Jubiläumstheorie*). Significado da repetição da penitência depois do batismo. – O cristianismo primitivo, religião dos perfeitos? Argumentos contrários a essa concepção: formas rituais, textos, práticas diversas. Novo estatuto da metanoia a partir de Hermas: não mais simples estado que prolonga a ruptura batismal, mas repetição do resgate. – O problema da recaída. O sistema da lei (repetibilidade da falta) e o sistema da salvação (irreversibilidade do conhecimento) antes do cristianismo. Esforço da sabedoria grega para encontrar um acomodamento entre esses dois sistemas (exemplos dos pitagóricos e dos estoicos). Por que e como o problema se colocou ao cristianismo: a questão dos relapsos e o debate com a gnose. – Observação conclusiva: o cristianismo não introduziu o senso da falta na cultura greco-romana, mas foi o primeiro a pensar a recaída do sujeito que rompe com a verdade.*

Hoje, gostaria de começar a estudar um pouco as práticas da penitência, da penitência pós-batismal, da penitência canônica e eclesial, entre o fim do século II e o século V cristãos. Começarei lendo para vocês um texto que data de meados do século II da nossa era, por volta dos anos 140: é um texto de Hermas, do livro do *Pastor*[1]. Numa parte desse livro, Hermas se representa dialogando com um anjo, que é o anjo da penitência. Diz a ele: "Acrescentarei mais uma questão. – Fala, diz [o anjo]. – Ouvi certos doutores dizerem que não há outra penitência afora a do dia em que descemos na água e recebemos o perdão de nossos pecados anteriores." Portanto, uma proposição clara: certos doutores dizem que não há penitência salvo a do dia em que descemos na água, quer dizer, só há penitência pelo e com o batismo. A que o anjo responde: "O que ouviste é exato. Assim é. De fato, quem recebeu o perdão de seus pecados não deveria mais pecar, e sim permanecer em santidade. Mas como necessitas de todas as precisões, eu te indicarei também o seguinte, sem [no entanto] dar pretexto de pecado aos que crerão ou aos que ora se põem a crer no Senhor, porque uns e outros não precisam fazer a penitência de seus pecados: eles têm a absolvição de seus pecados anteriores. Portanto, é unicamente para os que foram chamados antes destes últimos dias que o Senhor instituiu a penitência. Porque o Senhor conhece os corações e, sabendo tudo de antemão, conheceu a fraqueza dos homens e as múltiplas intrigas do diabo, que malfará aos servidores de Deus e exercerá contra eles sua malícia. Em sua grande misericórdia, o Senhor se comoveu com sua criatura e instituiu essa penitência, e me concedeu dirigi-la. Mas eu te digo: se, depois desse chamamento importante e solene, alguém, seduzido pelo diabo, cometer um pecado disporá de uma só penitência; mas se pecar repetidamente, [...*] a penitência é inútil para um homem assim: será difícil para ele gozar a vida eterna."[2]

Esse texto é um clássico da discussão erudita no que concerne à história da penitência cristã[3]. Vocês veem imediatamente que, neste texto, pode-se identificar a distinção de dois ensinamentos: o de "certos doutores", τίνες διδάσκαλοι, que dizem: "Não há outra penitência afora a do batismo. Consumado o batismo, não haverá outra penitência"; e, depois, o anjo da penitência acrescenta a esse ensinamento, que ele não refuta (afinal ele diz: "É exato, assim é"), a lição pessoal dele, anjo da penitência, e diz: "Mas há outra coisa." Segunda distinção que aparece claramente nesse texto é que não só há dois ensinamentos, mas também duas categorias de pessoas a quem o anjo se dirige e a quem também se dirige a prática da penitência. Há aqueles de que se diz que agora se põem a crer no Senhor e também aqueles que logo vão crer no Senhor, isto é, aqueles cuja conversão é atual ou futura. E para esses o texto parece dizer: haverá uma só e única penitência. Em compensação, para os que já são convertidos, para os que já foram batizados, para os que foram chamados a crer outrora ou em tempos passados, para esses há uma outra lição, outro ensinamento e a possibilidade de uma penitência. Enfim, terceiro elemento importante a salientar nesse texto: está dito que, para essa segunda categoria, Deus instaurou uma penitência, uma penitência cuja razão deve ser procurada na fraqueza do homem, nas artimanhas do diabo, na grande misericórdia divina. Mas essa penitência, prevista para as razões que acabo de dizer, tem necessariamente de ser uma penitência única. Não se pode repeti-la infindamente. Disporemos de uma só penitência, mas, se continuarmos a pecar uma vez atrás da outra, podemos nos arrepender que não fará nenhum efeito.

Esse texto, desde o fim do século XIX e até por volta dos anos de 1910, 1920, era interpretado de uma maneira muito simples, que fez au-

* O texto acrescenta: "mesmo que se arrependa".

toridade: [ele] mostra que havia um ensinamento desses tais de "certos doutores" que representavam a tradição antiga e a tradição rigorista. Na Igreja primitiva, só teria havido uma penitência, só uma, a do batismo, e depois dela mais nada. Sendo o batismo por si só a possibilidade, e a única possibilidade, de fazer penitência. Não havia penitência fora do batismo. É o que os eruditos alemães chamam simplesmente de "*Tauftheorie*", isto é, teoria do batismo como única possibilidade de penitência[4]. Em relação a isso, o anjo que Hermas faz falar, ou Hermas falando pela boca do anjo, diria: sim, é verdade, só existe essa forma de penitência, a do batismo. No entanto, existe para alguns a possibilidade de voltarem a se resgatar por meio de uma nova penitência, mas está claro que essa penitência só pode ser proposta aos que estão atualmente no caminho do batismo ou que acabam de ser batizados. Só pode ser uma segunda penitência para os que foram batizados há algum tempo e que recaíram por causa da fraqueza humana e das artimanhas do diabo. Para esses, instituiu-se coletivamente, simultaneamente, uma penitência que será válida para todos os que, atualmente, vão se arrepender, se arrepender nessa penitência coletiva que é a de um jubileu: um jubileu coletivo que permite a cada um fazer penitência, se arrepender e, por conseguinte, ter de novo seus pecados remitidos. E se o texto fala dos que são atualmente batizados e não têm a possibilidade de fazer outra vez penitência, é que esse jubileu, evidentemente, não pode ter sentido para eles. Só pode ser um jubileu para os que já foram batizados há certo tempo. É a chamada teoria do jubileu[5], que vem corrigir a teoria do batismo, a *Tauftheorie*, e que é uma espécie de passo à frente que conduzirá, mais tarde, à concepção de uma penitência infindamente renovável. Logo, teria havido um primeiro tempo: só há penitência no batismo; um segundo tempo: vai haver uma vez uma penitência coletiva para todos os que desejarem se arrepender; e, enfim, num terceiro tempo, uma penitência renovável para todos.

Essa concepção da *Tauftheorie* [e] da [*Jubiläumstheorie*]* dá lugar, evidentemente, a maravilhosas discussões eruditas. [Ela] foi criticada por D'Alès em torno dos anos 1910, 1920[6], e sobretudo num grande livro de Poschmann que data de 1940[7] – é assim a maravilhosa e suntuosa loucura da erudição: pensar que em 1940 escreviam centenas e centenas de páginas sobre o problema de saber o que queria dizer esse texto de Hermas. Então, Poschmann, na *Paenitentia secunda*, fez a crítica da *Tauftheorie* e da [*Jubiläumstheorie*]** e mostrou, primeiramente, que havia no cristianismo primitivo elementos provando que a penitência podia ser, ou renovada, ou,

---

* M. F.: *Jubileu-Teoria* [cf. *infra*, p. 173, nota 5].
** M. F.: *Jubileu-Teoria*

em todo caso, continuada, reativada, mesmo depois do batismo – não houve portanto fase primitiva de rigorismo absoluto – e que, na verdade, Hermas, nesse texto, não remetia a uma prática do jubileu mas queria simplesmente dizer: apressem-se, a parúsia de Cristo vai se produzir; em breve vocês não terão mais a oportunidade de fazer penitência na terra e, uma vez que Cristo houver voltado, será tarde demais para fazer penitência, porque não se faz penitência no céu. Portanto, para os que já são batizados*, há também, não uma primeira possibilidade de se arrepender, mas uma derradeira oportunidade de se arrepender. Quanto aos que acabam de ser batizados, para estes uma segunda penitência não é necessária, já que seu batismo vai coincidir com a parúsia de Cristo e, por sua vez, vai se produzir nestes dias que vivemos atualmente. É a teoria de Poschmann que fez autoridade durante um certo número de anos; e, mais recentemente, Joly, em sua edição para as "Sources chrétiennes" do *Pastor* de Hermas, retorna à teoria do jubileu dizendo: mesmo que seja verdade que há em Hermas uma visão escatológica que faz que, quando ele fala dos dias atuais durante os quais devemos nos arrepender, quando fala da parúsia de Cristo, é precisamente em função dessa parúsia que deve haver um jubileu no decorrer do qual os que foram batizados há algum tempo poderão fazer penitência[8].

Deixo de lado, simplesmente por incompetência, essa discussão que é, como vocês estão vendo, apaixonante. O problema que gostaria de colocar é o seguinte: qual o significado, no interior de uma concepção da salvação – isto é, no interior de uma concepção da iluminação, de uma concepção do resgate que foi obtido pelos homens a partir de seu primeiro batismo –, qual pode ser o significado da repetição da penitência, ou ainda da repetição do mesmo pecado? Creio que, a esse respeito, é preciso tornar um pouco sobre certos elementos concernentes ao cristianismo, digamos, primitivo, em todo caso aquele a cujo propósito temos testemunhos anteriores a esse *Pastor* de Hermas, isto é, anteriores a meados do século II, aos anos 140-150. De fato, se admitirmos, como fazia a velha *Tauftheorie*, que o cristianismo só admitiu penitência no batismo, com o batismo e pelo batismo, e se é verdade que foi apenas depois, no correr do século II, talvez com Hermas, que se começou a acrescentar a possibilidade de um segundo recurso, isso significa que, durante todo esse período primitivo do cristianismo, até esse meado (mais ou menos) do século II, o cristianismo se considerava como uma religião de perfeitos, de puros, de pessoas incapazes de cair no pecado. Se, de fato, não há recurso [à] penitência depois do batismo, isso quer dizer que o batismo em si proporcio-

---

* Foucault acrescenta: e para os que tiveram a oportunidade antes da parúsia iminente de Cristo

nava aos que o recebiam um acesso à verdade, à luz, à perfeição, um acesso tal que não era possível, para aqueles a quem essa luz e essa verdade eram abertas, voltar atrás e recair. Ou se tem a iluminação, e nesse momento nela se permanece, ou não se permanece na iluminação, o que quer dizer que não se havia sido realmente iluminado. É todo o problema, como vocês estão vendo, da relação do sujeito com a verdade, da forma de ligação do sujeito com a verdade, da forma de inserção do sujeito na verdade e da verdade no sujeito, da ancoragem recíproca do sujeito e da verdade que é posta por esse problema de saber se se pode pecar depois de ter recebido o batismo e se, por conseguinte, se pode e se deve prever uma penitência pós-batismal que recomece e retome esse procedimento de purificação, esse procedimento de conversão, de metanoia, esse procedimento de remissão, de ἄφεσις⁹, pelo qual o indivíduo tem sua salvação assegurada e reencontra o caminho da vida eterna, da verdade e da salvação.

É unicamente desse ponto de vista – as formas de relação, de ancoragem, de vínculo entre a verdade e a subjetividade – que gostaria de atravessar pelo menos esse campo de questões eruditas. Claro, existe no cristianismo toda uma série de textos que parecem indicar que, a partir do momento em que se recebe efetivamente o batismo, não se pode mais cometer um pecado nem recair, nem por conseguinte obter uma segunda penitência. Não se pode obtê-la simplesmente porque, no fundo, não é preciso. É o texto da *Epístola aos hebreus* que diz o seguinte: "É impossível para os que foram uma vez iluminados, que desfrutaram do dom celeste, que se tornaram participantes do Espírito Santo, que saborearam a bela palavra de Deus e as forças do mundo por vir e que no entanto caíram renová-los uma segunda vez, levando estes à penitência, quando crucificam por sua conta o Filho de Deus e o ultrajam publicamente."[10] Um pouco mais adiante, na mesma *Epístola aos hebreus*, capítulo 10, versículo 26, está dito: "[...] porque se pecamos voluntariamente depois de ter recebido o conhecimento da verdade não há mais sacrifício para os pecados. Ao contrário, não há mais que a temível perspectiva do juízo e de uma ira de fogo que vai devorar os rebeldes."[11] A esses textos da Escritura faz eco toda uma série de textos da época apostólica, isto é, do período que vai, *grosso modo*, do fim do século I a meados do século II. Por exemplo, Inácio de Antióquia, que escreve por volta dos anos 100, 110, diz: "Ninguém, se professa a fé, peca, ninguém, se possui a caridade, odeia. 'Conhece-se a árvore por seus frutos'[12]. Os que professam ser de Cristo se farão reconhecer por suas obras."[13] E na *Epístola de Barnabé*, que data dos anos 120, 130, também está dito: "Foi recebendo a remissão dos pecados, foi esperando em seu nome que nos tornamos homens novos, que fomos plenamente recriados" (vocês encontram aí os temas de que falávamos da última vez). "É assim que Deus" – depois do batismo, depois de termos sido plenamente recriados – "habita realmente em nós [...]. A nós, que estávamos sujeitados à morte, ele concede o arrependimento e nos introduz com isso no tempo incorruptível."¹⁴ Logo, com o batismo, é no mundo da não-corrupção, da incorruptibilidade que entramos. Como se poderia conceber o pecado em tais condições? E se alguém recai, como se poderia imaginar que possa ser de novo resgatado? Em outras palavras, o vínculo subjetividade-verdade é um vínculo adquirido uma vez no batismo, mas adquirido de uma vez por todas. Não pode haver dissociação do vínculo entre subjetividade e verdade. É aliás isso que encontramos no próprio Hermas, num de seus textos, no terceiro preceito que precede o quarto que li há pouco para vocês, no qual o anjo da penitência diz a Hermas: "Ama a verdade, que somente ela possa sair da tua boca; desse modo, o espírito que Deus alojou na tua carne [será considerado verdadeiro] ἀληθής aos olhos de todos os homens e assim será glorificado o Senhor, que habita em ti, porque o Senhor é verdadeiro" – quer dizer, ele é ἀληθινός, diz o texto, ele é verídico –, "[o Senhor é verídico] em todas as suas palavras e não há nele nenhuma mentira"¹⁵.

Vocês veem aí o que poderíamos chamar de ciclo da verdade naquele que foi iluminado, naquele cujos pecados foram remitidos, naquele que entrou uma vez na verdade. Este está ligado à verdade porque, primeiramente, ama a verdade. Depois, a partir do momento em que ama a verdade, todas as palavras que lhe saem da boca são palavras verdadeiras. "Somente a verdade pode sair da tua boca." Se somente a verdade pode sair da boca daquele que crê, ou seja, se aquele que crê, quando fala, só pode dizer a verdade, é que o espírito de Deus habita nele. Esse espírito de Deus se manifesta como espírito verdadeiro na medida em que são verdadeiras as palavras dos que creem nele. E é assim que Deus se manifesta como verídico, já que é ele que diz a verdade através das palavras de quem fala, quem fala depois de ter amado a verdade. De tal sorte que o sujeito que vai à verdade e a ela se prende pelo amor manifesta em suas próprias palavras uma verdade que não é senão a manifestação nele da verdadeira presença de um Deus que, por sua vez, só pode dizer a verdade, porque não mente nunca, porque é verídico. Portanto, há entre o sujeito e a verdade, a partir do momento em que o batismo manifestou, autenticou, sacralizou a relação entre ambos, uma relação essencial que não pode ser desatada e desfeita. Em todo caso, é uma das linhas de força, uma das linhas de tendência do pensamento cristão nesses textos dos primeiros séculos.

O fato é que, na mesma época, vocês encontram um certo número de textos que não vão – bom, procurarei lhes mostrar isso – num sentido totalmente diferente, mas que impedem de considerar que o cristianismo, em suas formas primitivas, era uma religião de perfeitos e que a Igreja cristã se considerava uma comunidade de indivíduos perfeitos, puros e que não podiam recair, devido ao caráter essencial e definitivo da relação com a salvação e a verdade. Que a Igreja cristã primitiva não é considerada uma religião de perfeitos, prova-o um certo número de coisas. Primeiro, um certo número de formas rituais foi atestado bem cedo, desde o fim do século I – início do século II, o que mostra que, para os cristãos, batizados, membros da comunidade, existe ainda e sempre a possibilidade de pecar, mas de pecar sem sair da Igreja, sem perder seu estatuto de cristãos, sem serem expulsos ou, em todo caso, expulsos definitivamente. Possibilidade de pecar e necessidade de se arrepender de seus pecados, de se livrar deles por um movimento de metanoia, mas que não é mais o movimento de metanoia pelo qual se entra na Igreja, pelo qual se tem acesso à verdade, mas uma metanoia que é interior a essa relação com a verdade. Vale dizer que a metanoia, a conversão, continua de certo modo a trabalhar no interior da relação sujeito-verdade.

Essas formas rituais são bem conhecidas. A forma ritual propriamente individual, na prece individual, o famoso texto do *Pai Nosso* que vocês encontram na *Didakhé*, no início do século II, e que era preciso, de acordo com a *Didakhé*, recitar três vezes por dia, diz o seguinte: "Perdoai as nossas dívidas" e "livrai-nos* do Mal[16]". "Na assembleia", isto é, nessa reunião dos crentes para a prece cotidiana, a *Didakhé* também prescreve: "Confessarás as tuas faltas[17] e não irás à prece com uma consciência pesada"** – bem, συνειδήσει πονηρᾷ, com a consciência de ter agido mal, a consciência incomodada, de certo modo[18]. Esse texto da *Didakhé* vocês podem encontrar mais ou menos idêntico na *Epístola de Barnabé*, em que ele diz que é preciso fazer a confissão pública das suas faltas[19]: "Não vás à prece com a consciência pesada. Esse é o caminho da luz."[20] Deixo de lado o problema do que é essa confissão pública – tornaremos a ele mais tarde e mais demoradamente –, a célebre exomologese, que evidentemente não deve ser entendida como enunciação detalhada e em forma de reconhecimento, diante do público, das faltas cometidas. Essa confissão pública é, muito mais verossimilmente, uma formulação em forma de oração e de súplica feita coletivamente para pedir a Deus o perdão das faltas, sem que haja procedimento exato de reconhecimento delas[21]. Outra forma ritual que indica que o cristão pode pecar e que efetivamente peca, por mais cristão que [seja] e por mais sujeito que recebeu a luz que possa

---

* Foucault acrescenta: do maligno
** O manuscrito acrescenta: (confissão = ἐξομολογεῖν)

ter se tornado a partir do batismo. Para a reunião dominical, a reunião semanal durante a qual é celebrada a eucaristia, a *Didakhé* diz ainda: "Reuni-vos no dia dominical do Senhor, parti o pão e dai graças depois de ter, antes, confessado vossos pecados para que vosso sacrifício seja puro."[22] Portanto, na prece, todos os dias, na reunião de grupo em que se reza, todas as semanas, no momento da eucaristia, há um ato pelo qual o cristão se reconhece pecador.

Encontramos também nos textos do mesmo período o tema parenético de uma penitência que deve tomar lugar na própria vida do cristão, sob a forma de uma detestação constante do pecado e de uma súplica a Deus para obter da sua bondade o perdão dos pecados. Na primeira epístola de Clemente, fim do século I, está dito, no capítulo 9: "Submetamo-nos à magnífica e gloriosa vontade [do Senhor], façamo-nos suplicantes, pedindo-lhe de joelhos sua piedade e sua bondade; e, recorrendo a suas misericórdias, abandonemos as vãs preocupações e a inveja que leva à morte."[23] Este é um discurso que não se dirige aos catecúmenos ou aos que postulam entrar na comunidade eclesiástica, mas aos que dela já fazem parte. No mesmo sentido, a mesma epístola de [Clemente]* diz: "Para todas as quedas e faltas que cometemos por instigação de um dos sequazes do inimigo, imploremos perdão. [...] Mais vale confessarmos nossas faltas publicamente" – mesma observação de antes a propósito dessa confissão pública – "do que endurecermos nosso coração."[24]

Enfim, temos o testemunho de um certo número de práticas particulares que dizem respeito à maneira de se arrepender e, de certo modo, à maneira de reagir quando um pecado foi cometido, seja reação de quem cometeu o pecado, seja também reação da comunidade a respeito [desse]. Parece que houve bem cedo práticas de exclusão provisória, uma espécie de suspensão provisória, em relação à comunidade, dos que haviam cometido um pecado. Na *Didakhé*, capítulo 10 (é a propósito da eucaristia e da reunião dominical durante a qual é celebrada), depois de dar a fórmula dos rituais que devem ser observados, o texto acrescenta: "Se alguém é santo, que venha! [Se não é santo], que faça penitência!"[25] O que parece indicar, portanto, que não deve vir, que em vez dessa participação, deve fazer algo que chama de "penitência" e, claro, isso não pode se aplicar a pessoas que não teriam recebido o batismo, mas aos que, normalmente, deveriam participar da eucaristia e, [por conseguinte], são batizados. Portanto, algo como a exclusão ou a suspensão de indivíduos de certos rituais. Parece também que é prevista uma certa forma de participação coletiva no ato da penitência. Em [sua] primeira epístola, dirigindo-se a uma co-

* M. F.: Barnabé

munidade que teve de lidar com pecadores, Clemente lhes diz: "Lutáveis dia e noite pelo grupo todo dos irmãos. [...] Choráveis as faltas de vosso próximo, estimáveis que as transgressões deles eram vossas transgressões."[26] Participação coletiva de que Policarpo, na *Carta aos filipenses*, também dá um exemplo. É a propósito de um sacerdote que se chamava Valens e que havia cometido não sei que pecado – creio que era a avareza, enfim, não importa –, e Policarpo diz: "Estou pesaroso por ele e por sua esposa; 'queira o Senhor lhes dar um verdadeiro arrependimento'. Sede portanto bem moderados, vós também, [sobre esse ponto]. 'Não os considereis como inimigos', mas lembrai deles como membros sofredores e extraviados, para salvar vosso corpo inteiro."[27] Enfim, é prescrito um certo número de atos muito particulares para obter o resgate das faltas, quando já se é cristão, quando se faz parte da comunidade. Na *Didakhé*, capítulo 4: "Se possuis algo graças ao trabalho das tuas mãos, dá[-lo] para resgatar teus pecados."[28] Mais uma vez, conselho, prescrição dada aos que já são cristãos e que indica que a esmola aparece, bem cedo portanto, como um ato pelo qual é possível resgatar pecados, pecados que, verossimilmente, foram cometidos depois do batismo, pois os que foram cometidos antes do batismo não precisam mais ser resgatados, pois o foram pelo próprio batismo. E num texto um pouco mais tardio, mais ou menos contemporâneo do *Pastor* de Hermas, isto é, na segunda epístola atribuída a Clemente, está dito: "A esmola é uma excelente penitência para o pecado; o jejum é melhor que a prece, mas a esmola prevalece sobre um e sobre o outro."[29] Temos portanto a trilogia que encontraremos por mais de um milênio, quase dois milênios, nas práticas de satisfação na penitência, ou seja, as preces, o jejum e a esmola.

Isso tudo mostra, portanto, que as comunidades cristãs não se consideravam uma sociedade de perfeitos, de puros, de gente que, tendo alcançado uma vez a luz e a vida eterna, nunca poderia ser desapossada delas e nunca poderia recair. Vê-se que o pecado, a fraqueza podem estar, estão efetivamente presentes nas comunidades cristãs e que a tomada de consciência desses pecados e dessas fraquezas, o arrependimento em relação a esses pecados e essas fraquezas são características da vida cristã, da vida dos indivíduos e da vida das comunidades. Isso implica portanto que essa metanoia – que, como vimos a propósito do batismo, era o movimento pelo qual a alma se voltava para a luz, o movimento pelo qual a alma alcançava a luz, o movimento pelo qual ela entrava na verdade e a verdade entrava nela –, esse movimento continua de certo modo a trabalhar a existência do cristão, a estar presente nela e a fazer parte dessa existência.

Onde texto de Hermas vai apresentar uma diferença e uma ruptura, isso não se dá porque antes não havia metanoia a não ser no batismo e depois mais metanoia nenhuma, e sim porque esta, que deve continuar a produzir seus efeitos na vida do cristão, vai mudar de natureza ou adquirir um novo estatuto a partir dos anos ou do período em que Hermas escreveu seu *Pastor*. Digamos em linhas gerais que, antes, parece que essa metanoia, de que se fala nos textos que venho de lhes citar, é de certo modo inteiramente dependente da do batismo, que ela é como que a continuação e o prolongamento desta. No fundo, não é um novo ato de metanoia que tem outro princípio, outra economia, eventualmente outros efeitos, que [é] requerido depois do batismo. A metanoia do batismo deve ser não apenas um momento durante o qual a alma se volta para a luz e para a verdade, mas uma espécie de esforço constante, de parte da alma, para permanecer voltada para elas. Tem-se a ideia de que, com o batismo, entra-se na verdade e tem-se acesso a ela. Mas é preciso compreender (e aliás os textos assim dizem) que, com o batismo, entra-se também na metanoia. Ou seja, a metanoia é uma dimensão constante da vida do cristão. Esse movimento pelo qual você se volta deve ser mantido. Ele é não apenas uma ruptura, mas um estado. É um estado de ruptura pelo qual você se desprende do seu passado, das suas faltas e do mundo para se voltar para a luz, a verdade e o outro mundo. Estado-ruptura, é isso a metanoia que parece ser definida ou, em todo caso, cujo princípio parece ser esboçado nos textos de que eu lhes falava.

E creio que com o *Pastor* temos o aparecimento de algo novo: a instauração de uma penitência pós-batismal que, primeiro, é uma instituição bem específica e delimitada e que, segundo, tem uma economia e em breve terá um ritual, em breve terá também efeitos bem particulares e, até certo ponto, diferentes do batismo ou não assimiláveis ao batismo. Em outras palavras, trata-se de passar de uma metanoia que já permeava toda a vida dos cristãos batizados, mas que no fundo não era mais que a própria metanoia do batismo em seus ecos, seus prolongamentos, a uma metanoia segunda. Não é mais o prolongamento da metanoia batismal. É o problema da repetição dessa metanoia, do verdadeiro recomeço do ato inteiro pelo qual os cristãos se purificam dos pecados que cometeram. Em outras palavras, tratou-se, para o cristianismo, a partir de meados do século II (e o texto de Hermas é a primeira manifestação disso, a meu ver), de pensar algo que o cristianismo ainda não havia pensado, que é o problema da recaída, do recomeço da metanoia, da repetição do resgate. Creio que se esse problema era tão importante, tão difícil, e se ele suscitou no cristianismo, praticamente até santo Agostinho inclusive, tantas [questões]* e tantas discussões, é porque a noção mesma, a ideia mesma de recaída era

* M. F.: problemas

uma ideia estranha tanto à cultura grega, helenística e romana, quanto à religião hebraica. Pensar a recaída é, a meu ver, uma das características fundamentais do cristianismo e um dos seus desafios em relação tanto ao meio helenístico em que se desenvolveu como à tradição hebraica em que se arraigava.

Que a recaída seja um problema extremamente difícil e, me parece, novo, é o que, creio, poderíamos explicar – de forma simples, rapidamente – dizendo o seguinte. O que o mundo mediterrâneo conhecia antes do cristianismo eram duas coisas, um sistema e um esquema: o sistema da lei e o esquema da salvação. O sistema da lei, que vocês encontram nos hebreus, nos gregos também, é um sistema que permite disjungir o bem e o mal, isto é, um sistema que permite definir e caracterizar o que é uma ação boa e o que é uma ação má. Seja porque a lei define, na forma de prescrição, o que é uma ação boa e, por conseguinte, deixe assim, negativamente, o resto no campo do mal, seja porque define, ao contrário, o que é a ação má, a infração, sendo o resto, se não bom, pelo menos aceitável. Em todo caso, é esse tipo de disjunção que a lei efetua. Ou seja, a lei define a forma da ação e efetua essa disjunção nas ações, na forma, nos componentes e eventualmente nos efeitos da ação. A lei não leva em consideração a qualidade de quem comete a ação. Ela não leva em consideração o ator, o autor, o sujeito. Vocês vão dizer: leva sim, sem parar. Sim, ela leva em consideração o sujeito, o ator ou o autor, mas leva como? Ela o considera um elemento modificador da ação. A mesma ação não será considerada boa ou má conforme tenha sido cometida por fulano ou por beltrano, porque o sujeito da ação aparece como circunstância, circunstância que modifica a forma mesma da ação e a torna boa, muito embora, por outro lado, ela possa ser má e, em geral, ela o seja, ou vice-versa. Ou seja, o sujeito só intervém como elemento característico da ação, a qual é de certo modo a unidade de base, o grão em que a lei está centrada. A partir do momento em que a lei é um princípio de disjunção entre o bem e o mal, entre o bom e o mau, princípio de disjunção centrado na ação e nos elementos característicos da ação, vocês estão vendo que, por definição, a falta como ação má é infindamente repetível. É uma forma de ação possível, e a repetibilidade está inscrita no próprio funcionamento da lei.

Já o esquema da salvação, o esquema da perfeição, o esquema da iniciação e da iluminação é totalmente diferente. Ele consiste, ao contrário, em centrar a disjunção, não nas ações, mas nos sujeitos. A salvação, a perfeição, a iluminação, a iniciação vão fazer a triagem entre os que estão salvos e os que não estão, os que receberam a luz e os que não a receberam, os que são iniciados e os que não são iniciados. E é a qualidade do sujeito que vai determinar a qualidade da ação. Isso aparece muito claramente na concepção da sabedoria filosófica [do] primeiro estoicismo, o qual admite que, quando alguém alcança a perfeição da sabedoria não pode fazer o mal. Não pode fazer o mal, não porque tenha interiorizado a lei e obedeça tão bem à lei que a ideia de transgredi-la nem lhe passa pela cabeça; ela não entra no campo das suas ações possíveis. Sua ação é necessariamente boa porque ele é sábio[30]. É a qualificação do sujeito que vai acarretar necessária e definitivamente a qualidade das ações. A mesma ação – é esse o paradoxo do sábio estoico, mas também é, no fim das contas, o paradoxo da santidade, da perfeição e da iluminação – não tem o mesmo valor se é feita por um ou por outro, por aquele que é sábio ou por aquele que não é sábio, por aquele que é perfeito ou por aquele que não é perfeito.

Ora, isso implica evidentemente uma disjunção centrada não apenas nos indivíduos, mas também na vida dos indivíduos, no tempo da sua vida. É uma disjunção temporal: antes e depois, antes do indivíduo ter sido iniciado e depois, antes de ter recebido a luz e depois, antes [de ter] alcançado o estágio da sabedoria e depois. Disjunção temporal que a lei, por definição, deve ignorar. Disjunção temporal que também implica uma irreversibilidade. De fato, uma vez alcançado o momento da sabedoria ou da iluminação, como voltar atrás se o tempo não volta – em todo caso o tempo dos indivíduos? Ainda que, para um certo número de filosofias ou de cosmologias, o mundo podia muito bem, de fato, girar num sentido ou no outro, na vida dos indivíduos o tempo [só tem]* um sentido. Logo é irreversível. A disjunção da salvação não é repetível.

Temos portanto, por um lado, um sistema da lei, centrado na disjunção das ações em sua forma específica, com repetibilidade da falta e, [por outro], a disjunção da salvação centrada na vida e no tempo dos indivíduos e que implica irreversibilidade. [Cumpre acrescentar que] os sujeitos sobre os quais essa disjunção é efetuada são sujeitos de conhecimento, já que o conhecimento é precisamente um processo temporal tal que, uma vez alcançado o conhecimento, uma vez que estamos na verdade, que vimos, que recebemos a luz, não podemos mais ser privados desta. Sabemos. Vimos. O conhecimento é irreversível. Já o sujeito a que se refere a lei é um sujeito da vontade, e não um sujeito de conhecimento, um sujeito da vontade que pode querer de novo, sem cessar, ora o bem, ora o mal. Entre esse sistema da lei centrada nas ações e que se refere a um sujeito de vontade, e por conseguinte supõe a repetibilidade infinda da falta, e o esquema da salvação e da perfeição centrado nos sujeitos, que implica um cadenciamento temporal e uma irreversibilidade, não há, creio eu, inte-

---

* Conjectura: trecho inaudível.

gração possível – ou, em todo caso, digamos que não havia e que foi uma das grandes dimensões, das grandes tensões do pensamento grego tentar encontrar algo como um acomodamento e uma composição entre o sistema da lei e o sistema da perfeição. Em certo sentido, foi exatamente esse o problema da sabedoria grega.

E podemos dizer, para tomar apenas dois exemplos, que os pitagóricos – Deus sabe porém [quanto] o esquema da salvação, da pureza, da iluminação era importante [para eles] – fizeram tudo o que puderam para integrar os elementos da lei e os da salvação considerando que a vida do homem puro, do homem que fazia sua salvação e havia alcançado o estágio em que fazemos nossa salvação, essa vida devia ser enquadrada por uma regulamentação extremamente estrita, detalhista, minuciosa, que proporciona de certo modo uma armadura legal permanente, uma armadura regulamentar quase infinda para a vida do perfeito[31]. Encontramos o mesmo problema, mas em outros termos e com outras soluções, do lado dos estoicos, já que no primeiro estoicismo tinha-se, portanto, a ideia de que o sábio, uma vez alcançado o estágio da sabedoria, não podia fazer o mal, não podia experimentar o mal e que, no limite, ele era indiferente, em sua qualidade de sábio, a todas as formas reais de ação que ele podia cometer[32]. Essa ideia de um sábio que se torna como que indiferente a tudo o que podia fazer, na medida em que era sábio, o segundo estoicismo e o estoicismo do período romano substituiu pela ideia de um sábio que não seria mais que uma espécie de princípio regulador do comportamento. Ninguém, claro, pode ser realmente sábio. Ninguém, claro, nessa concepção, pode se encontrar efetivamente nesse estatuto indefectível e irreversível de sabedoria. Sempre se pode recair. Há portanto, nesse estoicismo, a ideia de uma repetibilidade da falta, mas porque o sábio se tornou um ideal regulador de comportamento, ou seja, uma espécie de lei que se impõe aos indivíduos, que se impõe à sua conduta e permite, de certo modo, selecionar em suas ações as que são boas das que são más[33]. De sorte que vocês estão vendo agir novamente, de outra forma, esse problema, essa tensão entre a lei e a salvação, que são, a meu ver, duas formas que permaneceram profundamente incompatíveis em todo o pensamento grego, romano, helenístico antes do cristianismo.

O cristianismo – e, em certo sentido, foi esse um dos seus grandes problemas históricos, um dos grandes desafios históricos que ele teve de enfrentar –, o cristianismo teve de pensar essa relação lei-perfeição, ou ainda, se preferirem, esse problema da irreversibilidade da relação sujeito-verdade e da repetição da falta. Se o vínculo sujeito-verdade é irreversível, como a falta ainda é possível? E, por conseguinte, como alguém pode repetir a falta, e isso é legítimo, é possível, podemos conceber que se reconstitua essa relação sujeito-verdade adquirida uma primeira vez e, parece, perdida pela falta interior ao cristão, interior a quem já atingiu esse estágio? O cristianismo foi obrigado a colocar essa necessidade, esse desafio de pensar a repetibilidade da metanoia, o recomeço do estabelecimento da relação – relação essencial – entre o sujeito e a verdade, por duas razões, uma interior e a outra ao mesmo tempo interior e exterior a seus limites.

O problema interior, claro, foi [o] dos relapsos[34]. Isto é, o cristianismo teve a "sorte"* de ser perseguido: por mais de dois séculos, desde o fim do século I até a paz constantiniana, a recorrência das perseguições colocou sem cessar o problema dos que renunciavam à sua fé ou aceitavam certo número de compromissos com os que lhes pediam para dar sinais de que haviam abandonado sua fé. Com esses o que se deve fazer? Deve-se abandoná-los? Eles romperam definitivamente com o cristianismo ou deve-se reintroduzi-los? Temos aí, como vocês veem, um problema que é, em sua forma, muito complexo, diferente do [problema dos] pecados interiores à comunidade cristã e para os quais se havia concebido, sem demasiadas dificuldades, parece, que a metanoia do batismo devia se prolongar e produzir seus efeitos até [o fim]**. Não é mais uma questão de avareza, de disputa ou de rivalidade no interior da comunidade, todas essas pequenas fraquezas para as quais estava previsto que os cristãos deviam se arrepender solenemente, todos os domingos, todos os dias, três vezes por dia na prece. Não, é outra coisa. Trata-se, no caso dos relapsos, de pessoas que efetivamente abandonaram sua profissão de fé e aceitaram romper a relação que tinham com a verdade. Podem reatá-la? O sujeito pode voltar a ter com a verdade essa relação fundamental que havia estabelecido uma vez, e que havia estabelecido porque Deus tinha se disposto a lhe conceder a graça de estabelecer? Esse é um dos problemas.

O outro problema, claro, foi, nos confins do cristianismo, ao mesmo tempo no interior e no exterior dele, o grande debate com a gnose, com os movimentos gnósticos, isto é, com toda a série de movimentos que, interiores e exteriores ao cristianismo, em todo caso próximos dele, faziam da salvação, e da salvação pelo conhecimento, uma libertação absolutamente definitiva e um estado absolutamente irreversível[35]. Na gnose, temos formas de pensamento nas quais o [esquema] da salvação, com tudo o que isso comporta de radicalidade quanto à tese da irreversibilidade da relação verdade-sujeito, é levado a seu extremo. Para a gnose, não pode haver recaída possível. A libertação, que é uma libertação pelo conhecimento, é

* Entre aspas no manuscrito.
** Conjectura: palavras inaudíveis.

adquirida de uma vez por todas, e se o sujeito recaía aparentemente é que, na verdade, ele não havia sido libertado. E essa [ideia], característica de uma concepção religiosa da salvação pelo conhecimento, implicava evidentemente uma rejeição radical do sistema da lei. Levado ao extremo, o esquema da salvação não pode deixar de excluir uma disjunção, qualquer que seja ela, em termos de lei. Com a gnose, temos um sistema puro da libertação, um sistema puro da salvação e da perfeição, e a lei não pode deixar de ser rejeitada. Digamos em duas palavras o seguinte: que, na gnose, o mundo não deve ser considerado como um lugar em que o bem e o mal seriam resolvidos, tendo a lei como princípio interno para disjungir nesse mundo o bem e o mal. Para a gnose, o mundo inteiro é mau. Ele é intrinsecamente mau em todas as suas parcelas, ele o é totalmente, integralmente. É mau porque o próprio ato criador que lhe deu origem é mau. E esse ato criador é mau porque o deus que criou o mundo é, ele próprio, mau[36]. Portanto, sendo mau tudo o que é do mundo, a lei, a lei como ordem do mundo, a lei como princípio que pretende disjungir no mundo o que é certo e o que não é certo, a lei que pretende, nas ações humanas, dizer o que é mau e o que é bom, essa lei, na medida em que é intrínseca ao mundo [e] procura disjungir [nele] isso e aquilo, decorre do próprio mal, como o mundo. A lei, como princípio de disjunção interior ao mundo, faz parte do mal e, portanto, não pode pretender efetuar a disjunção entre o bem e o mal. A diferença entre o bem e o mal, do modo que a lei a estabelece, essa diferença é, em si mesma, o mal.

Na realidade, essa concepção de que a lei é o mal, porque pertence ao mundo e porque na ordem da salvação não pode mais haver mal, não é inteiramente estranha ao cristianismo, e este precisou discuti-la. Ela é encontrada em são Paulo, claro, naquele texto enigmático com o qual o cristianismo tem se defrontado podemos dizer até hoje e que é: "É pela lei que conhecemos o pecado."[37] Será que isso não deve ser entendido da seguinte maneira: é a lei, é a própria existência de uma lei disjungindo o bem e o mal que faz o pecado aparecer? [Sem] lei não haveria pecado. Em todo caso, é o sentido que um grande número, a maioria dos movimentos gnósticos deu a esse texto de são Paulo, e foi contra esse sentido que o cristianismo ortodoxo teve de edificar uma concepção extraordinariamente sutil e complicada sobre a qual precisaremos voltar[38]. Encontramos igualmente essa tendência a rejeitar a lei em tudo o que, no cristianismo, foi desqualificação ou rejeição do Antigo Testamento. A articulação do Antigo Testamento com o Novo por toda uma série de jogos ou de analogias, de relações, de profecias, foi um trabalho que o cristianismo teve de efetuar para evitar, precisamente, o que havia sido uma das suas tendências originais, [que consistia] em dizer: o Antigo Testamento, na medida em que é um texto judaico, a Escritura judaica e, por conseguinte, a lei, a lei judaica, é o mal, e o Novo Testamento, por oposição ao livro da lei, é o livro da salvação*[39]. É nessa oposição entre o Antigo Testamento, como livro da lei, e o Novo Testamento, como livro da salvação, que se desenvolveu toda uma linha de pensamento cristão, de que são Paulo, é claro, foi o representante primeiro e ao qual em seguida sempre se fez referência, uma linha interior ao cristianismo para fazer do cristianismo uma religião, não da lei, mas da salvação.

Foi a partir dessa rejeição da lei que encontramos em embrião no cristianismo e que na gnose é absolutamente fundamental, que [esta última] desenvolveu duas atitudes. Uma foi a do ascetismo extremo, ascetismo que não adquire de modo algum a forma da observância da lei, [mas] que, ao contrário, tem por função e por sentido atravessar, superar o domínio da lei para alcançar uma perfeição que não conhece mais este mal que é a disjunção do bem e do mal. O ascetismo extremo e, por outro lado, o antinomismo: já que a lei é má e que é preciso se libertar desse mal que é a lei, é preciso transgredir sistematicamente o domínio da lei; a lei é feita para ser violada, a lei é feita para ser transgredida, e a libertação será obtida quando se houver efetivamente transgredido todas as leis. Donde a ideia, donde esses temas que encontramos na gnose, da prática sistemática de tudo o que foi proibido no Decálogo como lei, como lei do Antigo Testamento, como lei da religião hebraica e, por conseguinte, como lei do mal.

Portanto, o cristianismo se viu confrontado, por um lado, com as perseguições e, por outro, com a gnose, com esse problema da reavaliação, reelaboração das relações entre lei e salvação, da relação entre o que é perfeição irreversível, atingida por um ato único de salvação, e a disjunção constante e infindavelmente repetível entre o bem e o mal. Creio que o que permitiu, não a solução do problema, porque não há solução, mas sua elaboração foi que, no fundo, o cristianismo não colocou a questão que era a da filosofia grega, a saber: qual o tipo de observância da lei que nos levará à perfeição? Também não procurou, como os gnósticos, saber o que poderia restar da lei uma vez que a pessoa se torna perfeita. O cristianismo foi obrigado, pelas razões que eu lhes dizia há pouco, a colocar concretamente a questão: o que fazer com os que, efetivamente, caíram? O que fazer com os que, efetivamente, num dado momento, disseram não à verdade, a essa verdade para a qual tinham dito sim no batismo? O que fazer com os que por si mesmos voltaram atrás sobre a metanoia que ha-

---

* O manuscrito (fol. 18) acrescenta: "Marcião: Jeová, como [autor][a] da criatura, é o Deus mau."

[a] Leitura incerta.

viam manifestado, autenticado, professado no batismo? Em outras palavras, o cristianismo foi obrigado a pensar o problema da recaída e dos que haviam caído depois de ter chegado à verdade e à luz.

Mais uma palavra, se me permitem. É comum dizer que o cristianismo introduziu o senso da falta, do pecado, numa cultura greco-romana que não o possuiria. A meu ver não é exato, por uma razão bem simples. É que, se houve um mundo, uma civilização que conheceu, que codificou, refletiu, analisou o que podia ser a falta, a infração e as consequências que isso podia ter, esse mundo é o mundo grego e o mundo romano. As regras do direito, as instituições e as práticas judiciais, a ideia de uma filosofia que seria essencialmente moral, moral da vida cotidiana, com regras de existência, a codificação das condutas, a definição permanente do que é bem e mal, conveniente ou não, a classificação de todas as condutas humanas em termos de bem ou de mal, de justo ou de injusto, de legal ou de ilegal, isso é absolutamente característico das civilizações grega e romana. Por conseguinte, a definição da falta era central, maior e extremamente detalhista. E não digamos que se tratava de uma definição de certo modo objetiva da falta e que nela o sujeito não era questionado. O sujeito, eu lhes dizia, como circunstância particular que modifica o valor do ato e figura, de certo modo, nas características objetivas do ato, esse problema do sujeito era absolutamente fundamental, tanto na moral como no direito grego e no direito romano. O mundo greco-romano é um mundo da falta. É um mundo da falta, é um mundo da responsabilidade, é um mundo da culpa. Da tragédia grega ao direito romano, em certo sentido só se trata disso. E a filosofia grega, a filosofia helenística é uma filosofia da falha, da falta, da responsabilidade, das relações do sujeito com a sua falta. O cristianismo não é, portanto, uma religião que teria introduzido a falta, o pecado, o *peccatum*, na inocência de um mundo sem culpa. Ele fez uma coisa bem diferente. Introduziu o problema do *peccatum*, do pecado, da falta, não na inocência, mas em relação a ela. Introduziu o problema do *peccatum* em relação à luz, em relação à libertação e em relação à salvação. Ou seja: qual a situação da falta e como é possível cometer uma falta depois de se ter acesso à verdade? Foi portanto assim, [com] o *peccatum* vindo se inserir na relação essencial e fundamental entre sujeito e verdade, que o cristianismo colocou seu problema, e foi esse o ponto do seu trabalho e das elaborações sucessivas e intermináveis a que isso deu lugar. O cristianismo pensou a falta, não tanto em termos de queda, porque isso também não é o essencial – no fundo, a queda era um tema bastante corrente, tanto na filosofia grega como na religião hebraica e na maioria das religiões de iniciação e de salvação que preexistiam ao cristianismo. O cristianismo pensou a *recaída**. Ele se defrontou com o problema de saber de que modo o sujeito, tendo alcançado a verdade, podia perdê-la, de que modo, nessa relação que afinal é concebida como uma relação fundamentalmente irreversível de conhecimento, pode se produzir algo como a recaída do conhecimento no não-conhecimento, da luz na escuridão e da perfeição na imperfeição e na falta.

Aproximando esse problema do que havíamos encontrado a propósito do batismo, vocês estão vendo que podemos dizer o seguinte: no fundo, o cristianismo não se defrontou fundamentalmente com o problema das relações sujeito-verdade, não colocou [a questão] de saber qual a situação do sujeito quando estava na verdade. Não colocou [a questão] de saber qual a situação da verdade quando o sujeito era iluminado por ela. Esse é o problema, por exemplo, do budismo[40]. Qual a situação do sujeito em sua relação positiva com a verdade? Quando o sujeito é iluminado pela verdade, ele ainda é sujeito? Esse problema o cristianismo não colocou, mas colocou dois outros (e é isso, sem dúvida, que fez que seu trabalho ao mesmo tempo institucional, teórico, seu trabalho ao mesmo tempo prático e especulativo tenha sido tão fundamental). Com o batismo, o problema: o que acontece com a verdade quando o sujeito vai à verdade – [são] todas essas [questões]** de autenticação e de prova de que lhes falava da última vez a propósito do batismo. E, depois, colocou o outro problema, o problema inverso: o que acontece com o sujeito quando, tendo estabelecido uma vez, pelo batismo, sua relação fundamental com a verdade, foi despojado dessa relação, recaiu, não tanto devido a uma queda original, – sim, faremos referência a ela, pois é de certo modo o princípio de explicação geral –, mas o que acontece com ele quando ele, pessoal e individualmente, recai numa falta que é sua falta pessoal? Em outras palavras, o que acontece com ele quando rompe com essa verdade? O problema do batismo era: o que acontece com o sujeito quando, rompendo consigo mesmo, vai rumo à verdade? E o problema da penitência, agora, será: o que acontece com o sujeito quando, rompendo com a verdade, volta àquele si mesmo com o qual fora obrigado a romper no momento do batismo?

É portanto o problema da dupla ruptura que é colocado. Não é o pertencimento do sujeito à verdade ou o pertencimento da verdade ao sujeito, é sua distância que constitui o problema. E não é a questão da identidade do sujeito, é a questão da ruptura que constitui o problema. A ruptura do sujeito na relação de distância que ele mantém com a verdade: foi com isso, a meu ver, que a prática, as instituições, as teorias, a especulação

---

* Foucault acentua a primeira sílaba.
** M. F.: todos esses problemas

cristã se defrontaram, é esse o problema da penitência, da penitência depois do batismo, da penitência no sentido estrito, estreito, do termo. É isso que procurarei lhes explicar da próxima vez para procurar lhes mostrar como o cristianismo deu forma a esse problema das relações [entre] verdade e sujeito na recaída do sujeito que rompe com a verdade.

*

NOTAS

1. Hermas, *Le Pasteur*, introd., trad. e notas de R. Joly, Paris, Cerf, SC nº 53 bis, 2ª ed. revista e aumentada, 1968, reed. 1997.
2. *Ibid.*, Précepte IV, 31 (3), pp. 159-61. Essa tradução é também reproduzida em *Les Écrits des Pères apostoliques/EPA* [citada *supra*, p. 100, nota 8]; cf. para a passagem citada pp. 341-2.
3. Cf. por exemplo o comentário que É. Amann faz a esse respeito, "Pénitence", *DTC*, XII, 1933, Col. 760-763; A. Benoit, *Le Baptême Chrétien au second siècle, op. cit.*, pp. 115-24.
4. Ou *"Sündlosigkeitstheorie"* (teoria da impecabilidade). Teoria exposta, não sem lhe fazer objeções, por H. Windish, *Taufe und Sünde im ältesten Christentum bis auf Origenes. Ein Beitrag zur altchristlichen Dogmengeschichte*, Tübingen, J.C.B. Mohr, 1908 (cf. p. 507: "Christen sind ihrem wirklichen Wesen nach sündlose Menschen"). O impulso para essa discussão foi sem dúvida dado por P. Battifol, "L'Église naissante. Hermas et le problème moral au second siècle", *Revue biblique*, vol. 10, 1901, pp. 337-51 (cf. sua conclusão p. 351, segundo a qual o cristianismo primitivo se compreendia como "uma comunhão dos santos"). Sobre essa teoria, cf. R. Joly, introdução ao *Pasteur* de Hermas, pp. 22-3, que a resume assim: "O batismo remite os pecados anteriores, mas a Igreja primitiva exige depois dos cristãos uma pureza perfeita. Se alguém peca (gravemente) depois do batismo, não tem mais nenhum recurso terrestre: tem de aguardar o juízo de Deus na incerteza completa, se não na certeza do inferno. Não há penitência pós-batismal."
5. R. Joly, *ibid.*, p. 23: "A penitência [pós-batismal] de Hermas é uma penitência excepcional, com data fixa, um *jubileu* depois do qual se voltará, à espera da parúsia iminente, ao rigorismo anterior."
6. A. d'Alès, *L'Édit de Calliste*, Paris, Beauchesne, 1914, pp. 52-113.
7. B. Poschmann, *Paenitentia secunda. Die kirchliche Busse im ältesten Christentum bis Cyprian und Origenes: eine dogmengeschichtliche Untersuchung*, Bonn, P. Hanstein ("Theophaneia" 1), 1940, reed. 1964. Sobre o *Pasteur* de Hermas, cf. pp. 134-205. Para uma apresentação sintética dessa interpretação, cf. R. Joly, "La doctrine pénitentielle du *Pasteur* de Hermas et l'exégèse récente", *Revue de l'histoire des religions*, t. 147 (1), 1955, pp. 32-49, que a discute longamente (pp. 37 ss.).
8. Cf. R. Joly, introd. ao *Pasteur* de Hermas, p. 25: "[...] parece-nos [...] que Hermas é incompreensível se não se admitir, com os partidários da primeira teoria aqui exposta [= a teoria do jubileu], que ele luta contra o rigorismo. A nosso ver, sua penitência é na verdade um jubileu excepcional [...]."
9. ἄφεσις ἁμαρτιῶν designa a remissão dos pecados que segue a penitência batismal. Sobre essa expressão, cf. já *Atos* 13, 39: "Sabei pois, homens irmãos, que é por ele [Cristo] que o perdão dos pecados (ἄφεσις ἁμαρτιῶν) vos é anunciado" (trad. L. Segond). Cf. A. Méhat, "'Pénitence seconde' et 'péché involontaire' chez Clément d'Alexandrie", *Vigilae Christianae*, vol. 8, 1954, pp. 225-33, e A. d'Alès, *La théologie de Tertullien, op. cit.*, p. 340 n. 1: "[...] Hermas reserva para o perdão batismal o nome ἄφεσις (*ignoscentia*)." Cita então a passagem do

Pastor (Preceito IV, 31 (3)) comentada por Foucault no início da sessão: "[...] como uns e outros não precisam fazer penitência de seus pecados: eles têm a absolvição (ἄφεσιν) de seus pecados anteriores."

10. *Epístola aos hebreus*, 6, 4-8, BJ, p. 1732, Foucault diz "saborearam" em vez de "provaram". A autenticidade dessa *Epístola*, por muito tempo atribuída a Paulo, foi discutida desde os primeiros séculos. O texto, que de fato apresenta o caráter oratório de um sermão, seria obra de um companheiro de Paulo, de origem judaica e de formação helenística.

11. *Ibid.*, 10, 26-27, p. 1737.

12. Mt 12, 33.

13. Inácio de Antióquia, *Lettres*, Aux Éphésiens, XIV, 1, introd., trad. e notas de P.-T. Camelot, Paris, Cerf, SC nº 10 bis, 4ª ed., 1969, p. 71. A tradução citada aqui é a de P.-T. Camelot, "Lettres d'Ignace d'Antioche", in *EPA*, pp. 147-8.

14. *Épître de Barnabé* [cf. também *supra*, p. 103, nota 29], XVI, 8-9, trad. A. Laurent, revista por H. Hemmer, in *Les Pères apostoliques* [*op. cit. supra*, p. 100, nota 8], p. 91; citado por A. Benoit, *Le Baptême Chrétien*, p. 42. "Arrependimento", nessa citação, traduz a palavra grega μετάνοια. Sobre a concepção do batismo como nova criação em Barnabé, A. Benoit, *ibid.*, pp. 40-42, salienta a dimensão escatológica dessa "nova criação", antecipação da que ocorrerá no éon por vir.

15. Hermas, *Le Pasteur*, Précepte III, 28, pp. 149-51; *EPA*, p. 337 (as passagens entre colchetes correspondem às modificações da tradução de R. Joly efetuadas por Foucault. Joly: "o espírito que Deus alojou em tua carne será considerado autêntico").

16. *La Doctrine des douze apôtres (Didaché)*, 8, 2, trad. Cf. R.-F. Refoulé [citada *supra*, p. 100, nota 8], in *EPA*, p. 45.

17. Hemmer, em *Les Pères apostoliques*, traduz mais literalmente o verbo: "Farás a exomologese de teus pecados (ἐξομολόγηση τὰ παραπτώματα σου)" (*Epístola de Barnabé*, XIX, 97, 12). A comparar com *Didakhé*, 14, 1, onde a confissão sacramental dos pecados é relacionada ao sacrifício eucarístico.

18. *Ibid.*, 4, 14, p. 43; texto grego *in* Hemmer, p. 12.

19. *Lettre de Barnabé* (Pseudo-Barnabé), XIX, 12, trad. de soror Suzanne-Dominique, in *EPA*, p. 285: "Faz a confissão pública dos teus pecados." Laurent e Hemmer, cuja versão Foucault não adota aqui, mais uma vez ficam mais próximos do texto original: "Farás a exomologese dos teus pecados (Ἐξομολόγηση ἐτὶ ἁμαρτίαις σου)" (*op. cit.* [*supra*, nota 14], p. 97). Cf. A. d'Alès, *La Théologie de Tertullien*, p. 342 n. 2, que também compara os dois textos sobre este ponto.

20. *Lettre de Barnabé* (trad. soror Suzanne-Dominique). O fim da frase ("esse é o caminho da luz") é uma variante de certos manuscritos, não adotada pela edição das "Sources chrétiennes" (ver a nota 3, p. 197). F. Louvel precisa que "o capítulo XIX da *Epístola de Barnabé* corresponde aos capítulos II, III e IV da *Didakhé*" (*EPA, ibid.*, n. 114).

21. Mesma observação de C. Vogel, *Le Pécheur et la Pénitence dans l'Église ancienne*, Paris, Cerf ("Traditions chrétiennes"), 1966, 2ª ed., 1982, p. 15: "O reconhecimento dos pecados de que se fala na *Didakhé* não é uma 'confissão sacramental', mas uma espécie de prece coletiva, feita por todos os membros quando das reuniões da comunidade [...]"; ver também a introdução de Hemmer, p. XL.

22. *La Doctrine des douze apôtres (Didaché)*, 14, 1, trad. Cf. R.-F. Refoulé, in *EPA*, p. 53.

23. Clemente de Roma, *Épître aux Corinthiens*, IX, 1, trad. soror Suzanne-Dominique, in *EPA*, p. 67.

24. *Ibid.*, LI, 1 e 3, pp. 99-100. Cf. também LII, 1-2, p. 100: "O Amo de todas as coisas não necessita de nada, irmãos, não pede nada a ninguém, a não ser o reconhecimento das faltas. De fato, diz Davi, seu eleito: 'Confessarei a Deus minhas faltas, isso agradará ao Senhor mais que um jovem touro com chifres e cascos. À vista disso, os humildes se rejubilarão' (Sl 68, 31-33)."

25. *La Doctrine des douze apôtres (Didachè)*, 10, 6, *EPA*, p. 49 (passagem modificada por Foucault: "Se alguém não o é").

26. Clemente de Roma, *Épître aux Corinthiens*, II, 4 e 6, texto grego, trad., introd. e índice de H. Hemmer, Paris, Librairie A. Picard et Fils (col. "Les Pères apostoliques", II) , 1909, p. 9: "Choráveis dos pecados do próximo, estimáveis que suas transgressões eram vossas."
27. Policarpo de Esmirna, *Lettre aux Philippiens*, XI, 4, trad. P.-T. Camelot, in *Epa*, p. 215. Citação ligeiramente modificada por Foucault ("sobre esse ponto" em vez de "nisso"). Os versículos inseridos na citação correspondem, respectivamente, a 2 Tm 2, 25 e 2 Tg 3, 15. Foi de fato de avareza que o presbítero Valens foi incriminado.
28. *La Doctrine des douze apôtres (Didachè)*, 4, 6, *EPA*, p. 42.
29. *Homélie du IIe siècle* (dita outrora *Segunda epístola de Clemente de Roma aos coríntios*), XVI, 4, trad. soror Suzanne-Dominique, in *EPA*, p. 130.
30. Diógenes Laércio, *Vies et Opinions des philosophes*, VII, § 117-131 (trad. É. Bréhier, revista por V. Goldschmidt e P. Kucharski), in *Les Stoïciens*, Paris, Gallimard ("Bibliothèque de la Pléiade"), 1962, pp. 53-8 (sobre as doutrinas de Zenão, Cleanto e Crisipo): "[Os sábios] não têm pecado porque não podem cair no pecado" (§ 122, p. 55); "[...] o sábio possui uma alma que em todo momento é perfeita" (§ 128, p. 57). Foucault torna sobre esse ponto um pouco abaixo.
31. Sobre essa regulamentação pitagórica, cf. a obra antiga, mas sempre interessante, de A. É. Chaignet, *Pythagore et la Philosophie pythagoricienne*, Paris, Didier, 1873, t. I, cap. 4: "L'ordre pythagoricien – Son organisation, sa constitution, ses règlements" (pp. 97-154), cf. em particular, pp. 117-118: "Uma disciplina erudita e severa presidia a organização do Instituto [pitagórico] [...] Os membros da Ordem tinham sua função própria, fixa, determinada de acordo com seu caráter e suas aptidões. Mesmo assim, eram submetidos a regras gerais e minuciosas que governavam todos os detalhes e todos os deveres da vida comum. Esses regulamentos, essas constituições, essas leis, νόμοι, eram estabelecidos por escrito; [...] essas regras eram veneradas por todos como tendo um caráter sagrado, divino [...] Nessas regras verdadeiramente monacais, muitas vezes expressas em símbolos, percebe-se o gosto por uma disciplina ao mesmo tempo interior e exterior, a necessidade de obediência, de esquecimento de si, de renúncia ao governo de sua alma e à sua própria consciência, que vai ao ponto de confiar a outrem a direção desta [...]" (análise marcada, como se vê, pela perspectiva crítica do autor que já reconhece "a Igreja romana" (p. 113) na organização religiosa do Instituto). Ver o detalhamento dessas regras pp. 119-3.
32. Cf. A.-J. Voelke, *L'Idée de volonté dans le stoïcisme*, op. cit. [*supra*, p. 102, nota 24], p. 76: "[Em Aríston de Quios e Hérilos, primeiros discípulos de Zenão,] a supremacia da virtude sobre todos os outros objetos é tal, que priva de todo fundamento a própria ideia de efetuar uma escolha entre eles, com o risco de tirar a matéria da própria virtude. Esse indiferentismo que não reconhece nenhum intermediário entre o bem absoluto e o nada axiológico renuncia a toda tentativa de regular a vida do homem médio [...]."
33. Sobre essa evolução do médio estoicismo e do estoicismo da época imperial relativamente ao primeiro estoicismo, cf. entre outras numerosas referências, É. Bréhier, *Histoire de la philosophie*, Paris, PUF, 1931, reed. 1981 (col. "Quadrige"), t. 1, pp. 348-59. Cícero segue fielmente a doutrina de Panécio, quando escreve: " É preciso agir [...] de tal sorte que nada pretendamos da natureza comum a todos, mas que, salva esta, sigamos a nossa própria e assim [...] meçamos nossas empreitadas de acordo com a regra da nossa natureza" (*Les Devoirs*, XXXI, 110, trad. M. Testard, Paris, Les Belles Lettres, 1965, t. I, p. 161). Cf. também A.-J. Voelke, *L'Idée de volonté dans le stoïcisme*, pp. 76-9.
34. Sobre o problema dos *lapsi*, "isto é, dos que haviam 'falhado' no momento da perseguição e que, lamentando seu gesto, desejavam ser reintegrados à Igreja" (R. Gryson, introdução a Ambrósio de Milão (santo Ambrósio), *De paenitentia/La Pénitence*, Paris, Cerf, SC nº 179, 1971, p. 16), cf. *Sécurité, Territoire, Population, op. cit.*, aula de 22 de fevereiro de 1978, p. 189 n. 16 [edição Martins Fontes, p. 247]. Sobre a atitude de Cipriano em relação aos *lapsi*, ver a introdução do cônego Bayard a são Cipriano, *Correspondance*, trad. chanoine Bayard, Paris, Les Belles Lettres, CUF, 1925, reed. 1962, 2 vol. T. I, pp. XVIII-XIX, e G. Bardy, "Saint Cyprien", *DS*, 1953, col. 2665-2666, e *infra*, aula de 5 de março, p. 199, nota 12. Havendo empregado a

palavra "*lapsi*" no seu curso de 1978, Foucault a substitui impropriamente aqui e em toda a aula seguinte pela palavra relapso, que designa, *stricto sensu*, não o apóstata, mas aquele que recaiu numa heresia depois de ter solenemente renunciado a ela ("herético que recai num erro que havia abjurado", N.-S. Bergier, *Dictionnaire de théologie*, Toulouse, 1817, vol. 7, col. 125). Em *Mal faire, dire vrai*, aula de 29 de abril de 1981, p. 107, onde retorna brevemente a esse ponto, fala dos "apóstatas", citando *De lapsis* de Cipriano.

35. Sobre a gnose, cf. *supra*, aula de 13 de fevereiro, p. 109 e nota 6.

36. Sobre essa concepção gnóstica do Demiurgo (distinto do Ser absoluto e imutável), cf. por exemplo, Plotino, *Ennéades*, II, 9, ed. citada [*supra*, p. 127, nota 29], pp. 111-38: "Contra os que dizem que o demiurgo do mundo é mau e que o mundo é mau" (fórmula que, segundo J. Doresse, "La Gnose", *loc. cit.* [*supra*, p. 125, nota 6], p. 422, "resume o essencial do que os Símbolos de fé e os anatematismos cristãos condenarão em todos os gnósticos").

37. São Paulo, *Épîtres aux Romains* 7, 6-7, BJ, p. 1634: "[...] agora fomos libertados da Lei, estando mortos para o que nos mantinha prisioneiros, de modo a servir na novidade do espírito e não mais na vetustez da letra. O que isso quer dizer? Que a Lei é pecado? Claro que não! Mas eu só conheci o pecado pela Lei. E, de fato, eu teria ignorado a cobiça se a Lei não houvesse dito: 'Não cobiçarás!' [Ex 20, 17]."

38. Foucault não volta a essa questão na sequência do curso.

39. Sobre Marcião, cf. Tertuliano, *Contre Marcion*, introd. e trad. R. Braun, 5 vol., Paris, Cerf, SC n°s 365, 368, 399, 456 e 483 (publicados de 1990 a 2004). Cf. também E.C. Blackman, *Marcion and his influence*, Londres, SPCK, 1948; É. Trocmé, "Le christianisme jusqu'à 325", *loc. cit.* [*supra*, p. 125, nota 6], pp. 247-50 (p. 248: "Marcião, de início, foi tão só um pauliniano extremista, que tirava da oposição entre a Lei e o Evangelho [...] a conclusão de que o Antigo Testamento estava completamente ab-rogado e não tinha mais autoridade para os cristãos"); P. Brown, *Le Renoncement à la chair*, trad. P.-E. Dauzat e C. Jacob, Paris, Gallimard ("Bibliothèque des Histoires"), 1995, pp. 124-5: "Para Marcião, a 'idade presente' era o mundo visível, sujeitado em sua totalidade à potência do Deus criador e a quem o verdadeiro Deus de amor era desconhecido. Um abismo separava o mundo presente dos céus de onde Cristo tinha vindo salvar a humanidade. [...] Em seu espírito, o universo presente era obra de uma potência formadora muito distante da radiante serenidade do Deus supremo. O homem vivia sua vida à sombra de uma força pouco confiável e opressora, que perpetuava e guiava o mundo material. [...] O Deus criador era o Deus da Lei judaica. [...] A espécie humana em seu conjunto, e não apenas os judeus, viviam 'sob a Lei'."

40. Cf. M. Foucault, "Sexualité et solitude" (conferência em inglês, 1981), *DE*, IV, n° 295, ed. 1994, p. 172/"Quarto", vol. II, p. 991: "O budista também deve ir em direção à luz e descobrir a verdade sobre si mesmo. Mas a relação entre as duas obrigações é totalmente diferente no budismo e no cristianismo. No budismo, é o mesmo tipo de iluminação que leva o indivíduo a descobrir o que ele é e o que é a verdade. A favor dessa iluminação simultânea de si e da verdade, o indivíduo descobre que o si não passava de uma ilusão. [...] O mesmo não ocorre com o cristianismo: a descoberta de si não revela o si como uma ilusão."

AULA DE 5 DE MARÇO DE 1980

A penitência canônica (continuação): não um segundo batismo, mas uma segunda penitência. Características dessa segunda penitência: ela é única; ela é um estatuto, e um estatuto global. – Atos de verdade implicados pela entrada nesse estatuto: atos objetivos e atos subjetivos. (a) Análise dos atos objetivos a partir das cartas de são Cipriano: um exame individual, detalhado, público. (b) Atos subjetivos: obrigação para o pecador de manifestar sua verdade (exomologesis). *A exomologese: evolução da palavra do século I ao século III. Os três momentos do procedimento penitencial: a* expositio casus, *a exomologese propriamente dita* (publicatio sui), *o gesto de reconciliação (*impositio manus). *Análise do segundo episódio (Tertuliano; outros exemplos). Os dois usos da palavra "exomologese": episódio e ato global. – Três observações: (1) a relação* expositio casus/ publicatio sui *na história da penitência a partir do século XII; (2) diferença entre exomologese e a* expositio casus; *(3) a exomologese e o paradoxo do mentiroso.*

Eu tinha procurado lhes mostrar da última vez que o problema da penitência cristã era o de saber se o ato que salva, o ato que faz passar da morte à vida, o ato que dá a luz pode efetivamente ser repetido. Foi a essa questão, cujas implicações teológicas são evidentemente enormes, que respondeu a organização do que foi chamado de penitência canônica. A penitência canônica o que é? É um segundo batismo? Pode-se considerar que a penitência canônica é uma maneira de repetir pura e simplesmente, ou de repetir inteiramente o batismo? A expressão de segundo batismo para designar a penitência canônica é encontrada às vezes. Por exemplo, em Clemente de Alexandria, no texto sobre a salvação do rico vocês encontram a expressão, a propósito de um ato penitencial particularmente intenso e dramático: era "como um segundo batismo"[1]. Na verdade, a expressão "segundo batismo" para designar a penitência canônica é rara e tem, como aliás prova a própria frase de Clemente de Alexandria, um valor muito mais metafórico do que canônico. Porque, na concepção cristã desde o século I, o batismo é único, não pode em si mesmo ser repetido.

No entanto o que se pode repetir é certa parte do batismo, ou certo elemento que era ligado, associado ao batismo e que era, justamente, essa penitência, essa *disciplina paenitentiae* de que Tertuliano falava, que é indispensável ao batismo e é o que se pode repetir, uma vez dado o batismo. De sorte que a penitência canônica não é definida como segundo batismo, a não ser, mais uma vez, a título de indicação quase metafórica. A penitência canônica é considerada como a segunda penitência, isto é, como o que, do batismo, repete o acompanhamento penitencial, a disciplina penitencial que lhe era ligada.

É dessa segunda penitência que gostaria de falar, porque está ligada à segunda penitência toda uma série de procedimentos de verdade que assinalam, me parece, uma inflexão considerável no que poderíamos chamar de relações da subjetividade com a verdade, não apenas no cristianismo, mas em toda a civilização ocidental.

O que é a segunda penitência? Em que consiste? Primeiramente, isso é importante, essa *paenitentia secunda*, essa segunda penitência que repete portanto a parte penitencial do batismo, é tão única quanto o batismo[2]. É, como diz Tertuliano, "outra tábua de salvação"[3]. É uma maneira para Cristo reabrir pela segunda vez as portas do perdão que haviam sido abertas pelo batismo mas fechadas logo depois. Abrem-se pela segunda vez as portas, mas não serão reabertas pela terceira vez. Depois do batismo pode-se fazer penitência apenas uma vez, não se pode fazer duas vezes penitência. A penitência é portanto a reiteração não reiterável de algo que, de todo modo, não pode ser repetível. Estamos na unicidade. É o desdobramento da unicidade, e nada mais. Acontecimento único era o batismo, acontecimento único será também a penitência, ainda que ela seja, de certo modo, uma espécie de repetição pelo menos parcial do batismo. Isso permanecerá em vigor no cristianismo pelo menos até os séculos VI-VII, e ainda nessa época vemos que o princípio da penitência única não desaparece mas é complementado com uma prática que será a da penitência repetível[4]. Vê-se como foi difícil, no pensamento cristão, na instituição do cristianismo e, parece, em toda a cultura ocidental, passar de um sistema da salvação que é um sistema binário em que o tempo do indivíduo é cadenciado pelo acontecimento único da conversão e do acesso à verdade, a um sistema jurídico da lei, de uma lei que sancionaria infindamente os acontecimentos repetíveis da falta. Para passar desse sistema binário da salvação ao sistema repetível da lei e da falta, foi necessária toda uma série de transformações que terei ou que, talvez, não terei tempo de evocar, pouco importa. Essencialmente, foi necessária a conjunção de dois processos. Por um lado, a organização, a institucionalização de uma disciplina monástica que se apresenta como regra de vida e, por conseguinte, como controle contínuo dos indivíduos, com, é claro, definição, enumeração e punição de cada uma das faltas que poderiam cometer contra essa regra. Portanto, foi necessária a organização da vida monástica e da regra monástica que proporcionava certa relação entre a lei e a falta, e foi necessário que, do exterior do cristianismo, chegasse à Europa um sistema de direito, o sistema de direito germânico, que fazia a punição da falta aparecer como uma espécie de resgate[5]. A punição como resgate da falta vai ser a forma jurídica laica e externa na qual será repensada, a partir da Idade Média, toda a economia da penitência. E é a combinação da regra monástica, de um lado, com a concepção do direito germânico, [de outro], que possibilitará organizar essa penitência que conhecemos agora, que o cristianismo conheceu por mais de um milênio e que é a penitência que se deve fazer a propósito de cada ato e para resgatar cada ato. Naquela época, a penitência já não incidirá tanto sobre o estatuto do indivíduo e não será tanto o que resgata o indivíduo global e totalmente. Ela será uma penitência objetiva, definida relativamente ao que é um ato, ao que é uma ação, e que definirá aquilo por que se pode resgatar esse ato e essa ação.

Portanto, primeira coisa acerca dessa *paenitentia secunda*: ela não é repetível, ela é, como o batismo, um acontecimento único. Segunda característica dessa *paenitentia secunda*: ela é um estatuto. Não é simplesmente um certo número de atos que devemos efetuar depois de cometer um pecado, é um estatuto; um estatuto que concerne ao indivíduo por inteiro: fazer penitência – a expressão latina é *paenitentiam agere*[6] –, conduzir a penitência, é no fundo entrar numa ordem. E os textos dos séculos III-IV dizem isso claramente. Paciano, por exemplo, diz que há três ordens de cristãos. Há os catecúmenos, os que estão, de certo modo, na porta do cristianismo e querem entrar, há os cristãos de pleno exercício. E há os penitentes[7]. Os penitentes constituem uma ordem intermediária entre os catecúmenos e os cristãos de pleno exercício, e pode ser, inclusive, que essa ordem tenha gradações e que haja subordens no interior dessa ordem dos penitentes. Eu disse: "pode ser". É certo que essas gradações na ordem da penitência, conforme a gravidade das faltas cometidas, existiam no Oriente – há testemunhos precisos. Quanto ao Ocidente, é muito menos certo. Há simplesmente um texto de santo Ambrósio, no *De paenitentia*, em que, a propósito de alguém que havia cometido um pecado, ele diz que foi decidido em que ordem de penitentes se encontraria[8]. O que aparece indicar que havia, no Ocidente, uma ordem de penitentes, mas como é o único testemunho... Bem, discussão interminável sobre isso. Entra-se nessa ordem de penitentes a pedido, e faz-se o pedido seja porque, como cristão pecador, ele sente que pecou e que corre o risco de perder o que havia sido a promessa da salvação concedida com o batismo e, por conseguinte, pede para fazer novamente penitência. Ele pede porque sente a necessidade ou também porque foi levado, ameaçado, exortado pelos responsáveis da Igreja, e é precisamente um dos papéis do bispo – Paciano explica – exortar, instar todos os pecadores à penitência[9]. É portanto, de certo modo, na confluência da vontade individual e da pressão coletiva ou da pressão da autoridade que se entra nesse estatuto do penitente. Entra-se após uma cerimônia que até certo ponto lembra a cerimônia do batismo, pelo menos por alguns elementos. O elemento principal é a imposição da mão, que, como vocês sabem, tem por um lado um significado e um valor de exorcismo[10] e, por outro, uma função e um papel de chamamento ao Espírito Santo. Expulsa-se o espírito maligno que está, seja substancialmente, seja etiologicamente, ligado ao pecado e, ao mesmo tempo, chama-se o outro espírito, o espírito de santidade que deve substituí-lo: é o papel da imposição das mãos. É o ritual de entrada no estatuto dos penitentes, [o qual] vai durar meses, anos, e é ao fim desse longo estágio na ordem dos penitentes, às vezes até mesmo no fim da vida, no momento em que se vai morrer, que se tem o direito de ter acesso à reconciliação; reconciliação que também se assinala por uma cerimônia, simétrica à cerimônia de entrada na ordem dos penitentes: aqui [de novo], imposição das mãos e reconciliação.

A penitência é única portanto, é um estatuto, e um estatuto global. É um estatuto global, na medida em que concerne a todos os aspectos da existência. Na penitência não se pede a um indivíduo para fazer isto ou aquilo, ou para renunciar a isto ou aquilo. Todos os aspectos da sua existência são postos em jogo no estatuto penitencial. A existência religiosa, primeiro, na medida em que o penitente terá de realizar um certo número de obrigações religiosas, mas será excluído de um certo número de práticas – aqui também discussão para saber de que é excluído. É certo que ele não tem mais direito à *communio* ou à *communicatio*. Logo, é privado da eucaristia. É sem dúvida privado, igualmente, de assistir a um certo número de outras cerimônias – o problema está em saber quais. No que concerne à sua vida pessoal, à sua vida privada, à sua vida individual, um certo número de interdições e de obrigações também. Proibição, por exemplo, se for casado, de manter relações sexuais com o esposo ou a esposa. Obrigação de jejum, proibição de cuidados do corpo ou, se preferirem, dito de outra forma, obrigação da sujeira[11]. Obrigação também, no nível da vida civil, social, coletiva, de fazer certo número de obras: obras de caridade, visitas aos doentes, esmolas. Proibição também de ordem puramente jurídica: como não tem direito de mover ações judiciais, o penitente não tem direito de tomar parte num litígio, pelo menos a título de parte querelante; como é ele que pede perdão aos outros, não pode acusar outro e pedir desculpas, reparações. Enfim, o mais notável, sem dúvida, nesse estatuto do penitente é que, mesmo depois da reconciliação, mesmo depois do momento em que sair da ordem dos penitentes, o fato de ter sido penitente uma parte da sua vida nunca se apagará de todo. Até o fim de seus dias, o ex-penitente se verá assinalado em meio à comunidade dos cristãos por um certo número de impossibilidades e de proibições: impossibilidade de ser sacerdote ou diácono, impossibilidade de exercer certas profissões que são particularmente perigosas porque oferecem muitas oportunidades de queda; o fato de ter caído uma vez e a impossibilidade de fazer pela segunda vez penitência fazem que certas profissões representem um perigo demasiado grande. Por exemplo, tornar-se mercador expõe demasiado facilmente ao roubo, por conseguinte um ex-penitente não poderá se tornar mercador, do mesmo modo que não pode se casar.

Eis, esquematicamente, grosseiramente, sem entrar em nenhum detalhe e sem dar nenhuma precisão, como se apresentava essa segunda penitência pela qual alguém, uma vez na vida porém não mais que isso, podia obter, não exatamente a remissão, mas o perdão de um pecado ou de uma série de pecados que pode ter cometido após o batismo. Não é evidentemente disso que eu queria falar. Mas, no interior desse estatuto de penitente, dos atos de verdade que estão implicados, seja pela entrada no estatuto do penitente, seja pelo próprio desenrolar da penitência. Esses atos de verdade, essas procedimentos de verdade são de duas ordens, vamos dizer, os procedimentos objetivos e os procedimentos refletidos. Procedimentos objetivos: aqueles em que o penitente é o objeto, mas cujo operador ou operadores não serão o penitente mesmo; em outras palavras, os procedimentos de verdade pelos quais os outros, seja a comunidade inteira, seja o bispo, são responsáveis, podem conhecer o penitente e dele fazer o objeto de uma busca de verdade. E, depois, atos refletidos: são os atos pelos quais o próprio penitente se torna operador da manifestação da sua própria verdade. Atos refletidos: [aqueles] pelos quais o penitente manifesta por si mesmo o que é sua verdade, sua verdade de pecador ou sua verdade de penitente.

Comecemos pelos atos objetivos. Eles não são muito diferentes dos que havíamos encontrado a propósito do batismo, quando se tratava de testar a vontade do postulante de se tornar cristão, ou então a maneira como, no decorrer do seu catecumenato, ele tinha dado provas de seu progresso e da sua metanoia. Trata-se, em todo caso, nesses atos objetivos, de um exame da conduta do pecador. Esse exame, ou melhor, esses exames ocorrem em dois momentos. Primeiro, ocorrem no momento em que o pecador pede a penitência. E se trata, nesse momento, de saber se vai lhe ser dada a penitência; seja de saber se, efetivamente, o pecado é bastante grave e bastante importante para merecer o estatuto de penitente, seja se quem pede a penitência não cometeu pecados tão grandes, tão graves, tão pesados, que nem poderia ser resgatado ou perdoado. Aqui também, problema de saber se efetivamente, até que ponto e quais são os pecados que seriam irremissíveis. Bom, deixemos isso de lado. Em todo caso, há um primeiro exame que ocorreu nesse momento e um segundo exame que ocorreu, então, no fim do procedimento penitencial, da ação penitencial inteira. Bem no momento em que o penitente vai ser reconciliado, examina-se para saber se, efetivamente, ele merece sê-lo.

Esses atos tiveram, historicamente, sua maior importância e seu ponto máximo de desenvolvimento [n]um período relativamente preciso: meados-fim do século III, no momento ou logo depois da grande perseguição[12], isto é, num momento em que o número dos que haviam rejeitado o cristianismo ou que haviam cedido às injunções que o poder civil lhes impunha de sacrificar ou assinar uma nota de sacrifício, era muito grande e [em que] grande também era o número dos que pediam, depois de ter caído, depois de ter sacrificado ou assinado uma nota, para ser reintegrados. Esses pedidos de reintegração também eram numerosos e os procedimentos pelos quais se faziam os pedidos também eram numerosos, variados, incertos. E um dos grandes meios utilizados, e que aliás havia sido previsto pelos textos e pelos concílios, era a possibilidade de se fazer recomendar por um confessor, "confessor" sendo entendido, claro, não no sentido daquele que ouve a confissão, mas no sentido daquele que confessou, que professou Cristo, isto é, que se recusou a ceder às injunções seja de sacrificar, seja de assinar uma nota de sacrifício. Esses, na medida em que haviam professado Cristo, em que haviam portanto afirmado sua fé, garantido sua fé em face da perseguição, tinham o direito de garantir a fé dos outros e de recomendar os que, por fraqueza, haviam caído, para que fossem reintegrados.

Tudo isso dava lugar, evidentemente, a muita confusão e, sem dúvida, abusos e, durante todo o fim do século III – a correspondência de são Cipriano[13] o atesta –, procurou-se filtrar um pouco todos esses pedidos de reintegração de parte dos relapsos. Os princípios que se desprendiam da correspondência de são Cipriano são relativamente claros.

Primeiro, não pode haver reintegração sem exame. Esses exames não podem ser coletivos, eles devem se desenrolar caso a caso. De fato. Nesses procedimentos de recomendação pelos confessores, acontecia com frequência que fosse recomendado não apenas um relapso, mas toda a família do relapso, considerando que havia uma solidariedade na responsabilidade, conforme ideias jurídicas bem conhecidas e bem familiares na época. Donde a ideia de que: não, o exame deverá ser feito caso a caso. E não é porque se venha a considerar um relapso capaz de ser reintegrado que por [isso] toda a sua família poderá sê-lo. Caso a caso, individualmente e levando em conta as circunstâncias do ato. Na carta 55, são Cipriano diz: há que distinguir "aquele que, por vontade própria, deixou-se logo de saída levar ao sacrifício abominável e aquele que, depois de haver resistido e lutado por muito tempo, chegou ao ato deplorável somente por necessidade. [Há que distinguir] quem entregou a si mesmo e aos seus daquele que, ao contrário, indo sozinho por todos rumo ao perigo, preservou sua mulher, seus filhos e toda a sua casa"[14]. Portanto, exame individual.

Segundo, esse exame individual deve ser feito coletivamente ou, em todo caso, a comunidade inteira, sob a direção do bispo, é que, na medida do possível, deve decidir por meio desse exame individual se quem caiu deve ser ou não reintegrado. Numa carta dirigida então a são Cipriano pelos padres de Roma, está dito: "É um encargo importante e um pesado fardo ter de, sem ser numerosos, examinar as faltas de um grande número e pronunciar sozinho a sentença [...]. Uma decisão não pode ter grande força se não parece reunir os sufrágios de um grande número de deliberantes."[15]

Temos portanto a ideia da prática de um exame individual, detalhado em função dos atos, mas que se faz coletivamente, logo em público. Esse exame público dos casos individuais parece ter sido regulamentado por decisões de sínodos e parece ter sido redigido um pequeno manual de exame a que são Cipriano alude[16], mas que, infelizmente, foi perdido.

Por trás disso tudo, dessa ideia de que é preciso examinar caso a caso os relapsos, não se trata, para são Cipriano e seus contemporâneos, de dizer que se poderá por determinados meios alcançar o fundo da alma do relapso e do penitente, que se poderá saber qual é verdadeiramente a situação, se seu arrependimento é sincero e se efetivamente ele será perdoado por Deus. Com efeito, é a carta 57 que o diz: "Nós, pelo que nos é dado ver e julgar, vemos cada um somente do exterior. Quanto a sondar o coração – *cor scrutari* – e a penetrar a alma, não podemos fazê-lo."[17] Portanto, não se trata em absoluto, aqui, de um procedimento como o que logo encontraremos, quer dizer, desde o século IV, no exame de consciência da prática monástica, [que consiste em] escrutar o fundo do coração. Trata-se simplesmente de julgar tanto quanto se pode fazê-lo do exterior e permanecendo no exterior. Ficando entendido, por conseguinte, porque não se pode julgar em verdade e no fundo da alma de um penitente, [que] a decisão, que se poderá tomar, de reintegrá-lo ou não, será uma decisão improvável, quero dizer, uma decisão que não vinculará, com certeza, Deus e seu perdão. Aqui também, diferentemente do que vamos encontrar no sacramento de penitência tal como será definido na Igreja medieval, a decisão de quem concede a penitência e reconcilia ninguém sabe se corresponde a uma decisão, a uma vontade análoga à do céu. E, diz são Cipriano numa das suas cartas: "Tomamos nossas decisões como podemos, mas é direito do Senhor corrigir as decisões do seu servidor."[18] O princípio de que aquilo que vinculamos na terra será vinculado no céu é evocado no texto, mas nunca é interpretado como [significando]* que a decisão de ordem penitencial tomada pelos sacerdotes é a decisão de Deus. Isso intervirá bem mais tarde.

É isso no que concerne ao núcleo do exame exterior, do exame objetivo que, mais uma vez, apesar de seus efeitos serem diferentes, apesar de o procedimento em que ele está inscrito não ser o mesmo, é ainda assim, em linhas gerais, do mesmo tipo que essa *probatio animae*, esse exame que era pedido no batismo, que era indispensável ao acesso ao batismo. Trata-se, portanto, exteriormente, de parte de alguém ou de uma coletividade, de saber qual a situação da alma de alguém, na medida em que se pode sabê-lo.

O que, ao contrário, é totalmente específico a essa *paenitentia secunda* e que não era encontrado, a não ser de maneira indireta e discreta – enfim, que ainda não tinha um estatuto verdadeiro no procedimento do batismo – é a obrigação para o pecador de manifestar sua verdade. Mais uma vez, é preciso ser muito prudente. Quando, nos ritos do batismo, se falava da *probatio animae*, quando se falava da *disciplina paenitentiae*, quando Tertuliano dizia que o catecúmeno devia exercitar sua alma, tratava-se efetivamente para [este] de manifestar sua verdade e dar aos outros a possibilidade de apreender qual a situação da sua alma e de seu progresso, da sua capacidade de receber os ritos. Mas essa obrigação de *se* mostrar, de *se* manifestar**, não tinha estatuto próprio no interior da instituição catecumenal. Já na penitência há toda uma série de atos e de procedimentos que são explicitamente destinados a convidar, a exortar ou a constranger quem faz a penitência a mostrar sua própria verdade. É a esses atos que os autores gregos aplicam os termos ἐξομολογεῖν ou ἐξομολόγησις. Ὁμολογεῖν significa dizer a mesma coisa; é concordar, é dar seu assentimento, é admitir alguma coisa a alguém. Ἐξομολογεῖν, o verbo pelo qual são designados esses atos – o substantivo é ἐξομολόγησις não é propriamente concordar, mas manifestar sua concordância. A *exomologesis* será portanto a manifestação da sua concordância, o reconhecimento, o fato de que se admite alguma coisa, a saber, seu pecado e [o fato de ser] pecador. É isso, *grosso modo*, a *exomologesis* que se pede ao penitente.

É o termo ἐξομολόγησις que os autores latinos traduzem por *confessio* – e ἐξομολογεῖν por *confiteri* e às vezes *fateri*. Equivalência que é,

---

* M. F.: o fato
** Sublinhado por Foucault.

como vocês vão ver, apenas aproximativa, porque, por um lado, acontece com frequência os autores latinos empregarem, em latim, a palavra grega ἐξομολόγησις, como se ela designasse algo que a palavra latina, banal, *confessio*, não é capaz de significar totalmente. E Tertuliano diz, no início do século III, que o termo *exomológesis* é agora familiar em latim e que é utilizado correntemente[19]. E, depois, por outro lado, vocês também vão ver que a palavra *confessio*, que abrange quase todo o conjunto de significados de *exomologeîn*, também é empregada para algo que não se designa por *exomológesis* nem *exomologein*. De sorte que, podemos dizer, temos dois círculos: o círculo da *confessio*, do *confiteri*, o círculo da *exomologesis* e do *exomologeîn*, que coincidem parcialmente, com no entanto, de ambas as partes, pequenas lúnulas que não coincidem e para as quais a palavra *confessio* é empregada exclusivamente, enquanto, no outro extremo, a palavra *exomológesis* é empregada em geral, e a palavra *confessio* nesse momento não coincide com ela.

Enfim, retomemos o núcleo central e deixemos de lado, por ora, essas coisas, esses elementos particulares e um tanto divergentes. Qual o sentido de *exomologeîn* e de *exomológesis*? Na verdade, a palavra *exomológesis* não foi aplicada simplesmente aos atos da penitência canônica, da *paenitentia secunda*, de que lhes falo atualmente. De fato, nos textos do fim do século I, como a *Didakhé*, por exemplo, vocês o veem empregado para designar certa maneira de reconhecer seus pecados. Assim, no capítulo 4, parágrafo 14, está dito: "Na assembleia, a ἐκκλεσία, tu confessarás tuas faltas e não irás à prece com má consciência."[20] Portanto, na assembleia ora-se coletivamente, é preciso confessar, *exomologeîn*, as *amartias*, as faltas. Na mesma *Didakhé*, capítulo 14, parágrafo 1: "Reuni-vos no dia do Senhor" – aqui não se trata da prece cotidiana, mas da reunião semanal, a da eucaristia –, "parti o pão e dai graças, depois de ter, antes, confessado – *exomologesantes* – vossos pecados para que vosso sacrifício seja puro."[21] Aqui também é preciso confessar. De que confissão se trata, de que exomologese? Ao que tudo indica, é certo inclusive que não se trata, nessa exomologese requerida todos os dias na prece ou uma vez por semana para a eucaristia, de uma espécie de reconhecimento que cada fiel faria verbalmente e em detalhe, em público, dos pecados que teria cometido, [mas] em vez disso, de acordo aliás com uma prática hebraica, de uma prece feita coletivamente, na qual, coletivamente mas ao mesmo tempo cada qual por sua conta afirma e reconhece diante de Deus e, por conseguinte, diante dos outros que pecou e que é pecador; de uma prece coletiva, recitada por cada um e em que cada um diz individualmente, mas também em que todos dizem coletivamente: sou pecador, somos pecadores. Não se trata portanto de uma confissão-reconhecimento do que se fez, mas de uma profissão ou de uma súplica coletiva concernente ao que somos, a saber, pecadores: todos pecamos, cada um de nós é pecador. De certo modo é esse núcleo que é designado, e nada mais, na exomológese a que se referem a *Didakhé* e os textos do fim do século I ao início do século II.

Já no caso da penitência canônica, que se organiza portanto no fim do século II-início do século III, fim do século III certamente, a exomológese tem um sentido mais preciso. De fato, aqui também numerosas discussões, *grosso modo* sempre voltadas na mesma direção: uns, necessariamente os católicos, tentam aproximar o máximo possível a exomológese penitencial da confissão auricular, do reconhecimento das faltas da boca para o ouvido que se tornará canônica somente a partir do século XII; e, depois, os outros, de inspiração protestante, tendem ao contrário a dizer que não havia nada além do reconhecimento das faltas na exomológese antiga e que essa palavra designa, mais propriamente, o conjunto dos atos característicos do estatuto penitencial[22]. Deixemos de lado todas essas discussões, que são importantes, mas nas quais não vamos entrar, e [digamos], de um modo um tanto ou quanto esquemático, que devemos distinguir três coisas nesses procedimentos de verdade próprios do estatuto penitencial.

Primeiro, existe algo – falo dos textos latinos, agora – que não é designado pela palavra *exomológesis* (a palavra grega, portanto, transferida para o latim) [e a que] se reserva, em vez dela, a palavra *confessio* ou, se preferirem, temos essa palavra *confessio* que possui um sentido geral mas que também é utilizada, sem falar na *exomológesis*, para designar certa coisa. É a seguinte: no momento em que o penitente – enfim, aquele que ainda não é penitente, aquele que pecou – vai solicitar a penitência e vem pedir à autoridade, aos responsáveis, aos bispos que lhe concedam o estatuto de penitente, ele é obrigado a dizer por que deseja receber o estatuto de penitente. É obrigado a expor seu caso. É o que, nos textos de são Cipriano, é chamado justamente de *expositio casus*[23]. A exposição do caso ao bispo: declara-se verbalmente, e sem dúvida em privado, logo de um modo praticamente secreto ou, em todo caso, discreto, qual o pecado cometido. É a [essa exposição do caso]* que se refere um texto bastante explícito, um texto do fim do século IV. A vida de santo Ambrósio por Paulino[24] diz que santo Ambrósio, quando lhe reconheciam seus pecados, chorava com o pecador e "não falava deles com ninguém mais, além do Senhor, junto ao qual intercedia". O que, diz o biógrafo de santo Ambrósio, é "um bom exemplo para os sacerdotes, que deveriam ser muito mais

---

* Chiados na gravação: duas ou três palavras inaudíveis.

intercessores do que acusadores [públicos]*"²⁵. Vemos então muito bem aí tanto a distinção das práticas como a discussão pastoral que tudo isso motivava. O penitente, portanto, vem fazer a exposição do seu caso ao bispo, e o bispo, nesse momento, decide se efetivamente aquele que pecou deve e pode receber o estatuto de penitente, ou seja, um estatuto que, mais uma vez, abrange toda a sua vida, vai durar anos e anos, até sua morte, talvez, ou se basta tomar medidas muito mais discretas para reparar a falta cometida. E [seu] biógrafo diz que santo Ambrósio não era partidário da imposição generalizada ou, em todo caso, muito frequente do estatuto do penitente e que preferia, de certo modo, resolver a questão no segredo, entre o pecador, Deus e ele próprio. O que mostra como, já nesse momento, o estatuto do penitente, a publicidade que lhe era dada, as implicações globais que ele comportava, tudo isso suscitava problemas e que a prática pastoral já tendia a uma espécie de acomodamento ou arranjo direto e sem estatuto penitencial entre o pecador e Deus.

Houvesse ou não estatuto do penitente decretado ou decidido depois disso, havia de todo modo esse momento da *expositio casus*. Sobre essa confissão não sabemos grande coisa. Uma, em todo caso, é certa: é que, como vocês veem, essa exposição verbal, secreta, do pecado e, sem dúvida, de um certo número de outras circunstâncias do pecado, não faz parte da penitência. Ela é a condição prévia, é aquilo a partir do que se poderá dizer: sim, vai-se fazer penitência ou não é preciso fazer penitência. O que, posteriormente, se tornará uma das peças centrais do procedimento penitencial, a *confessio*, o reconhecimento verbal, detalhado, das faltas é, na instituição dessa *paenitentia secunda*, um elemento externo, uma condição sem dúvida, mas uma condição prévia. Isso não faz parte da penitência.

No interior da penitência, o que há efetivamente de ato de verdade, de procedimento de verdade? Encontramos [aí] certo episódio relativamente preciso a que, justamente, é reservada a palavra *exomológesis*, exomologese. E aí, tal como no caso do episódio de que lhes falava há pouco, a *expositio casus*, os autores latinos tendem a empregar somente *confessio*, mas para o episódio de que vou lhes falar agora tendem a empregar exclusivamente a palavra grega *exomológesis*. Digo que tendem, o que significa que não é plenamente regular. Mas, em geral, exomologese designa esse episódio. Vê-se muito bem como é [isso] nos textos de são Cipriano, nos quais, com muita regularidade, em sua correspondência, ele enumera a seguinte série a propósito da penitência: *paenitentiam agere, exomologesim facere, impositio manus*²⁶ – *impositio manus*, claro, é a im-

---

* Audição incerta.

posição das mãos, isto é, o gesto de reconciliação. É o fim. *Paenitentiam agere*, ao contrário, é o fato de levar a vida de penitente, de ter o estatuto de penitente, de cumprir com todas as obrigações e todos os compromissos. E, portanto, entre *paenitentiam agere*, primeiro tempo, e *impositio manus*, último tempo, temos *exomologesim facere*, fazer a exomologese, que é um episódio indispensável para poder ser reconciliado. O estatuto de penitente chegou a seu fim. Faz-se a exomologese e, depois, nesse momento, se está enfim reconciliado.

Em que consiste exatamente esse episódio? A correspondência de são Cipriano, de fins do século III portanto, não nos diz grande coisa. Simplesmente uma indicação de certo modo espacial, concernente ao lugar ao mesmo tempo ritual e simbólico em que deve se dar essa exomologese dos pecados: é, evidentemente, a porta, é o limiar. Os que fazem exomologese, diz são Cipriano, são "os que batem na porta"[27]. Eles estão no vestíbulo, solicitam a entrada e com seu cajado batem na porta da igreja. Indicação pois ao mesmo tempo real e simbólica: ela designa o lugar em que, efetivamente, ficavam os penitentes no momento dessa exomologese e que os situa em relação à comunidade. Eles estão fora da comunidade, estão *parcialmente* fora da comunidade; estão no limiar; esperam ser reintroduzidos e ter direito à *communio*, à *communicatio*. É tudo o que encontramos em são Cipriano, mas em compensação temos muito mais detalhes em textos seja mais antigos, seja mais tardios.

Entre o fato de *paenitentiam agere* e o momento em que se está reconciliado, sobre esse episódio preciso da exomologese, temos primeiro os textos de Tertuliano. Começarei por um dos mais tardios, que ele escreveu quando era montanista (mas, apesar disso, é interessante para a prática, digamos, ortodoxa, não herética). Nesse *De pudicitia*[28], pois, Tertuliano se tornou montanista[29]. Ser montanista não é, como às vezes se diz, recusar a possibilidade de uma segunda penitência. Os montanistas eram, sim, rigoristas, mas seu rigorismo não consiste em dizer: se o batizado pecou, está perdido e é irreconciliável. Eles diziam: se o batizado pecou, tem de fazer penitência, mas a Igreja não pode reconciliá-lo. Deus é que decidirá se ele deve ou não ser salvo. A Igreja não pode tomar essa decisão por Deus[30]. Já são Cipriano dirá um pouco mais tarde: é verdade que não sabemos que decisão Deus tomará, mas podemos ou devemos reconciliar; já a posição montanista consiste em dizer: não se pode reconciliar. De modo que, no parágrafo 3 do *De pudicitia*, Tertuliano expõe o que é o ritual propriamente montanista, que parece ser no fundo a primeira parte do ritual ortodoxo, do ritual não herético aceito e praticado em toda a Igreja, isto é, o momento em que o penitente fazia exomologese fora da igreja. É a única parte do ritual que os montanistas, que não aceitam a reconciliação, podem aceitar. E é provável que [esse] ritual fosse comum aos não-heréticos e aos montanistas.

Em que consiste esse episódio? O penitente, explica o *De pudicitia* de Tertuliano, está na porta da igreja: "[Ele] prefere enrubescer em frente à Igreja a permanecer em comunhão com ela. Olhai! [Ele] permanece de pé em frente à porta, serve de advertência aos outros, pelo exemplo da sua humilhação, chama em seu socorro a lágrima de seus irmãos."[31] Portanto, ritual de súplica à porta da igreja. Parágrafo 13 do mesmo *De pudicitia*: nele Tertuliano se desenfreia. Se por um lado admite o primeiro rito, por outro se desenfreia contra o outro rito, ou a outra parte do ritual, a saber, o momento em que o penitente que vai ser reconciliado é levado para dentro da igreja. E, dirigindo-se a esses maus pastores, a esses maus bispos, a esses maus sacerdotes que reintroduzem o penitente na igreja, ele diz: "[...] tu introduzes na igreja a penitência de um fornicador para dobrar a indignação da assembleia cristã. [Tu pegas] pela mão o culpado oculto sob seu cilício, coberto de cinzas e anunciando pela sua aparência o luto e o abatimento. [Tu o obrigas] a se prosternar publicamente diante das viúvas e dos sacerdotes. [Tu o obrigas] a implorar a assistência de nossos irmãos. [Tu o obrigas] a beijar os passos de cada um deles e rolar humildemente aos pés deles!"[32] Portanto, é a descrição, talvez um tanto enfática, exagerada, por ser crítica, que Tertuliano dá de um ritual que ele rejeita, mas que parece ter sido o praticado pela Igreja, já que é isso justamente que ele censura a Igreja de fazer: introduzir o penitente na igreja e forçá-lo a essas súplicas, que ele não critica por causa da sua intensidade, da sua dramaticidade, da sua ênfase, [mas] a que faz a objeção de se desenrolar dentro da igreja, quando o penitente, por ter pecado, não tem mais o direito, no fundo, à comunhão, e a que ele acusa de dar a entender que é a comunidade, são os cristãos, são aqueles a quem o penitente suplica, aos pés dos quais o penitente se joga, que são esses que podem reconciliar e que têm o poder de reconciliar, quando, para ele, somente Deus pode fazê-lo. Portanto, por meio dessas críticas, temos uma imagem do ritual da exomologese, imagem que aliás é repercutida no correr dos séculos. E no fim do século IV, numa carta de são Jerônimo, a carta 77, portanto numa época em que o episódio montanista deixa apenas sequelas relativamente menos importantes do que no momento do grande debate do início do século III, são Jerônimo dá uma descrição do que era a penitência num cristianismo que se tornara, então, majoritário, triunfante, aceito por quase todo o mundo – é a penitência de Fabiola. Fabiola era uma pessoa muito vil: tivera um primeiro marido, divorciara e tornara a se casar antes da morte do primeiro marido; depois disso, sentira remorsos e, portanto, fizera penitência. Mas eis como ela fez penitência, segundo são Jerônimo: "Perante os olhos de toda a cidade de Roma, nos dias que precediam a Páscoa" – a reconciliação dos penitentes ocorria em geral na época da Páscoa –, "Fabiola se mantinha na fila dos penitentes" – portanto eles se agruparam, eles se mantinham ao que parece à porta da igreja, em filas –, "o bispo, os sacerdotes e o povo chorando com ela, os cabelos desgrenhados, o rosto pálido, as mãos mal cuidadas, a cabeça suja de cinzas e humildemente inclinada. [...] Ela mortificava seu peito desfigurado e o rosto com o qual havia seduzido o segundo marido, mostrava a todos seu ferimento e, de seu corpo pálido, Roma em lágrimas contemplava as cicatrizes."[33]

Temos portanto, no início do século III e no fim do século IV, como vocês estão vendo, a descrição de um ritual no fim das contas muito constante, muito preciso, que tinha um lugar bem definido nos procedimentos penitenciais e que comportava, não um reconhecimento verbal dos pecados, de modo algum, mas uma manifestação, uma manifestação espetacular de quê?, do pecado?, não tanto, mas do fato de haver pecado; uma manifestação espetacular do fato de a pessoa reconhecer que era um pecador, da consciência que a pessoa tinha de o ser; manifestação do remorso que sentia; manifestação da vontade de ser reintegrado. Sobre tudo isso vamos ter de tornar, claro, mas eu gostaria agora de passar para outro sentido da palavra exomologese: essa palavra, exomologese, designa portanto o ritual bem preciso que ocorre no fim do procedimento penitencial e antes da reconciliação, mas também é empregado de forma constante para designar o procedimento penitencial inteiro, tudo o que acontece desde o momento em que a pessoa começa a fazer penitência até o fim. Desse uso da palavra exomologese, desta vez não mais um uso preciso, designando um episódio particular, mas um uso global, temos exemplos, uns precoces, outros mais tardios.

Precocemente, por exemplo, em santo Irineu, em *Adversus haereses*, século II, livro I, capítulo 13, parágrafo 5, a propósito de uma mulher que foi convertida pelos gnósticos e que depois dessa conversão à gnose voltou à Igreja, está dito: "Ela passou a vida inteira a *exomologein tas amartias*, a fazer a exomologese das suas faltas."[34] No livro III, capítulo 4, parágrafo 3, a propósito de um gnóstico chamado Cerdon, está dito que é um personagem de grande hipocrisia, pois leva a vida ora ensinando a heresia, ora reconhecendo sua falta[35]. Portanto, neste caso, é pior que a mulher precedente, que havia passado a vida fazendo a exomologese. Neste caso é a metade da sua vida, mas afinal é a metade... Portanto, vocês estão vendo que não é o episódio de que lhes falava há pouco que é [considerado]* aqui. No *De paenitentia* de Tertuliano, capítulo 12, vocês encontram que "Deus instituiu a exomologese para restabelecer o pecador na graça"[36] – fica evidente que não se trata do episódio propriamente dito da exomologese, mas que Tertuliano, com essa palavra exomologese, designa a instituição geral da penitência. E algumas linhas abaixo confirma isso, dizendo que um rei da Babilônia "havia feito a exomologese das suas faltas durante sete anos"[37]. Portanto, é efetivamente o todo do procedimento penitencial que é designado aqui.

Ora, por que e como se pode dizer que o procedimento penitencial é por inteiro uma exomologese? Por que essa espécie de deslizamento de sentido que vai do episódio preciso de que lhes falava há pouco à designação de toda a penitência? A não ser que, ao contrário, esse sentido geral é que pouco a pouco se tenha cristalizado em torno de um rito. Aqui também discussão em que não entrarei. O *De paenitentia*, capítulo 9, é a meu ver bastante esclarecedor a esse respeito para sabermos por que a penitência inteira pode ser chamada e é constantemente chamada de exomologese também. Nesse capítulo 9, o primeiro parágrafo é o seguinte: quanto mais a penitência segunda – *paenitentia secunda*, é portanto isso de que falamos agora – , quanto mais essa penitência segunda e única for necessária, mais deve ser penosa, laboriosa (*laboriosior*, diz o texto) sua provação, suas provas, *laboriosior probatio*[38]. Portanto, a penitência deve ser uma prova laboriosa. O que Tertuliano entende com isso? O resto do parágrafo desenvolve essa ideia claramente. Diz o seguinte: é que a penitência, para ser uma boa penitência e para ter os efeitos esperados, não deve se desenrolar simplesmente no pensamento, *in conscientia sola*. A metanoia característica da penitência não deve ser simplesmente uma conversão do pensamento, no pensamento e para o próprio pensamento. Não simplesmente *in conscientia sola*, a penitência também tem de ser *actus*, também tem de ser um ato. O que é esse ato? É a exteriorização da metanoia, é a exteriorização da conversão do pensamento, sua transcrição em comportamento, e é essa penitência como ato que é a exomologese. Donde a disposição global da exomologese, tal como Tertuliano a dá nesse parágrafo 9: "A exomologese é a disciplina que prescreve ao homem que se prosterne e se humilhe, *disciplina prosternandi et humiliandi*, impondo-se um regime capaz de atrair para ele a misericórdia. No que concerne à roupa e à alimentação [...]"[39] – não sou muito bom em latim, mas não estou totalmente de acordo com a tradução. Ele diz: "*de ipso habitu atque victu*"[40]. *Habitu[s]* é muito mais verossimilmente o modo de vida geral do que a roupa. A exomologese tem a ver com um modo de viver, e não sim-

* M. F.: designado

plesmente com uma maneira de se vestir num momento dado. É uma maneira de viver, uma maneira de ser, uma maneira de se alimentar. Aliás, o texto diz claramente isso um pouco antes, é uma *conversatio*[41], é uma maneira de existir e de se relacionar com os outros, consigo. Portanto, no que concerne ao modo de vida, a exomologese "quer que a pessoa se deite sob o saco e as cinzas, que a pessoa envolva o corpo com farrapos sombrios, que a pessoa abandone sua alma à tristeza, que se corrijam os membros faltosos com rudes tratamentos. A exomologese, por outro lado, conhece apenas um beber e um comer bem simples, como requer o bem da alma e não o prazer do ventre. De ordinário o penitente alimenta as preces com jejuns. Ele geme, chora, muge dia e noite voltado para o Senhor seu Deus, rola aos pés do sacerdote, ajoelha-se diante dos que são caros a Deus, encarrega todos os irmãos de serem seus intercessores para obter seu perdão. Tudo isso, a exomologese faz para dar crédito à penitência."[42]

A primeira coisa que podemos reter é que temos, nessa descrição da exomologese não mais como episódio no fim da penitência, mas como ato global que traduz, exprime, manifesta a metanoia, exatamente os mesmos elementos dos da exomologese-episódio. Devemos pensar, portanto, que havia, por um lado, um ritual preciso de exomologese que fazia a transição entre o procedimento penitencial e a imposição das mãos, a exomologese-episódio. Mas, no fundo, essa exomologese-episódio não era mais que a intensificação, a condensação, a dramatização num episódio público, na porta da igreja e no momento da reconciliação, do que era o drama permanente da penitência, essa espécie de teatralização (digo isso sem nenhuma conotação pejorativa) da metanoia, que era característica e fundamental em toda penitência.

De modo que, no cômputo geral, podemos dizer que os procedimentos de verdade na penitência canônica, na penitência eclesial, esses ritos de verdade, esses procedimentos de verdade são em número de três. Primeiro, a *expositio casus*, a *confessio*, que tem uma forma verbal e cuja forma jurídica é manifestamente sugerida pelas próprias palavras *expositio casus*, que é um termo jurídico. Temos aí um episódio jurídico, um episódio verbal, que é do mesmo tipo que o que encontraremos em seguida na penitência medieval. Mas aqui, nos primeiros séculos, é um episódio exterior, prévio, que não faz parte da penitência. E depois temos, em segundo lugar, a exomologese como dimensão permanente da penitência, maneira de manifestá-la constantemente ao longo dos sete, quinze, vinte anos que dura o estatuto penitencial. E, por fim, temos a exomologese como dramatização do drama, como intensificação da dramaticidade necessária a toda penitência e que é a exomologese-episódio, entre o fim da ação penitencial e antes da imposição das mãos. Em poucas palavras, podemos dizer: um procedimento de verdade jurídico-verbal anterior à penitência e uma dimensão dramática própria da penitência, para a qual Tertuliano [utiliza] um [termo] a meu ver fundamental: é a *publicatio sui*, é necessário publicar-se[43]. *Expositio casus*, forma jurídica; *publicatio sui*, pois bem, é precisamente a exomologese propriamente dita. E aqui também creio que, assim como há que distinguir a *expositio casus* da *publicatio sui*, há que distinguir a *probatio animae*, essa provação da alma de que lhes falava a propósito do batismo, dessa *publicatio sui*.

Se vocês me permitem mais cinco ou dez minutos... Tudo bem? Algumas palavras sobre essa *publicatio sui*. A história da penitência vai ser a história da maneira como essa *expositio casus*, essa forma jurídico-verbal anterior à penitência, será reintroduzida no decorrer dos séculos (mas não antes do século XII) no interior da penitência, substituirá a *publicatio sui*, e virá o dia em que a *publicatio sui*, a publicação do que o fiel é como pecador só passará então pelo [filtro]* verbal e pelo crivo de uma *expositio casus*. E é nesse momento, a meu ver, que a relação da subjetividade com a verdade, codificada em termos de direito, filtrada ao longo de uma prática discursiva, vai dar à penitência cristã a forma que conhecemos e implicará também, para a subjetividade ocidental, uma relação com o discurso e uma relação com o reconhecimento da culpa que é absolutamente característico da nossa civilização. Mas o reconhecimento da culpa, isto é, a *publicatio sui* pelo caminho da *expositio casus*, a exomologese transformada em prática jurídico-verbal é uma coisa tardia, lenta, que necessitou de quase um milênio ou, em todo caso, setecentos ou oitocentos anos para se consumar. Na penitência primitiva, a manifestação de si não passa pela linguagem e não tem a forma do direito. É todo o pivoteamento da cultura ocidental em torno do problema da prática do discurso e em torno das formas do direito, é tudo isso que está envolvido nessa história da penitência; o direito, a lei, o discurso e, por conseguinte, todos os tipos de relação entre verdade e subjetividade. É evidente que a relação da verdade com a subjetividade, a partir do momento em que aquela vai se codificar em termos de direito e se filtrar ao longo de uma prática discursiva, será inteiramente modificado. Era a primeira observação.

Segunda observação, que nada mais é que o desenvolvimento disso. Com ele, gostaria de salientar o que pode haver de específico nessa exomologese e sua diferença em relação à *expositio casus*, ao marco jurídico-verbal. Tomemos, [em primeiro lugar], o eixo do secreto e do público. A *confessio*, a *expositio casus*, esse ato verbal prévio à penitência está evidentemente no âmbito do secreto. Ao contrário, os atos de exomologese

* M. F.: fio

só têm sentido por serem públicos. Eles estão inteiramente, totalmente no âmbito da ação pública. A exomologese é feita para ser pública. Tertuliano, *De paenitentia*, capítulo 10: "Presumo que a maioria se furta a esse dever" – o da penitência – "ou o difere[44] por temer se expor em público. Eles se preocupam mais com a vergonha do que com a salvação."[45] Portanto a exomologese está no âmbito do público.

Em segundo lugar, o eixo verbal/não verbal. A *confessio* está evidentemente no âmbito da formulação verbal. Quando você vai ver o bispo, você lhe expõe seu pecado pela palavra. A exomologese se situa inteiramente no âmbito dos elementos expressivos não verbais, ou, se você emprega palavras, se ora, se suplica, não é de modo algum para dizer o pecado que cometeu, é para afirmar que é pecador. Ou seja, a palavra tem aí o valor de um grito, um valor expressivo, e não um valor de designação precisa de um pecado. Nessa exomologese, são as cinzas que falam, é o cilício, são as roupas, são as macerações, são as lágrimas, e o verbal só tem, nisso, uma função expressiva. Santo Ambrósio, em seu *De paenitentia*, capítulo 1, dirá que as lágrimas, os gemidos, as humilhações são necessárias para que Jesus volte por sua vez à graça[46]. Aliás, é o que se chama de confissão pelas lágrimas, ou também batismo pelas lágrimas[47].

Em terceiro lugar, no eixo do analítico e do sintético, a *confessio*, a *expositio casus*, tem como papel, antes da penitência, determinar para informação do bispo ou do responsável qual a falta, em que ela consistiu e quais eram as circunstâncias. A exomologese, ao contrário, não tem nenhuma função analítica ou descritiva. Ela se refere globalmente, maciçamente ao que foram os pecados. Fabiola se manifesta como pecadora, mas tem esse detalhe interessante: é que às vezes existem, nessa dramaturgia da penitência, relações simbólicas com o próprio pecado. Vocês se lembram da frase de são Jerônimo: "Ela dilacerou diante dos olhos do público o rosto com o qual havia seduzido o segundo marido."[48] Ou seja, temos aí, entre o corpo e o pecado, uma relação expressiva e simbólica que é manifestada na penitência, mas que não tem nada a ver com a análise [circunstanciada] do ato, tal como é implicada pela *expositio casus*.

Enfim, o eixo do objetivo e do subjetivo. A *confessio*, a exposição do caso, tem por papel, evidentemente, dizer a própria falta, já a exomologese tem por função o quê? Não, em absoluto, dizer qual foi a falta. Ela tem por função mostrar o pecador, mostrar o próprio pecador, manifestar o que ele é. Ora, como é que ela o manifesta? Essencialmente, por meio dos ritos que são as cinzas, as súplicas, o cilício, os gritos, o pranto, as genuflexões – isto é, os elementos com os quais, nas sociedades grega, helenística e romana, se manifestava a suplicação. No fundo, não há nada de novo nessa exomologese cristã. A dramaturgia, em todo caso os elementos da dramaturgia, o que eu chamarei de substrato, o substrato do drama penitencial é o da súplica.

Mas o que é diferente – e é aqui, a meu ver, que começa uma história que é a das relações entre sujeito e verdade na civilização ocidental cristã –, a diferença está no seguinte: o suplicante antigo, quando chega com as cinzas na cabeça, as roupas rasgadas, quando grita, quando chora, quando se ajoelha junto daqueles a quem suplica, de que se trata? Trata-se, no fundo, de criar entre ele e aquele a quem suplica uma obrigação, uma obrigação cujo encargo, cujo peso recairá sobre aquele a quem suplica. Ela consiste em dizer: eu me mostro. Eu me mostro em quê? Sim, eu me mostro na minha verdade, na minha verdade de alguém com quem aconteceu um infortúnio. E a partir do momento em que eu me mostro com essa ênfase em meu infortúnio, eu crio uma obrigação para você. Vejam o fim de *Édipo*: Édipo cometeu todas as faltas da terra, chega cego, ensanguentado, suplicante e, com isso, cabe a Tebas, a Creonte, à sua família encarregar-se dele, e é para eles que passa a obrigação. É como transferência de obrigação pela manifestação do infortúnio que a súplica antiga atua.

A exomologese cristã, por sua vez, funciona de um modo totalmente diferente, e a aleturgia, a manifestação em verdade do que é o pecador tem nela funções bem diferentes. Trata-se, ao espalhar as cinzas na cabeça, ao se mortificar, gritando, chorando, trata-se de mostrar o que você é, um pecador – e não, mais uma vez, o pecado –, de mostrar que você é um pecador. Ser pecador, isto é, estar a caminho da morte, ser do reino da morte, ser do lado dos que morreram. Mas a partir do momento em que, jejuando, renunciando a tudo, vestindo-se com uma roupa miserável, a pessoa se mostra assim, mostra que renuncia ao mundo, que nada do que podiam ser os prazeres, as plenitudes, as satisfações deste mundo, nada disso tudo conta. A morte que ela manifesta na exomologese cristã, isto é, ao mesmo tempo, a morte que essa pessoa é e que representa porque pecou, mas também é a morte que a pessoa quer em relação ao mundo. Ela quer morrer para a morte. E essa dupla significação da morte, como estado do pecador e da morte como vontade de morrer para o pecado, é isso, essa dupla significação que está presente no rito da exomologese, no conjunto das práticas características da exomologese. E, por conseguinte, fazendo isso, isto é, utilizando o vocabulário da súplica para manifestar que você morreu e que morre para a morte, por um lado essa pessoa faz emergir a verdade de si mesma – eis o que sou, homem de carne que não é nada mais que a morte – e apaga ao mesmo tempo a morte, pois morrendo para a morte somos capazes de renascer. E, por conseguinte, essa expressão exomologética não consiste em transferir ou em criar uma obrigação para aquele a quem se suplica. Não se trata dessa transferência do dever. Trata-se, nessa súplica, de manifestar e ao mesmo tempo apagar o que somos.

Vocês estão vendo que aqui, tal como no caso do batismo, encontramos o problema da morte, mas da morte como mortificação no próprio âmbito da manifestação de verdade. Mortificação e manifestação da verdade, mortificação e aleturgia se encontram absolutamente no cerne da prática cristã da exomologese, da prática da obrigação cristã de manifestação da sua verdade. Só se pode manifestar sua verdade numa certa relação com a morte, que é a relação da mortificação.

Enfim, acrescentarei – tudo isso, procurarei explicar mais tarde – [uma] terceira e última observação: a partir do momento em que, na exomologese cristã, a pessoa manifesta o que é, a saber, um pecador, um ser de morte, mas ao mesmo tempo manifesta que morre para esse estado de pecador e que morre para a morte, a pessoa mostra sua verdade e ao mesmo tempo se apaga – estão vendo que temos aí como que o eco do paradoxo do mentiroso. O cretense que mentia, e que mentia dizendo "eu minto", era um cínico, não no sentido filosófico do termo, mas tinha a insolência de, no momento em que mentia, dizer que mentia. E vocês sabem que se gabando de mentir, ele não podia dizer nem o verdadeiro nem o falso, pois quando alguém diz "eu minto", é impossível dizer se essa proposição é verdadeira ou falsa. É o paradoxo dos efeitos da enunciação sobre o enunciado. O mentiroso cretense é portanto um cínico que não pode dizer nem o verdadeiro nem o falso. Mas o cristão que não é um mentiroso, o cristão que é verídico, e que é verídico na sua exomologese, que na sua humildade diz "sou pecador", tampouco diz o verdadeiro nem o falso. Ou antes, diz ao mesmo tempo o verdadeiro e o falso, pois diz algo de verdadeiro, a saber, que é efetivamente pecador, e disso não se pode duvidar de modo algum. Mas a própria enunciação, pelo menos na forma da dramaticidade exomologética, essa enunciação tem como efeito o quê? Precisamente, mostrar, não apenas mostrar, mas realizar mesmo essa espécie de distanciamento em relação ao estado de pecador, pois é através da exomologese que se efetua *in actu*, realmente, a metanoia, o distanciamento em relação ao pecado. E sou tanto menos pecador quanto mais afirmo que sou pecador. Paradoxo da humildade verídica do cristão em oposição à mentira cínica do cretense. E isso vai ser todo o problema do paradoxo da humildade cristã, que afirma uma verdade e que, ao mesmo tempo, a apaga, que qualifica o cristão como pecador e, ao mesmo tempo, o qualifica como não sendo mais pecador, é isso que está no cerne dos paradoxos da humildade cristã, no cerne dos paradoxos do ascetismo cristão. E será – veremos isso da próxima vez ou na seguinte[49] – um dos grandes problemas do que é a vida ascética, a vida monástica, a humildade do asceta, na medida em que essa humildade é uma manifestação de certo modo fulgurante e como que cínica (quer dizer, cínica no sentido não filosófico do termo) do seu estado de pecador, que tem por efeito manifestar, com igual retumbância, que você não é pecador. O que vale essa humildade, se ela diz, ao mesmo tempo, sou pecador e veja como sou pouco pecador, pois digo que sou pecador? "Sim, irmão, sou mau, culpado, um desgraçado pecador, repleto de iniquidade, o maior celerado que a terra já produziu": como vocês reconheceram, é uma frase do *Tartufo*[50] – bem, não digo isso num sentido polêmico, é o paradoxo da humildade.

*

NOTAS

1. Clemente de Alexandria, Τίς ὁ σωζομενος πλούσιος/*Quis dives salvetur*, 41, PG 9, col. 650 d: "*[...] lacrymis velut altero quodam baptismo expiabatur*"; o texto diz: "batizado (Βαπτιζόμενος uma segunda vez pelas lágrimas)", trad. Genoude: "Quel riche peut être sauvé?", in *Défense du christianisme par les Pères des premiers siècles de l'Église*, IIe série: "Oeuvres choisies de Clément d'Alexandrie", Paris, Librairie de Perrodil, 1846, pp. 249-89. Uma nova tradução saiu recentemente na coleção das "Sources chrétiennes" (*Quel riche sera sauvé?*, introd. C. Nardi, trad. P. Descourtieux, SC nº 537, 2011). Quanto a Foucault, ele conhece mas utiliza livremente a tradução de F. Quéré-Jaulmes, revista por Dom Juglar, publicada *in* A.-G. Hamman, org., *Riches et Pauvres dans l'Église ancienne*, Paris, Grasset (col. "'Lettres chrétiennes"), 1962, reed. Paris, Desclée de Brouwer (col. "Ichtus"), 1982; cf. p. 54: "Com seus soluços, expiava tanto quanto podia, seus crimes e suas lágrimas o batizavam pela segunda vez" (trata-se do jovem que recaiu no banditismo e que o apóstolo João traz de volta à fé. Sobre essa história, cf. *infra*, aula de 19 de março, pp. 232-3).

2. Cf., por exemplo, Ambrósio de Milão (santo Ambrósio), *De Paenitentia/La Pénitence*, II, 10, 95, trad. Gryson, ed. citada [*supra*, p. 187, nota 34], p. 193: "Assim como só há um batismo, só há uma penitência – pelo menos a que se consuma publicamente; porque todos os dias devemos nos arrepender de nossos pecados [...]." Sobre essa característica "irreiterável" da antiga penitência canônica, cf. P. Adnès, "Pénitence", *loc. cit.* [*supra*, p. 83, nota 8], col. 963, que quanto a esse ponto remete a Clemente de Alexandria, Tertuliano, Orígenes e Ambrósio.

3. Tertuliano, *De Paenitentia/La Pénitence*, XII, 9, trad. Genoude, ed. citada [*supra*, p. 132, nota 4], p. 191: "Mas por que falar mais dessas duas tábuas de salvação do homem, se ouso dizer *(istis duabus humanae salutis quase plancis)* [...]?" (i.e., "a penitência e a exomologese, seu instrumento"). Cf. VII, 2, p. 173: a penitência pós-batismal é apresentada como "segunda, ou melhor, [...] última esperança *(secundae, immo iam ultimae spei)*". Cf. também XII, 5, p. 189: "[...] existe ainda um segundo refúgio *(secunda subsidia)* na exomologese." "A expressão 'segunda tábua de salvação depois do naufrágio', cuja paternidade remonta a Tertuliano, [...] se tornará tradicional para designar a penitência eclesiástica pós-batismal" (P. Adnès, "Pénitence", col. 964, que remete notadamente a Jerônimo, *Epist.* 84, 6, PL 22, col. 748; *Epist.*, 130, 9, PL 22, col. 1115).

4. Trata-se do sistema da penitência "tarifada". Foucault havia evocado essa prática em seu curso de 1975, *Les Anormaux, op. cit.*, aula de 19 de fevereiro de 1975, pp. 159-60 [Martins Fontes, pp. 216-8], já vinculando-a ao modelo da penalidade germânica. Voltou ao tema de maneira mais detalhada em 1981, em *Mal faire, dire vrai, op. cit.*, aula de 13 de maio, pp.

176-180, descrevendo-a como "a primeira grande juridicização da penitência". Cf. C. Vogel, *Le Pécheur et la Pénitence au Moyen-âge*, Paris, Cerf (col. "Traditions chrétiennes"), 1969, pp. 17-23.

5. Cf. "La vérité et les formes juridiques" (3ª conferência), *loc. cit.* (*DE*, II), ed. 1994, p. 573/"Quarto", vol. II, p. 1441: "[No antigo direito germânico] pode-se interromper a série de vinganças com um pacto. Nesse momento, os dois adversários recorrem a um árbitro que, de acordo com eles e com seu consentimento recíproco, vai estabelecer uma soma em dinheiro que constitui o resgate. Não resgate da falta, porque não há falta, mas unicamente dano e vingança. Nesse procedimento do direito germânico, um dos dois adversários resgata o direito de ter a paz, de escapar à vingança possível de seu adversário." A fonte dessa análise é a *Germania* de Tácito.

6. Cf. por exemplo Ambrósio de Milão (santo Ambrósio), *De Paenitentia/La Pénitence*, II, 95, SC, p. 193: "Há quem creia que se pode fazer penitência várias vezes (*saepius agendam paenitentiam*). Esses 'se entregam à depravação em Cristo'. Porque se consumassem seriamente a penitência (*si vere agerent paenitentiam*) não acreditariam que ela pode ser renovada posteriormente", e *infra*, nota 26 (são Cipriano).

7. Paciano (bispo de Barcelona, fim do século IV), *Paraenesis, sive Exhortatorius libellus, ad paenitentiam*, PL 13, col. 1082 d, "Exhortation à la pénitence", trad. C. Vogel, in *Le Pécheur et la Pénitence dans l'Église ancienne, op. cit.*, p. 89: "Que ninguém imagine que minhas palavras relativas à instituição penitencial se dirigem somente aos penitentes. Ninguém deve se aborrecer com elas por imaginar que não lhe dizem respeito e como se meu discurso só se dirigisse ao vizinho, quando a penitência se apresenta como o vínculo que mantém a disciplina da Igreja inteira. Trata-se de fazer de sorte que os catecúmenos nunca tenham de passar por ela e que os fiéis não necessitem voltar a ela." Ver a tradução de C. Epitalon e M. Lestienne: Paciano de Barcelona, *Écrits*, SC nº 410, 1995, p. 121. Sobre a dívida desse autor para com Tertuliano, cf. J.-C. Fredouille, "Du *De Paenitentia* de Tertullien au *De paenitentiae institutione* de Pacien", *Revue des études augustiniennes*, vol. 44 (1), 1998, pp. 13-23.

8. Ambrósio de Milão (santo Ambrósio), *De Paenitentia/La Pénitence*, II, 7, 53, p. 169: "[...] Em que situação ele se encontra entre os culpados, em que classe de penitentes (*in quo paenitentium ordine*)?" Ver a nota 1., p. 168, que precisa que "as Igrejas da Ásia [tinham] no século IV um sistema de penitência pública com vários graus, no qual os penitentes pass[avam] sucessivamente, em princípio, de uma classe a outra e [eram] reintegrados progressivamente na comunidade litúrgica", mas que nada disso existia em Milão, de que Ambrósio era bispo. Cf. também P. Adnès, "Pénitence", col. 961: "Havia no Oriente, pelo menos na Ásia Menor, diversas classes estabelecidas entre os penitentes [...] Contavam-se quatro, e em princípio tinha-se de passar sucessivamente de uma a outra. Quanto ao Ocidente, não se possui nenhuma indicação da existência de classes similares. J. Grotz (*Die Entwicklung des Bußstufenwesens in der vornicänischen Kirche*, Friburgo, Herder, 1953) procurou provar essa existência desde os tempos mais remotos, mas não foi seguido por todos. Tampouco parece que no Ocidente os penitentes tenham sido, de um modo geral, mandados para junto dos catecúmenos antes do ofertório." Foucault havia anotado a referência à tese de J. Groz em seu "caderno verde" (cf. P. Chevallier, "Foucault et ses sources patristiques", art. citado [*supra*, p. 101, nota 18], p. 140). A questão das diferentes classes de penitentes é distinta da da existência de um *ordo paenitentium*, atestada bem cedo no Ocidente (cf. P. Adnès, *loc. cit.*, col. 960: "Os penitentes [nos séculos IV-V] formam uma categoria especial de cristãos cujas obrigações e direitos não são os mesmos que os dos outros fiéis"). Cf. também É. Amann, "Pénitence", *loc. cit.* [*supra*, p. 173, nota 3], col. 803-804.

9. Cf. *supra*, nota 7.

10. Cf. F.-J. Dölger, *Der Exorzismus im altchristlichen Taufritual, op. cit.* [*supra*, p. 101, nota 18], pp. 77-8; J. Daniélou, "Exorcisme", *loc. cit.* [*supra*, p. 128, nota 45], col. 2002. Sobre o batismo como ritual de exorcismo, cf. *supra*, aula de 20 de fevereiro, pp. 138-40.

11. Sobre essas obrigações, cf. R. Gryson, introdução a Ambrósio de Milão, *La Pénitence*, p. 39, que remete notadamente, nessa obra, a I, 26, 91 (sobre o jejum); II, 96 (sobre a continência); I, 37, II, 88 (sobre as vestimentas grosseiras e a abstenção aos cuidados do corpo).

12. A perseguição à qual está historicamente ligado o problema dos apóstatas ou *lapsi* é a que foi empreendida pelo imperador Décio em 250. Costuma-se reservar o nome de "Grande Perseguição" àquela, muito mais violenta, de Diocleciano, que ocorreu de 303 a 311 (cf. por exemplo J. Daniélou e H.-I. Marrou, *Nouvelle Histoire de l'Église*, t. I: *Des origines à Grégoire le Grand, op. cit.*, pp. 263, 272 *et passim*). R. Gryson, na sua introdução à *Penitência* de santo Ambrósio, p. 16, também fala da "grande perseguição de Décio", mas E.R. Dodds, que qualifica a perseguição de Décio de "primeiro intento sistemático de exterminação do cristianismo", a distingue da "Grande Perseguição sob Diocleciano e Galério" (*Païens et Chrétiens dans un âge d'angoisse*, trad. H.D. Saffrey, Claix, La Pensée sauvage, 1979, pp. 124-5). Cf. C. Lepelley, *L'Empire romain et le Christianisme*, Flammarion (col. "Questions d'histoire"), 1969, pp. 47-8, sobre a primeira perseguição, e pp. 51-3 sobre a segunda; cf. também C. Vogel, *Le Pécheur et la Pénitence dans l'Église ancienne*, pp. 24-5, e, para um enfoque sintético, J. Liébaert, *Les Pères de l'Église, Ier-IVe siècles*, Paris, Desclée ("Bibliothèque d'histoire du christianisme 10"), 1986, reed. 2000, cap. 3, "Au vent de la persécution et des conflits dans l'Église: saint Cyprien", pp. 103-14.

13. São Cipriano, *Correspondance*, trad. chanoine Bayard, ed. citada (*supra*, p. 175, nota 34).

14. *Ibid.*, carta LV, 13, 1, t. 2, p. 139 (palavras entre colchetes acrescentadas por Foucault). O texto original termina com estas palavras: "por uma convenção que expunha somente a ele".

15. *Ibid.*, carta XXX, 5, 2, t. 1, pp. 74-5.

16. *Ibid.*, carta LV, 6, 1, t. 2, p. 134: "[...] invocar-se-ia, a par do lamento pelas faltas, a bondade paterna, examinar-se-iam os casos um a um, as intenções, as circunstâncias atenuantes, de acordo com o texto do opúsculo, que, creio eu, chegou às tuas mãos e em que os pontos do regulamento são detalhados (*secundum quod libello continetur quem ad te pervenisse confido*)." "Esse regulamento", precisa em nota o tradutor, "não chegou até nós. Sem dúvida havia sido anexado por são Cipriano ao *De Lapsis*".

17. *Ibid.*, carta LVII, 3, 2, t. 2, p. 157.

18. *Ibid.*, carta LV, 18, 1, t. 2, p. 142: "Nós não impedimos, por um juízo prévio, o Juízo do Senhor, e, se ele considerar plena e suficiente a penitência do pecador, poderá ratificar o que decidimos neste mundo." Cf. H.C. Lea, *A History of Auricular Confession and Indulgences in the Latin Church*, t. I, Londres, Swan Sonnenschein, 1896, p. 10, de que Foucault parece aqui bem próximo, tanto pela citação de Cipriano quanto pelo comentário: "[The Church] could grant the penitent 'peace' and reconciliation, but it did not pretend to absolve him, and by reconciliation he only gained the opportunity of being judged by God. St. Cyprian, who tells us this, had evidently never heard of the power of the keys, or that what the Church loosed on earth would be loosed in heaven; it cannot, he says, prejudge the judgement of God, for it is fallible and easily deceived."

19. Tertuliano, *De paenitentia/La Pénitence*, IX, 1, SC, p. 181: "Esse ato [que manifesta a penitência segunda], que é mais comumente designado por um termo grego, é a exomologese." "Como observamos várias vezes [todavia], trata-se da primeira menção ao conceito de ἐξομολόγησις na literatura cristã" (G.G. Stroumsa, "Du repentir à la pénitence: l'exemple de Tertullien", *in* A. Charles-Saget, org., *Retour, Repentir et Constitution de soi*, Paris, Vrin, 1998, p. 82).

20. *La Doctrine des douze apôtres (Didachè)*, 4, 14, trad. Cf. R.-F. Refoulé, ed. citada, p. 43. Frase já citada na aula precedente, p. 172 (ver nota 19 a propósito da tradução); "*epi amartiais*" é uma variante da tradução manuscrita, não adotada pelas edições de Hemmer (p. 12) e SC (p. 164), que a substituem por "*ta paraptomata*".

21. *Ibid.*, 14, 1, p. 53: "προεξομολογησάμενοι τὰ παραπτώματά (Foucault cita aqui a forma latinizada da palavra)."

22. Cf. por exemplo A. d'Alès, *La Théologie de Tertullien, op. cit.* [*supra*, p. 102, nota 28], p. 343: "Nessa investigação sacerdotal, preliminar à penitência pública, apreendemos a origem da penitência privada, destinada a ter mais tarde tão grande desenvolvimento" e p. 344 n.1, sua crítica da interpretação de H.C. Lea (*A History of Auricular Confession and Indulgences in the Latin Church, op. cit.*), para quem "a Igreja primitiva não pretendia exercer nenhuma jurisdição

no foro interior da consciência". De fato, como este último escrevia, invocando o testemunho de F. Suárez, "the early penance was not sacramental, but wholly in the *forum externum*, regulating the relations of the sinner with the Church but not with God" (*ibid.*, vol. I, p. 9 n.8). Ver também, na bibliografia indicada por J.H. Taylor, "St. Cyprian and the Reconciliation of Apostates", *Theological Studies*, 3(1), 1942, p. 27, a obra de R.C. Mortimer, *The Origines of Private Penance in the Western Church*, Oxford, Clarendon Press, 1939, dirigida contra os argumentos de P. Galtier, *L'Église et la rémission des péchés aux premiers siècles*, Paris, Beauchesne, 1932, a favor da existência da penitência privada desde os primeiros séculos.

23. Em *Mal faire, dire vrai, op. cit.*, aula de 29 de abril de 1981, p. 104, Foucault atribui mais justamente a Cipriano a expressão "*expositio causae*" (exposição da causa). Cf. são Cipriano, *Correspondance*, carta XII, 2, p. 61, onde relaciona a *expositio causae* diante do bispo à *exomológesis*: "[...] depois de terem sua causa examinada diante do bispo e confessado sua falta [...] (*exposita causa apud episcopum et facta exomologesi, habeant pacem*)."

24. Paulino de Milão, *Vita S. Ambrosii*, PL 14, col. 27-50. Primeira tradução francesa por É. Lamirande, *Paulin de Milan et la "Vita Ambrosii"*. *Aspects de la religion sous le Bas-Empire*, Paris-Toumai-Montréal, Desclée et Beilar (col. "Recherches en théologie" 30), Bellarmin, 1983. Esse texto, que data de 412-413, foi redigido a pedido de santo Agostinho.

25. *Ibid.*, 39, col. 40 C. Passagem traduzida por R. Gryson, introd. a Ambrósio de Milão, *La Pénitence*, p. 35: "Ele ficava alegre com os que se alegravam e em prantos com os que choravam. Toda vez que alguém lhe confessava seus pecados para receber a penitência, ele chorava de tal modo que forçava essa pessoa a chorar [...]. Quanto às faltas que lhe reconheciam, não falava com ninguém mais além do Senhor, junto ao qual intercedia. Dava assim um bom exemplo para os sacerdotes por vir, para que fossem mais intercessores junto a Deus do que acusadores junto aos homens." O biógrafo, como precisa R. Gryson, inspirou-se aqui em *De Paenitentia*, II, 73, p. 181.

26. São Cipriano, *Correspondance*, carta XV, 1, t. 1, p. 43: "[...] antes de qualquer penitência, antes da confissão da maior e mais grave das faltas, antes da imposição das mãos pelo bispo e o clero para a reconciliação (*ante actam paenitentiam, ante exomologesim gravissimi atque extremi delicti factam, ante manum ab episcopo et clero in paenitentiam impositam*)" (nota do tradutor, p. 43: "Está aqui todo o processo da disciplina penitencial"); carta XVI, 2, pp. 46-47: "Quando se trata de faltas menores, os pecadores fazem penitência durante o tempo prescrito (*agant peccatores paenitentiam*) e, seguindo a ordem da disciplina, são admitidos à confissão (*ad exomologesim veniant*), depois pela imposição das mãos do bispo e do clero (*per manus impositionem episcopi et cleri*), entram em comunhão"; ver também carta 18, 1, p. 51. Sobre a disciplina penitencial em Cipriano, boa síntese *in* V. Saxer, *Vie liturgique et quotidienne à Carthage vers le milieu du IIIe siècle. Le témoignage de saint Cyprien et de ses contemporains d'Afrique*, Roma, Pontificio Istituto di archeologia cristiana, 1969, pp. 145-88; sobre a *ordo disciplinae* (*paenitentia, exomológesis, manus impositio*), cf. pp. 160-1 (numerosas citações em nota); sobre a exomologese (que designa "a confissão pública feita pelo penitente antes de receber a imposição das mãos e [...] não tem nada a ver com o reconhecimento privado das faltas"), pp. 169-171; sobre o rito da imposição das mãos, sinal do perdão de Deus, pp. 171-2.

27. Cf. são Cipriano, *Correspondance*, carta XXX, 6, 3, p. 75: "Que eles [os *lapsi*] batam na porta, mas não a quebrem." Sobre o *vestibulum* no rito da penitência canônica, cf. Tertuliano, *De paenitentia/La Pénitence*, VII, 10, SC, p. 175: "[Deus] pôs no vestíbulo a segunda penitência, a fim de abrir aos que batessem", e as explicações de C. Munier, introdução, pp. 60-2 (ver p. 75, o plano de uma *domus* romana servindo de modelo à *domus ecclesiae*).

28. Tertuliano, *De pudicitia/La Pudicité*, introd. C. Micaelli, trad. C. Munier, Paris, Cerf, SC nº 394-395, 1993. Foucault, como veremos, utiliza nesta aula, a antiga tradução do abade de Genoude.

29. Sobre esse movimento, nascido na Frígia (Ásia Menor), na segunda metade do século II, cf. H. von Campenhausen, *Les Pères latins*, trad. C.A. Moreau, Éd. de l'Orante (col. "Livre de vie"), 1967, p. 40: "Seus profetas – Montan e as mulheres que o seguiam – se apresentavam como instrumentos de uma nova efusão do Espírito, isto é, do 'Consolador' prometido no Evan-

gelho de João. Ao mesmo tempo, anunciavam a vinda próxima do Reino de Deus nas montanhas da sua pátria. Preconizavam a penitência, a conversão, o redobro da severidade nos costumes e se distinguiam por uma ardente disposição para o martírio. O movimento teve uma rápida difusão; no início do século III, havia atingido a África. Tertuliano aderiu a ele e logo se tornou o mais ardente militante da 'nova profecia'." Cf. também J. Daniélou e H. Marrou, *Nouvelle Histoire de l'Église*, t. I: *Des origines à Grégoire le Grand*, pp. 131-4; E. Trocmé, "Le christianisme jusqu'à 325", *loc. cit.*, pp. 250-2. Sobre a evolução de Tertuliano em matéria penitencial a partir da sua conversão ao montanismo, por volta de 207, cf. C. Munier, introd. ao *De paenitentia*, pp. 93-8. Cf. também P. de Labriolle, *La Crise montaniste*, Paris, É. Leroux, 1913, livro III, pp. 294-467: "Tertullien et le montanisme" e, mais recentemente, T. D. Barnes, *Tertullian: A Historical and Literary Study*, Oxford, Clarendon Press, 1971, reed. 2005, pp. 130-42: "The New Prophecy".

30. Cf. Tertuliano, *De pudicitia/La Pudicité*, III, 3-4. Trata-se, nesse livro, dos pecados de adultério e de fornicação.

31. *Ibid.*, III, 4-5, trad. Genoude, in *Oeuvres de Tertullien*, ed. citada (1852), t. 3, p. 450. O sujeito da frase, no texto original é "a penitência". O texto latino diz: "*quod ecclesiae mauult erubescere quam communicare.*" P. de Labriolle (Tertullien, *De paenitentia. De pudicitia*, Paris, P.A. Picard et Fils, "Textes et documents pour l'étude historique du christianisme", 1906, p. 69) traduz mais justamente por: "entrar em comunhão". Trad. C. Munier, SC, 1993, p. 161: "[...] ela chama em sua ajuda as lágrimas de seus irmãos e volta mais enriquecida por ter obtido a compaixão deles do que teria estado se houvesse entrado em comunhão com eles."

32. Tertuliano, *De pudicitia/La Pudicité*, XIII, 7, p. 473 (os colchetes assinalam as modificações ou acréscimos de Foucault).

33. São Jerônimo, *Lettres*, carta LXXVII a Oceanus, sobre a morte de Fabiola, §4 e §5, trad. J. Labourt, Paris, Les Belles Lettres, CUF, 2ª tiragem, revista e corrigida por M. Testard, 1989, t. 4, p. 43 e pp. 44-5. Cf. H.C. Lea, *A History of Auricular Confession and Indulgences*, t. I, p. 20, para quem, ao contrário do que diz Foucault, "such spontaneous manifestations of repentance must have been uncommon indeed thus to excite [Jerome's] admiration."

34. Irineu de Lyon (santo Irineu), *Adversus haereses/Contre les hérésies*, I, 13, /5, ed. crítica de A. Rousseau e L. Doutreleau, Paris, Cerf, SC nº 264, 1979, t. 2, p. 201. As palavras Τὰς ἁμαρτίας, "seus pecados", não figuram no texto grego dessa edição (nem tampouco na de U. Mannucci, Roma, Forzani e Soccii, "Bibliotheca Sanctorum Patrum et Scriptorum ecclesiasticorum", 1907, p. 178). Como mostrou P. Chevallier em "Foucault et ses sources patristiques", p. 140, baseando-se no caderno de trabalho de Foucault, este tira suas citações do artigo de H. Holstein, "L'exhomologèse dans l'Adversus Haereses' de saint Irénée", *Recherches de science religieuse*, t. 35, 1948, p. 282. O erro de transcrição seria explicado por uma confusão com o texto da *Didakhé*.

35. Irineu de Lyon, *Adversus haereses/Contre les hérésies*, III, 4, Paris, Cerf, SC nº 211, 1974, 2ª ed. revista e corrigida, 2002, p. 51.

36. Tertuliano, *De paenitentia/La Pénitence*, XII, 7, rad. Labriolle [cf. *supra*, nota 31], p. 51: "O pecador [...] sabe que Deus instituiu a exomologese para restabelecê-lo em graça" (SC, p. 189: "*Peccator restituendo sibi institutam a Domino exomologesin sciens*").

37. *Ibid.*: "Por muito tempo esse rei [o rei da Babilônia (cf. Dn 4, 29-33)] havia oferecido a Deus o sacrifício da sua penitência (*paenitentiam immolarat*); havia realizado a exomologese (*exomologesin operatus*) numa sórdida humilhação de sete anos; suas unhas, crescidas ferozmente, eram com as das águias, e sua cabeleira em desordem lembrava a juba eriçada do leão. Duro tratamento!"

38. *Ibid.*, IX, 1, trad. Labriolle, p. 39. Todas as edições (PL, Hemmer e SC) contêm o texto "*operosior probatio*". É portanto verossímil que a variante "*laboriosior probatio*" seja do próprio Foucault, que traduz aqui diretamente e muito livremente o texto latino; cf. edição SC, p. 180: "*Huius igitur paenitentiae secundae et unius, quanto in arto negotium est, tanto operosior probatio.*"

39. *Ibid.*, IX, 3. Texto latino da edição SC, p. 180: "*exomologesis prosternendi et humilificandi hominis disciplina est.*"
40. *Ibid.*: "*conversationem iniunges misericordiae inlicem, de ipso quoque habitu atque victu*". Genoude, p. 212, traduz: "sua aparência e sua mesa", e C. Munier, na edição SC, p. 181: "sua maneira de vestir e de se alimentar."
41. Ver nota precedente. Munier traduz, como Genoude, por "uma conduta".
42. *Ibid.*, 4-5, trad. Labriolle, p. 41.
43. *Ibid.*, X, 1, p. 43: "E, no entanto, presumo que a maioria se furta a esse dever ou o difere dia após dia, porque teme se expor em público (*ut publicationem sui*)." Cf. C. Munier, introd. à ed. SC, p. 90: "[A exomologese] era instaurada por um procedimento humilhante, que equivalia, para o penitente, a um reconhecimento da sua condição pecadora diante de toda a comunidade cristã (*publicationem sui*)."
44. Foucault omite as palavras "dia após dia".
45. Tertuliano, *De paenitentia/La Pénitence*, *loc. cit.* (*supra*, nota 43).
46. Ambrósio de Milão (santo Ambrósio), *De Paenitentia/La Pénitence*, I, 16, 90, pp. 125-7: "Quero que o culpado espere seu perdão, quero que o peça chorando, que o peça gemendo, que o peça com as lágrimas do povo inteiro, que suplique que lhe concedam a graça. E quando, pela segunda ou terceira vez, diferir sua comunhão, que ele se diga que suplicou tibiamente; que ele redobre seu pranto; que volte mais tarde fazendo-se mais lamentável ainda; que envolva com seus braços os pés (de Jesus), que os cubra de beijos, que os lave com suas lágrimas e que não os largue, para que Jesus diga igualmente dele: 'Seus numerosos pecados estão redimidos, porque ele amou muito."
47. Cf. P. Adnès, "Larmes", *DS*, IX, 1976, col. 293, para a tradição oriental ("É com base na força purificadora das lágrimas que os grandes espíritos orientais [citações de João Crisóstomo, Barsanulfo e João Clímaco]. [...] Gregório de Nazianzo fala das lágrimas como de um quinto batismo, sendo os quatro outros, por ordem de perfeição crescente, o batismo, alegórico, de Moisés nas águas do Mar Vermelho; de João Batista, que era puramente de penitência; de Cristo no Espírito; do martírio no sangue. O batismo das lágrimas é mais penoso, em certo sentido, que o do martírio (*Oratio* 39, 17, PG 36, 353=356)") e col. 298, para a ocorrência, menos frequente, do tema no Ocidente; B. Müller, *Der Weg des Weinens. Die Tradition des "Penthos" in den Apophthegmata Patrum*, Göttingen, Vandenhoek e Ruprecht, 2000, cap. 10, "Die Tränentaufe". Cf. igualmente *supra*, p. 210, nota 1 (a propósito do *Quis dives salvetur*).
48. Cf. *supra*, p. 189 e p. 201, nota 33.
49. Cf. *infra*, aula de 26 de março, a propósito da *discretio* na direção de consciência monástica.
50. Molière, *Tartufo* (1664), ato III, cena 6, vv. 1074-1076. O último verso na verdade termina com estas palavras: "que jamais existiu". É no início do *Dom Juan*, I, 1, que se encontra a expressão "o maior celerado que a terra já produziu".

AULA DE 12 DE MARÇO DE 1980

O acoplamento da verbalização detalhada da falta com a exploração de si mesmo. Sua origem: nem os procedimentos do batismo, nem os da penitência, mas a instituição monástica. – As técnicas da provação da alma e da publicação de si antes do cristianismo. A verbalização da falta e da exploração de si mesmo na Antiguidade grega e romana. Diferença em relação ao cristianismo. – (III) A prática da direção de consciência. Suas características essenciais: um vínculo livre, voluntário, ilimitado, finalizado pelo acesso a uma certa relação de si consigo. Observação sobre a relação entre a estrutura da autoridade política e a prática da direção. Práticas não institucionais e institucionais (escolas de filosofia) de direção na Grécia e em Roma. Uma técnica fundamental: o exame de consciência. Em que ele se diferencia do exame de consciência cristão. Dois exemplos de exame de consciência antigo: o Carmen aureum *pitagórico; Sêneca,* De ira, *III, 36.*

Vimos que, no cristianismo dos primeiros séculos, o fiel era obrigado a manifestar sua verdade em duas circunstâncias perfeitamente definidas e ritualizadas. Primeiro, quando está no caminho que deve conduzi-lo à verdade, isto é, em linhas gerais, [durante] a preparação para o batismo, ele é submetido a uma série, a um conjunto de procedimentos que constituem a provação da alma, a *probatio animae*[1]. Segundo, tendo se tornado cristão, tendo sido batizado, se o fiel recai e comete um pecado, em todo caso um pecado grave o bastante para que seja um problema continuar pertencendo à Igreja, nesse momento ele tem à sua disposição um procedimento que não lhe assegura exatamente o perdão de Deus, mas que lhe faz entrever a possibilidade desse perdão. Esse procedimento é a penitência, e no decorrer dessa penitência ele tem a obrigação de manifestar, num modo parcialmente diferente, sua verdade, e é isso que Tertuliano chamava de *publicatio sui*, da qual eu lhes falava da última vez, essa publicação de si que podemos caracterizar pelo termo de exomologese, que era empregado nos séculos II-III para designar a manifestação do estado de pecador no decorrer da penitência.

A propósito dessas duas séries de provações, a propósito desses dois tipos de manifestação de verdade, *probatio animae*, *publicatio sui*, há duas coisas a observar, a meu ver. Primeiro, a parte no fim das contas bem restrita da verbalização. Claro, como vocês se lembram, tanto na *probatio animae* como na *publicatio sui*, tanto nas provações de preparação para o batismo, nas provações do catecumenato, como nas provações da exomologese, há uma parte verbal. Por exemplo, no catecumenato, o recurso ao interrogatório do candidato, do postulante, e também o recurso ao testemunho. Na penitência [também] havia recurso ao testemunho, [e] até a certificados escritos. E sabe-se que na exomologese, a grande exomologese dramática a que o penitente era convidado no momento da sua reconciliação, ele devia proclamar suas faltas, se declarar pecador, gritar seu pecado e seu estado de pecado. Mas o que não se constata, nesses ritos de *probatio* ou nesses ritos de exomologese, é a verbalização das faltas entendida como descrição analítica da falta com suas características e suas circunstâncias. O que não se constata é a presença de uma definição, de uma assinalação da responsabilidade do sujeito em sua falta. Trata-se, em suma, de expressões globais e dramáticas do estado de pecador. Não há verbalização autoacusadora da falta pelo próprio pecador.

Portanto, parte restrita da verbalização e, segundo, não há procedimento de conhecimento de si. Ou seja, não se pede ao sujeito, nem nessas provações nem nessas exomologeses, para se conhecer a si mesmo. Pede-se a ele que se mostre. Pede-se a ele que se manifeste. Não há exploração de si, não há caminhar para o interior de si mesmo, não há descoberta pelo sujeito, no fundo de si mesmo, de coisas que ele não conheceria. Não há nada mais a fazer, além de manifestar o que ele é, manifestar seu estado. Mas ir buscar no fundo de si certo conhecimento de si que ele ainda não teria, isso não é o caso, nem na *probatio* do catecúmeno nem na exomologese do penitente.

O aparecimento desses dois procedimentos: primeiro, a verbalização detalhada da falta pelo próprio sujeito que a cometeu; segundo, os procedimentos de conhecimento, de descoberta, de exploração de si, e o acoplamento desses dois procedimentos, o da verbalização detalhada da falta e o da exploração de si mesmo, isso, a meu ver, é um fenômeno importante [cujo] aparecimento no cristianismo e, de um modo geral, no mundo ocidental assinala o início de um processo na realidade bem longo, em que se elabora a subjetividade do homem ocidental – por subjetividade entendo o modo de relação de si consigo. O que é importante e, creio, decisivo – em todo caso, é um pouco [daquilo cuja] história gostaria de esboçar, pelo menos cujas principais referências eu gostaria de examinar – é esse acoplamento de um "dizer-a-verdade sobre si mesmo", que tem a função de apagar o mal, com um "se fazer passar"* do desconhecido ao conhecido, se dar a seus próprios olhos um estatuto de objeto a conhecer, ao mesmo tempo que se verbalizam as faltas para apagá-las, se fazer existir como objeto de conhecimento no momento em que se dota, pela verbalização, dos meios para fazer que o pecado não exista mais ou que, em todo caso, ele seja apagado, que ele seja perdoável. Esse jogo entre a inexistência do pecado, ou o apagamento do pecado, e a emergência de si num processo de conhecimento de si por si, é isso, me parece, que é um fenômeno importante, um fenômeno que aparece no cristianismo; que aparece [nele] de uma maneira relativamente tardia, porque, justamente, se insisti ao mesmo tempo sobre os procedimentos que acompanhavam a preparação para o batismo e sobre os procedimentos da penitência, foi precisamente para lhes mostrar que se, em ambos, a necessidade para o sujeito de se manifestar em verdade, [se] essa necessidade existia efetivamente, ela era bem acentuada, era insistente, era ritualizada, tinha suas regras e seus códigos. Mas essa manifestação de si não assumia a forma de um acoplamento entre a verbalização da falta a fim de apagá-la e a exploração de si mesmo a fim de passar do desconhecido ao conhecido.

Esse acoplamento desses dois procedimentos, verbalização de si mesmo e passagem de si do desconhecido ao conhecido, exploração de si, quando vamos encontrá-lo? Não o encontramos a propósito do batismo. Não o encontramos na penitência, por mais paradoxal que seja – quer dizer, pelo menos por mais surpreendente que isso possa ser para nós agora. É no correr dos séculos VII-VIII e após um certo número de episódios, que terei tempo ou não terei tempo de contar, não tem importância, que [o acoplamento se efetuará]** e que a exploração de si mesmo e a verbalização detalhada da falta constituirão uma das peças essenciais da penitência. Mas é tardio: [nos] séculos VII-VIII. Vai ser necessária toda uma mudança no funcionamento, diria eu, jurídico da penitência. Será preciso sobretudo que a penitência deixe de ser um estatuto único, concedido uma vez, e somente uma vez, ao penitente e se torne uma espécie de comportamento recorrente e iterativo que deve ser estabelecido, provocado, incitado cada vez que o indivíduo peca².

O acoplamento verbalização detalhada da falta pelo sujeito que a cometeu e exploração de si mesmo para se conhecer não se deve, portanto, nem ao batismo nem à penitência, mas a um terceiro tipo de instituição, a instituição monástica; isto é, quando aos temas cristãos do acesso à verdade e da recaída, isto é, batismo e penitência, se acrescentar um terceiro

---

*As aspas correspondem à grafia do manuscrito.
** M. F.: isso se deu

tema que será o da ascese e do aperfeiçoamento contínuo na ascese. Em linhas gerais, o aparecimento do acoplamento verbalização da falta–exploração de si, não o vamos encontrar no batismo, não o vamos encontrar na penitência. Parece-me que a razão disto está em que, no batismo, na penitência e no perdão, não se trata de apreender o sujeito tal como ele é, em seu fundo e em sua identidade, em sua continuidade, mas ao contrário de fazer da manifestação da verdade uma espécie de desidentificação do sujeito, pois se trata de fazer de alguém que era pecador alguém que não é mais pecador. É na ruptura do sujeito que é exigida a necessidade, de certo modo paradoxal, de uma manifestação da verdade. A esse [respeito, há em santo [Ambrósio]* um texto que é característico, no qual, [tratando da]** metanoia, da penitência, ele cita a seguinte anedota: um jovem tem uma ligação com uma jovem e a ama; ele parte para uma longa viagem e volta convertido; volta convertido e, é claro, não frequenta mais a que era sua noiva; um dia ele a encontra na rua; ela vai em sua direção e lhe diz: não está me reconhecendo? "Eu sou eu mesma, *ego sum*", e o jovem responde: "*Sed ego non sum ego*, mas eu não sou eu"[3]. É isso, essa ruptura da identidade do sujeito que é, na penitência e no batismo, o ponto que torna necessária a manifestação da verdade, porque a manifestação da verdade do sujeito é o que liberta o sujeito de sua própria verdade.

Em compensação, na vida monástica e na ascese monástica, teremos uma estrutura fortemente contínua, pois se tratará, para o sujeito, de caminhar de dia em dia, de momento em momento, de instante em instante, rumo a uma perfeição cada vez maior e, nesse momento, a relação de verdade entre o sujeito e si mesmo deverá ser necessariamente estruturada de um modo totalmente diferente do da ruptura e do *ego non sum ego* que caracterizavam as outras manifestações de verdade do batismo ou da penitência.

É disso portanto que gostaria de lhes falar agora, da relação entre verbalização da falta e exploração de si mesmo. Uma palavra, porém, em contrapartida. [A propósito] do catecumenato, da provação da alma, da exomologese e da publicação de si. Eu só havia falado, claro, de fenômenos absolutamente internos e específicos do cristianismo, e tinha feito como se todas essas coisas houvessem nascido com o cristianismo. É claro que não é verdade e que não foi assim que as coisas se passaram e que, evidentemente, tanto as técnicas da provação da alma como da publicação de si já tinham atrás de si uma longa história no paganismo. Por exemplo, a provação dos catecúmenos, essa *probatio animae* que caracte-

* M. F.: João Crisóstomo
** M. F.: para caracterizar

riza o catecumenato se baseava, claro, numa longa tradição histórica, a dos métodos e das provações próprias dos ritos iniciáticos. Não havia iniciação nas religiões antigas, não havia portanto acesso à verdade sem purificação do sujeito e provação que o autentique. Do mesmo modo, a propósito da penitência, a obrigação de se publicar, a obrigação de se manifestar como pecador, a obrigação de fazer exomologese, isso também tem uma longa história. Encontramos regularmente nas religiões pagãs, nas religiões grega e romana, a necessidade, ou em todo caso, a eficácia, quando se pecou, de uma publicação solene ao deus, para você manifestar que está infeliz, segundo o rito de suplicação a que se submete alguém quando a desgraça se abateu sobre ele, mas também* quando se cometeu uma falta e, *a fortiori*, quando falta e desdita se acoplam. Vemos isso muito bem no *Édipo* de Sófocles: quando ele chega cego e suplicante, ele manifesta tanto sua felicidade como sua falta. Uma espécie de exomologese: sou criminoso, cometi uma falta e sou desditado.

Encontramos também, de uma maneira mais popular, práticas de manifestação de si mesmo. Por exemplo, foi encontrada, numa série de templos e em particular no templo de Cnido, que era o templo da cura e, ao mesmo tempo, do arrependimento, toda uma série de estelas datadas da época helenística, em que os que cometeram faltas reconhecem, confessam suas faltas e gravam seu nome, [gravam] o reconhecimento [da sua] falta e, eventualmente, a própria natureza desta. Isso se chamava precisamente exomologese[4]. [Portanto], para obter o perdão, gravava-se uma estela em que se dizia sua falta e seu nome. Nas religiões orientais também encontramos, claro, toda uma série de procedimentos de resgate e de perdão, obtidos pela declaração, a manifestação e como que a exaltação da sua própria falta. [Lê-]se por exemplo em Juvenal uma descrição [da] prática dos sacerdotes de Anúbis que impunham, para conceder o perdão aos que haviam cometido faltas, que eles fizessem o reconhecimento solene [destas]. Juvenal relata: "O sacerdote é que intercede pela esposa quando, no dia sagrado de estrita obediência, ela deitou com seu marido contra a lei. Essa violação do leito conjugal merece uma pena severa. A serpente de prata mexeu a cabeça, todos viram. Mas graças às suas lágrimas e a suas doutas orações, o sacerdote obtém que Osíris perdoe. Um ganso gordo, um biscoito fino, e o deus se deixará corromper."[5]

Vocês têm portanto toda uma história não-cristã desses ritos de verdade. Mas, se há uma pré-história da *probatio animae* e uma pré-história da *publicatio sui*, a história pré-cristã da verbalização da falta e da exploração de si mesmo tem outra amplitude, e creio que não podemos com-

---

* Foucault acrescenta: súplica solene

preender o que foi a verbalização da falta no cristianismo se não dermos um pequeno passo atrás e não examinarmos o que aconteceu na filosofia, no pensamento e na moral gregas e romanas. De fato, a filiação do paganismo ao cristianismo levanta numerosíssimos problemas, de todos os pontos de vista, em particular desse ponto de vista, tanto mais que temos um pouco a tentação de traçar como que uma filiação direta entre alguns grandes preceitos da filosofia, e da filosofia moral antiga, [e] a prática cristã. Temos a impressão de poder traçar uma linha direta do *gnôthi seautón* à obrigação do exame de consciência em Evágrio Pôntico, Cassiano, são Jerônimo, santo Agostinho[6]. Ora, o que eu gostaria de lhes mostrar é que, se é verdade que há de fato uma filiação, se é verdade que é de fato, em linhas gerais, o mesmo tipo de práticas que vai se transmitir séculos a fio e se incrustar no âmago do cristianismo, na verdade as formas de verbalização, as formas de exploração de si e a maneira como são acopladas verbalização e exploração de si são totalmente diferentes no paganismo e, para dizer a verdade, nas diferentes formas de religião ou de filosofia pagãs, e no cristianismo.

Creio que o acoplamento verbalização da falta–exploração de si não pode ser compreendido corretamente se não for situado no interior da prática em que teve sua origem ou, em todo caso, sua forma máxima de desenvolvimento, tanto na Antiguidade como no cristianismo: no que se chama direção, direção de consciência, direção das almas, direção dos indivíduos. Creio que a prática, a técnica de direção é uma coisa muito importante, da qual, infelizmente, nunca foi feita a história, em todo caso, nunca foi feita diretamente e em si mesma[7].

O que é a direção dos indivíduos? O que é essa direção das almas, das consciências, que aliás é tradicionalmente chamada, principalmente em grego, de governo das almas – κυβερνάν? Definição que parece se impor e se apresentar imediatamente ao espírito: na direção, um indivíduo se submete ou se remete a outro no caso de toda série de decisões que são decisões de ordem privada, isto é, que normalmente, habitualmente e estatutariamente escapam tanto da exigência política como da obrigação jurídica. Mesmo onde a exigência política não age, mesmo onde a obrigação política não age, é nesse domínio que a direção quer que o indivíduo se remeta à vontade alheia. Onde o indivíduo é livre como tal, ele se remete à decisão de outrem.

Remeter-se, submeter-se: é sobre isso que precisamos refletir um pouco, porque essa submissão da vontade de alguém à vontade de outro na direção creio que não deve ser compreendida como uma transferência de soberania. Quer dizer que não se trata desses processos que os juristas descrevem, quando tentam analisar de que maneira alguém que é livre, que tem sua vontade, sua vontade soberana, não submissa a quem quer que seja, aceita ceder essa vontade e transferi-la para outra pessoa. Na realidade, na direção, não há cessão de soberania. Eu diria, no limite: não há renúncia pelo indivíduo à sua vontade. Na direção, não se renuncia à própria vontade. Quer-se simplesmente que sua vontade seja submetida à de outro. O dirigido é aquele que diz: quero que o outro me diga o que devo querer. Refiro-me à vontade do outro como princípio da minha própria vontade, mas eu mesmo devo querer essa vontade do outro. Na cessão jurídica da soberania, você cessa de querer, transfere toda ou parte da sua vontade para outro que, com isso, toma o lugar da sua vontade, é, de certo modo, seu lugar-tenente ou seu representante. O poder político quer em meu lugar e me imporá sua vontade, queira eu ou não. A única coisa que posso dizer é que eu quis, se é que houve isso num momento dado, um contrato social durante o qual eu pude dizer: quero que alguém queira em meu lugar. Na direção, não há contrato social, porque não há cessão de uma parte de vontade a outro. Há o seguinte: há alguém que guia a minha vontade, que quer que a minha vontade queira isto ou aquilo. Eu não cedo minha vontade, continuo a querer, continuo a querer até o fim, mas a querer ponto por ponto e a cada instante o que o outro quer que eu queira. As duas vontades permanecem continuamente presentes. Uma não desaparece em benefício da outra. As duas vontades coexistem, mas coexistem tendo um vínculo entre si, em que uma não substitui a outra, em que uma não limita a outra, um vínculo que liga as duas vontades de uma de tal maneira que elas permanecem inteiras e permanentes, mas também de maneira que um queira totalmente e sempre o que o outro quer. É portanto, no sentido estrito, uma subordinação da vontade ao outro, na qual as duas vontades permanecem inteiras, mas uma querendo sempre o que quer a outra.

Tendo o seguinte como consequência: claro, esse vínculo é, em si, um vínculo livre, voluntário e ilimitado. Na direção – e é isso que faz a diferença entre a direção de consciência, ou a direção das almas, ou dos indivíduos e toda estrutura de tipo político ou jurídico –, não há sanção nem coerção. O dirigido quer sempre ser dirigido, e a direção só se manterá, a direção só funcionará, só se desenrolará na medida em que o dirigido quiser continuar a ser dirigido. E ele é sempre livre de não querer mais ser dirigido. Se interviesse em dado momento uma ameaça, uma sanção que faria que o dirigido fosse constrangido, por um caminho coercitivo qualquer, a se deixar dirigir, sair-se-ia da direção. O jogo de inteira liberdade na aceitação do vínculo de direção é a meu ver fundamental. E teríamos a prova disso se fizéssemos a história dessa instituição, tomando, por exemplo – já que aí talvez é que isso tenha sido mais manifesto –, a organização dos seminários durante a Contrarreforma, quando se impôs aos seminaristas a obrigação da confissão, que é uma obrigação estatutária, uma obrigação jurídica ou, em todo caso, que decorre do direito interno da Igreja (de sorte que a alguém que não se confesse regularmente, como tem a obrigação de fazer pelo menos uma vez por ano, poderão ser impostas sanções)... Exige-se dos seminaristas a confissão, mas exige-se também a direção[8]. Ou seja, só se pode fazer uma coisa: recomendar a eles que tenham um diretor. Não há nenhuma sanção que poderia ser tomada contra os que não tivessem diretor, nem contra os que rompessem com sua direção, que mudassem uma direção. No máximo, se poderia lhes dar conselhos. Mais ainda, não há conteúdo, conteúdo definido na direção. A direção é ilimitada. Ela pode ir até onde ambas as partes quiserem. Ela pode abranger absolutamente todos os aspectos da existência ou só alguns. Em outras palavras, nunca há codificação da direção, não há estrutura jurídica da direção. Há técnicas de direção que são meios de correlacionar uma com a outra vontades que permanecem inteiras, mas cujo jogo é tal, que uma quer sempre o que a outra quer que ela queira.

Terceira característica da direção, portanto – a primeira é que ela não comporta cessão de vontade; a segunda, que não tem estrutura jurídica e, por conseguinte, não tem sanções nem limites –, o objetivo da direção: para que serve a direção e por que alguém se faria dirigir, por que alguém se faz ou se deixa dirigir, por que alguém quer ser dirigido? Aparentemente, a resposta poderia ser: alguém quer ser dirigido simplesmente para obter uma coisa, que seria a felicidade, a riqueza, a saúde. Na verdade, não é isso, porque se a direção devesse ser um meio de obedecer a outrem para obter a riqueza ou a saúde, nessa medida haveria uma exterioridade da direção, haveria um fim externo e condições, técnicas pelo menos, para alcançar esse objetivo. Em outras palavras, haveria uma espécie de codificação da direção em função desse fim objetivo. A verdadeira relação de direção, a meu ver, consiste em que essa relação estabelece como objetivo, não algo como a riqueza ou a saúde de quem é dirigido, mas algo como a perfeição, ou ainda a tranquilidade da alma, ou ainda a ausência de paixões, o autocontrole, a beatitude, isto é, uma certa relação de si consigo. Isso quer dizer que o dirigido não busca na direção um fim externo, mas um fim interno entendido como modalidade da relação de si consigo. A fórmula da direção, no fundo, é a seguinte: obedeço livremente ao que queres para mim, obedeço livremente ao que queres que eu queira, de modo que eu possa estabelecer assim certa relação de mim comigo. E, por conseguinte, se chamamos de subjetivação a formação de uma relação definida de si consigo, pode-se dizer que a direção é uma técnica que consiste em vincular duas vontades de maneira que elas permaneçam, uma em relação à outra, sempre livres, em vinculá-las de tal modo que uma queira o que a outra quer, e isso com fins de subjetivação, isto é, de acesso a certa relação de si consigo. O outro e a vontade do outro são aceitos livremente por mim para que eu possa estabelecer certa relação de mim comigo. É esse, a meu ver, o sentido geral que podemos dar a essa noção de direção.

Claro, essa é apenas uma fórmula bastante genérica, que implica uma série de variações, de modulações, de integrações diversas em campos institucionais, em práticas múltiplas. A direção, claro, não é uma prática especificamente cristã. Ela é encontrada na Antiguidade grega e romana, é encontrada em toda uma série de outras civilizações – e, também aqui, o Ocidente está longe de ter sua exclusividade. Nas civilizações chinesa, japonesa, hindu, vocês podem encontrar práticas bastante desenvolvidas de direção.

Mais uma palavra genérica a propósito da direção. Tem-se o costume de ver nela principalmente uma prática religiosa em oposição à coerção ou ao exercício do poder político. É de certo modo verdade, e insisti na diferença de estrutura que havia entre a subordinação política, o exercício da autoridade política, e a forma de subordinação própria da direção. Não obstante, seria um grave erro imaginar que não há relação, vínculo, entre a estrutura da autoridade política e a prática de direção. Afinal, a maioria, se não todas, enfim, uma grande quantidade de utopias políticas são precisamente sonhos do exercício de um poder político que teria a forma ou, em todo caso, se prolongaria até a direção real e efetiva dos indivíduos. A cidade platônica[9] ou a cidade de Thomas More[10] são estruturas políticas desenvolvidas a tal ponto que chegam à direção completa e exaustiva dos indivíduos. Poder-se-ia dizer também que no funcionamento político das sociedades do fim do século XVI-início do século XVII, tanto católicas quanto protestantes, tivemos combinações muito sutis, muito pensadas e muito organizadas, aliás, entre o desenvolvimento de um poder político-administrativo e toda uma série de instituições de direção de consciência, direção espiritual, direção das almas e dos indivíduos, mais uma vez, tanto entre os protestantes como entre os católicos. Portanto, entre direção e funcionamento político pode muito bem haver heterogeneidade de forma. A coexistência dos dois, seus vínculos e seus pontos de apoio recíprocos nem por isso deixam de ser evidentes.

A propósito das instituições religiosas, cumpre notar também o seguinte: é verdade que a direção dos indivíduos é uma prática que é, numa proporção não desprezível, de inspiração religiosa, que se desenvolve, em todo caso, no interior das instituições religiosas. Mas, enfim, não se deve esquecer que a direção na Antiguidade, por exemplo, de que vamos falar daqui a pouco, não era em absoluto de ordem religiosa. Era fundamentalmente de ordem filosófica e, até certo ponto, pode-se dizer, não exatamente antirreligiosa, mas tendo com a religião relações relativamente distantes, apenas. A medicina, na Antiguidade – e, como vocês sabem, ainda hoje mesmo, até certo ponto –, é composta, combinada, com toda uma série de atividades de direção. Poderíamos dizer que, no mundo contemporâneo, seria interessante estudar a organização dos partidos políticos, na medida em que ela comporta toda uma parte de instituições e de práticas de direção, além da estrutura propriamente política da organização**[11].

Agora, olhemos um pouco como é na Antiguidade grega e romana, para ver como a direção se praticava e como se pôde fazer, no interior dessa direção, o acoplamento da verbalização das faltas com a exploração de si mesmo. Na Antiguidade grega e romana, encontramos as práticas de direção sob diversas formas. *Grosso modo*, digamos, duas grandes formas. [Primeiro], a direção de consciência, que poderíamos dizer no estado livre, de certo modo, na forma de relações descontínuas, episódicas, absolutamente individuais e sem contexto institucional preciso. Simplesmente, havia desde relativamente cedo, no século V, início do século IV, consultas pagas. Antifonte, o sofista[12], por exemplo, tinha em Atenas um consultório no qual os que, em dado momento, se viam num lance difícil da sua existência – infelicidade, infortúnio, luto quaisquer – vinham consultá-lo e, contra moeda, Antifonte lhes dava conselhos de conduta para enfrentar essas situações difíceis. De um modo geral, era uma das atividades dos médicos. Galeno[13] dava conselhos não apenas para os que padeciam dos males físicos, mas também para os que tinham mal-estares morais e que sentiam a necessidade, num momento dado da sua existência, de serem orientados e aconselhados em sua [vida] cotidiana. Mas fora dessas consultas pagas e, desse ponto de vista, regulamentadas e fazendo parte de um mercado, a direção também podia ter a forma de um ato puramente gratuito e benévolo de amizade. Conversas, trocas de correspondência, longas cartas escritas na forma de pequenos tratados de consolação, de incentivo a alguém de quem você era amigo ou simplesmente com o qual estava em relação e que pedia a você que o ajudasse: tudo isso constituía como que pequenos episódios, fragmentos de atividade de direção. Tratava-se de relações ocasionais, correspondentes em geral a uma situação determinada, relativas a um revés da sorte, um exílio, um luto, ou uma crise mais geral. Por exemplo, Sereno escreve a Sêneca dizendo: sim, atualmente estou mudando de filosofia, o epicurismo não me satisfaz

---

* Manuscrito: "A organização dos partidos políticos é, sem dúvida, mais interessante de se estudar como instituições de direção do que como ideologias aparentadas à religião."

mais, eu me inicio no estoicismo. Mas marco passo, a coisa não avança, preciso de ajuda. E Sêneca lhe dá uma consulta e, por certo tempo, lhe serve de guia de consciência[14].

Isso para as formas de direção não imediatamente institucionais. Havia também formas de direção contínuas, densas, altamente institucionalizadas: as que, claro, eram encontradas nas escolas de filosofia. O indivíduo se comprometia por um período relativamente longo e, às vezes, até o fim da vida. E não era mais apenas para uma crise ou determinado aspecto da sua existência que lhe era problemático e a propósito do qual pedia a ajuda de uma direção, eram todos os aspectos da sua vida que eram levados em conta no interior da própria existência da escola filosófica: sua alimentação, suas roupas, suas relações sexuais, se devia se casar ou não, suas paixões, sua atitude política, tudo isso era ligado aos conselhos ou prescrições de direção. Era um regime geral de existência que desse modo era imposto, ou antes, proposto aos que queriam efetivamente praticar essa filosofia e se integrar a essa escola de filosofia. Essa atividade de guiamento era realizada no interior de estruturas institucionais, muitas vezes ricas e hierarquizadas. Por exemplo, entre os epicurianos, vocês tinham toda uma atividade de guiamento de consciência, com a hierarquia dos que eram considerados como não necessitando ser guiados, podendo ser guias mas não tendo necessidade, não tendo nunca a necessidade de ser guiados – e, na verdade, [só] um se encontrava nesse caso, o próprio Epicuro; depois, os que tiveram a necessidade, num momento dado, de um guia – e era o caso do sucessor de Epicuro, Metrodoro; depois, os que, num momento dado, necessitaram de um guia e que necessitavam permanentemente de uma ajuda, de uma ajuda de direção para ampará-los ao longo da sua existência**[15] havia também todo um sistema de consultas. Consultas de grupo, [com] o καθηγητής, que era capaz de dirigir um grupo, de dar indicações válidas, [bem como] um regime de vida, para um certo número de indivíduos. Porém, muito mais aperfeiçoados e muito mais preparados eram os que tinham o direito de ser um καθηγεμώυ[16]. O καθηγεμώυ era aquele que tinha o direito de praticar a direção individual. Ele se dirigia individualmente aos indivíduos ou indivíduos se dirigiam a ele, lhe pediam conselhos; regularmente, uma vez por mês, uma vez por semana, havia uma conversa e, no decorrer dessa conversa, o καθηγεμώυ fazia a direção daquele de quem era encarregado[17].

Essa direção e essas práticas de direção, quer tenham tido a forma institucional, densa e contínua das escolas de filosofia, quer tenha se tratado de simples episódios, seja como for a direção utilizava diferentes

---

* O manuscrito precisa: "Hermarco".

procedimentos e técnicas, numerosos, variados e penso que justamente aí as técnicas verbais, os diferentes procedimentos de discurso – discussão, demonstração, refutação, exortação – foram importantíssimos e foram elaborados no interior dessas práticas. Em outras palavras, é verdade que no mundo grego todas essas formas discursivas se desenvolveram em grande parte na praça pública e a partir da praça pública, como mostrou Vernant[18], seja no espaço judiciário, seja no espaço da discussão política, mas também foram elaboradas no interior dessas práticas de direção na relação entre os indivíduos.

Ora, nessas práticas verbais de direção e em meio a todas as numerosas técnicas – conselho, exortação, refutação, demonstração – havia uma peça essencial, fundamental, que era justamente o exame de consciência. [Na direção greco-romana ele foi]* o ponto de articulação, na medida em que era o meio pelo qual a influência do diretor sobre o dirigido podia se realizar e o elemento pelo qual o dirigido podia adotar a operação do diretor. Diga-me o que tu és para que eu possa te dizer o que deves fazer: o diretor não podia dirigir se o dirigido não examinasse sua consciência e não exibisse sua consciência aos olhos do diretor. E, inversamente, o dirigido dizia: vejamos o que sou, vejamos o que sou capaz de fazer para que eu possa ser o que tu me dizes que devo ser. Só posso entender tua lição, só posso querer o que tu queres, se eu tiver consciência clara e nítida do que sou e do que posso fazer. O ponto de articulação entre a vontade do diretor e a vontade do dirigido, sua necessidade na direção para que a vontade do dirigido reproduza de fato a vontade do diretor e queira de fato livremente o que quer o diretor, isso implicava, no centro do dispositivo, a prática do exame de consciência.

Mas a meu ver não basta situar assim o exame de consciência, porque, para dizer a verdade, há muitas maneiras de [praticá-lo]**. E, a meu ver – é nisso que gostaria de insistir –, seria totalmente errôneo dizer que, como o exame de consciência existia na direção grega e romana, é esse exame de consciência que vamos encontrar no cristianismo. De fato, o exame de consciência na direção grega e romana e o exame de consciência no cristianismo são, numa parte muito importante, bem diferentes um do outro, e não se pode assimilar um ao outro. O exame de consciência grego e romano traz consigo um certo número de efeitos de conhecimento, um certo número de efeitos de subjetivação. O exame de consciência cristão traz consigo, a meu ver, efeitos de conhecimento bem diferentes e modos

---

* Segmento de frase reconstituído a partir do manuscrito (fol. 20). Essa passagem da gravação, que corresponde à mudança de face da cassete, apresenta uma breve lacuna.
** M. F.: de fazer o exame de consciência

de subjetivação totalmente diferentes. A subjetivação do homem ocidental é cristã, não é greco-romana, desse ponto de vista. Porque, afinal de contas, no exame de consciência pode-se examinar a consciência de muitas formas. Pode-se mudar a própria natureza do que se examina. Você pode examinar, por exemplo, as ações você fez, mas pode examinar também as ações que você deve fazer e as ações que você vai fazer. Pode examinar a situação na qual você se encontra. Pode examinar também situações virtuais, nas quais você poderia se encontrar. Você pode se perguntar, por exemplo, o que eu faria se estivesse exilado; o que eu faria se soubesse que ia morrer; o que eu faria se morresse alguém por quem tenho grande apego? Portanto, o campo que o exame de consciência tem por objeto é totalmente variável, e vocês verão que não é em absoluto do mesmo modo na filosofia greco-romana e no cristianismo. Podem mudar também os instrumentos utilizados para fazer esse exame de consciência. Você pode utilizar a concentração, a atenção imediata e presente de si a si. Pode se concentrar em si e, de certo modo, procurar se ver a si mesmo ou de se apreender seja na imobilidade, seja ao contrário na mudança. Pode utilizar a memória e procurar saber tudo o que você fez ou disse ou pensou naquele dia (ou naquela semana, ou no mês, ou no ano, ou desde o nascimento). Pode utilizar a verbalização explícita, com uma confissão das faltas ao outro. Pode utilizar a escrita, a escrita para si ou a escrita para os outros. E, por fim, pode haver objetivos totalmente diferentes e variados. Você pode se examinar a si mesmo, para quê? Para descobrir uma coisa desconhecida, uma explicação que lhe falta, a razão pela qual fez isto e aquilo, ou sentiu isto e aquilo. Mas você também pode perseguir outros objetivos. Pode se examinar para assegurar seu autocontrole e expulsar de si tudo o que poderia vir a prejudicar esse controle, por exemplo, a paixão. Pode se examinar a si mesmo para medir um progresso. Pode se examinar a si mesmo para tentar se purificar das suas faltas. Enfim, como vocês veem, as práticas de exame de consciência, seu objetivo, seu instrumento, seu objeto podem mudar profundamente. É isso, a meu ver, que aparece claramente quando comparamos exame greco-romano e exame cristão.

[O] exame greco-romano, primeiro (enfim, é dele que terei tempo de lhes falar hoje, e só dele, sem dúvida). Vou pegar dois ou três exemplos, ou antes, um exemplo bastante antigo, o mais antigo testemunho que temos da prática do exame de consciência na cultura grega, o exame de consciência pitagórico. Depois, pegarei o exame de consciência [em] fim de percurso, nos filósofos estoicos diretores de consciência da época romana, essencialmente Sêneca e Epicteto – bem, principalmente Sêneca.

Primeiro, entre os pitagóricos. Vocês sabem que é a eles que se atribui a invenção do exame de consciência. Essa atribuição é bem tradicional. Vocês a encontram continuamente em outros autores gregos, romanos, nos autores cristãos igualmente, e são João Crisóstomo citará também Pitágoras, e os versos de Pitágoras, como testemunhas do exame de consciência[19]. Com efeito, o texto de que ora dispomos é o que foi transmitido pelo célebre *Carmen aureum*[20], um texto tardio que parece haver trazido elementos modernistas, por assim dizer – ou elementos próprios da época helenística ou da época romana – à velha tradição pitagórica. Bom, aqui está o texto todo, tal como é transmitido no *Carmen aureum*: "Não permitas que o doce sono se insinue em teus olhos antes de teres examinado cada uma das ações do teu dia: em que errei? o que fiz? o que omiti do que devia fazer? Começa pela primeira (quer dizer, pela primeira dessas ações) a percorrer todas elas. E depois, se achares que cometeste faltas, recrimina-as; mas se agiste bem, rejubila-te."[21] Então, os eruditos (não sou um deles, claro) distinguiram nesse texto a parte antiga da parte moderna, quer dizer, da que foi acrescentada à época helenística. A parte antiga está certamente nos dois primeiros versos – "Não permitas que o doce sono se insinue em teus olhos antes de teres examinado cada uma das ações do teu dia", enquanto a parte mediana do texto – "em que errei? o que fiz? o que omiti do que devia fazer?" – parece duvidosa, e o fim – isto é, "Começa pela primeira a percorrer todas elas. E depois, se achares que cometeste faltas, recrimina-as; mas se agiste bem, rejubila-te" – é muito provavelmente um acréscimo recente[22].

Tomemos pois o primeiro núcleo para indicar simplesmente duas ou três características. Vocês estão vendo que se trata de um exame retrospectivo: "Não permitas que o doce sono se insinue em teus olhos antes de teres examinado cada uma das ações do teu dia." Mais uma vez, nada obriga o exame de consciência a ser retrospectivo. Veremos no caso dos estoicos que com muita frequência ele é prospectivo, trata-se de examinar o que se vai fazer. Portanto, é regular, deve se produzir todas as noites e, segundo, é voltado para as ações. Não o é para os sentimentos, não o é para estados de espírito, não o é para intenções, mas sim para o que se faz. Terceiro, embora isso não se encontre nos dois primeiros versos, mas no terceiro [e] quarto – que não se sabe se são absolutamente autênticos –, parece que, mesmo na forma antiga, esse exame retrospectivo e regular voltado para as ações tinha, de qualquer modo, como função determinar, fazer a triagem, a discriminação entre as boas e as más ações.

Qual era o sentido desse exercício retrospectivo de exame das ações boas ou más? Na medida em que se sabia que o pitagorismo se apresentava como uma regra de vida, um regime de vida que era comum a certo número de pessoas e que era praticado em comunidades fechadas e institucionalizadas, e que se tratava para o indivíduo, nessa vida pitagórica, de ter acesso a certo estado de pureza e de perfeição, pode-se pensar que esse exame tinha como função medir o progresso que se fazia cada dia: mais ou menos boas ações, mais ou menos más ações. Sem dúvida. Mas parece também que teve outras duas funções importantes e interessantes. Primeiro, o simples exercício de memória, na medida em que, para os pitagóricos, ter memória, se lembrar, e se lembrar do maior número de coisas possível, era fundamental. Entre saber e memória, pertencimento fundamental, radical: saber e se lembrar são da mesma natureza, e o simples exercício de memória, a simples mnemotecnia era um exercício ao mesmo tempo espiritual e intelectual. Era um instrumento de conhecimento[23]. Cícero, a certa altura, falando desse exame [pitagórico]*, diz que ele era "*memoriae exercendae gratia*"**, para exercitar a memória[24].

Outro aspecto do exame [pitagórico], a preparação purificadora para o sono. Porque, para os pitagóricos, dormir não era simplesmente dormir. Dormir tinha duas significações. Era abrir sua alma para uma realidade absolutamente material, a que era manifestada pelo sonho, e a qualidade do sonho indicava ao mesmo tempo o estado de pureza da alma e constituía como que uma recompensa ou uma sanção. Na medida em que o sonho punha você em comunicação com um mundo, de certo modo, representativo do seu estado de pureza, era evidente que a qualidade do sonho era absolutamente essencial, como sinal ou como recompensa. Aliás, os pitagóricos preparavam seus sonhos ouvindo música ou respirando perfumes. Parece que o exame vespertino do dia, entre os [pitagóricos], tinha como função purificar, classificar o bom e o mau, se regozijar das boas ações que pudessem ter feito e, por conseguinte, preparar o bom sonho[25]. E, enfim, o sono – era o outro aspecto do significado do sono para os [pitagóricos] – prefigura a morte. E, preparando o sono, preparamos de certo modo nossa morte, ou preparamos a prefiguração da nossa morte[26]. Portanto essa preparação para o sono era sem dúvida um dos elementos fundamentais do exame [pitagórico].

Portanto, exercício de memória, de um lado, preparação para o sono [de outro]. [Bem longe do]*** problema da culpabilização do indivíduo, do conhecimento pelo indivíduo de suas faltas, da razão destas, havia uma intenção manifestamente prospectiva em relação ao sono, mesmo que o exame fosse retrospectivo em relação ao dia.

* M. F.: estoico
** Foucault acrescenta: no *De senectute*, creio... não, não sei mais onde diz isso.
*** M. F.: muito menos que o

218   *Do governo dos vivos*

Peguemos agora um exemplo bem diferente, muito mais tardio, o do estoicismo romano. Aqui eu gostaria de [citar] dois exemplos, mas como não tenho tempo só vou pegar um*: é o que encontramos [em] Sêneca, no *De ira*, no livro III, parágrafo 36[27]. É um texto celebérrimo que também costuma ser citado pelos autores cristãos. Eis o que diz Sêneca. Ele invoca primeiro o exemplo do filósofo Sexto, que, terminado o dia, na hora de se entregar ao descanso da noite, interrogava sua alma. E perguntava a ela: "De que defeito te curaste hoje? Que vício combateste? Em que te tornaste melhor?" Comentando esse exemplo, Sêneca diz: bom, eu faço a mesma coisa. "De fato, o que é mais belo que esse hábito de investigar seu dia?" (ele emprega a palavra *executere*, que quer dizer "sacudir, sacudir para fazer cair": sacode-se assim uma árvore para fazer as frutas caí-

---

* Foucault deixa de lado aqui as folhas 24-27 do manuscrito, consagradas à análise da carta de Sereno a Sêneca, no início do *De tranquilitate animi*, I, 1-18 (inserimos as referências entre colchetes):

"Sen [Sêneca], *De tranquilitate animi*. [O exame] que o discípulo faz quando não alcançou a autonomia. Sereno. Exame geral, i.e., sobre o estado da sua alma
 – num momento particular de crise, de incerteza,
 – e para confidenciá-lo a seu interlocutor, ou antes, na forma de uma confidência, de uma carta.
a. A forma: consulta, nitidamente médica.
'Por que não te diria a verdade como se tu fosses um médico?' [I, 2]
pedido de remédio, e para tanto vou te dizer como estou para que encontres o nome da doença (*tu morbo nomen invenies* [I, 4])

Mas essa consulta médica é uma espécie de etapa, de balanço que fazemos num processo pedagógico. Sereno se inicia à filosofia estoica. Aprende, progride: exercita e reforça sua virtude. Mas ainda não terminaram seus esforços. Ele sente que o exercício deve continuar. Ora, ocorre no progresso um momento de incerteza. Estabilização. Não sabe se o hábito não o vincula de maneira cada vez mais constringente ao bem e ao mal ao mesmo tempo [I, 3]. Não sabe se avança ou marca passo. Vai portanto expor seu 'habitus' [I, 2], o estado em que está.
b. O objeto do exame
Seu estado: "doloroso e penoso", "nem doente nem em forma" [I, 1-2].
Fazer o balanço das forças: o que lhe possibilita continuar sendo senhor de si mesmo, isto é, o que lhe *agrada* sem abalar sua alma, sem a fazer sair de si mesma. O que, ao contrário, a arrasta, a faz escapar de seu próprio controle, a atrai para fora de si. Provação do '*placere*' [I, 5, 6, 7, 8, 10, 12] (tranquilidade)/*praestringere* [I, 8], *concutere* [I, 9: II, 3] (movimento).

  Dois domínios, dois eixos:
  – pobreza, riqueza, comedimento-luxo
Ele se compraz com sua fortuna modesta, não busca enriquecer etc., mas quando vê a riqueza dos outros seu espírito resiste, mas não seus sentidos.
  – privado-público
Como estoico aplicado, ele se interessa pelos negócios públicos, mas para fazer bem aos outros, não a si. Quando volta do fórum, sente-se feliz em casa, não tem [ambição]. Mas às vezes, ao ler alguma [coisa][a], se entusiasma; sonha [com a imortalidade][a]."

[a] Leitura incerta.

rem, sacode-se uma roupa para fazer cair a poeira, sacode-se de certo modo seu dia)[28]. "Que sono o que sucede a essa passagem em revista dessas ações![29] Como é calmo e profundo[30] esse sono, quando a alma recebeu sua porção de elogio ou de censura e que, submetida a seu próprio controle, quando se tornou, diz o texto, *speculator sui...*" – *speculator* é uma espécie de inspetor, de controlador, às vezes no sentido militar de batedor*. Portanto, somos o batedor, o controlador, o inspetor de nós mesmos, estamos submetidos à nossa própria censura – *censor*, claro[31] – e, nesse momento, a alma abre secretamente o processo contra sua própria conduta[32]. Ela abre esse processo contra si mesma, ela se captura e instrui sua própria conduta: metáfora judiciária, "Tomei sobre mim essa autoridade, *utor hac potestate*, e todos os dias eu me cito diante de mim mesmo, *causam dico*"** – aqui também vocabulário jurídico. "Quando a luz cai e minha mulher, a par do meu hábito, se cala, examino comigo mesmo todo o meu dia, *totum diem mecum scrutor*, e tomo a medida dos meus feitos e das minhas palavras, meço-os de novo. Não me dissimulo nada, não deixo passar nada. Com efeito, por que temeria o que quer que fosse entre meus erros, quando posso me dizer: trata de não recomeçar, eu te perdoo hoje? Assim, nessa discussão, diz Sêneca à sua alma, falaste demasiado agressivamente, fizeste tal censura a alguém com muito pouco comedimento e não o corrigiste. Ao contrário, em vez de corrigi-lo, tu o ofendeste. Por conseguinte, cuide doravante que não só o que dizes seja verdade, mas também que aquele com quem falas possa suportar a verdade que lhe dizes."[33]

É esse pois o exame estoico. Vocês estão vendo que ele tem uma forma totalmente diferente da do exame pitagórico, mas com um ponto em comum que é importante: a notável identidade do objetivo imediato proposto. Sêneca, como os pitagóricos, diz: se queres dormir bem, examina a tua consciência. O exame de consciência é portanto prospectivo. É preparatório para uma boa noite de sono. O exame do dia constitui, de certo modo, uma peça indispensável no regime de vida. Temos de nos sentir bem quando estamos acordados, mas também temos de estar bem quando dormimos, quando cochilamos. Não gosto muito desse tipo de aproximações, mas julguem vocês mesmos a relação que pode haver entre esse exame estoico e a concepção freudiana da censura (aliás, a palavra está em Sêneca), pois é a censura freudiana que, no ponto de junção entre o sono e a vigília, impede que a pulsão ou a libido nos acorde e, para nos

---

* O manuscrito (fol. 28) acrescenta esta referência: "Sêneca (qu. naturais, VI, 4): batedores do granizo" [cf. *Quaestiones naturales*, IV, 6: "speculatores futurae grandinis"].
** O manuscrito acrescenta, à margem: "ajuízo minha própria causa".

manter no sono, a censura elabora uma coisa que é o sonho[34]. Em Sêneca, vocês têm a ideia de uma censura que se exerce também na costura da vigília e do sono, mas no outro sentido. Trata-se de exercer uma censura quando ainda se está em estado de vigília para, de certo modo, filtrar do dia os bons e os maus elementos e só guardar os bons, que poderão figurar no sono [e] assegurar a qualidade de um bom sono. Qualidade de um bom sono que tem efeitos físicos e morais absolutamente centrais para o regime de vida. Eis quanto ao aspecto preparação para o sono do exame estoico.

Segunda coisa a observar, já lhes avancei as palavras: a forma judiciária. Mas aqui é preciso prestar um pouco de atenção. Forma judiciária, está certo. Exercemos sobre nós, diz o texto, uma *potestas*, isto é, um poder institucional. Segundo, essa *potestas* toma o aspecto de quê? Pois bem, das funções de censor, de juiz que instrui: ajuízo minha própria causa, *causam meam dico,* faço a instrução, faço investigações, examino meu dia, tomo, diz ele, a medida de minhas ações e meus gestos (isto é, meço para saber se são bons ou ruins). Espécie de desdobramento judiciário: a consciência não estaria se tornando uma espécie de tribunal em que o sujeito teria de se tornar ao mesmo tempo acusado e juiz? Na verdade, creio que esse não é exatamente [o caso], porque vocês sabem muito bem que na prática judiciária romana não há simplesmente um juiz e um acusador. Não pode haver acusado sem haver acusador. Ora, é interessante que, em Sêneca, não há acusador. Veremos mais tarde, justamente no cristianismo, aparecer o personagem do acusador. Vocês sabem quem será o personagem do acusador: será, é claro, Satanás. Teremos então uma estrutura ternária. Ora, em Sêneca, [não é esse o caso]. Há, portanto, essa metáfora judiciária – você ajuíza sua própria causa, você conduz a investigação. Mas creio que o conjunto dos termos empregados, essa série de metáforas, com palavras como *censor, scrutator, speculator*, se refere muito mais a um procedimento administrativo de controle e de verificação do que a um procedimento judiciário de acusação com veredicto e sentença. No fundo, estamos no mundo da administração. Você não tem de se tornar propriamente o juiz de si mesmo, ou o acusado de si mesmo, ou o acusador de si mesmo, ou um acusado que responderá a um acusador diante de si mesmo – não é essa a verdadeira cena que representa, a meu ver, o exame de consciência estoico. É a cena do fiscal de contas. É a cena do funcionário fiscal que vem, de certo modo, olhar por cima do ombro do funcionário cotidiano, se ele fez mesmo o que tinha de fazer. E a expressão "tomo a medida, *remetior*, de minhas faltas e meus gestos" indica justamente esse exercício de verificação característico de uma administração que se desdobra. Somos funcionários de nós mesmos, ou antes, inspetores de nós mesmos – de mim mesmo, que sou o funcionário da minha própria vida. No exame de consciência devemos ser os responsáveis pela correção das operações que foram feitas – *scrutator, observator, censor* – e levantamos precisamente os *errores*, erros, erros de gestão, erros de administração. Trata-se menos de um juiz condenando as infrações do que de um administrador que deve vigiar as falhas de gestão, os erros de gestão e que, por conseguinte, tem de corrigi-los.

Ora, o que são esses erros de gestão? Os dois exemplos que Sêneca indica no fim do seu texto são característicos, a meu ver. Ele dá dois exemplos de faltas que teria cometido no dia. Primeiro, "discutiste demasiado vivamente com ignorantes". É o que diz Sêneca à sua alma, ou seja, se preferirem, o fiscal ao gestor. "Discutiste demasiado vivamente com ignorantes, não pudeste convencê-los nem lhes ensinar nada. Perdeste teu tempo." Primeiro exemplo o segundo exemplo é este: "Quiseste corrigir alguém, mas fizeste isso com tanto ímpeto, tanta vivacidade que, no fim das contas, não corrigiste nada. Ele se sentiu ofendido e tu não obtiveste nada." Vocês estão vendo que [se trata], em senso estrito, não tanto de faltas, no sentido de infrações a uma lei moral, quanto de *errores*, erros. Ou seja, ele tinha se proposto um certo fim – ensinar algo a um ignorante, discutir com alguém para convencê-lo de algo ou para corrigi-lo na sua maneira de fazer ou de ser –, e falhou, não deu certo. Quer dizer, o erro se define assim em função do fim que nos propusemos, e não em função de uma lei moral que estaria de certo modo atrás de nós. Encontramos aqui, mas não vou insistir nisso, toda a concepção estoica, muito marcada pelo exemplo, então, em Epicteto, de que a falta só pode ser definida em função do fim, do fim que nos propomos. Epicteto diz: "Pede primeiro o que queres. Os lutadores decidem o que querem ser e agem em conformidade." E é o ajuste em relação a esse fim que pode definir o que é uma falta[35].

Portanto, o exame de consciência tem por fim inspecionar, de certo modo, por cima do ombro da alma gestora da vida, os fins que foram propostos e a maneira como o indivíduo atingiu ou não atingiu esses fins. Daí [este ponto], importante a meu ver, no texto de Sêneca: uma vez apontado o erro, uma vez sabendo que não fizemos o que deveríamos ter feito, o que acontece? Há arrependimento, há autopunição, há assinalamento da nossa culpa? De jeito nenhum. [Mas] assim que é apontado o erro, há a formulação de uma regra de conduta para o futuro, regra de conduta que deve permitir, doravante, alcançar o fim perseguido. Não há nem sequer tentativa de encontrar as causas ou as raízes da falta; nenhuma exploração etiológica da falta cometida. Há, sim, esforço para constituir logo uma espécie de esquema operacional para o futuro. Trata-se de programar doravante nossas condutas. Por exemplo: você discutiu com uns ignorantes e perdeu seu tempo. Mas por que perdeu seu tempo? Perdeu seu tempo porque esqueceu uma regra (bom, aqui eu explicito o texto), uma regra geral que você não tinha presente ao espírito e que precisava ter: a de que aqueles que não aprenderam nada no decorrer da sua vida, não aprenderão nada. E, por conseguinte, em vez de perder seu tempo procurando ensinar a pessoas que não são capazes [de aprender], melhor faria você, dado que eles estão velhos demais para aprender agora, melhor faria você em se calar e não perder seu tempo. O exame de consciência conduz portanto a esse princípio, que está no texto de Sêneca: os que não aprenderam nada, nunca aprenderão nada. Ou seja, o exame de consciência permite estabelecer e formular um princípio racional e constante para as circunstâncias futuras. Do mesmo modo: você fez críticas vivas demais a alguém, você queria corrigir esse alguém mas falou tão vivamente que o ofendeu. A identificação dessa conduta leva a quê? De jeito nenhum ao remorso, de jeito nenhum a uma busca etiológica. Simplesmente [à] formulação da seguinte regra: quando se fala verazmente a alguém, quando se diz a verdade a alguém, não devemos nos preocupar [somente]* com saber se o que dizemos é verdade. É preciso também ter a preocupação de saber se quem a ouve e a quem nos dirigimos é efetivamente capaz de receber e aceitar essa verdade. Porque falar a verdade para alguém que não é capaz de recebê-la é perda de tempo. Vocês estão vendo, aqui também, que o exame de consciência leva à formulação de uma regra de conduta, a uma programação de comportamento.

Temos aqui, em certo sentido, o contrário do que será mais tarde a casuística. A casuística, que tem por problema o seguinte: dadas leis gerais transmitidas pela tradição, pela autoridade, como aplicá-las a um caso preciso e particular? Aqui temos o contrário. Temos uma situação particular durante a qual alguém não se conduziu como devia (não se conduziu como devia significa não alcançar o fim que se propunha). E a partir dessa situação particular, o exame de consciência vai fazer o quê? Vai permitir formular uma regra geral, ou uma regra mais geral, para toda a série de acontecimentos ou de situações de mesmo tipo que vierem a se [apresentar]**.

Em conclusão, podemos dizer o seguinte: [primeiro], esse exame estoico é, evidentemente, um exame retrospectivo, pois percorre o dia que acaba de passar. É noite, a casa vai adormecer, a mulher se cala, a luz declina e vou passar meu dia em revista. Exame retrospectivo. Mas como vocês viram ele é fundamentalmente voltado para o futuro, seja para o futuro anterior, no sentido de que se levanta a questão: qual era o fim que

* M. F.: simplesmente
** M. F.: propor

eu me havia proposto? A que objetivo eu me encaminhava fazendo isto ou aquilo, e será que, em relação a esse objetivo, em relação a esse futuro, minha ação foi efetivamente adequada? Portanto, utilização da análise no futuro anterior com uma finalidade voltada para o futuro simples, pois se trata, a partir daí, de determinar agora o que devo fazer. Segundo, vocês estão vendo que esse exame, com seu eixo fundamentalmente no futuro, não é centrado tanto em atos que deveriam ser julgados em termos de código, permitido/proibido, bem/mal, como na organização de novos esquemas de conduta mais racionais, mais adequados e mais seguros. Trata-se portanto, no sentido estrito do termo, de um exercício, do que, precisamente, os gregos chamam de ἄσκησις, ascese, exercício graças ao qual poderei ser mais forte, mais adequado, mais ajustado em meus comportamentos às circunstâncias que se apresentarem[36]. Trata-se, a exemplo do atleta, de poder alcançar agora os objetivos que nos propomos. E poderemos alcançar os objetivos que nos propomos se o exame de consciência descobrir o quê? Não, mais uma vez, segredos interiores que estariam depositados nas dobras do coração e que seria preciso trazer à tona, porque dariam uma explicação, por exemplo, da conduta ruim que tivemos. Nada disso. Se examinamos assim o que fizemos e se nos examinamos durante o dia transcorrido, é para descobrir, encontrar princípios racionais de conduta que estão sim em nossa alma, mas que estão em nossa alma a título de sementes, a título de germes de todos os princípios racionais que estão depositados, para os estoicos, na alma. Trata-se, de certo modo, de fazer desabrochar, pelo exame de consciência, esses germes de racionalidade que vão nos permitir enfrentar todas as circunstâncias, portanto, ao mesmo tempo, nos conduzir de maneira autônoma, já que são os germes da minha própria razão, e que será ao mesmo tempo uma conduta autônoma, será uma conduta ajustada ao mundo inteiro, já que os princípios de racionalidade são universais e que a conduta racional é a que me permite ser autônomo em relação ao mundo inteiro. O exame estoico tem portanto um fim essencial, que é o da autonomia: eu me examino para poder ser autônomo, para poder me guiar com base em mim mesmo e em minha própria razão. Esse fim de autonomia tem como outra face o fato de que, se sou efetivamente autônomo gerindo-me com base na minha razão, com isso poderei adaptar minhas ações aos princípios da razão geral e universal que governa o mundo.

Como vocês estão vendo, nada a ver – enfim, pouca coisa a ver com um exame de consciência que teria por função a exploração dos segredos do coração, a exploração dos arcanos do coração onde se encontrariam as raízes da falta. Trata-se de um exame de si mesmo como sujeito racional, isto é, como sujeito que se propõe certos fins, cujas ações poderão ser consideradas boas ou más conforme alcancem ou não seu fim. Trata-se de um exame de si mesmo como sujeito racional que, efetivamente, só pode alcançar seus fins se fizer um uso autônomo dessa razão que ele compartilha com o mundo inteiro. Vocês veem que o exame de consciência cristão, que examinaremos da próxima vez, tem uma estrutura bem diferente, um objeto bem diferente e [fins]* bem diferentes.

*

NOTAS

1. Cf. *supra*, aula de 13 de fevereiro, pp. 121-3.
2. Sobre essa mudança nos séculos VII-VIII – o momento em que "aparece nas instituições cristãs o que podemos chamar de primeira grande juridicização da penitência, ou seja, a penitência tarifada" (*Mal faire, dire vrai, op. cit.*, aula de 13 de maio de 1981, p. 176) –, cf. *supra*, aula de 5 de março, p. 197, nota 4.
3. Ambrósio de Milão (santo Ambrósio), *De Paenitentia/La Pénitence*, X, ed. R. Gryson, p. 193: "Devemos viver de maneira a morrer para nosso modo habitual de vida. O homem deve se renegar e mudar inteiramente, à maneira desse jovem de que as fábulas contam a história. Depois de ter tido amores ilícitos, ele partiu para o estrangeiro e, quando voltou, seu amor tinha se extinguido. Mais tarde cruzou com a bem-amada de outrora, que se espantou com o fato de ele não lhe dirigir a palavra. Achou que ele não a tinha reconhecido e, passando de novo por ele, lhe disse: 'Sou eu. – Mas eu, responde ele, não sou mais eu.'" A anedota também é referida por Francisco de Sales, *Introduction à la vie dévote*, III, 21, Paris, F. Aubier, 1931, p. 221 (a propósito do "rapaz de que fala santo Ambrósio, no segundo livro da Penitência").
4. Trata-se do santuário de Deméter em Cnido (Ásia Menor). Cf. R. Pettazzoni, *La Confessione dei peccati*, 2ª parte, vol. 3, Bologna, N. Zanichelli, 1936, pp. 74-6 ("Iscrizioni imprecatorie di Knido"). "Anche nelle ἀραί [inscrições imprecatórias] di Knido, accanto all' ἐξομολογεῖν – più spesso nella forma media ἐξομολογεῖσθαι – ed ὁμολογεῖν delle iscrizioni confessionali frigie e lidie, ricorre più frequente, per esprimere l'atto di confessare, il verbo ἐξαγορεύειν" (p. 76).
5. Juvenal, *Sátiras*, VI, 565-574. A tradução lida por Foucault é próxima, no início, da de P. de Labriolle e F. Villeneuve, Paris, CUF, 1921, reed. 1941, p. 80 (citada por C. Vogel, *Le Pécheur et la Pénitence au Moyen-Âge, op. cit.*, p. 225) e, no fim, da de H. Clouard, *Juvénal et Perse. Oeuvres*, Paris, Garnier ("classiques Garnier"), 1934, p. 107: "Mas as honras supremas vão para esse homem que, com um séquito de sacerdotes de túnica de linho e crânio raspado, percorre a cidade, rindo consigo mesmo do povo crédulo que venera Anúbis. Ele intercede pela esposa que fez amor nos dias sagrados de continência, grave falta que merece pena severa, e viu-se a serpente de prata mexer a cabeça! Mas o digno sacerdote chora e ora; ele obterá o perdão: um ganso gordo, um pequeno biscoito, e Osíris se deixa corromper!"
6. Alusão, talvez, ao livro de P. Courcelle, *Connais-toi toi-même de Socrate à saint Bernard*, Paris, IEA ("Études augustiniennes"), 1974, 2 vol. Especialista em santo Agostinho, Courcelle foi o primeiro a reconstituir a história do preceito délfico "desde a Antiguidade pagã aos pré-escolásticos cristãos", esforçando-se para discernir "no âmbito dessa continuidade as principais famílias de espíritos, os temas e os progressos da reflexão sobre a miséria e a grandeza do homem" (preâmbulo, t. I, p. 7).

* Inaudível.

7. Cf. no entanto a obra já citada de I. Hausherr, *Direction spirituelle en Orient autrefois*, que Foucault leu e de que extraiu numerosas referências. Cf. também o livro de Paul Rabbow, *Seelenführung. Methodik der Exerzitien in der Antike*, Munique, Kösel-Verlag, 1954, que remonta dos *Exercícios espirituais* de Inácio de Loiola à tradição antiga, e o de Ilsetraut Hadot, *Seneca und die grieschich-römische Tradition der Seelenleitung*, Berlim, Walter de Gruyter, 1969. Foucault não se refere nunca ao primeiro em seus cursos dos anos seguintes, nem em seus últimos livros. Mas utiliza o segundo, em 1982, em *L'Herméneutique du sujet* e em 1984 em *Le Souci de soi*.

8. Cf. *Les Anormaux, op. cit.*, aula de 19 de fevereiro de 1975, pp. 170-1 [Martins Fontes, pp. 231-2], e as citações, que Foucault comenta, de F. Vialart, *Règlements faits pour la direction spirituelle du séminaire [...] établi dans la ville de Châlons*, Châlons, 1664.

9. Cf. Platão, [Περὶ πολιτείας]/*La République*. Sobre o caráter utópico da cidade ideal, cf. IX, 592b, onde Sócrates a define como uma cidade em pensamento, "um modelo no céu para quem quer contemplá-lo e pautar por ele seu governo particular" e que "de resto pouco importa que esteja realizada em algum lugar ou ainda seja a realizar" (trad. É. Chambry, Paris, Les Belles Lettres, CUF, t. VII, 2ª parte, 1934, 7ª tiragem, 1973, pp. 80-1).

10. Thomas More, *Utopia (De optimo rei publicae statu, deque nova insula Utopia)*, Louvain, Thierry Martens, 1516; 1ª trad. fr. por Jean Leblond, *Description de l'isle d'Utopie*, Paris, C. Langelier, 1550.

11. Essa observação se inscreve no prolongamento do projeto de estudo da "governamentalidade de partido", formulado por Foucault no ano anterior em seu curso *Naissance de la biopolitique*, aula de 7 de março de 1979, *op. cit.*, pp. 196-197 [Martins Fontes, pp. 263-4].

12. Cf. Plutarco, *Vie des dix orateurs* (Antiphon 18), in *Discours, suivi des fragments d'Antiphon, le sophiste*, trad. L. Gernet, 1923, Paris, Les Belles Lettres, CUF, p. 28: "Na época em que se dedicava à poesia, instituiu uma arte de curar os pesares, análoga à que os médicos aplicam às doenças: em Corinto, perto da ágora, criou um local com uma tabuleta em que apregoava tratar da dor moral por meio de discursos; indagava as causas do pesar e consolava seus enfermos. Mas, achando esse ofício indigno de si, voltou-se para a retórica." Os exegetas se dividem quanto a saber se Antifonte, o sofista, de quem foram encontrados em 1915 fragmentos em papiro, e Antifonte, o orador (nascido por volta de 479 ou 470 e falecido c. 411 a.C.), cuja vida Plutarco narra, são uma só e mesma pessoa.

13. Galeno, médico grego (~131-201). Sobre essa atividade de direção, cf. seu *Traité des passions de l'âme et de ses erreurs*, trad. R. van der Elst, Paris, Delagrave, 1914, a que Foucault no curso de 1982, *L'Herméneutique du sujet*, consagra uma parte da sessão de 10 de março, *op. cit.*, pp. 378-82. Cf. também *Le Souci de soi, op. cit.*, p. 72.

14. Sêneca, *De la tranquilité de l'âme*, I, 1-18, in *Dialogues*, t. IV, trad. R. Waltz, Paris, Les Belles Lettres, 1944, pp. 71-5. Foucault, mais uma vez, volta demoradamente a esse exemplo em *L'Herméneutique du sujet*, pp. 86, 126-9 e 151.

15. Cf. Sêneca, *Lettres a Lucilius*, carta 52, 3-4, t. 2, livro V, trad. H. Noblot, Paris, Les Belles Lettres, 1945, p. 42, sobre a "distinção entre os diferentes chefes de escola" (manuscrito, fol. 17), isto é, entre seu fundador e os discípulos da primeira geração, Metrodoro e Hermarco. Essa carta é citada por I. Hadot, *Seneca und die grieschich-römische Tradition der Seelenleitung, op. cit.*, p. 49.

16. Cf. I. Hador, *ibid.*, p. 51: "Die nächsten im Rang nach Epicur waren Metrodor, Hermarch und Polyainos. Diese drei hatten den Titel eines καθηγεμών inne, was nach De Witt [cf. nota seguinte] soviel bedeutet wie 'beigeordneter Führer', aber es ist nach dem Zitat aus Seneca klar, daβ Epikur diese drei Männer der Führung nur insoweit fähig hielt, al ser ihnen den Weg bereits gezeigt hatte."

17. Cf. N.W. De Witt, "Organization and procedure in Epicurean groups", *Classical Philologye*, 31 (3), julho de 1936, pp. 205-11; republicado em *Epicurus and his Philosophy*, Minneapolis, University of Minnesota Press, 1954. M. Foucault se refere explicitamente a esse artigo em *L'Herméneutique du sujet*, aula de 27 de janeiro de 1982, pp. 131-2, acrescentando: "De fato, parece que essa hierarquia, proposta por gente como De Witt, não corresponde exata-

mente à realidade", remetendo, para maiores precisões, ao colóquio da Association Guillaume Budé sobre o epicurismo grego e romano (Paris, Les Belles Lettres, 1970).

18. J.P. Vernant, *Les Origines de la pensée grecque*, Paris, PUF, 1962, reed. "Quadrige", 1981, cap. 4, "L'univers spirituel de la 'polis'".

19. São João Crisóstomo, *In ps.*, 4, 8, PG 55, col. 51-52; citado por J.-C. Guy, "Examen de conscience. III. Chez les Pères de l'Église", *DS*, IV, 1961, col. 1805: "Esse exame tem de se tornar cotidiano: nunca durma sem ter recapitulado (*analogisé*) as faltas do dia." Ver a tradução das *Oeuvres complètes*, org. J.-B. Jeannin, com a colaboração dos padres da Immaculée Conception de Saint-Dizier, Bar-le-Duc, L. Guérin e Cie., 1865, t. V, "Explications sur le psaume IV", p. 534: "Fazei provar o aguilhão a vossos pensamentos secretos do dia, isto é, aos maus desígnios que concebestes, castigai-os, puni-os em vossas camas na hora de repouso; quando nenhum amigo vos incomodar, quando nenhum servidor excitar vossa cólera, quando estiverdes livres da canseira dos negócios, fazei o cômputo de vossas ações do dia. E por que não falar das palavras e das ações, mas unicamente dos maus pensamentos? Este preceito supõe o outro." Mesmo desenvolvimento, precisa J.-C. Guy, em *Non esse ad gratiam concionandum*, 4, 5, PG 50, col. 659-660, e em *In Matthaeum*, 42 (43), 4, PG 57, col. 455.

20. Título latino do Χρυσᾶ, compilação de extratos dos *Discours sacrés* (Ἱεροὶ Λόγοι) pitagóricos. A primeira edição crítica moderna foi estabelecida por A. Nauck, em seguida à sua edição da *Vida de Pitágoras* de Jâmblico (*De Vita Pythagorica*, São Petersburgo, 1884, reimpr. Amsterdam, A.M. Hakkert, 1965). A datação de Nauck, para quem o texto seria do início do século IV, é contestada por A. Delatte (*Études sur la littérature pythagoricienne*, Paris, E. Champion, 1915, p. 45), que situa sua publicação em meados do século III. Cf. H, Jaeger, "L'examen de conscience dans les religions non chrétiennes et avant le christianisme", *Numen*, vol. 6(3), dezembro de 1959 – que é a principal fonte de Foucault –, p. 191: "O exame de consciência, tal como foi praticado pelos pitagóricos, sempre foi apresentado pela tradição, tanto clássica quanto cristã, como o exemplo mais perfeito oferecido pela Antiguidade. Pode-se identificar sua primeira aparição no *Hierós Lógos*, que remonta ao século III antes da nossa era, depois na *'Vida de Pitágoras'* de Diógenes Laércio, na de Porfírio, na de Jâmblico e, especialmente, na síntese literária mais bem-sucedida da sabedoria pitagórica, o *Carmen aureum* de Hiérocles, pagão convertido em pleno século VI *[sic]*" (ver também a versão abreviada desse artigo em *DS*, IV, 1961, col. 1792). Cf. também *Le Souci de soi*, p. 77 (Foucault remete em nota a Diógenes Laércio, *Vida dos filósofos*, VIII, 1, 27, e Porfírio, *Vida de Pitágoras*, 40).

21. *Pythagore, Les Vers d'or. Hiéroclès, Commentaire sur les Vers d'ors des pythagoriciens*, trad. M. Meunier, Paris, L'Artisan du livre, 1925, reed. Paris, Éd. de la Maisnie, 1979, p. 30 (o autor precisa, p. 18 n.1, que traduziu o texto "de acordo com a interpretação que o piedoso Hiérocles dele nos dá em seu eloquente comentário"; ver este último, pp. 220-30); citado por H. Jaeger, "L'examen de conscience", *loc. cit.*, p. 192 (*DS*, col. 1792-1793). Foucault torna brevemente sobre esse texto em *L'Herméneutique du sujet*, aula de 24 de março de 1982, p. 460.

22. Cf. A. Delatte, *Études*, *op. cit.*, parte I, cap. 3, pp. 45-82; H. Jaeger, *loc. cit.*, p. 192. O manuscrito, fol. 22, precisa à margem: "influência estoica".

23. Cf. J.-P. Vernant, "Aspects mythiques de la mémoire", in *Mythe et Pensée chez les Grecs. Études de psychologie historique*, Paris, Maspero ("Petite collection Maspero"), 1971 [1965[1]], 2 vol., cf. t. 2, p. 95: "A obrigação, para os membros da confraria [pitagórica], de rememorar toda noite todos os acontecimentos do dia que acabara não tem apenas o valor moral de um exame de consciência. O esforço de memória, perseguido a exemplo do fundador da seita a ponto de abranger a história da alma ao longo de dez ou vinte vidas de homens, possibilitaria apreender o que somos, conhecer nossa *psykhé*, esse *daîmon* que veio se encarnar em nós."

24. Cícero, *De senectute/De la vieillesse*, XI, 38, trad. P. Wuilleumier, Paris, Les Belles Lettres, CUF, 1955, p. 152: "*Multum etiam Graecis litteris utor; Pythagoreorumque more, exercendae memoriae gratia, quid quoque die dixerim, audierim, egerim, comemoro vesperi. Hae sunt exercitationes ingenii, haec curricula mentis, in his desudans atque elaborans corporis vires non magnopere desidero*" ("Dedico também muito tempo à literatura grega; e, à maneira dos pitagóricos, para exercitar minha memória rememoro de noite o que disse, ouvi, fiz cada

dia. São esses os exercícios do meu espírito, são esses os trajetos do meu pensamento; suando e penando com eles, não sinto falta das minhas forças corporais"). Segundo Wuilleumier, "Cícero [reduz] a um exercício mnemotécnico um exame de consciência moral, que também tendia, segundo Hérocles, a proporcionar a sensação de imortalidade, recordando as vidas anteriores" (*ibid.*, nota 4). A referência a esse trecho é dada por H. Jaeger, "L'examen de conscience", *loc. cit.*, p. 193, acompanhando P.C. van der Horst, *Les Vers d'ors pythagoriciens*, Leyden, E.J. Brill, 1932.

25. Sobre esse tema da preparação para o sono no pitagorismo antigo, cf. H. Jaeger, *loc. cit.*, pp. 193-4, que cita longamente G. Méautis, *Recherches sur le pythagorisme*, Neuchâtel, Société académique, 1922, pp. 31 ss. Foucault volta brevemente a esse tema em *L'Herméneutique du sujet*, aula de 13 de janeiro de 1982, 1ª hora, p. 48. Ver nota 8, p. 61, para mais precisões.

26. H. Jaeger, *loc. cit.*, pp. 195-6: "O exame de consciência é tanto mais integrado ao exercício espiritual da *meletê thanatou* [o exercício da morte (cf. Platão, *Fédon*, 81ª; 67D)], por representar, nos *Versos de ouro*, a preparação para o sono, prefiguração da morte, segundo as ideias correntes no helenismo (cf., por exemplo, P. Boyancé, "Le sommeil et l'immortalité", em *Mélanges de l'École de Rome*, XLV, 1928, pp. 99 ss. [...]). Segue uma longa citação de F. Cumont, *Recherches sur le symbolisme funéraire des Romains*, Paris, P. Geuthner, 1942, pp. 365 ss."

27. Sêneca, *De ira/De la colère*, III, 36, in *Dialogues*, t. 1, trad. A Bourgery, Paris, CUF, 1951, pp. 102-103. Foucault utiliza, e cita com bastante fidelidade, no início, a tradução antiga da coleção Packoucke, revista por M. Charpentier e F. Lemaistre, *Oeuvres complètes de Sénèque*, t. 2, Paris, Garnier, 1860, reed. "Classiques Garnier", [s.d.], pp. 360-1. Ele consagra de novo um longo desenvolvimento a esse texto em *L'Herméneutique du sujet*, aula de 24 de março de 1982, pp. 461-464; ver nota 17 p. 469 para uma comparação dessa análise com a apresentada no curso de 1980. Cf. também *Le Souci de soi*, pp. 77-8.

28. Sêneca, *OC*, t. 2, p. 361: "*Quid ergo pulchrius hac consuetudine executiendi totum diem?*"

29. *Ibid.*: "[...] que sucede a esse exame".

30. Foucault omite aqui um primeiro adjetivo, "livre".

31. *Ibid.*: "[...] *et speculator sui censorque secretus cognoscit de moribus suis.*" Sobre o sentido propriamente romano da *censura* como exame dos costumes, cf. C. Nicolet, *Le Métier de citoyen dans la Rome républicaine*, Paris, Gallimard ("Bibliothèque des Histoires"), 1976, cap. II, pp. 103-12. Cf. também B. Kübler, "Censura", *Reallexikon für Antike und Christentum*, Stuttgart, A. Hiersemann, 1954, t. II, col. 96-969; A. Fontana, "Censura", *Enciclopedia*, Turim, Einaudi, t. II, 1977, pp. 877-878. A censura, como a lei, tinha a ver com os costumes, mas se ligava a eles de outro modo. Ela havia sido estabelecida, segundo Cícero, de tal sorte que causasse certo temor, e não uma pena (*"timoris enim causam, non vitae poenam in illa potestate esse voluerunt"*, Cícero, *Pro Cluentio*, 42-43). É por aí que se diferenciava da justiça legal: "O veredicto do censor não inflige ao condenado mais que o rubor da vergonha (*ruborem*). É por isso que, assim como essa maneira de julgar diz respeito apenas ao renome, a pena que ela aplica se chama *ignominia*, perda do renome" (Cícero, *La République*, IV, 7, fragmento 5, trad. E. Bréguet, Paris, Gallimard, "Tel", 1994, p. 119). *Censor sui* significa portanto, literalmente, "examinador de si mesmo".

32. Sêneca, *loc. cit.* (*supra*, nota 28): "[...] quando a alma recebeu sua porção de elogio ou de censura e quando, censor da sua própria conduta, ela informou secretamente contra si mesma."

33. Foucault traduz mais livremente esta última parte do texto. *Ibid.*: "Esta é a minha regra: todos os dias eu me intimo a comparecer diante do meu tribunal. Assim que a luz desaparece dos meus aposentos e que minha mulher, que sabe do meu uso, respeita meu silêncio com o dela, começo a inspeção de todo o meu dia e torno sobre meus discursos e sobre meus atos, para pesá-los. Não me disfarço nem me oculto nada; de fato, por que temeria eu encarar uma só das minhas faltas, se posso dizer: trata de não recair nela; quanto ao presente, eu te agracio? Puseste aspereza nessa discussão; doravante, foge das lutas de palavras com a ignorância; ela

não quer aprender, porque nunca aprendeu. Deste esse aviso mais livremente do que convinha e não corrigiste, mas chocaste. Numa outra vez toma menos cuidado com a justeza das tuas opiniões do que com a disposição para suportar a verdade em que se encontra aquele a quem te diriges."

34. "Segundo Freud, a censura é uma função permanente: ela constitui uma barreira seletiva entre os sistemas inconsciente, por um lado, e pré-consciente, consciente, do outro, e é portanto a origem do recalque. Distinguem-se mais claramente seus efeitos quando ela relaxa parcialmente, como no sonho: o estado de sono não deixa os conteúdos do inconsciente abrirem um caminho para si até à motilidade, mas, como estes podem vir a se opor ao desejo de dormir, a censura continua a funcionar de modo atenuado" (J. Laplanche e J.-B. Pontalis, *Vocabulaire de la psychanalyse*, Paris, PUF, 1967, p. 62), cf. S. Freud, *L'Interprétation des rêves*, trad. I. Meyerson, revista por D. Berger, Paris, PUF, 1971, pp. 130-2.

35. Epicteto, *Conversações*. Ver por exemplo III, 25: "Aos que são infiéis a suas resoluções" (*Entretiens*, trad. J. Souilhé, t. 3, 1963, pp. 112-3).

36. Sobre essa noção de ἄσκησις, de ascese, entre os antigos, que não implica em absoluto, como no cristianismo, uma renúncia a si, mas encontra sua finalidade na "constituição de uma relação plena, acabada e completa de si consigo", cf. *L'Herméneutique du sujet*, aula de 24 de fevereiro de 1982, 2ª hora, pp. 301-313. Cf. também H. Strathmann, "Askese", *Reallexikon für Antike und Christentum*, t. I, Stuttgart, A. Hiesermann, 1950, col. 756-757, sobre o sentido de ἄσκησις entre os filósofos estoicos; P. Hadot, "Exercices spirituels antiques et 'philosophie chrétienne'", in *Exercices spirituels et Philosophie antique, op. cit.*, [*supra*, p. 136, nota 36], p. 17 n. 17 (reed. 2002, p. 25 n.1): "Vários tratados estoicos do *De l'exercice* se perderam, cf. Diógenes Laércio, VII, 166-167. Existe um capítulo das *Conversações* de Epicteto consagrado à *askesis* (III, 12, 1-7 ['Do exercício, Περὶ ἀσκήσεως). Ele classifica os exercícios do ponto de vista dos *topoi* filosóficos que se relacionam às três faculdades da alma, a faculdade de desejo, a faculdade de ação, a faculdade de pensamento."

AULA DE 19 DE MARÇO DE 1980

*O exame de consciência na prática de direção (continuação). Seu aparecimento tardio, no século IV, no cristianismo; fenômeno ligado ao desenvolvimento da instituição monástica. – O problema das relações entre salvação e perfeição. A dupla resposta cristã: a penitência (economia da salvação na não-perfeição) e o monaquismo (busca da perfeição numa economia da salvação). – O monaquismo como vida filosófica. Desenvolvimento das técnicas próprias da filosofia antiga no cristianismo. – O exemplo de Cassiano. Primeiro princípio: não há vida monástica sem direção. Necessidade da direção tanto para a anacorese como para o cenóbio. As três fases da preparação para a entrada num cenóbio. Duas obrigações correlatas: obedecer em tudo e não esconder nada. Importância desse acoplamento na história da subjetividade cristã. Características dessa obediência segundo Cassiano (*subditio, patientia, humilitas*). Uma direção nos antípodas da direção antiga.*

Da última vez, procurei lhes dar algumas indicações breves e esquemáticas a propósito da prática da direção na Antiguidade e do exame de consciência, com, vocês se lembram, a posição de ponto de articulação que ele ocupa na prática da direção, entre o dirigido e o dirigente; sendo o exame de consciência, no fundo, destinado a dar ao dirigente ascendência sobre o dirigido e oferecer ao dirigente um conhecimento do indivíduo que somente o indivíduo pode exercer sobre si mesmo e a partir de si mesmo. Portanto, posição articulatória desse exame de consciência na prática da direção.

O que é curioso e o ponto [pelo] que eu gostaria de começar hoje é o seguinte. Enquanto os temas da filosofia antiga, sejam os temas platônicos ou os temas estoicos, quer se trate de uma estrutura do pensamento especulativo, teórico, teológico ou ainda dos temas da moral ou da moral cotidiana, portanto, enquanto os temas da filosofia antiga penetraram bem cedo o pensamento cristão, e deles vemos vestígios manifestos desde são Paulo[1], a prática da direção, a prática do exame de consciência, tudo o que poderíamos chamar de técnicas da vida filosófica só penetrou tardiamente no cristianismo. É preciso esperar o século IV para ver essas práticas da vida filosófica assumidas pelo cristianismo. Primeira constatação, pois: vocês praticamente não encontrarão referência ao exame de consciência na literatura cristã antes do século IV. Claro, certo número de temas, de reflexões, de análises dizem respeito ao conhecimento de si, ou ainda à necessidade de refletir o que fazemos e o que fizemos. Mas não se trata, em senso estrito, de exame de consciência[2].

Vou lhes dar dois exemplos. [O primeiro], tirado de Clemente de Alexandria, em *O pedagogo*, é a célebre passagem do primeiro capítulo do terceiro livro do *Pedagogo* – bem no começo, é a primeira frase. Clemente de Alexandria diz: "Parece que o maior de todos os conhecimentos é o conhecimento de si" – ou seja, o conhecer a si mesmo, τὸ γνῶναι αὑτόν –, "porque quem conhece a si mesmo terá o conhecimento de Deus e, tendo esse conhecimento, se tornará semelhante da Deus."[3] Vocês estão vendo que temos aí, sem dúvida, a afirmação da necessidade fundamental, essencial, do "conhecer a si mesmo". Mas não tem nada a ver com uma técnica que seria a da investigação de si mesmo, do exame retrospectivo e sistemático de seus atos, nada a ver com a classificação ou a valorização relativa destes em bons e ruins, um pouco melhores, um pouco piores. Nada desse tipo de judicatura ou de inspeção, que vemos por exemplo em Sêneca, no livro III do *De ira*, de que falei da última vez. Nada a ver com isso tudo. Nesse texto de Clemente de Alexandria, de que se trata? Trata-se portanto de conhecer a si mesmo, para quê? Para que possamos ter acesso ao conhecimento de Deus, isto é, para que possamos reconhecer o que pode haver de divino em si, reconhecer na alma a parte ou o elemento que é de forma, de princípio, de origem divina ou, em todo caso, que está em relação com Deus. E a prova de que é esse o sentido da necessidade de conhecer a si mesmo em Clemente de Alexandria está na continuação do texto, onde, depois de afirmar que é preciso se conhecer, Clemente de Alexandria desenvolve sua asseveração referindo-se à tripartição platônica – o λογι[στι]κόν, o θυμικόν e o ἐπιθυμ[ητ]ικόν[4] e dizendo que no λογι[στι]κόν, no λόγος e através dele, podemos efetivamente conhecer o Logos divino. Portanto, não é tanto a nós mesmos que conhecemos no γνῶναι ἑαυτόν. O que conhecemos é Deus ou é o divino em si[5] ou é o que nos permite conhecer o próprio divino.

Outro exemplo, bem diferente mas que também não nos leva ao exame de consciência. É um texto um pouco mais tardio. Clemente de Alexandria, portanto, passagem do século II-século III. Agora, em santo Ambrósio, segunda metade do século III, encontramos uma reflexão como esta – a propósito do comentário do célebre salmo 118, salmo que, justamente, sempre servirá mais tarde de referência à prática do exame de consciência: é o "*cogitavi vias meas*", refleti sobre as minhas vias, sobre os meus caminhos[6]. Vamos reencontrá-lo a partir do século IV, sempre citado a propósito do exame de consciência. Ora, o que Ambrósio faz com ele? Diz simplesmente a propósito desse texto do salmo 118: "Devemos pensar no que devemos fazer, *quid geramus*. Quando a reflexão, a cogitação precede esse momento, as ações podem alcançar sua maturidade."[7] Não se trata, nessa necessidade, de atentar para o que fazemos. Não se trata em absoluto de uma análise retrospectiva do que se fez efetivamente. Trata-se da consideração prospectiva do que vamos fazer, do que devemos fazer e de maneira que reflitamos sobre essas ações a fazer com bastante maturidade, de uma maneira bastante razoável para que elas sejam conformes à lei ou às prescrições divinas. Enquanto em Clemente tínhamos uma reflexão sobre a necessidade de conhecer a nós mesmos num estilo bem platônico, em Ambrósio temos, ao contrário, orientações, prescrições de tipo, digamos, mais estoico. Mas nem num caso nem no outro encontramos algo parecido com esse exame de consciência de que havíamos visto em Sêneca, não só o testemunho, como a organização, a maneira de fazer, a técnica.

Poder-se-ia dizer a mesma coisa a propósito da direção. O próprio fato da direção, ou antes, a institucionalização da direção, o estabelecimento de uma técnica para dirigir aparece tardiamente no cristianismo. Claro, encontramos bem cedo, desde o início, o tema do poder pastoral, isto é, o fato de que deve haver à frente do rebanho um guia que o conduza para a salvação. Esse pastor terá responsabilidade pelo próprio rebanho e a responsabilidade não só pelo rebanho, mas também por cada uma das ovelhas, e tem de salvar cada ovelha e socorrê-la assim que ela cair[8]. Assim, esse tema pastoral é importante, é evidente, mas não coincide com a ideia ou com a técnica de uma direção. Não coincide com a ideia de uma intervenção permanente que seria a de um indivíduo sobre outro, tendo por fim observá-lo, conhecê-lo, guiá-lo, conduzi-lo, conduzi-lo ponto a ponto ao longo da sua existência numa relação de obediência ininterrupta. O tema do poder pastoral não implica uma técnica de direção, muito embora, mais tarde, quando essa técnica de direção for desenvolvida no interior do cristianismo, é sob o signo do pastorado que será posta.

Tomemos, por exemplo, outro texto de Clemente de Alexandria. Desta vez está no *Quis dives salvetur* [Qual rico pode ser salvo?], capítulo 41[9], onde fala de algo como a necessidade de uma direção. Em todo caso, diz que quando um homem é rico e poderoso, isto é, quando tem contra si todas as dificuldades, todos os obstáculos que podem impedi-lo de fazer sua salvação, ele necessita, diz Clemente, de um governador, de um κυβερνήτης, alguém que o dirija, necessita de um ἀλείπτης, alguém que seja seu mestre de ginástica¹⁰. Esse governador, esse mestre de ginástica deve exercer sobre ele uma atividade que Clemente define como a de vigiar, επιστήσασται¹¹, termo que se tornará o termo técnico pelo qual se designará a direção¹². Mas quando examinamos um pouco o que Clemente – fins do século II, portanto – insere nessa necessidade de ter um governador, um diretor, quando se é rico e poderoso, portanto quando é difícil fazer sua salvação, vemos que não se trata de maneira nenhuma de algo como a antiga direção. Ele diz: o diretor que o rico e poderoso deve ter, se quiser fazer sua salvação, é alguém que ele tem de escutar. Ele tem de temê-lo, tem de respeitá-lo. Se houvesse uma só pessoa, diz Clemente, que ele temesse e respeitasse, seria ela esse diretor, esse governador. E este falará com franqueza, com rudeza. Ele terá de aceitar essa franqueza e essas rudezas¹³. Mas não é apenas isso e, para dizer a verdade, não é isso o essencial. O papel essencial desse κυβερνήτης, em Clemente de Alexandria, será praticar ele próprio um certo número de exercícios, de exercícios ascéticos, de exercícios sacrificiais, de exercícios de provação. Esse κυβερνήτης mesmo, esse governador, terá de velar (velar não no sentido de vigiar, mas de ficar em vigília, de se privar de sono). Deverá rezar, claro. Deverá jejuar também e ser assim um intercessor entre aquele que ele dirige, aquele que ele na verdade representa e o próprio Deus¹⁴. No fundo, esse governador [não] é [tanto] aquele que guia a conduta do dirigido segundo uma técnica precisa e refletida, [quanto] seu *alter ego*, seu representante, sua testemunha, seu avalista, sua caução diante de Deus e em relação a Deus. E é por isso que, em vez de vigiar a conduta de quem dirige, o diretor compartilha com ele as macerações que ele se impõe, porque são as macerações dele que, no procedimento de intercessão, devem obter o perdão de Deus. É portanto muito mais um compartilhamento da maceração do que uma direção da conduta. Temos um exemplo disso na história que Clemente de Alexandria conta logo depois desse trecho – história tradicionalmente atribuída ao apóstolo João¹⁵. O apóstolo João batizou um jovem em que depositava todas as suas esperanças e toda a sua confiança, e, depois de batizar esse jovem, foi obrigado a deixá-lo, para continuar sua tarefa e evangelização. Confiou então o rapaz ao bispo do lugar e, quando voltou algum tempo depois, o rapaz havia recaído, havia recaído mais baixo ainda, pois tinha se tornado assaltante de beira de estrada. Então, são João se dirige ao bispo, se indigna com ele e lhe diz: "Que bom guardião és tu, a quem eu havia dado a alma do meu irmão!"¹⁶ E, em sua cólera, parte em busca do seu protegido que havia recaído e para quem o bispo não havia sido um intercessor suficiente e eficaz. Por fim o encontra (na estrada, pois era um assaltante de beira de estrada) e lhe diz: "Eu te defenderei diante de Cristo. Se preciso, morrerei em teu lugar e de bom grado, a exemplo de nosso Senhor. Imolaria minha vida pela tua."[17] Nesse momento, o jovem é tomado pelo arrependimento. Cai de joelhos chorando. São João também cai de joelhos chorando. Beija as mãos dele, leva-o à igreja e, por certo tempo, compartilha seus jejuns e tem com ele longas conversas[18].

Vocês estão vendo portanto que nesse procedimento que podemos de fato dizer, em certo sentido, de guiamento, o que é importante não é de modo algum a técnica pela qual o diretor, refletindo sobre o que é o dirigido, do que necessita, utilizaria métodos de observação, de análise, de exortação (há uma referência às longas conversas, mas só isso). O essencial do procedimento [reside] no fato de que são João se ofereceu como vítima substituta, participando dos exercícios purificatórios, ou antes, iniciando-os ele próprio, consternando-se primeiro, chorando, oferecendo-se como vítima. E é no interior desse processo de substituição sacrificatória que vai ser salvo o jovem cuja alma são João queria fosse ofertada a Deus[19]. O essencial portanto não está em torno de uma técnica de direção. Está em torno de um substituto sacrificial, isto é, em torno do modelo crístico. É na medida em que são João é Cristo em relação a esse jovem e é na medida em que ele faz o mesmo tipo de sacrifício que Cristo em relação à humanidade que a salvação do outro pode ser efetuada por aquele que o guia, o dirige, que, mais uma vez, é como seu avalista, sua caução.

Estamos portanto longe, em todos os casos que acabo de citar, quer se trate do exame de consciência ou da direção, do modelo antigo de que falávamos da última vez a propósito de Sêneca e dos filósofos estoicos, bem longe também do que será a direção, a direção espiritual, a direção de consciência nos séculos por vir, ainda que certo número desses temas não desapareçam, ainda que, por exemplo, a ideia da responsabilidade, do compartilhamento das macerações, da substituição sacrificial continue a assombrar, pelo menos em princípio, a prática da direção até o século XVII inclusive. De fato, as ênfases vão se modificar consideravelmente, e se modificam assaz bruscamente no decorrer do século IV. Vocês veem surgir então a técnica do exame de consciência, bastante próxima do que encontramos em Sêneca, bastante próxima também do que vamos encontrar em seguida na tradição cristã até os séculos XVII-XVIII, eventualmente até agora. É assim que, na *Vida de santo Antônio* escrita por são Atanásio, vocês [têm] o seguinte – um preceito atribuído a santo Antônio, mas que os comentadores pensam ser na realidade um pouco mais tardio do que santo Antônio, enfim, pouco importa, pois o texto é do século IV. Ele diz o seguinte, atribuindo a santo Antônio esse princípio: "Que cada um registre cotidianamente o que faz noite e dia. Que cada um anote por escrito as ações e os movimentos da sua alma, como se tivesse de dá-los a conhecer aos outros. Que a carta escrita tenha o papel de nossos companheiros."[20] Texto importante, porque estamos longe do simples chamamento do *gnôthi seautón* de Clemente de Alexandria, próximos portanto de uma técnica, de um exercício semelhante ao de Sêneca, contendo inclusive, como vocês veem, o que encontramos em certos filósofos antigos – Sêneca não falava nisso, mas também [há] em certos estoicos a ideia de que não apenas é preciso fazer seu exame de consciência, mas escrevê-lo, manter uma espécie de contabilidade[21]. Poderíamos citar igualmente são João Crisóstomo, que dizia: "Ao servidor perguntamos o que foi gasto bem ou mal, que soma nos resta. [...] Devemos proceder do mesmo modo na conduta de nossa vida. Chamemos nossa consciência, façamos que ela preste contas das ações, das palavras, dos pensamentos. Examinemos o que nos é favorável e o que nos é desfavorável, o que dissemos de errado, que pensamento nos levou a lançar olhares demasiado livres, que desígnio executamos em nosso detrimento. Cessemos de despender inapropriadamente. Procuremos pôr fundos úteis no lugar das despesas nocivas."[22] Vocês têm aí uma definição, uma descrição do exame de consciência num estilo que é extraordinariamente próximo do de Sêneca; lembrem-se, Sêneca comparava o exame de consciência a uma espécie de inspeção que se faz da gestão da vida e do dia. Como gerimos nosso dia? Então, tomamos a medida de todas as ações passadas, tomamos a medida do que foi feito e dito durante o dia e vemos se, efetivamente, o que fizemos é conforme à finalidade que nos tínhamos proposto. É o mesmo trabalho de inspeção que são João Crisóstomo propõe, portanto, bem próximo de Sêneca.

Do mesmo modo, poderíamos dizer que a direção, em sua forma institucional estrita e precisa, reaparece, é inserida, é transferida e importada para o cristianismo a partir desse século IV e somente desse século IV.

Resumamos tudo isso. Há uma espécie de fenômeno paradoxal, pois, por um lado portanto, como eu lhes dizia ao começar, os temas da filosofia platônica, estoica penetraram bem cedo no cristianismo. Já as técnicas da vida filosófica praticamente não aparecem antes do século IV. E por uma razão bem simples, como vocês adivinharam: é que, na verdade, elas só se reinseriram, só foram reativadas e retomadas no cristianismo no interior e por causa do aparecimento da instituição monástica. Foi no monaquismo precisamente, e não no cristianismo em geral, que essas técnicas da vida filosófica foram postas novamente em atividade ou foram – porque não haviam cessado de estar em atividade na filosofia pagã nessa época – transferidas para o interior do cristianismo.

Por que no monaquismo? Duas palavras apenas, porque evidentemente não quero entrar nessa história imensa e complexa. Digamos simplesmente o seguinte, com tudo o que isso pode ter de aleatório, na medida em que atinge um nível de generalidade em que os fatos talvez não tenham mais lugar preciso; enfim, poderíamos esquematizar dizendo que, no fundo, um dos problemas fundamentais do cristianismo, da teologia cristã, da pastoral cristã foi [o] das relações entre a salvação e a perfeição. Será que a salvação implica a perfeição? Será que o ato que nos salva nos torna perfeitos, ou temos de ser perfeitos para ser salvos? Mais uma vez, esse foi um dos pontos de debate mais fundamentais do cristianismo, não apenas com respeito aos outros movimentos religiosos que se desenvolviam nessa época (foi esse o grande ponto de atrito ou de enfrentamento com os movimentos gnósticos), [como também] foi uma perpétua questão interna ao cristianismo. Como conseguir edificar uma religião de salvação que não implique a perfeição dos que são salvos? O cristianismo é uma religião da salvação na não-perfeição. Tarefa extraordinariamente difícil de realizar numa época em que, justamente, a maioria dos movimentos religiosos do mundo antigo, do mundo helenístico e romano, associava de forma profunda e fundamental a promessa da salvação e o acesso à perfeição. A meu ver, o grande esforço e a grande singularidade histórica do cristianismo, que explica sem dúvida um grande número de características de seu desenvolvimento e da sua permanência está em ter conseguido dissociar salvação e perfeição. Distanciamento difícil de manter contra a gnose, contra os movimentos religiosos da época, contra toda uma série de tentações internas [ao] cristianismo. Mas, em todo caso, foi nesse distanciamento entre salvação e perfeição, foi [de acordo com] esse princípio de que alguém pode se salvar sem ser perfeito que se desenvolveram duas instituições que são ao mesmo tempo vizinhas e, em certo sentido, paralelas, mas que vão em duas direções inversas e opostas. Primeiro, a instituição de que já falamos – a penitência –, pois a penitência é precisamente aquilo por que é possível manter os efeitos da salvação, os efeitos do ato salvador, os efeitos do sacrifício salvador de Cristo, os efeitos do batismo como signo de salvação, através de uma vida que é, no entanto, uma vida ameaçada pelo pecado, através de uma vida que é no entanto uma vida que cai no pecado. A penitência é o que permite manter os efeitos da salvação na não-perfeição da existência.

O monaquismo, por sua vez, também vai se desenvolver nesse mesmo distanciamento entre perfeição e salvação, mas com uma função inversa: não mais manter os efeitos da salvação através do pecado, mas saber se é possível e como é possível desenvolver uma vida de perfeição, ou antes, uma vida de aperfeiçoamento, numa economia da salvação em que o sacrifício de Cristo já foi consumado, de uma vez por todas e para todos os homens que o reconhecem. O que significa ainda querer a perfeição numa economia da salvação? Questão inversa e simétrica, como vocês estão vendo, à questão: como ainda é possível manter a salvação se se continua a pecar?

Penitência e monaquismo: duas instituições, portanto, paralelas, vizinhas, que vão interferir muito. O monaquismo será, até certo ponto, uma vida de penitência. A própria prática da penitência, ao longo da sua história, tomará emprestados muitos elementos do monaquismo. Mas a meu ver ambos vêm se alojar nesse distanciamento instaurado na história do cristianismo, pela história do cristianismo, entre perfeição e salvação.

O monaquismo é portanto a vida de perfeição, ou antes, é a vida de aperfeiçoamento, é o caminhar em direção a uma vida perfeita – uma vida perfeita que se caracteriza como? Um texto de são Nilo o diz: "Trata-se de, nessa vida perfeita, estabelecer a ἠθῶν κατόρθωσις, a retificação, o aperfeiçoamento dos costumes, a maneira de ser, com a τοῦ ὄντος γνῶσ[ι]ς ἀληθ[ής]], o conhecimento verdadeiro do que é."[23] Quando os costumes tiverem sido purificados, quando a maneira de viver tiver sido retificada e for conforme à lei e quando, ao mesmo tempo e por isso mesmo, se alcançar o conhecimento verdadeiro do que é, é isso que constituirá, nesse momento, a perfeição, e é esse o objetivo da vida monástica: ἠθῶν κατόρθωσις, τοῦ ὄντος γνῶσυς, retificação dos costumes, conhecimento do ser. É o objetivo da vida monástica, é essa a finalidade da vida perfeita e é, como vocês também podem reconhecer, a definição da vida filosófica tal como os filósofos antigos entendiam. E é por isso que, com toda naturalidade e até sem ver nisso maior problema, o monaquismo se definiu imediatamente como a vida filosófica. Ser monge e ser filósofo era a mesma coisa. Temos então um cruzamento, um quiasma muito interessante: se é verdade que, por um lado, os temas da filosofia penetraram o cristianismo desde bem cedo, [que] o debate com a filosofia antiga, o duplo movimento de elaboração, de rejeição, de diferenciação relativamente à filosofia antiga não parou de se desenvolver, de modo que no século IV haverá toda uma discussão antifilosófica, uma discussão dirigida contra os temas da filosofia platônica [e] estoica, ao mesmo tempo, ou antes, a partir do século IV vamos ter uma recuperação de certo modo imediata, não dos temas filosóficos contra os quais se combaterá, portanto, mas da vida filosófica, do princípio de que devemos levar uma vida filosófica[24]. Vamos ter, no monaquismo, o nítido objetivo de uma vida realmente filosófica, com as próprias técnicas da vida filosófica. A vida monástica é definida por são João Crisóstomo e será definida depois por são Nilo, como por exemplo "a filosofia *kata Kriston*"[25], a filosofia conforme Cristo, ou "a filosofia *dia érgon*"[26], a filosofia através das obras; e os mosteiros serão chamados de escolas filosóficas e serão, em grande parte aliás, organizados como escolas filosóficas. Não é de espantar portanto que essas técnicas da vida filosófica, da prática filosófica, não são encontradas antes do século IV, mas nós as encontramos desenvolvidas muito rápido e intensamente desde esse século IV, no interior da instituição monástica como instituição propriamente filosófica, como instituição da vida filosófica[27].

É um pouco nisso – a existência, o desenvolvimento e as transformações dessas técnicas próprias da vida filosófica antiga no cristianismo – que eu queria me deter agora. Tomarei como referência e como diretriz (já que a literatura sobre esse tema é evidentemente muito vasta) os textos de Cassiano. Cassiano, como vocês sabem, é aquele personagem, de origem provavelmente cita[28] que havia passado um tempo considerável no Oriente Médio em comunidades monásticas, seja nos cenóbios, seja nas anacoreses que existiam na Palestina e no Baixo Egito. E é depois desse longo périplo pela vida monástica do Oriente Médio que Cassiano volta à Europa e se instala no sul da França, onde propõe a implantação das instituições monásticas na cristandade ocidental[29]. Faz um projeto de fundação de um mosteiro, que dirige a seu bispo – que aliás ia se tornar papa[30] – e escreve a esse respeito duas grandes obras: uma que se chama *Instituições cenobíticas*[31] e que é a apresentação de como é a vida nos mosteiros, nos cenóbios do Oriente Médio, e outro florilégio, mais volumoso, que [se intitula] *Conferências*[32] e que é a coletânea de conversas que teve com certo número de monges importantes e célebres, na época em que estava no Oriente Médio. É [a] esses textos [que] me referirei por várias razões. Mais uma vez, [Cassiano] está longe de ser o único, mas apresenta, por um lado, o interesse de que foi pelas *Instituições cenobíticas* e pelas *Conferências* que se conheceu o monaquismo oriental no Ocidente e é, por conseguinte, desses textos que derivam as grandes instituições monásticas do Ocidente, essencialmente, claro, o monaquismo beneditino, o monaquismo [oriundo]* de são Bento[33]. Portanto, em certo sentido, o essencial do monaquismo ocidental vem desses textos. E, por outro lado, são interessantes porque, entre outros textos, apresentam a diferença de ser, no fundo, um florilégio de práticas. Havia, e circulou no Oriente e também no Ocidente, toda uma série de florilégios sobre a vida dos ascetas ou dos monges, mas que eram essencialmente florilégios de palavras, como os *Apophtegmata patrum*[34], ou de exemplos, de milagres, de atos de ascese particularmente intensos praticados por este ou aquele monge, [como] a *História lausíaca* de Paládio[35]. Vocês tinham também os florilégios de regras propriamente ditas, por exemplo, as *Regras* de são Pacômio[36] haviam sido traduzidas em latim por são Jerônimo[37] e conhecidas como

* M. F.: que vai derivar de

tais. Mas entre os exemplos do que poderíamos chamar de heroísmo monástico, por um lado, e depois o simples esquema das regras ou das regulamentações, os textos de Cassiano são interessantes porque ele se refere a esses exemplos, claro, expõe regras também, mas mostra como a coisa funciona, como se vive nos mosteiros e para que serve esse sistema de regras e como pode agir para que se chegue a esses ápices do heroísmo monástico. O que ele quer [explicar]*, diz ele no prefácio das *Instituições cenobíticas*, é "a vida simples dos santos"[38], tal como ele a pôde conhecer por sua experiência pessoal e por sua prática. Ele quer expor "as instituições e as regras dos mosteiros e, sobretudo, a causa dos vícios principais[39], assim como o modo de se curar deles"[40]. E, diz ele, exporá menos "as maravilhas de Deus", isto é, as façanhas dos ascetas e dos monges, do que "a correção de nossos costumes e a maneira de levar a vida perfeita"[41]. É portanto, muito exatamente, um regime de vida ou o regime de vida das comunidades monásticas ou da anacorese, é isso que ele vai expor em suas obras e, desse ponto de vista, creio ser esse o melhor documento para compreender como se elaboraram e se transformaram, no interior da instituição monástica, as práticas da vida filosófica que os antigos já haviam definido.

Primeiro princípio, claro, é este: não pode haver vida monástica sem direção. Uma palavra de explicação, peço desculpas a todos os que sabem disso, mas convém lembrar que, na época em que Cassiano escreve, "vida monástica" deve ser entendida em dois sentidos: trata-se tanto da anacorese, isto é, da vida monástica dos solitários ou semissolitários que vivem no deserto e, de certo modo, levam sua ascese individualmente, como das comunidades monásticas ou cenóbios, em que os monges vivem em comum, sob uma direção e com uma regra. Mas – e é isto o importante –, em consequência [de uma série] de episódios que os historiadores da religião conhecem bem, a anacorese (isto é, o ascetismo individual, isolado ou relativamente isolado, totalmente isolado no caso do Alto Egito, relativamente isolado no caso do Baixo Egito) era submetida, na época, a um certo número de críticas ou suscitava um certo número de reações um tanto desconfiadas [em razão] dos excessos, das errâncias ou mesmo das aberrações desse ascetismo ao mesmo tempo intenso, espetacular, orientado para a taumaturgia[42]. E contra essas divagações do ascetismo espontâneo, a empreitada dos grandes teólogos e dos grandes pastores do Oriente Médio no século IV havia sido definir um sistema de regras que pudesse permitir estabelecer um regime da vida monástica, seja na forma da anacorese, seja na forma do cenóbio[43]. Todos os autores dessa época

* M. F.: mostrar

concordam: ninguém pode se tornar monge, ninguém pode ser um bom monge, ninguém pode escapar dos perigos da queda e da recaída, se não for dirigido e se não tiver uma relação fundamental com um diretor. Não há vida monástica sem direção, e a *História lausíaca* lembra esse texto dos *Provérbios* que será citado infindamente: "Os que não são dirigidos caem como folhas mortas."[44]

Em Cassiano, o que vemos? Primeiro, no que diz respeito aos anacoretas, isto é, aos que vivem no deserto. Para esses, diz ele, não é admissível que partam para o deserto sem ter recebido uma formação prévia, a ser feita sob a direção de um mestre. Essa formação prévia, certa tradição queria que fosse assegurada em geral por um mestre, e só um, isto é, que você fosse se exercitar para a anacorese com um anacoreta já instalado e já célebre por sua virtude, e era sob a direção dele que você se colocava, sob a direção dela que você aprendia a se tornar um anacoreta. A [propósito] disso, Cassiano e outros autores – são Jerônimo por exemplo fala no mesmo sentido*[45] –, Cassiano diz que isso, claro, está totalmente correto, mas que não basta se dirigir a um só mestre, porque se dirigir a um só mestre tem inconvenientes e não possibilita um controle suficiente. Não se deve dirigir-se a um só mestre, por maior que seja esse mestre. "O monge" – isto está nas *Instituições cenobíticas*, livro 5, capítulo 4 – "desejando fazer uma provisão de mel espiritual deve, como uma abelha prudente, libar cada virtude ao pé daquele que a tornou mais familiar a ele"[46]. Portanto, necessidade de tomar exemplos em toda parte e passar por vários diretores sucessivos, ilustre cada qual por uma virtude particular[47]. Cassiano deseja também, sempre no mesmo espírito, que, quando alguém quer partir para a anacorese e se retirar no deserto, [começa]** fazendo um certo estágio no cenóbio, isto é, numa comunidade[48].

Então, no que diz respeito a esse cenóbio e a essas comunidades, o que acontece e como é que Cassiano representa a formação e a direção dos que acodem a eles? Quando se quer entrar num cenóbio, diz Cassiano, é preciso passar por três momentos sucessivos. Primeiro, ficar durante dez dias à porta do mosteiro (está no livro 4, que é o livro mais explícito sobre as regras da formação do monge nas *Instituições cenobíticas*)[49], "sistematicamente repelido e desprezado por todos, como se desejasse entrar no mosteiro, não por uma intenção piedosa, mas por necessidade. Ele é coberto de injúrias e de reproches sem-fim"[50]. Portanto, dez dias à

---

* Manuscrito, fol. 15:
"Assim como são Jerônimo, 12[5], 15: pôr-se sob a direção de um só Padre, mas aprender as lições dos Antigos: de um, a humildade; do outro, a paciência, do outro o silêncio, do outro, a mansuetude."
** M. F.: é bom, no fundo, começar

porta do mosteiro, [enquanto] os outros monges te rejeitam, te repelem, te desprezam. Lembrem-se da posição do penitente na porta da igreja quando faz exomologese e onde clama seus pecados e se atira aos pés dos fiéis e lhes pede que o deixem entrar na igreja. Depois desses dez dias de estágio na humilhação, na poeira e na abjeção, se ele provou que era de fato capaz de resistir, aceita-se o postulante. E nesse momento, despojado das suas roupas, ele renuncia às suas riquezas e veste a túnica do convento[51]. Depois disso – é a segunda grande fase da preparação –, ele vai ficar um ano, não exatamente no mosteiro, mas na entrada do mosteiro, na casa ou no cômodo reservados à acolhida dos forâneos e hóspedes de passagem, e é posto lá, sob a direção de um ancião encarregado do serviço dessa casa, isto é, do serviço dos estrangeiros e dos hóspedes de passagem[52]. E depois, ao fim de apenas um ano desse estágio, é admitido no mosteiro, mas é de novo confiado a um monge ancião, que se encarrega de dez pessoas, e esses dez jovens ele tem de *"instituere et gubernare"*[53], instituí--los, dirigi-los e governá-los, assegurar sua educação, sua formação e seu governo.

Vocês podem ver [a] diferença de forma, mas também [a] convergência de objetivos entre essas três fases da preparação: os dez dias antes da entrada no mosteiro, o ano à porta do mosteiro e, enfim, o período de tempo indeterminado durante o qual [o noviço]* vai fazer parte de um grupo de dez, governados por um responsável. À porta do mosteiro ele pede para entrar e lhe dão respostas grosseiras, humilhações, recusa, rejeição, tudo isso práticas próximas das da penitência, tendo por função (como na penitência, aliás) constituir provações: ele será efetivamente capaz de suportá-las? Ele deve mostrar sua capacidade para suportá-las, deve mostrar sua vontade de entrar apesar de tudo no mosteiro. Trata-se, diz Cassiano, de um *experimentum*[54], trata-se de uma provação. Mas o que se experimenta e se prova? Prova-se [a] paciência [do postulante]** em receber injúrias, prova-se sua capacidade de aceitar tudo o que se pode impor a ele, prova-se sua submissão. As palavras empregadas por Cassiano são *patientia, oboedientia, humilitas*[55]. Vem em seguida o momento em que ele começa a entrar no mosteiro, e Cassiano explica que, se o despojam assim, é primeiro para bem provar o fato de que ele aceita se separar do mundo, mas é também para torná-lo inteiramente dependente do mosteiro. E Cassiano precisa que ele nunca poderá reaver as riquezas que abandona e que nunca mais vão devolvê-las a ele[56], do mesmo modo que as roupas de que se despojou, porque ele não deve mais ser independen-

* M. F.: ele
** M. F.: sua paciência

te⁵⁷. E, diz Cassiano, "se ele fugir, será obrigado a fugir de noite, como um ladrão"⁵⁸, porque não tem mais liberdade de partir e recuperar sua identidade, seus bens, suas roupas. Na casa de hóspedes, depois, onde deve permanecer um ano sob a direção de um governador, de um diretor, o que ele deve mostrar? Deve mostrar, diz Cassiano, seu *famulatus*⁵⁹, isto é, sua capacidade de ser servidor, de ser escravo, de ser *famulus*. E, enfim, no período em que está sob a direção de um mestre, esse período infindo de formação (infindo não quer dizer que não tem fim, [mas] que não é delimitado tal como o ano durante o qual deve ficar na casa de hóspedes), durante esse período de formação de duração variável, o que ele vai fazer e a que tipo de formação vai ser submetido? A "solicitude do mestre", diz Cassiano, sua preocupação, aquilo para o que ele deve tender, sua *eruditio* – ele fala da *eruditio* do mestre: *eruditio* deve ser tomado aqui no sentido de maneira de ensinar, arte de ensinar – deve centrar-se essencialmente em dois pontos. Primeiro, "ensinar ao noviço a vencer suas vontades"⁶⁰. E ensinam-no a vencer suas vontades lhe dando ordens, lhe dando muitas ordens, e ordens que sejam, em toda a medida do possível, contrárias às inclinações do noviço. Ir portanto contra a corrente dessas inclinações para que ele obedeça e para que assim suas vontades sejam vencidas⁶¹. Ensinam-lhe portanto a obediência. [E, diz]* ainda Cassiano nesse célebre livro 4 das *Instituições cenobíticas*: para obter esse resultado (o resultado da obediência), "ensina-se aos iniciantes não esconder por falsa vergonha nenhum dos pensamentos que lhes roem o coração, mas desde que esses pensamentos nascem" eles são obrigados a "manifestá-los ao ancião"⁶².

Creio que estamos aqui no cerne do que constitui o próprio da direção cristã e que era, para dizer a verdade, o objeto do curso que dou este ano. Ou seja: estamos no ponto em que encontramos geminadas, acopladas, articuladas uma na outra, duas obrigações fundamentais que, de certo modo, lembram um certo número de elementos de que podíamos falar a propósito da penitência e do batismo, mas com uma ênfase e uma organização, um dispositivo diferentes. Trata-se, de fato, de ligar uma à outra as duas obrigações seguintes: obedecer em tudo e não ocultar nada. Ou ainda, ligar o princípio de não querer nada para si mesmo com o princípio de dizer tudo de si mesmo. Dizer tudo de si mesmo, não ocultar nada, não querer nada para si mesmo, obedecer em tudo; a junção desses dois princípios está, a meu ver, no próprio cerne, não apenas da instituição monástica cristã, mas de toda uma série de práticas, de dispositivos que vão enformar o que constitui a subjetividade cristã e, por conseguinte, a sub-

---

* Passagem reconstituída a partir do manuscrito, fol. 18. Lacuna na gravação, devida à mudança de lado da cassete.

jetividade ocidental. Obedecer e dizer, obedecer exaustivamente e exaustivamente dizer o que somos, estar sob a vontade do outro e fazer percorrer pelo discurso todos os segredos da sua alma, fazer que os segredos da sua alma venham à luz e que, nessa ascensão à luz dos segredos da alma, a obediência ao outro seja total, exaustiva e perfeita; temos aí um dispositivo que é absolutamente fundamental, uma relação bastante específica entre o sujeito, o outro, a vontade, a enunciação. É dessa técnica para estabelecer e fazer agir entre si o outro, a vontade, a enunciação, a obediência ao outro e o dizer tudo sobre si mesmo que eu gostaria de lhes falar um pouco agora, nesta aula e na aula seguinte.

Primeiro, obedecer em tudo. A direção cristã, a direção monástica implica portanto que se obedeça. Vocês dirão: a ideia de que a direção passa por uma relação de obediência do discípulo ao mestre é evidentemente uma ideia antiga e não se imagina o que poderia ser uma direção na qual quem é dirigido não obedecesse a quem dirige – claro. Parece-me que a direção, tal como podemos encontrá-la na vida filosófica antiga, ou na pedagogia antiga, é profundamente diferente da direção que vamos ver se desenvolver nas instituições monásticas e no cristianismo[63].

De fato, a direção, na vida filosófica antiga e na pedagogia antiga, tem três características. Primeiro, ela é limitada e instrumental. Quero dizer que essa obediência tem um fim definido, um fim que é exterior a ela. Obedeceremos a um mestre, a um diretor, na medida em que ele possa ser capaz de nos livrar de uma paixão, vencer uma tristeza, dominar o despeito de um exílio ou de uma ruína, ou sair de um estado de incerteza – lembrem-se [de] Sereno pedindo a Sêneca: estou atualmente num mau passo, não avanço muito, me ajude a superar esse passo[64]. Trata-se portanto de um objetivo preciso e determinado, exterior à relação de obediência, e a relação de obediência deve ser simplesmente instrumental [tendo em vista] isso. Segundo, a direção antiga supõe, de parte do mestre, certa forma de competência. Essa competência não é necessariamente um saber ou um saber técnico. Desde Sócrates e as discussões com os sofistas, já se disse isso o bastante. Mas pode ser uma experiência, ou uma sabedoria particular, ou uma espécie de sinal divino: o θεῖος ἀνήρ é aquele que é capaz de nos guiar, porque ele é θεῖος ἀνήρ[65]. É necessária portanto uma espécie de diferença de natureza entre quem dirige e quem é dirigido. Enfim, terceiro, sempre na direção antiga, não cristã, não monástica, a direção é provisória, quer dizer que o essencial da sua finalidade é levar a um estado em que não necessitaremos mais de diretor e em que poderemos nos conduzir nós mesmos e sermos nós mesmos nosso soberano diretor. É aliás o que Sêneca era capaz de fazer quando, de noite ele, que era filósofo, fazia o exame do seu dia, sendo seu próprio censor, seu escrutador, seu inspetor. Ele era, nesse sentido, mestre de si e dizia isso claramente, pois dizia que usava consigo mesmo a sua *potestas*, a sua potência[66]. Eis as três características da direção não cristã, pagã.

Ora, na direção cristã, trata-se a meu ver de uma forma bem diferente de relações. Retomemos essas três características. Eu tinha dito que ela era provisória, que implicava a competência do mestre e que era limitada e instrumental. Retomemos então o provisório. A direção cristã, no fundo, não é provisória. Claro, vocês dirão que há uma diferença entre os noviços e os que não são noviços. Claro, há os anciãos, e esses anciãos podem dirigir, enquanto os noviços não podem dirigir. Mas é preciso notar, primeiro, que a noção de ancião não é em absoluto uma noção cronológica. O termo ancião, o termo velho, designa de fato aquele que é avançado o bastante para dirigir ou aquele que, na verdade, é considerado já santo o bastante para que se possa lhe pedir ajuda e proteção[67]. Cumpre notar também que aquele que dirige – e isso é fundamental no cristianismo –, mesmo se for um ancião, no sentido que é considerado como já tendo percorrido um longo caminho em direção à perfeição, mesmo nesse caso ele nunca está isento de recaída. Até o fim ele é instável. Até o fim está exposto à tentação e, eventualmente, à queda. O demônio está sempre presente nele (voltaremos a isso ao tratar do problema do exame de consciência). Ninguém está salvo, entendido no sentido de que estaria totalmente libertado de qualquer possibilidade de recaída. "Os que não têm direção caem como folhas", mas qualquer um pode cair como uma folha, mesmo os que dirigem. Cassiano, justamente a propósito dos diretores, diz: "esses homens admiráveis reconhecem que é o ápice da sabedoria bem conduzir os outros e se deixar bem conduzir. Dizem altamente que nesse único ponto consiste o grande dom de Deus e o efeito da graça do Espírito Santo."[68] Ou seja, conduzir e ser conduzido, conduzir e se deixar conduzir devem ser dois aspectos, de certo modo, correlativos. Não há exatamente a fase durante a qual um é conduzido e a fase durante a qual um conduz, porque não tem mais necessidade de ser conduzido. No fundo, todos têm a necessidade de ser conduzidos, inclusive e principalmente, no fim das contas, quando conduzem. Donde toda uma série de anedotas (de que vou passar por cima) relativas a personagens, muito avançados porém em santidade, reconhecidos como diretores, sobre os quais Cassiano conta como, efetivamente, eles caíram por um certo número de faltas, que são em geral faltas de orgulho, de presunção, etc.*

Portanto, como vocês estão vendo, a obediência não é uma passagem na vida. Não há um pedaço de vida em que se obedece e outro pedaço de

---

* Anedotas não mencionadas no manuscrito.

vida em que não se teria de obedecer. A obediência não é uma passagem, é um estado[69]. É um estado no qual você deve se encontrar até o fim da vida e ante qualquer um. E é por isso que um dos personagens mais altamente apreciados por Cassiano e cujo exemplo citará tanto nas *Instituições cenobíticas* como nas *Conferências*, é o abade Pinúfio[70] que era de tal santidade que, até o fim da vida, não podia aceitar ser um diretor e não estar em posição de obediência, de sorte que mal era reconhecido por sua santidade num convento, e logo fugia e ia se apresentar como noviço em outro convento para ter certeza de que sempre estaria em posição de obediência. E sua virtude de obediência era tamanha, que ninguém podia não a reconhecer, e ele se desmascarava por sua própria obediência. Iam então buscá-lo para colocá-lo de volta entre os mais santos personagens capazes de dirigir, e ele chorava por não poder terminar sua vida na submissão, na *subjectio* que havia adquirido. E considerava que era um grande pecador, pois Deus não lhe concedia a possibilidade de terminar a vida na submissão infinda[71]. Portanto, princípio da universalidade, da permanência infinda da direção: somos feitos para ser dirigidos até o último dia.

Segundo, a direção cristã não se baseia na competência do mestre, e Cassiano, como os autores da sua época, insiste sobre o fato de que o diretor muitas vezes é um monge inculto, sem erudição, um *rusticus*, um campônio sem conhecimentos[72]. Mas isso, afinal de contas, é uma característica que não é própria do cristianismo; desde Sócrates, sabe-se muito bem que para dirigir e para guiar alguém não se necessita de conhecimentos, no sentido teórico, especulativo, no sentido de aptidões propriamente ditas. O que é mais interessante é que a direção, no monaquismo, não implica verdadeiramente nem mesmo uma qualificação precisa do mestre, no sentido que, por exemplo, ele pode perfeitamente ser ou, em todo caso, parecer rabugento, mau, injusto, dar as ordens mais detestáveis. O simples fato de que se obedeça a ele valerá, para quem obedece, um mérito e terá um efeito positivo. Em outras palavras, não é a qualidade da ordem, não é também a qualidade de quem a dá que, pelo menos como tal, vai conferir valor à relação de obediência. Não é uma transferência, de certo modo homogênea, da qualidade do mestre ao discípulo através da qualidade da ordem dada. É simplesmente o fato de que se obedecerá a ele qualquer que seja a ordem. E então é a série de todos os exemplos de ordens absurdas e das obediências revoltantes e não revoltadas que Cassiano cita da *História lausíaca*. Por exemplo, com o de Pinúfio, é o exemplo mais reverenciado de obediência: o célebre abade João, que diziam ter recebido daquele que era seu diretor a ordem de ir todos os dias, duas vezes por dia, regar em pleno deserto uma vara seca que seu mestre havia plantado até que, dissera seu mestre, a vara começasse a florescer. Durante um ano, o abade João foi regar a vara e, ao cabo de um ano, o mestre lhe disse: "Ora, a vara não floresceu? Não deves tê-la regado bastante." E o abade João voltou a regar até que – Cassiano não diz, mas está na *História lausíaca* – a vara, claro, [floresce][73]. É também a história de Patermuto, que entra no mosteiro com seu filho de oito anos. Os monges do mosteiro de que ele é hóspede maltratam seu filho na sua frente, batem nele, cobrem-no de lixo, de injúrias, privam-no de comer[74]. Patermuto, claro, suporta isso, e suporta com mais alegria do que se houvesse visto o filho bem tratado e honrado. E quando se pede a Patermuto que vá jogar seu filho no rio, ele agarra o menino e vai correndo jogá-lo no rio. E, claro, Abraão está lá – enfim, o exemplo de Abraão[75] –, e tudo se arranja[76].

Tema importante esse; é a relação de obediência em sua estrutura formal que detém em si um valor operatório. A distinção que já encontramos na *Apologia de Sócrates*, entre, vocês sabem, a διδασκαλία e ὠφέλεια, a διδασκαλία como conteúdo do ensino, e a ὠφέλεια como efeito útil da relação de direção*[77], essa distinção sempre atua.** Mas o que é útil na relação de direção é a própria forma da relação de obediência. Uma ordem, qualquer que seja, por mais absurda que seja, pelo simples fato de ser dada e de que se obedeça a essa ordem, é isso que constitui o efeito útil da relação de direção. Mas útil em quê? O que deve produzir essa obediência? Por que é necessário e por que basta que sejam dadas ordens, por mais absurdas que se possa imaginá-las, e que elas sejam cumpridas e obedecidas para que haja uma utilidade na relação de direção? O que a obediência produz? Não é difícil: a obediência produz a obediência. Quer dizer que, se devemos obedecer – e está aí a grande diferença –, não é por um objetivo posto no exterior, não é, como no caso da direção antiga, para recobrar a saúde ou para atingir um estado de felicidade ou para superar uma dor ou uma tristeza. Você obedece para poder ser obediente, para produzir um estado de obediência, um estado de obediência tão permanente e definitivo que subsiste mesmo quando não há ninguém precisamente a quem obedecer e mesmo antes que alguém tenha formulado uma ordem. Devemos estar em estado de obediência. Quer dizer que a obediência não é uma maneira de reagir a uma ordem, a obediência não é uma resposta ao outro. A obediência é e deve ser uma maneira de ser, anterior

---

* O manuscrito, se mostra aqui (fol. 24), um pouco mais preciso:
"διδασκαλία: é o procedimento de transmissão do saber do mestre que o possui ao discípulo que o deseja. A ὠφέλεια é útil, produz um efeito. É o desencadeamento de algo a partir do comportamento do mestre, o qual, de uma maneira ou de outra (muitas vezes de forma enigmática) produz um efeito positivo sobre o discípulo: sacode-o, impressiona-o, mexe com ele."

** O manuscrito (fol. 24) acrescenta: "O mestre, na ordem da filosofia, não é apenas aquele que ensina. Ele também *age* sobre o discípulo. Produz nele um efeito útil."

a toda ordem, mais fundamental do que toda situação de comando; por conseguinte, o estado de obediência se antecipa de certo modo às relações com outrem. Antes mesmo que outrem esteja presente e lhe dê uma ordem, você já está em estado de obediência e o que a direção deve produzir é a obediência. Ou digamos ainda que a obediência é, ao mesmo tempo, a condição para que a direção funcione e o objetivo da direção. Obediência e direção devem portanto coincidir, ou antes, há uma circularidade da obediência e da direção. Se há direção, é, evidentemente, porque você é obediente. A *probatio* à porta do mosteiro comprova isso: você mostrou que era capaz de obedecer. Durante todo o tempo da formação você obedece. E ao cabo da formação, você é obediente. Esse círculo direção-obediência é fundamental. Inútil dizer quanto estamos longe dos efeitos típicos da direção antiga.

Digamos em três palavras o seguinte*. Essa obediência, que é portanto condição, substrato permanente e efeito da direção, Cassiano caracteriza de três maneiras. Primeiro, pelo que ele chama de *subditio*[78], submissão, fato de ser sujeito. *Subditio* quer dizer o quê, exatamente? Quer dizer duas coisas. Primeiro, que o monge deve ser submisso, em tudo o que faz, à regra ou a seus superiores ou a seus companheiros ou aos acontecimentos que podem se produzir. Não só recebe ordens, mas age de modo** que tudo adquira a forma e o valor de uma ordem. No fundo, o monge vive num mundo povoado de ordens***. Todo acontecimento**** deve funcionar como uma ordem que é dada, e o monge deve reagir a ele como a uma ordem. Tudo deve ser ordem para ele, mas também cada um dos seus atos deve se inscrever no interior dessa estrutura de ordem (ordem no sentido de ordem dada, de comando). Não pode haver, na vida de um monge, um só ato que não seja resposta a uma ordem ou, pelo menos, reação a uma permissão dada. Como quer que seja, a vontade do outro, imperativa ou permissiva, tem de estar presente. É o princípio que Cassiano enuncia: "Os jovens não só não devem sair da cela sem que seu responsável saiba, como não devem nem pressupor a autorização do responsável para satisfazer às suas necessidades naturais."[79] Exemplo mais nobre é o de Dositeu, que era aluno, discípulo de santo Barsanulfo[80]. Dositeu era um rapaz tuberculoso, que estava à morte, mas que, evidentemente, não podia morrer sem antes pedir permissão a são Barsanulfo. E são Barsanulfo lhe

---

* Foucault acrescenta: "Sim, gostaria de lhes falar..." – folheia suas notas – "... bom, vamos deixar para lá... Ah, finalmente! Vocês me concedem cinco minutos? Obrigado." O fim da aula segue fielmente o manuscrito.
** Manuscrito: "é preciso de certo modo"
*** O manuscrito acrescenta: "e que ele deve considerar como tal. Um mundo ordenante".
**** Ouve-se: todo outro, todo acontecimento

recusa por certo tempo a permissão de morrer, e é ao cabo [desse] certo tempo que Barsanulfo lhe diz: "Agora eu te autorizo a morrer", e nesse momento, aliviado, Dositeu vai para o outro mundo[81]. "Todo ato que se faz sem a ordem ou sem a permissão do superior é um roubo", diz o texto de são [Basílio]. "É um roubo e um sacrilégio que leva à morte, e não ao benefício, ainda que te pareça bom."[82] Portanto, todo ato que não se insere no interior dessa trama geral das ordens dadas ou das permissões dadas constitui um verdadeiro roubo. O mundo do monge deve ser uma trama na qual cada um dos seus atos deve se inscrever, como resposta a uma ordem ou a uma permissão*[83]. Eis no que concerne à *subditio*. O mundo inteiro é ordem, todos os atos devem ter o valor e a forma de uma resposta a uma ordem ou a uma permissão.

Segundo, obediência também é *patientia*[84]. Patientia, noção difícil que, creio eu, quer dizer duas coisas. Por um lado, a *patientia*, está claro, é a passividade, é a não-resistência, é a não-inércia às ordens. Deve-se responder às ordens de modo completamente passivo, sem que a menor inércia lhe venha resistir. O *perinde ac cadaver* virá bem mais tarde[85], mas já no *Lógos askêticos* de são Nilo podemos ler o seguinte: "É preciso não se diferenciar em nada de um corpo inanimado ou da matéria-prima empregada por um artista. [...] E como o artista dá prova de um *savoir-faire* sem que a matéria o impeça no que quer que seja de perseguir seu objetivo", do mesmo modo o diretor deve ser um artista que manipula absolutamente de acordo com a sua vontade a matéria inerte e, por conseguinte, na mitologia física de são Nilo, sem resistência em suas mãos[86]. Portanto, nenhuma resistência, passividade absoluta: eis o que é a *patientia*. Mas a *patientia*, se é essa passividade absoluta, essa capacidade de responder imediatamente, também é uma certa capacidade de resistir ou, em todo caso, de suportar. É preciso uma verdadeira inflexibilidade em relação a tudo o que não for ordem ou a tudo o que fosse uma insuportável consequência desta. Quando, por exemplo, Patermuto suporta ver seu filho esbofeteado, humilhado, pisoteado, sujado, privado de tudo, espancado, ele suporta com uma *patientia*[87] que, em certo sentido, é sem dúvida docilidade imediata à ordem, mas que também é capacidade de resistir absolutamente e de forma totalmente inflexível ao que poderiam ser os movimentos do seu coração, a tudo o que pudesse vir se opor à ordem**. Plasticidade total, inflexibilidade total: é o que *patientia* significa.

* O manuscrito acrescenta esta citação de são Jerônimo: "*Prima apud eos confederatio est obedire majoribus et quidquid jusserint facere.*"[83]
 ** O manuscrito, que não cita esse exemplo, acrescenta: "Longe de ter de se tornar indiferente, deve-se ao contrário receber isso 'em cheio'. Expor-se a isso sem reticências. Evitar a evasiva."

E, enfim, terceira característica da obediência é que ela é *humilitas*, humildade⁸⁸, e a humildade o que é? É uma relação consigo mesmo que consiste em se colocar tão baixo quanto possível. [O que] quer dizer duas coisas: colocar-se tão baixo quanto possível em relação a qualquer outro; em relação a qualquer outro, deve-se ser inferior; deve-se, por conseguinte, em toda coisa obedecer e servir ao outro. É o princípio de que, diante de qualquer um dos seus companheiros, o monge deve se considerar mais humilde que ele, se colocar abaixo dele e aceitar suas vontades como ordens. E além disso *humilitas* não é apenas colocar-se mais baixo que qualquer outro; é, ao mesmo tempo, porque o monge se estima menos que nada, desqualificar sua vontade caso se ache no direito de querer alguma coisa. Minha vontade não tem o direito de querer nada, pois eu não valho nada, porque eu não sou nada, porque sou pecador. Não há nenhuma justificação, nenhum direito, natural ou não, de querer alguma coisa: é isso que a vontade se diz. Sou mais baixo do que tudo e não posso nem mesmo querer o que quer que seja.

De sorte que temos, nessa estrutura da *oboedientia*, três coisas. A *subditio*, a submissão, o que quer dizer: quero o que o outro quer; a *patientia*, que quer dizer: quero não querer algo diferente do que quer o outro; e a *humilitas*, que consiste em dizer: não quero querer. Querer o que quer o outro, querer não querer, não querer querer, são os três aspectos da obediência, tal como ela é, ao mesmo tempo, condição da direção, substrato da direção, efeito da direção. Em suma, a *subditio* é a forma geral da relação com os outros; a *patientia* é uma atitude para com o mundo exterior; a *humilitas* é a relação consigo. Vocês estão vendo que esses três elementos característicos da obediência, a qual obediência é ela própria fundamental, característica, central, focal na relação de direção, tudo isso está, evidentemente, em certo sentido, nos antípodas da direção antiga. De fato, a direção antiga que objetivo tinha? Tratava-se, na direção antiga tal como a vemos funcionar entre os estoicos, por exemplo, de obter que o indivíduo pudesse se emancipar de seus mestres, dos outros, dos acontecimentos. Tratava-se, nessa direção, de que o indivíduo se estabelecesse numa posição de suficiência e de autonomia em relação a todo o resto, aos outros ou ao mundo. Essa autonomia é exatamente o inverso da *subditio*, da submissão, que faz que o indivíduo se submeta a tudo o que acontece e que tudo se torne ordem da qual ele depende. Tratava-se, na direção antiga, de fazer que o indivíduo não fosse mais submetido ao movimento das suas paixões, isto é, que ele não sentisse nada que pudesse, de uma maneira ou de outra, agitá-lo ou afetá-lo. Ora, a *patientia* da direção cristã não diz isso. A *patientia* que se deve alcançar é, ao contrário, a imediatidade com a qual um reage à ordem dos outros e também a possibilidade de aceitar, no que podem ter de mais vivo e mais pungente, o sofrimento, a provação que nos vem dos outros ou do mundo. Quanto mais sofrermos, mais a *patientia* será posta à prova e mais, por conseguinte, a relação de obediência, a relação de *subditio*, de submissão, será fortalecida. Entre a ἀπάδεια antiga[89], que a direção na filosofia estoica visa, e a *patientia*, que a direção cristã visa, vocês estão vendo que há uma diferença radical. Enfim, tratava-se, na direção antiga, de lograr que, por esse controle de si o indivíduo pudesse se comunicar com a ordem do mundo e que, obedecendo à sua própria razão, obedecesse ao mesmo tempo à razão que rege o mundo, de sorte que, sendo senhor de si, ele fosse de certo modo senhor do universo[90]. Esse controle, característico da autonomia estoica é [portanto] o inverso exato da *humilitas*, ou antes, a *humilitas*, que me põe abaixo de tudo e que me faz não querer nada, é o inverso dessa autonomia pela qual, querendo razoavelmente o que quero, quero o que o próprio mundo inteiro pode querer.

Temos portanto, a partir do século IV, transferência no interior das instituições monásticas de um certo número das técnicas fundamentais da vida filosófica antiga para o cristianismo. Mas essa transferência de técnicas, em particular da técnica de direção, não se efetua sem que se tenha, essencialmente em torno da relação de obediência, uma verdadeira inversão de todos os efeitos produzidos por essa técnica. Em outras palavras, o procedimento de direção, a técnica de direção se inscreve agora num dispositivo geral ou, se preferirem, numa tecnologia da direção que altera e inverte todos os seus efeitos.

Eis o que eu queria lhes dizer [sobre] a direção. Então, da próxima vez, falaremos do outro aspecto da vida filosófica ou da vida monástica, isto é, da obrigação de dizer tudo e das técnicas de exame.

*

NOTAS

1. Sobre a questão, muito discutida desde há mais de um século, da influência da filosofia grega na teologia pauliniana, cf. o estado da discussão estabelecido por A. Schweitzer, *Geschichte der paulinischen Forschung von der Reformation bis auf der Gegenwart*, Tübingen, J.C.B. Mohr, 1911, pp. 50-62/*Paul and his Interpreters*, trad. W. Montgomery, Londres, Adam e Charles Black, 1912, reed. Nova York, The Macmillan Cy., 1951, pp. 63-78.

2. Sobre essa questão, cf. J.-C. Guy, "Examen de conscience. III. Chez les Pères de l'Église", *loc. cit.*, col. 1806-1807: "[...] é notável que, durante esse período da influência estoica [= os três primeiros séculos], o exame de consciência praticamente nunca é mencionado entre as práticas propostas aos cristãos para manter o fervor da sua fé." O exemplo de Clemente de Alexandria, *Pedagogo*, III, 1, 1, é examinado logo após esta passagem: "Clemente de

Alexandria certamente conhece muito bem os moralistas estoicos. Inclusive utiliza e comenta várias vezes o *gnothi seauton* (*Pedagogo*, III, 1, 1; *Stromates*, I, 174, 2; III, 44, 3; IV, 27, 3). Essa sentença é no entanto sempre interpretada no sentido de um *estado permanente* de atenção a si mesmo e de vigilância interior, nunca no de um *ato periódico* de voltar-se para si" (col. 1802).

3. Clemente de Alexandria, *Le Pédagogue*, III, 1, 1, ed. citada [*supra*, p. 124, nota 2], p. 13.

4. Cf. Platão, *República*, IV, 439d-441ª. Foucault diz (e escreve no manuscrito, fol. 3) "*logikón*", em vez de *logistikón* – a primeira forma é mais aceitável (cf. por exemplo Cassiano, *Conférences*, 24, 15, ed. Dom E. Pichery [citada *supra*, p. 100, nota 7], t. 3, p. 187) – e "*epithymikón*, em vez de *epithymetikón*."

5. Sobre o tema do *logos* comum ao homem e a Deus, "mediador, ao mesmo tempo filho de Deus e salvador dos homens", que reside na alma do cristão, cf. Clemente de Alexandria, *Le Pédagogue*, III, 1, 4, p. 15. Ver também a introdução geral de H.-I. Marrou, SC nº 70, 1960, p. 40: "Aquele em que habita esse Verbo divino se molda progressivamente nele e, terminando assim de realizar sua semelhança, 'se torna deus, θεὸς γίνεται, porque é essa a vontade de Deus' [III, 1, 5]."

6. Salmo 118, v. 59: "*Cogitavi vias meas, et averti pedes meos in testimonio tuo*" (texto citado por santo Ambrósio [ver nota seguinte], col. 1306c. Tradução da Vulgata: "*et converti pedes meos*").

7. Santo Ambrósio, PL 15, col. 1308c, *In Psalmun David CXVIII expositio: "Cogitandum est igitur quid geramos; ubi enum praecedit cogitatio, maturitas operationis adhibetur"* (citado por J.-C. Guy, "Examen de conscience. III. Chez les Pères de l'Église", col. 1803). Em face da citação de santo Ambrósio, Foucault acrescenta no manuscrito: "mesma coisa em santo Hilário, PL IX, 556ab." Cf. *Tractatus super Psalmos*, littera VIII (Heth), PL 9, col. 556ab: "10. Agenda quisque debet praemeditari. – *Dehinc sequitur, vers. 59*: Quia cogitavi vias meas, et converti pedes meos in testimonia tua. *Ex his quae Propheta se gerere, vel gessisse commemorat, quid nos quoque facere oporteat docet. Vias enim suas cogitat, et cogitatis his pedem in testimonia Dei refert. Nihil egit, quod non antea cogitatione pervolverit. Non linguam in officium suum movit, non peden in aliquod quod acturus esset opus protulit, non manum ad agendum aliquid exseruit, nisi antea super his omnibus cogitasset, et cum operationem atque effectum cogitatio rebus attulerit.*"

8. Cf. *Sécurité, Territoire, Population, op. cit.*, aula de 22 de fevereiro de 1978, pp. 172-173 [Martins Fontes, pp. 223-224].

9. Clemente de Alexandria, *Quis dives salvetur*, 41, PG 9, col. 645-648. Sobre a tradução livremente utilizada por Foucault, cf. *supra*, aula de 5 de março, p. 197, nota 1.

10. *Ibid.*, col. 645c: "ἀλείπτην καὶ κυβερνήτην" (tradução latina: "*rector ac gubernator*"). Trad. F. Quéré-Jaulmes, pp. 51-52: "Por conseguinte, é indispensável, que vós, que vos orgulhais de vosso poder e de vossa riqueza, escolhais como diretor um homem de Deus que fará as vezes de mestre de ginástica e de timoneiro"; trad. P. Descourtieux, p. 207: "um homem de Deus que te leve e te pilote". Sobre a primeira palavra, cf. I. Hausherr, *Direction spirituelle en Orient autrefois, op. cit.*, p. 184, citando são Basílio: "É necessário dar a um novo monge o 'treinador' (ἀλειπτην) que ele próprio tenha pedido."

11. Clemente de Alexandria, *ibid.*

12. Cf. I. Hausherr, *Direction spirituelle*, p. 13, que indica, entre as múltiplas maneiras de designar o diretor espiritual, os seguintes nomes: "*diorthotés, paideutés, aleiptés*, porque ele tem de endireitar, corrigir, levar, porque detém certa presença ou comando." Sobre ἐπίστατης (Cristo chamado de 'mestre' por Simão, cf. Lucas, 5, 5; 8, 24; ἐπιστατεία, que designava em grego clássico a função do epistato, o magistrado da cidade (encarregado, em particular, em Atenas, de zelar pelo selo do Estado e pelas chaves dos arquivos públicos), adquiriu por extensão o sentido de direção, vigilância. Cf. também ἐπιστατεῖν, supervisionar, vigiar, ter a direção, o cuidado de alguma coisa.

13. Clemente de Alexandria, *Quis dives salvetur*, col. 645d; trad. F. Quéré-Jaulmes, p. 52: "Se não respeitasses, se não temesses senão a ele, já seria bom. Acostumai-vos a vos ouvir falar com franqueza, deixai-o ser rude convosco e ser terno também."

14. *Ibid.*: "Ele velará por longas noites, para vos defender diante de Deus, e acabará comovendo o Pai com tanta insistência. Porque Deus não recusa sua compaixão aos que a ele suplicam. E vosso diretor suplicará com fervor, se honrardes nele um enviado de Deus e não lhe causardes pesar algum, pelo menos voluntariamente."

15. *Ibid.*, 42, col. 647-652; trad. pp. 52-4. Cf. É. Amann, "Pénitence", *loc. cit.* [*supra*, p. 173, nota 3], col. 759, que resume essa "encantadora anedota": "Clemente a conta como uma história religiosamente transmitida e confiada à memória dos fiéis. Sejam quais forem suas relações com a realidade, já existia há algum tempo quando o sacerdote alexandrino a registrou [...]"; B. Poschmann, *Paenitentia secunda, op. cit.* [*supra*, p. 173, nota 7], pp. 252-6; E. Junod, "Un écho d'une controverse autour de la pénitence: l'histoire de l'Apôtre Jean et du chef des brigands chez Clément d'Alexandrie (*Quis Dives Salvetur* 42, 1-15)", *Revue d'histoire et de philosophie religieuse*, vol. 60, abril-junho de 1980, pp. 153-60.

16. Clemente de Alexandria, *Quis dives salvetur*, col. 650bc; trad. p. 54: "A essas palavras, João rasgou suas roupas e bateu na cabeça soltando grandes gemidos: 'Ah, que bom guardião eu dei para a alma de vosso irmão!'"

17. *Ibid.* aqui Foucault cita literalmente a tradução de F. Quéré-Jaulmes.

18. *Ibid.*, col. 650cd; trad. p. 54: "[...] levou-o de volta à igreja. Aí, [...] compartilhou seus jejuns contínuos e conquistou seu espírito por meio de conversas incessantes."

19. O relato pode ser lido também como defesa e ilustração da posição de Clemente a favor da penitência pós-batismal (representando o bispo a posição rigorista). Cf. a referência à penitência como "segundo batismo", conforme Clemente, no início da aula de 5 de março, *supra*, p. 177; E. Junod, "Un écho d'une controverse autor de la pénitence", art. citado, p. 159.

20. Atanásio de Alexandria (santo Atanásio), *Vita sancti Antonii*, 55, PG 26, col. 924ab; trad. G.J.M. Bartelink, *Vie d'Antoine*, 55, 7-9, SC nº 400, Paris, Cerf, 1994, p. 286 (citado por J.-C. Guy "Examen de conscience. III. Chez les Pères de l'Église", col. 1805, que precisa que "esse ensinamento é raríssimo na literatura monástica do século IV" e só encontra eco no monaquismo basiliano, *ibid.*, col. 1806). Santo Atanásio se apoia aqui em 2 Cor 13,5, texto também citado por P. Hadot, "Exercices spirituels antiques et 'philosophie chrétienne'", *loc. cit.*, p. 69 (reed. 2002, p. 90), que remete, no que concerne à prática do exame de consciência escrito, a I. Hadot, *Seneca und die griechisch-römische Tradition der Seelenleitung, op. cit.*, p. 70.

21. Cf. I. Hadot, *ibid.*: "Man bediente sich sogar schriftlicher Tabellen, um eine genaue Überprüfung zu gewährleisten," Epicteto, Διατριβαί/*Conversações*, II, 18, 12 ss., é citado como exemplo dessa prática.

22. São João Crisóstomo, *Oeuvres complètes, op. cit.* [*supra*, p. 244, nota 19], t. III, homilia "Que é perigoso para o orador e para o ouvinte falar para agradar, que é da maior utilidade como da mais rigorosa justiça acusar seus pecados". 4, p. 401: "Desde que levantamos, antes de aparecer na praça pública, de cuidar de algum negócio, chamamos nosso servidor, pedimos que preste conta das despesas que foram feitas a fim de sabermos o que foi bem ou mal gasto, e que soma nos resta. Se nos resta pouca coisa, procuramos em nosso espírito novos recursos para não nos vermos expostos a perecer de fome. Devemos proceder do mesmo modo no que concerne à condução da nossa vida. Chamemos nossa consciência, façamo-la prestar conta das ações, das palavras, dos pensamentos. Examinemos o que nos é favorável e o que nos é desfavorável; o que dissemos de errado, as palavras maledicentes, bufas, ultrajantes que nos permitimos; que pensamento nos levou a lançar olhares demasiado livres; que desígnio executamos em nosso detrimento, seja com a mão, seja com a lágrima, seja até com os olhos. Cessemos de despender inapropriadamente e procuremos pôr fundos úteis no lugar das despesas nocivas, preces no lugar de palavras indiscretas, o jejum e a esmola no lugar de olhares demasiado livres. Se despendemos inapropriadamente, sem nada pôr no lugar dessas despesas, sem acumular para o céu, cairemos insensivelmente numa extrema indigência e seremos entregues a suplícios tão insuportáveis por sua duração quanto por sua intensidade."

23. Nilo de Ancira (são Nilo), Λόγος ἀσκητικός/*De monastica exercitatione*, PG 79, col. 721 B: "*Est quippe philosophia morum emendatio* (ἠθῶν κατόρθωσις), *cum laude verae cognitionis illius qui est* (μετὰ δόξης τῆς περὶ τοῦ ὄντος γνώσεως ἀληθοῦς.)" Cf. M.-G.

Guérard, 'Nil d'Ancyre', *DS*, XI, 1981, col. 353, a propósito da sua doutrina espiritual: "O monaquismo é definido como a verdadeira filosofia ([PG 79], 732c, 720ª, 721c) que conduz ao verdadeiro conhecimento do ser (721b). [...] a ascese não é o bastante (721b, 1028b), ela é uma etapa pedagógica rumo à contemplação (728b, 748a)."

24. Sobre a identificação entre cristianismo e verdadeira filosofia nos capadócios e em João Crisóstomo ("a filosofia segundo Cristo"), cf. P. Hadot, "Exercices spirituels antiques et 'philosophie chrétienne'", *loc. cit.*, pp. 61-2 (reed. 2002, pp. 79-80), que remete ao livro de A.-M. Malingrey, *"Philosophia"*. *Étude d'un groupe de mots dans la littérature grecque, des Présocratiques au IVe siècle ap. J.-C.*, Paris, Klincksiek, 1961.

25. P. Hadot, "Exercices spirituels antiques", p. 62: "[...] quando o monaquismo aparecer como a realização da perfeição cristã, também poderá ser apresentado como uma *philosophia*, a partir do século IV, por exemplo em [...] João Crisóstomo" (referência a *Adversus oppugnatores vitae monasticae*, III, 13, PG 47, col. 372). Segundo A.-M. Malingrey, *"Philosophia"*, *op. cit.*, "é a Clemente de Alexandria que cabe [...] a honra de ter unido pela primeira vez o nome de Cristo à palavra *philosophia* na expressão: ἡ κατὰ Χριστόν φιλοσοφία (p. 292; cf. p. 150 para a citação de *Stromates*, VI, VIII, 67, 1 [SC nº 446, 1999, p. 196]). Cf. também G. Bardy, "'Philosophe' et 'philosophie' dans le vocabulaire chrétien des premiers siècles", *Revue d'ascétique et de mystique*, nº 25, 1949, pp. 97-108. I. Hausherr, *Direction spirituelle*, pp. 57-8; P. Miquel, "Monachisme", *DS*, X, 1979, col. 1555-1556 ("Vie monastique, vraie philosophie") e sua bibliografia, col. 1557 (artigo retomado *in* A. Solignac, org., *Le Monachisme. Histoire et spiritualité*, Paris, Beauchesne, 1980, pp. 53-75).

26. Cf. Nilo de Ancira (são Nilo), *Epist.* 54, PG 79, 224c, onde define o monge como "imitador de Cristo, que nos mostrou pela ação e a palavra a verdadeira filosofia (τοῦ παραδείξαντος ἔργῳ καὶ λόγῳ τὴν ἀληθῆ φιλοσοφίαν)", trad. P. Miquel, *loc. cit.*, col. 1555-1556; cf. também Gregório de Nazianzo, *Oratio VI*, PG 35, col. 721, que "identifica a vida dos monges à δι᾽ἔρψων φιλοσοφία" (I. Hausherr, *Direction spirituelle*, p. 57).

27. Cf. P. Hadot, "Exercices spirituels antiques", p. 63: "[Essa] corrente [monástica, ligada à tradição dos apologistas e de Orígenes] teve por consequência introduzir no cristianismo os exercícios espirituais da filosofia."

28. *[N]atione Scytha*, segundo seu primeiro biógrafo, Gennadius (Genádio de Marselha, c. 470), *De viris illustribus*, 62 (ed. E.C. Richardson, Leipzig, J.C. Hinrich, 1896). Sobre as discussões a que deu lugar esse testemunho, cf. O. Chadwick, *John Cassian*, Cambridge, CUP, 1950, 2ª ed. 1968, p. 9; J.-C. Guy, *Jean Cassien. Vie et doctrine spirituelle*, Paris, P. Lethellieux (col. "Théologie, pastorale et spiritualité"), 1961, pp. 13-14. Segundo a hipótese mais provável, Cassiano seria oriundo de uma parte da atual Romênia, próxima da cidade de Constança (ver a argumentação de H.-I. Marrou, "La patrie de Jean Cassien", in *Miscellanea G. de Jerphanion*, Roma, 1947, pp. 588 e 596, citado por J.-C. Guy, *Cassien*, p. 14).

29. Cassiano, João (~360-435) passou vários anos, com seu companheiro Germano – mais velho que ele e a quem atribui frequentemente o título de *aba*, "pai" –, num mosteiro de Belém ("parece [...] que viveu lá num 'mosteiro de santuário', como havia em Roma e Jerusalém junto às grandes basílicas", E. Pichery, introdução às *Conferências*, p. 57; cf. *Institutions* [e *infra*, nota 31], 3, 4, p. 102; 4, 31, p. 171; 17, 6, p. 253), depois com monges do Egito: "Era no tempo em que morávamos em nosso mosteiro na Síria. Depois de recebermos os primeiros elementos da fé e tirado algum proveito deles, sentimos o desejo de uma perfeição mais elevada e resolvemos partir incontinenti para o Egito. Queríamos penetrar até no longínquo deserto de Tebaida, a fim de visitar o maior número de santos, cuja glória seu renome difundira por todo o universo, premidos pelo zelo, se não de rivalizar com eles, pelo menos de aprender a conhecê-los" (*Conferências*, 11, 1, t. 2, p. 101). Obrigado a sair do Egito, após a campanha antiorigenista deflagrada pelo patriarca de Alexandria, Teófilo, em 399, foi ordenado diácono por João Crisóstomo em Constantinopla, nos primeiros anos do século (a posterior ordenação ao sacerdócio é incerta), morou em Roma, depois fundou e dirigiu dois conventos, um de homens, outro de mulheres, na região de Marselha. Cf. M. Olphe-Galliard, "Cassien", *DS*, II, 1937, col. 214--276, e os livros de O. Chadwick e J.-C. Guy citados na nota precedente. Foucault, que já evoca

esse autor em seu curso de 1978 (cf. *Sécurité, Territoire, Population*, aula de 22 de fevereiro de 1978, pp. 170 *et passim* [Martins Fontes, pp. 220 *et passim*]) e em 1979 ('Omnes et singulatim': vers une critique de la raison politique", *DE*, IV, nº 291, ed. 1994, pp. 144-5/"Quarto", vol. II, pp. 963-4, a propósito da obediência: a relação entre o pastor e suas ovelhas, concebida no cristianismo como uma relação de dependência individual e completa), retorna a ele com frequência depois disso: cf. *Mal faire, dire vrai, op. cit.*, aula de 6 de maio de 1981, pp. 126-50; "Sexualité et solitude" (1981), *DE*, IV, ed. 1994, p. 177/"Quarto", vol. II, p. 966; "Le combat de la chasteté" (1982) – capítulo da obra inédita *Les Aveux de la chair*, publicada em *Communications*, nº 35, 1982, pp. 15-25 –, *ibid.*, ed. 1994, pp. 295-308/"Quarto", vol. II, pp. 1114-27 (sobre o espírito de fornicação e a ascese da castidade); o Resumo do curso de 1981-1982, "L'Herméneutique du sujet", *ibid.*, ed. 1994, p. 364/"Quarto", vol. II, p. 1183; "L'écriture de soi" (1983), *ibid.*, ed. 1994, p. 416/"Quarto", vol. II, p. 1255; "Les techniques de soi" (1982), *ibid.*, ed. 1994, pp. 802-3/"Quarto", vol. II, pp. 1621-1622 (sempre a propósito da metáfora do cambista aplicada ao exame dos pensamentos: cf. pp. 177/996 e 364/1185).

30. "Ele só começou a escrever incentivado por Castor, bispo de Apt e fundador de uma comunidade. As instituições que ele se propunha consignar em duas obras eram as que ele próprio havia estudado e praticado no Egito (M. Olphe-Galliard, "Cassien" , *loc. cit.*, col. 217). O título de "bem-aventurado papa" (*beatissimus papa*) (*Institutions*, préface, p. 23), atribuído a Castor por Cassiano, é puramente honorífico.

31. *De institutis cenobiorum et de octo principalium vitiorum remediis*, ou, conforme o título empregado com maior frequência pelo próprio Cassiano, *Institutiones*, escrito por volta de 420-424; *Institutions cénobitiques*, ed. J.-C. Guy (citada *supra*, p. 100, nota 7).

32. *Conlationes* (título da tradução manuscrita) ou, de acordo com um uso mais tardio, *Collationes patrum in Scithico eremo commorantium*; *Conférences*, ed. E. Pichery (citado *supra*, p. 100, nota 7).

33. Cf. *Regula Benedicti* (*La Règle de saint Benoît*) [século VI], introd. trad. e notas de A. de Vogüé, Paris, Cerf, SC nº 181-182, 1972. "São Bento deve muito às lições dos mestres orientais, se não diretamente, porque não sabia grego, em todo caso indiretamente, por intermédio das traduções (*Regras* de são Basílio, *Vitae Patrum*) e sobretudo de Cassiano, que ele cita a todo instante e cuja leitura recomenda insistentemente" (G. Bardy, "Direction spirituelle. III. En Occident: A. Jusqu'au 11ᵉ siècle", *DS*, III, 1957, col. 1074). Cf. em particular, sobre suas fontes, a *Regula* 73.

34. *Apophtegmata Patrum*, PG 65, 71-440 (i.e., a coleção alfabética, a distinguir da coleção sistemática, *Vitae Patrum* PL 73, col. 851-1062, versão latina feita por Pelágio e João no século VI, ainda não publicada em grego); tradução da primeira coleção por L. Regnault, *Les Sentences des Pères du Désert. Collection alphabétique*, Solesmes, 1981, e da segunda por L. Regnault, J. Dion e G. Oury, *Les Sentences des Pères du Désert. Recueil de Pélage et Jean*, Éd. de Solesmes, 1966. Ver também ed. e trad. J.-C. Guy, *Les Apophtegmes des Pères* (coleção sistemática, cap. I-XXXI), Paris, Cerf, 3 vol., 1993-2005. Cf. J.-C. Guy, *Recherches sur la tradition grecque des Apophtegmata Patrum*, Bruxelas (col. "Subsidia Hagiographica" XXXVI), 1962.

35. Palladius, *Histoire lausiaque (Vies d'ascètes et de Pères du désert)*, texto grego, introd. e trad. A. Lucot, Paris, A. Picard et Fils (col. "Textes et documents pour l'histoire du christianisme"), 1912 (baseada na edição crítica de Dom Butler, *The Lausiac History of Palladius*, Cambridge, CUP ("Texts and Studies" 6), 2 vol., 1898 e 1904). Depois de uma estada de cerca de uma década entre os eremitas do Egito, Paládio foi ordenado bispo de Helenópolis, na Bitínia, em 400, depois de Aspuna, na Galácia; escreveu sua obra por volta de 420. Cf. O. Chadwick, *John Cassian, op. cit.*, p. 32, que assinala os "curiosos paralelos" nas respectivas carreiras de Paládio e de Cassiano (partem do Egito no mesmo momento, após a crise origenista, mesmo vínculo com João Crisóstomo, obras ilustrando o período do primeiro monaquismo egípcio); R. Draguet, "*L'Histoire lausiaque*, une oeuvre écrite dans l'esprit d'Évagre", *Revue d'histoire ecclésiastique*, t. 41, 1946, pp. 321-64, e 42, 1947, pp. 5-49. Cf. também *Sécurité, Territoire, Population*, aula de 22 de fevereiro de 1978, p. 191 n.30 [Martins Fontes, pp. 249-250]. Aos escritos mencionados precedentemente, convém acrescentar a *Historia Monachorum*, citada

pelos historiadores do monaquismo primitivo como uma importante fonte de informação sobre o tema. Esse texto de fins do século IV foi traduzido em latim por Rufino, a quem foi atribuído por muito tempo. Texto grego estabelecido por A.-J. Festugière (*Historia Monachorum in Aegypto*, Bruxelas, col. "Subsidia Hagiographica" XXXIV, 1961; traduzido pelo mesmo autor, *Les Moines d'Orient*, Paris, Cerf, t. 4, 1964).

36. Cf. a edição crítica da Regra pacomiana por A. Boon, *Pachomiana latina. Règle et épitres de S. Pakhôme, épitre de S. Theodore et "liber" de S. Orsiesius, texte latin de S. Jérôme*, Louvain, Bibliothèque de la Revue d'histoire ecclésiastique ("Monastica" 7), 1932, pp. 13-74; trad. fr. in P; Deseille, *L'Esprit du monachisme pakhômien*, Begrolles-en-Mauges, Abbaye de Bellefontaine (col. "Spiritualité orientale" 2), 1968, 2ª ed. 1980. O texto grego utilizado por são Jerônimo foi perdido. Subsistem apenas fragmentos do original, escrito em copta.

37. A tradução latina da Regra de Pacômio por Jerônimo, de 404 (*Regula patris nostri Pachomii hominis Dei*, PL 73, col. 67d-86d) constitui uma das fontes importantes das *Instituições cenobíticas* de Cassiano (cf. a alusão a essa tradução em seu prefácio, § 5, p. 27).

38. Cassiano, *Instituições*, prefácio, § 3, p. 25.

39. "[...] cujo número os antigos fixaram em oito", precisa Cassiano (*ibid.*). Cf. os livros V-XII relativos ao espírito de glutonaria, de fornicação, de avareza, de cólera, de tristeza, de acédia, de vanglória e de orgulho. Cf. igualmente a *5ª Conferência*: "Dos oito vícios principais" (*Conferências*, 5, 1-27). Essa lista foi emprestada de Evágrio Pôntico: cf. *infra*, aula de 26 de março de 1980, p. 286, nota 32. Cf. O. Chadwick, *John Cassian*, pp. 89 e 94-95; C. Stewart, "John Cassian's Schema of Eight Principal Faults and his Debt to Origen and Evagrius", *in* C. Badilita e A. Jakab, org., *Jean Cassien entre l'Orient et l'Occident*, Paris, Beauchesne, 2003, pp. 205-20.

40. Cassiano, *Institutions*, prefácio, § 7, p. 29.

41. *Ibid.*, § 8, p. 31.

42. Cf. A.. Lucot, introdução a *Histoire lausiaque*, *op. cit.*, p. XXXVIII: "Rivalizava-se então em austeridades, colecionava-se sucessivamente as virtudes ascéticas, ambicionava-se deter o recorde desta ou daquela mortificação, e com gosto gabava-se disso. Daí, nas práticas, a multiplicidade, a novidade, mas logo a estranheza, depois um hiperascetismo, um encratismo doutrinal que são Paulo visava sem dúvida desde a primeira epístola aos Coríntios, capítulo 7, que a Igreja teve de reprimir [nota: DTC, fasc. 34, pp. 4-14: "Encratites"], e que tirava a sua autoridade dos Evangelhos apócrifos, dos Atos de Pedro, das Ascensões de Tiago, dos Atos de Paulo e Tomé."

43. Cf. *Sécurité, Territoire, Population*, aula de 1º de março de 1978, pp. 208-11 e 228 nn. 44-45 [Martins Fontes, pp. 269-274 e 297-298, nn. 44-45].

44. Paládio, *Histoire lausiaque*, XXVII, p. 201 (a propósito do monge Ptolomeu): "[...] tornando-se estranho ao ensino, ao trato e aos bons serviços de homens santos, e a uma comunhão contínua dos mistérios, ele saiu tanto do bom (caminho) que diz que essas coisas não eram nada, mas relata-se que se tornou soberbo, errando até hoje pelo Egito, tendo-se entregue sofregamente à glutonaria e a embriaguez, e não comunicando nada a ninguém. E esse infortúnio chegou a Ptolomeu em consequência de sua presunção insensata, conforme o que está escrito: 'Os que não têm direção caem como folhas' (Pr II, 14)." Frase citada por I. Hausherr, *Direction spirituelle*, p. 156, em referência a *Histoire lausiaque*, XXVII, e p. 169, em referência a Doroteu de Gaza, *Doctrina* V, PG 88, segundo a tradução "assaz literal" de B. Cordier (Antuérpia, 1646): "Está dito nos Provérbios: os que não são governados caem como folhas; a salvação é de um abundante conselho." Cf. também Cassiano, *Conferências*, 2, 4, p. 116: "É também dela [a *discretio*] que se escreve que é a governança da nossa vida (*vitae nostrae dicitur gubernatio*): 'Os que não têm governança caem como folhas (*quibus non est gubernatio cadunt ut folia*).'" A citação, inencontrável nessa forma na Vulgata, é tirada da Setenta (ou Bíblia dos Setenta, século III d.C.), Pr 11, 14: "οἷς μὴ ὑπάρχει κυβέρνησις, πίπτουσιν ὥσπερ φύλλα."

45. Cf. são Jerônimo, *Lettres*, trad. J. Labourt, ed. citada [*supra*, p. 215, nota 33], t. 7, 1961, carta 125, 15 ("Ad Rusticum monachum"), p. 127: "Todo esse desenvolvimento tem uma finalidade: te ensinar que não deves te remitir somente à tua vontade, mas que deves viver num

mosteiro sob a autoridade de um só abade e numa comunidade numerosa. Aí aprenderás de um a humildade, do outro a paciência; este te ensinará o silêncio, aquele a candura [...]." A referência a essa carta é dada por J.-C. Guy, *in* Cassiano, *Institutions*, p. 195 n. 1.

46. Cassiano, *Institutions*, 5, 4, p. 195. Essa sentença atribuída a Antônio, como frisa J.-C. Guy, se dirige "ao monge já perfeitamente provado na vida cenobítica". Ao iniciante, Pinúfio aconselhava, ao contrário, "tomar como modelo de uma vida perfeita, não a multidão, mas um pequeno número de monges e mesmo um só ou dois" (4, 40, pp. 181-3).

47. *Ibid.*: "Um [...] é ornado com as flores da ciência, o outro é mais equipado na técnica do discernimento, outro tem como fundamento o peso da paciência, outro prevalece pela virtude da humildade, outro pela continência, [etc.]" (outras virtudes citadas: a simplicidade, a magnanimidade, a misericórdia, a aplicação às vigílias, ao silêncio ou ao trabalho).

48. *Ibid.*, 5, 36, 1, pp. 247-9: "[Os anacoretas] primeiro permanecem muito tempo nos mosteiros (*in cenobiis*) onde lhes ensinam, conforme a regra, a paciência e o discernimento. Quando adquirem ao mesmo tempo a virtude da humildade e a da nudez e quando estão completamente purgados de seus vícios, penetram nos profundos segredos do deserto para aí enfrentar o demônio em tremendos combates." Cf. *Conférences*, 19, 10, t. 3, p. 48.

49. Como indica seu título: "*De institutis renuntiantium*" (Da formação dos que renunciam [ao mundo]), *ibid.*, p. 119.

50. *Ibid.*, 4, 3, p. 125. A razão dessa provação é exposta mais adiante pelo aba Pinúfio, em seu célebre "discurso de tomada de hábito", muitas vezes reproduzido isoladamente nos manuscritos medievais (cf. J.-C. Guy, p. 171 n. 2): "[...] nós temíamos, te recebendo sem hesitação, nos tornar culpados de leviandade diante de Deus e de atrair sobre ti um suplício maior se, admitido aqui com demasiada facilidade, tu abandonasses mais tarde esta vida, ou caísses na tibieza" (4, 33, p. 173).

51. *Ibid.*, 4, 2-4, pp. 125-7.

52. *Ibid.*, 4, 7, p. 131. Esse estágio de um ano fora do mosteiro é uma exigência de Cassiano. Ela não corresponde à prática dos mosteiros pacomianos e não será assumida por Bento em sua *Regra* (cf. regra 58). Cf. O. Chadwick, *John Cassian*, p. 57.

53. *Ibid.*: "é confiado a um outro ancião, encarregado pelo aba de instruir dez jovens *(alii traditur seniori, qui decem iunioribus praeest, quos sibi creditos ab abbate instituit pariter et gubernat [...])*".

54. *Ibid.*, 4, 3, p. 124: "*Cum [...] experimentum dederit constantiae suae [...]*", trad. SC: "quando der prova da sua constância [...]."

55. *Ibid.*

56. Mais exatamente, Cassiano escreve que o postulante deve "se despojar de tal modo de todas as suas riquezas anteriores que não lhe é permitido nem mesmo conservar a roupa que o cobria" (4, 5, p. 127). Mas os irmãos não podem aceitar dele nenhum dinheiro, temendo que, se ele se revelasse incapaz de "perseverar sob a regra do mosteiro, tentasse, ao sair deste, [...] reavê-lo] com um espírito sacrílego [...]".

57. Cassiano, na realidade, escreve: "[As] roupas [que o postulante] depositou são guardadas e conservadas pelo ecônomo até que tenham claramente reconhecido, por diversas tentações e provações, o valor do seu progresso, a seriedade da sua maneira de viver e sua resistência." Se ele é admitido a permanecer no mosteiro, as roupas são distribuídas aos indigentes. Caso contrário, "despojam-no das roupas do mosteiro com que se cobria e expulsam-no, vestido com as roupas que haviam sido guardadas" (*ibid.*, 6, p. 129).

58. *Ibid.* (citação bastante livre): "*[...] copia nulli penitus palam discedendi conceditur, nisi aut in morem servi fugacis captans densissimas tenebras nocte effugiat [...]*"; trad. SC: "[...] ninguém tem o direito de deixar livremente o mosteiro; ou, como um escravo fugitivo, partirá de noite, procurando ganhar as trevas mais densas [...]" – e Cassiano acrescenta: "ou, julgado indigno da qualidade e da profissão monástica, será vergonhosamente expulso, marcado de confusão, depois de ser despojado na presença de todos os irmãos das roupas do mosteiro."

59. *Ibid.*, 7, 1, 10, p. 131: "dando prova da sua obsequiosidade para com os estranhos sem que ninguém se queixe dele *(Cum [...] absque ulla querella suum circa peregrinos exhibuerit famulatum)*."

60. *Ibid.*, 8, p. 131: "A preocupação e o objeto principal do seu ensino (*sollicitudo et eruditio principalis*), que tornará o jovem capaz de se elevar até os mais altos píncaros da perfeição, será lhe ensinar primeiro a vencer suas vontades."

61. *Ibid.*: "[...] [O ancião] tratará sempre de lhe ordenar propositalmente o que perceber ser contrário ao seu temperamento."

62. *Ibid.*, 9, p. 133. Foucault volta mais demoradamente a essa citação na próxima aula.

63. Cf. *Sécurité, Territoire, Population*, aula de 22 de fevereiro de 1978, pp. 184-6 [Martins Fontes, pp. 238-42]. Foucault volta demoradamente a essa comparação em *Mal faire, dire vrai*, pp. 128-39.

64. Cf. *supra*, aula de 12 de março de 1980, p. 212.

65. Cf. L. Bieler, ΘΕΙΟΣ ΑΝΗΡ. *Das Bild des "götlichen Menschen" in Spätantike und Früfchristentum*, Viena, O. Höfels, 2 vol., 1935-1936, reed. Darmstadt, Wissenschaftliche Buchgesellschaft, 1967; J.-P. Vernant, *L'Individu, la Mort, l'Amour. Soi-même et l'autre en Grèce ancienne*, Paris, Gallimard, 1989, p. 218 (a propósito dos *"theoiándres*, que em vida se elevam à condição mortal até o estatuto de seres imperecíveis [...] [e] vão desempenhar, nos períodos de crise, nos séculos VII e VI, um papel comparável ao dos nomotetas, de legisladores como Sólon, para purificar as comunidades de suas nódoas, aplacar as sedições, arbitrar os conflitos, promulgar regulamentos institucionais e religiosos"). Foucault já evoca essa figura do θεῖος ἀνήρ em suas *Leçons sur la volonté de savoir*, aula de 6 de janeiro de 1971, p. 36 ("Claro, o filósofo não é mais o θεῖος ἀνήρ de que falava Hesíodo e de que de pleno direito dizia o que era preciso [...]"); cf. p. 51 n. 12 para as referências.

66. Cf. *supra*, aula de 12 de março, p. 237.

67. Sobre essa qualidade de ancião, ou de velho, ligada ao dom da *diakrisis* e não à idade, cf. I. Hausherr, *Direction spirituelle*, p. 87.

68. Cassiano, *Institutions*, 2, 3, p. 63: "Bem dirigir os outros e se fazer dirigir, eles de fato declaram, é próprio do sábio (*Bene enim regere vel regi sapientis esse*); e afirmam que é o dom mais elevado e uma graça do Espírito Santo." A tradução utilizada por Foucault, aqui, é tirada de J. Brémond, *Les Pères du desert, op. cit.* [*supra*, p. 64, nota 9], t. II, p. 298: "Porque esses homens admiráveis reconhecem que é o ápice da sabedoria bem conduzir os outros e se deixar bem conduzir; dizem altamente que nesse único ponto consiste o maior dom de Deus e o maior efeito da graça do Espírito Santo." No entanto, na frase seguinte Cassiano estabelece uma relação de anterioridade entre o momento da obediência e o da ordem. É preciso aprender a obedecer antes de ordenar, ser noviço antes de ser abade: "Porque ninguém pode estabelecer preceitos salutares para seus subordinados, a não ser que tenha sido instruído primeiro em todas as disciplinas da virtude (*nisi eum qui prius universis virtutum disciplinis fuerit instructus*)" (p. 63).

69. Cf. já *Sécurité, Territoire, Population*, aula de 22 de fevereiro de 1978, p. 180 [Martins Fontes, p. 234]: "[...]na obediência cristã, não há finalidade, porque aquilo a que a obediência cristã leva é o quê? É simplesmente a obediência. Obedece-se para ser obediente, para alcançar um estado de obediência."

70. Cf. Cassiano, *Institutions*, 4, 30-31, pp. 165-71; *Conferénces*, 20, 1, pp. 57-9. A 20ª *Conferência*, "Da finalidade da penitência e do sinal da satisfação", é inteiramente consagrada aos ensinamentos desse Padre egípcio, "homem ilustre e verdadeiramente único" (20, 1), que Cassiano havia encontrado quando da sua estada no mosteiro de Belém, *ibid.*, pp. 58-59: "[Depois de ter novamente fugido do seu mosteiro, (em Panefisis, Baixo Egito)], ele embarcou secretamente e entrou na Palestina, província da Síria. Foi recebido a título de iniciante e de noviço no mosteiro em que estávamos; e o abade prescreveu que ele habitasse conosco em nossa cela. Mas aí também suas virtudes e seu mérito não puderam ficar muito tempo ocultos. Descoberto da mesma maneira que da primeira vez, foi levado de volta a seu mosteiro com os maiores sinais de honra, em meio a um concerto de elogios, e obrigado enfim a ser o que havia sido." Quando, premidos "pelo desejo de serem instruídos na ciência dos santos", Cassiano e Germano foram por sua vez para o Egito, "[puseram-se] à sua procura, em grandes sentimentos de afeto e um imenso desejo de vê-lo" (*ibid.*, 20, 2, p. 59; relato quase idêntico em *Institutions*, 4, 31-32, p. 171). Cf. O. Chadwick, *John Cassian*, p. 12.

71. Cf. *Institutions*, 4, 30, p. 169; *Conférences*, 20, 1, p. 58: "Quase três anos passaram nesse labor e nessa humilhante sujeição (*desideratis tam iniuriosae subjectionis*) depois dos quais ele havia suspirado [...]."

72. *Conférences*, 1, 2, p. 80 (o abade Moisés): "Foi esse mesmo fim [o reino dos céus] [...] que vos fez desprezar o amor de vossos pais, o solo da pátria, as delícias do mundo e atravessar tantas terras para vir buscar a companhia de pessoas feitas como somos, rústicos e ignorantes (*ad nos homines rusticos et idiotas*), perdidos entre os horizontes desolados deste deserto."

73. *Institutions*, 4, 24, pp. 155-7. Cf. *Sécurité, Territoire, Population*, aula de 22 de fevereiro de 1978, pp. 179-80 e p. 191 n. 32 [Martins Fontes, pp. 232-3 e p. 250 n.32], a propósito da "prova do absurdo". Sobre as diferentes versões desse episódio, ver a nota de J.-C. Guy, pp. 156-7: é nos *Apophtegmata Patrum* (PG 65, col. 204 C) que "é acrescentado o milagre da vara que se enraíza e dá fruta"; cf. também O. Chadwick, *John Cassian*, p. 21. Sobre o personagem João de Lico (ou de Licópolis), cf. *infra*, aula de 26 de março de 1980, p. 285, nota 20.

74. *Institutions*, 4, 27, p. 161.

75. *Ibid.*, 4, 28, p. 163: "O ancião [que havia mandado Patermuto jogar o filho no rio] teve de imediato a revelação de que, com essa obediência, havia consumado a obra do patriarca Abraão."

76. *Ibid.*, 4, 27, p. 123. Cf. *Sécurité, Territoire, Population*, aula de 22 de fevereiro de 1978, p. 180 e pp. 191-2 n. 33 [Martins Fontes, pp. 233-4 e p. 250 n. 33], a propósito dessa "prova da ruptura da lei".

77. A distinção não aparece dessa forma no texto de Platão, muito embora se organize de fato em torno da oposição ensinar/ser útil. Cf. *Apologie de Socrate*, trad. M. Croiset, Paris, Les Belles Lettres, CUF, 1959. Διδάσκειν e seus derivados são recorrentes, no texto. Cf. notadamente o ato de acusação, 19b, p. 142 e, entre as respostas de Sócrates, "ἐγὼ δὲ διδάσκαλος μὲν οὐδενὸς πώποτ' ἐγενόμην (literalmente: nunca fui mestre de ninguém)" (33ª, p. 161).Ὄφελός é de uso mais raro. Cf. 28 b, p. 155, onde Sócrates opõe ao medo da morte o sentido da sua utilidade, da sua capacidade de prestar um serviço (ὄφελός ἐστιν), e 36c, p. 166, onde justifica sua opção, preocupando-se em ser útil ὄφελος εἶναι, em se afastar dos negócios públicos. A provável fonte de Foucault, aqui, é I. Hausherr, *Direction spirituelle*, p. 14: "Sabe-se que Sócrates recusou esse título [de διδάσκαλος]: 'Nunca fui *didáscalos* de ninguém...' [*Apologia*, 33a]. O que ele pretendia não era ensinar, mas *ser útil* (ὠφελεῖν), de fazer o bem."

78. Aqui e na frase seguinte, Foucault emprega essa palavra, que não se encontra em Cassiano, em vez de *subjectio*. É o mesmo tema que ele retoma em sua 4ª conferência de Louvain (*Mal faire, dire vrai*, aula de 6 de maio de 1981, pp. 136-7). A palavra *subditio* parece ser de uso bastante tardio. Os dicionários de latim clássico a ignoram; Du Cange (*Glossarium Mediae et Infimae Latinitatis*, ed. aumentada, Niort, L. Favre, 1883-1887, t. 7, col. 627 c), que dá como equivalentes "Subjectio, servitus", cita apenas uma ocorrência dela (Gregório, o Grande, *Regesta Pontificum Romanorum*, 12, 23), e Maigne d'Arnis a traduz por "Vassalagem, condição de vassalo" (*Lexicon manuale ad scriptores mediae et infimae latinitatis*, Paris, Migne, 1858, col. 2123). Ela está atestada, por exemplo, nas capitulares carolíngias relativas à *potestas* dos bispos sobre seus súditos (cf. S. Patzold, *Episcopus. Wissen über Bischöfe im Frankreich des späten 8. bis frühen 10. Jahrhunderts*, Ostfildern, Jan Thorbeke Verlag, "Mittelalter-Forschungen" 25, 2008). *Subditus*, em compensação, aparece várias vezes no texto de Cassiano (cf. *Collationes*, 7, 5 e 22, 11; *Institutiones*, 4, 1 e 12, 28). Entre esses usos, somente *Institutiones*, 4, 1 se refere à relação dos monges com seu superior: "[Na comunidade pacomiana dos tabenesiotas] mais de cinco mil irmãos são dirigidos por um só aba, [...] no entanto esse grande número de monges permanece continuamente submisso (*subditus*) ao ancião, em tamanha obediência que entre nós um só não seria capaz de obedecer de tal modo a outro nem comandá-lo por algum tempo" (p. 123). Mas Cassiano, logo depois, qualifica essa atitude como "perseverante e humilde submissão (*subjectio*)" (4, 2, p. 125). Foucault, citando a palavra *subditus*, faz alusão a essa passagem em *Sécurité, Territoire, Population*, aula de 22 de fevereiro de 1978, p. 180 [Martins Fontes, p. 234]

79. Cassiano, *Institutions*, 4, 10, pp. 133-5.

80. Dositeu (século VI): jovem noviço do abade Peridos no Sul da Palestina, discípulo de Doroteu de Gaza, que redigiu sua *Vida* (in *Oeuvres spirituelles*, trad. Dom L. Regnault e Dom J. de Préville, Cerf, SC n° 92, 1963, reed. 2001, pp. 122-45).

81. *Ibid.*, p. 139: "Ele sofria muito e pediu ao Grande Ancião [Barsanulfo]: 'Deixai-me partir, não suporto mais!' O Ancião mandou responder a ele: 'Paciência, meu filho, porque a misericórdia de Deus está próxima. [...] Novamente, alguns dias depois, Dositeu mandou dizer ao Ancião: 'Mestre, não tenho mais forças!' Então o Ancião lhe respondeu: 'Vai em paz! Toma teu lugar junto à Santíssima Trindade e intercede por nós'." Dositeu é apresentado, nessa *Vida*, como um modelo de perfeição, "por ter se apegado à obediência e ter quebrado sua vontade própria" (p. 145).

82. São Basílio (Basílio de Cesareia), *Exhortatio de renunciatione saeculi*, 4, PG 31, col. 633 B: "*Quidquid enim sine ipso [...] efficitur furtum est et sacrilegium, quod mortem infert, non utilitatem, tametsi tibi videtur esse bonum.*" Frase citada por I. Hausherr, *Direction spirituelle*, pp. 190-191: "Todo ato executado sem a ordem ou a permissão do superior é um roubo e um sacrilégio que leva à morte, e não ao benefício, ainda que te pareça bom." Cf. também *Règle de Saint Benoît*, 49, 9, citada, t. 2, p. 607 (a propósito das mortificações da quaresma): "[...] o que se faz sem a permissão do pai espiritual será debitada à presunção e à vanglória, não à recompensa."

83. São Jerônimo, *Lettres*, 22, 35, ed. citada, t. I, p. 150: "O pacto primordial deles é obedecer aos Anciãos e executar todas as suas ordens." Jerônimo fala aqui dos cenobitas egípcios.

84. Sobre essa noção, cf. Cassiano, *Conférences*, 18, 13-16, t. 3, pp. 24-36.

85. Como um cadáver: fórmula de Inácio de Loiola, no 6º capítulo das suas *Constituições*: "Toda ordem deve nos convir. Renegaremos, de nossa parte, qualquer outra maneira de ver e qualquer outra opinião, numa espécie de obediência cega. E isso em tudo o que não é pecado. Cada um deve estar convencido de que quem vive na obediência deve se deixar guiar e dirigir pela divina Providência, com a intermediação de seus superiores, como se fosse um cadáver (*perinde ac cadaver*) que se pode transportar para qualquer lugar e tratar de qualquer modo, tal como, também, o cajado do ancião que serve em toda parte e para todo uso" (citado por J. Lacouture, *Jésuites. Une multibiographie*, Paris, Seuil, 1991, t. 1, p. 112). Sobre essa doutrina inaciana da obediência, cf. também a sua *Carta aos jesuítas portugueses* de 23 de março de 1553: "Podemos aceitar que em outras ordens religiosas nos superem em jejuns, vigílias e outras austeridades. [...] Mas pela pureza e a perfeição da obediência [...] e pela abnegação do juízo, desejo encarecidamente, caros irmãos, sejam assinalados os que, nesta Companhia, seguem a Deus" (*ibid.*, p. 111).

86. Nilo de Ancira (são Nilo), Λόγος ἀσκητικός/*De monastica exercitatione*, 41, PG 79, col. 769D-772ª. Cf. I. Hausherr, *Direction spirituelle*, p. 190, onde a citação de são Nilo, retomada por Foucault, termina assim: "[...] de sorte que, assim como a alma no corpo faz o que quer sem que o corpo oponha qualquer resistência e como o artista dá prova de seu *savoir-faire* sem que a matéria o impeça no que quer que seja de perseguir seu objetivo, assim também o mestre aplica sua ciência da virtude porque tem discípulos dóceis que não o contradizem em nada."

87. A palavra não se encontra no texto de *Instituições*, 4, 27. Todavia, a ideia é expressa pelo verbo "*tolerari*": "[Ele] não se preocupava com as injustiças presentes, ao contrário, se rejubilava por ver que elas nunca são suportadas sem benefício (*quod eas nequaquam infructuose cernebat tolerari*)" (p. 162). Para as múltiplas ocorrências desta palavra nas *Instituições*, ver o Índice p. 524.

88. Sobre essa noção, cf. *Institutions*, 4, 39, 2, p. 181 ("os sinais pelos quais se reconhece a humildade", entre os quais: mortificar toda vontade própria, não ocultar nada a seu ancião, não se apoiar em seu próprio discernimento, praticar constantemente a paciência, declarar-se o último de todos, "não apenas em palavras [...], mas num sentimento interior do coração"); *Conférences*, 2, 10, p. 120: "A verdadeira discrição só é adquirida à custa de uma verdadeira humildade. A primeira prova desta será deixar aos anciãos o julgamento de todas as suas ações e até de seus pensamentos, de tal modo que nunca nos fiemos em nosso senso próprio, mas que em todas as coisas aquiesçamos às suas decisões e queiramos saber unicamente pela boca da-

queles o que devemos considerar bom, o que devemos ver como mau." Cf. também 9, 3, t. 2, p. 42; 15, 7, *ibid.*, p. 217: "É [...] a humildade a mestra de todas as virtudes (*omniam magistra virtutum*), o fundamento inabalável do edifício celeste, o dom próprio e magnífico do Salvador"; 24, 16, t. 3, pp. 187-8.

89. Cf. *Sécurité, Territoire, Population*, aula de 22 de fevereiro de 1978, pp. 181-2 e p. 192 n. 36 e 37 [Martins Fontes, pp. 235-6 e p. 251 n. 36 e 37]. Mas Foucault não coloca aqui a questão das relações entre ἀπάδεια antiga e *apátheia* cristã. Sobre essa noção, cf. notadamente M. Spanneut, "*Apatheia* ancienne, *apatheia* chrétienne. Ire partie: L'*apatheia* ancienne", in *Aufstieg und Niedergang der römischen Welt*, Teil II, Heft 36/7, 1994, Berlim-Nova York, Walter de Gruyter, pp. 4641-717. Central no pensamento de Evágrio (cf. A. Guillaumont, introdução ao *Traité pratique*, pp. 98-112: "A impassibilidade é 'a flor da *praktiké*' (cap. 81), é a ela que esta conduz, como a um porto seguro, aquele que nela se exercita. Ela também é, tanto quanto a própria *practikè*, o tema do *Tratado prático* [...]", p. 98), esse conceito corresponde, em Cassiano, aos conceitos de *puritas cordis, puritas mentis, quies* (cf. o Índice das *Institutions*, pp. 525-526; O. Chadwick, *John Cassian*, p. 102).

90. Em *Mal faire, dire vrai*, aula de 6 de maio de 1981, pp. 130-1, Foucault ilustra essa análise das características principais da direção antiga como um texto de Ateneu, médico do século I, transmitido por Oribásio (*Oeuvres d'Oribase*, t. 3, trad. C.-V. Daremberg, Paris, Chez J.-B. Baillière, Imprimerie impériale, "Collection des médecins grecs et latins", 1858).

AULA DE 26 DE MARÇO DE 1980

A direção cristã segundo Cassiano (continuação). Correlação dos três princípios: da obediência sem fim, do exame incessante de si mesmo e da confissão exaustiva. – A prática da discretio, *entre o relaxamento e o excesso. Significado antiascético dessa noção. Contexto histórico: a organização monástica contra o ascetismo individual e sem regra. Diferença em relação à concepção antiga da* discretio: *o cristão não encontra mais sua medida em si mesmo. – Duas questões: (1) Por que falta ao homem a* discretio? *A presença do diabo, princípio de ilusão, no interior do sujeito. Necessidade de decifrar os segredos da consciência. (2) Como paliar essa falta de* discretio? *O dispositivo exame-confissão. (a) Objeto do exame do monge: seus pensamentos* (cogitationes). *A atividade da triagem (a metáfora do cambista). O gênio mau de Descartes, tema constante da espiritualidade cristã. (b) Função da confissão no exercício da* discretio. *Um mecanismo indispensável; seu caráter perpétuo e permanente. A* exagoreusis. *Paradoxo de uma aleturgia de si mesmo ligada à renúncia de si. – Três observações conclusivas: (1) a crítica cristã da gnose: dissociação entre salvação e perfeição, entre conhecimento de Deus e conhecimento de si; (2) a obrigação de dizer a verdade sobre si mesmo nas sociedades ocidentais; (3) que forma de poder ela supõe.*

[Da última vez] li esta passagem do livro 4 das *Instituições* de Cassiano, na qual é exposto o método para formar os noviços [quando] chegam ao convento e aí passam seus primeiros anos. Nesse texto, vocês se lembram, o primeiro imperativo era ensinar os noviços a vencer sua vontade, e os ensinavam a vencer sua vontade impondo-lhes um regime de obediência completo, exaustivo e permanente. Tratava-se, para eles, de obedecer sem cessar as ordens que podiam lhes dar, e aconselhava-se aos que lhes davam ordens para fazer de sorte que estas fossem o mais possível contrárias às suas inclinações. Graças a isso, os noviços deviam chegar àquela renúncia de si que tem o nome de humildade. Ora, eu também li para vocês a passagem imediatamente seguinte na qual estava dito que, para alcançar essa forma perfeita e completa de obediência*, é preciso ensinar os iniciantes "a não esconder por falsa vergonha nenhum dos pensamentos que lhes corroem o coração", mas ao contrário, desde que esses pensamentos nasceram, no momento em que nascem, "a manifestá-los ao ancião"[1]. Da última vez, portanto, eu havia tentado explicar a passagem relativa à obediência. Eu queria agora procurar explicar [o] que concerne ao exame e ao reconhecimento das faltas.

Essa segunda passagem que acabo de ler para vocês traz à luz, a meu ver, dois elementos importantes. O primeiro é o vínculo que existe entre a obediência ao outro e o exame de si mesmo. Se quisermos efetivamente ensinar o monge a obedecer, e a obedecer mais, exaustivamente ao outro, é preciso também, e a título de condição, lhe ensinar a se examinar a si mesmo. Em segundo lugar, segundo elemento importante é que vocês estão vendo que há no interior desse exame, nessa obrigação em que o noviço se vê de se examinar, há um curioso acoplamento, um acoplamento entre a obrigação de velar por si mesmo, de abrir os olhos para o que acontece em si mesmo – obrigação de olhar, portanto – e, correlativamente, imediatamente ligada a esse dever de olhar, a obrigação de falar. Devo enxergar tudo em mim, mas devo dizer tudo do que vejo em mim, e devo dizê-lo à medida que enxergo. Temos portanto, na direção cristã, um dispositivo no qual encontramos três elementos fundamentalmente ligados uns aos outros e dependentes uns dos outros: o princípio da obediência sem fim, o princípio do exame incessante e o princípio do reconhecimento exaustivo das faltas. Um triângulo: ouvir o outro, olhar para si mesmo, falar para o outro de si mesmo. É a organização, a economia desse triângulo que eu gostaria de estudar hoje.

Para justificar a necessidade do vínculo entre obediência e exame, ou antes, se preferirem, a necessidade de um vínculo entre a obediência e esse pacote constituído pelo exame e pelo reconhecimento das faltas, o exame--reconhecimento, Cassiano dá uma série de razões que, na verdade, não têm absolutamente nada de inesperado. De fato, trata-se para Cassiano de fazer de modo que o monge escape ao mesmo tempo de dois perigos. Primeiro, o perigo do relaxamento, que se insinua na alma a partir das pequenas complacências que podemos ter para conosco mesmos. Ele deve prestar bem atenção em tudo o que nele pudesse constituir os primeiros sinais de um relaxamento, o qual o levaria progressivamente às maiores fraquezas. Cassiano faz assim análises interessantíssimas, por exemplo, da gênese da avareza a partir do pequeno sentimento de propriedade que o monge

---

* Foucault acrescenta: para alcançar esse estágio da humildade em que o monge ... [duas ou três palavras inaudíveis: chiado na fita].

ainda poderia ter em relação a este ou àquele objeto que tem à sua disposição². Portanto, é preciso evitar o relaxamento, por um lado, e, por outro, evitar também o excesso, é preciso evitar o excesso de rigor, o excesso de ascese, aos quais poderiam se misturar, claro, o excesso de confiança em si, o orgulho, a vaidade, o desejo de fascinar alguém.

Que seja necessário evitar ao mesmo tempo o relaxamento e o excesso de rigor, vocês dirão – e assino sem reservas embaixo – que é um tema absolutamente banal e que a filosofia antiga não cessou de variar sobre esse tema do "nem demais, nem de menos", nem excesso num sentido, nem excesso no outro, nem fraqueza demais, nem rigor demais. Tudo isso é um velhíssimo tema da sabedoria antiga. A essa necessidade ou a essa forma do justo meio, Cassiano e, na verdade, todos os autores cristãos atribuíram uma palavra, uma palavra que é importante e que, vocês vão ver, se quisermos acompanhá-la um pouco e extremá-la em todos os seus significados, vai revelar um certo número de coisas importantes. A esse princípio de que não se deve cair nem num excesso nem no outro, nem no relaxamento nem no excesso de ascese, a isso Cassiano, como os outros autores cristãos, dá o nome de *discretio*³.

Discretio, discrição: a palavra traduz aproximadamente em latim o termo grego διάκρισις. Essas duas palavras, aliás, διάκρισις e *discretio*, ou antes, *discrimen* no latim clássico – bom, pouco importa –, designam o quê? Designam, em primeiro lugar, a capacidade de separar, de separar o que está misturado: ou seja, efetivamente, a direita da esquerda, o excesso de um lado, o excesso do outro, encontrar a linha divisória que vai permitir traçar uma linha reta entre os dois perigos. E, em segundo lugar, a *discretio* ou a διάκρισις ou o *discrimen* são ao mesmo tempo a atividade que permite julgar: pondo-se no meio, ver o que é demais ou o que não é bastante. Portanto, atividade de separação, atividade de julgamento. Aqui também, Cassiano, no fundo, não faz mais que reproduzir e prolongar as noções e as análises que a sabedoria antiga pôde fazer sobre a necessidade de separar bem as coisas, de seguir bem o justo meio e o bom caminho, de traçar a linha reta entre isto e aquilo. Cassiano define assim a *discretio*: "Afastando-se igualmente das duas extremidades contrárias, [a *discretio*] ensina a caminhar sempre por uma via régia. Ela não permite se afastar nem para a direita, no sentido de uma virtude tolamente presunçosa e de um fervor exagerado que ultrapassa os limites da justa temperança, nem tampouco à esquerda, no sentido do relaxamento e do vício."⁴ Essa noção de *discretio*, por mais banal que seja, se torna de fato uma das noções chaves da técnica cristã de direção. Como e por quê?

Creio que devemos primeiramente observar o seguinte. A noção de *discretio* adquire entre os cristãos e, em todo caso, de forma bastante clara em Cassiano uma ênfase particular. Uma ênfase particular no sentido de que, se é verdade que a *discretio* é algo requerido para lutar contra o relaxamento, o fato é que os exemplos dados por Cassiano, os exemplos mais desenvolvidos, aqueles com os quais trabalha, aqueles a propósito dos quais mostra a necessidade de uma *discretio* eficaz, [são] praticamente sempre tomados de empréstimo aos excessos da ascese, ao rigor excessivo desta ou daquela prática da vida monástica ou do ascetismo. Encontramos toda uma série de exemplos para mostrar a que leva a ausência de *discretio* exatamente naqueles que são os mais avançados no caminho da santidade. Temos [o] do abade João de Lico, sobre o qual tornaremos, que havia feito jejuns exagerados e tinha percebido finalmente que o diabo é que os havia inspirado[5]. Há uma história do monge Heron que, após cinquenta anos de vida no deserto, da mais perfeita abstinência – abstinência levada ao ponto de, no dia de Páscoa, não comer legumes –, acreditou que poderia se jogar num poço e que Deus ou seus anjos o segurariam, e é claro que ficou no fundo[6]. É a história de dois monges, cujo nome Cassiano nem ousa citar por respeito humano, que acreditaram poder atravessar todo o deserto sem comer[7]. É também o monge, cujo nome não cita, que havia acreditado poder sacrificar seu filho como Abraão (mas não é aquele de que lhes falava da última vez, Patermuto, o qual havia aceitado sacrificar seu filho por esta ordem lhe ter sido dada[8]). O sacrifício não é bom, porque não foi feito por ordem, mas por pura e simples presunção. É a história do monge Benjamin, que em vez de comer um pãozinho todos os dias, comia dois a cada dois dias[9]. É, sobretudo, a história funesta do abade Paulo, que tinha pelas mulheres um santo e justificado horror, mas que levou esse horror ao seguinte ponto: um dia em que vai visitar outro asceta que precisa dele, encontra umas mulheres, foge às carreiras[10] e renuncia à visita, preferindo assim renunciar a uma obra de caridade a ver mulheres. Pois bem, não deveria ter feito isso, foi punido: quatro dias depois ficou paralítico e foi tratado durante quatro anos num convento de mulheres[11]. Os exemplos de *discretio* ou, melhor dizendo, de falta de *discretio*, e dos efeitos funestos da ausência de *discretio* que Cassiano nos dá têm todos – enfim, a grande maioria – um quê de antiascético acentuadíssimo. A *discretio* deve ser muito mais um freio, um moderador, uma moderação da ascese, do que um motor e um princípio de amplificação ou de intensificação da vida ascética[12]. E Cassiano cita um texto, verdadeiro ou falso, não importa, de santo Antônio que diz: "Quantos vimos se entregarem aos jejuns e às vigílias mais rigorosos, provocarem a admiração por seu amor à solidão, lançarem-se num despojamento absoluto, não reservarem um só dia de víveres para si. [...] E depois caíram na ilusão; à obra empreendida não souberam dar seu coroamento; terminaram [...] uma vida digna de elogios com um fim abominável."[13]

Essa ponta, esse gume manifestamente antiascético na análise da *discretio* por Cassiano se prende, é claro, a um contexto histórico preciso e particular. Evoco-o em duas palavras. É toda uma série de problemas evidentemente interessantíssimos. Não se deve esquecer que o monaquismo, tal como se desenvolveu, institucionalizou, regularizou no decorrer do século IV e, em particular, é claro, nas formas regradas e comunitárias do cenóbio, esse monaquismo na verdade não se desenvolveu como uma intensificação, mas contra uma certa intensificação, digamos, selvagem das práticas ascéticas que ocorriam no século III e início do século IV[14]. Intensificação selvagem que adquiria a forma de um ascetismo individual e sem regras, que adquiria a forma de uma vagabundagem geográfica, mas também de uma vagabundagem e de uma errância especulativa não controlada, acompanhada por toda uma floração de façanhas, de visões, de ascese extraordinária, de milagres, de rivalidades e de liças tanto no rigor da ascese como nas maravilhas taumatúrgicas. Era tudo isso que se tratava de controlar, de regularizar, de reintroduzir no interior tanto da instituição eclesiástica em geral como do sistema dogmático que estava se edificando nesse momento por expurgo sucessivo das heresias. Tratava-se portanto, em suma, de introduzir a ascese e as regras da ascese no interior do sistema da própria Igreja. O que se tratava no fundo de conjurar era essa velha figura que os gregos conheciam pelo termo θεῖος ἀνήρ, o homem divino[15], o homem perfeito, o homem dotado de tantos poderes que é capaz, além dos poderes dados aos outros homens, de produzir um certo número de efeitos sobre si mesmo e sobre os outros, decorrentes de uma presença divina nele. Como vocês estão vendo, é sempre esse problema da perfeição e da necessidade ou, em todo caso, do objetivo que a Igreja cristã se deu contra um certo número de suas tendências internas ou contra um certo número de suas proximidades, esse esforço que ela fez para distinguir a economia da salvação da exigência de perfeição. Inútil ser perfeito para fazer sua salvação. A tarefa da salvação implica, isso sim, um trabalho de aperfeiçoamento. Ela, salvação, não postula a existência da perfeição.

A organização monástica, a regularização da prática monástica e a exigência da *discretio* têm, portanto, essencialmente, e por razões históricas, um toque antiascético. Compreende-se então, nessas condições, que a *discretio*, tal como é desenvolvida pelos teóricos da vida monástica, apresente uma diferença capital em relação à que encontrávamos entre os filósofos e moralistas da Antiguidade. Ei-la. No livro 2, capítulo 5 das *Instituições*, Cassiano dá o exemplo da própria fundação da primeira grande prática de *discretio*, de moderação. Ele relata o que, por certo, é um tanto lendário, a origem apostólica do cenóbio[16]: para ele, os apóstolos teriam fundado e vivido numa espécie de convento que teria sido o modelo de todos os conventos futuros... Bom, não importa. Nesse primeiro convento dos próprios apóstolos, cada um, claro, era movido por um grande zelo, um grande zelo individual e particular, e cada um cantava uma quantidade notável de salmos. Cada um era livre para fazer o que bem entendia e cantar tanto quanto queria ou podia. Mas eles se deram conta, esses primeiros monges, de que havia nisso um perigo, um perigo de "querela intestina". "A dissonância e a própria variedade podem gerar no futuro", pensavam eles, "o germe do erro, da rivalidade e do cisma"[17]. Diante desse perigo, portanto, eles decidem se reunir uma noite para discutir, saber qual o número de salmos que se deveria impor tomo medida geral, *modus*, aos seus sucessores. Estão reunidos, e um irmão que não conhecem está entre eles. O irmão se levanta, canta um salmo, dois salmos, dez salmos, onze salmos e no décimo segundo salmo para cantando aleluia, e, é claro, nem mesmo termina o aleluia quando desaparece. Vocês o reconheceram: era um anjo[18]. Não há evidentemente nada de extraordinário nessa anedota da instauração divina de uma instituição, da instauração divina dessa medida imposta ao zelo dos ascetismos particulares. Mas essa história, apesar do seu caráter totalmente banal, carrega a meu ver um significado particular: é que, embora os participantes daquela reunião tenham sido os próprios apóstolos[19], isto é, gente da mais elevada santidade, essa santidade não foi suficiente por si só para que eles pudessem definir, por si mesmos, o princípio de uma moderação que era no entanto necessária para alcançar o objetivo deles. Os próprios apóstolos não estavam à altura de si mesmos. E necessitaram dessa intervenção divina para que a moderação, o princípio da moderação, isto é, o princípio da discrição, da justa medida entre isso e aquilo, lhes fosse imposta e eles pudessem aceitá-la. Em outras palavras, chega-se à ideia de que mesmo entre os personagens mais santos, mesmo entre os que eram os mais próximos da verdade, havia uma mancha cega, havia um ponto que lhes escapava, eles não podiam ser, de per si, sua própria medida. Eles não podem saber exatamente o que devem fazer, porque sabem mal o que podem fazer, e sabem mal o que podem fazer porque no fundo ignoram o que são. Não há *discretio* natural, imanente ao homem. E é aí que eu lhes dizia que a ênfase diferente da *discretio* em Cassiano indicava uma diferença radical em relação à *discretio* da sabedoria antiga. A *discretio* da sabedoria antiga, a possibilidade para o sábio antigo de diferenciar o demais do de menos, a quem ele deve? Ele a deve a seu *lógos*, a esse *lógos*, a essa razão que ele tem em si e que é absolutamente clara a seus próprios olhos, contanto, é evidente, que não seja passageiramente obscurecida pelas paixões; é, em todo caso, a si mesmo, e somente a si mesmo, que o sábio antigo vai pedir sua medida. O santo cristão, o asceta cristão, por sua vez, não pode encontrar sua medida em algo que estaria em si mesmo. Não pode pedir a si mesmo o princípio da sua própria medida. Em suma, a *discretio* é indispensável. Só tem um problema: [é que ela]* falta ao homem.

Primeira questão: por que a *discretio* falta ao homem ou, se preferirem, qual é o modo de ausência da *discretio*? E, em segundo lugar, como paliar a ausência de *discretio*?

Primeira questão: por que, como, de que modo a *discretio* falta ao homem? Exemplo: [o] do abade João de Lico de que lhes falava há pouco. No fim da 24ª conferência de Cassiano, fala-se desse abade João de Lico, que havia atingido um ponto de santidade tão grande, que estava tão próximo da perfeição e que, por conseguinte, estava tão pleno de luz que todos os soberanos do mundo vinham consultá-lo e lhe perguntar o que deviam fazer[20]. Ora esse mesmo abade João de Lico, a quem todos os soberanos do mundo vinham pedir consulta, tanto ele era pleno de luz, é o mesmo que, na primeira conferência, vemos cair num jejum excessivo. Jejuou demais e, no fim do jejum, no momento em que acredita alcançar graças a este uma perfeição maior, uh-uh, o diabo aparece e lhe diz: "Fui eu que te fiz jejuar e te disse para jejuar excessivamente, para que te enfraquecesses e resistisses menos facilmente às tentações."[21] Dava conselhos aos soberanos, e não era capaz de medir seu próprio jejum. Essa história, por certo, fala bem claramente. Por um lado, ela indica uma diferença fundamental entre esse santo personagem e o sábio antigo. O sábio antigo era aquele que, precisamente, renunciava a querer dominar a ordem do mundo e reinar sobre ela, mas que pelo menos tinha um pequeno império sobre o qual podia exercer seu olhar e seu poder, e era ele mesmo. Desse império não podiam despojá-lo e portanto ele aceitava renunciar a aconselhar os soberanos por ter a certeza de exercer sobre si mesmo sua soberania. Era o sábio antigo. Aqui, ao contrário, vemos o santo que é capaz de aconselhar todos os príncipes do mundo. É mais fácil eu dizer o que se deve fazer aos que mandam no mundo inteiro do que me dizer a mim mesmo o que devo fazer.** O que devo fazer me escapa, se não me refiro a um outro. Segundo elemento da história, segundo aspecto: a explicação dessa obscuridade, dessa incerteza quanto a si mesmo, se deve a quê? Ela se deve, a história diz, ao diabo. O diabo que está presente ante um asceta; mesmo no [grau]*** mais elevado de santidade, o diabo não solta sua presa. O diabo, além disso, como vocês veem na his-

---
* Audição incerta; chiado na fita.
** O manuscrito acrescenta entre aspas: "Não ter uma ideia da sua própria alma."
*** M. F.: ponto

tória, se esconde a tal ponto que o asceta pôde crer que era ou dele próprio, ou de Deus, que vinha a ideia de jejuar, quando vinha do diabo. E, enfim, o diabo que enganou e iludiu, apresentando como um bem o que na verdade se revelava um mal.

Há em Cassiano, como nos autores de toda essa época, claro, toda uma teologia da presença do diabo no homem, toda uma série de explicações para explicar como e de que maneira o espírito do mal pode estar ao mesmo tempo presente, perpetuamente presente no homem, e ativo, perpetuamente ativo. Não tornarei sobre isso. Gostaria simplesmente de reter três elementos que me parecem essenciais. Primeiro: a presença do diabo nunca é conjurada. Nenhum grau de santidade pode absoluta e definitivamente assegurar que o diabo não estaria presente em mim. Segundo: essa presença se dá no interior do próprio sujeito e numa espécie de intrincação com [a sua] subjetividade*. Essa presença como se dá? Cassiano explica, e num espírito de todo conforme com o que a maioria dos autores dizia na época, [que] essa penetração do diabo não se dá exatamente na alma. Em outras palavras, a alma do homem não é tomada, possuída, invadida nem impregnada diretamente pelo espírito do mal, pelos espíritos do mal. É física e teologicamente impossível pelas razões que Cassiano fornece[22]. Em compensação, se a alma humana não é diretamente penetrada pelo espírito do mal, em todo caso o espírito do mal se parece muito com ela. O espírito do mal e a alma são, ambos, da mesma natureza[23]. São parentes, e é essa semelhança, essa analogia, esse parentesco tão próximo que permite que o espírito do mal venha para junto da alma humana impregnar o corpo, comandá-lo, dar-lhe ordens, agitá-lo, sacudi-lo. E nessa medida, haverá, não a possessão da alma pelo espírito do mal, haverá copossessão, copenetração, coexistência do espírito do mal e da alma no corpo. O corpo será a sede dos dois. É a partir do corpo que o espírito do mal vai dirigir para a alma representações, sugestões, ideias[24] que têm em particular, primeiramente, que elas disfarçam o mal sob as espécies do bem, de sorte que vai ser muito difícil para a alma reconhecer se a sugestão que lhe é enviada é uma sugestão boa ou uma sugestão má, mas, sobretudo, a alma não poderá distinguir se a sugestão que lhe é assim enviada vem do próprio indivíduo, ou vem de Satanás, ou vem de Deus[25]. Ou seja, o ponto de origem, a identidade, a marca originária da sugestão se acha completamente embaralhada. Em suma, o modo de ação do espírito do mal, por sua copresença no corpo, por sua analogia e semelhança com a própria alma, esse modo de ação vai ser tal, que produzirá na alma a ilusão ou, em todo caso, a não-distinção entre o bem e o mal, a não-dis-

---

* M. F.: a subjetividade do próprio sujeito

tinção entre Satanás e Deus, a não-distinção entre Satanás e o próprio sujeito.

Nessas condições, vocês estão vendo que o modo fundamental de ação do diabo na alma não vai ser a paixão, o *páthos*. Isso vai ser a ilusão, o engano, o erro. De sorte que, naturalmente, enquanto para o sábio antigo ou para o sábio estoico, o problema, o inimigo, o perigo, o grave, aquilo com que você tinha de se arranjar por meio da *discretio* era o movimento incontrolável da paixão, do *páthos*, com a mecânica do corpo repercutindo na alma e provocando movimentos incontroláveis, por sua vez o problema, a questão, o perigo na direção cristã será a ilusão, essa ilusão, essa não-discriminação entre a representação do bem e a representação do mal, entre a representação, a sugestão que vem de Deus, a que vem de Satanás, a que vem de mim mesmo. Digamos em outros termos que, enquanto a *discretio* da sabedoria antiga devia se basear essencialmente nas coisas, no valor das coisas, o problema da *discretio* na santidade cristã ou no aperfeiçoamento cristão vai se apoiar em mim mesmo, no que se passa em mim mesmo e nas ideias que me vêm, que me vêm à consciência. Não é o valor das coisas que vai ser preciso reconhecer, são os segredos da consciência que será preciso decifrar. *Arcana conscientiae, exploratio conscientiae*[26]: eis qual vai ser a tarefa da discrição cristã – bem diferente, como vocês estão vendo, da mensuração do valor das coisas e da relação das coisas consigo mesmas que se pedia ao sábio [antigo]*. A διάκρισις da sabedoria antiga era um juízo que a consciência soberana do homem fazia por si mesma, distinguindo na confusão das paixões o bem do mal. Tratava-se de determinar o valor das coisas em relação ao sujeito. Era isso a διάκρισις antiga, a *discretio* do sábio, digamos, estoico. Na espiritualidade cristã, a *discretio* não se apoia mais no valor das coisas, mas no próprio sujeito, no sujeito, na medida em que ele é em si mesmo habitado por um princípio outro, por um princípio estranho que é ao mesmo tempo princípio de ilusão. Trata-se portanto, para essa *discretio*, de se exercer sobre o próprio sujeito, na medida em que ele é obscuro a [si] mesmo. Não é mais o valor das coisas em relação ao sujeito que está em questão, é a ilusão interna de si sobre si. Eis pois a razão pela qual o sujeito não possui, ele próprio, *discretio*.

[Segunda questão:] como paliar essa falta da *discretio* autônoma? A *discretio* que falta, portanto, pelas razões que acabo de dizer (essa presença do diabo que estabelece um princípio de ilusão e de incerteza em relação a si mesmo), vai ser substituída pelo quê? Precisamente, pela estrutura, pelo dispositivo exame-reconhecimento das faltas de que lhes falava

* M. F.: cristão

no início. O que é esse exame-reconhecimento, que procurei lhes explicar por que era indispensável? A primeira coisa que se deve notar é, como vocês compreendem, que ele não pode ter a mesma forma nem os mesmos objetos do exame antigo. O exame antigo – lembrem-se de Sêneca, por exemplo, [passando em revista]* seu dia para saber o que havia feito e se de fato havia feito bem o que havia feito – tinha essencialmente por objeto os atos cometidos. O exame cristão não vai fazer desaparecer essa prática. Ela é efetivamente mencionada por certo número de espiritualistas cristãos. Vocês a encontram em são João Crisóstomo, dizendo, num estilo bem senequiano: "Chamemos nossa consciência, façamo-la prestar contas das ações, das palavras, dos pensamentos do dia. Examinemos o que é vantajoso e o que é prejudicial para nós."[27] Essa prática existe, mas não é a mais importante, longe disso, e ela é, no máximo, não aliás sem alguns sinais de desconfiança sobre os quais tornarei daqui a pouco, uma estrutura complementar em relação a uma prática que é no fundo bem diferente. Com efeito, o exame cristão, primeiro, é feito sobre uma matéria-prima que não é em absoluto a mesma do exame antigo. Lembrem-se da passagem pela qual eu começava há pouco, livro 4, capítulo 9 das *Instituições*: "Não escondei por falsa vergonha nenhum dos pensamentos, *nullas cogitationes [celare]***"[28], expressão que vamos encontrar ao longo dos textos de Cassiano[29]. É sempre o problema da *cogitatio*, das *cogitationes*, dos pensamentos. O exame tem por objeto pensamentos, e não atos. Que a *cogitatio*, que o pensamento é um elemento fundamental na instituição monástica, nem é preciso dizer. A partir do momento em que o objetivo do monge é a contemplação e que ele deve caminhar para a contemplação por meio da prece, da oração, da meditação, do recolhimento, a *cogitatio* é evidentemente o problema central da vida do monge. E, por conseguinte, o perigo que vai se apresentar para o monge é o fluxo dos seus pensamentos, o curso, a agitação das ideias que vão lhe vir à mente. Evágrio Pôntico dizia em seu *Tratado prático* que, em boa parte, inspirou Cassiano: "Com os seculares" (com a gente que vive no século), "os demônios lutam utilizando de preferência os objetos", πράγματα, diz ele. "Mas no caso dos monges é, na maioria das vezes, utilizando os pensamentos", e emprega a palavra fundamental λογισμοί[30].

Palavra cuja história é interessante, pois o λογισμός, no vocabulário grego clássico, designa o quê? Designa o raciocínio, isto é, a maneira como se aplica o λόγος para alcançar a verdade[31]. Ora, no vocabulário da espiritualidade cristã – e aí Evágrio Pôntico é fundamental na inversão,

---

* M. F.: repassando
** A palavra *"celare"*, omitida por Foucault, está acrescentada no manuscrito.

enfim, na inflexão do sentido da palavra[32] – o λογισμός não é o uso positivo de um λόγος positivo que permite alcançar a verdade. O λογισμός é o pensamento que vem à mente com tudo o que ele pode ter de incerto quanto à sua origem, quanto à sua natureza, quanto ao seu conteúdo, por conseguinte quanto ao resultado que dele podemos tirar. O λογισμός é uma coisa duvidosa e, no limite, é inclusive uma coisa negativa, na medida em que, se é verdade que o objetivo da vida monástica é a contemplação, e a contemplação de uma só coisa, a saber Deus, o simples fato de pensar numa coisa, o simples fato de pensar no que quer que seja, o simples fato de que um λογισμός venha se apresentar na tensão da consciência dirigida por Deus, esse simples fato já é negativo, e o λογισμός, como emergência de uma ideia qualquer no espírito voltado para Deus é uma coisa ruim. A conotação da palavra λογισμός vai se infletir, e é a mesma coisa em Cassiano (e em latim, em geral), onde a palavra *cogitatio* também adquire nesse vocabulário, no vocabulário da espiritualidade cristã, um sentido mais para o negativo: vamos encontrar em Cassiano toda uma série de enunciações de papéis negativos da *cogitatio*, isto é, do simples fato de que você se põe a pensar em alguma coisa quando não devia pensar em nada, ou antes, só devia pensar em Deus.

Então, toda uma série de referências que eu poderia multiplicar. Por exemplo, na conferência 7. Capítulo 3: "Às vezes sentimos que o olhar do nosso coração se dirige para o seu objeto" – a saber, Deus –, mas, logo, eis que "nosso espírito resvala insensivelmente dessas alturas e se precipita com um ímpeto mais ardente em direção a suas divagações primeiras"[33]. *Cogitatio, [e]vagatio**: o simples fato de ter *cogitationes* já é uma divagação. Na primeira conferência, alguém que questiona o abade Moisés lhe diz: "Mesmo sem querermos e, ademais, sem sabermos, *nolentibus* [...] *nescientibus*, os pensamentos supérfluos resvalam em nós de uma maneira tão sutil e tão oculta que é difícil, não apenas repeli-los, mas ter consciência deles e reconhecê-los" (distingui-los, logo exercer a *discretio*)[34]. E o abade Moisés responde assim a esta questão do seu discípulo: "[De fato], é impossível o espírito não ser perpassado por pensamentos múltiplos."[35] Na 7ª conferência, consagrada inteiramente à mobilidade do espírito, está dito o seguinte: no que concerne ao espírito humano, ele se define – e aqui Cassiano emprega palavras gregas – como "*aeikinetos kai polukinetos* [ἀεικίνητος καί πολυκίνητος]", algo sempre móvel e que se mexe em todos os sentidos e em todas as direções e que é sacudido por toda uma multiplicidade de movimentos. "Ele é presa de uma perpétua e extrema mobilidade. [...] Sua natureza é tal que não pode permanecer

* M. F.: *divagatio*

ocioso, [...] sua natural leveza o conduz necessariamente a vagar, esvoaçando [aqui e ali] sobre tudo o que encontra."[36] Em suma, o grande perigo, o perigo permanente para o monge e, por conseguinte, o problema maior que vamos encontrar no exercício da *discretio*, do exame, da obediência etc. não é, pois, tanto a agitação das paixões quanto a agitação dos pensamentos. Multiplicidade dos pensamentos que se apresentam, precipitação que faz que se distingam mal uns dos outros, dificuldade de controlar o movimento, dificuldade de reconhecê-los como o que são, isto é, reconhecer sua origem e reconhecer para onde vão.

É essa a matéria-prima do exame do cristão: a *cogitatio*. Apreender o fluxo do pensamento e depois tentar se arranjar nesse fluxo incessante da multiplicidade, nesse νοῦς, nesse espírito que é perpetuamente móvel, se arranjar dentro dele, é esse o papel do exame. Como o exame vai ser feito? Sobre esse ponto, Cassiano emprega uma série de metáforas. A metáfora do moinho [primeiro]. Diz ele: o espírito é sempre agitado, portanto. É agitado como a água de um riacho ou de um rio que não para de correr, e esse rio, ao correr, faz girar a roda do moinho e contra isso o moleiro nada pode fazer. Nada pode fazer. A água é agitada, a água corre, e isso é bom ou ruim, não importa, é assim e é isso que faz girar o moinho. Mas o moinho[37] pode moer grão bom e ruim. Pode-se pôr nele o joio ou o trigo. E, por conseguinte, o papel do monge ou o papel do exame, de quem se examina, é realizar, nesse fluxo de pensamentos, uma triagem para fazer que o pensamento moa o bom grão e não o ruim[38]. Segunda metáfora, a metáfora do centurião, do oficial que, no momento em que os soldados ou candidatos a soldado se apresentam a ele, inspeciona-os, observa-os, avalia suas qualidades, vê se um é forte, se outro é fraco, intui se um é corajoso, e outro, covarde, e realiza assim a triagem entre os que vão ser encarregados disto e os que, por sua vez, vão ser encarregados daquilo[39]. Enfim, terceira metáfora, a do cambista, do cambista de moedas. Apresentam-lhe moedas. Antes de aceitá-las e dar em troca outras moedas, ele as vai é claro [examinar]*, avaliá-las[40].

Através dessas três metáforas, vemos muito bem qual é o papel do exame. Não é como em Sêneca, esse papel da inspeção *a posteriori*: você administrou como pôde o seu dia e depois, no fim deste, inspeciona o que fez e vê se fez como [devia]**. Trata-se, neste caso, de uma atividade que se exerce sobre o fluxo do pensamento e dos pensamentos, no mesmo momento em que esse fluxo se dá. O exame deve centrar-se na atualidade do pensamento e não, retrospectivamente, no que foi feito. Trata-se de

* M. F.: aceitar
** M. F.: fez

apreender o pensamento no momento em que começa a pensar, de apreender na raiz, quando estamos prensando no que pensamos. No sentido estrito, o exame é um exame de passagem, um exame de passagem na atualidade e que tem por função o quê? Exercer uma triagem, exercer [o que, precisamente, era chamado de] *discriminatio**. Não se trata portanto de medir *a posteriori* os atos para saber se são bons ou ruins, mas de apreender os pensamentos no exato momento em que se apresentam, depois procurar o mais depressa possível, imediatamente, separar os que podemos acolher em nossa consciência e os que teremos de repelir, expulsar da nossa consciência.

Como se faz essa operação? A metáfora do cambista, que retorna várias vezes em Cassiano, é sem dúvida a que permite elaborar melhor a maneira como, para Cassiano, se deve fazer esse exame da consciência na atualidade do fluxo das ideias que se apresentam. De fato, o que faz o cambista? O cambista, diz Cassiano, é alguém que verifica o metal da moeda, que verifica sua natureza, que verifica a pureza da moeda, que verifica também a efígie, que se interroga sobre a origem da moeda. O mesmo se dá, diz ele, com o pensamento e o exame que devemos exercer em permanência sobre nosso pensamento. [Primeira possibilidade: uma ideia se apresenta com todo o brilho da linguagem filosófica]**, acreditamos que é ouro – e Deus sabe como os filósofos sabem apresentar suas ideias como sendo ouro –, mas não passam de ideias de filósofos e não são ideias verdadeiramente cristãs. Devemos portanto rejeitá-las[41]. Metal falso. Segunda possibilidade: uma ideia talvez de um bom metal, mas a efígie foi acrescentada, e isso é muito interessante. Ele diz, por exemplo: vem-me à mente um texto da Escritura, bom metal, ouro puro, claro, mas desse texto da Escritura eu posso, ou antes, o espírito do mal que está em mim pode me sugerir uma má interpretação e lhe dar um sentido que não é o dele, como se esse metal puro houvesse sido cunhado com uma efígie falsa. A interpretação é a efígie da ideia, de certo modo, é a efígie da própria Escritura e pode ser inspirada pelo usurpador, pelo enganador[42]. Terceira possibilidade: o pensamento se apresenta numa forma válida, bom metal, efígie aparentemente correta, mas vem de uma oficina ruim e é, na [realidade], feito com finalidades inconfessáveis. Por exemplo, me vem à mente que é bom jejuar, me vem à mente que seria bom eu me tornar clérigo ou fazer obras caridosas. Tudo isso é bom. Mas, na verdade, isso pode vir de uma oficina ruim, pode vir do diabo[43]. Foi o que aconteceu,

---

* M. F.: o que chamam, precisamente, de uma *discriminatio*
** frase do manuscrito: passagem lacunar da gravação, devido à mudança de lado da cassete. Ouve-se apenas: "brilhantes".

por exemplo, com o abade João de Lico, que, no fundo, pôs em circulação essa moeda (devemos jejuar) com finalidades que eram nocivas, a saber, debilitar o monge[44]. Enfim, quarta possibilidade: tudo é bom, a efígie é correta, o metal é bom metal, provém de uma boa oficina. Só que enferrujou, se desgastou, se enfraqueceu e não tem mais o peso certo e está de certo modo corroído por uma espécie de ferrugem. Pode assim acontecer que um imperativo a que obedecemos – por exemplo, a obrigação de jejuar – esteja corroído pelo desejo de se fazer apreciar pelos outros, por um desejo de vaidade, pela preocupação de mostrar aos outros até que ponto somos capazes de levar o ascetismo.

Através dessas quatro possibilidades[45], vocês estão vendo que o exame que deve ser efetuado no exato momento em que a ideia começa não tem por objeto aquilo de que a ideia é ideia, isto é, o que será mais tarde chamado de conteúdo objetivo da ideia. Não é isso. O que é importante, aquilo sobre o que o exame incide, aquilo sobre o que a atividade da triagem incide é de certo modo o grão, a substância, a origem, a marca mesma da ideia. Trata-se do exame material do pensamento, e não [de] um exame do conteúdo objetivo da ideia. Aliás, Cassiano diz isso: "devemos observar a *qualitas cogitationum*, a qualidade dos pensamentos."[46] Observação do pensamento, portanto, do fluxo do pensamento em sua qualidade, em seu grão, em sua origem: ir buscar no fundo de si mesmo como ele foi fabricado e com quê, deixando um pouco de lado o problema de saber de que é a ideia. Problema, portanto, da origem, da fabricação, da realidade material da ideia, e também problema de saber, não tanto se me engano no que penso – porque, afinal de contas, não me engano quando me digo que devo jejuar –, [mas] se sou enganado, enganado por alguém, por outro, por outro em mim. Grão do pensamento, qualidade do pensamento e problema de ser enganado.

Chegamos a meu ver a um ponto importantíssimo, porque no exame de tipo estoico, examinavam-se os atos, mas também se colocava um problema de verdade. De fato, tratava-se de saber se, agindo como agi não fui vítima de uma opinião corrente ou já pronta, se uma verdade não me escapou. Por exemplo, tentei convencer uma pessoa de que ela estava errada ao fazer isso ou aquilo, mas me exaltei demais contra ela e não refleti sobre esta verdade: que devemos levar em conta, no outro que repreendemos, a sua capacidade de compreender e apreender a verdade. Logo, cometi um erro. A análise do ato e a identificação do erro existiam entre os estoicos, portanto. Mas vocês estão vendo que a questão, para eles, se relacionava à verdade do que penso, isto é, ao conteúdo objetivo das minhas ideias ou das minhas opiniões, e esse conteúdo objetivo eu examinava *a posteriori*, de noite, no escuro, quando minha mulher havia feito silêncio, isto é, quando eu podia exercer soberanamente minha consciência de sujeito. No exame cristão, ao contrário, vocês veem que a questão se relaciona, não ao conteúdo objetivo da ideia, mas à realidade material da ideia na incerteza do que sou, na incerteza do que acontece no fundo de mim, e procurando o quê? Se minha ideia é verdadeira? De jeito nenhum. Se tenho razão de ter esta ou aquela opinião? De jeito nenhum. Não é a questão da verdade da minha ideia, é a questão da verdade de mim mesmo que tenho uma ideia. Não é a questão da verdade do que penso, mas a questão da verdade de mim, que penso.

Creio termos aí uma flexão muito importante na história das relações entre verdade e subjetividade. História tão importante que podemos pegá-la pela outra ponta, por sua extremidade, ia dizendo por sua saída: nunca esquecer que o gênio maligno de Descartes não tem nada a ver com a bizarra e extrema invenção da radicalidade filosófica tentando se recuperar. O gênio maligno, a ideia de que há em mim algo que sempre pode me enganar e que tem tamanha potência que eu nunca poderei estar plenamente certo de que não me enganará, esse é o tema absolutamente constante da espiritualidade cristã. De Evágrio Pôntico ou de Cassiano até o século XVII, o fato de que há em mim algo que pode me enganar e que nada me garante que não serei enganado, ainda que eu tenha certeza de não me enganar, é absolutamente fundamental. E a inversão cartesiana, que vai precisamente fazer a relação verdade-subjetividade pender para outro sentido, vai se produzir quando Descartes disser: "Quer eu seja enganado, quer não, engane-me quem quiser, de todo modo há algo que é indubitável e em que não me engano e que é o fato de que, para me enganar, eu tenho de ser."[47] E nesse momento ele terá feito o "eu não me engano" resultar do perigo fundamental do ser-enganado, e da dúvida espiritual infinda que a prática cristã da direção e do exame havia introduzido nas relações entre subjetividade e verdade. Descartes terá feito, no fim das contas, a afirmação filosófica primeira.

Eis no que concerne o exame. Mas, justamente, se o que eu explicava a vocês é verdade, isto é, se é verdade que sempre há em mim algo que pode me enganar, se devo estar incessantemente de ataláia, ser o centurião da minha própria consciência, o barqueiro das minhas ideias, se devo ser como* um guarda alfandegário vigilante que no limiar da minha consciência zela pelo que entra e o que não deve entrar, como é que posso fazer eu mesmo essa discriminação, se não tenho *discretio*, isto é, se não posso ser eu mesmo meu próprio juiz e minha própria medida? Como ser o bom centurião, o bom zelador, o bom moleiro, se me falta, em mim mesmo,

---

* Foucault acrescenta: um cambista ou

qualquer instrumento de medida, se sempre pode haver em mim esse princípio de ilusão e esse grande enganador? Como fazer para realizar essa triagem, se não possuo a régua com que poderia medir meus pensamentos[48]? É aí que intervém o reconhecimento das faltas. Descartes, a essa possibilidade de ser enganado, oporá o fato de que há pelo menos uma certeza, a de que, para poder ser enganado, tenho de ser. A espiritualidade cristã dirá: já que tu sempre podes enganar a ti mesmo, já que há sempre em ti algo que pode te enganar, então tu tens de falar, tu tens de reconhecer.

Por que o reconhecimento das faltas permite escapar do paradoxo do exame ou da incerteza desse exame, que é requerido pelo engano que existe em mim mas que é ao mesmo impossibilitado pelo fato de esse engano ser incontornável? Por um certo número de razões. O reconhecimento das faltas desengana, claro, porque, confiando a outro o que sei de mim, ele vai poder me dar conselhos, indicar o que devo fazer, as orações a fazer, as leituras recomendadas, a conduta a ter. Mas na verdade não é isso o fundamental para Cassiano e não está nisso, não está nos conselhos efetivamente dados pelo outro que o reconhecimento vai encontrar sua eficácia quanto à verdade do exame, quanto à produção da verdade de si. O reconhecimento das faltas é um operador de discriminação em que podemos nos fiar, não tanto porque o outro com quem falo é fulano, mas pelo simples fato de que falo a um outro. A própria forma do reconhecimento é um princípio de discriminação maior ainda do que a sabedoria daquele com quem falo, e por quê? Por três razões.

Primeiro porque, diz Cassiano, se os pensamentos são de bom quilate, se a origem deles é pura, se foram emitidos por mim com a melhor das intenções, não há dificuldade em serem reconhecidos. Se ao contrário esses pensamentos vêm do mal, se vão ao mal, terão dificuldade para se manifestar. Vão se recusar a ser ditos, vão tender a se ocultar. A recusa a ser dito, a vergonha de se formular, é esse o critério indubitável do bem e do mal quanto à própria qualidade do pensamento. A vergonha de reconhecer a falta é sinal da natureza do que reconhecemos. "O diabo mais sutil", diz Cassiano, "não poderá fazer o jovem cair, a não ser que o atraia, por orgulho ou respeito humano, a esconder seus pensamentos. De fato, os anciãos afirmam que é um sinal universal e diabólico quando enrubescemos por manifestá-lo ao ancião."[49] Portanto, mecanismo da vergonha, mecanismo da impossibilidade de falar. Se não posso dizer em que penso, é que aquilo em que penso não é de boa qualidade. A *qualitas* da *cogitatio* é ruim. Critério da vergonha.

Em segundo lugar, segundo mecanismo de triagem: é que, no fundo, os maus pensamentos preferem desistir e se retirar da alma, fugir voando, a ter de passar ao reconhecimento. E temos aí uma razão que é teológica ou, se preferirem, cosmo-teológica, que é a seguinte: é que Satanás era o anjo da luz, o anjo da luz que por causa da sua falta foi condenado. Condenado a quê? Às trevas. Quer dizer que o dia lhe foi proibido. Ele só pode viver na escuridão, só pode viver nos arcanos do coração, nas dobras da alma, onde a luz não penetra. E a luz, pelo simples fato de ser luz e de haver agora incompatibilidade fundamental entre o diabo, Satanás, e a luz, esse simples fato de que há luz e de que a palavra vem trazer luz à alma, é isso que fará Satanás desistir. "Um mau pensamento", diz Cassiano na conferência 2, capítulo 10, um mau pensamento "produzido de dia perde logo seu veneno. Antes mesmo da discrição dar sua sentença, a pavorosa serpente que esse reconhecimento por assim dizer arrancou de seu antro subterrâneo e tenebroso, para lançá-lo à luz e oferecer sua vergonha em espetáculo, se apressa a bater em retirada."[50]

Terceiro mecanismo: é que o simples fato de falar, de fazer as palavras saírem da boca constitui um ato de expulsão, de expulsão material. Já não está no coração o que está na língua. Essa analogia do reconhecimento das faltas com o exorcismo aparece muito claramente em certo número de textos e em particular numa história do abade Serapião, que Cassiano conta, conferência 2, capítulo 11. Quando criança, o abade Serapião roubava pãezinhos e, claro, escondia com cuidado que os roubava. Não queria reconhecer que era ele. Finalmente, um dia, aceita reconhecer e, no exato momento em que reconhece, vê sair do seu peito uma mecha sulfurosa que enche o quarto com um cheiro insuportável. Era sua gula escapando. Ele se livrou dela pelo próprio fato do reconhecimento das faltas[51]. Vocês estão vendo que, em todos esses mecanismos, a qualidade da pessoa com quem você fala, os conselhos que ela poderia dar, sua experiência, não desempenham nenhum papel. É, efetivamente, o simples fato de falar que constitui o princípio da discriminação, da triagem, da expulsão do ruim e da aceitação do bom. O que é interessante nessa analogia entre o reconhecimento e o exorcismo é que o elemento principal não é o papel pedagógico, médico, do mestre, [mas] o fato de que se fala com alguém que é no fundo um x. É a forma da verbalização[52].

E aí chegamos a este ponto, que será o ponto final desta análise: é que, se é verdade que a expulsão em si, a exteriorização no discurso, é que é fator de triagem ou de escolha, fator de discriminação, em outras palavras, se o mecanismo indispensável da *discretio*, que falta por natureza ao homem, pode ser restabelecido pelo fato do reconhecimento das faltas, ou antes, pela própria forma do reconhecimento das faltas, a forma do reconhecimento das faltas que é princípio de *discretio*, isso implica que o reconhecimento seja perpétuo e permanente. É preciso vigiar esse fluxo de pensamentos que não param de agitar a alma do monge e de impedi-la de ir em direção ao ponto da contemplação. Se se quiser exercer a *discretio* sobre esse fluxo de pensamentos vai ser preciso examiná-lo sem cessar, vai ser preciso tentar operar a triagem; e operar a triagem como? Com um reconhecimento das faltas que dobrará perpetuamente o fluxo da alma. É preciso verbalizar inteiramente o que está se desenrolando na alma. A *cogitatio* deve se tornar palavra, a *cogitatio* deve se tornar discurso. É preciso realizar incessantemente um discurso sobre si mesmo, de si mesmo, dizer tudo o que se pensa, dizer tudo à medida que se pensa, dizer tudo das formas mais sutis e mais imperceptíveis do pensamento, estar sempre debruçado sobre si mesmo para [apreender logo] o pensamento, no momento em que ele se forma, no momento em que está à beira de se apresentar para a consciência, fazer dela um discurso, pronunciá-la, pronunciá-la em direção a um qualquer, um qualquer = *x*. É aí que se fará o restabelecimento dessa *discretio*, dessa moderação, dessa moderação de si mesmo que o homem não pode possuir, por ser perpetuamente habitado pelo diabo. A necessidade, essa obrigação de dizer tudo, do fundo do pensamento, no exato momento em que mal se começa a pensar, é isso que a espiritualidade grega chamava com uma palavra: ἐξαγόρευσις, palavra praticamente intraduzível[53] que é a discursivização de si mesmo, a perpétua discursivização de si mesmo[54].

Não vou ter tempo agora para opor a ἐξαγόρευσις a uma outra forma de que falei[55]. Vocês se lembram da exomologese. Na penitência, o que se pedia ao penitente não era tanto que dissesse o que havia acontecido, o que havia feito. Não lhe pediam para fazer um reconhecimento detalhado da falta cometida. Não era isso que estava em jogo. Pediam-lhe para manifestar dramaticamente por sua atitude, seus gestos, sua roupa, seu luto, seus jejuns, suas preces, suas súplicas, suas genuflexões, o fato de que era pecador. E a natureza do ato cometido, a natureza do pecado, o detalhamento das suas circunstâncias não importavam. A exomologese era essa manifestação em verdade do ser pecador. Era a aleturgia do pecador como pecador. Já a ἐξαγόρευσις, essa discursivização de si mesmo, é de um tipo totalmente diferente. Nela, não há mais nenhum elemento dramático e espetacular da atitude do gesto e da roupa. É uma relação de si consigo, tão continuada, tão permanente, tão analítica, tão detalhada quanto possível, relação que só pode ser feita e só é eficaz na medida em que é, de ponta a ponta, sustentada por uma atividade de discurso, por uma atividade discursiva que faz que eu mesmo é que me ponho em discurso à medida que sou, à medida que penso, à medida que o fluxo dos pensamentos se apresenta em mim e que devo fazer sua triagem, fazer sua triagem para saber finalmente de onde vem o que penso, para decifrar enfim o poder de ilusão e de engano que não para de me habitar de ponta a ponta da minha existência.

Digamos, numa palavra, que a direção antiga com suas práticas de obediência provisória, de exame regular, de confidências indispensáveis ao mestre tinha por objetivo permitir que o sujeito exercesse em permanência a jurisdição dos seus atos. Tratava-se, para o sábio antigo, tratava-se para Sêneca refletindo à noite sobre si mesmo, de ser sua própria instância de jurisdição, de impor a si mesmo uma regra de conduta. A direção cristã, ao contrário, não tem em absoluto por objetivo estabelecer uma jurisdição ou uma codificação. Trata-se de estabelecer uma relação de obediência à vontade do outro e de estabelecer ao mesmo tempo, em correlação, como condição dessa obediência, o que eu chamaria, não de uma jurisdição, mas de uma veridicção: a obrigação de dizer permanentemente a verdade a si mesmo, e isso na forma do reconhecimento das faltas. Jurisdição dos atos visando à autonomização do sujeito, é essa a meta da direção antiga; obediência ao outro tendo como instrumento uma veridicção de si mesmo – é essa, a meia voz, a fórmula da direção [cristã]*.

Esse mecanismo do reconhecimento perpétuo da falta articulado à obediência permanente obedece, como vocês estão vendo, a um certo número de leis que são importantíssimas, a meia voz, para a própria história das relações entre verdade e subjetividade no Ocidente cristão. Lei do aprofundamento infinito: nada nunca é pequeno demais no fundo de mim mesmo para que eu não lhe deva prestar atenção**. Lei da exteriorização, na medida em que não se trata de definir uma zona de interioridade que seria inacessível aos assaltos do exterior, ao contrário, [a] necessidade [é a] de arrancar a interioridade dela mesma, de fazê-la sair para estendê-la numa relação de exterioridade e de obediência. Lei do tropismo, da inclinação para o segredo, no sentido de que o princípio é o de ir sempre em direção ao que é mais oculto em mim, aos pensamentos mais fugidios, apenas perceptíveis. Trata-se não apenas de detectar o que é oculto, mas de detectar o que está oculto no oculto, de desmascarar o mal sob as espécies do bem, de desmascarar Satanás sob as espécies da piedade, de des-

---

* Foucault deixa de lado, aqui, as seguintes observações do manuscrito (duas folhas não numeradas):
"Concl[usão]. A obediência e o reconhecimento das faltas, na direção antiga, tinham um valor instrumental, um papel provisório, uma função relativa a uma finalidade, que era a autonomia e o controle de si por si. No monaquismo cristão, têm um valor absoluto; constituem uma obrigação infinda. Devem sua importância à sua forma, a uma pura relação de dependência com respeito a outrem. Essas duas obrigações, obedecer e reconhecer suas faltas, remetem uma à outra."
** O manuscrito acrescenta: nada de indiferente

mascarar o outro no fundo de mim mesmo. Trata-se enfim* de uma lei de produção de verdade, na medida em que não se trata simplesmente de constatar, como requeria a συνείδησις⁵⁶ da sabedoria antiga, o que acontece em mim. Trata-se de fazer aparecer em mim algo que eu não podia conhecer e que só se torna conhecido por esse trabalho de aprofundamento de mim sobre mim. Ora, o paradoxo é este: que essa aleturgia de mim, essa necessidade de produzir a verdade que sou, essa necessidade da aleturgia é fundamentalmente ligada, como vocês se lembram, à renúncia a si mesmo. É na medida em que devo renunciar inteiramente a minhas próprias vontades substituindo minha vontade pela vontade de outro, é porque devo renunciar a mim, que devo produzir a verdade de mim mesmo, e só produzirei a verdade de mim mesmo porque estarei trabalhando para essa renúncia a mim. A produção da verdade de si não é em absoluto polarizada, indexada à vontade de enfim estabelecer no ser o que sou, mas ao contrário se quero saber o que sou, se devo produzir em verdade o que sou, é porque devo renunciar ao que sou**. E esse vínculo entre produção de verdade e renúncia a si parece-me ser o que poderíamos chamar de esquema da subjetividade cristã, digamos mais exatamente o esquema da subjetivação cristã, um procedimento de subjetivação que se formou e se desenvolveu historicamente no cristianismo e que se caracteriza de uma maneira paradoxal pelo vínculo obrigatório entre mortificação de si e produção da verdade de si mesmo***.

Mais três observações e termino. Primeiro, vocês estão vendo que toda essa elaboração da subjetivação cristã, veridicção de si para a renúncia a si, se fez com respeito a e por oposição ao tema da perfeição. Não era tanto contra a sabedoria antiga que tudo isso se erguia, não era contra a inocência antiga, era ao contrário contra a presunção da perfeição. Era para estabelecer uma religião da salvação que fosse desatrelada da presunção da perfeição. Ora, esse vínculo da salvação com a perfeição, onde era principalmente encontrado, de uma forma ameaçadora para o cristia-

---

* Esta 4ª lei, no manuscrito, se faz seguir por uma 5ª: a "lei da renúncia a si" (cf. p. 303, nota*).

** Neste ponto, texto bem diferente no manuscrito:
"Lei da renúncia a si. Na medida em que se trata, nesse dispositivo obediência-reconhecimento das faltas, de substituir pela vontade de outro a sua própria, de descobrir no fundo de si essa potência 'outra' que nos habita (Satanás), de arrancar de si esse outro, mas não para se reencontrar, e sim para contemplar a Deus sem obscuridade e cumprir sua vontade sem obstáculo."

*** O manuscrito acrescenta:
"Como esse vínculo se estabelece? Na forma de uma sujeição estrutural à vontade do outro (entendido como qualquer um capaz de servir de mestre) e na forma da exteriorização verbal e exaustiva da interioridade, da interioridade infinda povoada pelos pensamentos, ilusões e astúcias do Outro (o outro [uma palavra ilegível], o Outro por excelência, a saber, o Inimigo)."

nismo, de uma forma em todo caso de que o cristianismo quis se apartar? Claro que nos movimentos gnósticos, onde [encontramos]* a ideia de que o *pneuma*, o espírito, é uma centelha, uma parcela, uma emanação da divindade, e que a salvação é sua libertação, que por conseguinte o problema para o gnóstico é encontrar, escondido nesse corpo e aprisionado nessa matéria, esse elemento de perfeição, esse elemento divino que está nele[57]. De sorte que, para o gnóstico, conhecer Deus e se reconhecer é a mesma coisa. O que vamos buscar no fundo de nós mesmos é Deus, e se conhecemos Deus é porque e na medida em que nos tornamos transparentes a nós mesmos, na medida em que encontramos Deus em nós. A gnose está necessariamente ligada a uma estrutura de memorização. O conhecimento de si, na gnose, só se apresenta na forma da memória do divino**. Nessa memória do divino, conhecimento de si e conhecimento de Deus não podem estar separados. [Ora], o cristianismo apartou-se de todos esses movimentos gnósticos separando salvação e perfeição. Prometeu aos imperfeitos que eles poderiam ser salvos. Estigmatizou de imperfeição permanente todos os que pensam que estão salvos. Mas, com isso, o cristianismo separou conhecimento de Deus e conhecimento de si, conhecimento de Deus e transparência de si a si. O cristianismo autonomizou como uma tarefa infinda um conhecimento de si que é um trabalho jamais acabado de aperfeiçoamento. O cristianismo se apartou das promessas da memória platônica: lembra-te do Deus que está em ti e vai buscar no fundo de ti mesmo o Deus que aí esqueceste. Contra essas promessas da memória platônica, o cristianismo desarticulou um conhecimento de Deus, por um lado, e um conhecimento de si [por outro]; conhecimento de si que é, está claro, indispensável para caminhar em direção ao aperfeiçoamento, mas que é suficientemente autônomo em relação ao conhecimento de [Deus]*** para ter sua forma própria e para que uma não conduza à outra. Não é no fundo de mim mesmo que vou encontrar Deus, pois, como vocês viram, no fundo de mim mesmo o que eu encontro é Satanás, é o mal. E, por conseguinte, o cristianismo substituiu a estrutura platônica dessa memória do divino que jaz no fundo de nós pela tarefa infinda de penetrar nos segredos incertos da consciência e impôs aos cristãos a tarefa, a obrigação, eu ia dizendo de uma gnose de si diferente da gnose de Deus – na verdade, [a] palavra gnose não convém aqui –; ele articulou, mas como duas formas diferentes, a obrigação, é claro, de crer em Deus e a tarefa infinda de se conhecer a si mesmo.

* M. F.: achamos
** O manuscrito precisa: "[e não] na forma de uma investigação permanente dos movimentos mais duvidosos da consciência."
*** M. F.: si

Segunda observação. Vocês viram que essa relação entre subjetividade e verdade adquire diferentes formas nos diferentes campos institucionais do cristianismo: provação da alma no batismo, publicação de si na penitência e na exomologese, exploração enfim da consciência, de seus segredos e de seus mistérios na direção e na ἐξαγορεύσις. Vocês estão vendo como se organizam diferentemente e de uma maneira cada vez mais complexa, do batismo à direção, técnicas bem específicas para pôr em relação subjetividade e verdade, para vincular a obrigação da verdade à subjetividade. E, em cada uma dessas três formas, seja a provação da alma no batismo, a publicação de si na penitência ou a exploração da consciência na direção de consciência, as relações entre os três elementos, a saber: a morte como mortificação de si; o outro, seja o outro = x a quem se fala, [seja] o Outro que devemos reconhecer e que é Satanás; e enfim a verdade. A morte, o outro e a verdade – é disso que se trata nas três formas. Mas a direção – e é por isso que, sem dúvida, ela tem uma importância histórica muito maior do ponto de vista [em] que me situo, a saber, a história da subjetividade e da verdade e de suas relações – é mais importante do que o batismo ou até que a penitência, porque a direção só estabelece essas relações entre a morte, o outro e a verdade passando pela obrigação de falar, a obrigação de dizer, a obrigação de dizer a verdade, de produzir um discurso verdadeiro sobre si mesmo, e isso infindamente. Qualquer que seja a forma que esse vínculo entre morte, outro e verdade através do dizer-a-verdade, através da veridicção, pôde adquirir no século IV em Cassiano, essa obrigação, essa obrigação de dizer a verdade sobre si mesmo nunca cessou na cultura cristã e, verossimilmente, nas sociedades ocidentais. Somos obrigados a falar de nós mesmos para dizer a verdade de nós mesmos. Nessa obrigação de falar de si, vocês veem a posição eminente que o discurso adquire. Pôr a si mesmo em discurso é, de fato, uma das grandes linhas de força da organização das relações entre subjetividade e verdade no Ocidente cristão. Subjetividade e verdade não se comunicarão mais tanto, primordialmente, em todo caso não se comunicarão mais tão só no acesso do sujeito à verdade. Será necessária essa flexão do sujeito no sentido de sua própria verdade por intermédio da perpétua discursivização de si mesmo.

Em suma, não é preciso mais ser rei, não é preciso mais ter matado o pai, não é preciso ter casado com a mãe, não é preciso reinar sobre a peste para ser obrigado a descobrir a verdade de si mesmo. Basta ser qualquer um. Inútil ser Édipo para ser obrigado a buscar sua verdade. Nenhum povo às voltas com a peste pede isso, mas todo o sistema institucional, todo o sistema cultural, todo o sistema religioso e, logo, todo o sistema social a que pertencemos. Única diferença, graça ou desgraça suplementar em relação a Édipo: essa verdade sobre si, [Édipo] só podia apreendê-la arrancando do alto do seu poder a verdade da boca do escravo que ele havia convocado, ao passo que nós, para sermos obrigados a dizer a verdade sobre nós mesmos, não necessitamos ser reis, não necessitamos interrogar um escravo, temos simplesmente de nos interrogar, a nós, e isso no interior de uma estrutura de obediência a outro, qualquer outro. Não é preciso, portanto, ser Édipo para ser obrigado [a] descobrir a verdade de si mesmo. Não é preciso ser Édipo, a não ser, claro, que um espírito maroto venha lhes dizer: "é sim, é sim! Se você é obrigado a dizer a verdade é que, sem saber, você é apesar dos pesares um pequeno Édipo"*[58]. Mas vocês estão vendo que, no fim das contas, quem lhes diz isso não faz nada mais que forçar a barra, a barra da Igreja.

Terceiro ponto e final: essa institucionalização das relações verdade / subjetividade pela obrigação de dizer a verdade sobre si, essa organização desse vínculo não pode ser concebida sem a existência e o funcionamento de uma forma de poder que, é claro, [cujo estudo] eu não quis empreender este ano. Lembrem-se de Sétimo Severo, o imperador romano que tinha a verdade do mundo manifestada acima da sua cabeça no quadro representando a ordem das estrelas, com a única diferença de que era ocultada a parte relativa à sua vida e à sua morte – alguém competentíssimo, aliás, me disse que isso não era possível, que não se podia representar o céu astral fazendo abstração da parte que dizia respeito à vida do indivíduo, mas é o que nos contam os historiadores romanos, logo considerarei como verdadeiro. Sétimo Severo tinha portanto a verdade do mundo manifestada acima da sua cabeça, salvo a parte que lhe dizia respeito, e era essa verdade do mundo da qual ele havia subtraído sua verdade pessoal, era a essa manifestação da verdade do mundo que ele pedia o sinal e a promessa da perenidade do seu poder. O cristão, por sua vez, não tem a verdade do mundo acima da sua cabeça, com exceção da sua própria verdade, da verdade que lhe diz pessoalmente respeito. O cristão tem a verdade no fundo de si mesmo e é atrelado a esse segredo profundo, ele está infindamente debruçado sobre si e infindamente obrigado a mostrar ao outro o tesouro que seu trabalho, seu pensamento, sua atenção, sua consciência, seu discurso não param de extrair deles. E é com isso que mostra que a discursivização da sua própria verdade não é simplesmente uma obrigação essencial. É uma das formas primeiras da nossa obediência. Bom, agradeço a todos.

* Esta última frase, depois de "é sim", está redigida deste modo no manuscrito:
"É por todos vocês serem Édipo que terão de partir em busca do que Cassiano chamava de *arcana secretorum*[58]."

*

NOTAS

1. Cassiano, *Institutions*, 4, 9, ed. citada, p. 133 (cf. *supra*, pp. 258-60). Sobre a necessidade da "abertura de consciência", "prática essencial ao monaquismo primitivo", J.-C. Guy (p. 132 n, 1) remete aqui a I. Hausherr, *Direction spirituelle en Orient autrefois*, op. cit., pp. 152-7.

2. Cf. *Institutions*, 4, 13, pp. 137-9, e sobretudo 7, 7-15, pp. 299-313.

3. Sobre a história desta palavra no pensamento cristão, cf.: F. Dingjan, *Discretio. Les origines patristiques et monastiques de la doctrine sur la prudence chez saint Thomas d'Aquin*, Assen, Van Gorcum. N.V., 1967 (sobre Cassiano: pp. 14-77); I. Hausherr, *Direction spirituelle en Orient autrefois*, pp. 82-105; Id., "Direction spirituelle. II. Chez les chrétiens orientaux", *DS*, III, 1957, col. 1024-1028, e A. Cabassut, "Discrétion", *ibid.*, col. 1311-1330; Dom P. Miquel, *Mystique et Discernement*, Paris, Beauchesne, 1997, parte III, cap. 1: "Le discernement", pp. 105-17. Em Cassiano, vem especialmente a 1ª *Conferência*, 16-23, e a totalidade da 2ª.

4. Cassiano, *Conférences*, 2, 2, p. 113 (tradução ligeiramente modificada por Foucault). Sobre essa imagem da "via régia" (*via regia*) ensinada pela *discretio*, cf. também *ibid.*, 4, 12, p. 178 (*itinere regio*); 6, 9, p. 228; 24, 24, p. 197 e 198; *Institutions*, 11, 4, p. 431 (*via regia*). Cf. F. Dingjan, *Discretio*, op. cit., p. 37; A. Cabassut, "Discrétion", *loc. cit.*, col. 1313; cf. também col. 1312: "Cassiano parece ser o primeiro a ter expressado a ideia de medida por *discretio*, designando com essa palavra a virtude que preserva de todo excesso o zelo para com a perfeição e o mantém num justo meio."

5. *Conférences*, 1, 21, p. 105.

6. *Ibid.*, 2, 5, p. 117 ("[...] os irmãos tiveram muita dificuldade para retirá-lo mais do que semimorto. Expirou dois dias depois").

7. *Ibid.*, 2, 6, pp. 117-8.

8. *Ibid.*, 2,7, pp. 118-9. Sobre Patermuto, cf. *supra*, aula de 19 de março, pp. 245 e 247.

9. *Ibid.*, 2,4, p. 135.

10. *Ibid.*, 7, 26, p. 268. O texto diz que "por acaso uma mulher se encontr[ava] no caminho" (p. 268). O abade Paulo "fugiu correndo para seu mosteiro, mais depressa do que alguém faria se avistasse um leão ou um dragão monstruoso".

11. *Ibid.*, p. 269.

12. Sobre a *discretio* como "mãe de toda moderação (*moderationes generatrix*)", cf. *ibid.*, 1, 23, p. 108; cf. também 2, 16, p. 131 ("o bem da discrição [...] saberá nos manter indenes aos dois excessos opostos"). A falta de moderação na abstinência é pior até, por suas consequências, do que a gula (*ibid.*, 1, 17, p. 132).

13. *Ibid.*, 2,2, p. 113 (frase ligeiramente modificada por Foucault).

14. Cf. já sobre esse ponto, *Sécurité, Territoire, Population*, op. cit., aula de 1º de março de 1978, pp. 208-9 [Martins Fontes, pp. 269-71].

15. Cf. *supra*, aula de 19 de março, p. 242 e nota 65.

16. Trata-se, como explica J.-C. Guy, in Cassiano, *Institutions*, p. 65 n. 2, da "'versão alexandrina' do mito da origem apostólica do monaquismo. [...] Cassiano se inspira, aí, em Fílon, conhecido por meio de Eusébio de Cesareia, *Hist. Eccl.*, II, 17" (os primeiros monges, escreve Cassiano, teriam recebido sua "regra de vida do evangelista Marcos [...], primeiro pontífice da cidade de Alexandria"; já Fílon "diz que eles eram chamados de terapeutas; e terapeutrides as mulheres que moravam com eles [...], seja porque tratavam e curavam as almas dos que iam a eles, livrando-os, qual médicos, dos sofrimentos do vício, seja em razão de cuidados castos e puros e do culto que prestavam à divindade", Eusébio, *Histoire ecclésiastique*, II, 17, trad. E. Grapin, Paris, A. Picard, "Textes et documents pour l'étude historique du christianisme", 1911, pp. 170-1. Sobre a bibliografia relativa a esse mito, cf. *ibid.*, p. 31 n. 3. Cf. também *Conférences*, 18, 5, t. 3, pp. 14-15, em que é exposta a "versão hierosolimitana" ("A vida ceno-

bítica nasce no tempo da pregação apostólica. Com efeito, é ela que vemos surgir em Jerusalém, em toda aquela multidão de fiéis de que os *Atos* nos dão este quadro: 'A multidão dos fiéis tinha um só coração e uma só alma [...]'".) Na primeira versão, a primeira comunidade monástica não se confunde portanto com a dos apóstolos.

17. Cassiano, *Institutions*, 2, 5, p. 67.
18. *Ibid.*, p. 69. Cf. já 2, 4, p. 65: "[O número de doze salmos] foi transmitido do céu a nossos pais pelo ministério de um anjo."
19. *Ibid.*, p. 67: "*venerabiles patres*" (cf. *supra*, nota 16); cf. 2, 6, p. 69: "a venerável assembleia dos Padres (*patrum senatus*)".
20. Cassiano, *Conférences*, 24, 26, t. 3, p. 205. Essa reputação se devia ao dom da profecia (κάρισμα προρρήσεων) que teria obtido após trinta anos de reclusão. Cf. *Histoire lausiaque*, 35, ed. citada, pp. 235-7: "Tendo passado trinta anos completos enclausurado e recebendo por uma janela, de quem o assistia, as coisas necessárias, foi julgado digno do dom de predições. Entre outras, chegou a enviar diversas predições ao bem-aventurado imperador Teodósio, e, a propósito do tirano Máximo, que depois de vencê-lo, voltará das Gálias. E, também, lhe deu boas novas a respeito do tirano Eugênio. Uma fama considerável da sua virtude se espalhou." De acordo com Cassiano, *Institutions*, 4, 23, p. 155, foi "em razão da sua obediência" que ele "foi elevado à graça da profecia (*propter obedientiae virtutem usque ad prophetiae gratiam sublimatus*)". Sobre essa figura célebre do monaquismo egípcio, cf. a bibliografia indicada por J.-C. Guy, *ibid.*, pp. 152-3 n, 2, e P. Devos, "John of Lycopolis, Saint", *Coptic Encyclopedia*, 5, 1991, col. 1363b-1366a. Foucault citou, na aula precedente, p. 264, um dos exemplos da obediência perfeita de João (a rega de um pedaço de pau seco, um ano seguido, por ordem de um ancião).
21. Cf. *supra*, p. 264 e p. 284, nota 5.
22. Cf. *Conférences*, 7, 12, t. 1, pp. 256-7. "Não é por apoucamento da alma, mas por um enfraquecimento do corpo que essas coisas acontecem [...]" (p. 256).
23. *Ibid.*, 7, 10, p. 255: "Entre eles, como entre os homens, há semelhança de natureza e de parentesco. A prova disso é que a definição que se dá da essência da alma parece convir à deles. Mas se penetrar e se unir mutuamente a ponto de um conter o outro é coisa que lhes é absolutamente impossível. Essa prerrogativa só é atribuída, justamente, à Divindade, porque somente ela é uma natureza incorpórea e simples"; cf. também 7, 13, p. 257.
24. *Ibid.*, 7, 15, p. 258: "Embora os pensamentos que eles [= os espíritos do mal] sugerem sejam acolhidos, e como o são, não é pela essência da alma que eles conhecem o homem, isto é, pelo movimento interior, oculto, por assim dizer, em sua medula, mas sim pelos movimentos do homem exterior e pelos indícios que ele manifesta."
25. *Ibid.*, 7, 9, p. 255: "[...] tamanha é a unidade que existe entre eles e nosso espírito que é quase impossível, sem uma graça de Deus, discernir o que procede das excitações deles e o que é nossa vontade."
26. Cf. Cassiano, *Institutions*, 6, 9, p. 273: "[...] o que os outros desejam alcançar na pureza do corpo, devemos possuir no segredo da nossa consciência (*in arcanis constientiae*) [...]." Cf. também *ibid.*, 12, 6, p. 459: "É por isso que, embora guardasse seu coração (*cordis sui arcana*) com tamanha vigilância, que ele [o bem-aventurado Davi] ousava declarar, a quem não ignorava, os segredos da sua consciência (*secreta suae constientiae*) [...]"; *Conférences*, 19, 12, t. 3, p. 50: "[O solitário não deve fazer] exibição da sua pureza, mas [se aplicar] a oferecê-la inviolada ao olhar Daquele a quem não escapariam os mais íntimos segredos do coração (*cordis arcana*)." A expressão *exploratio conscientiae* remete sem dúvida a esta passagem das *Conférences*, 19, 11, t. 3, p. 48 (em que a *conscientia*, todavia, é o sujeito, e não o objeto da *exploratio*): "como o olhar da nossa consciência, que explora os movimentos interiores da alma (*exploratrix internorum motuum conscientia*), discernirá em nós a presença ou a ausência dessas virtudes?"
27. Cf. *supra*, aula de 19 de março, p. 234 e p. 251, nota 22.
28. Cf. *supra*, p. 262 e p. 284, nota 1.
29. Foucault, no manuscrito, remete a *Conférences*, II, 10: "*Nullas cogitationes obtegere*". Cf. trad. SC, p. 120: "[...] nem toda a habilidade do demônio prevalecerá contra a ignorân-

cia de um homem que é, quanto ao mais, incapaz de esconder por falsa vergonha nenhum dos pensamentos que nascem em seu coração (*qui universas cogitationes in corde nascentes perniciosa verecundia nescit obtegere*), mas se confia à madura apreciação dos anciãos, para saber se deve admiti-los ou rejeitá-los."

30. Evágrio Pôntico, Λόγος πρακτικός/*Traité pratique ou le Moine*, trad. A. e C. Guillaumont, Paris, Cerf, 1971, SC nº 170-171, t. 2, p. 609; cf. *infra*, nota 32.

31. Cf. por exemplo Platão, *Mênon*, 97e, trad. M. Canto-Sperber, Paris, Flammarion, GF, 1991, p. 198: "[As opiniões verdadeiras] não valem [...] grande coisa, se não forem ligadas por um raciocínio que forneça a sua explicação (*aitías logismós*)." Como precisa a tradutora, p. 311 n. 310, "o sentido mais corrente do termo *logismós* é 'raciocínio', 'cálculo'." Cf. também, *ibid.*, 100b; *La République*, IV, 440b, trad. É. Chambry, Paris, Les Belles Lettres, CUF, 8ª reimpressão, 1975, p. 38: "[..] quando um homem é arrastado por suas paixões apesar da razão (*para ton logismon*), ele repreende a si mesmo [...]" (*logismos* é aqui sinônimo de *logos*, empregado duas vezes algumas linhas abaixo). Quanto a Aristóteles, ele liga mais especificamente a palavra λογισμός ao domínio da ação: cf. *De anima*, 3, 10, 433ª; 3, 11, 434ª; *Ética a Eudemo*, 2, 10, 1226b. É por isso que H. Lorenz, que cita essas referências (*The Brute Within. Appetitive Desire in Plato and Aristote*, Oxford, Clarendon Press, 2006, p. 178), optou por traduzi-la por "deliberative reasoning".

32. Evágrio Pôntico (~345-399). Sobre sua vida de asceta no Egito e suas relações com os anacoretas egípcios (Antônio, Macário, João de Lico), cf. Paládio, *Histoire lausiaque*, *op. cit.*, cap. 38; sobre suas relações com Cassiano (que o teria encontrado quando da sua estada no deserto de Kellia, embora não o cite, "but by the time that Cassian wrote, the name of Evagrius was suspect of heresy"), cf. O. Chadwick, *John Cassian*, *op. cit.*, p. 26. Cf. A. e C. Guillaumont, "Évagre le Pontique", *DS*, IV, 1961, col. 1731-1744. Dividindo a vida espiritual em duas fases, a *praktiké* (vida "prática") e a *gnostiké* (vida "gnóstica"), ele define a primeira como "o método espiritual que purifica a parte apaixonada da alma" (*Traité pratique*, ed. citada, t. II, cap. 78, p. 667; distinção retomada por Cassiano, in *Conferências*, 14, 2). A meta a alcançar é a *apatheia*, a impassibilidade, condição de acesso à *gnósis*. Ora, os demônios é que movem as paixões, servindo-se seja dos próprios objetos, os *pragmata*, no caso dos seculares ou dos cenobitas, seja dos pensamentos, os *logismoi*, contra os anacoretas. "Evágrio teve um papel decisivo no estabelecimento da teoria, que se tornou clássica, dos 'oito pensamentos' (reduzidos posteriormente para sete, donde os sete pecados capitais) [a gula, a fornicação, a avareza, a tristeza, a cólera, o desalento ou acédia, a vanglória e o orgulho: cf. *Traité pratique*, caps. 6-14: 'Sur les huit pensées'"] (A. E C. Guillaumont, *loc. cit.*, col. 1738). Esses oito *logismoi*, como já notamos (cf. *supra*, aula de 19 de março, p. 275, nota 39), são objeto dos livros V-XII das *Instituições* e da 5ª *Conferência* de Cassiano. Sobre o processo que, com Gregório, o Grande, levou dos oito pensamentos aos sete pecados capitais, cf. O. Chadwick, *John Cassian*, p. 95. Segundo A. Guillaumont, na introdução do *Traité pratique*, a designação dos vícios pela palavra *logismoi* decorre provavelmente, através de Orígenes (pp. 58-60), da noção judaica de *yêsér*, "pensamento" ou "propensão", que encontramos no Eclesiastes e nos Testamentos dos Patriarcas (pp. 60-2).

33. Cassiano, *Conférences*, 7, 3, p. 247: "*insensibiliter mens inde revoluta ad priores evagationes inpetu vehementiore prolabitur*". Cassiano emprega mais abaixo a palavra *pervagatio* ("acabamos vendo nessas divagações *(has animae pervagationes)* menos um defeito que nos seria pessoal do que um vício inerente à natureza humana", *ibid.*). Cf. também 7, 4, p. 248: "essa dissipação do espírito *(hanc evagationem cordis nostri)*"; 7, 6, p. 253: "as divagações da alma *(evagationibus animae)*"; 10, 10, p. 88; 14, 11, t. 2, p. 198: "a divagação do espírito *(cogitationum pervagatione)*"; 22, 3, t. 3, p. 117: "a multidão vagabunda dos pensamentos *(multimoda cogitationum pervagatio)*"; 23, 5, p. 147, etc.

34. *Ibid.*, 1, 16, p. 98.

35. *Ibid.*, 1, 17.

36. *Ibid.*, 7, 4, p. 248; tradução Pichery: "daqui, dali".

37. Cassiano escreve: "é do poder do dono do moinho *(in eius qui praeest situm est in potestate)*" (*ibid.*, 1, 18, p. 99).

38. *Ibid.*
39. *Ibid.*, 7, 5, pp. 249-51. Cf. Mt 8, 9.
40. *Ibid.*, 1, 20, pp. 101-3; 21-2, pp. 105-7; 2, 9, p. 120. Cf. *supra*, aula de 19 de março, p. 252, nota 29, sobre as outras referências, nos trabalhos posteriores de Foucault, da análise dessa metáfora. Às três metáforas citadas por Foucault (que ele evoca novamente em "Le combat de la chasteté", a propósito da "'discriminação, que sabemos está no centro da tecnologia de si, tal como é desenvolvida na espiritualidade de inspiração evagriana)", *loc. cit. [ibid.]*, pp. 305-6), acrescenta-se a do pecador, in *Conférences*, 24, 3, t. 3, p. 174 (o abade Abraão): "Suponho um pecador espiritual qualquer, que procuraria seu alimento conforme o metade aprendido com os apóstolos. Ele espreita nas profundezas tranquilas de seu coração o bando nadante de seus pensamentos. Como que do alto de um recife, ele mergulha no fundo um olhar ávido e discerne com olhos sagazes *(sagaci discretione)* os que ele deve, com sua linha, puxar até a si, e também os que deixará de lado e descartará, como aos peixes ruins e perigosos."
41. *Ibid.*, 1, 20, p. 101, 102.
42. *Ibid.*, pp. 101-2, 103.
43. *Ibid.*, pp. 103-4.
44. *Ibid.*, p. 105: "Fora iludido por uma moeda falsa e tinha se inclinado diante da efígie que ele via do rei legítimo, sem examinar suficientemente se a cunhagem era autêntica" (p. 105). Cf. *supra*, p. 267.
45. *Ibid.*, 1, 22, p. 106: Cassiano recapitula, no primeiro parágrafo, todo o desenvolvimento que precede.
46. *Ibid.*, 7, 4, p. 248: "é de nós que depende a qualidade de nossos pensamentos *(a nobis [cogitationum] qualitas pendet)*", e p. 249; cf. também 1, 17, p. 98: "[...] depende de nós, em grande parte, elevar o tom dos nossos pensamentos *(ut cogitationum qualitas emendetur)*". Cf. *Institutions*, 6, 11, p. 275 (a propósito do espírito de fornicação): "[...] a qualidade dos pensamentos *(qualitas cogitationum)*, guardada com mais negligência durante o dia por causa das distrações, é posta em prova pelo descanso da noite."
47. Descartes, *Méditations métaphysiques*, méditation seconde, ed. citada [*supra*, p. 99, nota 3], p. 418 (AT, IXM 20).
48. Cf. Cassiano, *Conférences*, 2, 10, p. 120, a pergunta feita ao abade Moisés: "De que nos serviria conhecer a excelência das virtudes da discrição e o mérito da sua graça, se ignoramos a maneira de buscá-la e adquiri-la?"
49. Cassiano, *Institutions*, 4, 9, p. 133 (frase ligeiramente modificada).
50. Cassiano, *Conférences*, 2, 10, pp. 120-121. O texto acrescenta: "e suas sugestões perniciosas só exercem influência na medida em que permanecerem ocultas no fundo do coração."
51. *Ibid.*, 2, 11, pp. 121-2.
52. *Ibid.*, p. 122 (o abade Téon a Serapião): "Tua libertação foi consumada; sem que eu tenha pronunciado uma só palavra, a confissão que acabas de fazer bastou para tanto *(absoluit te ab hac captivitate etiam me tacente confessio tua)*. Teu adversário vencia; tu triunfas sobre ele hoje; e teu reconhecimento o demole mais completamente do que ele mesmo te abateria graças ao teu silêncio. [...] Essa horrível serpente não poderá usurpar de um abrigo em ti, depois que tua salutar confissão a tirou das trevas do teu coração para a luz do dia."
53. Cf. I. Hausherr, *Direction spirituelle*, p. 319: "*Exagoreusis*, nome da ação de *exagoreuein*, exteriorizar pela palavra. Manifestação dos pensamentos a um ancião; mais tarde: confissão sacramental." No capítulo que consagra a essa prática (cf. nota seguinte), a expressão ἐξαγόρευσις τῶν λογισμῶν é traduzida como "manifestação dos pensamentos" (p. 154). Todavia, a palavra *exagoreusis* mesma é frequentemente empregada aí. Bailly, *Dictionnaire grec-français*, Paris, Hachette, 1929, p. 692, que traduz a palavra por "enunciação, revelação", remete para o uso eclesiástico ("confissão"), a Basílio, 3, 1016, 1236, Gregório de Nisa, 2, 229, 233, e João Crisóstomo, 12, 766, na *Patrologia Graeca* de Migne. Ἐξαγορεύειν é utilizado na Bíblia dos Setenta para traduzir a palavra hebraica *hitwaddá* ("confissão") em Números 5, 7 ("ἐξαγορεύσει τὴν ἁμαρτίαν, ἣν ἐποίησεν"/"Ela [a pessoa culpada de um pecado contra Jeová] confessará o pecado cometido", BJ 2000, p. 210; tradução da Vulgata: *"confitebuntur*

peccatum suum") e em Levítico 5, 5 ("ἐξαγορεύσει τὴν ἁμαρτίαν"); 16, 21; 26, 40 ("ἐξαγορεύσουσιν τὰς ἁμαρτίας αὐτῶν καὶ τάς ἁμαρτίας τῶν πατέρων αὐτων"/"And they shall confess their sins and the sins of their fathers", cf. T.R. Ashley, *The Book of Numbers*, Grand Rapids, Mich., W.B. Eerdmans, 1993, p. 114 n. 12, que precisa: "This verb means 'to divulge'. The reason why this Greek word is chosen rather than the far more common *exomologein* [...] may be to emphasize the verbal nature of this confession").

54. Para uma análise diferente, cf. por exemplo O. Chadwick, *John Cassian*, pp. 103-4, que dissocia claramente, entre os "perfeitos" (os que, segundo Cassiano, alcançaram o estado da *puritas cordis*), a análise permanente dos pensamentos da obrigação do reconhecimento das faltas a outro: "The 'perfect' man, unlike junior monk, need[s] no longer confess his sin to another – though he might. The eight capital sins must be confessed to another. But, once the stage is passed, the pure in heart confess only before God. Though to him sin is a heavy burden, he is to remember how free and merciful is the forgiveness of God [...]."

55. A ausência de paginação do manuscrito não permite saber se Foucault havia previsto, aqui, um desenvolvimento particular sobre o tema, que teria sido utilizado em seguida, numa conferência ou num seminário. Cf. "About the Beginning of the Hermeneutics of the Self: Two Lectures at Dartmouth" (1980), *Political Theory*, 21/2, maio de 1993, 2ª conferência, pp. 220--1, onde, tornando brevemente sobre as relações entre exomologese e *exagoreusis*, ele realça este elemento comum: "[...] the rule of confession in *exagoreusis*, this rule of permanent verbalization, finds its parallel in the model of martyrdom which haunts *exomologesis*. The ascetic maceration exercised on the body and the rule of permanent verbalization applied to the thoughts, the obligation to macerate the body and the obligation of verbalizing the thoughts – those things are deeply and closely related. They are supposed to have the same goals and the same effect" (p. 221). Sobre a noção de *exagoreusis*, cf. I. Hausherr, "Direction spirituelle, II" , *loc. cit.*, col. 1037-1039, e sobretudo *Direction spirituelle en Orient autrefois*, o conjunto dos capítulos V ("Nécessité de l'ouverture d'âme") e VII ("Pratique de la manifestation des pensées"), pp. 152-77 e 212-29.

56. Cf. H. Osborne, "ΣΥΝΕΣΙΣ and ΣΥΝΕΙΔΗΣΙΣ", *The Classical Review*, 45(1), fevereiro de 1931, pp. 8-9: "συνείδησις occurs twice only in classical Greek [Democritus, frag. 297; Chrysippus, in Diog. Laert., VII, 35] and in both cases it means not Conscience but Consciousness in the broadest sense. [...] It does note reappear in literature until the Book of Wisdom (XVII, 10), Dionysius of Halicarnassus and Diodorus Siculus. From this time onwards it is not infrequent [...]. Its primary meaning remains Self-consciousness, not as an abstract faculty, but as introspective awareness of particular states or characteristics of the Self, or of past behaviour regarded as a manifestation of character"; Id., "ΣΥΝΕΙΔΗΣΙΣ", *Journal of Theological Studies*, XXXII, janeiro de 1931, pp. 167-79. Sobre as primeiras traduções de συνείδησις por *conscientia*, cf. G. Molenaar, "Seneca's Use of the Term 'Conscientia'", *Mnemosyne*, 4ª série, 22(2), 1969, pp. 170-80. Cf. também a obra antiga, mas rica em referências, de M. Kähler, *Das Gewissen. Die Entwickelung seiner Namen und seines Begriffes*, Halle, J. Fricke, 1867, pp. 23-54 (sobre *syneidesis*) e pp. 55-73 (sobre *conscientia* em Cícero e Sêneca). Cf. *supra*, aula de 23 de janeiro, p. 68, nota 20 ("ξυνειδὼς").

57. Sobre a gnose e sua crítica pelo cristianismo, cf. *supra*, aulas de 20 e 27 de fevereiro, pp. 131 e 168-9.

58. Cf. Cassiano, *Institutions*, 5, 2, p. 193: citação de Isaías 45, 2-3: "[...] abrirei para ti tesouros sagrados e mistérios secretos *(arcana secretorum)*"; e, mais abaixo: "[O verbo de Deus] fará sucumbir [as más paixões] à nossa investigação e à nossa exposição, 'quebrando as portas' da ignorância e 'arrebentando os ferrolhos' dos vícios que nos excluem da verdadeira ciência, nos levará a nossos 'mistérios secretos' *(secretorum nostrum arcana)* e, conforme o Apóstolo, nos revelará, uma vez iluminados, 'os segredos das trevas *(abscondita tenebrorum)* e nos tornará manifestos os pensamentos dos corações" [1 Co 4,5].

*Resumo do curso**

---

* Publicado in *Annuaire du Collège de France, 80ᵉ année, Histoire des systèmes de pensée, année 1979-1980*, 1980, pp. 449-52. Republicado em *Dits et Écrits, 1954-1968*, editado por D. Defert e F. Ewald, com a colaboração de J. Lagrange, Paris, Gallimard, "Bibliothèque des sciences humaines", 1994, 4 vol.; cf. t. IV, nº 289, pp. 125-9/col. "Quarto", vol. II, pp. 944-8.

O curso deste ano se apoiou nas análises feitas nos anos precedentes a propósito da noção de "governo", sendo essa noção entendida no sentido lato de técnicas e procedimentos destinados a dirigir a conduta dos homens. Governo das crianças, governo das almas ou das consciências, governo de uma casa, de um Estado ou de si mesmo. No interior desse marco bastante geral, estudamos o problema do exame de consciência e do reconhecimento das faltas.

Tommaso de Vio, a propósito do sacramento de penitência, chamava de "ato de verdade" a confissão dos pecados. Conservemos esse termo com o sentido que Caetano lhe dava. A questão posta é então a seguinte: como é que, na cultura ocidental cristã, o governo dos homens exige, de parte dos que são dirigidos, além dos atos de obediência e de submissão, "atos de verdade" que têm de particular o fato de que se requer que não apenas que o sujeito diga a verdade, mas diga a verdade a propósito de si mesmo, das suas faltas, dos seus desejos, do estado da sua alma, etc.? Como se formou um tipo de governo dos homens em que não se requer simplesmente obedecer, mas manifestar, enunciando, o que somos?

Depois de uma introdução teórica sobre a noção de "regime de verdade", a parte mais longa do curso foi consagrada aos procedimentos do exame das almas e do reconhecimento das faltas no cristianismo primitivo. Dois conceitos devem ser reconhecidos, cada um correspondendo a uma prática particular: a exomologese e a *exagoreusis*. O estudo da exomologese mostra que esse termo muitas vezes é empregado num sentido bem amplo: designa um ato destinado a manifestar ao mesmo tempo uma verdade e a adesão do sujeito a essa verdade; fazer a exomologese da sua crença não é simplesmente afirmar o que se crê, mas afirmar o fato dessa crença; é fazer do ato de afirmação um objeto de afirmação, e portanto autenticá-lo, seja para si, seja diante dos outros. A exomologese é uma afirmação enfática, cuja ênfase recai antes de mais nada no fato de que o sujeito se vincula a essa afirmação e aceita as consequências disso.

A exomologese como "ato de fé" é indispensável ao cristão, para quem as verdades reveladas e ensinadas não são uma simples questão de crenças que ele aceita, mas de obrigações pelas quais ele se compromete – obrigação de manter suas crenças; de aceitar a autoridade que as autentica, de eventualmente fazer delas profissão pública, de viver em conformidade com elas, etc. Mas outro tipo de exomologese é encontrado bem cedo: a exomologese dos pecados. Aqui também é preciso fazer distinções: reconhecer ter cometido pecados é uma obrigação imposta tanto aos catecúmenos que postulam o batismo, como aos cristãos que podem ter se sujeitado a certas faltas: a estes a *Didascália* prescreve fazer a exomologese de suas faltas ante a assembleia. Ora, esse "reconhecimento" parece não ter adquirido então a forma de um enunciado público e detalhado das faltas cometidas, mas ter sido, antes, um rito coletivo no decorrer do qual cada um, em seu íntimo, se reconhecia pecador diante de Deus. É a propósito das faltas graves e, em particular, da idolatria, do adultério e do homicídio, assim como por ocasião das perseguições e da apostasia, que a exomologese das faltas adquire sua especificidade: ela se torna uma condição da reintegração e é vinculada a um rito público complexo.

A história das práticas penitenciais do século II ao século IV mostra que a exomologese não tinha então a forma de um reconhecimento verbal analítico das diferentes faltas com suas circunstâncias; e que ela não obtinha a remissão, devido ao fato de ser consumada na forma canônica [por] aquele que havia recebido o poder de redimi-las. A penitência era um estatuto no qual se entrava após um ritual e que terminava (às vezes no leito de morte) após um segundo cerimonial. Entre esses dois momentos, o penitente fazia a exomologese de suas faltas por meio de macerações, austeridades, modo de vida, roupas, da atitude manifesta de se arrepender – em suma, por toda uma dramaticidade na qual a expressão verbal não tinha o papel principal e [de que] parece ter estado ausente toda enunciação analítica das faltas em sua especificidade. Pode ser que, antes da reconciliação, um rito especial tenha ocorrido e que lhe tenha sido aplicado de maneira mais particular o nome de exomologese. Mas, mesmo nesse caso, tratava-se sempre de uma expressão dramática e sintética pela qual o pecador reconhecia diante de todos o fato de ter pecado; ele atestava esse reconhecimento numa manifestação que, ao mesmo tempo, o ligava visivelmente a um estado de pecador e preparava sua libertação. A verbalização do reconhecimento dos pecados na penitência canônica só mais tarde será feita sistematicamente, primeiro com a prática da penitência tarifada, depois a partir dos séculos XII-XIII, quando será organizado o sacramento da penitência.

Nas instituições monásticas, a prática do reconhecimento das faltas assumiu formas bem diferentes (o que não exclui, quando o monge havia cometido faltas de certa magnitude, o recurso a formas de exomologese diante da comunidade reunida). Para estudar essas práticas de reconhecimento das faltas na vida monástica, apelamos para o estudo mais detalhado das *Instituições cenobíticas* e das *Conferências* de Cassiano, consideradas do ângulo das técnicas de direção espiritual. Foram analisados principalmente três aspectos: o modo de dependência para com o ancião ou o mestre, a maneira de conduzir o exame da consciência própria e o dever de dizer tudo dos movimentos do pensamento numa formulação que se propõe ser exaustiva: a *exagoreusis*. Sobre esses três pontos, aparecem diferenças consideráveis em relação aos procedimentos de direção de consciência que podíamos encontrar na filosofia antiga. Esquematicamente, podemos dizer que, na instituição monástica, a relação com o mestre adquire a forma de uma obediência incondicional e permanente que atinge todos os aspectos da vida e em princípio não deixa ao noviço nenhuma margem de iniciativa; muito embora o valor dessa relação dependa da qualificação do mestre, não é menos verdade que, por si própria, a forma da obediência, qualquer que seja o objeto sobre a qual incida, detém um valor positivo; enfim, se a obediência é indispensável entre os noviços e se os mestres são em princípio os anciãos, a relação de idade não é suficiente em si para justificar essa relação – tanto porque a capacidade de dirigir é um carisma, como porque a obediência deve constituir, na forma da humildade, uma relação permanente consigo mesmo e com os outros.

O exame de consciência também é bem diferente do que era recomendado nas escolas filosóficas da Antiguidade. Sem dúvida, como este, ele comporta duas grandes formas: a recapitulação vesperal do dia passado e a vigilância permanente sobre si. É essa segunda forma, principalmente, que é importante no monaquismo tal como descrito por Cassiano. Seus procedimentos mostram que não se trata de determinar o que se deve fazer para não cometer faltas, ou mesmo de reconhecer se não se cometeu uma falta no que se fez. Trata-se de apreender o movimento do pensamento *(cogitatio = logismós)*, de examiná-lo a fundo para apreender sua origem e decifrar de onde ela vem (de Deus, de si mesmo ou do diabo) e efetuar uma triagem (que Cassiano descreve utilizando várias metáforas, sendo provavelmente a mais importante a do cambista que verifica as moedas). A "mobilidade da alma", a que Cassiano consagra uma das *Conferências* mais interessantes – nela, relata as palavras do abade Sereno –, é que constitui o domínio de exercício de um exame de consciência que vemos claramente tem por papel tornar possível a unidade e a permanência da contemplação.

Quanto ao reconhecimento prescrito por Cassiano, não é a simples enunciação das faltas cometidas nem uma exposição global do estado da alma; ele deve tender à verbalização permanente de todos os movimentos do pensamento. Esse reconhecimento permite que o diretor dê conselhos e faça um diagnóstico: Cassiano relata assim exemplos de consulta; às vezes, vários anciãos participam e dão sua opinião. Mas a verbalização comporta também efeitos intrínsecos que ela deve ao simples fato de que transforma em enunciados, dirigidos a outrem, os movimentos da alma. Em particular, a "triagem", que é um dos objetivos do exame, é efetuada pela verbalização graças ao tríplice mecanismo da vergonha, que faz corar ao se formular qualquer pensamento ruim; da realização material, pelas palavras pronunciadas, do que acontece na alma; e da incompatibilidade do demônio (que seduz e que engana escondendo-se nos recônditos da consciência) com a luz que os revela. Trata-se portanto, no reconhecimento das faltas assim entendido, de uma exteriorização permanente, pelas palavras, dos "arcanos" da consciência.

A obediência incondicional, o exame ininterrupto e o reconhecimento exaustivo das faltas formam portanto um conjunto em que cada elemento implica os outros dois; a manifestação verbal da verdade que se esconde no fundo de si aparece como uma peça indispensável ao governo dos homens uns pelos outros, tal como foi realizado nas instituições monásticas – e sobretudo cenobíticas – a partir do século IV. Mas cumpre salientar que essa manifestação não tem por fim estabelecer o domínio soberano de si sobre si; o que se espera dela, ao contrário, é a humildade e a mortificação, o distanciamento com respeito a si e a constituição de uma relação consigo que tenda à destruição da forma do si.

*

O seminário deste ano foi consagrado a certos aspectos do pensamento liberal do século XIX. Palestras foram dadas por N. Coppinger sobre o desenvolvimento econômico no fim do século XIX, por D. Deleule sobre a escola histórica escocesa, P. Rosanvallon sobre Guizot, F. Ewald sobre Saint-Simon e os sansimonianos, P. Pasquino sobre a importância de Menger na história do liberalismo, A. Schutz sobre a epistemologia de Menger e C. Mevel sobre as noções de vontade geral e de interesse geral.

Situação do curso
*Michel Senellart**

---

* Michel Senellart é professor de filosofia política na École Normale Supérieure de Lyon. Editou os cursos de Michel Foucault no Collège de France: *Sécurité, Territoire, Population* (1978) e *Naissance de la biopolitique* (1979), Paris, Gallimard-Seuil (col. "Hautes Études"), 2004.

Em 1978-1979, Michel Foucault havia empreendido um curso sobre a biopolítica[1], conceito introduzido em 1976[2], cuja análise ele havia iniciado no ano anterior, através de vários exemplos de técnicas de regulação das populações[3], antes de reorientar sua pesquisa para o estudo da "governamentalidade" moderna, da sua gênese (a partir do pastorado cristão), de suas formas de exercício (razão de Estado, polícia) e das suas transformações[4]. Longe, todavia, de voltar a uma análise empírica dos mecanismos do biopoder[5], ele se empenhou em explicitar as condições de inteligibilidade deste último, reconstituindo o "âmbito de racionalidade política"[6] no interior do qual ele funciona, o "liberalismo" entendido como técnica governamental que se rege com base na racionalidade dos governados:

"Só depois que soubermos o que era esse regime governamental chamado liberalismo é que poderemos, parece-me, apreender o que é a biopolítica."[7]

1. *Naissance de la biopolitique, Cours au Collège de France, 1978-1979*, ed. M. Senellart, Paris, Gallimard-Seuil ("Hautes Études"), 2004. [Ed. bras., *Nascimento da biopolítica*, São Paulo, Martins Fontes, 2008.]
2. Cf. *"Il faut défendre la société. Cours au Collège de France, 1975-1976*, ed. M. Bertani e A. Fontana, Paris, Gallimard-Seuil ("Hautes Études"), 1997, aula de 17 de março de 1976, p. 216 [Martins Fontes, *Em defesa da sociedade*, p. 289]; *La Volonté de savoir*, Paris, Gallimard ("Bibliothèque des Histoires"), 1976, p. 184. Ver *Sécurité, Territoire, Population, Cours au Collège de France, 1977-1978*, ed. M. Senellart, Paris, Gallimard-Seuil (col. "Hautes Études"), 2004, Situation du cours, pp. 393-4 [Martins Fontes, pp. 513-4].
3. Ver os três grandes "dispositivos de segurança" nos séculos XVII-XVIII analisados nas primeiras aulas de *Sécurité, Territoire, Population* a partir dos problemas da cidade, da escassez alimentar, da circulação dos grãos e da varíola e da inoculação.
4. Sobre essa virada teórica. Cf. *ibid.*, Situation du cours, pp. 396-400 [Martins Fontes, pp. 517-24].
5. Foucault, então, utiliza indiferentemente os dois conceitos, "biopolítica" e "biopoder". Cf. por exemplo, *ibid.*, aula de 11 de janeiro de 1978, p. 23 [Martins Fontes, p. 29], a propósito de Moheau, que "foi sem dúvida o primeiro grande teórico do que poderíamos chamar de biopolítica, de biopoder".
6. *Naissance de la biopolitique*, Résumé du cours, p. 323 [Martins Fontes, p. 431].
7. *Ibid.*, aula de 10 de janeiro de 1979, p. 25 [Martins Fontes, p. 30]. Cf. também a passagem do manuscrito dessa lição citado na p. 24 [Martins Fontes, p. 28], nota *, que termina com estas palavras: "Estudar o liberalismo como quadro geral da biopolítica."

Esse procedimento o levou, num primeiro tempo, a descrever as características específicas da arte liberal de governar, tal como aparece no século XVIII, depois a examinar de perto as duas grandes versões, alemã e americana, do neoliberalismo contemporâneo. Fazendo o balanço, no dia 7 de março, ele reconhecia ter deixado de lado a biopolítica[8] e, terminado o curso, constatava que este "acabou sendo inteiramente consagrado ao que devia formar apenas a sua introdução"[9].

Daí o título, registrado na primavera de 1979, do que devia constituir o curso do ano seguinte: "Do governo dos vivos". Tratava-se manifestamente de prolongar a reflexão aberta em 1976 e enriquecida com novos conceitos, mas cujo aprofundamento era incessantemente diferido, centrando-a agora na maneira como o poder, nos últimos três séculos, se refere aos homens não mais como simples sujeitos de direito mas como seres vivos. O título anunciado significava a retomada, no âmbito da problemática do "governo", do estudo dos meios pelos quais o poder se encarrega da própria vida dos homens enquanto população. Como, em suma, nas nossas sociedades, em consequência de uma transformação decisiva das relações tradicionais de poder, "o biológico se reflete no político"[10].

Ora, é afinal algo bem diferente que está em questão no curso dado em 1980: não o governo dos vivos, mas o "governo dos homens pela verdade"[11]; não o corpo-espécie[12], em sua relação com a manifestação do verdadeiro; não das modalidades de assunção da vida numa sociedade de normalização[13], mas de Édipo e dos atos de verdade próprios do cristianismo dos primeiros séculos.

ESTRUTURA DO CURSO

O Resumo fornece apenas uma síntese bastante parcial do conteúdo do curso, descrevendo na verdade, após algumas recapitulações e preci-

---

8. *Naissance de la biopolitique*, aula de 7 de março de 1979, p. 191 [Martins Fontes, p. 257]: "[...] eu tinha a intenção, no começo, de lhes falar de biopolítica, mas, sendo as coisas como são, acabei me alongando, me alongando talvez demais, sobre o neoliberalismo, e ainda por cima o neoliberalismo em sua forma alemã."
9. *Ibid.*, p. 323 [Martins Fontes, p. 431].
10. *La Volonté de savoir*, p. 187.
11. *Supra*, este volume [doravante, *GV*], aula de 9 de janeiro de 1980, p. 12.
12. Cf. *La Volonté de savoir*, p. 183, onde Foucault distingue o "corpo como máquina", objeto do poder disciplinar, do "corpo-espécie, o corpo atravessado pela mecânica do vivente e servindo de suporte aos processos biológicos", objeto da "biopolítica da população".
13. Sobre esse conceito, cf. "*Il faut défendre la société*", aula de 17 de março de 1976, p. 225 [Martins Fontes, p. 302].

sões de ordem teórica, as cinco últimas lições[14]. Por isso, convém antes de mais nada apresentar sumariamente sua arquitetura geral. Esta se divide em duas partes bem distintas: a primeira (aulas 2 e 3, dos dias 16 e 23 de janeiro, e início da aula 4, de 30 de janeiro), consagrada à análise do Édipo rei de Sófocles; a segunda, e mais longa (aulas 5 a 12, de 6 de fevereiro a 26 de março) ao estudo das três grandes práticas em torno das quais se estruturou, no cristianismo, a obrigação de os homens exprimirem em verdade o que são, tendo em vista a remissão das suas faltas: o batismo (aulas 5, 6 e 7, de 6, 13 e 20 de fevereiro), a penitência canônica ou eclesial (aulas 8 e 9, de 27 de fevereiro e 5 de março) e a direção de consciência (aulas 10 a 12, de 12, 19 e 26 de março).

Como se articulam esses dois conjuntos aparentemente tão heterogêneos? É a problemática do governo dos homens pela verdade, exposta na primeira aula e reformulada na quarta, que assegura a sua unidade.

(I) Num primeiro tempo, Foucault se demarca da concepção de uma relação puramente instrumental entre poder e verdade. O exercício do poder, embora implique conhecimentos específicos, é acompanhado por uma manifestação de verdade irredutível a estes. Foucault forja então a palavra "aleturgia" para designar

> o conjunto dos procedimentos possíveis, verbais ou não, pelos quais se revela o que é dado como verdadeiro em oposição ao falso, ao oculto, ao indizível, ao imprevisível, ao esquecimento[15],

e dá como exemplo, entre outros, a luta, correlativa da razão de Estado, contra o tipo de produção do verdadeiro (ou de "aleturgia") que o saber dos bruxos, adivinhos e astrólogos representava junto aos príncipes[16]. Trata-se de se livrar, a partir dessa noção, do tema do saber-poder, em torno do qual tinha se organizado sua pesquisa desde o início dos anos 70[17]. Após um primeiro deslocamento, em 1978-1979, do conceito de poder para o de governo, o objetivo do curso é "a noção de saber em direção ao problema da verdade"[18]. Esse é o objetivo da análise do Édipo rei de Sófocles, desenvolvida nas aulas seguintes, do qual Foucault, voltando mais uma vez a esse texto[19], propõe aqui uma releitura "aletúrgica", tendo em vista mostrar

14. Cf. *supra*, p. 317 s.
15. *GV*, aula de 9 de janeiro de 1980, p. 8.
16. *Ibid.*, pp. 11-2.
17. Cf. *infra*, pp. 337-41, para maiores precisões.
18. *GV*, aula de 9 de janeiro de 1980, p. 14.
19. Sobre suas leituras precedentes da tragédia de Sófocles, cf. *GV*, aula de 16 de janeiro de 1980, p. 41, nota 2.

que não se pode dirigir os homens sem fazer operações na ordem do verdadeiro, operações sempre excedentárias em relação ao que é útil e necessário para governar de uma maneira eficaz[20].

Dois tipos de aleturgia, complementares um do outro, emolduram o personagem de Édipo: a aleturgia dos deuses, de um lado, que corresponde às velhas formas da consulta oracular; a aleturgia dos escravos, de outro, que corresponde às novas regras de procedimento judiciário, implicando a convocação de testemunhas[21]. Ante elas, qual o saber de Édipo e como funciona? É uma arte (*tékhne*), voltada para a descoberta por meio de indícios. Aleturgia da descoberta, portanto, que ele próprio põe em ação para defender seu próprio poder[22]. Édipo é o homem em que se realiza a unidade do saber e do poder: saber de governo, já que se trata, pela busca, de evitar os escolhos – os decretos dos deuses que pesam sobre a cidade – e levar a nau a bom porto[23], mas ordenado também à manutenção da sua soberania (sua "tirania"). Ora, o que a peça condena, na própria pessoa de Édipo, não é essa aleturgia, já que ela conduz ao desvendamento da verdade, mas a pretensão de assenhorar-se dela em benefício próprio: não o próprio procedimento, mas o uso que dele faz Édipo. Este último, pelo ajuste das duas aleturgias, divina e judiciária, que se realiza sem que ele saiba, se torna assim o "personagem a mais": um "um supernumerário do saber", em suma, "e não um inconsciente"[24].

A peça põe em cena, pois, a necessidade da manifestação de verdade para o exercício do poder, manifestação todavia excessiva em relação ao objetivo puramente utilitário de conhecimento e que escapa a todo controle por parte do tirano. Leitura próxima, em muitos aspectos àquela exposta em 1972, não em termos de aleturgia, mas de rituais ou procedimentos de saber[25]. Mas enquanto a análise, em *Le Savoir d'Oedipe*, tinha por eixo o enfrentamento das formas de poder-saber[26], em 1980 ela se recentra num novo objeto: "o elemento do 'eu', o elemento do 'αὐτός', do 'eu mesmo'"[27] – o que Foucault chama de "ponto de subjetivação"[28] – no ciclo da aletur-

---

20. *GV*, aula de 9 de janeiro de 1980, p. 17.
21. *GV*, aula de 16 de janeiro de 1980, pp. 33-40.
22. *GV*, aula de 23 de janeiro de 1980, pp. 55-6.
23. *Ibid.*, p. 56.
24. *Ibid.*, p. 62.
25. Cf. M. Foucault, *Le Savoir d'Oedipe*, em anexo a *Leçons sur la volonté de savoir. Cours au Collège de France, 1970-1971*, ed. D. Defert, Paris, Gallimard-Seuil (col. "Hautes Études"), 2011, pp. 233 e 241.
26. *Ibid.*, p. 250.
27. *GV*, aula de 23 de janeiro de 1980, p. 46.
28. *GV*, aula de 30 de janeiro de 1980, p. 77-8.

gia. O escravo-testemunha não é mais o único sujeito do ver, o detentor de um saber fundado na visão[29]; ele é aquele que, sabendo a verdade porque a viu, a enuncia em seu próprio nome. Identificação do ter-visto com o dizer-a-verdade[30]: é essa afirmação da primeira pessoa como instância de veridicção que possibilita Foucault introduzir, no fim da terceira aula, a questão específica do curso: "O que é esse jogo do eu mesmo ou esse jogo do si mesmo no interior de procedimentos de verdade?"[31]

Assim, a releitura da tragédia de Édipo aparece como um longo preâmbulo através do qual se desenha, progressivamente, o objeto que Foucault se propõe tratar naquele ano. Qual a situação das "relações entre o αὐτός e a aleturgia"[32] e como esse problema se articula com o do governo dos homens? Esses três elementos – sujeito, manifestação da verdade, governo – delimitam o campo do estudo do cristianismo que Foucault empreende então a partir da quarta aula.

(II) Essa transição o leva, primeiro, a uma pontualização sobre seu procedimento teórico, que ele qualifica com humor de "anarqueologia"[33]. Muito mais do que tese filosófica, é uma atitude que se distingue do ceticismo pelo fato de que não consiste em suspender todas as certezas, mas em colocar "a não-necessidade de todo poder, qualquer que seja"[34]. A questão portanto é saber "o que se desfaz do sujeito e das relações de conhecimento, dado que nenhum poder é fundado nem em direito nem em necessidade"[35]. À análise de tipo ideológico, que postula uma essência humana não alienada, Foucault, tomando o exemplo dos seus trabalhos sobre a loucura e a criminalidade, opõe assim um procedimento fundado na recusa dos universais[36]: partir da contingências das práticas (encerramento, aprisionamento) e mostrar a que relações de conhecimento e a que modo de constituição do sujeito elas deram lugar.

Depois estabelece novos conceitos necessários à sua análise do cristianismo. A leitura de Édipo rei salientou, com o escravo-testemunha, uma forma de inserção do sujeito num procedimento de verdade. Trata-se agora de passar a outro nível: não mais a simples identificação histórica de uma figura singular, mas a própria genealogia dos laços que unem, em nossa

---

29. Cf. *Le Savoir d'Oedipe*, loc. cit., pp. 232-3; *Leçons sur la volonté de savoir*, aula de 17 de março de 1971, p. 179.
30. *GV*, aula de 23 de janeiro de 1980, p. 47.
31. *Ibid.*, p. 72.
32. *Ibid.*
33. *GV*, aula de 30 de janeiro de 1980, p. 73.
34. *Ibid.*, p. 72.
35. *Ibid.*
36. *Ibid.*, p. 74.

cultura, relação de poder com manifestação da verdade, na dupla acepção da palavra "sujeito".

O primeiro conceito é o de "ato de verdade"[37], pelo qual Foucault designa "a parte que cabe a um sujeito nos procedimentos de aleturgia"[38]. Ele pode desempenhar, nestes, o papel de operador (por exemplo, o do padre num sacrifício), de espectador (o de testemunha) ou do próprio objeto da aleturgia, quando é dele mesmo que se trata no ato de verdade. É por essa forma refletida, de que a confissão representa a expressão "mais pura, mais importante historicamente também"[39], que Foucault opta se interessar na continuação do curso, a partir do estudo do cristianismo primitivo.

O segundo conceito, sem dúvida mais decisivo[40], mas também mais problemático, é o do "regime de verdade", introduzido na quarta aula e que Foucault se dedica longamente a justificar no início da quinta (veremos, mais adiante[41], que reviravolta a retomada desse conceito, já utilizado anteriormente por ele, assinala em seu percurso)[42]. Como ele o define aqui?

> Um regime de verdade é portanto o que constrange os indivíduos a esses atos de verdade, o que define, determina a forma desses atos e estabelece para esses atos condições de efetivação e efeitos específicos[43].

Um "regime" assim – a palavra é explicitamente retomada com suas conotações políticas e jurídicas[44] – não se exerce apenas quando a verdade é impotente para "fazer sua própria lei". Em outras palavras, ele não se aplica somente ao domínio dos saberes não-científicos, mas leva a superar a oposição ciência/não-ciência (ou ciência/ideologia), funcionando a ciência como um regime de verdade possível entre outros (ainda que, estando a constrangência nele assegurada pelo próprio verdadeiro, o regime pareça perder toda exterioridade em relação ao sujeito da enunciação).

---

37. Sobre esse conceito, atribuído a Caetano no Resumo do Curso (*supra*, p. 291), cf. a nota 8, p. 88.
38. *GV*, aula de 30 de janeiro de 1980, p. 75.
39. *Ibid.*, p. 76.
40. Na medida em que o procedimento de verdade tem por objeto o próprio sujeito, os conceitos de "aleturgia" e de "ato de verdade", formalmente distintos, vêm a se confundir (cf. por exemplo, *ibid.*, p. 86; aula de 5 de março de 1980, p. 196, etc.). Essa identificação é confirmada no curso de 1984, *Le Courage de la vérité. Cours ao Collège de France, 1983-1984*, ed. F. Gros, aula de 1º de fevereiro de 1984, 1ª hora, p. 5: "A aleturgia seria, etimologicamente, a produção de verdade, o ato pelo qual a verdade se manifesta." [*A coragem da verdade,* WMF-Martins Fontes, 2001, p. 4.]
41. Cf. *infra*, "Escopos do curso", pp. 314-6.
42. É o momento da "introdução teórica" de que fala Foucault no Resumo do Curso (*supra*, p. 291), como se o curso na verdade começasse neste ponto.
43. *GV*, aula de 6 de fevereiro de 1980, p. 85.
44. *Ibid.*, p. 86.

Foucault aborda então o objeto central do curso: o cristianismo, enfocado do ponto de vista dos atos de verdade que o caracterizam – mais precisamente, os atos de reconhecimento das faltas, e não os atos de fé, a que geralmente se dá mais atenção; de fato, tanto uns como outros pertencem a dois regimes de verdade distintos, estreitamente solidários, sem dúvida, mas de morfologia bem diferente, apesar disso[45]. Ao *continuum* verdade ensinada-verdade extraída, pelo qual Foucault, em 1978, descrevia a "economia da verdade" típica do pastorado cristão[46], sucede assim o tensionamento – cuja emergência ele encontra em Tertuliano[47] – dos polos da fé (atos de adesão a uma verdade revelada) e do reconhecimento das faltas (ato de manifestação de uma verdade oculta).

Desse polo do reconhecimento das faltas, Foucault já havia estudado a formação e a ritualização progressiva através da história da penitência cristã, do fim da Idade Média à Contrarreforma[48]. Foi pouco a pouco que a obrigação de reconhecimento das faltas tinha se imposto na prática penitencial na forma, codificada em 1215, da confissão regular, contínua e exaustiva[49]. O reconhecimento das faltas, desse modo, parecia se confundir com a confissão[50]. Ora, esta última é na realidade

> o resultado de certo modo mais visível e mais superficial, de procedimentos muito mais complexos, muito mais numerosos, muito mais ricos, pelos quais o cristianismo vinculou os indivíduos à obrigação de manifestar sua verdade [...][51]

O objetivo, em 1980, é portanto trazer à luz esse regime de verdade que a prática ritual da verbalização das faltas, inscrita no fundamento do

---

45. Sobre essa distinção, cf. *GV*, aula de 30 de janeiro de 1980, pp. 77-8, e aula de 6 de fevereiro de 1980, pp. 92-3.

46. *Sécurité, Territoire, Population*, aula de 1º de março de 1978, p. 216: "[O] poder pastoral havia, no fundo, desenvolvido uma economia da verdade que, vocês sabem, ia do ensino, de um lado, do ensino de uma verdade, ao exame do indivíduo. Uma verdade transmitida como dogma a todos os fiéis e uma verdade tirada de cada um deles como segredo descoberto no fundo da sua alma" [Martins Fontes, p. 280].

47. *GV*, aula de 13 de fevereiro de 1980, p. 123.

48. M. Foucault, *Les Anormaux. Cours au Collège de France, 1974-1975*, ed. V. Marchetti e A. Salomoni, Paris, Gallimard-Seuil, aula de 19 de fevereiro de 1975, pp. 158-80 [Martins Fontes, pp. 215-45].

49. *Ibid.*, p. 162 [Martins Fontes, pp. 220-1].

50. Cf. *La Volonté de savoir*, p. 78: "Desde a Idade Média pelo menos, as sociedades ocidentais colocaram o reconhecimento das faltas entre os rituais maiores, de que se espera a produção de verdade: regulamentação do sacramento da penitência pelo Concílio de Latrão, em 1215, desenvolvimento das técnicas de confissão que a ele se seguiu [...]"

51. *GV*, aula de 6 de fevereiro de 1980, p. 94. Esse descentramento da história do reconhecimento das faltas em relação à confissão já aparece em *Sécurité, Territoire, Population*, aula de 22 de fevereiro de 1978, aula de 22 de fevereiro de 1978, p. 186 (a propósito do exame de consciência) [Martins Fontes, p. 241].

sacramento de penitência, acabara ocultando. Trata-se, em suma, não mais de fazer a história, mas a arqueologia da confissão. Daí a necessidade de remontar ao cristianismo primitivo.

O regime do reconhecimento das faltas se organiza, nos primeiros séculos, em torno de três grandes práticas: o batismo, a penitência eclesial e, em outro plano, a direção de consciência. Foucault consagra o fim da quinta aula e as duas aulas seguintes à primeira; as oitava e nona aulas à segunda; as três últimas, enfim, à terceira. Essa análise, no Resumo do Curso, se concentra em dois conceitos essenciais: a exomologese, espécie de manifestação dramática de si, pela qual o pecador, no rito da segunda penitência, ou penitência canônica, pede sua reintegração na Igreja, e a *exagoreusis*, ou manifestação dos pensamentos, correspondente à prática do exame de consciência no marco da direção monástica. Como o Resumo não diz nada sobre as aulas que tratam da teologia batismal, parece-nos necessário precisar brevemente seu conteúdo. Nelas Foucault explica como a questão do acesso ao batismo levou, com Tertuliano, a renovar em profundidade a concepção cristã das relações entre subjetividade e verdade.

O momento Tertuliano

O batismo, ato de ingresso do crente numa vida nova, é intimamente ligado à ideia de purificação. Esta, até o século II, se articula com um procedimento de verdade que adquire a forma de uma iniciação de tipo pedagógica. Ao fim da catequese, o postulante, pelo sacramento da água, alcança a iluminação divina. A alma se acha inscrita, assim, num processo que a qualifica pouco a pouco como sujeito de conhecimento. É em relação a essa estrutura de ensino que Tertuliano, segundo Foucault, representa uma virada decisiva no pensamento cristão[52]. Sua concepção do pecado original (doutrina de que, Foucault lembra, ele é o inventor[53]), de fato, leva-o a redefinir radicalmente, não o próprio batismo, cuja eficácia purificadora ele defende contra os gnósticos, mas o tempo de preparação para ele. Devido ao estado de corrupção em que nascem os homens, a purifi-

---

52. De fato, assim como Foucault salienta em diversas passagens, Tertuliano não é de modo algum uma figura isolada, mas traduz um movimento de pensamento mais geral. Cf. notadamente *GV*, aula de 20 de fevereiro de 1980, p. 135: "[Suas teses] se apresentam como uma forma mais particularmente elaborada do que está acontecendo e de que se vê testemunhos não só nos textos que lhe são contemporâneos, mas também e sobretudo nas instituições do cristianismo." Em especial, ele põe seus princípios em relação com a instituição do catecumenato, à qual consagra grande parte da aula de 20 de fevereiro de 1980.

53. Sobre essa "invenção" do pecado original por Tertuliano, cf. *GV*, aula de 13 de fevereiro de 1980, p. 126, nota 23.

cação não pode ser simplesmente o efeito da luz. Ela implica, antes do ato batismal, uma transformação completa de nossa natureza: "Não somos mergulhados na água para sermos purificados, mas porque estamos purificados."[54] O pecado, no entanto, não tem como única consequência que nossa natureza se tornou outra, mas também que o outro – Satanás – agora mora em nós. A preparação para o batismo aparece, então, como um tempo de luta e de enfrentamento dominado pelo temor de ceder aos assaltos do demônio. Temor do qual a remissão dos pecados não seria capaz de libertar o fiel, mas ao qual ele deve permanecer submetido ao longo de toda a sua existência[55], numa relação perpetuamente inquieta consigo mesmo:

> o medo quanto a nós mesmos, o medo do que somos, [...] esse medo [...] terá evidentemente uma importância absolutamente decisiva em toda a história do que podemos chamar de subjetividade, isto é, a relação de si consigo, o exercício de si sobre si e a verdade que o indivíduo pode descobrir no fundo de si mesmo.[56]

Dessa nova concepção do tempo pré e pós-batismal decorre a necessidade de uma "disciplina da penitência"[57] que se estende à vida inteira. Foi em torno do problema da conversão (metanoia), isto é, do devir outro, reinterpretada como penitência[58] e mortificação, que se reordenou, no cristianismo, a questão das relações entre subjetividade e verdade e, em seguida – como precisa um trecho decisivo do manuscrito –, a do governo dos homens:

> [...] paradoxo de uma forma de poder que tem por destinação se exercer universalmente sobre todos os homens na medida em que eles têm de se converter, i.e., ter acesso à verdade, por uma mudança radical [...], que deve se autenticar manifestando a verdade da alma. Governar o ser-outro pela manifestação da verdade da alma, para que cada um possa fazer sua salvação.
> [...] O cristianismo assegura a salvação de cada um autenticando que eles de fato se tornaram outros. A relação governo dos homens / manifestação da verdade inteiramente refeita. O governo pela manifestação do Outro em cada um.[59]

---

54. Citação do *De paenitentia*, VI, 17, assaz livremente traduzida por Foucault (cf. *ibid.*, p. 125, nota 4).
55. Como atesta o problema da recaída, estudado por Foucault a partir da grande questão dos relapsos, na aula de 27 de fevereiro de 1980, pp. 168 e 183-4.
56. *GV*, aula de 13 de fevereiro de 1980, p. 117.
57. *Ibid.*, p. 118.
58. *Paenitentia*, como explica Foucault, é a palavra latina com a qual, nos primeiros séculos cristãos, se traduz metanoia. Cf. *ibid.*, e aula de 20 de fevereiro de 1980, p. 141.
59. Ver o fim da aula de 20 de fevereiro, p. 148, nota*.

CONTEXTO DO CURSO

Na verdade, poucos elementos de contextualização externa se relacionam a este curso, tão "inatual" quanto o do ano precedente, sobre o neoliberalismo, estava diretamente relacionado à atualidade. Se bem que a análise desse tema prossiga no âmbito do seminário[60], não encontramos vestígio disso, como já frisado, na problemática geral do *Governo dos vivos*. Os primeiros meses do ano de 1980, por outro lado, foram marcados por vários desaparecimentos: o de Roland Barthes, em 26 de março – no exato dia da última sessão do curso –, levado pela "violência besta das coisas"[61], cujo elogio fúnebre Foucault pronunciou no Collège de France[62], depois o de Sartre, em abril, a cujas exéquias assistiu. Mas essas mortes sobrevêm quando o curso estava terminado. Outro desaparecimento, mais antigo porém, encontra seu eco em certas questões abordadas por Foucault: o, súbito, de Maurice Clavel em 22 de abril de 1979, com quem ele havia falado na véspera,

> de um livro que ele gostara a propósito de Freud; e de coisas variadas; e da penitência cristã: por que, dizia ele, a obrigação de dizer a verdade traz com ela a cinza, o pó e a morte do velho homem, mas também o renascimento e o novo dia? Por que o momento de verdade está nesse limiar?[63]

Do mesmo modo, dos dois grandes acontecimentos com ressonâncias religiosas em que Foucault se viu envolvido – a sublevação iraniana de fins de 1978-início de 1979[64] e a resistência do Solidariedade ao estado de sítio

---

60. Cf. *supra*, Resumo do Curso, p. 294. Num manuscrito de 13 folhas, inserido no dossiê dos documentos relativos ao curso de 1979 e trazendo o título: "[O] liberalismo como arte de governar", Foucault faz referência a esse seminário nos seguintes termos: "A sociedade constitui num governo liberal o lugar de precipitação de toda uma intervenção que deve ser suspensa no domínio próprio da economia. É a superfície de transferência da atividade governamental. O que vimos ano passado a propósito da teoria: escoceses, Guizot, Saint-Simon, Menger, a vontade geral. O outro do governo liberal. A sociedade foi praticada pelo governo antes de se tornar um objeto de conhecimento científico. Praticada através das reflexões e dos saberes" (fol. 12).

61. M. Foucault, "Roland Barthes (12 novembre 1915-26 mars 1980)", in *Dits et écrits, 1954-1988* [citado *infra*: *DE*], ed. por D. Defert e F. Ewald, colab. J. Lagrange, Paris, Gallimard, 1994, 4 vol.: cf. nº 288, ed. 1994, t. IV, p. 125/"Quarto", vol. II, p. 945.

62. Cf. nota precedente.

63. M. Foucault, "Le moment de vérité", *Le Matin,* nº 673, 25 de abril de 1979, (*DE*, III, nº 267, ed. 1994, p. 788/"Quarto", vol. II, p. 788). Cf. também, em homenagem a Clavel, "Vivre autrement le temps", *Le Nouvel Observateur*, 30 de abril-6 de maio de 1979 (*DE*, III, nº 268, ed. 1994, pp. 788-90/"Quarto", vol. II, p. 788-790). Note-se a ligação entre este texto – "O que escapa da história [segundo Clavel] é o instante, a fratura, o dilaceramento, a interrupção. À graça corresponde (e responde, talvez), do lado dos homens, a *sublevação*" (grifado por Foucault) – e o célebre artigo publicado pouco depois, a propósito da revolução iraniana em *Le Monde*, 11 de maio de 1979, "Inutile de se soulever?".

64. Cf. nossa "Situation des cours", in *Sécurité, Territoire, Population*, pp. 389-92 [Martins Fontes, pp. 507-12].

decretado na Polônia em fins de 1981 –, o primeiro foi encerrado, alguns meses antes, com uma vaga de execuções de oponentes, em nome da purificação do país[65], e o estabelecimento de uma ditadura teocrática, enquanto as premissas do segundo ainda nem eram perceptíveis (em agosto de 1980 é que ocorrerá a grande greve que dará nascimento ao sindicato Solidariedade).

Portanto, é distante de toda atualidade imediata, intelectual ou política, que Foucault expõe, a um auditório passavelmente desconcertado, suas pesquisas sobre o cristianismo primitivo. Essa atitude talvez seja explicada, em parte, por seu desejo de tomar um certo distanciamento de uma cena midiática de que deplora a tendência a criar efêmeros acontecimentos em torno de autores transformados em vedetes, em vez de favorecer o exercício de um verdadeiro pensamento crítico. É significativo que ele escolha estabelecer essa constatação numa entrevista, publicada em abril pelo *Le Monde*, sob o anonimato do "filósofo mascarado"[66]. A máscara revela sua necessidade de não entrar no jogo dos efeitos de opinião ligados à notoriedade. Mas serve também para situar a filosofia no terreno de uma interrogação fundamental, além das distinções estabelecidas entre pesquisa acadêmica e canais da informação:

> Eu dizia [...] que a filosofia era uma maneira de refletir sobre nossa relação com a verdade. Cumpre completar: ela é uma maneira de se perguntar: se é essa a relação que temos com a verdade, como devemos nos conduzir? Creio que se fez e que continua se fazendo atualmente um trabalho considerável e múltiplo, que modifica ao mesmo tempo nosso vínculo com a verdade e nossas maneiras de nos conduzir. E isso numa conjunção complexa entre toda uma série de pesquisas e todo um conjunto de movimentos sociais. É a própria vida da filosofia.[67]

É aí, nessa "conjunção complexa", que reside a verdadeira atualidade de que procede o curso, ligado aos desafios do presente por um desvio inesperado.

---

65. Cf. o artigo de C. Brière e P. Blanchet, "Corrupteur de la terre", contíguo ao de Foucault, "Inutile de se soulever?", *Le Monde*, 11 de maio de 1979, p. 2 (sobre as relações de Foucault com esses dois jornalistas de *Libération*, cf. nosso "Situation des Cours", in *Sécurité, Territoire, Population*, p. 389 [Martins Fontes, p. 507]).

66. "Le philosophe masqué", *DE*, IV, nº 285, ed. 1994, pp. 104-10/"Quarto", vol. II, pp. 923-9. Essa entrevista a C. Delacampagne foi realizada em fevereiro de 1980. Sobre as circunstâncias da sua realização, cf. a apresentação dos editores, *ibid.*, pp. 104-923. D. Defert, em sua "Chronologie" (*DE*, I, ed. 1994, p. 57/"Quarto", vol. I, p. 79), relaciona essa "vontade de discrição" também à recusa, por Foucault, de representar "o papel de intelectual maior", para o qual a mídia o convida cada vez mais, na proximidade do passamento de Sartre. Desse ponto de vista, ela não carece totalmente de relação, se não com o próprio curso, em todo caso com o estado de espírito em que Foucault o empreendeu.

67. "Le philosophe masqué", *loc. cit.*, p. 110/929.

Sem dúvida os leitores de Foucault esperavam, havia anos, ver finalmente aparecer o novo volume da *História da sexualidade*, anunciado em *La Volonté de savoir* com o título de *La Chair et le Corps*[68]. Ignoravam que Foucault, em 1975, devido a uma desavença com a Gallimard, havia decidido não publicar mais nada por cinco anos, depois desse livro[69]. Mas não haveria nada de surpreendente se, na esteira deste último, voltasse ao estudo da pastoral cristã pós-tridentina. Ora, foi a uma época do cristianismo bem diferente, sem relação explícita com a problemática da carne, que Foucault optou por consagrar suas análises. A surpresa era dupla, portanto: ante o objeto do curso e ante o descolamento em relação ao programa de *La Volonté de savoir*[70].

Sabemos que Foucault finalmente abandonou esse programa, depois de ter "começado a escrever dois livros conforme seu plano primitivo"[71], optando, ao cabo de um longo caminho[72], por centrar seu trabalho na genealogia do "homem de desejo"[73]: como se havia constituído, nos primeiros séculos da nossa era, "um certo modo de relação consigo na experiência da carne"?[74] Deslocamento temático e cronológico, de que se originou o volume, inédito até hoje, de *Les Aveux de la chair*.

É à redação desse livro – como veremos adiante[75] – que o curso de 1980 está intimamente ligado. *Do governo dos vivos* aparece assim como o primeiro curso, depois de muito tempo, cuja matéria se inscreve na perspectiva de uma obra a ser publicada (o mesmo se dará, no ano seguinte, com o curso "Subjetivité et vérité"[76]). Dessa articulação entre o ensino oral e a retomada do projeto da história da sexualidade, nada, no entanto, na economia geral do curso, oferecia o menor indício a seus ouvintes.

A reorientação do seu projeto se faz acompanhar também, para Foucault, de uma mudança em seus hábitos de trabalho. Cansado da lentidão

---

68. Cf. *infra*, p. 345, notas 119 e 120.

69. Sobre as razões dessa decisão, cf. D. Defert, "Chronologie" (*loc. cit.*, p. 50/68), que explica que esse silêncio foi interpretado por muitos "como uma crise em sua reflexão".

70. Lembremos a série dos cinco volumes anunciados, na quarta capa do livro: *La Chair et le Corps; La Croisade des enfants; La Femme, la Mère et l'Hystérique; Les Pervers; Populations et Races*.

71. "Le souci de la vérité" (1984), *DE*, IV, nº 350, ed. 1994, p. 688/"Quarto", vol. II, p. 1487.

72. Sobre as razões que levaram Foucault a remanejar seu projeto inicial, cf. "Préface à l'Histoire de la sexualité'", *DE*, IV, nº 340, ed. 1994, pp. 583-4/"Quarto", vol. II, pp. 1402-3; *Histoire de la sexualité*, t. II: *L'Usage des plaisirs*, Paris, Gallimard ("Bibliothèque des Histoires"), 1984, introdução, pp. 11-5.

73. *L'Usage des plaisirs*, introdução, p. 12.

74. "Préface à l''Histoire de la sexualité'", *loc. cit.*, pp. 584/1403.

75. Cf. *infra*, pp. 316-22.

76. Cf. o Resumo desse curso, *DE*, IV, nº 304, ed. 1994, p. 213/"Quarto", vol. II, p. 1032: "O curso deste ano deve ser objeto de uma publicação próxima."

do serviço da Bibliothèque Nationale, resolve, a partir do verão de 1979[77], passar a frequentar a dominicana Bibliothèque du Saulchoir, na rue de la Glacière, no 13º distrito de Paris. Lá, na pequena sala de leitura[78] que dá para um agradável jardim interno, estão reunidas, em livre acesso, as grandes coleções de textos clássicos e patrísticos que necessita para escrever seu livro. Passa aí dias inteiros, sentado à mesma mesa perto da janela[79].

Foucault não se contentava com ler os Padres da Igreja. Procurava também confrontar seus pontos de vista com os de especialistas de história e de filosofia religiosas. Em abril, conheceu um jovem jesuíta, James Bernauer, então doutorando em Paris (ele preparava uma tese sobre "The Thinking of History in the Archeology of Michel Foucault"), que havia acompanhado o curso e desejava interrogá-lo sobre a sua obra. Ao fim dessa entrevista, Foucault lhe perguntou se podia organizar um encontro com uns teólogos, para discutir seu estudo do cristianismo. Esse encontro se daria no dia 6 de maio de 1980, na residência dos jesuítas, no 42 da rue de Grenelle. Participaram os padres Alfonso Alfaro, Mario Calderón, Charles Kannengiesser (que na época ensinava patrística no Instituto Católico de Paris), Gustave Martelet e William Richardson, todos eles jesuítas, com exceção do primeiro[80]. Alguns dias antes, J. Bernauer lhes havia entregado um texto de introdução no qual apresentava brevemente os autores e os temas abordados no curso[81]. Foucault se mostrou desejoso de obter precisões sobre certas categorias cristãs e se informou sobre as edições críticas de autores sobre os quais trabalhava. Sua primeira pergunta, notadamente, foi sobre as origens

---

77. A convite do frei Michel Albaric, diretor da biblioteca, que Foucault havia encontrado na primavera anterior. Cf. D. Eribon, *Michel Foucault*, Paris, Flammarion, 1989, p. 310; D. Macey, *Michel Foucault*, Paris, Gallimard (col. "Biographies"), 1994, pp. 424-5. Em 1983, Foucault lhe expressa assim o seu reconhecimento: "Agradeço à Bibliothèque du Saulchoir e a seu diretor; eles me ajudaram, sobretudo a partir do momento – recente – em que as condições de trabalho na Bibliothèque Nationale se deterioraram consideravelmente" ("Usage des plaisirs et techniques de soi", *DE*, IV, nº 338, ed. 1994, p. 549 n. 1/"Quarto", vol. II, p. 1368 n. 2; cf. também *L'Usage des plaisirs*, p. 279 n. 1).

78. Esta havia sido aberta ao público em 1974.

79. Ver a fotografia *in* [coletivo], *Michel Foucault. Une histoire de la vérité*, Paris, Syros, 1985, p. 25.

80. Cf. J.R. Carrette, org., *Religion and Culture/Michel Foucault*, Nova York, Routledge, 1999, p. 2 n. 7. Como observa o autor, "this meeting is unfortunately not discussed in any of the biographies".

81. "For many in his audience, the lectures Foucault presented this year, from January through March, must have seemed as though they were written by someone else. Certainly the cast was new: Philon d'Alexandrie, Hermes, Justin, Tertullian, Hippolyte, Cyprien, Origene, Jerome, Cassien. These were not figures" with whon Foucault has been identified [...] thought and praxis were continually introduced into his course and his interrogation of them reflects his currend concern with theology in general and pastoral theology in particular" (J. Bernauer, cité par J. R. Carrette, *ibid.*, p. 2).

da noção de *debitum* no casamento cristão (a obrigação, para cada esposo, de aceitar o ato sexual). Ao contrário da opinião de um dos presentes, Foucault duvidava que tivesse saído do direito canônico. Falou também de Tertuliano, de Cassiano e de outros autores estudados no curso[82]. A troca de ideias foi aberta e calorosa, mas pareceu ao jovem jesuíta que "os teólogos, embora bem-intencionados, não compreendiam verdadeiramente o ponto de vista de Foucault sobre esses temas"[83].

Escopos do curso

Este curso articula, de modo complexo, vários níveis de problematização. Ele se inscreve, em primeiro lugar, na continuidade do projeto geral enunciado por Foucault, em 1970, de uma história, ou de uma "morfologia", da "vontade de saber"[84]. Sem dúvida, acontecia o mesmo em vários dos cursos anteriores, cujo programa havia sido esboçado, em suas linhas gerais, desde a aula inicial[85], muito embora não se reduzam, em seu conteúdo, ao desenrolar de um esquema de análise preestabelecido. Mas é de maneira totalmente explícita que, em 1980, Foucault liga seu curso à sua problemática inaugural:

> No fundo, o que eu queria fazer, e sei que não seria capaz de fazer, é escrever uma história da força do verdadeiro, uma história do poder da verdade, uma história, portanto – pegando a mesma ideia sob um outro aspecto –, da vontade de saber[86].

82. Agradeço a J. Bernauer por ter me fornecido essas precisões.
83. Carta de J. Bernauer, fevereiro de 2012. Foucault também visitou, com J. Bernauer, a biblioteca dos jesuítas do Centre Sèvres. Cf. o depoimento deste último *in* J. Carrette, org., *op. cit.*, p. XIII: "At one point [...] he did take a look at the Jesuit Library of Centre Sèvres, to which I escorted him one afternoon. I remember that when we came to the first section of books, which a sign announced as 'dogmatic theology', he joked that this was not his place and rushed towards the section farther down the long room as his goal: moral theology."
84. *Leçons sur la volonté de savoir*, aula de 9 de dezembro de 1970, p. 4: "Creio que poderíamos reconhecer em todas essas análises [históricas] – passadas ou ainda por vir – algo como 'fragmentos para uma morfologia da vontade de saber'."
85. Cf. M. Foucault, *L'Ordre du discours*, Paris, Gallimard, 1971, pp. 62-5. Foucault agrupava em dois conjuntos – um "crítico", o outro "genealógico" – as análises que ele se propunha fazer. O primeiro, notadamente, devia compreender uma série de trabalhos sobre esse sistema de exclusão que a "vontade de verdade" constitui, por um lado através do estudo de três grandes escansões da "morfologia da nossa vontade de saber" (Grécia antiga, séculos XVI-VII, início do XIX), por outro lado, a escansão das perícias psiquiátricas e seu papel na prática do sistema penal. Podemos reconhecer facilmente nesse programa o objeto dos quatro primeiros cursos, "La volonté de savoir", "Théories et institutions pénales", "La Société punitive" e "Le pouvoir psychiatrique" [Martins Fontes, *O poder psiquiátrico*, São Paulo, 2006].
86. *GV*, aula de 6 de fevereiro de 1980, pp. 82-4.

É muito significativo, a esse respeito, que o curso comece, no modo de uma repetição plenamente assumida[87], por uma longa análise de Édipo rei, a que Foucault já havia consagrado a última aula de 1970-1971[88]. Não se poderia, no entanto, falar de um simples retorno ao projeto inicial. Sob a aparência da sua retomada, é a abrir novas perspectivas, a partir dos deslocamentos teóricos e conceituais operados nos anos anteriores, que Foucault se consagra decididamente.

Livrar-se do poder-saber

O primeiro deslocamento é o que assinala a passagem, em 1978 e 1979, do conceito de poder ao de governo. Introduzido inicialmente, a propósito da gestão das populações e em oposição ao poder de soberania[89], numa série de aulas sobre o tema do biopoder, o conceito de "governo" veio logo ocupar o centro da análise de Foucault[90] e, definido como maneira de conduzir a conduta dos homens, tomar pouco a pouco o lugar do conceito de "poder"[91]. Assim, Foucault, desde o início do curso de 1980, se despede deste último, julgado a partir de então "menos operacional" que o de "governo"

> no sentido lato, e aliás antigo, de mecanismos e procedimentos destinados a conduzir os homens, a dirigir a conduta dos homens, a conduzir a conduta dos homens[92]

e inscreve sua nova pesquisa na continuidade de seus trabalhos anteriores sobre a razão de Estado e o liberalismo contemporâneo[93].

87. Cf. *ibid.*, aula de 16 de janeiro de 1980, p. 24.
88. *Leçons sur la volonté de savoir*, aula de 17 de março de 1971, pp. 177-86.
89. Cf. *Sécurité, Territoire, Population*, aula de 22 de fevereiro de 1978, aula de 25 de janeiro de 1978, p. 77 [Martins Fontes, p. 99]: "[...]quando falei da população, havia uma palavra que voltava sem cessar [...], a palavra 'governo'. Quanto mais eu falava da população, mais eu parava de dizer 'soberano', e p. 68 [Martins Fontes, p. 87]: "o governo das populações é, creio, algo totalmente diferente do exercício de uma soberania sobre até mesmo o grão mais fino dos comportamentos individuais. Temos aí duas economias de poder que são, parece-me, totalmente diferentes".
90. Cf. *ibid.*, aula de 1º de fevereiro de 1978 sobre a "governamentalidade".
91. Cf. *Naissance de la biopolitique*, aula de 7 de março de 1979, pp. 191-2 [Martins Fontes, p. 258]: "O próprio termo de poder não faz mais que designar um [campo]* de relações que tem de ser analisado por inteiro, e o que propus chamar de governamentalidade, isto é, a maneira como se conduz a conduta dos homens, mais não é que uma proposta de grade de análise para essas relações de poder."
92. *GV*, aula de 9 de janeiro de 1980, p. 14.
93. *Ibid.*, p. 14. Cf. também o Resumo do curso, p. 291.

Ora, a análise do poder desenvolvida desde o início dos anos 70, no âmbito da problemática da "vontade de saber", tinha por correlato o estabelecimento de uma relação circular entre verdade e poder:

> [...] a "verdade" estava ligada circularmente a sistemas de poder que a produzem e a sustentam, e a efeitos de poder que ela induz e que a trazem de volta[94].

A noção de "poder-saber"[95], forjada em 1972 para designar o nível de realidade, distinto do plano da história das ciências[96], em que saber e poder se reforçam reciprocamente, respondia ao problema, posto no ano anterior a partir de Nietzsche[97], da "origem" do conhecimento, ou antes, do lugar a partir do qual a questão da origem, própria da metafísica clássica, se encontra invalidada: não o sujeito do conhecimento, animado pelo desejo de verdade, mas este "outro lado do conhecimento" que só podemos alcançar – e residia aí toda a dificuldade – nos colocando fora dela[98]. "Outro lado" descrito então em termos de luta e de violência[99]. Voltando

---

94. M. Foucault, "La fonction politique de l'intellectuel" (1976), *DE*, III, nº 184, ed. 1994, p. 114/"Quarto", vol. II, p. 114 (cf. a versão completa desse texto, "Entretien avec Michel Foucault", *ibid.*, nº 192, ed. 1994, p. 160/"Quarto", vol. II, p. 160). Ver também a entrevista "Pouvoir et savoir" (1977), *ibid.*, nº 216, ed. 1994, p. 404/"Quarto", vol. II, p. 404. Sobre a relação circular entre saber e poder, cf. M. Foucault, *Le Pouvoir Psychiatrique. Cours au Collège de France, 1973-1974*, ed. J. Lagrange, Paris, Gallimard-Seuil (col. "Hautes Études"), Resumo do curso, p. 341 [Martins Fontes, p. 439]; Id., *Surveiller et Punir*, Paris, Gallimard-Seuil (col. "Hautes Études"), 1975, p. 225.

95. É sob essa forma que Foucault a emprega com maior frequência (cf. por exemplo, "Théories et institutions pénales" (1972), Résumé du cours, *DE*, II, nº 115, ed. 1994, p. 390/"Quarto", vol. I, p. 1258; *Le Pouvoir psychiatrique*, Résumé du cours, p. 341 [Martins Fontes, p. 439]; *Surveiller et Punir*, p. 32; *La Volonté de savoir*, pp. 130 e 131). A forma "saber-poder", utilizada no início do curso de 1980, sucede a ela a partir de 1976, (cf. *Il faut défendre la Société*, aula de 11 de fevereiro, p. 113; *Sécurité, Territoire, Population,* aula de 18 de janeiro de 1978, p. 44; *Naissance de la biopolitique*, aula de 10 de janeiro de 1979, p. 22 [Martins Fontes, respectivamente p. 155; p. 56; p. 27).

96. Essa distinção é claramente estabelecida na última aula do curso de 1971-1972, "Théories et institutions pénales" (inédito), em que Foucault explica como, por um duplo "descolamento", se passa da história das ciências à arqueologia ("por intermédio das "matrizes epistemológicas") e desta ao poder-saber ("por intermédio dessas matrizes 'jurídico-políticas' do saber que são a moderação, a provação, a investigação") (manuscrito, fol. 18 e 19).

97. Sobre as fontes nietzscheanas do conceito de "vontade de saber" no curso de 1970-1971, cf. D. Defert, in *Leçons sur la volonté de savoir*, Situation du cours, p. 264 (conceitos de *Wissensgier, Wissenstrieb, Erkenntnistrieb*).

98. *Ibid.*, aula de 16 de dezembro de 1972, p. 26.

99. *Ibid.* Cf. igualmente aula de 17 de março de 1971, p. 190, e a "Leçon sur Nietzsche" (abril de 1971), publicada no mesmo volume, p. 292, sobre o "'algo bem diferente' da violência, que serve de trama ao conhecer e que se põe em cena no conhecimento". A aproximar de "La vérité et les formes juridiques" (1974), *DE*, II, nº 139, ed. 1994, pp. 544-5 (1ª conferência)/ "Quarto", vol. I, pp. 1414-5.

a essa análise, Foucault escreve, no manuscrito do curso "Teorias e instituições penais":

> A análise nietzschiana [...] busca [por trás do conhecimento] algo bem diferente do conhecimento. Algo bem diferente em relação ao que o sujeito cognoscente e o próprio conhecimento são efeitos. É esse algo bem diferente que se tratava de inventariar.
>
> O que está por trás da "forma" do conhecimento, o segredo do conhecimento, o campo aberto do que está por conhecer, o corpus dos conhecimentos adquiridos, o que está por trás disso tudo são as relações de poder; é pôr em jogo formas de poder que criam saber, o qual por sua vez aumenta o poder: jogo indefinido de formação, deslocamento, circulação, concentração, em que se produzem sem cessar os suplementos, excessos, fortalecimentos de poder e o aumento de saber, o plus de saber, o sobre-saber. É esse o nível do "poder-saber"[100].

Essa crítica do fundamento metafísico do conhecimento se prolonga, no curso seguinte, "A sociedade punitiva", pela crítica do conceito marxista de ideologia (até então simplesmente subjacente). Assim como explica numa das aulas – cuja transcrição circulou então na forma de uma pequena brochura datilografada ("Le pouvoir et la norme")[101] –, é importante "se demarcar" da análise do poder segundo a qual este "nunca pode produzir, na ordem do conhecimento, nada mais que efeitos ideológicos"[102]. Longe de o poder ser "pego na alternativa violência ou ideologia",

> todo ponto de exercício do poder é ao mesmo tempo um lugar de formação do saber. E, em compensação, todo saber estabelecido permite e assegura o exercício de um poder. Em outras palavras, não se deve opor o que se faz e o que se diz[103].

100. "Théories et institutions pénales", última aula, manuscrito, fol. 16-17.
101. Repertoriado no catálogo do Fonds Michel Foucault da Bibliothèque du Saulchoir, hoje no IMEC, cota D67r. Reunida com "Faces et surfaces" (diálogo entre Gilles Deleuze e Stefan Czerkinsky), *in* G. Deleuze e Michel Foucault, *Mélanges: pouvoir et surface*, s.l.n.d. [Paris, 1973?] (2 cadernos grampeados, 22 pp.).
102. "La Société punitive", aula de 28 de março de 1973. Três outros temas são paralelamente questionados: os de poder-propriedade ("o esquema teórico da apropriação do poder"), da "localização do poder" e da "subordinação". Deleuze tinha esse curso em mente (ou, mais provavelmente, o texto diante dos olhos) quando, em dezembro de 1975, comentava as páginas 31-33 de *Surveiller et Punir* ("Écrivain non: un nouveau cartographe", *Critique*, nº 343, dezembro de 1975, pp. 1208-10). Enumerando os postulados cujo "abandono" Foucault "suger[ia]" (postulados da propriedade, da localização, da subordinação etc.), Deleuze precisava em nota, p. 1208, que "num curso dado no Collège de France em 1973, o próprio Foucault enumerava esses postulados". Essa observação desaparece da versão do artigo publicada *in* G. Deleuze, *Foucault*, Paris, Minuit (col. "Critique"), 1986, p. 32.
103. "La Société punitive", aula de 28 de março de 1973.

A análise do poder em termos de ideologia repousa, na realidade, na ideia de que o saber é antinômico ao poder. Para que se desenvolva o saber, as relações de poder têm de ser suspensas. E onde se exerce o poder só reina o jogo dos interesses[104]. Essa concepção se apoia na representação de um saber orientado naturalmente para a verdade, que só as condições econômicas e políticas em que vivem os homens viriam perturbar ou obscurecer.

A ideologia é a marca, a assinatura dessas condições política ou econômicas de existência num sujeito de conhecimento, que, de direito, deveria estar aberto à verdade[105].

De um lado, portanto, um discurso ordenado com o verdadeiro, de outro, o véu ou o obstáculo que constituem, para o ato de conhecimento, as determinações socioeconômicas: o par ciência/ideologia renova, desse modo, o postulado metafísico de um puro sujeito cognoscente, idealmente livre em relação ao poder, mas que este último tenderia a submeter e a instrumentalizar, par esse a que Foucault, em seu primeiro curso, havia oposto o modelo nietzschiano da "vontade de saber". É deste último que a crítica da noção de ideologia, através do conceito de poder-saber, extrai suas premissas teóricas[106]. Inversamente, todo o programa de pesquisa desenvolvido desde 1970 podia ser lido como uma série de investigações, mais ou menos descontínuas, sobre diferentes dispositivos de poder-saber – formas de análise da moderação, da investigação e do exame[107], emergência do aparelho judiciário, penalidade carcerária, psiquiatria penal, modelo da guerra como "analisador das relações de poder", governo econômico das populações –, da Grécia antiga ao século XIX[108].

Pode-se imaginar facilmente, portanto, a surpresa de seus ouvintes quando Foucault, na primeira aula do seu curso, distanciando-se do "tema já gasto e repisado do saber-poder", declara querer "se livrar dele"[109]. Do mesmo modo que esse conceito havia permitido pôr fora de jogo a noção de ideologia dominante, ele deve, daí em diante, ceder lugar ao novo conceito, que Foucault propõe elaborar, o de "governo pela verdade".

104. Cf. *Surveiller et Punir*, p. 32.
105. "La vérité et les formes juridiques", *loc. cit.* (1ª conferência), pp. 522/1420.
106. Cf. sobre esse ponto, D. Defert, "Le 'dispositif de guerre' comme analyseur des rapports de pouvoir", *in* J.-C. Zancarini, org., *Lectures de Michel Foucault*, vol. 1, École Normale Supérieure Éditions (col. "Theoria"), 2000, pp. 60-61. Foucault recapitula brevemente seus argumentos contra a noção de ideologia na aula de 9 de janeiro de 1980, *GV*, pp. 12-3.
107. Sobre a sua apresentação em termos de poder-saber, cf. o Resumo do curso de 1971-1972, "Théories et institutions pénales", *DE*, II, nº 115, ed. 1994, p. 390/"Quarto", vol. I, p. 1258.
108. Cf. D. Defert, "Le 'dispositif de guerre' comme analyseur des rapports de pouvoir", *loc. cit.*, pp. 61-2.
109. *GV*, aula de 9 de janeiro de 1980, p. 13.

O que é um regime de verdade?

Conceito novo, certamente, ainda que já se esboçasse nos cursos dos anos anteriores. Em *Nascimento da biopolítica*, Foucault havia explicado como a economia política havia assinalado, no século XVIII, o aparecimento de um novo "regime de verdade" baseado no princípio de autolimitação[110]. E, por um movimento retrospectivo de pôr em perspectiva, a que ele estava acostumado, havia ressituado suas pesquisas anteriores sob a luz desse problema: como uma série de práticas, ligadas a certo regime de verdade, inscreve no real algo que, em si, não existe[111] – a loucura, a doença, a delinquência, a sexualidade, a economia –, para submetê-lo à distinção entre o verdadeiro e o falso. Todavia, esse par práticas-regime de verdade, definido em termos de "saber-poder"[112], constituía na época tão só uma reformulação do procedimento aplicado desde 1971. "Regime de verdade" significava certamente mais do que o simples domínio de conhecimentos e de técnicas coextensivo a certa prática de poder[113]. Devia ser entendido como "o conjunto das regras que permitem estabelecer, a propósito de um discurso dado, quais enunciados poderão ser caracterizados, nele, como verdadeiros ou falsos", e foi por isso que Foucault, desde a aula seguinte, optou por falar de "regime de veridicção"[114]. Regime, portanto, que determina as condições do dizer-a-verdade e sobre o qual, pela ação de diversos fatores, se conecta a prática governamental. Se, a propósito do liberalismo, podia se tratar, nesse sentido, de governo pela verdade, era todavia na medida em que esse "regime" continuava a ser analisado unicamente do ângulo das regras discursivas, na relação destas com uma prática de poder.

110. *Naissance de la biopolitique*, aula de 10 de janeiro de 1979, p. 21 [Martins Fontes, p. 26]. Cf. p. 20: "autolimitação pelo princípio da verdade" [Martins Fontes, p. 24].

111. Compare-se essa formulação com a de P. Veyne, "Foucault révolutionne l'histoire", in Id., *Comment on écrit l'histoire*, Paris, Seuil (Points Histoire), 1978, p. 226: "[...] não há coisas: só há práticas. [...] A loucura só existe como objeto na e por uma prática, mas dita prática não é a loucura." As teses nominalistas desenvolvidas por P. Veyne nesse texto foram objeto de uma discussão no âmbito do grupo de trabalho que Foucault reunia em sua sala no Collège de France, "durante os dois anos em que tratou da governamentalidade e da razão política liberal" (D. Defert, "Chronologie", *loc. cit.*, p. 53/73). Sobre o nominalismo metodológico adotado por Foucault, cf. essa mesma aula de 10 de janeiro de 1979, p. 5 – "[...] suponhamos que a loucura não exista. Qual é, por conseguinte, a história que podemos fazer [...] dessas diferentes práticas que, aparentemente, se pautam por esse suposto algo que é a loucura?" – e p. 26 n. 4 [Martins Fontes, respectivamente, p. 5 e pp. 33-4].

112. *Naissance de la biopolitique*, aula de 10 de janeiro de 1979, p. 22 [Martins Fontes, p. 27].

113. Cf. *Surveiller et Punir*, p. 27, onde o sintagma "regime da verdade" aparece pela primeira vez.

114. Ou "regimes veridiccionais": *Naissance de la biopolitique*, aula de 17 de 01 de 1979, p. 37 [Martins Fontes, p. 49].

Em 1980, no entanto, Foucault recompõe inteiramente seu esquema de análise. A questão não é mais saber como o discurso se articula à prática, mas por que procedimento, segundo que modo, tendo em vista quais fins um sujeito se liga a uma manifestação da verdade. É essa relação entre procedimentos de manifestação do verdadeiro (ou aleturgia) e formas de implicação do sujeito (operador, testemunha ou objeto) que a palavra "regime" define[115]. Este último não designa um sistema de constrangências que se exerce de fora sobre o indivíduo (sujeito no sentido passivo); mas não designa tampouco a atividade pela qual esse indivíduo, em sua relação com uma verdade dada, se constitui como sujeito (no sentido ativo). Ele designa o tipo de obrigações específicas a que um indivíduo se submete no ato pelo qual se faz agente de uma manifestação da verdade. Assim, no cristianismo, o ato de verdade por excelência é a "confissão" (em seu duplo significado de profissão de fé e de ato de reconhecimento das faltas[116]), mas não se dirá que esta constitui o regime cristão de verdade. Esse regime consiste numa certa correlação entre duas grandes obrigações: a de crer, por um lado, e a de cada um explorar os segredos de seu coração[117]. E é entre esses dois tipos de obrigação de verdade que se situa a confissão[118].

Vê-se, assim, como esse conceito permite substituir pela ideia de um "governo pela verdade" o esquema do poder-saber, no qual o sujeito, longe de ter um papel ativo, se encontrava simplesmente objetivado.

A carne e o reconhecimento das faltas

O segundo deslocamento em relação ao programa inicial da "vontade de saber" é o que diz respeito ao estudo da sexualidade. Enquanto em sua aula inaugural de 1970 Foucault ainda colocava o problema da sua discur-

---

115. Cf. *GV*, aula de 6 de fevereiro de 1980, p. 92: "[...]os regimes de verdade, isto é, os tipos de relações que vinculam as manifestações de verdade, com seus procedimentos, aos sujeitos que são seus operadores, testemunhas ou, eventualmente, objetos."
116. Sobre esse duplo significado, cf. *GV*, aula de 30 de janeiro de 1980, pp. 78-9.
117. Em 1980, Foucault relaciona essas obrigações a dois regimes de verdade solidários mas distintos (um, que gira em torno dos atos de fé, outro, em torno dos atos de reconhecimento das faltas), no seio do cristianismo. Cf. *supra*, nota 45. Em *Mal faire, dire vrai*, no ano seguinte, ele salienta mais fortemente sua estreita independência. Cf. *infra*, nota 151.
118. É por isso quenão se pode rebater, no âmbito da relação psicanalítica, o dizer-a--verdade acerca de si mesmo sobre a prática cristã da confissão, como se o primeiro derivasse diretamente da segunda. Atos de verdade esses que apresentam sem dúvida uma analogia de estrutura e cuja filiação é importante estabelecer genealogicamente, mas que pertencem a regimes de verdade diferentes.

sivização em termos de proibição[119], esse enfoque, em 1976, foi, se não recusado, pelo menos relegado ao segundo plano[120], em benefício de uma nova hipótese interpretativa fundada na evidenciação dos mecanismos de incitação ao discurso e de produção do reconhecimento das faltas. Vimos, mais acima, como Foucault, depois de ter concebido o plano de uma história da sexualidade em seis volumes, havia finalmente reorientado seu projeto numa direção totalmente diferente[121]. Dessa reviravolta resultara uma primeira versão das *Confissões da carne*. Falta precisar as relações entre esse livro e nosso curso.

Conforme a "Cronologia" estabelecida por D. Defert, foi em agosto de 1977 que Foucault começou a escrever sobre os Padres da Igreja[122] – principalmente Cassiano, Agostinho, Tertuliano[123] –, a que o estudo da história da confissão o levou a se interessar. De fato, até 1976, esses nomes não aparecem em lugar nenhum em seu trabalho. A primeira referência a Tertuliano é encontrada no ano seguinte (na forma de uma tirada, "para rir, para fazer fábula") numa conversa informal com psicanalistas em torno de *La Volonté de savoir*:

> Tem-se uma sexualidade desde o século XVIII, um sexo desde o XIX. Antes, tinha-se sem dúvida uma carne. O homem fundamental é Tertuliano[124].

O curso de 1978, *Segurança, Território, População*, convoca, junto com Cassiano, um certo número de autores cristãos dos primeiros séculos, de Cipriano a Jerônimo e Gregório, o Grande. Esse *corpus*, reunido de fresca data certamente para a análise do pastorado[125], é consideravelmente

---

119. Cf. *L'Ordre du discours*, p. 63: "[...] poderíamos tentar analisar um sistema de proibição de linguagem: o que diz respeito à sexualidade desde o século XVI até o século XIX"; p. 69: "[...] um estudo possível: o das proibições que atingem o discurso sobre a sexualidade".

120. Cf. *La Volonté de savoir*, p. 18: "A proibição, a censura, a denegação acaso são as formas segundo as quais o poder se exerce de uma maneira geral talvez em toda sociedade, e com certeza na nossa?"

121. Cf. *supra*, pp. 308-9.

122. D. Defert, "Chronologie", *loc. cit.*, p. 51/71.

123. *Ibid.*, pp. 56/77.

124. "Le jeu de Michel Foucault" (1977), *DE*, III, nº 206, ed. 1994, p. 313/"Quarto", vol. II, p. 313. Foucault esclarece que diz isso "de uma maneira fictícia, para rir..." (*ibid.*, pp. 316/316) em resposta a uma observação de J.-A. Miller criticando sua designação, com Tertuliano, de um ponto de origem do discurso cristão da carne.

125. Esta, no curso de 1978, não está diretamente conectada ao problema da sexualidade, no horizonte do qual entretanto se inscreve, como atesta a conferência "Sexualité et pouvoir" (*DE*, III, nº 233) pronunciada na Universidade de Tóquio em abril de 1978. Recapitulando sua análise do pastorado (pp. 560 ss./560 ss.), Foucault se aplica a mostrar a importância que teve esse mecanismo de poder para a história da sexualidade no Ocidente, de acordo com a hipótese de que "o que o cristianismo trouxe para essa história [...]" não foram novas ideias morais, nem

enriquecido no decorrer dos meses seguintes, constituindo assim a matéria do segundo volume da *História da sexualidade: as confissões da carne*, no lugar do volume *A carne e o corpo* inicialmente anunciado[126], cujo manuscrito foi em parte destruído[127]. A elaboração desse livro, empreendida no início de 1979[128], precede portanto o curso *Do governo dos vivos*, e é verossímil que sua redação tenha acompanhado seu desenvolvimento. De fato, em outubro e novembro de 1980, Foucault apresenta nos Estados Unidos os resultados da sua pesquisa. Em Berkeley, primeiro, no âmbito de um seminário sobre "A ética sexual da Antiguidade tardia e do cristianismo nascente"[129], depois em Nova York (seminário parcialmente publicado com o título de "Sexualité et solitude")[130] e, por fim no Dartmouth

novos interditos (como mostrou P. Veyne: pp. 558-9/558-9 [cf. "La famille et l'amour sous le Haut-Empire romain", *Annales ESC*, 1978/1, pp. 35-63]), mas "novas técnicas" (pp. 560/560), e discute, em termos bastante genéricos, o papel da "concepção dificílima, e aliás muito obscura, da carne" (p. 565/565) no discurso cristão dos séculos II-III.

126. Cf. *La Volonté de savoir*, p. 30 n. 1. Tratava-se "de uma genealogia da concupiscência através da prática da confissão no cristianismo ocidental e da direção de consciência, tal como se desenvolve a partir do concílio de Trento" (D. Defert, "Chronologie", *loc. cit.*, p. 53/73).

127. E não "integralmente", como ainda pensava D. Defert em 1994 (*ibid.*). Para uma descrição precisa do manuscrito de 40 folhas, intitulado "La chair et le corps", encontrado recentemente em seus arquivos, cf. P. Chevallier, *Michel Foucault et le Christianisme*, pp. 149-50, e sua tese de doutoramento, apresentada com o mesmo título (Université de Paris XII-Val de Marne, 2009), vol. I, p. 236: redigido no início de 1978, esse manuscrito trata da "maneira como o problema da poluição diurna havia sido tratado pelos confessores nos séculos XVI e XVII. Seu estado [é] o de um texto integralmente redigido, numa apresentação clara e arejada, dividida em seções numeradas, com a presença de notas de rodapé. A divisão em seções se inici[a] com '2. Poluição diurna' e se prolonga com 'II – Deleitação', sinal de que as quarenta páginas haviam pertencido a um conjunto mais vasto". O período abordado, séculos XVI-XVII, corresponde à problemática geral rememorada por D. Defert (ver nota precedente). Seria a esse trabalho que Foucault alude em 1983, em sua entrevista "À propos de la généalogie de l'éthique: un aperçu du travail en cours" (*DE*, IV, nº 344, ed. 1994, p. 611/"Quarto", vol. II, p. 1430): "Escrevi um esboço, uma primeira versão de um livro sobre a moral sexual no século XVI, em que o problema das técnicas de si, do exame de si, do encargo das almas são muito importantes, ao mesmo tempo nas igrejas protestante e católica"?

128. D. Defert data de janeiro de 1979 a gênese da obra ("Chronologie", *loc. cit.*, p. 56/77).

129. *Ibid.*, p. 58/80.

130. "Sexualité et solitude", *DE*, IV, nº 295, ed. 1994, pp. 168-78/"Quarto", vol. II, pp. 987-97. Nessa conferência, Foucault se refere pela primeira vez a uma conversa com o autor de *La Vie de saint Augustin* (1967; trad. J.-H. Marrou, Paris, Seuil, 1971), Peter Brown, "para [quem] nossa tarefa era compreender como é que a sexualidade se tornou, em nossas culturas cristãs, o sismógrafo da nossa subjetividade" (p. 172). Sobre essa troca de ideias, cf. P. Brown, "A Life of Learning", Charles Homer Haskins Lecture, American Council of Learned Societies, Occasional Paper nº 55 (9 de maio de 2003): "[...] duas horas de uma jovial discussão sobre a relação entre a noção de concupiscência em Agostinho e a noção de combate espiritual em João Cassiano, na toca do urso, em Berkeley, em fins de 1980, lançaram as bases de uma sólida amizade" (trad. P. Chevallier, *op. cit.*, p. 125).

College (conferências: "Subjectivity and Truth" e "Christianity and Confession")[131]. Se esta última, em particular, resume com bastante fidelidade o curso de 1980[132], por sua vez "Sexualidade e solidão", que parte das mesmas premissas – a obrigação de verdade à qual está submetido todo cristão, em sua relação consigo mesmo, e a técnica de si que daí decorre –, trata de um tema bem diferente: a reviravolta da ética sexual cristã, que representa a concepção agostiniana da libido, "princípio do movimento autônomo dos órgãos sexuais"[133]. Questão totalmente ausente do curso (o próprio santo Agostinho só é citado raramente nesse texto), mas que Foucault, aqui, põe em relação direta com a prática do exame de consciência segundo Cassiano[134]. É tendo como fundo essa "libidinização do sexo"[135] por Agostinho que a atividade monástica de controle dos pensamentos, longamente analisada alguns meses antes[136], encontra todo o seu significado. Vê-se assim, com base nesse exemplo preciso, como se entrecruzam os dois eixos de análise do curso e do livro em preparação.

Coloca-se portanto a questão de saber que vínculos os unem e em que medida os temas desenvolvidos oralmente nos primeiros meses de 1980 refletem um momento específico da construção das *Confissões da carne*[137]. Desse volume, o único extrato conhecido é o capítulo publicado por Foucault em 1982, com o título de "Le combat de la chasteté"[138], no número 35 de *Communications* consagrado às "Sexualités occidentales"[139]. Seu objeto – a luta contra o espírito de fornicação – dista bastante, aparentemente, do que tratam as décimas primeira e segunda aulas do curso, a

---

131. "About the Beginning of the Hermeneutics of the Self: Two Lectures at Dartmouth" (1980), *Political Theory*, 21/2, maio de 1993, pp. 188-227.
132. Mais precisamente, depois de uma introdução geral sobre as duas formas de *"truth obligation"* próprias do cristianismo (pp. 211-2), as quatro últimas aulas relativas à exomologese e à *exagoreusis*. A primeira conferência trata, no essencial, da direção de consciência antiga, a partir do exemplo de Sêneca.
133. "Sexualité et solitude", *loc. cit.*, p. 176/995.
134. *Ibid.*, p. 177/996.
135. *Ibid.*
136. Cf. *GV*, aula de 26 de março de 1980, pp. 262 ss.
137. Sobre o estado do manuscrito deixado por Foucault, cf. D. Defert, "Je crois au temps...", *Recto/Verso*, nº 1, junho de 2007, pp. 4-5.
138. "Le combat de la chasteté", *DE*, IV, nº 312, ed. 1994, pp. 295-308/"Quarto", vol. II, pp. 1114-27.
139. Esse número, organizado por P. Ariès e A. Béjin (Seuil, reed. "Points Essais, 1984"), se originou essencialmente do seminário dirigido pelo primeiro na École des Hautes Études en Sciences Sociales em 1979-1980, no qual a sexualidade ocidental havia sido estudada "sob diferentes aspectos: indissolubilidade do casamento, homossexualidade, passividade, autoerotismo, etc." (texto de apresentação). Ela compreendia notadamente, além de várias contribuições dos próprios P. Ariès e A. Béjin, artigos de P. Veyne ("L'homossexualité à Rome") e J.-L. Flandrin ("La vie sexuelle des gens mariés dans l'ancienne société").

partir de Cassiano: a função do reconhecimento das faltas, correlata ao princípio de direção e à regra de obediência, na prática monástica do exame de consciência. Eles, no entanto, se articulam um ao outro com rigor. De fato, depois de precisar o alvo do combate ascético (não tanto a fornicação propriamente dita quanto os pensamentos impuros), Foucault salienta, no artigo para *Communications*, o "estado de perpétua vigilância" requerido, de parte do monge, em relação aos movimentos da sua alma[140]. Vigilância que nada mais é, ele precisa, que o exercício da virtude de *discretio*, ou "discriminação", em torno da qual se organiza "a tecnologia de si [...] na espiritualidade de inspiração evagriana"[141]. E ele retoma, para ilustrá-lo, as metáforas do moleiro, do centurião e do cambista analisadas na última aula do curso[142], mas cujo pano de fundo sexual é posto em evidência aqui.

É esse, sem dúvida, o esquema segundo o qual o curso vem de certo modo se encaixar na estrutura geral do livro. Do mesmo modo que o problema da concupiscência, em Agostinho, é indissociável da elaboração de uma "constante hermenêutica de si"[143], também esta, em Cassiano, encontra seu ponto de ancoragem na atenção dada ao problema da "poluição voluntária-involuntária"[144] e aos atos psíquicos que a suscitam. Por que caminhos, em consequência de que evoluções, em função de que opções estratégicas se formou essa "técnica de si"[145] que obriga cada um a decifrar a verdade da sua alma? É essa interrogação, à luz do problema da "carne", que subtende todo o andamento do curso. A análise, desenvolvida por Foucault, da emergência progressiva de um "polo do reconhecimento das faltas", distinto do "polo da fé", adquire assim toda a sua importância em relação ao livro cujo propósito, como indica seu título, é estudar

> a experiência da carne nos primeiros séculos do cristianismo e [o] papel que têm então a hermenêutica e o decifração do desejo[146].

Parece portanto que o curso, desde a quinta aula, expõe os elementos de uma parte do livro, qualquer que fosse o estado da sua redação naquela época. Embora o vocabulário da sexualidade – desejo, libido, carne, con-

---

140. "Le combat de la chasteté", *loc. cit.*, p. 305/1124.
141. *Ibid.*
142. *GV*, aula de 26 de março de 1980, pp. 272-3; cf. a nota 40.
143. "Sexualité et solitude", *loc. cit.*, p. 176/1123.
144. "Le combat de la chasteté", p. 304/1123.
145. A expressão, ausente no curso, é utilizada por Foucault pouco depois, em suas conferências americanas.
146. Texto do pedido de inserir redigido por Foucault, acrescentado à primeira edição de *L'Usage des plaisirs* e de *Le Souci de soi*.

cupiscência, etc. – não aflore em nenhuma parte desse curso, ele se inscreve porém muito claramente no âmbito da problemática geral de *As confissões da carne*.

A hermenêutica da carne cristã, no entanto, não constitui a derradeira elaboração do tema da confissão por Foucault. Este retorna no ano seguinte numa série de conferências pronunciadas na Universidade Católica de Louvain, no âmbito da Cátedra Francqui, sob o título de "Mal faire, dire vrai. Fonctions de l'aveu"[147]. Convidado pela Faculdade de Direito, por iniciativa da Escola de Criminologia, ele empreende o estudo da confissão penal, situando-a "na história mais geral [das] 'tecnologias do sujeito'", isto é, das "técnicas pelas quais o indivíduo é levado, seja por si mesmo, seja com a ajuda ou a direção de outrem, a se transformar e a modificar sua relação consigo"[148]. Curso-balanço, síntese magistral das pesquisas realizadas havia seis anos (sobre o pré-direito grego, a pastoral cristã, a justiça criminal, da Idade Média ao século XVIII, a perícia psiquiátrica), mas expostas até então em partes separadas, em planos distintos, e cuja organização num mesmo eixo – o de uma "história política das veridicções"[149] – manifesta sua notável coerência. Mas é também um curso que, pela força de arrasto das questões tratadas, leva Foucault a se estender mais longamente do que havia previsto sobre a história propriamente cristã do reconhecimento das faltas, do século II ao século XIII[150]. Longe de apenas retomar, com novas inflexões, a matéria já exposta no Collège de France (mesmo que em muitas passagens dê a impressão de ter diante dos olhos o mesmo manuscrito), ele a complexifica e enriquece em vários pontos, invocando outras referências, pondo em destaque, com mais nitidez, certas articulações (como a propósito do "vínculo fundamental, no cristianismo, entre leitura do texto e verbalização de si")[151] ou ampliando o campo da sua análise (ver notadamente o desenvolvimento sobre os mosteiros de tipo pacomiano no Egito)[152]. Acréscimos que mostram que o "dossiê cristão" – como confirmará a última aula do curso de

---

147. *Mal faire, dire vrai. Fonction de l'aveu* (abril-maio de 1981), edição estabelecida por F. Brion e B. Harcourt, Presses universitaires de Louvain/University of Chicago Press, 2012 (agradeço aos editores por me haverem cedido as provas dessa obra). Sobre essas conferências, cf. J. François, "Aveu, vérité, justice et subjectivité. Autor d'un enseignement de Michel Foucault", *Revue interdisciplinaire d'études juridiques*, nº 7, 1981, pp. 163-82.
148. *Mal faire, dire vrai*, fim da conferência inaugural, p. 13.
149. *Ibid.*, p. 9.
150. *Ibid.*, conferências de 29 de abril, 6 de maio e 13 de maio de 1981 (ou seja, a metade da série das conferências).
151. *Ibid.*, conferência de 13 de maio, p. 164.
152. *Ibid.*, p. 171.

1984, *Le Courage de la vérité*[153] – não estava de modo algum encerrado com o acabamento das *Confissões da carne*.

FONTES

O *corpus* dos textos utilizados por Foucault nas aulas 5 a 12 deste curso é imediatamente identificável: o dos escritos patrísticos dos primeiros séculos, tal como a tradição da Igreja o estabeleceu. Padres apostólicos, da *Didakhé* (fim do século I-início do século II) ao *Pastor* de Hermas (meados do século II)[154], e em menor medida, apologistas[155], padres gregos da escola de Alexandria (Clemente e Orígenes) e primeiros padres latinos (Tertuliano – vimos que importância ele lhe atribuía na evolução da penitência batismal – e Cipriano), Cassiano, enfim, no que concerne à gênese do monaquismo ocidental. Foucault às vezes cita longamente os textos – o que é o indicativo de um novo estilo de trabalho a que dará seguimento em seus cursos nos anos seguintes –, cujas referências internas frequentemente precisa, sem indicar porém, salvo exceção, a edição utilizada. A dificuldade estava pois em encontrar esta última, dado que Foucault ora retraduz o trecho que comenta ou adapta a tradução escolhida, ora recorre, para um mesmo texto, a diferentes traduções, algumas das quais – como a do abade de Genoude – remontam ao século XIX. Para o estabelecimento do aparato crítico, somos devedores do belo trabalho de Philippe Chevallier, que em sua tese de doutorado, realizou o levantamento minucioso dessas edições[156].

Quanto à literatura secundária consultada por Foucault – teses, obras e artigos de erudição, introduções de edições críticas –, o leitor descobrirá sua extensão em nossas notas. Seu uso, no curso, é de ordem essencial-

153. *Le Courage de la vérité*, aula de 28 de março de 1984. Toda a segunda parte dessa aula é consagrada à análise da *parresía* cristã. Na primeira parte, Foucault havia declarado: "Procurarei talvez dar seguimento a essa história das artes de viver, da filosofia como forma de vida, do ascetismo em sua relação com a verdade [...], depois da filosofia antiga, no cristianismo" (p. 290 [Martins Fontes, p. 279]).
154. Textos agrupados na coletânea, utilizada por Foucault, *Les Écrits des Pères apostoliques*, publicado nas Éditions du Cerf em 1962.
155. Cf. *GV*, aula de 6 de fevereiro de 1980, p. 100, nota 15.
156. P. Chevallier, tese citada (cf. *supra*, p. 318, nota 127), vol. I, pp. 214-6. Esse inventário é retomado, de uma forma mais condensada, no livro oriundo da tese, pp. 188-94 (ver em particular o quadro recapitulativo, pp. 193-4), e no artigo "Foucault et la patristique", *[Cahier de] L'Herne; Michel Foucault*, 2011, pp. 136-41 (sobre o "caderno verde", notadamente, repertório bibliográfico redigido por Foucault entre 1975-1976 e 1978, em que figuram as referências de vários estudos históricos – Dölger, Dondeyne, Grotz, Holstein – utilizados por Foucault na preparação de seu curso).

mente informativa ou signalética. Ela fornece a Foucault os exemplos, os elementos factuais e, às vezes, as citações de que necessita ou lhe permite se orientar no campo desta ou daquela controvérsia exegética (ver, por exemplo, sua referência ao grande livro de Poschmann, *Paenitentia secunda*, (1940), a propósito da interpretação do texto de Hermas). Mas é da leitura direta dos textos que ele extrai, no essencial, a substância das suas análises.

*

O texto do curso foi transcrito a partir da gravação realizada por J. Lagrange. Com exceção dos inevitáveis cortes, devidos à mudança de face dos cassetes, esse arquivo sonoro de excelente qualidade não ofereceu nenhum problema particular. Já o manuscrito, que comporta numerosas lacunas – falta a íntegra das quatro primeiras e da nona aulas –, só pôde ser utilizado para uma parte do curso. Redigido de forma bastante descontínua (alternância de trechos acabados, lidos tais quais por Foucault, e de indicações esquemáticas ou de citações isoladas), não apresenta grandes diferenças, de um modo geral, em relação ao texto pronunciado. Nós as citamos em nota quando elas nos pareceram completá-lo utilmente.

M. S.

Índices

Índice das noções

acoplamento falta e desdita: 207
acoplamento verbalização da falta e exploração de si: 204-6, 208, 212, (– obrigação de olhar [para si] e obrigação de falar): 262
adivinhação: 20, 61-2, 66n.64; v. mântica;
(– e saber dos príncipes): 12
adivinho: 30, 34, 35; v. θεῖος ἀνήρ
adultos na cristandade: 114, 120; v. Tertuliano
água [simbolismo da –]
(–: alimento espiritual): 109-10; v. Tertuliano;
(–: princípio de cura): 110;
(–: substância material); v. gnose;
(– cristã, água do batismo): 95, 107-10, 131, 143-4, (– da morte): 144; v. apologistas, purificação; *vs.* nódoa; v. Tertuliano;
(regeneração pela –): 101n.20; v. regeneração; v. Orígenes
aleturgia e arte de governar: 49, 62, 68-9, 74-5
aleturgia: 8-9, 11-12, 24-25, 27, 30-1, 33, 37, 38, 40, 45, 69; v. autoaleturgia, exomologese
(–: formulação ritual e completa da verdade): 33 *[Édipo rei]*;
(– da falta): 81, (– coletiva): 81; v. Fílon
(–: de si mesmo): 280; v. produção de verdade, subjetivação;
(– dos deuses e aleturgia dos escravos, do adivinho e das testemunhas): 33, 37-9, 47-8 *[Édipo rei]*
(– judiciário): 38, 40, 43n.58, 46, 54;
(– médica): 54;
(– oracular, religiosa): 30, 38, 45-6, 50-1
alimento: 114, 191, 287n.40; v. *lógos*, metáfora religiosa
alma e Espírito Santo: 107
alma(s): 7, 80, 84n.10, 101n.18, 102n.26, 106, 107, 112-3, 117, 121-2, 122-3, 126-7n.25, 127n.26 e n. 29, 132-3, 134-5, 136, 184-7, 192; v. metanoia, natureza, *probatio*, purificação, selo, verdade; v. Fílon, Plotino, Tertuliano;
(– arte de dirigir as): 49, 64n.9; v. direção; v. Cassiano, Gregório de Nazianzo;
(–, igreja de Satanás): 114-5; v. Tertuliano
(caminho da – rumo à verdade): 122-3, 132;
(parentesco da – com o ser): 133-4, 136-7;
(reminiscência pela –): 133-4, 136;
(transformação da –, manifestação da alma em sua verdade): 118, 122-3, 136
anacorese, anacoretas: 237-9, 255n.48; v. cenóbios; v. Evágrio
anagênese: 143; v. regeneração
anarqueologia do saber: 68, 73, 91

anarquia, anarquismo: 72-3; 82-3n.6
apátheia antiga e *patientia* cristã:
    248-9, 259n. 89, 286n.32;
    v. Cassiano, Evágrio; v. ἀπάθεια
apologistas (século II): 95-6, 100-1n.15,
    106-7, 123, 252n.27; v. Padres
    apostólicos; v. Justino
apóstatas: 175-6n.34, 199n.12; *lapsi*
aprisionamento, encerramento (prática
    do –): 74, 301
"arcanos do coração", *cordis arcana*:
    100n.7; v. Basílio; v. κρυπτά τῆς
    καπδίας
arrependimento: 80, 84n.12 [Fílon],
    110, 119, 150n.27, 163 [Policarpo],
    174n.14 *[Barnabé]*, 183, 199n.19,
    233; v. τό μετανοεῖν
arte de adivinhar os escolhos: 56, 61-2;
    v. arte de governar; v. κυβερνάν
    [Édipo rei]
arte de governar: 9-17, 19n.10, 49; v.
    direção espiritual, governo político,
    prática pastoral
    (–, arte suprema):48-9; v. τέχνη
    τέχνης *[Édipo rei]*;
    (– e autoaleturgia): 17-8, 46, 49;
    (– e jogo da verdade): 13-15;
    (– e racionalidade): 11-2, 13, 16-7;
    v. Bodin, Botero
arte de persuadir, retórica: 53.
ascese: 116, 120, 124, 205-6, 238,
    251-2n.23, 252-3n.29; v. *discretio*;
    v. ἄσκησις
    (– como ginástica): 121;
    (excesso de – individual e ascese
    monástica): 263-5; v. Cassiano.
assaltos
    (– da incontinência): 120;
    (– de Satanás, do diabo): 121, 132,
    145-6; v. expulsão, purificação;
    v. Tertuliano
assassinato: (fazer o assassinato ser
    pago com o assassinato): 68*et passim*
assembleia: 161, 292
    (– cristã e súplica coletiva): 185;
    v. *Didakhé*; v. ἐκκλεσία;

(– dos Padres: *patrumsenatus*):
    285n.19; v. Cassiano
atleta(s) da vida cristã: 138, 150n.21;
    v. ascese, palestra; v. João Crisóstomo
ato de contrição, *actuscontritionis*: 75;
    v. sacramento da penitência
"ato de fé": 291-2; v. exomologese
ato de satisfação, *actussatisfationis*: 75;
    v. sacramento da penitência
"ato de verdade refletido": 79, 82;
    v. aleturgia;
    (– não refletido, crenças: 86, 107,
    141-2)
ato de verdade, *actusveritatis*: 75-6, 85,
    187-8; v. verbalização das faltas
    (– como ato de confissão/de
    reconhecimento das faltas): 77-9,
    291;
    (– e ascese): 105
ato(s) de confissão/de reconhecimento
    das faltas no cristianismo: 77-8, 88,
    106, 172-3
ato(s)
    (– de fé): 77, 292; v. ato de verdade;
    (– de subjetividade): 105;
    (– virtuoso): 96; v. estoicos;
    v. ἐπιστήμη e προαίρεσις
auditores: (– e *competentes*):
    49-50n.14; v. competentes
autenticação
    (– da verdade da conversão à
    verdade): 148n*; v. prática
    penitencial;
    (– do dizer-a-verdade pela Memória
    Μνήμη: civilização grega arcaica):
    46, 63n.2, 68, 133, 134
autenticidade da fé (prova da –): 138;
    v. fé; v. Hipólito
autoaleturgia, αὐτός e aleturgia:
    aleturgia de si, discursivização de si
    numa relação de si a si: 46, 49, 81,
    195, 278, 280, 283; v. subjetivação
autonomia: 217, 218n.*, 223, 248-9,
    279n.*; v. exame; vs. *subditio*
autonomização do sujeito: v. direção
    antiga, sujeito

batismo
(– como ciclo de verdade): 97;
v. Clemente de Alexandria, Justino;
(– como dar a morte, sepultamento):
153-4, 152n.42; v. mortificação,
paulinismo;
(– como selo): 98, 101n.18; v. selo;
v. também: renascimento,
regeneração, metáforas religiosas;
v. Hermas, Justino;
(– d'água): 101n.19 [Justino],
153n.49 [Orígenes];
(– escatológica pelo fogo): 140,
151n.31, 153n.49; v. Orígenes;
(– e transformação): 115-6;
(– pelas lágrimas): 194, 202n.47;
(materialidade do –): 110;
(naturalidade do –): 110;
(preparação para o –): s.v.
(rito e eficácia do –): 108; vs.
gnósticos
batismo da penitência,
baptismuspaenitentiae: 119-20,
128n.38; v. Tertuliano; v. βάπτισμα
μετανοίας
(– de João, joanino): 119, 152n.38
batismo-iluminaçao: 97; v. iluminação,
renascimento; vs. Tertuliano
batizado (pertencimento do –): 96;
v. βαπτιζόμενος
busca de verdade: 181

cainitas: 125n.7, 136, 149n.5
calvinismo: 117
cambista (metáfora do –): 252-3n.29,
272-3; v. metáforas; v. Cassiano
Canons, cânone: v. Hipólito
cátaro(s): 116
Catéchèse(s), catequese(s): 135, 136,
149n.6, 150n.21, 151n.30, 152n.39;
v. Cirilo de Jerusalém;
(– disciplina penitencial): 131-2;
(– e pedagogia da verdade): 136;
(*Procatequese*): 140 e n.*, 152n.39
catecumenato: 135, 136, 137n.*, 142-3,
149nn.2-3, n.6 [Turck] e n.12

[Hipólito], 150-1n.27 [Refoulé], 204;
v. disciplina; vs. heresias
(práticas do –): 141-3;
(– e exercício de transformação da
alma): 136, 184-5;
(– e iniciação à verdade):136
catecúmeno(s): 137-41, 149n.6,
152n.39, 162, 179, 181-2, 198n.7,
204, 206-7
cenóbios (– do Oriente Médio): 237-8;
v. Cassiano
cenobitas: 250n.12, 258n.83;
v. Jerônimo
censor sui: examinador de si mesmo:
218, 220-1,227n.31; v. também:
scrutator, speculator; v. Sêneca
censura: 219,220, 227n.31,228n.34,
317n.120; v. Freud, Cícero, Sêneca
centelha: 133, 281; v. alma, *pneuma*
cessão de soberania: 209
cidade
(– ateniense): 33-4, 53, 60, 66n.63,
82n.1;
(– platônica ou [utópica]): 211, 225n.9
círculo aletúrgico
(– ligado ao exercício do poder):
17-8;
(– e subjetivação): 68
círculo direção-obediência: 246
civilização(ões)
(– cristã e provação): 148;
(– grega arcaica e dizer-a-verdade):
47;
(– ocidental(ais)): 47, 134-5, 178
(intrincamento medicina e direito
na –): 54
cogitationes, cogitações: 231, 250n.7,
270-1, 274, 278, 285-6n.29, 287n.46;
v. *logismoi*, metáfora do cambista,
pensamentos; v. Cassiano; v.
λογισμοί
competentes, *competentes*: 138-9,
149-50n.14, 150n.18, 150n.23;
v. *audientes, auditores, electi*
comunhão, *communio, communicatio*:
180, 188, 200n.26 [Cipriano],

201n.31 [Tertuliano], 202n.46 [Ambrósio], 254n.44 [Paládio] "comunhão dos santos": 173n.4; v. cristianismo primitivo; v. Battifol
comunidade
   (– eclesial): 94, 96, (– dos cristãos): 163, 168, 174n.21, 181, 183, 188, 189, 202n.43
conaturalidade: vínculo de natureza com a verdade: 35-6, 51-2;
   v. adivinho; v. Tirésias
condenação(ões): 58, 61, 126n.23, 128n.46
conduta(s): 61, 202n.41 *(conversatio)*, 212 [Antifonte]
   (– moral): 98, 167, 171, 223; (condificação das –): 171, (regra(s) de), 221-3, (e obrigações rituais): 93; (exame da – do pecador): 181; (– pela alma de seu próprio processo): 219, 227n.32; v. metáfora judiciária; v. Sêneca
conduzir (– a conduta dos homens): 8,13; v. direção, pastoral; v. Cassiano
   (– e ser conduzido, se deixar conduzir): 243, 256n.68;
   (– a alma à verdade): 143
confessor(es), *confessor*: 78, 94, 182
confissão, *confessio*: 94, 126-7n.25, 142, 145n.*, 152n.39, 153n.47, 161-2, 174n.17, 174nn.19-20 e 22, 185, 186; v. exomologese, *expositiocasus*; v. *Barnabé*, *Didakhé*, Cirilo de Jerusalém, Hipólito, Tertuliano;
   (– penitencial: verbalização das faltas numa relação institucional com o confessor): 78, 94;
conhecimento de si: 105-7, 204-5, 217, 281; v. sujeito de conhecimento;
   (–: memória do divino [gnose]): 281;
   (– no cristianismo): 229-30, 281; Ambrósio, Clemente
conhecimento: 77-8, 96-7, 99n.2, 113, 120, 136; v. γνῶσις, ἐπιστήμη
   (– da verdade): 159, 166, 168, 172; v. regime de verdade;
   (– da ordem do mundo): 97; v. atos virtuosos;
   (– do ser):236, 251-2n.23; v. Nilo de Ancira;
   (– e reconhecimento na metanoia): 133
conhecimento(s): 6, 8-11, 18n.2, 74, 91
   (– jurídico e político, sistema utilitário de conhecimentos): 6-9, 13-5,23-4, 41n.2
consciência de si: 94
   (– como ser eleito): 111; v. *electi*
consciência: 80 [Fílon]
   (– individual do soberano): 8;
   (– universal): 15-6;
   (exploração da –, *exploratioconscientiae*): *s.v.*
contrição: 75, 83n.8 [Caetano];
   v. *actuscontritionis*; v. penitentes
controle
   (– das opiniões, *dogmata*, e representações, *phantasiai*): 102n.24 [Epicteto]; v. *proaíresis*; v.
   (– de si): 94, 279;
   Aristóteles; v. προαίρεσις
conversão: v. metanoia
   (– antiga: como relacionamento da subjetividade com a verdade): 127-8n.36;
   (– cristã: descontinuidade reveladora de um indivíduo), (ruptura de identidade): 147; v. identidade, subjetividade-verdade
conversatio: 192, 202n.40; v. conduta; v. Tertuliano
cor scrutari: 183; v. Cipriano
corrupção original, *pristinacorruptio*: 127n.28; v. sêmen; v. Tertuliano
costumes (retificação dos –): 236; v. Nilo de Ancira; v. ἠθῶν κατόρθωσις
crime, criminoso: 32, 37, 43-44, 74, 207 *[Édipo rei]*
   (sujeito de direito e homem criminoso, *homo criminalis*): 74
cristãos e pagãos (debate entre – fins séc. II): 135-6, 176n.36, 199n.12

cristãos: 114, 119, 135-6, 137-8, 160-1,
  162-3, 164-5, 172-3
  (– de pleno exercício): 186-7;
  (escritos refutadores –): 125n.6
  (o estado de – perfeitos): 114;
cristianismo e regime(s) de verdade:
  77-9 e n.*, 92-4, 124
cristianismo: 9, 78-9, 81-2, 86, 93-4,
  98-9, 111, 112, 115-7, 125n.6, 132,
  133-5, 136, 139, 142-3, 145-6, 147-8,
  149-50n.14, 164-5, 167-73,
  176nn.39-40, 178, 179, 189, 197n.1,
  199n.12, 203-5, 206-8, 214, 220,
  230-1, 234-6, 237, 243, 249, 252n.24
  e n.27, 280-1
  (– como moral): 98-9; v. Dois
  Caminhos, pensamento moral
  (– como religião da salvação na
  não-perfeição): 235; v. salvação;
  (– primitivo): 76, 157-8, 160-1,
  173n.4; v. comunhão;
  (bipolaridade do–): 124, 134; v. polo
  da fé e polo do reconhecimento das
  faltas
  (economia dogmática do –): 76;
  (reavaliação e delimitação do – por
  ele mesmo): 146, (vs. gnose e outros
  movimentos dualistas, séc. II-III):
  116, 133, 168-70, 235
culpado(s): 25-66, 67-9, 148n.* *[Édipo
  rei]*, 189, 197, 211, 216, 276
cultura ocidental (pivoteamento da –) e
  história da penitência: 193

delinquência: 74, 93
democracia (em Atenas): 59; v. tiranos
demonologia (invasão da –, séc. III) no
  pensamento e na prática cristãs: 145;
  v. teologia da falta
descoberta da verdade: v. εὑρίσκειν
  (– da alma por ela mesma): 134
  (– de si mesmo): 52-3, 55-7,
  61-2*[Édipo rei]*, 133, 188;
Desdobramento
  (– da unicidade): 178; v. batismo,
  penitência segunda;

(– do ser): 113; v. sêmen;
(– do tema dos dois caminhos): 144;
  v. Dois Caminhos; v. Orígenes;
(– judiciário: a consciência como
  tribunal): 220
desmedida: 58; v. fortuna; v. τύχη
despossessão: 139; v. exorcismo; rito de
  passagem de soberania
destino, fortuna: 4-5, 25, 61-2, 66n.64,
  234; v. τύχη vs. νόμος
deus criador e deus redentor: 149n.5;
  v. Tertuliano
diabo, princípio de ilusão: 267-9
  (assaltos do – e combate contra o –):
  115, 132, 145, 156; v. alma, assaltos;
  v. Cassiano, Satanás
diakrisis: 256n.67; v. sabedoria antiga;
  v. διάκρισς
Didakhé (fim do século I – início do
  século II): 95-6, 98, 100n.8, 161-3,
  185
Didascália: 107, 124n.3, 245 e n.*;
  v. διδασκαλία
direção antiga: jurisdição dos atos a fim
  de autonomizar o sujeito: 279;
  v. conduta
  (–: regime de existência sem vínculo
  com a religião): 211, 213;
  (– estoica): 249; v. ἀπάθεια;
  (– e medicina): 212; v. guia de
  consciência; v. Galeno
direção cristã: obediência ao outro e
  veridicção de si mesmo: 279; v.
  reconhecimento das faltas, confissão,
  obediência;
  (institucionalização da –, século IV):
  234-6
direção de consciência e política
  (heterogeneidade e vínculos entre –):
  211-2
direção não cristã, pagã (as três
  características da –): 242-3
direção/direção de consciência
  (–: arte de dirigir as almas): 49,
  64n.8; v. τέχνη τέχνης; v. governo
  das almas;

(–: direção espiritual, direção dos
    indivíduos): 20n.16, 49, 64n.7 e n.9,
    94-5, 187, 208-13, 225n.7, 229, 233-9;
    (aceitação do vínculo de –):209-10;
    vs. cessão de soberania;
    (técnicas de –: correlação [das
    vontades]): 210, 212-4, 293;
diretor de consciência/dirigido: 214-5,
    231-3, 238-40, 242-5, 246-7 [Nilo de
    Ancira], 270; v. também: κυβερνήτης
    [Clemente]
disciplina penitencial, *paenitentiae
    disciplina*: 118-21, 178, 200n.26;
    v. penitência, prática penitencial;
    v. Cipriano, Tertuliano;
    (– pré-batismal e/*vs*. iniciação
    catequética às verdades): 132;
    ("disciplina dos escrutínios"
    [discipline desscrutins]): 149n.7,
    149-50n.14; v. Dondeyne
disciplina(s): 149n.6, 175n.31, 178-9,
    198n.7, 256n.68 [Paciano]; v.
    catecumenato, ordem pitagórica
discretio: 263-78, 284n.4
    (– noção-chave da técnica de
    direção): 263; v. *discrimen*;
    v. Cassiano, João Crisóstomo;
    (– "mãe de toda moderação"):
    284n.12, (moderação da ascese,
    moderação de si mesmo): 264, 278;
    (– na sabedoria antiga e na santidade
    cristã): 266-9
discrimen: 263; v. *discretio*
discriminatio, triagem dos
    pensamentos: 273; v. metáforas
dívida (relação de – entre o tirano e o
    povo): 60; v. πλῆθος *[Édipo rei]*)
dívida do mal (extinção da –): 94
dizer-a-verdade: 24, 37, 40, 204, 282
    (autenticação do –, identificação do
    – e do ter-visto-a-verdade): 46-7;
    (– [segundo] a lei, e dizer-a-verdade
    sobre si mesmo): 46
dogma(s): 77, 79n.***, 111; v. polo da
    fé (relação com a verdade como –):
    134

Dois Caminhos, dois caminhos: 95,
    100n.10, 103n.29, 144; v. *Barnabé,
    Didakhé*;
    (–, queda e nódoa, matrizes do
    pensamento moral no Ocidente): 99
doutrina
    (– da fé): 134, 150n.22; v. Hipólito;
    (– penitencial): 173n.7; v. Hermas
dramaticidade
    (– exomologética): 196;
    (– pedagógica da iluminação
    progressiva [século II d. C.] e
    dramaticidade de luta): 192;
    v. batismo
dualismo: 102n.27, 146
dualista(s)
    (inspiração – ou gnóstica e recusa do
    rito do batismo): 108, 113, 125n.7,
    136;
    (movimentos –): 133; v. cristianismo
    (reavaliação do –)

eleitos, *electi*: 138, 150n.18;
    v. *competentes*; v. Refoulé
enigma da Esfinge: 45, 52Édipo rei]
ensino: 87 (*Didakhé* vs. Tertuliano);
    (– pré-batismal: obrigação de
    aprendizado, de aquisição da
    verdade): 94-6, 97, 107;
    (privilégio do –): 107; v. Clemente
    (– e crença): 107
enunciação na primeira pessoa: 64n.4;
    v. reconhecimento das faltas,
    confissão
epiclese: 141; v. Hipólito; v. ἐπίκλησις
escolha consciente e voluntária dos
    indivíduos: 98; v. estoicismo
escravos: 33, 34-7, 39, 57, 62, 137, 300;
    (dizer-a-verdade e dizer-a-mentira
    dos – e dos deuses): 37, 40*[Édipo
    rei]*; v. aleturgia, dizer-a-verdade,
    testemunha(s)
Escritura: 99-100n.4, 109-10, 117, 134,
    151n.30, 159, 215, 252-3n.29, 273
escrutínio, *scrutamen*: 140; v. exame,
    exorcismo;

("disciplina dos –"): 149n.7
Espírito Santo: 107, 110n.*, 119, 123, 139, 141, 151n.29, 159, 180, 243, 256n.68;
(– e espírito maligno, espírito do mal): 139, 151n.29, 268, 273; exorcismo batismal; v. Orígenes
estatuto penitencial e procedimentos de verdade: 186
estoicismo: 102n.24, 166, 167, 175n.33, 218
estrutura(s)
(– de objetividade): 106;
(– de ensino e estrutura de prova): 123;
(– do próprio verdadeiro): 87;
(– pedagógica no pensamento cristão, século II): 123;
(– platônica da memória do divino e cristianismo); v. gnose de si
(– política e prática de direção [de consciência]): 209-12;
eucaristia: 109n.19, 162, 185
(privação da –): 180
evidência: 15-6, 87-8
(– e procedimentos de manifestação da verdade): 87; v. procedimentos;
(regras da –): 15; v. princípio de evidência
exagoreusis: discursivização de si: 278, 287-8n. 53, 288nn.54-55; v. autoaleturgia, exomologese; v. Basílio, João Crisóstomo; v. ἐξαγόρευσις
exame/exame de consciência: ponto de articulação na prática de direção: 208, 214-5, 222-3, 226n.19, 226-7n.24,227n.26, 229-30, 231, 233-4; v. Ambrósio
(– estoico: retrospectivo, germes de princípios racionais para uma conduta): 220-4; v. Sêneca, (– e concepção freudiana da censura): 219
(– greco-romano e exame cristão): 214-5, 224;
(– e metáfora judiciária: forma judiciária do exame): 219-20;

(– pitagórico: trabalho de memória de si sobre si): 216, 226n.20; v. mnemotecnia; v. João Crisóstomo; (exame-questionário): 138;
v. exorcismo, *scrutamen*
exercício de si sobre si: 105, 117-8, 120, 123, 132, 136, 147-8, 217 (pitagórico), 218 e n.*, 220-1 (estoico), 245, 228n.36, 234 [Sêneca];
(– do catecumenato): 141
exercício do poder
(– e manifestação da verdade): 14-8, 23-4, 49, 69-70, 74-5; v. ato de verdade, governo;
(– do poder político e saber técnico): 49; v. τέχνη
exercício(s)
(– de provação): 232;
(– espirituais): 225n.7, 227n.26; 228n.36, 252n.27
exomologein/ ἐξομολογεῖν, *exomólogesis*/ ἐξομολόγησις *(Didakhé)*: 185
exomologese, *exomológesis*: 142, 161, 174n.17, 184-8, 195-6, 197n.3, 199n.19, 200nn.23 e 26, 201nn.36-37, 202n.39, 203-4, 206-7, 240, 278, 282, 288n.55; v. confissão, *exagoreusis, patientia*; v. Cipriano, *Didakhé*, Tertuliano; v. ἐξομολόγησις
(– "como ato de fé"): 292;
(–: exteriorização da metanoia): 191;
(– verbalização das faltas no decorrer da penitência, sécs. II-III): 203, 204;
(imagem do ritual de –): 189, 190;
(– e *confessio*): 83-4n.9, 184-5;
(– e *expositiocasus*): 193-4, (– e *publicatiosui*): 193;
(– e procedimento penitencial, dimensão permanente e instituição geral da penitência segunda): 190-1; v. Tertuliano;
(exomologese-episódio): 187-8, 192;
vs. dimensão permanente da penitência; v. Cipriano

exorcismo: 139-41, 1423, 150n.23, 151n.30 e n.33; v. prova de fogo, *impositiomanus*, purificação
(–: rito de expulsão, de despossessão): 139; v. exame, escrutínio; v. Tertuliano;
(–: transferência de soberania); v. prova de verdade, purificação;
(– batismal): 140, 150-1nn.26-27, 198n.10; v. Hipólito, Quodvultdeus;
(– e reconhecimento das faltas: forma de verbalização comum): 277; v. Cassiano
exploração da consciência (dos segredos da consciência, *exploratioconscientiae, secreta conscientiae*): 91, 269, 282, 285n.26, 288n.58; v. consciência, segredos; v. Cassiano; v. também: *syneidesis/* συνείδησις
(– de si): 207-8, [antiguidade greco-latina]: 203, 207-8, [cristianismo, sécs. VII-VIII]: 204-5, 207-8; v. exame de consciência
expositiocasus: 186-7, 192-4, 200n.23; v. reconhecimento das faltas, confissão
(– e *publicatiosui*): 193; v. verbalização
expulsão do outro: verbalização, exteriorização no discurso, fator de triagem ou de escolha, fator de discriminação: 160

façanha [propícia à] tomada de poder tirânico: 60*[Édipo rei]*
falta(s): 75, 76, 80-1, 82 e n.1, 84n.12, 98, 109, 111, 116-7, 121; v. metáfora do crescimento, pecado; v. Tertuliano;
(– de todos e responsabilidade de alguns, falta individual e perdão concedido a todos): 81;
(aleturgia da –): 81;
(recapitulação das –): 141;
(remissão das –): 91, 94, 121, 126n.20;
(punição da – como resgate): 179;

(transmissão da – pelo sêmen): 112;
(verbalização das –): 94; ato de verdade
famulatus: 241; v. Cassiano
fé da penitência, *paenitentiafides*: 123, 129n.51; v. Tertuliano
fé e reconhecimento das faltas (dissociação entre –): 124, 134; v. oriente da fé e ocidente do reconhecimento das faltas, polo, regime
fé: 77-9, 123, 132, 137, 138, 139, 150n.22 [Hipólito], 152n.36 [Refoulé] en.42, 153n.49 [Daniélou], 159 [Inácio de Antióquia], 168, 182, 197n.1, 249n.1 [Guy], 252n.29; v. polo, regime, selo; v. Cassiano, Clemente, Orígenes, Tertuliano
("ato de fé"): 292;
(autenticidade da –): 138;
(profissão de – como ato de verdade): 123, 141;
(selo da –): 101n.18, 129n.51;
(verdades da –): 131, 138
filho(s)
(– de Deus, do *Lógos*): 114;
v. metáfora religiosa, alimentação;
v. Clemente;
("filhos da ἀνάλκη e da ἄγνοια", da necessidade e da ignorância, [que se tornam] "filhos da προαίρεσις e da ἐπστήμη", da escolha e do saber): 96, 102n.23 [Justino]; v. batismo
filosofia moral antiga e prática cristã: 208; v. exame de consciência
filosofia(s), *philosophie*: 71, 90, 94, 96, 99n.2, 166, 170, 171, 175n.31 e n.33, 212-3, 322n.153; vida monástica
filosofias pagãs: 208
fisiocratas: 15, 20n.24
"focos de cultura", lugares de manifestação da verdade: 9

generosidade: 116; v. *liberalitas*
(transformação da – em servidão): 126n.22; v. Tertuliano

gnose: 125n.6
(– de si: vinculada a uma estrutura de memorização: memória do divino vs. conhecimento de si no cristianismo): 281;
(– e dualismo): 102n.27, 108, 146; vs. resgate e salvação;
(– e rejeição da eficácia do rito do batismo): 108-9
gnóstico(a, s): 115, 125nn.6-7, 136, 168-9
(– concepção – do Demiurgo): 176n.176;
(doutrinas –): 125n.6, (seitas –): 125n.6, (temas –): 116;
governamentalidade: 3, 16, 17
("– de partido"): 225n.11
governar
(– o ser-outro pela manifestação da verdade da alma): 148n.*;
(necessidade de –): 56, 61; v. κυβερνάν, τύχη
governo
(– das almas): 208; v. direção, pastoral; vs. cessão de soberania;
(– dos homens pela verdade: 3, 12, 20n.25, 69-70, [por] atos refletidos de verdade): 76-7;
(relação governo dos homens/ manifestação da verdade no cristianismo): 148n.*;
(– político e direção espiritual):49
guia de consciência:213, 225n.14 [Sêneca], 233; v. pastor(es); v./vs. diretor

heresia(s): v. Irineu de Lyon
(luta contra a –: práticas de reconhecimento das faltas, prática da confissão): 78, (– e instituição do catecumenato): 136, 149n.3
heroísmo monástico: 238; v. Cassiano história da subjetividade e da verdade no Ocidente cristão: 132, 134, 230, 282; v. atos de subjetividade; autoaleturgia, sujeito;

(– da verdade): 47, 105;
(– do cristianismo, entre perfeição e salvação): 236, (– da salvação): 119;
(– não cristã dos ritos de verdade): 207;
(– pré-cristã da verbalização da falta e da exploração de si): 207
história, História
(– arqueológica): 91-2;
(– lausíaca): 237, 239, 244-5, 253-4n.35, 254n.44, 285n.20, 286n.32;
(– edipiana): 59;
(– das instituições judiciárias): 47
humildade cristã, humilitas: 240, 248-9; v. obediência, patientia; v. Cassiano;
(paradoxo da –): 196

identidade: 35, 36-7, 147, 206, 241, 268
(– do indivíduo real e salvação de todos): 148n.*;
(ruptura de –): 147; v. conversão
ideologia(s): 70-4, 77, 82n.5, 86, 91, 148n*, 212; v. recusa dos universais;
(noção de – dominante): 12, 13
ideológico(a, s): 10, 70, 73, 91-2, 301, 313
(conteúdo – do dogma e das crenças): 77
Igreja: 11, 78, 107n.8, 111, 125n.7, 149n.7, 153n.49
(– primitiva): 157, 173n.4, 174n.21; v. Hermas
ilegalismos: 74
iluminação: 81, 97-8, 101n.18, 102n.25, 107-8, 112, 118-20, 124, 133, 136, 158-9, 165-6, 176n.40; v. segundo batismo; v. Justino, Fílon; v. φωτισηός
(– do conhecimento): 113;
(ascese e –): 124;
(dramaticidade pedagógica da – progressiva): 115
iluminado: v. batizado
imagem(ns): 41n.3, 92, 102n.26, 109-10, 126n.12, 189, 284n.4

imposição das mãos, *impositiomanus*:
137 e n.*, 187-8, 192, 200n.26
[Cipriano]; v. exorcismo
(– e reconciliação):180
impureza(s): 27, 109, 116, 140-1,
151n.34; v. Ambrósio; *vs.* pureza
Índice das noções
indício(s): 53, 54, 61, 63, 65n.32,
100n.7, 285n.24; v. sinal(ais);
v. εικός, σημεῖον, τκμήριον
indivíduo(s)
(– como operador de verdade):
(controle contínuo dos –): 178-9;
v. regra(s) monástica(s)
infância: 40, 114
(espírito infantil): 114, 127n.28
[Clemente]
iniciação à verdade: 108, 115, 136, 138,
158, 153n.45 (Orígenes), 176;
(distinção entre – e provação da
verdade da alma): 132
inquietude: 75, 116-7
(– fundadora do sentimento da fé):
117; v. polo da fé;
(– e pureza: debate do cristianismo
com a gnose, o maniqueísmo,
os cátaros, o quietismo): 116;
(libertação da –): 75; v. ritos de
sacrifício
institucionalização
(– da direção de consciência): 231,
283; v. verdade-subjetividade;
(– do catecumenato, fim do século
II): 135, 149n.3; *vs.* heresias
instituições, *Instituições*: 86, 235-6
(– *cenobíticas*): 100n.7, 237, 239,
241, 244, 253n.30, 254n.37;
(– religiosas): 211, (cristãs, do
cristianismo): 135, 172, 224n.2, 235,
304n.52, (de direção de consciência):
211, (monásticas): 237, 237, 242,
249, 292, 294;
(– judiciárias): 47, 171;
(– penais): 310n.85
interpretação(ões): 45, 53, 100n.14,
102n.26, 121, 153n.45, 155, 173n.7,
199n.22, 226n.21, 273, 323

(–: efígie da ideia):273;
(– dos sinais): 53; v. τκμήρια
interrogatório-exame: 137
interrogatório-investigação: 142-3;
v. exorcismo
interrogatório: 35 *[Édipo rei]*; v.
procedimentos, técnicas
investigação(ões): 26, 30, 38-9, 45n.58,
68-69, 151n.34, 213n.22, 218-9,
288n.58; v. procedimento;
v. ἐξερευνᾶν
(– sacerdotal): 199n.22

jejum(ns): 95, 120, 128n.45, 138, 142,
150-1n.27, 163, 180, 192, 198n.11,
251n.22, 258n.85, 264; v. purificação,
ritos de exorcismo
jogo da verdade: 40, 63, 108
(– e arte de governar): 13-4, (– e jogo
do poder): 56;
(pôr em – a verdade de si mesmo):
148 e n.*, (no interior de
procedimentos de verdade): 63;
v. autoaleturgia
jogo
(– de descoberta): 61;
(– da moral): 108, (– entre o
apagamento do pecado e a
emergência de si): 205;
(– das τκμήρια): 63
Jubiläumstheorie: 157; v. *Tauftheorie*;
v. Poschmann
jubileu: 157-8, 173n.5 e n.8
juramento: 50
(–: veridicção dos deuses e dos
chefes): 39
Jurisdição
(– divina): 83n.8
(– dos atos visando à autonomização
do sujeito): 279; v. autonomização,
direção antiga;

labor: 118, 131-2, 257n.71, 281;
v. disciplina penitencial; trabalho;
v. Tertuliano
lapsi: 175-6n.34, 199n.12 e n.16;

v. apóstatas, perseguições, penitência segunda; v. Ambrósio, Cipriano (reintegração dos –): 182; v. Cipriano
lei
(– da exteriorização): 279, (verbal e exaustiva): 280n.***; v. subjetividade-verdade;
(– da memória e da lembrança): 38;
(– da necessidade): 101n.20; v. Justino; v. ἀνάγκη
(– da renúncia a si): 280n.* e n.**;
(– de produção de verdade): 280;
(– das metades): 23, 26, 42n.36; v. σύμβολον
(–do aprofundamento infinito): 279; v. subjetividade-verdade;
(– do sol): 82;
(– do tropismo): 279
(– universal): 61; v. νόμος
lei(s): 49, 51, 58, 60, 86, 170, 175n.31 [Plotino], 222; v. νόμοι
liberalitas/metus: 116; v. generosidade, perdão; v. Tertuliano
linguagem: 53, 273, 315n.14,317n.119; v. *lógos*
lógica: identificação do regime de verdade e da autoindexação do verdadeiro: 89
logismoi: 286n.32; v. *cogitationes*, pensamentos; v. Evágrio, Platão; v. λογισμοί
logismós: 286n.31
("deliberativereasoning", H. Lorenz); v. λογισμός
lógos, Logos: 3-4, 114, 226n.20, 230, 247 [Nilo de Ancira], 250n.5, 280 [Cassiano], 270; v. λόγος
(Cristo-Lógos/*Lógos*, leite de Cristo): 127n.28; v. infância, alimentação; v. Clemente
loucura (exclusão da –): 90
luta com o outro, o mal, o Outro em nós: 121, 123, 132, 138-9, 150n.25, 151n.29; v. exorcismo, purificação; v. Satanás
luz-olhar do deus: 36

(caminho da –): 103n.29, 161, 174n.20; v. dois caminhos
luz: 14, 27, 68, 69, 80, 81, 97, 99n.1, 103n.29, 107, 118, 120, 133, 143, 159, 163-6, 171, 176n.40, 267, 277; v. alma, iluminação

macerações: 194, (e perdão de Deus): 232; v. Clemente
mal e matéria: 109, 113, 115; v. gnose
mal: 34, 98, 102-3n.28, 113, 127n.26, 165, 169
([comunidade de natureza] entre espírito do– e alma): 268;
v. Cassiano;
(dívida do –): 94;
(fazer o mal): 84n.12, 166;
(*Mal faire, dire vrai*): 64n.8
maligno, gênio maligno: 150n.21, 161n.*, 275; v. diabo, ser-enganado; v. Descartes
mancha: 98, 112, 113, 118; v. Dois caminhos, mancha e nódoa
manifestação da verdade: 8, 9, 26, 38, 46, 47, 68, 69, 68, 69, 70, 74-5, 85, 86-7, 89, 91, 206, 283; v. atos de verdade, aleturgia, *probatioanimae, publicatiosui*, subjetividade
(– da alma): 132, 148n.*, (por ela mesma): 132; *probatioanimae*, salvação;
(– do sujeito, lib[ertando] o sujeito de sua própria verdade): 206, (e desidentificação do sujeito): 204, 206;
(– individual e remissão das faltas): 94-5; v. batismo, direção de consciência, penitência eclesial;
(exercício do poder e –): 6, (ritual de – e exercício do poder): 7;
(procedimentos de –): 25, 62, 75,
(técnicas de –): 142
manifestação
(– de si): 193, 207; v. cultura ocidental *vs.* penitência primitiva;
(– do outro em nós): 148;

(– espetacular de consciência do pecado): 190
mântica: 51, 64n.21; v. adivinhação; v. μαντική τέχνη
marca(s): 32, 53, 96, 99n.1 [Espinosa]; v. selo;
("o olho como marca de enunciação"): 64n.4;
("marcas de Cristo"): 102n.26
mártires (profissão de fé dos –): 83-4n.9
marxismo: modelo da queda, da alienação e da desalienação: 99
matéria: 83n.8, 109-15, 118, 127n.29, 175n.32, 247; v. Escritura *vs.* gnose, Platão, Espinosa
medicina
(– e direção [Antiguidade]): 212;
(– e direito [civilização ocidental): 54
medo e perigo, *metusetpericuli*: 117, 127nn.31-32; v. perigo, *liberalitas/ metus*, tempo da penitência; v. Tertuliano
medo, *metus*: 116-8, 145, 227n.31, 257n.77, 305
memória, Memória:38, 40, 46 [Μνήμη], 67n.2, 68, 109, 134, 215, 217; v. exame pitagórico, mnemotecnia, lei da memória, tradicionalidade instituída
(– da alma): 133; v. gnose;
(– de si sobre si e redescoberta de si): 141; v. reminiscência;
(saber e –): 217
metáfora(s)
(– judiciária: processo pela alma de sua própria conduta): 219-20 [Sêneca];
(– médicas): (do crescimento dos seres vivos): 113 [Tertuliano], (da peste em Tebas): 54*[Édipo rei]*;
(– religiosas): (dos filhos, das crianças): 114 [Clemente], (do batismo como selo): 46, 96-8, 101n.18, 102n.26, 129n.51;
(– associadas ao exame, à triagem dos pensamentos): (do centurião: 272 e 287n.40), (do cambista): 252-3n.29, 272-3, (do moinho): 272 e 286n.37; v. Cassiano
metanoia segunda, do recomeço: 164-5; v. Hermas
(exteriorização da –): 191;
(distanciamento da –em relação ao pecado): 196;
(– e penitência pós-batismal): 164
metanoia: 118, 119-20, 121, 127-8n.36, 128n.37, 132, 133, 134, 161-8, 170, 181, 191, 192, 196, 206
(– movimento de pivoteamento da alma em torno de si mesma): 118;
(–: pivoteamento-conversão, da sombra à luz): 133;
(– de tipo neoplatônico: época helenística e séc. II cristão): 132-4
mnemotecnia: 217
moderação
(– da ascese): 264
(– de si mesmo): 278
(– no programa de pesquisas de Foucault): 314
(primeira grande prática de –, de *discretio*): 265
(princípio da–): 266
(restabelecimento da – de si mesmo): 278
monaquismo: 234-7, 244, 251-2n.23, 252n.25, 253-4n.35, 254n.36, 264, 279n.*, 284n.1 e n.16, 285n.20; v. cenóbios, filosofia
(–; vida de aperfeiçoamento numa economia de salvação): 235; v. vida monástica; v. João Crisóstomo, Nilo de Ancira;
(– beneditino): 237; v. Bento, Jerônimo, Paládio, Pacômio
montanismo, montanista(s): 188, 200-1n.29; v. Tertuliano
moral (a): 98-9, 108, 171, 187, 230; v. pensamento moral, pessoa moral
(–: arte da conduta dos indivíduos): 98
morte (a): 17, 38, 78, 98, 100n.10, 282;

(–: duplo significado: estado de pecador e vontade de morrer para o pecado): 195;
(–: exercício de si sobre si): 147-8;
(–: mortificaçãono próprio âmbito da manifestação de verdade): 196;
(– e verdade [do escravo]): 38;
(vida de –): 143,146, (vida sem –): 107
mortificação: 144-8, 196, 254n.42, 258n.82, 280; v. batismo, vida eterna; v. Bento, Paládio
(– e produção da verdade de si): 280;
(– e luta [contra] o outro em si mesmo): 146;
(–, verdade e subjetividade): 148
movimentos
(– da alma, do coração, da consciência): 70, 118, 235, 247, 269, 271, 281n.**, (mais duvidosos da consciência): 285n.24 [Cassiano], 293-4, 320;
(– ideológicos e religiosos): 10, 70, 108-9, 133, 136, 168-9, 235;
(– sociais): 307
mundo greco-romano: mundo da falta, da responsabilidade, da culpa: 171

natureza: 113-4, 115, 133, 242
(– "comum a todos" e regra da nossa natureza): 175n.33 [Cícero];
(– da divindade): 285n.23;
(– da alma): 136; v. reminiscência;
(– da falta, do pecado): 127n.26, 207, 278; v. pecado original
nódoa: 68, 98-9, 112-3, 145; v. falta, mancha
(– original): 98;
(hereditariedade da –): 99, 102-3n.28, 112, 126n.23; v. Tertuliano;
(mancha e –): 112-3; v. impureza;
"as nódoas de nossas trevas passadas": 110; v. também: 256n.65
nominalismo: 74; v. universais (– recusa dos)
nomoteta(s): 60, 256n.65; v. Sólon
noviço(s): 240-1, 243-4, 256n.68, 261-2

obediência-reconhecimento das faltas: 280n.**
obediência-submissão, *subditio*: 249
obediência, *oboedientia*: 241-2, 244-9, 257n.78, 258n.81 e n.85, 262, 272, 279, 285n.20; v. Cassiano
(– como estado, anterior a toda ordem): 245-6, 256nn.68-69;
(necessidade de –): 175n.31;
(circularidade da – e da direção): 245-8;
(condição da –: a veridicção [direção antiga]): 279;
(– e exame de si): 262;
(relação de –): 241-2, 249,
(ininterrupta, sem fim na direção cristã): 231, 243-4, 262, (provisória na direção antiga): 279;
(estrutura da –): *subditio, patientia, humilitas*: 248, 283; *s.v.*
obras de morte: 128n.46; v. Tertuliano
obrigação(ões)
(– cristã de verdade): 86, 196;
v. *publicatiosui*;
(– rituais): 93;
(– de dizer tudo): 278, (e técnicas de exame): 249;
(transferência de – pela manifestação do infortúnio); v. súplica antiga
operador de verdade: 75, 79
(– [como] objeto da descoberta): 55;
v. sacrificador, sujeito, testemunha, verdade; v. αὐτός
opinião reta e verdadeira: 46; v. ὀρθὸν ἔπος
oração: 142, 161, 270
oráculo(s): 7, 24, 26, 37, 38-9, 51, 54-5, 58
ordem pitagórica: 175n.31; v. disciplina(s), pitagóricos
oriente da fé e ocidente do reconhecimento das faltas: 124
outro/Outro (o –) no fundo de si mesmo: 145-6, 280n.**, (expulsão do –, do demônio): 145-6, 160; v. exorcismo, luta, teologia da falta

ouvintes, *audientes*: 137-8, 149-50n.14;
v. Tertuliano

Padres apostólicos, *Pèresapostoliques*:
100n.8, 106, 123, 128n.47; v.
apologistas, batismo; v. Hemmer,
Refoulé
paenitentia: 118; v. conversão,
metanoia, penitência; v. Tertuliano
(*paenitentiamagere*): 187-8 e
200n.26; v. Cipriano
paganismo: 135, 149n.3, 206, 208
paisagem mítica [favorável à] tomada
de poder pelo tirano: 59
palavra(s): 150n.22, 152n.43(a),
159-60, 194, 218
(– de Deus): 159;
(– divinas): 28, 113n.*;
(– profética): 40
(– da doutrina de fé): 139;
(– reta): 31, 45 [Sófocles]; v. ὀρθὸν
ἔπος
palestra: 150n.21; v. João Crisóstomo
("tempo da –"): 128n.46, 138
paradoxo(s): 148n.*, 166, 196, 261,
276, 280, 305
(– da humildade verídica cristã):
196-7; v. humildade;
(– do mentiroso): 178, 196
Pasteur, Pastor: 101n.18, 151n.29, 155,
158-64, 173n.1 e nn.7-9, 174n.14,
238, 322; v. Hermas
pastor(es):146, 231, 252-3n.29; v. guia
de consciência
pastoral cristã: XIII, 111, 187, 235, 308
patientia: 240, 247-9; v. obediência; v.
Cassiano
paulinismo (renascimento, séc. III e
declínio do –): 143, 152n.41; v.
Bento, Orígenes, Padovese
pecado(s), *peccatum*: 85, 86, 83n.8, 95,
105, 110, 111-2, 119, 121, 125n.7,
126n.23, 132, 141-2, 151n.29,
152n.38; v. confissão, exomologese,
impureza, perdão, remissão
(o – como queda, como mancha e
nódoa): 112;

(– original, *pristinacorruptio*): 98,
102-3n.28, 112-4, 126n.23, 142-3;
(–: perversão da natureza, da nossa
natureza): 105, 112; v. falta, sêmen,
nódoa; v. Tertuliano;
(teologia do –): 102n.28; v. dois
caminhos; v. *Didakhé*; v. Pseudo-
-Barnabé, Tertuliano
pecador(es): 98, 110, 112, 114, 120,
122, 126n.23, 127n.31, 142, 162,
163, 174n.21, 179-80, 181, 184,
196-7, 197-8n.4, 198n.7, 199n.18,
200n.26, 201n.36,204-7, 224n.5, 244,
248, 278, 287n.40
(–: ator da falta, ator da aleturgia,
testemunha da falta, testemunha da
aleturgia): 81;
(manifestação do estado de – no
decorrer da penitência): 181, 203; v.
exomologese
penitência "tarifada": 197n.4
penitência segunda, segunda penitência,
paenitentia secunda; 173-4n.9,
177-202; v. exomologese;
penitência, *paenitentia*: 75, 83n.8,
102n.24, 111, 118-23, 125n.4, 177,
187-8, 200n.26 [Cipriano]; v. batismo
da penitência, confissão, exercício,
perdão, prática penitencial, resgate; v.
Tertuliano
(–: manifestação da verdade da alma):
122;
(– eclesial canônica): 94, 177;
(– objetiva): 179;
(– pós-batismal: "segundo batismo"):
101n.19;
(– primitiva): 193;
(–repetível): 178 e 197n.4;
(disciplina da –,
paenitentiaedisciplinae): 118, 120-2;
v. metanoia, preparação para o
batismo;
(prova da –, verdade da –): 122; v.
provação, *probatio*;
(sacramento da –): 75, 83n.8; v. ato
de contrição, ato de satisfação, ato de
verdade;

(tempo da –): 119-20;
(trabalho da –): 119;
(vida de –): 121
penitente(s): 179-92, 198n.7 e n.8,
  200n.26, 202n.43, 204-5, 240, 278;
  v. reconhecimento das faltas,
  relapso(s); v. Ambrósio, Cipriano
  (–: ordem intermediária entre os
  catecúmenos e os cristãos de pleno
  exercício): 179; v. *probatio*;
  (estatuto de –, penitencial): 181-2,
  186-8, 192; v. Cipriano
pensamento (o): 13, 52, 59, 102n.26,
  108, 167, 191
  (– cristão): 123, 132, 133, 145, 160,
  170, 190, 230;
  (– grego): 59, 63n.2, 167, 226n.18,
  226n.23;
  (– helenístico): 132;
  (– europeumoderno): 59;
  (– moral no Ocidente): 98; v. dois
  caminhos
pensamento(s): 226n.19, 234, 241,
  251n.22, 252-3n.29, 258n.88, 262,
  270-2; v. exame, metáforas: do
  centurião, do cambista, do moinho; v.
  cogitatio(nes), discriminatio, logismoi
  (grão do –): 274;
  (multiplicidade, divagação dos –,
  cogitationumpervagatio): 271-2,
  286n.33 [Cassiano];
  (qualidade dos –,
  qualitascogitationum): 274, 287n.46;
  v. Cassiano;
  (triagem, *discriminatio*, dos –): 273
perdão (batismal, dos pecados): 81,
  116, 121-2, 126n.20, 127n.31,
  128n.46, 156, 162, 173-4n.9, 178;
  v. batismo, penitência, penitência
  segunda, tempo; v. Hermas; v. ἄφεσις
  ἁμαρτιῶν;
  (mecanismo purificador do –): 82;
  ("tempo do perdão"): 118, 127n.31;
  (– de Deus): 200n.26, 204, 232; v.
  liberalitas
perfeitos: 146, 158, 161, 163, 288n.54
  [Cassiano]; v. dualismo, gnose

perigo(s) 115-8, 181, 183 [Cipriano],
  239, 262, 266, 269, 270; v. medo,
  medo e perigo
perseguição(ões) [dos cristãos]:
  175n.34, 182, 199n.12; v. apóstatas,
  resgate; v. Décio
pessoa
  (– moral): 102n.24; v. *proairesis*
  (enunciação na primeira –, como
  instância de veridicção): 46-7, 64n.4,
  301; v. autoaleturgia
pitagorismo, pitagóricos: 215-7, 219,
  226n.20-21, 226-7n.24, 227n.25;
  v. ordem pitagórica
pneuma: 281; v. gnóstico(s)
poder e manifestação de verdade: 17,
  23-24, 68
poder: 76, 82, 83n.7, 283; v. aleturgia e
  arte de governar
  (– da verdade): 90, 92;
  (– edipiano): 58;
  (– institucional): 220;
  (– pastoral): 148n.*, 231;
  (– político): 209, 211;
  (– tirânico): 58, 60-2, 63;
  (cristianismo e – civil): 182;
  (legitimidade/ilegitimidade do –): 71;
  (não-necessidade de todo – qualquer
  que seja): 72-3; v. anarquismo;
  (não-necessidade do – como princípio
  de inteligibilidade do saber): 73
polo da fé e polo do reconhecimento
  das faltas: 117, 124; v. bipolaridade
  do cristianismo
postulante(s) ao batismo: 95, 105-10,
  122, 135, 137, 139, 141, 145, 181,
  204, 240;
  (o – como sujeito de conhecimento):
  107
potência: 31, 34, 50 (δυναστεία), 139,
  243 (*potestas*), 275;
  (potências [da alma]): 127n.29
povo(s): 20n.23 [Botero], 27, 50-2,
  60-2, 137; v. πλῆθος
  (– hebreu): 79, 80, 81, 84n.11 [Fílon],
  110 [Bíblia];

prática(s)
   (– ascéticas [preces, jejuns, vigílias, genuflexões]): 138, 265;
   (– de catequese): 135;
   (– de direção): 211-14, 214;
   (– de manifestação de si mesmo): 207;
   (– do catecumenato): 132, 142, 148;
   (– pastoral): 187;
   (– penal): 74;
   (– penitencial): 148n.*; v. autenticação
prece(s): v. práticas ascéticas
preparação para o batismo: 105-24, 135-41, 144, 159, 203, 205, 239-40; v. batismo, medo, prova, penitência, rito; v. Clemente, Tertuliano
   (–; tempo de ensino): , 106-7, 127n.28, 1236-7, 143-4; v. catequese, Padres apostólicos;
   (–: tempo de *metusetpericuli*): 117; v. medo, tempo; v. Tertuliano
princípio(s)
   (– de competência): 16, v. Saint-Simon;
   (– de discriminação, da triagem: 276-7; v. expulsão;
   (– de evidência [adquirida por todos e exercício do governo por alguns]): 15-6; v. Quesnay;
   (– da tomada de consciência universal, da consciência geral): 15-6; v. Rosa Luxemburgo;
   (– do reconhecimento exaustivo das faltas): 262;
   (– da obediência sem fim): 262;
   (– da [nossa] própria medida): 267; v. *discretio*;
   (– de perdão): 82;
   (– de disjunção entre o bem e o mal): 165;
   (– de racionalidade, da razão de Estado): 14; v. Botero;
   (– de terror): 16; v. Soljenitsin;
   (– de ilusão): 261, (e de incerteza): 269; v. ser-enganado;
   (– de inteligibilidade): 9;
   (– do gnosticismo): 149n.5;
   (– do νόμος): 61
proaíresis: 102n.24; v. ato virtuoso; v. προαίρεσις
procedimento(s) de extração da verdade
   (– de investigação): 39
   (– de interrogatório-exame): 137, (jurídico-verbal anterior à penitência): 193, (judiciário(s)): 38-9
procedimento(s) de verdade: 15-6, 29, 54-5, 62-3, 97, 136-7, 178, 181, 186, 187, 192
   (– aletúrgico(s), de aleturgia): 68-9, 75;
   (– de descoberta): 62;
   (– de manifestação da verdade, do verdadeiro): 75, 76, 86, 87;
   (– de subjetivação: vínculo paradoxal entre manifestação de si e produção da verdade): 280;
   (– de veridicção): 46
procedimento(s)
   (– do batismo): 95, 184;
   (– do catecumenato): 136-7;
processo de conhecimento
   (– de si por si no cristianismo): 205
produção de verdade:
   (– e renúncia a si: esquema da subjetivação cristã): 280
profecia
   (– [do adivinho]e decretos dos deuses): 62*[Édipo rei]*;
   ("nova profecia"): 200-1n.29; v. montanismo; v. Tertuliano
protestantismo: 79, 117
prova: 100n.5, 106, 181-2, 191, 255n.54, 258n.88; v. provação, *probatio*
   (– como "de benevolência"): 60*[Édipo rei]*
prova(s) de verdade ([durante] o catecumenato): 136-43, 144;
   ("– da verdade", forma jurídica): 43n.61;
   (– de exorcismo: 138-40), (– da disjunção no exorcismo e no

interrogatório-investigação): 142-3;
v. Agostinho, Hipólito;
(– de fogo): 140; v. Cirilo, Tertuliano;
(estrutura de – e estrutura
pedagógica): 123; v. Tertuliano
provação, *probatio*: 204, 232
(– da alma, *probatioanimae*: pôr em
jogo a verdade de si): 121-3, 132,
148, 184, 193, 203, 245-6, 282, (e
publicatiosui): 193, 204, 207; v.
Tertuliano;
(– da fé, *probatiofidei*): 124;
(– da penitência,
paenitentiaeprobatio): 122, 129n.50;
191, 201n.38;
(– do catecúmeno e exomologese do
penitente): 204, 206-7
publicação de si,*publicatiosui*: 193,
196, 203, 204, 206, 207, 281, 282; v.
exomologese, penitência
punição da(s) falta(s): 74, 179, 209-10
(resgate dos castigos a título de –): 94
punição: 38, 68-9, 74, 81, 94, 179-80,
221
(– de uma falta individual e perdão
concedido a todos): 81
pureza, *puritas*: 167, 173n.4, 217,
259n.89 [Cassiano], 285n.26; v.
apátheia
(–: *puritascordis, puritas mentis*):
259n.89, 288n.54; *vs.* impureza(s);
(– e perfeição da obediência):
258n.85
purificação: v. verdade e purificação *vs.*
purificação e verdade; v.
mortificação, práticas ascéticas,
rituais de penitência; *vs.*nódoa
(–: prova de verdade e expulsão):
140;
(– da alma e acesso à verdade): 97-8,
106 [Tertuliano], 109, 115-6; *vs.*
libertação da alma (segundo a gnose):
109;
(– e constituição progressiva do
sujeito de conhecimento): 108;
Didakhé vs. Igreja cristã;

(– da cidade): 62 *[Édipo rei]*;
(– do sujeito nas religiões antigas):
207;
([elementos de –] água, fogo):
v. água, prova de fogo
puros: 138-9, 150n.22 [Hipólito], 161,
163; v. perfeitos

queda (a): 85, 98, 99, 112, 114-5
[Tertuliano *vs.* neoplatônicos],
127n.29 [Plotino], 161-2, 171-2, 239,
243; v. nódoa, mancha
(– originário, ao estado originário):
98, 114, 139, 172, 181; v. Tertuliano;
(o pecado como –): 112
questionário-exame, questionário-prova:
138; v. Hipólito
quietismo (séc. XVII): 116

razão de Estado: 10-1
recaída: 132, 164-5, 168, 171-2, 205,
239, 243; v. relapso(s), repetibilidade
da falta; v. também perseguição(ões);
(a –: pensamento [próprio do]
cristianismo): 171-2;
(problema da –: recomeço da
metanoia, repetição do resgate): 164
recompensa (o perdão do pecado
como –): 121
reconhecimento das faltas/confissão:
68, 76, 78, 79 e n.***; v. ato de
verdade, confissão, regime do
reconhecimento das faltas
(– penitencial, sacramental, com
função purificadora): 78, 86, 109-10,
(reconhecimento dos segredos da
consciência, *in arcanisconscientiae*):
90-1, 285n.26; v. Cassiano;
(– perpétuo articulado à obediência
permanente): 279;
(– verbal e exorcismo): 277
reconhecimento: 24-25 (*anagnorisis*)
[Aristóteles], 184, 207
(*exomológesis*); v. ἀναγνώρισις,
ἐξομολόγησις
(– autenticação de uma aliança): 32

regeneração: 101nn.18-19, 143,
153n.49; v. batismo, selo; v. Justino,
Orígenes; v. ἀναγένησις,
παλιγγενεσία
regime da fé e regime do
reconhecimento das faltas: 78
regime de vida (– individual): 213, 216,
219, (das comunidades monásticas):
238
regime(s) de verdade(s): 86-8, 89-94
(– do cristianismo): 93-4, 124,
(indexado à subjetividade): 76;
v. reconhecimento das faltas
(multiplicidade dos –): 92,
(articulados em regimes jurídico-
-políticos): 93
regime(s)
(– aristocráticos): 50;
(– da delinquência): 93;
(– da doença): 93;
(– da sexualidade): 93;
(– de saber): 93;
(– de verdade): 19n.10, 76-94, 133;
(– jurídico): 86,93;
(– penal): 86;
(– político): 86, 93;
(– científico de autoindexação do
verdadeiro): 91
regra(s)
(– da penitência): 127n.35;
(– da vida cristã): 107, 132, 137;
(– de existência, de conduta): 93
[Sêneca], 237-8 [Pacômio];
(– monástica(s)): 100n.7 [Basílio],
178-9
relapso(s): 168, 175-6n.34 (v.
apóstata(s)), 182-3; v. Ambrósio,
Cipriano
religiões de/da salvação: 111, 115
(– na não-perfeição: o cristianismo):
235
reminiscência: 136; v. gnose
remissão das faltas, dos pecados: 83n.8
[Caetano], 94-5, 97, 101n.19, 119-22,
128n.38, [Tertuliano], 131, 143, 159,
173n.9, 199-22n.22, 299; faltas,
pecados; v. ἄφεσις

renascimento, segundo nascimento,
novo nascimento: 96-8; v.
regeneração
renúncia a si: 280; v. aleturgia de si
mesmo, subjetivação
resgate: 158, 207; v. perdão, salvação
(– de faltas, de pecados): 142, 146,
163, 198n.5;
(– dos castigos merecidos): 94;
(a punição como –): 179;
(repetição do –): 164; v. relapso(s)
responsabilidade: 81, 152n.39, 182,
231; v. pastor, guia, perdão, punição
rito de suplicação: 207
rito(s) batismal(ais): 150n.26, 152n.36
(– de exorcismo, de expulsão dos
espíritos): 137 e n.*-139, (de
despossessão: de passagem de
soberania): 139, 149n.6; v.
despossessão, exorcismo, preparação
para o batismo
ritos e procedimentos de veridicção: 46
ritual(ais)
(– de purificação): 95;
(– do sacrifício): 75;
(– montanista): 188; v. Tertuliano

sabedoria antiga: 166, 263, 266, 269,
280; v. direção antiga; v. διάκρισις
saber
(– e memória): 217;
(– e saber técnico): 242;
(transmissão do – pelo mestre):
245n.*; v. διδασκαλία;
(saber/não saber: saber edipiano e
ignorância real): 47-8
sábio antigo (segundo estoicismo):
166-7, 175n.30 [Diógenes Laércio],
256n.68, 266, 267, 269, 279;
(–: princípio regulador do
comportamento): 167; v. moderação
(– e santo cristão): 166, 269
sacramento: 144n.*; v. Ambrósio,
Justino, Tertuliano
(– [do batismo]): 101n.16, (– cristão
da água); 110, 126n.16;

Índice das noções

(– de penitência): 75, 83n.8, 183, 292, 292, 303n.50, 304; s.v.
sacrificador: 75; v. operador de verdade sacrificatória (processo de substituição
– e salvação: modelo crístico): 233
sacrifício: 75, 159, 162, 174n.17, 182, 185, 201n.37, 233, 235, 264
(– do Salvador): 116;
(nota de –): 182
salvação: 69-70,97, 111, 115, 116-7, 119, 127n.27 [Tertuliano], 134, 143, 146, 148n.*, 235-6, 265
(– da cidade): 60;
(economia da –): 116-7;
(– para todos e cada um e manifestação da verdade): 69;
(promessa da –): 126, 179,
(– e acesso à perfeição): 235;
(religiões de –): 115
santidade cristã: 155, 166, 243, 244, 264-9; v. *discretio*;
(espírito de – e *impositiomanus*): 180
santificação: 128n.38 [Tertuliano]
(– *sanctificatioinquisita*): 141;
v. Ambrósio
scrutatorsui: 220-1; v. Sêneca;
v. censura
segredo(s): v. Cassiano
(– da nossa consciência, *in arcanisconscientiae*): 269, 282, 285n.26; v. *exploratio*;
(– do coração *(cordis arcana)*): 100n.7, 223, 285n.26
"segundo batismo": 101n.19, 146;
v. Clemente, Orígenes
seitas: 125n.6, 135
selo do Estado: 250n.12
selo: v. metáforas religiosas
(– da fé: renascimento, regeneração e iluminação): 98, 101n.18; 129n.51;
v. fé; v. σφραγίς, παλιγγενεσία, φωτισμός;
(– da verdade): 46, 101n.18 (τὸ τῆς ἀληθείας σφράγισμα);
(– de Cristo: aliança de Deus com a alma regenerada): 101n.18

sêmen: 96; v. pecado original; v. Demócrito, Tertuliano;
(– da alma e – do corpo, solidários em sua nódoa): 112-3, 126-7n.25;
v. Tertuliano
ser-enganado (problema do –): 274;
v. gênio maligno; v. Descartes
si mesmo como objeto de conhecimento: 204-5; v.
autoaleturgia, verdade; v. αὐτός;
sinal(ais): 46-7, 54,168; v. indício(s);
v. εικός, σημεῖον, τεκμήριον
(– da adivinhação): 66n.64;
(– do saber edipiano): 48;
(interpretação dos –): 51
sistema
(– [da salvação:] dogma e fé, dogma e crença): 77;
(– da salvação, sistema binário e sistema jurídico da fé): 165, 178-9
soberania (transferência de – [pelo] exorcismo): 140
sol: (significados alegóricos do – na Bíblia): 81
solidão: 60, 176n.40
sonho: 46-7, 64n.3, 217, 220, 228n.34;
v. pitagóricos; v. Sêneca
sono
(–: prefiguração da morte): 227n.26;
v. Platão;
(preparação purificadora para o –): 217; v. exame de consciência pitagórico;
(– e ideologia): 148n.*
speculatorsui: 219 e n.*; v. Sêneca
subditio: 246-8, 257n.78; v. humildade, obediência; *subjectio*: 244, 257n.71 e n.78; v. Cassiano
subjetivação: 68, 77, 214, 300-1; v. aleturgia de si mesmo
(–: formação de uma relação definida de si consigo): 210;
(paradoxo da – cristã: vínculo obrigatório entre mortificação e produção da verdade de si mesmo): 280 e n.***;

(– e relação de direção): 210
subjetividade-verdade, subjetividade e verdade: 160, 178, 193, 275, 282-3
 (instituição das relações –): 283, 304
subjetividade: 204, 241, 268
 (–: modo de relação de si consigo): 204;
 (– na cultura antiga e na cultura cristã): 147;
 (práticas constitutivas da – cristã, ocidental): 241
submissão: 76, 208, 240, (indefinida): 244; v. obediência-submissão, *subditio, subjectio, humilitas, oboedientia, patientia*
subordinação política e subordinação à direção de consciência: 211
substituição sacrifical [na] prática de direção, até o século XVII: 233
sujeito: 204-7, 220, 225n.13, 275, 279, 282, 292
 (– e homem criminal, *homo criminalis*): 74;
 (– de si mesmo: relações do sujeito consigo mesmo [como objeto de conhecimento]): 268-9, (inserção do – nos procedimentos de manifestação da verdade, na aleturgia): 75, 159; v. autoaleturgia, subjetividade, testemunha
 (– racional): 223; v. exame estoico;
 (– autonomização do –): 279;
 (purificação do –): 207
súplica: substrato do drama penitencial: 194; v. dramaturgia
suplicante antigo: 195, 207
suplicante(s) cristão(s), século I d.C.: 162 [Clemente]
sýmbolon, v. lei das metades: v. σύμβολον
syneidesis: 288n.56; v. exploração da consciência

Tauftheorie: teoria do batismo como única possibilidade de penitência, (– e *Jubiläumstheorie*): 157-8; v. Poschmann

técnica(s)
 (–: arte, τέχνη,): 49
 (– de direção: correlação das vontades): 210;
 (– de prova da alma e de publicação de si): 206;
 (– da vida filosófica antiga transferidas para o interior do cristianismo): 230, 234; v. Clemente, (pela instituição monástica, século IV): 234, 236, 249;
 (– de transformação do não-saber em saber, século V ateniense): 53
tecnologia da direção (inversão da –, século IV): 249
temas
 (– da filosofia antiga e da filosofia cristã): 229;
 (– cristãos): 205;
 (– estoicos): 116, 229
 (– gnósticos, [da] gnose): 116, 170;
 (– neoplatônicos): 116;
 (– platônicos): 116, 147, 229, 234;
tempo de preparação para o batismo: 106, 108, 114-5, 120-1; v. ascese, dramaticidade de luta, penitência, preparação para o batismo, medo e perigo, inquietude;
tempo do batismo: 115
 (– : da iluminação: batismo de João): 115-20; v. iluminação;
 (– : "tempo do perdão" [Tertuliano]): 118, 120; v. perdão
teologia
 (– batismal, do batismo: teologia da remissão dos pecados e da salvação): 142, (e caminho da vida e da verdade, sécs. I e II): 146;
 (– da falta: teologia do batismo e ação do demônio, sécs. III-IV): 145-6;
 (– da pastoral cristã): 235;
 (– pauliniana): 249n.1
testemunha(s): 29-30, 47-8, 55, 75-6, 81, 91, 95, 136, 232, 301; v. dizer-a--verdade, escravos (dizer-a-verdade/dizer-a-mentira dos –) *[Édipo rei]*;

(– [sujeito] e objeto do ato de
verdade): 79; v. operador de verdade
testemunho(s): 57, 68, 76, 137, 138,
158, 162, 179, 204
(– da alma): 126n.23, (–, engate da
primeira pessoa na aleturgia): 47;
v. Tertuliano;
(– da consciência): 79
tirania: matriz do pensamento político
ne Grécia, sécs. V-IV a.C.
tirano(s)
(–: autores, voluntários ou
involuntários, da democracia): 59;
(paisagem mítica e tomada de poder
pelo –): 59
trabalho: 131, 132, 187
(– da penitência): 119, 132; v. labor
(– da verdade): 25;
(– de memória de si sobre si): 141;
v. memória;
(– de inspeção [de si]): 234; João
Crisóstomo, Sêneca
tradição, Tradição
(– *apostólica*): 137 e 149n.7;
(– antiga e tradição rigorista da Igreja
primitiva): 157;
(– oriental): 202n.47
tradicionalidade instituída por e [na]
Escritura: 134
traducianismo: 126n.23 [Refoulé]
transe ou despertar: 147; v. conversão
tríplice batismo: 153n.49; v. Orígenes
túmulo: 144, 152n.43b [Ambrósio];
v. batismo d'água; v. paulinismo;
v. Orígenes

universais (recusa dos –): 74, 83n.7;
v. ideologia

verbalização: 94, 203, 212, 215, 277,
294; v. *exagoreúsis*; v. ἐξαγόρευσις
(– da falta e exploração de si mesmo):
205, 206, 207-8;
(– do reconhecimento das faltas):
292; v. penitência tarifada;
(– [pré-cristã] das faltas, como

descrição analítica *vs.* verbalização
autoacusadora da falta visando o
apagamento da falta [cristianismo]):
204
Verbo ou Cristo-Lógos: 127n.28
[Clemente]; v. *lógos*
verdade: v. batismo, dogma, exercício,
fé, jogo, provação, penitência,
purificação, paradoxo, subjetivação
(dizer a –): 68;
(–: manifestação do parentesco entre
a alma e o ser): 133 [neoplatônicos];
(a –: dogma a crer): 107
[apologistas];
(a –: verdades da fé): 131, 138; v. fé;
(– da alma por si mesma): 134,
(manifestação provatória): 132, 148;
v. *probatioanimae*;
(– do exercício de si sobre si): 123;
v. exercício;
(– de si mesmo): 148;
(– da penitência): 123;
(– e purificação *vs.* purificação e
verdade em Tertuliano): 106-8;
(– prometida pelo batismo): 147;
(produção de – e renúncia a si:
esquema da subjetivação cristã): 280;
verdadeiro/não-verdadeiro: 87, 91, 115;
(o próprio –, *indexsui*): 87-8, 99n.1,
302;
(compreender e apreender o –): 274;
(força do –, força da [sua]
constrangência): 36, 87-8, 89-92;
(movimento da alma voltando-se para
o –): 118,133; v. metanoia;
(verdadeiro/falso: paradoxo do
mentiroso): 196
veridicção
(– na tragédia de Édipo): 26;
(– de si mesmo; elemento do "eu" na
aleturgia): 46;
(– dos deuses, dos reis e dos
escravos): 39;
(condição da obediência): 279;
v. obrigação;
(ritos e procedimentos de –): 45-6;

(vínculo entre morte, outro e verdade
através da –): 282
vida: v. ascese, batismo, direção,
exercício(s), iluminação, instituições:
cenobíticas, monásticas, preparação
para o batismo, lá, monaquismo,
penitência
(– eterna): 107, 122, 129n.50
[Tertuliano], 144, 156, 159, 173n.2
[Hermas], 163;
(– monástica): 179, 196, 206,
236,236, 237, 252n.25 [João
Crisóstomo] e n.26 [Nilo de Ancira],
238-9, 293; v. Cassiano, Evágrio;
(– filosófica antiga e cristianismo):
229-30, 236-8, 242, 249;
(– de luz): 107;

(– de penitência): 121; s.v. penitência;
v. metanoia;
(– de preparação, de purificação e de
exercícios): 147; v. Tertuliano;
(– de pureza e de perfeição): 107,
111, 217; v. pureza, salvação;
(princípios da – princípios da alma):
126n.25 [Tertuliano];
(caminho da – e caminho da
verdade): 146; v. Orígenes
vigiar: 232, 250n.12, 277, 312n.94;
v. Clemente, Orígenes; v.
ἐπιστήσασται
(– a si mesmo): 146-7; v. Tertuliano
vínculo involuntário ao poder *vs.*
vínculo voluntário, contratual à
verdade: 71

Índice dos termos gregos

ἄγνοια 96; v. filho(s), metáforas religiosas
ἀλείπτης 232, 250n.10 (ἀλείπτην καὶ χυβερνήτην) [Clemente de Alexandria]; v. χυβερνήτης
ἀλήθεια: v. verdade
ἀληθής 19n.9 (ἀληθής ἔργον), 160
ἀληθινός 160
ἀληθουργής 8, 19n.9
ἁμαρτία 201n.34; v. falta, pecado
ἀναγένησις 96, 101n.19 (ἀναγέννησιν); v. regeneração, renascimento
ἄφεσις 159, 173n.9 (ἄφεσις ἁμαρτιῶν); perdão
ἀνάγκη 96, 101n.20 [Justino]; v. filho(s), metáforas religiosas
ἀναγνώρισις 24 [Aristóteles]: v. reconhecimento
ἀπάθεια 259n.89; v. *apátheia*
ἀρχή 50, 60
ἄσκησις 223, 228n.36; v. ascese
αὐτός 46; v. aleturgia, autoaleturgia; v. também: si mesmo
βάπτισμα μετανοίας 128n.38 (*baptismus paenitentiae*); v. batismo da penitência
βαπτζόμενος 197n.1 [Clemente de Alexandria]; v. batizado
γνώμη 52-3, 63, 66n.66
γνῶσις (τοῦ ὄντος γνῶσις): 236, 251-2n.23 [Nilo de Ancira]; v. conhecimento do ser
διάκρισις 263, 269; v. *diákrysis*

διδασκαλία 245 e n.*; v. didascália
διδάσκαλος 257n.77 [Platão]
διδάσκαλοι 156 (τίνες διδάσκαλοι)
δυναστεία 50
εἰκός 54; v. indício(s), sinal(ais)
ἐκκλεσία 185; v. assembleia
ἔμφρων 64n.22
ἐπιθυμ[ητ]ικόν 230, 250n.4 [Platão, Clemente de Alexandria]
ἐπίκλησις 151-2n.35; v. epiclese
ἐπίστατης 250n.12 (ἐπιστατεῖν, ἐπιστατεία)
ἐπιστήμη 96, (ἐπιστήμης) [Justino]
ἐπιστήσασται 232 [Clemente]; v. vigiar
εὑρίσκειν 52-4, 55-6, 61, 63; v. descoberta da verdade
ἐξαγορεύειν 287-8n.53 (ἐξαγορεύσει τὴν ἁμαρτίαν)
ἐξαγόρευσις 278, 282, 287-8n.53 (ἐξαγόρευσις τῶν λογισμῶν); v. *exagoreusis*
ἐξερευνᾶν 64n.24
ἐξομολογεῖν 43n.57, 161n.**, 184-5, 224n.4; v. *exomologein*
ἐξομολόγησις 184, 199n.19, v. exomologese, *exomologesis*
ἐξομολογεῖσθαι 224.n.4
ἠθῶν κατόρθωσις 236, 251-2n.23 [Nilo de Ancira]; v. (κατόρθωσις); *s.v.* costumes (retificação dos –)
θεῖος ἀνήρ 242, 256n.65, 265 [*Hesíodo*]
θυμικόν 230, 250n.4 [Platão, Clemente, Cassiano]

κάρισμα προρρήσεων 285n.20
[História lausíaca]
κατόρθωσις: v. ἠθῶν κατόρθωσις
κρατεῖν 65n.42 e n. 43; ἀ–κρατής 57
κρατύνων 57
κρπτά τῆς καρδίας 100n.7; v. "arcanos do coração"
κυβερνᾶν 56
κυβερνήτης 232, 250n.10 [Clemente]; v. ἀλείπτης
λογισμός 270-1, 286n.31; v. *logismoi*
λογισμοί v. *cogitationes, logismoi*
λογι[στι]κόν 230 [Platão, Clemente, Cassiano]
λόγος 230, 270-1; v. *lógos*, Lógos
μαντική τέχνη 51-2; v. mântica
μετάνοια 80, 84n.12 (τό μετανοεῖν), 118-9, 128n.47, 141, 174n.14; v. metanoia
μίξις 96; v. também: sêmen
νόμος 91; v. lei
νόμοι 185n.31; v. leis
ὁμολογεῖν 38, 43n.57 (ὁμολογέω), 184; v. também: ἐξομολογεῖν
ὀρθὸν ἔπος 28, 31, 39, 45 [Sófocles]; v. palavra reta
ὄφελος 257n.77
παλιγγενεσία 96, 101nn.18-19 [Justino]; v. regeneração, renascimento
παραπτώματά 174n.17, 199n.21; v. faltas, pecados
πλῆθος 60, 62; v. povo
παράγματα 270
προαίρεσις 96; v. *proaíresis*
σημεῖον, σημεῖα 54, 65n.32; v. εἰκός, τεκμήριον, τεκμήρια; v. indício(s), sinal(ais)
σύμβολον 31-2, 42n.37, 43n.38 *[Édipo rei]*; v. lei das metades
συνείδησις 280, 288n.56; v. *syneídesis*
σφραγίς 96, 97, 101n.18, 102n.26 (τὸ τῆς ἀληθείας σφραγίς, σφραγίσμα); v. selo
σωφρονεῖν 52; v. também: φρονεῖν
τέχνη 48, 49-52, 63; v. μαντική τέχνη
τέχνη τέχνης 48, 49-50, 63
τεκμήριον τεκμήρια 53-5 [Sófocles], 65n.29 e n.32; v. εἰκός, σημεῖον, σημεῖα; v. indício(s), sinal(ais)
Τύχη, τύχη 57, 66n.64; v. fortuna
τύραννος 42n.11, 58, 66n.47 (τύραννον)
τυραννίς 48 (τυραννὶ), 50
φμὴ 38
φιλοσοφία 252n.25 (ἡ κατὰ Κριστόν φιλοσοφία)
φρονεῖν 54-55, 68n.21
φωτισμός 97, 101n.18, 102n.25 (φοτιζομένων) [Justino]; v. iluminação
ὠφέλεια 245 e n.*

Índice onomástico

Achelis, Thomas Otto Hermannus [1887-1967]: 128n.40
Adnès, Pierre: 83n.8, 197nn.2-3, 198n.8, 202n.47
Agostinho de Hipona [Aurelius Augustinus, 354-430]: 102n.28, 137n.*, 139, 145n.*, 150n.23, 151n.32, 164, 200n.24, 208
Alcméon de Crotona [sécs. V-IV a.C.]: 54, 65n.30
Alès, Adhémar d': 103n.28, 157, 173n.6, n.9, 174n.19, 199n.22; v. Tertuliano
Alexandre de Hales [1185-1245]: 83n.8
Alquié, Ferdinand: 99n.2; v. Descartes
Amann, Émile: 173n.3, 198n.8, 251n.15
Ambrósio de Milão [Aurelius Ambrosius, ~340-397 d.C.]: 140, 144n.(b)*, 151n.33, 152n.43(b), 179, 186-7, 194, 197n.2, 198n.6, n. 8 e n.11, 200n.25, 202n.46, 206, 224n.3, 230-1, 250nn.6-7
Antifonte [~479-411 a.C.]: 212, 225n.12; v. sofistas
Apolo, mito: 27
Appuhn, Charles: 99n.1; v. Espinosa
Aristóteles: 24, 41nn.4-6, 42n.10, 54, 65n.29 e n.31, 102n.24, 286n.31
Atanásio de Alexandria [~298-373]: 233, 251n.20

Badilita, Christian: 254n.39
Baehrens, Willem Adolf: 151n.29
Bardy, Gustave: 175n.34, 252n.25, 253n.33

Bareille, Georges: 101n.18, 152n.42, 153n.44
Barnabé, *Barnabé*: 103n.29, 159, 161, 174n.14 e n.17; v. Pseudo-Barnabé
Barnes, Timothy David: 201n.29
Barsanulfo de Gaza [séc. VI d.C.]: 246-7, 258n.81
Bartelink, Gérard J.M.: 251n.20
Basílio de Cesareia [~329-379]: 100n.7, 247 e n.*, 250n.10, 253n.33, 258n.82, 287n.53
Battifol, Pierre: 173n.4
Beatson, Benjamin Wrigglesworth: 43n.57
Benoit, André: 100nn.9-10 e nn.14-15, 101n.16 e n.18, 102nn.25-26, 103n.29, 128n.47, 152nn.41-42, 152n.44, 173n.3, 174n.14
Bento de Núrsia [~490-547 d.C]: 237, 253n.33, 255n.52, 258n.82
Bergier, Nicolas-Sylvestre: 175n.34
Bernardi, Jean: 64n.7
Bernauer, James: 309 e n.81, 310nn.82-83
Bertani, Maurizio: 19n.14
Bieler, Ludwig: 256n.65
Blackman, Edwin Cyril: 176n.39
Blanc, Cécile: 151n.29
Blanchet, Pierre: 307n.65
Bodin, Jean [1529-1596]: 11, 20nn.17-19
Bonhöffer, Adolf: 102n.24
Boon, Amand: 254n.36
Botero, Giovanni [1544-1617]: 14, 16, 20n.23

Botte, Bernard: 149n.7 e n.14, 151n.33, 152n.43(b)
Bourgery, Abel: 227n.27
Bouvet, Jean-Auguste: 151n.30
Boyancé, Pierre: 227n.26
Braun, René: 151n.32, 176n.39
Bréguet, Esther: 227n.31
Brémond, Henri: 64n.9
Brémond, Jean: 64n.9, 256n.68
Brent, Allen: 149n.7
Brière, Claire: 307n.65
Brion, Fabienne: 41n.2, 321n.147
Brown, Peter: 176n.39, 318n.130
Bultmann, Rudolf: 151n.35
Burlet, Gilbert: XIIIn.8
Burnyeat, Myles F.: 65n.32
Butler, Edward Cuthbert: 253n.35

Caetano, Thomas [ou Gaetano] (Giacomo de Vio, dito Tommaso) [1469-1534]: 83n.8, 292, 302n.37
Camelot, Pierre-Thomas: 174n.13, 175n.27
Campenhausen, Hans von: 124n.3, 200n.29
Canto-Sperber, Monique: 286n.31
Capelle, Jean: 41n.4
Carrette, Jeremy R.: 309nn.80-81, 310n.83
Cassiano, João [~360-435]: 64n.9, 100n.7, 208, 237-46, 250n.4, 252-3nn.28-32, 253n.33, 254-6nn.39--41 e nn.46-62, 256n.68, 256nn.70--76, 257n.78, 258n.84 e nn.87-88, 259n.89, 261-83, 284-5nn.1-20, 285nn.22-26, 286-7nn.33-46 e nn.48-52, 288n.58, 293-4, 317, 318n.130, 319-20, 322
Castoriadis, Cornelius: 21n.26
Cerdon [séc. II d.C.]: 190; v. gnósticos
Chadwick, Owen: 252n.28, 253n.35, 254n.39, 255n.52, 256n.70, 257n.73, 259n.89, 286n.32, 288n.54
Chaignet, Anthelme Édouard: 175n.31
Chambry, Émile: 41n.3, 225n.9, 286n.31

Chanut, Martial: 83n.8
Charles-Saget, Annick: 199n.19
Chevallier, Philippe: 101nn.18-19, 149n.7 e n.14, 151n.31, 198n.8, 201n.34, 318n.127 e n.130, 322 e n.156
Cícero: 175n.33, 217, 226-7n.24, 227n.31, 288n.56
Cipriano de Cartago [Thascius Caecilius Cyprianus, 200-258]: 175-6n,34, 182-3, 186, 187-8, 198n.6, 199nn.12-14 e nn.16-18, 200n.23 e nn.26-27, 317
Cirilo de Jerusalém [~315-387]: 140n.*, 151n.30, 152n.39
Clemente de Alexandria [Κλήμης ὁ Ἀλεξανδρεύς, Clemens Alexandrinus, ~150-220]: 97, 101nn.18-19, 102n.26, 107, 114, 123, 124-5nn.1-3, 127n.28, 173n.9, 177, 197nn.1-2, 230-2, 234, 249-50n.2, 250-1n.3, nn.9-11 e n.13, 251nn.14-19, 252n.25
Clemente de Roma [Clemens Romanus, fins do séc. I-séc. II]: 162-3, 174nn.23-24, 175n.26 e n.29
Clouard, Henri: 224n.5
Coppinger, Nathalie: 294
Coquin, René-Georges: 128n.40
Cordier, Balthasar [1592-1650]: 254n.44
Courcelle, Pierre: 224n.6
Creonte (mtlg.): 26, 34, 38-9, 43n.61, 49-53, 57, 58, 60-1, 65n.42, 68, 195; v. Édipo
Croiset, Maurice: 257n.77
Cumont, Franz: 227n.26

Daniélou, Jean: 19n.6, 101n.19, 125n.7, 128n.45, 150-1n.26 e n.27, 151n.31, 152n.43(a), 152-3nn.44-45 e n.49, 198n.10, 199n.12, 200-1n.29
Daremberg, Charles-Victor: 259n.90
Dauzat, Pierre-Emmanuel: 176n.39
De Witt/DeWitt, Norman Wentworth: 225-6nn.16-17
Décio [Trajanus Decius, ~190-251], imperador: 199n.12

Defert, Daniel: 18n.4, 41n.2 e n.4, 66n.66, 289n.•, 307n.66, 308n.69, 312n.97, 314n.106 e n.108, 315n.111, 317 e n. 122, 318nn.126-129, 319n.137
Delatte, Armand: 226n.20 e n.22
Deleule, Didier: 294
Deleuze, Gilles: 313n.101 e n. 102
Demócrito [~460-370 a.C.]: 112, 126n.24
Derrida, Jacques: 99-100n.4
Descartes, René: 47, 90, 99nn.2-3, 275-6, 287n.47
Deseille, Placide: 254n.36
Detienne, Marcel: 63n.2
Dingjan, Frans: 284n.3 e n.4
Diocleciano [Gaius Aurelius Valerius Diocletianus Augustus, ~244-311], imperador: 199n.12
Diógenes Laércio [Διογένης Λαέρτιος, Diogenes Laertius, início do séc. III d. C.]: 65n.30, 175n.30, 226n.20, 228n.36
Dion Cássio [~155-240]: 3, 5, 18n.2
Dodds, E[ric] R[obertson]: 199n.12
Dölger, Franz Josef: 101n.18 e n.19, 150n.26, 152-3n.44, 198n.10
Dondeyne, Albert: 149-50n.7 e n.14, 150n.23, 151n.29, n.31 e n.34
Doresse, Jean: 125n.6, 176n.36
Doroteu de Gaza [séc. VI d.C.]: 254n.44
Dositeu [séc. VI d.C.]: 246-7, 258nn.80-81
Doutreleau, Louis: 151n.29, 201n.34
Draguet, René: 253n.35
Drouzy, Maurice: 125n.5
Du Cange [Charles du Fresne, *sieur* du Cange, 1610-1688]: 257n.78
Dumont, Jean-Paul: 126n.24

Édipo (mtlg.): 24-43, 45-66, 68-9,81, 82*nn.1-4,* 148*n.*,* 195, 207, 282-3 *e n.*,* 298, 299-301, 311*[Édipo rei]*
Edsman, Carl-Martin: 151n.31
Epicteto: 102n.24, 215, 221, 228n.35 e n.36, 251n.21

Epitalon, Chantal: 198n.7
Eribon, Didier: 309n.77
Evágrio Pôntico [346-399]: 208, 253-4n.35, 254n.39, 259n.89, 270, 275, 286n.30 e n.32
Ewald, François: XI, 18n.4, 41n.2, 294

Fabiola: 189-90, 194, 201n.33; v. Jerônimo
Febo (mtlg.): 27, 30, 33-4, 37, 40, 42n.18, 46, 57
Ferguson, Everett: 149n.2, 151n.31, 153n.49
Festugière, André-Jean: 253-4n.35
Feyerabend, Paul: 73, 82-3n.6
Fílon de Alexandria [~20 a.C.-45 d.C.]: 79-81, 84nn.10-12 e n.14, 284-5n.16, 309n.81
Finaert, Guy: 153n.47
Fontana, Alessandro: XII, 18n.4, 19n.14, 41n.2, 82n.5, 227n.31
Fortier, Joseph: 152n.43(a)
Foucault, Michel: *passim* e 298-323
Francisco de Sales [1567-1622]: 224n.3
Fredouille, Jean-Claude: 102n.26, 198n.7
Freud, Sigmund: 228n.34, 306

Gadoffre, Gilbert: 19n.13
Galeno [Κλαύδιος Γαληνός, Claudius Galenus, ~131-201]: 212, 225n.13
Galério [Caius Galerius Valerius Maximianus, ~250-311], imperador: 199n.12
Galtier, Paul: 199-200n.22
Gaudel, Auguste: 102-3n.28, 126n.23
Genádio de Marselha [Gennadius, fim do séc. V d.C.]: 252n.28
Genoud, Antoine-Eugène [dito Eugène Genoude, depois, de Genoude, 1792-1849]: 125n.4, n.5 e n.8, 126n.23 e n.25, 128n.46, 197n.1, 200n.28, 201n.31, 202n.40 *et passim*
Gernet, Louis: 225n.12
Ginzburg, Carlo: 65n.29, n.31 e n.32
Goulet-Cazé, Marie-Odile: 65n.30

Gregório de Nazianzo [Gregório, o Teólogo, 329-390]: 49, 64n.7, 202n.47, 252n.26
Gregório de Nisa [~335-394]: 287-8n.53
Gregório, o Grande [Gregório I, 540-604], papa: 125n.7, 199n.12, 286n.32, 317
Grodzynski, Denise: 9, 20n.12
Gros, Étienne: 18n.2
Gros, Frédéric: 19n.6, 41n.2, 127-8n.36, 302n.40
Grotz, Joseph: 198n.8
Gryson, Roger: 175n.34, 197n.2, 198n.11, 199n.12, 200n.25, 224n.3
Guérard, Marie-Gabrielle: 251-2n.23
Guillaumont, Antoine: 151n.31, 259n.89, 286n.30 e n.32
Guillaumont, Claire: 286n.30 e n.32
Guillet, Jacques: 128n.37
Gurvitch, Georges: 20n.25
Guy, Jean-Claude: 100n.7, 226n.19, 249-50n.2, 250n.7, 251n.20, 252n.28, 253n.34, 254-5nn.45-46, 255n.50, 257n.73, 284n.1 e n.16, 285n.20

Hadot, Ilsetraut: 225n.7 e nn.15-16, 251n.20
Hadot, Pierre: 127-8n.36, 228n.36, 251n.20, 252nn.24-25 e n.27
Hamman, Adalbert-Gaultier: 101n.18, 197n.1
Haneberg, Daniel Bonifazius von [1816-1876]: 128n.40
Harcourt, Bernard E.: 21n.26, 41n.2, 321n.147
Hartog, François: 64n.4
Hausherr, Irénée: 64n.7 e n.9, 225n.7, 250n.10 e n.12, 252n.25 e n.26, 254n.44, 256n.67, 257n.77, 258n.82 e n.86, 284n.1 e n.3, 287-8n.53, 288n.55
Heinsohn, Gunnar: 20n.19
Hemmer, Hippolyte Marie: 100n.8 e n.10, 174n.17, n.19 e n.21, 175n.26
Heráclides: 8; v. Pseudo-Heráclito

Heráclito: 19n.9; v. Heráclides, Pseudo-Heráclito
Hermarco de Mitilene [epicuriano, sécs. IV-III a.C.]: 213n.*, 225n.15
Hermas [padre apostólico, séc. II d.C.]: 101n.18, 151n.29, 156-60, 163-4, 173-4nn.1-2, n.4, n.5 e nn.7-9, 174n.15, 322
Heródoto: 47, 64n.4, 66n.66
Hesíodo: 46, 256n.65
Hiérocles de Alexandria [Hieroklês, neoplatônico, séc. V. d.C.]: 226n.20 e n.21
Hilário de Poitiers [séc. IV d.C.]: 250n.7
Hipólito de Roma [séc. III d.C.]: 120, 128n.40, 137-9, 149-50n.7 e nn.9-14, 150n.15-18, n. 20 e n.22, 152n.39
Holstein, Henri: 201n.34
Homero: 19n.9, 41n.3, 43n.61, 46

Inácio de Antióquia [sécs. I-II d.C.]: 159, 174n.13
Inácio de Loiola: 225n.7, 258n.85
Irineu de Lyon [séc. II d.C.]: 102n.26, 190, 201nn.34-35

Jaeger, Hasso: 226n.20, n.21 e n. 22, 226-7n.24, n.25 e n.26
Jakab, Attila: 254n.39
Jâmblico [~245-325]: 226n.20
Jeannin, Jean-Baptiste: 226n.19
Jerônimo de Estridão [séc. IV d.C.]: 189-90, 194, 197n.3, 201n.33, 208, 237-8, 239 e n.*, 247n.*, 254nn.36-37, 254-5n.45, 258n.83
João Batista: 100n.14, 119-20, 128nn.38-39, 152n.38, 202n.47, 232-3, 251nn.15-16
João Clímaco [~580-650]: 202n.47
João Crisóstomo [séc. IV d.C.]: 138, 150n.21, 216, 226n.19, 234, 236, 251n.22, 252n.24 e n.25, 270, 287-8n.53
João de Lico [de Licópolis, séc. IV]: 244-5, 257n.73, 264, 267, 274, 285n.20, 286n.32

Índice onomástico

João Xifilino [fim séc. XI]: 18n.2
João, apóstolo: 151n.29, 152n.43(a), 153n.48, 200-1n.29, 232-3, 251nn.15-16
Jocasta (mtlg.): 29-33 e n.*, 39, 51, 54-5, 57, 64n.20, 65nn.32-33, 66nn.63-64
Joly, Robert: 158, 173n.1, nn.4-5 e nn.7-8, 174n.15
Junod, Eric:251n.15
Jurdant, Baudouin: 82-3n.6
Justino de Nablus [ou de Neápolis, séc.II d.C.]: 96-8, 100-1nn.15-22, 102n.23 e n.25, 152n.40
Juvenal [Decimus Iunius Iuvenalis, fim séc.I-séc. II d.C.]: 207, 224n.5

Kraft, Robert A.: 103n.29
Kübler, Bernhard: 227n.31

Labourt, Jérôme: 201n.33, 254n.45
Labriolle, Pierre de: 126n.22, 200-1n.29, 201n.31 e nn.36-38
Lacouture, Jean: 258n.85
Lagrange, Jacques: 41n.2, 312n.94, 323
Laio (mtlg.): 26-42 *passim*, 51, 56, 56*[Édipo rei]*
Lamirande, Émilien: 200n.25
Laplanche, Jean: 228n.34
Laurent, André: 174n.14 e n.19
Lea, Henry Charles: 199-200n.18 e n.22, 201n.33
Leblond, Jean: 225n.10
Leeper, Elizabeth Ann: 150n.26
Lelaidier, Jean: 65n.29
Lepelley, Claude: 199n.12
Lestienne, Michel: 198n.7
Liébaert, Jacques: 199n.12
Lindemann, Andreas: 152n.41
Lombardo, Pedro: v. Pedro Lombardo
Louvel, François: 174n.20
Lubac, Henri de: 152n.43(a)
Luxemburgo, Rosa: 16, 21n.26

Macey, David: 309n.77
Maigne d'Arnis, W.-H. [fim séc. XIX]: 257n.78

Malingrey, Anne-Marie: 252nn.24-25
Mannucci, Ubaldo: 201n.34
Mao Tsé-Tung: 99
Marbach, Othon: 124n.3
Marchetti, Valerio: 20n.16
Marcião de Sinope [~85-160]: 152n.41, 170n.*, 176n.39
Marco Aurélio [121-180]: 6, 19n.6
Marrou, Henri-Irénée: 124n.2, 125n.7, 127n.28, 252n.28
Marrou, Jeanne-Henri: 318n.130
Marx, Karl: 82n.5, 99
Masqueray, Paul: 18n.3, 42nn.12s., 82n.1
Méhat, André: 124-5n.3, 173-4n.9
Metrodoro de Lâmpsaco [~330-278 a.C.]: 213, 225n.15
Meunier, Mario: 226n.21
Mevel, Catherine: 294
Meyerson, Ignace: 228n.34
Micaelli, Claudio: 200n.28
Miquel, Pierre: 252nn.25-26, 284n.3
Moisés: 80-2, 110, 152-3n.44, 202n.47, 257n.72, 271, 287n.48
More, Thomas [1478-1535]: 211, 225n.10
Moreau, Claude Albert: 200-1n.29
Morin, Germain [1642-1702]: 151n.32
Mortimer, Robert Cecil: 199-200n.22
Muchembled, Robert: 20n.19
Müller, Barbara: 202n.47
Munier, Charles: 101n.16, 102n.24, 102-3n.28, 125n.4, 200nn.27-28, 201n.31, 202n.41 e n.43

Nardi, Carlo: 197n.1
Nauck, August: 226n.20
Nicolet, Claude: 227n.31
Nilo de Ancira [séc. IV d.C.]: 236, 247 e n.*, 251-2n.23, 252n.26, 258n.86
Noblot, Henri: 225n.15

Oger, Gabriel: 100n.8
Olphe-Galliard, Michel: 252-3n.29, 253n. 30
Oribásio [~325-395]: 259n.90

Paciano de Barcelona [fim do séc. IV d.C.]: 179-80, 198n.7
Pacômio de Tabenese [~292-346]: 237, 254n.37
Padovese, Luigi: 152n.41
Paládio [Rutilius Taurus Emilianus, séc. V d.C.]: 237, 253-4n.35, 254n.44, 286n.32
Pascal, Blaise: 122, 129n.49
Pasquino, Pasquale: 82n.5, 294
Patzold, Steffen: 257n.78
Paulino de Milão [~370-428/429]: 186, 200n.24
Paulo de Tarso [séc. I d.C.]: 152-3n.44, 169-70, 174n.10, 176n.37, 229, 249n.1, 254n.42
Pautigny, Louis: 101n.16
Pedro Lombardo [1095-1160]: 83n.8
Pettazzoni, Raffaele: 224n.4
Pichery, Eugène: 100n.7, 250n.4, 252n.29, 253n.32, 286n.36
Piédagnel, Auguste: 150n.21
Pitágoras: 175n.31, 216, 226nn.20-21
Platão: 41n3, 50, 53, 64n.12, 148n.*, 225n.9, 227n.26, 250n.4, 257n.77, 286n.31
Plotino: 127n.29, 176n.36
Plutarco: 225n.12
Policarpo de Esmirna [fim do séc. I-séc. II d.C.]: 163, 175n.27
Pontalis, Jean-Bertrand: 228n.34
Porfírio de Tiro [séc. III-início do séc. IV d.C.]: 226n.20
Poschmann, Bernhard: 128n.37, 157-8, 173n.7, 251n.15
Préaud, Maxime: 20n.19
Préville, Jacques de: 258n.80
Prigent, Pierre: 103n.29
Pseudo-Barnabé: 174nn.19-20
Pseudo-Heráclito: 19n.9; Heráclides, Heráclito
Puech, Henri-Charles: 125n.6

Quéré-Jaulmes, France: 197n.1, 250n.10 e n.13, 251nn.14-18
Quesnay, François [1694-1774]: 15, 16, 20n.24

Quodvultdeus de Cartago [séc. V d.C.]: 139, 140, 151nn.31-32

Rabbow, Paul: 225n.7
Ratzinger, Joseph: 83-4n.9
Raulx, Jean-Baptiste [dito abade Raulx]: 150n.23
Refoulé, Raymond-François: 100n.8, 102-3n.28, 125n.5, n.7 e n.8, 126n.16 e n.23, 149n.5 e n.9, 150n.18, 150-1n.27, 152n.36, 174n.16 e n.22
Richardson, Ernest Cushing: 252n.28
Rordorf, Willy: 100n.8
Rosanvallon, Pierre: 294
Rousseau, Adelin: 201n.34
Rudolph, Kurt: 125n.6

Saffrey, Henri Dominique: 199n.12
Sage, Athanase: 126n.23
Sagnard, François: 102n.26
Saint-Simon [Claude Henri de Roucroy, conde de, 1760-1825]: 15, 16, 20n.25, 306n.60
Salomoni, Antonella: 20n.16
Satanás (mtlg.): 21n.19 [v. Muchembled], 114-5, 121, 126n.23, 139, 145-8, 268-9, 277, 279, 280n.**-282, 305; v. Cassiano, Sêneca, Tertuliano
Saxer, Victor: 200n.26
Schlumberger, Agnès: 82-3n.6
Schmidt, Albert-Marie: 19n.13
Schutz, Alfred: 294
Schweitzer, Albert [1875-1965]: 249n.1
Segond, Louis: 152n.42, 173-4n.9
Sêneca: 212-3, 215, 218 e n.*, 219 e n.*, 220-2, 225nn.14-15, 227nn.27-31, 230, 231, 233-4, 242-3, 270, 279, 288n.56, 319n.132
Senellart, Michel: 295 e n.*, 297-323
Sereno [Annaeus Serenus]: 212, 218n.*, 242, 293; v. Sêneca
Sétimo Severo [Lucius Septimius Severus, 146-211]: 3-9, 13, 18n.1 e n.3, 19n.6 e n.7, 283
Sócrates: 41n.3, 53, 224n.6, 225n.9, 242, 244, 245, 257n.77

Sófocles: 5-18n.4, 32, 38-40, 41n.2 e n.7, 42n.8, 43n.57 e n.61, 46, 49, 54, 59, 68, 82n.1
Solignac, Aimé: 83-4n.9, 252n.25
Soljenitsin, Alexander Issaievitch [1918-2008]: 16, 21n.27
Sólon [~633-558 a.C.]: 60, 66n.55, 256n.65
Souilhé, Joseph: 228n.35
Spanneut, Michel: 102n.24, 126n.23, 126-7n.25, 259n.89
Spinoza [Baruch de Spinoza]: 99n.1
Stálin, Iossif Vissarionovitch Djugachvili: 99
Steiger, Otto: 20n.19
Stewart, Columba: 254n.39
Strathmann, Hermann: 228n.36
Stroumsa, Guy G.: 199n.19
Suzanne-Dominique [soror]: 174nn.19--20, nn.23-24

Taylor, John H.: 200n.22
Teódoto de Ancira [f. ~446 d.C.]: 102n.26
Tertuliano [~160-225]: 83-4n.9, 98-9, 101n.18, 102n.26, n.27 e n.28, 105, 106 e n.*-113, 114-6, 117-24, 125nn.4-5 e nn.7-11, 126nn.12-23 e n.25, 127n.26 e nn.30-35, 128nn.38--39 e nn.41-46, 129n.48 e nn.50-51, 131-2, 133, 134, 135, 136, 139, 140-3, 145, 148, 149-50n.14, 150n.19, 152n.38, 152-3n.44, 176n.39, 178, 184, 188-94, 197n.3, 198n.7, 199n.19, 200nn.27-28, 200-1nn.29, 201nn.30-32 e nn.36-38, 202nn.39-45, 203, 303, 304-5, 317n.124, 322

Testard, Maurice: 175n.33, 201n.33
Tirésias (mtlg.): 27-28, 30, 33-4, 36, 37, 42n.18, 43n.56, 46, 48, 51-2, 55, 57, 62, 64nn.21-22 e n.25 [Édipo rei]
Tomás de Aquino [1225-1274]: 83n.8, 284n.3
Tricot, Jules: 65n.31, 102n.24
Trocmé, Étienne: 125n.6, 176n.39, 201n.29
Tuilier, André: 100n.8
Turck, André: 149nn.2-3 e n.6
Tyrer, John Walton: 151-2n.35

Ulpiano [Domitius Ulpianus, ~170--228]: 6-7, 19n.7

Van der Elst, Robert: 225n.13
Van der Horst, Pieter Cornelis: 227n.24
Vernant, Jean-Pierre: 9, 19n.11, 25, 41n.4, 42nn.9-10, 43n.39, 63n.2. 214, 226n.18 e n.23, 256n.65
Veyne, Paul: 82n.5, 83n.7, 315n.111, 317-8n.125, 319n.139
Vialart, Félix: 225n.8
Villeneuve, François: 224n.5
Voelke, André-Jean: 102n.24, 175n.32 e n.33
Vogel, Cyrille: 174n.21, 197-8n.4 e n.7, 199n.12, 224n.5
Vogüé, Adalbert de: 253n.33
Voilquin, Jean: 41n.4

Wey, Heinrich: 150n.26
Williams, Bernard: 65n.29
Windish, Hans: 173n.4
Wuilleumier, Pierre: 226-7n.24

Impressão e acabamento:

Orgrafic
Gráfica e Editora
tel.: 25226368